公務員試験 第3版
過去問攻略Vテキスト ⑳
TAC公務員講座 編

人文科学（上）世界史 日本史

● はしがき

本シリーズのねらい──「過去問」の徹底分析による効率的な学習を可能にする

　合格したければ「過去問」にあたれ。

　あたりまえに思えるこの言葉の、ほんとうの意味を理解している人は、じつは少ないのかもしれません。過去問は、なんとなく目を通して安心してしまうものではなく、徹底的に分析されなくてはならないのです。とにかく数多くの問題にあたり、自力で解答していくうちに、ある分野は繰り返し出題され、ある分野はほとんど出題されないことに気づくはずです。ここまできて初めて、「過去問」にあたれ、という言葉が自分のものにできたといえるのではないでしょうか。

　頻出分野が把握できたなら、もう合格への道筋の半分まで到達したといっても過言ではありません。時間を効率よく使ってどの分野からマスターしていくのか、計画と戦略が立てられるはずです。

　とはいえ、教養試験も含めると20以上の科目を学習する必要がある公務員試験では、過去問にあたれといっても時間が足りない、というのが実状ではないでしょうか。

　そこでTAC公務員講座では、みなさんに代わり全力を挙げて、「過去問」を徹底分析し、この『過去問攻略Vテキスト』シリーズにまとめあげました。

　網羅的で平板な解説を避け、不必要な分野は思いきって削り、重要な論点に絞って厳選収録しています。また、図表を使ってわかりやすく整理されていますので、初学者でも知識のインプット・アウトプットが容易にできるはずです。

　『過去問攻略Vテキスト』の一冊一冊には、"無駄なく勉強してぜったい合格してほしい"という、講師・スタッフの思いが込められています。公務員試験は長く孤独な戦いではありません。本書を通して、みなさんと私たちは合格への道を一緒に歩んでいくことができるのです。そのことを忘れないでください。そして、必ずや合格できることを心から信じています。

2019年6月　TAC公務員講座

●―― 第3版（大改訂版） はしがき

　長年、資格の学校TACの公務員対策講座で採用されてきた『過去問攻略Vテキスト』シリーズが、このたび大幅改訂されることになりました。

◆より、過去問攻略に特化

　資格の学校TACの公務員講座チームが過去問を徹底分析。合格に必要な「標準的な問題」を解けるようにするための知識を過不足なく掲載しています。

　『過去問攻略Vテキスト』に沿って学習することで、「やりすぎる」ことも「足りない」こともなく、必要かつ充分な公務員試験対策を進められます。

　合格するために得点すべき問題は、このテキスト1冊で対策できます。

◆より、わかりやすく

　執筆は資格の学校TACの公務員講座チームで、受験生指導に当たってきた講師陣が担当。受験生と接してきた講師が執筆するからこそ、どこをかみ砕いて説明すべきかがわかります。

　読んでわかりやすいこと、講義で使いやすいことの両面を意識した原稿づくりにこだわりました。

◆より、使いやすく

・本文デザインを全面的に刷新しました。
・「過去問Exercise」などのアウトプット要素も備え、知識の定着と確認を往復しながら学習できます。
・TAC公務員講座の講義カリキュラムと連動。最適な順序でのインプットができます。

　ともすれば20科目以上を学習しなければならない公務員試験においては、効率よく試験対策のできるインプット教材が不可欠です。『過去問攻略Vテキスト』は、上記のとおりそのニーズに応えるべく編まれています。

　本書を活用して皆さんが公務員試験に合格することを祈念しております。

2023年3月　TAC公務員講座

●── 〈人文科学（上）〉 はしがき

　本書は、地方上級・国家一般職レベルの大卒公務員試験の合格に向けて、過去問（過去に出題された問題）を徹底的に分析して作成されています。

　過去問を分析すると、ある科目の学習範囲の中でも出題の濃淡が見られることがわかります。本書はその出題傾向を踏まえて編まれた受験対策テキストですが、特に人文科学という科目の性質に合わせて工夫された部分について、はじめに示しておきます。

1．人文科学の学習について

　人文科学の範囲は非常に広いものです。世界史、日本史、地理、思想、文芸など科目数が多いうえ、それぞれの出題の内容も決して容易な学習で解答できるものばかりではありません。したがって、人文科学の出題に対して確実に得点できるようにするにはかなりの時間と労力が必要になります。しかし、公務員試験では多数の科目をこなさなければならず、人文科学だけにそれほど時間を割くわけにもいきません。

　そこで、有効に学習を進めるには、ある程度学習範囲の取捨選択が必要です。特に選択解答制が導入されている試験では、人文科学、社会科学、自然科学といった一般知識分野は全問解答する必要がないので、いくつかのジャンルは切り捨てることも可能です。例えば高校時代に日本史を学習しなかった受験生にとって、これをはじめから学習し直して得点源にするのは困難ですし、文芸の分野は興味のなかった人にとっては全く未知の世界であるといえるでしょう。どのジャンルがこうした対象に該当するかは各人によって異なりますから、本書ではすべての分野を網羅的に扱っていますが、これまでの学習経験などに照らして検討するとよいでしょう。

2．過去問チェック

　各節末に「過去問チェック」を設け、主にその節で学習した事柄の理解を確かめられるようにしています。当該論点の掲載箇所も示していますので、正解がわからない場合は戻って確認してください。

　人文科学のような一般知識分野の科目では記述に含まれる誤りを見つけることが問題を解く作業の中心になりますが、この誤りはキーワードが誤っているような単純なものから、学習内容についての立体的な理解が求められるものまでさまざまです。「過去問チェック」をとおして実際の出題の「呼吸」を体感しておきましょう。

　また、解説をとおして、正しい基準で判断できたかどうかも併せて確認するようにしましょう。

2023 年 3 月　TAC 公務員講座

本書の使い方

　本書は、本試験の広範な出題範囲からポイントを絞り込み、理解しやすいよう構成、解説した基本テキストです。以下は、本書の効果的な使い方ガイダンスです。

本文

●アウトライン
その節のアウトラインを示しています。これから学習する内容が、全体の中でどのような位置づけになるのか、留意しておくべきことがどのようなことなのか、あらかじめ把握したうえで読み進めていきましょう。

●図・表
出来事を地理的に理解しやすくするための図や、関連し合う事項を区別しやすくするための表などを適宜設けています。

●脚注
本文に対する補足情報を適宜示しています。

国家一般職★★★／国家専門職★★★／裁判所★★★／東京都Ⅰ類★★★／特別区Ⅰ類★

1 オリエントとギリシア・ローマ世界

古代の人々が生産経済に入ると、拡大していった集落は都市となり、やがて古代の都市国家を形成します。出題は多くない分野ですが、ローマ帝国の興亡を中心に押さえておきましょう。

1 古代オリエント世界

　オリエントとは、エジプト、メソポタミア、小アジア、シリア、アラビアなどの諸地域を指す言葉である。この地域は大部分が乾燥気候で、不毛の砂漠や草原地帯からなっており、古くからの遊牧生活と、河川沿いに農耕生活が営まれていた。
　乾燥した地域では水利のあるところが栄えるが、大河であるティグリス川、ユーフラテス川およびナイル川流域に農耕が始まり、ここに文明が発達した[1]。

古代オリエント世界

1 ギリシアの歴史家ヘロドトスが「エジプトはナイルのたまもの」と表現したように、ナイル川の増水がエジプトに肥沃な土壌をもたらしていた。

●受験先ごとの重要度

各種公務員試験の出題において、この節の内容がどの程
度重要かを示していますので、学習にメリハリをつけるた
めの目安として利用してください。

(低)★☆☆ ←── 重要度 ──→ ★★★ (高)

第1章 世界史

1.1 エジプト　★★★

「ナイルのたまもの」を基盤に、閉鎖的な地形にあったエジプトは独自の文化を育
み、統一国家を長期間継続した。前3000年頃から王（ファラオ）のもとに統一国家が
出現し、以後約30の王朝が興亡したが、特に繁栄した時代は**古王国**、**中王国**、**新
王国**と区分される。

（1）統一国家

古王国時代には、王の権威を象徴する巨大な**ピラミッド**やスフィンクスが建設され
た。中王国時代から中心はテーベに移り、テーベの王家がエジプト全土を統一した。

しかし、前17世紀にヒクソスと呼ばれるセム語系遊牧民の集団によって中王国
は滅ぼされ、前16世紀になると新王国がヒクソスを撃退した。新王国の**アメンホテ
プ4世**は、都をテーベからアマルナに移して中央集権国家を確立した。

（2）古代エジプトの文化

古代エジプトでは**神聖文字**（ヒエログリフ）、民用文字（デモティック）などの文字
や、**太陽暦**が用いられた。また、太陽神ラーを中心とする多神教が信仰された。

1.2 メソポタミア　★★★

（1）都市国家の時代

メソポタミアは、「川の間の地方」という意味で、ティグリス川とユーフラテス川
に挟まれた「肥沃な三日月地帯」の一部を指している。

古くから交易の要衝の地であったため、四方から侵入が繰り返されてめぐるし
く国家が交代した。前2700年頃には**シュメール人**が各地にウル、ウルクなどの都市
国家を建設しており、メソポタミアで最初の都市文明を築いた。各都市は神が支配
するものと考えられ、神官が王として神権政治を行った。

（2）メソポタミアの統一

その後諸民族の侵入が相次いだが、前24世紀に**アッカド人**が最初のメソポタミア
統一王朝を建設した。

さらに、**アムル人**が**バビロン第1王朝**を建設し、ハンムラビ王の時代にメソポタ
ミア地域の統一を果たした。

王が制定した**ハンムラビ法典**は「目には目を、歯には歯を」という**復讐法**を特徴と
する一方、財産の保障、奴隷や女性の権利についての規定も設けられていた。

1　オリエントとギリシア・ローマ世界

●項目ごとの重要度

節全体の重要度とは別に、見出し
項目ごとの重要度も示しています。

（※図はいずれもサンプルです）

過去問チェック

実際の試験での出題を、選択肢の記述ごとに分解して掲載したものです。本文の学習内容を正しく理解できているかを確認するのに利用してください。

問題文の末尾に、出題された試験と年度、本編中での該当箇所を示しています。わからない問題があれば、戻って確認してみましょう。

過去問Exercise

節の終わりに、実際の過去問にチャレンジしてみましょう。
解説は選択肢（記述）ごとに詳しく掲載していますので、正解できたかどうかだけでなく、正しい基準で判断できたかどうかも意識しながら取り組むようにしましょう。

CONTENTS

はしがき　Ⅲ
第3版(大改訂版)　はしがき　Ⅳ
〈人文科学(上)〉はしがき　Ⅴ
本書の使い方　Ⅵ

第1章　世界史

1 オリエントとギリシア・ローマ世界 2

2 中世ヨーロッパ 24

3 近世ヨーロッパ 54

4 近代国家の成立と発展 98

5 帝国主義と二つの世界大戦 148

6 現代の国際社会 230

7 地域史 274

第2章　日本史

1 原始・古代 346

2 中　世 380

3 近　世 420

4 近　代 466

5 現　代 552

索引　580

第 1 章

世界史

　世界史では近代以降の西洋史、中国史の出題が多く重要です。ただ歴史全体の流れを把握していないと解けない問題も多く、通史的な理解が必要となります。日本史と異なりさまざまな地域の政治的な動きを少しずつ見ていくことになるので、こまめな整理を心がけるようにしましょう。

　また、世界史を学習することで、日本史のみでなく地理や文芸などほかの科目の理解も促されますので、人文科学全体の導入と意識して取り組むとよいでしょう。

国家一般職★★★／国家専門職★★★／裁判所★★★／東京都Ⅰ類★★★／特別区Ⅰ類★★★

1 オリエントとギリシア・ローマ世界

古代の人々が生産経済に入ると、拡大していった集落は都市となり、やがて古代の都市国家を形成します。出題は多くない分野ですが、ローマ帝国の興亡を中心に押さえておきましょう。

1 古代オリエント世界

　オリエントとは、エジプト、メソポタミア、小アジア、シリア、アラビアなどの諸地域を指す言葉である。この地域は大部分が乾燥気候で、不毛の砂漠や草原地帯からなっており、古くからの遊牧生活と、河川沿いに農耕生活が営まれていた。

　乾燥した地域では水利のあるところが栄えるが、大河であるティグリス川、ユーフラテス川およびナイル川流域に農耕が始まり、ここに文明が発達した[1]。

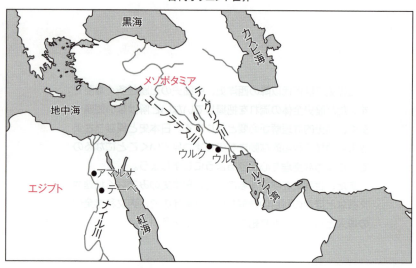

古代オリエント世界

---

[1] ギリシアの歴史家ヘロドトスが「エジプトはナイルのたまもの」と表現したように、ナイル川の増水がエジプトに肥沃な土壌をもたらしていた。

1.1 エジプト ★☆☆

「ナイルのたまもの」を基盤に、閉鎖的な地形にあったエジプトは独自の文化を育み、統一国家を長期間継続した。前3000年頃から王(**ファラオ**)のもとに統一国家が出現し、以後約30の王朝が興亡したが、特に繁栄した時代は**古王国**、**中王国**、**新王国**と区分される。

(1) 統一国家

古王国時代には、王の権威を象徴する巨大な**ピラミッド**やスフィンクスが建設された。中王国時代から中心はテーベに移り、テーベの王家がエジプト全土を統一した。

しかし、前17世紀にヒクソスと呼ばれるセム語系遊牧民の集団によって中王国は滅ぼされ、前16世紀になると新王国がヒクソスを撃退した。新王国の**アメンホテプ4世**は、都をテーベからアマルナに移して中央集権国家を確立した。

(2) 古代エジプトの文化

古代エジプトでは**神聖文字**(ヒエログリフ)、民用文字(デモティック)などの文字や、**太陽暦**が用いられた。また、太陽神ラーを中心とする多神教が信仰された。

1.2 メソポタミア ★☆☆

(1) 都市国家の時代

メソポタミアは、「川の間の地方」という意味で、ティグリス川とユーフラテス川に挟まれた「肥沃な三日月地帯」の一部を指している。

古くから交易の要衝の地であったため、四方から侵入が繰り返されてめまぐるしく国家が交代した。前2700年頃には**シュメール人**が各地にウル、ウルクなどの都市国家を建設しており、メソポタミアで最初の都市文明を築いた。各都市は神が支配するものと考えられ、神官が王として神権政治を行った。

(2) メソポタミアの統一

その後諸民族の侵入が相次いだが、前24世紀に**アッカド人**が最初のメソポタミア統一王朝を建設した。

さらに、アムル人が**バビロン第1王朝**を建設し、**ハンムラビ王**の時代にメソポタミア地域の統一を果たした。

王が制定した**ハンムラビ法典**は「目には目を、歯には歯を」という**復讐法**を特徴とする一方、財産の保障、奴隷や女性の権利についての規定も設けられていた。

1 オリエントとギリシア・ローマ世界

バビロン第1王朝はその後ヒッタイト人によって滅ぼされ、シリアやエジプトも含めてさまざまな王国が興亡を繰り返す時代が続いた。

（3）古代メソポタミアの文化

古代メソポタミアではシュメール人が作った**楔形文字**がさまざまな民族に用いられており、ハンムラビ法典も楔形文字で記されたものが発見されている。また、**太陰暦**や六十進法も用いられていた。

1.3 オリエントの統一 ★★★

（1）アッシリア王国

アッシリア人は、鉄器文化と強力な騎馬軍隊を駆使して前7世紀前半に**オリエントの統一**を果たした。

アッシリア王国は中央集権政治を実施し、過酷な徴税など被征服民族に対する厳しい支配を行ったため被征服民の反乱を招き、王国は前612年に滅亡した。アッシリア王国の滅亡後、その領域の大部分はエジプト、メディア、リディア、新バビロニアの4国に分裂した。

（2）アケメネス朝

ペルシア人が前6世紀に興した**アケメネス朝**は**ダレイオス1世**の時代にオリエントを再び統一し、東はインダス川から、西はエーゲ海、南はエジプトに至る空前の大帝国が実現した。

ダレイオス1世は、帝国を20余りの州に分けて**サトラップ**（知事）を置き、別に「**王の目**」、「**王の耳**」と称する監察官を各地に派遣して中央集権的な統治を行った。

しかし、前500年に小アジアのギリシア人植民市に支配を及ぼすと、ギリシアとの戦争（ペルシア戦争）が起こった。この戦争に敗れ衰退し、その後マケドニアのアレクサンドロス大王の遠征により滅ぼされた。

1.4 イラン文明の展開 ★★★

（1）パルティア

アレクサンドロス大王の死後、アジアの領土はセレウコス朝の支配下におかれていた。イランの遊牧民の族長アルサケスは、セレウコス朝から独立し**パルティア**を建国した。

4　第1章　世界史

（2）ササン朝

224年、イラン人のアルダシール1世はパルティアを滅ぼし、**ササン朝**を建国した。シャープール1世のとき、東はインダス川西岸まで進出し、西はローマを破り広大な領域を支配した。6世紀のホスロー1世の時代がササン朝の全盛期であった。

この後、ササン朝は衰え、642年、ニハーヴァンドの戦いでイスラム教徒の軍に敗れ、651年に滅亡した。

2 地中海文明の展開

2.1 古代ギリシア ★★★

（1）エーゲ文明

前3000年頃には、エーゲ海を中心にオリエント文明の影響を受けた青銅器文明が成立していた。これがエーゲ文明で、初期のギリシアの国家や文化に多大な影響を与えた。前2000年頃からまずクレタ島を中心に栄え、のちギリシア本土のミケーネを中心として文明が発達した。

エーゲ文明

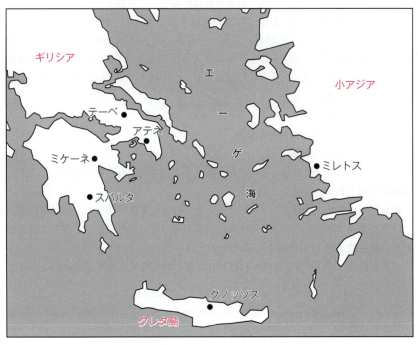

① クレタ文明

　クレタ文明はクレタ島のクノッソスを中心に栄えた開放的な海洋文明で、首都の
クノッソスには大規模な宮殿が建設された。宮殿の壁には海洋生物が描かれ、写実
的で華やかな海洋文明が展開したことが推測される。線文字Aと呼ばれる文字(未
解読)を用いた。

　クレタ文明はイギリスのエヴァンズにより発見された。

② ミケーネ文明

　前2000年頃、インド＝ヨーロッパ語族の一派のギリシア人がギリシア本土に南
下し、クレタ文明の影響を受けて前16世紀頃新しい文明を生み出した。これが**ミ
ケーネ文明**である。線文字Bと呼ばれる文字(イギリスのヴェントリスらにより解
読)を使用し、各地に小王国を築きながら勢力を拡大した。しかし、前1200年頃に
滅亡し、以後ギリシアは混乱期が400年ほど続いた。

　ミケーネ文明はドイツのシュリーマンにより発見された。

(2) ポリスの成立

　ギリシア人は最初、農業や牧畜を営んでいたが、鉄製農具の使用により農業生産
力が増大すると、有力者に土地・家畜や奴隷が集中して貴族と平民に分化するよう
になった。前8世紀には、政治や軍事の実権を握った貴族のもとで集住(シノイキ
スモス)が行われ、**ポリス**と呼ばれる都市が成立した。ポリスの中で代表的なもの
が、イオニア人が建てた**アテネ**とドーリア人が建てた**スパルタ**である。ポリスはそ
れぞれ独自の法律を持った独立した国家であり、古代ギリシアは最後まで統一国家
を形成することはなかった。

(3) アテネの民主政治の発展と繁栄
① アテネ民主政治の発展

　アテネでは当初は**貴族政**であったが、商工業の発達により平民が富裕化し、平民
は地位の向上を求めて争うようになった。

　前6世紀はじめ、調停者の**ソロン**は市民の奴隷化の防止を図ったり、財産に応じ
て政治に参加できるようにする財産政治改革を行った。しかし、この改革は混乱を
招き、**僣主政治**[2]への道を開くことになった。

　前6世紀末、**クレイステネス**は、僣主の出現を防ぐために**陶片追放**(オストラキス

2　僣主とは、平民の不満を利用して、彼らの力を背景に武力によって非合法的に政権を獲得し、独裁政
　治を行った者をいう。

モス）と呼ばれる投票制度などを作り、**民主政**の基礎を確立した。

② ペルシア戦争とアテネの繁栄

前6世紀半ば、アケメネス朝のダレイオス1世は小アジアに進出しギリシア（イオニア）植民市を圧迫した。これに対してイオニア植民市は反乱を起こし、前500年アテネがこれを援助した。これが**ペルシア戦争**の発端である。

ペルシア戦争（前500～前449）
・イオニア植民市がアケメネス朝（ペルシア）に反乱
・アテネがイオニア植民市を援助し、ギリシアとペルシアの戦争に
・ギリシア側の勝利

前490年、**マラトンの戦い**でアテネはペルシア軍を撃退し、続いて全ギリシアのポリスは連合してペルシアを撃破した。

各ポリスはペルシアの再攻に備え、前478年、アテネを盟主に軍事同盟を結成した。その本部がデロス島におかれたことから**デロス同盟**という。

アテネでは、ペルシア戦争で活躍した**無産市民**の発言力が強まり、前5世紀半ば、**ペリクレス**の指導のもとでアテネの民主政治[3]が完成した。

（4）ペロポネソス戦争とポリスの衰退
① ペロポネソス戦争

前5世紀以来、アテネはデロス同盟盟主として君臨したが、アテネの横暴に反感を持つスパルタなどのポリスが**ペロポネソス同盟**を結成して対抗、前431年、両者の間に戦争が起こった。これが**ペロポネソス戦争**の発端である。

ペロポネソス戦争（前431～前404）
・アテネ（デロス同盟）とスパルタ（ペロポネソス同盟）の戦争
・スパルタ側の勝利

アテネは一時優位に立ったが、疫病が広がる中でペリクレスも死亡し、民主制は煽動政治家（デマゴーゴス）による衆愚政治に陥った。結局、戦争はアテネの敗北に終わってデロス同盟は解体し、アテネは海外領土の大半を喪失してギリシアの覇権はスパルタに移った。

---

3 ただし、ギリシアの民主政は近代デモクラシーとは違って、奴隷制を基盤とし、成年男子をもとにした直接民主政である。

② ポリスの衰退

しかし、覇権を握ったスパルタも前4世紀半ばに中部ギリシアのテーベに敗れ、混乱が続いた。

これ以降、ペルシアの干渉が激しくなり、それに左右されてポリスは抗争を繰り返しながら弱体化していった。

(5) ヘレニズム世界

ギリシア世界の拡大とヘレニズム3国

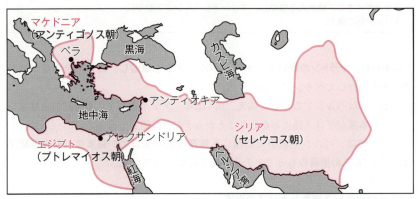

① マケドニアの発展

ポリス社会の崩壊の最中に、ギリシア北方にマケドニアが興隆した。マケドニア人は前4世紀頃からギリシアの諸都市を侵略するようになり、**フィリッポス2世**は前338年、アテネ、テーベの連合軍を**カイロネイアの戦い**で破り、ギリシアの覇権を握った。

フィリッポス2世が暗殺された後、マケドニア王に即位したのがその子**アレクサンドロス大王**である。アレクサンドロスは前334年、マケドニア、ギリシアの兵を率いて**東方遠征**に出発すると、ダレイオス3世の軍をイッソスの戦いやアルベラの戦いで破って前330年にアケメネス朝を滅ぼし、西北インドにまで達した。

アレクサンドロスは、東征の途上エジプトをも征服し、ナイル川河口に、その名にちなんでアレクサンドリアを建設した。

② ヘレニズム諸国家の分立

　アレクサンドロスの死後、広大な支配領域はマケドニア、シリア、エジプトなどに分裂した。これらヘレニズム諸国家は、前1世紀後半までにいずれも西方に興ったローマによって滅ぼされた。アレクサンドロス大王の東方遠征からローマのエジプト支配までの約300年間を**ヘレニズム時代**と呼ぶ。

（6）ギリシア文化

　ギリシア人は、人間的で自由な精神に満ちた文化を生み出した。ギリシア文化は、**人間中心主義**、**合理的精神**、**調和と均整のとれた創造力・写実性**などを特色とする。

ギリシア文化

叙事詩	ホメロス ／『イリアス』、『オデュッセイア』 ヘシオドス ／『神統記』、『労働と日々』
演劇[4]	アイスキュロス ／『アガメムノン』（悲劇） ソフォクレス ／『オイディプス王』（悲劇） エウリピデス ／『メデイア』（悲劇） アリストファネス ／『女の平和』、『女の議会』（喜劇）
自然科学	タレス ／ 万物の根源を水と考える　　ピタゴラス ／「ピタゴラスの定理」
哲学	ソクラテス ／ 西洋哲学の祖　　　　プラトン ／ イデア論、『国家』 アリストテレス ／ 万学の祖
歴史	ヘロドトス ／『歴史』（ペルシア戦争が題材） トゥキディデス ／『歴史』（ペロポネソス戦争が題材）
建築	ドーリア式、イオニア式、コリント式などに分類される神殿建築 パルテノン神殿（ドーリア式）が有名

4　アイスキュロス、ソフォクレス、エウリピデスの3人は三大悲劇詩人と呼ばれた。

（7）ヘレニズム文化

　ヘレニズム時代には、各地の都市に移住したギリシア人が、東方の文化を土台として各地に新しい文化を生み出した。ヘレニズム文化はポリスの枠を脱した世界市民主義(コスモポリタニズム)を特徴とし、自然科学の発達も目覚ましかった。その美術は、インドのガンダーラ美術や日本の飛鳥・天平文化にも影響を与えた。

　エジプトのアレクサンドリアにあるムセイオン(研究所)には図書館や博物館が作られ、ここが学問の中心となって研究が進んだ。

ヘレニズム文化

自然科学	エウクレイデス ／ 平面幾何学を大成 アリスタルコス ／ 太陽中心説、地動説 アルキメデス ／ 浮力の原理などを発見
美術	「ミロのヴィーナス」、「ラオコーン」

2.2 ローマの地中海支配　　　★★★

（1）都市国家ローマ

　インド＝ヨーロッパ語族に属するイタリア人がイタリア半島を南下し、その一派であるラテン人は、エトルリア人の影響下で前7世紀までに都市国家を形成した。その一つである**ローマ**は、当初は王政で、歴代の王のうち何人かはエトルリア人であった。

　ローマ市民(ローマの市民権を持つ自由民)は、前6世紀にエトルリア人の王を追放して共和政を開始した。

　ローマ市民は、法的には**貴族**(パトリキ)と**平民**(プレブス)の二つの身分に分かれていた。当初のローマの共和政は貴族が官職を独占しており、最高官である2名の**コンスル**(**執政官**)は両名とも貴族であり、また最高立法機関であった**元老院**の構成員は、すべて貴族であった。

（2）平民の政治参加

　平民には参政権がなかったが、対外征服が進展し、重装歩兵（ローマ軍の主力）に
参加するようになると、次第に参政権を要求するようになった。

① 護民官・平民会の設置

　前5世紀、平民から選出されて貴族や元老院に対して拒否権を持つ護民官という
官職が新設された。また、平民だけの議会である平民会も設けられた。

② 法整備

　前450年頃、ローマ最古の成文法である十二表法が制定された。これまでの慣習
法は貴族によって解釈が独占されており、こうした状況が打破されたことで平民の
地位向上が進んだ。

　続いて前367年にリキニウス・セクスティウス法により、コンスルの1人は平民か
ら選出されることが定められた。さらに前287年にはホルテンシウス法が制定され、
平民会の決議は元老院の承認なくして法的効力を持つことが定められた。これによ
り、平民と貴族の法的平等が達成された。

平民の参政権拡大

前5世紀	護民官、平民会の設置 ／ 貴族や元老院に対抗する手段の確保
前450頃	十二表法の制定 ／ ローマ最古の成文法
前367	リキニウス・セクスティウス法の制定 ／ コンスルの1人を平民から選出
前287	ホルテンシウス法の制定 ／ 平民会の決議は元老院の承認を受けずとも法的効力を持つ

1　オリエントとギリシア・ローマ世界

(3) ローマの地中海支配

　ローマは周辺の都市国家を次々に征服して支配地を拡大するようになり、前3世紀にはイタリア半島を制圧した。さらに前264年、当時地中海の覇権を握っていたフェニキア人の植民市であるカルタゴと衝突し、**ポエニ戦争**が起きた。

```
ポエニ戦争（前264〜前146）
・3次にわたるローマとカルタゴの戦争
・第1回（前264〜前241）はローマが勝利し、シチリアを獲得
・第2回（前218〜前201）の**カンネーの戦い**では、ハンニバル率いるカルタゴ軍が勝利、
　しかし**ザマの戦い**でスキピオ率いるローマ軍が逆襲し勝利
・第3回（前149〜前146）でローマがカルタゴを滅ぼし、地中海を掌握
```

　この戦争に勝利したローマは、シチリアを属州として獲得しマケドニア、ギリシア、小アジアにも進出した。こうして、マケドニアやギリシアもローマの**属州**となり、前2世紀末には**ほぼ地中海全域がローマの支配下**に入った。

ローマの地中海支配

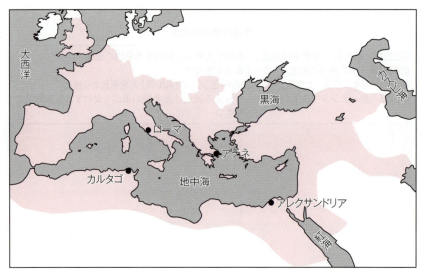

（4）ローマ社会の変貌
① 市民階級の分裂

　ポエニ戦争後、ローマ社会は大きく変化した。

　ローマのイタリア統一・地中海進出は、中小土地所有農民からなる重装歩兵の功績の賜物であった。しかし重装歩兵として何年も従軍した者は、戦死したり留守中に農地が荒れるなどして窮乏化した。彼らは土地を手放し無産市民となった。逆に有力者は、没落農民の農地を買い集め、戦争で獲得した捕虜を奴隷として労働させる**土地所有制**（ラティフンディア）を発展させた。

　このような中で、ローマ市民は、広大な奴隷制大農場を経営する**閥族**、公共土木事業や属州の徴税請負で財力を積んだ**騎士階層**、土地を失った**無産市民**などに分裂していった。

　前2世紀末、護民官となった**グラックス兄弟**は、大土地所有を制限し、土地を再配分しようとしたが、反対に遭って失敗した。これ以後、平民派と閥族派の対立が続き、ローマは内乱状態に陥った（**内乱の1世紀**）。前1世紀に入ると、社会不安はますます増大した。同盟市戦争やスパルタクスが起こした反乱はその典型である。

② 共和政の混乱と三頭政治

　軍人階級は地方の暴動鎮圧と戦争を繰り返しつつ勢力を拡大し、対立・抗争の中から、閥族派の**ポンペイウス**、平民派の**カエサル**、富豪の**クラッスス**が元老院に対抗して連合し、**第1回三頭政治**を開始した。特にカエサルは属州の改革などを強力に推進した。前44年、共和派は、その改革が共和政的な伝統を踏みにじるものとしてカエサルを暗殺した。

　前43年、アントニウス、レピドゥス、オクタウィアヌスは、**第2回三頭政治**を開始した。レピドゥスは後に失脚し、オクタウィアヌスは、プトレマイオス朝エジプトのクレオパトラと結んだアントニウスを前31年**アクティウムの海戦**で破り、プトレマイオス朝を滅ぼして地中海世界を統一した。ここに、内乱の1世紀が終わった。

共和政ローマ史

前264〜　**ポエニ戦争** ／ 3次にわたるカルタゴとの戦争に勝利し、地中海全域を支配
前2世紀後半　閥族派と平民派に分裂、内乱の1世紀へ
前1世紀前半　同盟市戦争やスパルタクスによる大反乱起こる
前60〜　**第1回三頭政治** ／ ポンペイウス、カエサル、クラッススによる
前46　カエサルにより全土平定
前44　カエサル暗殺 ／ 共和派のブルートゥスによる
前43〜　**第2回三頭政治** ／ アントニウス、レピドゥス、オクタウィアヌスによる
前31　**アクティウムの海戦** ／ プトレマイオス朝を滅ぼし、地中海を平定

1　オリエントとギリシア・ローマ世界

（5）ローマ帝国の繁栄と滅亡

① 元首政

　前27年、オクタウィアヌスが元老院から**アウグストゥス（尊厳者）**という尊称を受けたことにより**帝政ローマ**が始まり、彼がその初代皇帝となった。彼は実質的には独裁者であるが、共和政の伝統を尊重し、あくまで市民の第一人者であるという立場をとった。これを**元首政**（プリンキパトゥス）という。1世紀末から2世紀後期にかけての五賢帝時代[5]までは平和が続いた。この平穏な時代は「**ローマの平和**」（パックス＝ロマーナ）と呼ばれ、**トラヤヌス帝**のときに帝国の領土は最大となり、道路や水道など、都市を構成する機能が属州においても行き渡った。

② 専制君主政

　しかし2世紀半ばには繁栄に陰りが見え始め、3世紀にはゲルマン民族やササン朝からの外圧の高まりと並行して、軍隊の特権が強化され、皇帝の廃立は軍隊の意のままとなっていった。この時代を**軍人皇帝の時代**という。

　このような中即位した**ディオクレティアヌス帝**は、帝国を東西に二分し、そのそれぞれを正帝と副帝の2人が統治する**四帝分治制**（テトラルキア）を創始し、混乱を制して秩序を回復した。彼は皇帝権力を絶対化して皇帝礼拝を強制し、**専制君主政**（ドミナートゥス）を確立した。

③ ローマ帝国の崩壊

　次の**コンスタンティヌス帝**は、330年に東方のビザンティウムに遷都し、**コンスタンティノープル**と改称した。また帝国の統一を維持し、帝国の劣勢を盛り返すため313年、**ミラノ勅令**により**キリスト教**を公認した。さらに392年、**テオドシウス帝**はキリスト教を国教化した。

　しかし、こうしたキリスト教の取り込みにもかかわらず帝国の分裂は不可避となり、テオドシウス帝は395年に帝国を東西に2分割して子に分与した。そしてこのときからローマの国としての一体性はほとんど失われた。

　東ローマには東方的専制君主制の伝統があり、これはビザンツ帝国に受け継がれるが、西ローマには国家をまとめる原理がほとんど存在しなかったため、ゲルマン民族の侵入を許すことになる。そして西ローマ帝国はゲルマン人の傭兵隊長オドアケルによって皇帝が退位させられ、476年に滅亡した。

5　ネルウァ、トラヤヌス、ハドリアヌス、アントニヌス＝ピウス、マルクス＝アウレリウス＝アントニヌスの5皇帝が治めた時代（96〜180）を五賢帝時代と呼ぶ。

14　第1章　世界史

帝政ローマ史

●元首政（プリンキパトゥス）

オクタウィアヌス	・元老院から**アウグストゥス**（尊厳者）という尊称を受け、**元首政**を開始
96〜180 五賢帝の時代	・ネルウァ、トラヤヌス、ハドリアヌス、アントニヌス＝ピウス、マルクス＝アウレリウス＝アントニヌスの5皇帝が治めた時代 ・トラヤヌス帝のとき、領土最大
235〜284 軍人皇帝の時代	・この間26人の皇帝を擁立

●専制君主政（ドミナートゥス）

ディオクレティアヌス帝	・**四帝分治** ／ 帝国を東と西に分け、それぞれを正帝と副帝が統治 ・**専制君主政**へと変化 ／ 皇帝礼拝を強要、専制君主として支配 ・キリスト教を迫害
コンスタンティヌス帝	313　**ミラノ勅令** ／ キリスト教公認 325　**ニケーア公会議** ／ **アタナシウス派**を正統、アリウス派を異端に 330　東方のビザンティウムに遷都し、**コンスタンティノープル**と改称 332　**コロヌス**（小作人）の土地への固定を制度化
テオドシウス帝	392　キリスト教の**国教化** 395　没後、ローマ帝国が**東西に分裂**

（6）キリスト教の成立と発展

① ユダヤ教の成立

　シリア南部のパレスチナと呼ばれる地域に住んでいたヘブライ人は、前11世紀末には統一王国を建設し、前10世紀頃にはダヴィデ王とその子であるソロモン王の時代に、イェルサレムを中心に栄えた。

　しかしソロモン王が死去すると北のイスラエル王国と南のユダ王国に分裂し、イスラエル王国は前722年アッシリア王国に滅ぼされた。同様にユダ王国も前586年新バビロニアに滅ぼされ、このとき多くの住民は新バビロニアの都バビロンに強制移住させられた（**バビロン捕囚**）。

　このバビロン捕囚後においては、ヘブライ人をユダヤ人と呼ぶことが多い。彼らはこうした苦難に遭う中で唯一神ヤハウェへの信仰と民族としての結束を強めていき、ユダヤ人だけが神に選ばれた特別な民族であるという選民思想や、救世主（メシア）の出現を待望する**ユダヤ教**を確立した。

1　オリエントとギリシア・ローマ世界　15

② キリスト教の成立

パレスチナに生まれたイエスはユダヤ教の戒律主義を批判し、神の愛・隣人愛を説いたが、このため祭司から反逆者として告発され、総督ピラトにより十字架刑に処せられた。イエスの死後、ペテロ、パウロなどの使徒がローマ帝国内を伝道して広めたのがキリスト教である。キリスト教はユダヤ教を母体にしつつもユダヤ人だけの宗教だったユダヤ教とは異なり、奴隷など下層民を中心に広がりを見せていった。

③ キリスト教の発展

やがて信者が上流階級にも広がると、ローマ帝国はキリスト教に脅威を感じるようになる。ディオクレティアヌス帝は皇帝崇拝を強要し、これを拒んだキリスト教徒の迫害を行い、厳しく弾圧した。

このような苦難に遭いながらもキリスト教は広がり続け、コンスタンティヌス帝がミラノ勅令によりキリスト教を公認すると、皇帝の後ろ盾を得たキリスト教はさらに急速に拡大することとなった。その後テオドシウス帝はキリスト教を国教とし、それ以外の異教を禁じた。

組織が大きくなるにつれて教義をめぐった対立も起きるようになり、325年のニケーア公会議において、キリストを神と同視するアタナシウス派が正統、キリストを人間であるとするアリウス派が異端とされた。アタナシウス派の教義は、神とイエスと聖霊の三者が一体であるとする、のちの三位一体説に連なるものである。その後431年のエフェソス公会議にて、神としてのイエスと人としてのイエスを分離して捉えるネストリウス派も異端とされた。

キリスト教の発展

64	ネロ帝による迫害
303	ディオクレティアヌス帝による迫害
313	ミラノ勅令 ／ コンスタンティヌス帝、**キリスト教を公認**
325	**ニケーア公会議** ／ アタナシウス派が正統、アリウス派が異端とされる
361	ユリアヌス帝による異教復興
392	テオドシウス帝、**キリスト教を国教化**
431	**エフェソス公会議** ／ ネストリウス派が異端とされる

（7）ローマの文化

　前1世紀以降開花したローマの文化は独創的ではないが、実践的である。ローマは広域支配の必要性から、理想よりも現実に執着する傾向が見られる。特に建築・土木事業や法律制度などの実用的側面で、後世への影響は大きかった。コロッセウムやパンテオンなどの建築物や、6世紀に東ローマ帝国のユスティニアヌス帝が法学者トリボニアヌスらに編纂を命じた『**ローマ法大全**』などがそれらに当たる。また、カエサルがエジプトの太陽暦を修正して制定した**ユリウス暦**は、現在用いられているグレゴリウス暦のもととなった暦である。

ローマの文化

叙事詩	ウェルギリウス ／『アエネイス』（ローマ建国を題材）
歴史	カエサル ／『ガリア戦記』　　　　　　　　　　　リウィウス ／『ローマ建国史』 タキトゥス ／『年代記』、『ゲルマニア』　　　　プルタルコス ／『対比列伝』
哲学	キケロ ／ 弁論家として有名、『国家論』　　　　セネカ ／『幸福論』
自然科学	プトレマイオス ／ 天動説を提起　　　　　　　　プリニウス ／『博物誌』
法典	トリボニアヌス ／『ローマ法大全』
建築	コロッセウム（円形闘技場）、パンテオン、アッピア街道など
暦法	ユリウス暦

1　オリエントとギリシア・ローマ世界

▌過去問チェック

01 古バビロニア王国のハンムラビ王が制定したハンムラビ法典は、ペルシアの古都スサで石碑に楔形文字で刻まれた碑文として発見された。その内容は、すべて「目には目を、歯には歯を」に代表される復讐法を特徴とする刑法の条文であった。**裁判所2005** `1.2`

✕ ハンムラビ法典には復讐法のほかに身分規定、親族、相続などの条文が設けられている。

02 ペロポネソス戦争は、紀元前5世紀半ばの古代ギリシアにおいて、アテネを中心とするデロス同盟とスパルタを中心とするペロポネソス同盟との間で起きた戦争であり、衆愚政治に陥ったアテネがスパルタに敗北した。この戦争はポリス社会を崩壊に向かわせる契機となった。**裁判所2006** `2.1`

◯

03 古代ギリシャのヘロドトスは、アレクサンドロス大王が東方遠征を行い、アケメネス朝ペルシアなどを滅ぼしていく過程を、多くの史料に基づいて『対比列伝』として記述した。また、ホメロスはポエニ戦争におけるハンニバルの英雄的な活躍を『神統記』として物語風につづり、「歴史の父」と呼ばれた。**国家一般職2011** `2.1` `2.2`

✕ 『対比列伝』は英雄伝でプルタルコスが著した。ヘロドトスは『歴史』(ペルシア戦争諸国記)を著し「歴史の父」と呼ばれた。『神統記』(神々の叙事詩)はヘシオドスが著した。ホメロスは『イリアス』、『オデュッセイア』(ギリシア最古の叙事詩)を著した人物である。

04 古代ローマの最古の成文法として、十二表法が知られるが、その後リキニウス＝セクスティウス法、ホルテンシウス法などが制定され、貴族に対する平民の権利が拡大した。特にホルテンシウス法は、平民会の決議が元老院の承認なしで法律になるというものであった。**裁判所2005** `2.2`

◯

05 キリスト教は、ローマ帝政時代の初めころ、パレスチナ地方に生まれたイエスの教えに始まった。キリスト教は帝国各地に広まり、国教として認められたが、教会で教義をめぐって対立が起こったことから、コンスタンティヌス帝はクレルモン公会議を開き、アリウス派を正統とした。**国家専門職2007** `2.2`

✕ コンスタンティヌス帝が開いたのはクレルモン公会議でなくニケーア公会議であり、この会議ではアリウス派は異端とされた。クレルモン公会議は十字軍の派遣を決めた会議である。

18　第1章　世界史

06 古代ローマのカエサルは、ガリア遠征のアクティウムの海戦の様子や、ポンペイウスやブルートゥスなどの政敵を打ち倒してローマ皇帝となり、ローマ帝国を成立させていくまでの過程を、自伝である『ローマ建国史』としてまとめた。**国家一般職2011** 2.2

✕ カエサルが著したのは『ガリア戦記』であり、『ローマ建国史』はリウィウスが著した。

過去問 Exercise

問題1　　メソポタミア文明又はエジプト文明に関する記述として、妥当なのはどれか。

地方上級2001

❶　ティグリス・ユーフラテス両河流域のメソポタミアでは、シュメール人が多くの都市国家を建設し、モヘンジョ＝ダロやハラッパーがその遺跡として有名である。

❷　メソポタミアでは、文字はシュメール人がはじめた楔形文字が使用されたが、これらの文字は粘土板に刻まれ、また、六十進法や太陰暦が使用された。

❸　ハンムラビ王は、アッカド王国の王であり、シュメール人の都市国家を征服してメソポタミアを初めて統一し、復讐法の原則に立つ刑罰を含むハンムラビ法典を編纂した。

❹　エジプトでは、メソポタミアより早くファラオによる統一国家が成立し、新王国の時代には、テーベに都が置かれ、クフ王らの巨大なピラミッドがつくられた。

❺　エジプトでは、ヒエログリフとよばれる象形文字が発達し、エジプト人の宗教は厳格な一神教で、エジプト人は死後の世界を信じてミイラをつくり、「リグ＝ヴェーダ」を残した。

解説

正解 **2**

1 ✕　モエンジョ＝ダーロ（モヘンジョ＝ダロ）やハラッパーは、メソポタミアではなくインドで栄えたインダス文明の都市遺跡である。

2 ◯　正しい記述である。

3 ✕　ハンムラビ王は、アッカド王国ではなくバビロン第1王朝の王である。

4 ✕　クフ王などにより巨大なピラミッドが築かれたのは古王国時代である。また、テーベに都が置かれたのは中王国時代であり、新王国時代になると都はアマルナに移された。

5 ✕　古代エジプトの宗教は厳格な一神教ではなく、多神教であった。また、「リグ＝ヴェーダ」はエジプトではなくインドの最古の文献である。

1　オリエントとギリシア・ローマ世界

問題2　ローマ帝国に関する記述として、妥当なのはどれか。

特別区Ⅰ類2013

1　元老院からアウグストゥス（尊厳者）の称号をあたえられたオクタウィアヌスは、共和政の伝統を尊重しながらも、専制君主政（ドミナートゥス）と呼ばれる統治を始めた。

2　二人の正帝と二人の副帝をおく四分統治を始めたディオクレティアヌス帝は、皇帝の権威を高めるため、元首政（プリンキパトゥス）と呼ばれる体制をうち立てた。

3　テオドシウス帝は、ミラノ勅令でキリスト教を公認し、ニケーア公会議を開いて、三位一体説をとるアタナシウス派を正統とし、キリスト教の教義の統一をはかった。

4　コンスタンティヌス帝は、財政基盤を整備するため、コロヌスを土地にしばりつけて税収入を確保し、人々の身分や職業を世襲化し、また、都をローマからビザンティウムに移し、コンスタンティノープルと改称した。

5　帝国を東西に分割したユスティニアヌス帝の死後、東ローマ帝国（ビザンツ帝国）はなお1000年以上続くが、西ローマ帝国はゲルマン民族の傭兵隊長オドアケルによって滅ぼされた。

22　第1章　世界史

解説

正解 **4**

❶ ✗　専制君主政(ドミナートゥス)と呼ばれる統治を始めたのは、オクタウィアヌスではなくディオクレティアヌス帝である。

❷ ✗　選択肢前半は妥当だが、ディオクレティアヌス帝は元首政ではなく、専制君主政を確立した人物である。元首政はそれより前に、オクタウィアヌスがアウグストゥス(尊厳者)の称号を受けて始めた統治のことである。

❸ ✗　テオドシウス帝ではなくコンスタンティヌス帝についての記述である。テオドシウス帝は、死に際して、ローマ帝国を東西に分割して子どもに相続させた皇帝である。

❹ ◯　都を移したという記述がヒントになる。コロヌスとは、農夫、小作農のことを指し、コンスタンティヌス帝のときに土地や身分の移動が禁止された。中世の農奴の先駆的存在である。

❺ ✗　東西に分割したのはユスティニアヌス帝ではなくテオドシウス帝である。ユスティニアヌス帝は東ローマ(ビザンツ)帝国皇帝で、『ローマ法大全』を編纂させた人物である。

1　オリエントとギリシア・ローマ世界　23

国家一般職★★★／国家専門職★★★／裁判所★★★／東京都Ⅰ類★★★／特別区Ⅰ類★★★

2 中世ヨーロッパ

ローマ帝国の東西分裂やゲルマン人の大移動などにより、地中海を中心とした統一的な世界は失われました。東西に分かれたヨーロッパがスラヴ系民族など周辺世界との関わりを得ながら発展していく様子を見ていきましょう。

1 東ヨーロッパ世界の形成

1.1 ビザンツ帝国の興隆 ★★★

（1）東ヨーロッパ世界の形成

ローマ帝国はテオドシウス帝の死後**東西に分裂**したが、そのうち西ローマ帝国はゲルマン民族の大移動による混乱のうちに476年に滅亡した。しかし、東ローマ帝国はその後もギリシア以北の地域を支配し、政治・経済・文化のうえで、**西ヨーロッパとは異なる独自の世界**を生み出した。東ローマ帝国は、首都コンスタンティノープル[1]（現在のイスタンブール）の旧名ビザンティウムにちなんで、**ビザンツ帝国**と呼ばれる。

ビザンツ帝国の皇帝は古代ローマ帝国の継承者として西ヨーロッパ世界とは異なる皇帝専制支配を行い、文化的にはギリシア文化、宗教的には**キリスト教（ギリシア正教）**を信奉した。この点は後述する西ヨーロッパ世界において世俗の権力（皇帝）と宗教の権力（教皇）が併立していたのと異なる。

（2）ビザンツ帝国の最盛期

6世紀半ばの**ユスティニアヌス大帝**は、『ローマ法大全』の編纂やハギア＝ソフィア**聖堂**の建立を行ったり、養蚕業を興すなど、帝国の政治・経済体制を整備するとともに、イタリア、北アフリカのゲルマン人の国々を滅ぼして地中海周辺の旧ローマ帝国領をほぼ回復した。また、当時全盛期を迎えていたササン朝と対立し、激しい抗争を繰り返した。

---

[1] ユスティニアヌス大帝以後、領土を縮小させながらも、帝国の首都であったコンスタンティノープルは、東地中海の交易の中心として繁栄した。西ヨーロッパ世界はゲルマン人の大移動の混乱によって商業が衰退したが、東ヨーロッパ世界では商業と貨幣経済が衰えなかった。

24 第1章 世界史

1.2 ビザンツ帝国の衰退 ★★★

（1）勢力範囲の縮小

　ユスティニアヌス大帝による盛時は長く続かず、帝の死後、国内では領土拡大に伴う遠征や出費を不満として各地に反乱が起こった。また国外でも、西方では回復したイタリアの大半をランゴバルド王国などに奪われ、また、東方ではササン朝の侵入に悩まされた。さらに7世紀になると、ササン朝に代わって登場したイスラム勢力は、西進して北アフリカやシリアなどの領土を奪い、帝国の勢力範囲は縮小した。

（2）軍管区制

　ビザンツ帝国中期には軍管区制(テマ制)が敷かれ、中央集権と軍事力の強化が図られた。軍管区制とは帝国内をいくつかの軍管区に分けて司令官に統治させた制度であるが、かえって軍管区司令官の分立が進行し、皇帝権力は衰退することになった。

（3）セルジューク朝の台頭と帝国の滅亡

　11世紀になると、東方ではセルジューク朝が台頭して小アジアに進出し、これに対抗するために西ヨーロッパに援軍を求めた。これがきっかけとなって十字軍が始まったが、第4回十字軍にコンスタンティノープルを奪われ**ラテン帝国**を建てられるなど衰退は続き、ついに1453年にビザンツ帝国は**オスマン帝国**によって滅ぼされた。

中世東ヨーロッパ世界

528　ユスティニアヌス大帝、『**ローマ法大全**』の編纂を命じる
534　ユスティニアヌス大帝、ヴァンダル王国を滅ぼす
537　ハギア＝ソフィア聖堂建立
553　東ゴート王国、滅亡／ビザンツ帝国が一時的に地中海世界の再統一を果たす
1453　ビザンツ帝国、**オスマン帝国により滅ぼされる**

2　中世ヨーロッパ

1.3 スラヴ民族の動向

(1) 東スラヴ人
① キエフ公国
　ロシア人、ウクライナ人、ベラルーシ人などの東スラヴ人はドニエプル川中流域に定住していたが、ここへ9世紀にスウェーデン系のノルマン人が移住して862年にノヴゴロド国、882年に**キエフ公国**を建て、東スラヴ人と同化した。これがロシアの起源となった。キエフ公国はウラディミル1世のときに最盛期を迎え、彼は988年にギリシア正教に改宗して2年後にこれを国教とした。

② タタールのくびき
　13世紀にモンゴル人が征西を行い南ロシアにキプチャク＝ハン国を建てると、キエフ公国の諸侯はこれに服従し、以後240年ほどモンゴル帝国の支配を受けた（タタールのくびき）。

③ モスクワ大公国
　モンゴル支配下のロシアは納税を求められたものの諸侯による自治が認められる間接統治の形式を採っており、地方勢力が割拠する中15世紀になると**モスクワ大公国**が力を伸ばした。**イヴァン3世**は1480年にタタールのくびきを脱し独立を回復した。

(2) 南スラヴ人
　セルビア人、クロアティア人、スロヴェニア人などの南スラヴ人はバルカン半島に南下した。セルビア人はギリシア正教、クロアティア人、スロヴェニア人はローマ＝カトリックの信者となったほか、オスマン帝国の支配を受けてイスラム教徒となった人々も存在する。

(3) 西スラヴ人
　ポーランド人、チェック人、スロヴァキア人などの西スラヴ人は西ヨーロッパ世界の影響を受けてローマ＝カトリックに改宗した。

2 西ヨーロッパ世界の形成

2.1 ゲルマン民族の移動と建国

（1）ゲルマン人の大移動

　ローマ帝国の衰退とともに帝国内外の秩序は弱体化し、その周辺に住む諸民族の活動が次第に活発になった。

　バルト海沿岸を原住地とする**ゲルマン人**はケルト人を圧迫しながら領土を西に拡大していき、前1世紀ごろまでにライン川、ドナウ川周辺に至っていた。4世紀後半になってアジア系遊牧民のフン族が西進を開始し、ヨーロッパに現れてゲルマン人を圧迫すると、ゲルマン人の諸族はローマ帝国内に移り、200年ほどにも及ぶ**ゲルマン人の大移動**が始まった。

　ゲルマン人の流入が続く中395年、ローマ帝国は東西に分裂し、うち西ローマ帝国はゲルマン人の傭兵隊長オドアケルによって476年に滅ぼされた。

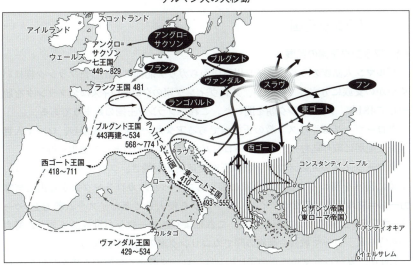

ゲルマン人の大移動

（2）ゲルマン諸国家

　ゲルマン人たちは各地に定住して国を建てたが、その多くは短命に終わり、後述のフランク王国が中世の西ヨーロッパ世界の形成に最も大きな影響を及ぼした。

ゲルマン諸国家

国名	存続期間	建国地	経緯
西ゴート王国	418 ~ 711	イベリア半島	ウマイヤ朝に滅ぼされる
東ゴート王国	493 ~ 555	イタリア	ビザンツ帝国に滅ぼされる
ヴァンダル王国	429 ~ 534	アフリカ北岸	ビザンツ帝国に滅ぼされる
ブルグンド王国	443 ~ 534	ガリア東南部	フランク王国に滅ぼされる
ランゴバルド王国	568 ~ 774	北イタリア	フランク王国に滅ぼされる
アングロ=サクソン七王国	449 ~ 829	大ブリテン島	829年にイングランド王国が成立
フランク王国	481 ~ 843	ガリア北部	西ヨーロッパを統合するも9世紀に分裂

2.2 フランク王国 ★★★

（1）フランク王国の発展

　ゲルマン人諸族のうち、ライン川東岸からガリア北部に進出したフランク族はいくつかの支族に分立していたが、メロヴィング家の**クローヴィス**は全フランクを統一して481年、**メロヴィング朝**を開いた。これがフランク王国の始まりである。

　クローヴィスはキリスト教の正統派である**アタナシウス派**に改宗し、ローマ人貴族を支配層に取り込むことで西ヨーロッパの中心的な勢力となる地歩を得た[2]。

　クローヴィスの死後メロヴィング王家では内紛が続き、フランク王国の実権は、次第に宮宰を務めるカロリング家に移行していった。カロリング家から出た宮宰**カール=マルテル**は732年、イベリア半島から侵入してきたイスラム勢力を**トゥール・ポワティエ間の戦い**で撃破した。これにより西ヨーロッパ世界はイスラム勢力から守られ、ローマ教会や豪族の間でカロリング家の名声が高まった。

　751年、カール=マルテルの子**ピピン**は、ローマ教会や豪族の支持を受けてメロヴィング朝を廃し、**カロリング朝**を創始した。

2　ガリアに住むローマ人の数に比べて移住したゲルマン人の数は圧倒的に少なく、王国が土地の住民を広く支配するには、先住のローマ人貴族たちの知識や組織に助力を得る必要があった。他のゲルマン諸国家の王は、異端のアリウス派や原始的多神教を信じていたため、クローヴィスの改宗はフランク王国の発展にとって重要な意味を持つこととなった。

（2）ローマ＝カトリック教会
① ローマ教会とコンスタンティノープル教会
　ローマ帝政時代にキリスト教が国教とされると、教会組織は帝国を五つの地区に分けて管轄するようになり、それぞれの地区の拠点となる教会は**五本山**[3]と呼ばれた。中でも有力だったのが**ローマ教会**（西方教会）と**コンスタンティノープル教会**（東方教会）である。コンスタンティノープル教会はビザンツ帝国（東ローマ帝国）の庇護のもと発展したが、ローマ教会は西ローマ帝国滅亡後、形式的にはビザンツ皇帝に従属しつつもゲルマン人諸国の支配を受けた。

② 東西教会の対立
　726年にビザンツ皇帝**レオン3世**が聖像禁止令を出すと、ゲルマン人への布教に聖像を用いていたローマ教会が反発し、東西教会の対立が深まった[4]。
　ローマ教会は新たな政治的な庇護者を求め、トゥール・ポワティエ間の戦いでイスラム勢力を退けたフランク王国に接近した。ローマ教皇はピピンがメロヴィング家から王位を継承することに承認を与え、ピピンはその返礼にランゴバルド王国から奪った領地（ラヴェンナ地方）を教会に寄進した。これが**教皇領**の端緒となり、ローマ教会が経済的な基盤を有するきっかけとなった。

③ カールの戴冠と東西教会の分裂
　ピピンの子カール大帝はランゴバルド王国を滅ぼしてその他の勢力も従え、西ヨーロッパの大部分をフランク王国の支配下に置いた。そこで、ローマ教皇**レオ3世**はカール大帝との提携を望み、800年、カール大帝に**ローマ皇帝**の帝冠を授け、「西ローマ帝国」の復活を宣言した（カールの戴冠）。
　このことは、ローマ教会がビザンツ皇帝と決別したこと、またフランク王国とローマ教会の提携のもとに、西ヨーロッパ中世世界が政治的・宗教的に独立したという意義を有する。
　のち11世紀になると、東西教会は教皇の統べる**ローマ＝カトリック教会**と、ビザンツ皇帝の統べる**ギリシア正教会**に完全に分裂した。

3　ローマ、コンスタンティノープル、アンティオキア、イェルサレム、アレクサンドリアの5教会がこれに当たる。

4　聖像礼拝は布教の過程においてキリスト教徒の間で広く行われるようになっていたが、もともとのキリスト教の教理はこれを禁じるものであった。また、偶像崇拝を厳しく禁じるイスラム教からの批判をかわし、これに対抗する必要があった。

（3）フランク王国の分裂

814年にカール大帝が死去すると、相続争いやノルマン人、マジャール人などの侵入により、フランク王国は弱体化した。やがて、843年のヴェルダン条約、870年のメルセン条約によって、フランク王国は**東フランク**（のちのドイツ）、**西フランク**（のちのフランス）、および**イタリア**に三分され、それぞれカールの子孫が王位に就いた。しかし、その後東フランク、西フランク、イタリアのいずれにおいても、10世紀にはカロリング家の血統が断絶し、新しい王権が生まれた。

メルセン条約後のフランク王国

① 東フランク（ドイツ）

東フランクでは、諸侯の間で王を選ぶ選挙王制が採られ、919年以降、ザクセン家が存続した。ザクセン家の**オットー1世**が東方から侵入するマジャール人やスラヴ人を破り、またイタリアに遠征してローマ教皇を助けたので、962年、教皇ヨハネス12世からローマ皇帝の冠を授けられた。これが**神聖ローマ帝国**の起源である。

② 西フランク（フランス）

西フランクではカロリング家の断絶後、ノルマン人の侵入に対してパリ防衛に活躍したパリ伯の**ユーグ＝カペー**が王に推戴され、**カペー朝**が成立した。しかしその王領は狭く地方分権の性格が強かったので、王権は極めて弱体であった。

③ イタリア

　イタリアにおいてもカロリング家が絶えると、神聖ローマ帝国やイスラム勢力の介入を受けるようになった。諸侯や都市が乱立して抗争し、統一国家の成立が見られない時期が続いた。

2.3 西ヨーロッパの封建社会 ★★☆

（1）封建社会成立の背景

　中世西ヨーロッパ社会は常に外部勢力に脅かされる危険を抱えた共同体であった。スラヴ人、マジャール人、イスラム勢力らに加え、8世紀後半以降は北方から**ノルマン人**がヨーロッパ各地で海賊・略奪行為を行うようになり、これら異民族は西ヨーロッパ社会の国王や諸侯にとって絶えざる危険となっていた。

（2）封建的主従関係の成立

　国王、諸侯、騎士などは、こうした危険から自らの財産や安全を守るため、政治的・軍事的な庇護関係を必要とした。彼らは一方を主君、一方を家臣として結びつき、主君は家臣に封土（領地）を与えて保護する代わりに家臣は主君に忠誠を誓って軍事的奉仕を行う関係が生まれた（**封建的主従関係**[5]）。

　こうした主従関係の中で国王は諸侯の筆頭的存在に過ぎず、**支配体制は地方分権的で王権は弱体**であった。

（3）荘園の成立

　封建的主従関係は土地を媒介とした結びつきであり、契約主体となる有力者たちが所有権を有する領地を**荘園**という。荘園は領主が直接経営する直営地、農民が耕作して生計を立てる農民保有地、教会、共同地や山林・原野などで構成されていた。また、自給自足経営により成り立っており、**現物経済**が支配的であった。

　領主は、荘園内の農民に直営地を無償で耕作させ（賦役労働）、生産物の一部や人頭税などさまざまな貢納を負わせた。領主は、これらの貢納を荘園の農民に強制するため、その軍事力を背景に領主裁判権を行使し、また労働力確保のため農民は結婚や相続の自由が制限されており、実質的に荘園に縛られ移動の自由はなかった。このような隷属的な地位にある農民を**農奴**といった。

---

[5] 封建的主従関係は双務的契約であったため、一方が契約に反した場合は他方は義務を拒否できるものであった。また、1人が複数の相手と主従関係を結ぶこともあった。

（4）封建社会

　領主は国王の役人の立ち入りや課税を拒む**不輸不入権**(インムニテート)を持っており、荘園や農奴を自由に支配した。

　このように、荘園という土地の存在を契機として封建的主従関係によって結びついた社会を**封建社会**と呼び、これが中世西ヨーロッパの社会を特徴づける基本的構造となった。

　封建制度と荘園制度の発展は、農民と騎士の差別を固定し、これに加えて聖職者という三つの身分に基づく身分制度を形成した。

（5）封建社会の変質
① 荘園制の解体

　西ヨーロッパでは、12世紀頃までに農具の改良が進み、**三圃制**[6]の普及などにより農業生産が増大した。また村では、農民が定期市で余剰生産物を必要な生活用品や道具と交換するようになり、領主は武具などを商人から購入した。このような商品・貨幣経済の農村への浸透は、荘園制の解体を促すこととなった。

② 農奴解放

　貨幣経済に巻き込まれた領主は多額の貨幣を必要とし、そのために13世紀頃から農奴に賦役を課すのではなく直営地を貸与して生産物を地代として納めさせ、これを市場で売って金に換えるようになった。のちにはこの生産物の代わりに、貨幣地代を徴収することも行われた。

　このような変化によって農民も貨幣を蓄え次第に経済的地位を向上させると、彼らは領主に金を支払って農奴の身分から解放されるようになった(**農奴解放**)。

（6）教会権威の発達
① 教会権威の発達

　封建社会においては国王の権力が諸侯と大差なく弱体であったのと対照的に、ローマ=カトリック教会は西ヨーロッパ全体の一大勢力となった。

　聖職者たちは教皇を頂点に階層制組織を形成し、上位の聖職者は寄進を受けて荘園領主となった。こうして大きな経済的基盤を持った一部の聖職者は諸侯と同様の世俗権力を有するようになった。

6　耕地を3分割し、一つを春に蒔き秋に収穫する春耕地、一つを秋に蒔き春に収穫する秋耕地、一つを休耕地に割り当てて年ごとにそれぞれの役割を循環させていく農法である。

② 叙任権闘争

　ローマ=カトリック教会の階層制組織において、聖職者を任免する権利（聖職叙任権）は皇帝、国王、諸侯などが有していた。その結果、世俗人が聖職者に任用されたり、地位の売買が横行したりするなど、教会の腐敗が進んでいた。

　そのような中10世紀に入るとフランス東部にクリュニー修道院が創設され、教会や修道院の浄化運動の中心となった。クリュニー修道院出身の教皇グレゴリウス7世は教会改革を進めるとともに、当時ドイツで多く行われていた世俗支配者による聖職叙任権を否定して、ドイツ国王（のち神聖ローマ皇帝）ハインリヒ4世と叙任権闘争を引き起こした。これにより、政権と教皇権の争いが具体化したのである。

　グレゴリウス7世はハインリヒ4世を破門し、ドイツ諸侯の皇帝への忠誠義務を解除した。窮地に立ったハインリヒ4世は、1077年にイタリア北部のカノッサで教皇に謝罪し、破門を解かれた（カノッサの屈辱）。これは教皇権が政権を屈服させた出来事であり、その後も皇帝と教皇の争いは絶えることがなかったが、1122年にヴォルムス協約が結ばれて妥協が成立し、ここに叙任権闘争は一応終結した。

　13世紀になると、インノケンティウス3世らのもとで、ローマ教皇は西ヨーロッパ世界に絶大な権威を持つに至った。

中世西ヨーロッパ世界の形成

375	ゲルマン人の大移動が始まる
476	西ローマ帝国が滅亡 ／ ゲルマン人傭兵隊長オドアケルによる
481	メロヴィング家のクローヴィスがフランク王に即位 ／ メロヴィング朝の創始
496	クローヴィス、アタナシウス派に改宗 ／ ローマ人貴族を支配層に取り込む契機に
568	ランゴバルド王国が建国 ／ ゲルマン人の大移動の終息
726	ビザンツ皇帝レオン3世、聖像禁止令を発布 ／ 教会の東西対立が鮮明に
732	トゥール・ポワティエ間の戦い ／ 宮宰カール=マルテル、イスラム勢力を退ける
751	マルテルの子ピピン、メロヴィング朝を廃しカロリング朝を開く
800	カールの戴冠 ／ 教皇レオ3世、カール大帝にローマ皇帝の帝冠を与える
843	ヴェルダン条約 ／ フランク王国の三国分割
870	メルセン条約 ／ ドイツ、フランス、イタリアの原型ができる
962	東フランクのオットー1世、皇帝位を与えられる ／ 神聖ローマ帝国の始まり
987	西フランクのユーグ=カペー、カペー朝を開く
1075	叙任権闘争が始まる ／ 教皇グレゴリウス7世とドイツ国王ハインリヒ4世
1077	カノッサの屈辱 ／ ハインリヒ4世、教皇に謝罪し破門を解かれる
1122	ヴォルムス協約 ／ 妥協が成立し叙任権闘争が終結

❸ 西ヨーロッパ世界の発展と動揺

3.1 十字軍 ★★☆

（1）十字軍運動の背景

11世紀に入ると西ヨーロッパでは農業技術の革新が起こり、三圃制も普及したため農業生産力が高まって人口が大きく増加した。周辺領域からの外敵の侵入もなくなり封建社会も安定期を迎えたことで、西ヨーロッパ世界は内外に向けた膨張を始めることになる。

① 内向きの拡大

11 〜 13世紀は**大開墾時代**と呼ばれるほど農地の拡大が盛んになり、主に修道院の主導により森林や原野が切り開かれ、耕地面積が拡大した。

② 外向きの拡大

人口増加はまた周辺領域への進出にもつながった。ドイツ人によるエルベ川以東への東方植民、イベリア半島における国土回復運動、オランダの干拓などとともに、**十字軍**の運動もこれに位置づけられる。

（2）十字軍運動の契機

この頃キリスト教の普及に伴い、ローマやイェルサレムなどの聖地巡礼が庶民の間でも盛んになっていた。しかし11世紀に**セルジューク朝**が西方への進出を開始し、アナトリアやシリアに達するとビザンツ帝国に脅威を与え、ビザンツ皇帝は教皇に救援を求めた[7]。

これを受けて教皇**ウルバヌス2世**は1095年に**クレルモン宗教会議**で聖地イェルサレムの回復を決議した。

---

7 ビザンツ皇帝からの救援要請は、奪われた聖地イェルサレムの回復を求めるものであったが、実際にはイェルサレムは7世紀の時点からイスラム勢力下に置かれており、キリスト教徒の巡礼も許されていた。このため皇帝の目的は聖地奪還を口実に、自国領域を脅かすセルジューク朝勢力を排除するための支援を得ることにあったと考えられる。

34　第1章　世界史

（3）十字軍の展開

クレルモン宗教会議の翌1096年に遠征を始めた**第1回十字軍**はイェルサレムの奪還に成功し、イェルサレム王国が建国された。しかし、エジプトにアイユーブ朝を興した**サラディン**によって1187年にイェルサレムが奪われると、神聖ローマ皇帝、フランス国王、イギリス国王が参加した**第3回十字軍**が遠征を行ったが、再度の聖地回復は失敗に終わった。

第4回十字軍は絶大な権力を誇った教皇**インノケンティウス3世**の発意により遠征を始めたものの、軍の輸送を援助したヴェネツィア商人の要求を呑む形で目的地をコンスタンティノープルに変更し、これを占領して**ラテン帝国**を建て[8]。

その後も第7回まで十字軍は遠征を行ったものの、最終的な聖地回復は叶わなかった。

十字軍の経過

回	遠征の経過
第1回	・聖地回復に成功し、**イェルサレム王国（1099〜1187）**を建設
第3回	・アイユーブ朝の**サラディン**がイェルサレム王国を占領 ・奪回を目指して十字軍が遠征するが失敗し、サラディンと休戦協定
第4回	・教皇**インノケンティウス3世**の提唱 ・ヴェネツィア商人の要求で目的地を変更 ・コンスタンティノープルを占領し、**ラテン帝国（1204〜61）**を建設
第5回	・神聖ローマ皇帝フリードリヒ2世が一時イェルサレム王国の統治権を得る
第7回	・チュニスを攻撃中、フランス王ルイ9世の戦死により中止 ・1291年に十字軍の最後の拠点アッコンが陥落し、聖地回復は失敗

---

[8] コンスタンティノープルは東ヨーロッパ世界の中心として東西貿易の中心をなしており、ヴェネツィア商人の目的は貿易の独占という商業上の利益にあった。

2　中世ヨーロッパ

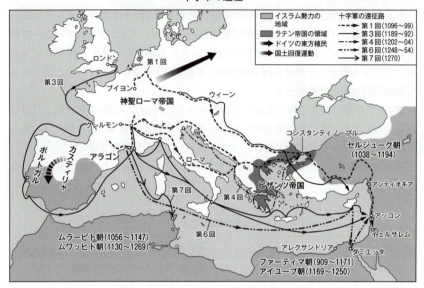

十字軍の遠征

（4）十字軍運動の影響

　十字軍はその本来の目的である聖地回復を果たせなかったものの、結果として西ヨーロッパ世界に大きな影響をもたらした。

十字軍運動の影響

教皇	・最終的な聖地回復が成功せず、**教皇権の衰退を招く**
諸侯・騎士	・従軍による戦費の負担などから没落した
国王	・遠征の指揮を行ったことや、教皇、諸侯などの没落に比し**相対的に権威拡大**
商業	・十字軍の輸送を行ったことでイタリアの諸都市が繁栄し、地中海貿易が活発化 ・地中海貿易が盛んになり貨幣経済が進展したことで、自給自足型の現物経済を営む荘園が崩壊へ ・東方（ビザンツ、イスラム世界）からの先進的な文物の移入で文化面の影響も

| 3.2 | **商業と都市の発展** | ★★☆ |

（1）商業の発展

　農業生産の拡大により余剰生産物が生まれたことや、十字軍の影響で都市が繁栄し遠隔地貿易が活発化したことによって、11 ～ 12世紀の商業は大きく発展した。

① 地中海商業圏

　ヴェネツィア、ジェノヴァ、ピサなどのイタリアの港市は、ビザンツやイスラム商人との東方貿易によって栄え、東方からは香辛料、絹織物などの奢侈品がもたらされた。

② 北ヨーロッパ商業圏

　リューベック、ハンブルク、ブレーメンなど北ドイツの諸都市は海産物、木材、穀物などの生活必需品を取引し、ガン、ブリュージュなどフランドル地方（ベルギー）の諸都市は毛織物生産で栄えた[9]。

③ 南北商業圏の結節点

　地中海商業圏、北ヨーロッパ商業圏の間に位置するフランスのシャンパーニュ地方は大規模な定期市が開かれて栄えた。同様に南ドイツのニュルンベルク、アウクスブルクもドイツとイタリアの結節点として栄えた。

（2）都市の発展

　商工業の発達に伴って西ヨーロッパ各地の都市は、やがて特許状により領主からの自治を獲得するようになり、自治都市を形成した。自治都市の周囲は城壁で囲まれ、内部では独自の行政秩序が確立された。

　これら諸都市の中には北イタリアのロンバルディア同盟、北ドイツのハンザ同盟のように、都市どうしの同盟を結ぶものも出現した。また、イギリスやフランスでは、都市は国王と結びつきを強め、王権伸長の重要な基礎となった。

　自治運営はギルドと呼ばれる同業組合を基礎単位としてなされ、商人や手工業者らがさまざまなギルドを結成した。ギルドは組合員以外の商業活動を禁止して職種ごとの市場を独占していた。

---

[9]　イギリスのロンドンは北海貿易の中心であり、フランドル地方に毛織物業の原料となる羊毛を輸出した。

2　中世ヨーロッパ　37

都市の同盟

ロンバルディア同盟	・北イタリア諸都市による同盟 ・神聖ローマ帝国によるイタリア政策に対抗するために結成
ハンザ同盟	・北ドイツ諸都市による同盟で、ドイツ北部の都市リューベックが盟主 ・北ヨーロッパ商業圏において共同で武力を持ち、長期間大きな勢力となる

3.3 西ヨーロッパ世界の変容 ★★☆

(1) 独立自営農民と封建反動

　14世紀半ばにヨーロッパ全域で流行した**黒死病**(ペスト)は多数の死者をもたらし、これによる労働力不足は農民が領主に対抗するための材料となった。

　領主たちは農奴として隷属させていた農民たちに対する束縛を緩める必要に迫られ、不自由な身分から解放される農民が次第に現れるようになった。この傾向は特にイギリスにおいて顕著で、身分的拘束を解かれ社会的地位を向上させた農民たちは、ヨーマンと呼ばれる**独立自営農民**に成長した。

　しかし窮迫した領主が、逆に再び地代を重くしたり身分的拘束を強化すると(**封建反動**)、各地で農民一揆が頻発するようになった。フランスで1358年に起きた**ジャックリーの乱**やイギリスで1381年に起きた**ワット＝タイラーの乱**などがその例である。これらの一揆はいずれも領主側に鎮圧されたが、この一揆により領主権力は弱体化し、農民の地位は向上することになった。

(2) 教皇権の衰退

　十字軍の失敗により教皇の権威は揺らぎ、王権の伸長と対照的に衰退していった。14世紀はじめには、聖職者に対する課税に反対してイギリス、フランス国王と争った教皇**ボニファティウス8世**が、フランス国王**フィリップ4世**にアナーニで捕らえられ、屈辱のうちに世を去った(**アナーニ事件**)。さらにフィリップ4世は、教皇庁をローマから南フランスのアヴィニョンに移し、約70年間これを支配した(「**教皇のバビロン捕囚**」)。教皇がローマに戻った後も、ローマとアヴィニョンに教皇が並び立ち、**教会大分裂**(大シスマ)と呼ばれる状態が続いた。

　こうした教皇権の衰退の中で、教会内部の腐敗に対する批判も高まってきた。イギリスの**ウィクリフ**やベーメン(ボヘミア)の**フス**は、聖書に基づいて教会制度や教義を批判し、後の宗教改革の先駆者となった。このような教会の混乱に直面して、15世紀前半に神聖ローマ皇帝の提唱で**コンスタンツ公会議**が開かれ、ウィクリフの説を異端としてフスを処刑するとともに教会大分裂を収拾した。しかしフスの処刑

後にはフス派のベーメン民が教皇らの圧迫に抗議して反乱を起こすなど混乱は続き（**フス戦争**）、教会の権威を回復することはできなかった。

教皇権の衰退

1303　**アナーニ事件** ／ 教皇ボニファティウス8世、聖職者への課税に反対し、フランス国王フィリップス4世に捕らえられる
1309　**教皇のバビロン捕囚** ／ フィリップス4世、ローマの教皇庁を南仏アヴィニョンに移す　以後約70年間、フランス王の支配下に
1378〜1417　**教会大分裂（大シスマ）** ／ ローマとアヴィニョンの教皇が並立する事態
1414〜18　**コンスタンツ公会議** ／ ウィクリフ、フスを異端と宣告し、フスを火刑に処す
1419〜36　**フス戦争** ／ ベーメンのフス派による反乱

3.4 王権と中央集権化　★★☆

　封建領主の没落や教皇権の衰退と対照的に都市の市民たちが成長していくと、彼らは国王を中心に統合された中央集権的な共同体を欲するようになった。

（1）イギリス

① 七王国とノルマン朝

　イギリスにはゲルマン人の大移動の際にアングロ=サクソン人が移入してアングロ=サクソン七王国（ヘプターキー）が建てられ、そのうちのウェセックスは9世紀前半に大ブリテン島の中・南部統一を果たしていた。その後デーン人による征服などを経て1066年にノルマンディー公ウィリアムがノルマン朝を開いていた。

② プランタジネット朝の創始

　イギリスでは、このノルマン朝以来**王権が強力**であった。1154年にノルマン朝が断絶した後、フランス貴族アンジュー伯が婚姻を通じてイギリス国王ヘンリ2世として即位し、**プランタジネット朝**が開かれた。このためイギリスはフランスの西半分を領有して、強大な勢力を形成した。

　しかし、ヘンリ2世の子**ジョン王**は、フランス王フィリップ2世と戦ってフランス内の領土をほとんど失い、また教皇インノケンティウス3世から破門された。さらに戦費捻出などのため国内の財政が悪化すると重税を課したため、貴族の反抗を招いた。1215年、貴族たちは共同してジョン王に迫り、**大憲章（マグナ=カルタ）** を承認させた。これは新たな課税を行うには高位聖職者と大貴族の会議における承認を必要とすることなどを定めており、王権を一部制限するものとなった。

2　中世ヨーロッパ　39

③ 身分制議会の始まり

　その後ジョンの子ヘンリ3世はこの大憲章を無視したので、**シモン=ド=モンフォール**が貴族を伴って反乱し、聖職者、貴族、都市・州の代表を加えた議会を召集した。これがイギリス議会の始まりとされている。1295年にエドワード1世のもとで**模範議会**と呼ばれる身分制議会が開かれ、14世紀の半ばには貴族と高位聖職者が上院（貴族院）を、都市・州の代表が下院（庶民院）をそれぞれ形づくる**二院制**が成立した。

イギリスの王権と議会

1154	ヘンリ2世がイギリス国王として即位 ／ **プランタジネット朝の創始**
1204	ジョン王、フランス国王フィリップ2世と争って敗れ、フランスの領地の大半を失う
1209	ジョン王、教皇インノケンティウス3世に破門される
1215	ジョン王、**大憲章（マグナ=カルタ）を承認** ／ 新規課税などにおける王権の制限
1258	**シモン=ド=モンフォール**らによる反乱
1265	モンフォール議会が開設される ／ 聖職者、貴族、都市・州代表による議会
1295	エドワード1世、**模範議会を招集**

（2）フランス

　フランスのカペー朝では、諸侯が割拠し**王権は弱体**であったが、12世紀末の**フィリップ2世**の頃から次第に強力になり、13世紀にはイギリスのジョン王からフランス内のイギリス領を奪い、王領地も大きくなった。

　ルイ9世は、南フランスの異端アルビジョワ派を平定し、**フィリップ4世**は教皇ボニファティウス8世と聖職者課税問題で衝突した際、聖職者、貴族、平民の代表を集めて**三部会**を開き、その支持を得て国王の威信を高めた。

（3）百年戦争とバラ戦争

① 百年戦争

　14世紀頃、フランスは毛織物生産で繁栄していた**フランドル地方**に進出しようとしていたが、同地方に羊毛を輸出することで利益を上げていたイギリスはこの動きを嫌った。さらに1328年にフランスでカペー朝が絶えて**ヴァロワ朝**が成立すると、カペー家に血縁を持つイギリスのエドワード3世はフランス王位継承権を主張し、フランドルの内乱をきっかけにフランスに侵入した。ここに**百年戦争**と呼ばれる長期の戦乱が開幕した。

　当初フランスは、イギリスの黒太子エドワードの率いる長弓隊にしばしば敗れて国土が荒廃し、またジャックリーの乱や国内の闘争によってシャルル7世のときには崩壊寸前の状態に陥っていた。

40　第1章　世界史

このような窮地の中、神の託宣を受けたと信じる農民の娘**ジャンヌ＝ダルク**が現れると、オルレアンの包囲を破って形勢を逆転した。これ以後、フランスはイギリスに連勝して、ついにカレーを除く全土からイギリス勢力を一掃し、長い戦争に勝利を収めた。
　戦争でフランスの諸侯や騎士は力を削がれた一方、シャルル7世は商人と結んで財政再建と軍事力の強化を図ったために王権は強まり、中央集権化が進んだ。

② バラ戦争
　イギリスでは百年戦争の敗北後の1455年、**ヨーク家**と**ランカスター家**の王位継承争いから**バラ戦争**が起こり、この内乱で両家の勢力に分かれて戦った諸侯・騎士階級の没落はさらに進んだ。ランカスター派が勝利し、ヘンリ7世が即位して**テューダー朝**を開くと、弱体化した貴族の反抗を抑えて**絶対王政**への道を開いた。

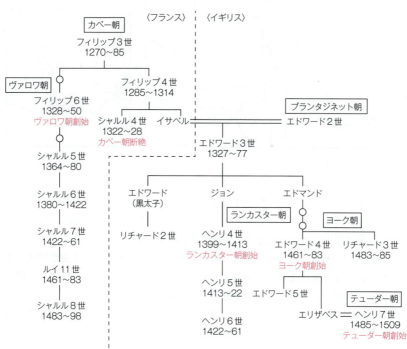

百年戦争・バラ戦争関連の家系図

2　中世ヨーロッパ

(4) その他の西ヨーロッパ世界
① スペインとポルトガル

　現在のスペイン、ポルトガルのあるイベリア半島は8世紀以降イスラム勢力による支配が行われていた。これに対して、キリスト教徒たちによる**国土回復運動**（**レコンキスタ**）が11世紀頃から活発化し、北方から徐々に勢力地を取り戻していった。

　回復された国土にはカスティリャ、アラゴン、ポルトガルの3国が建てられ、1479年にカスティリャ王女**イサベル**とアラゴン王子**フェルナンド**の婚姻によって両国が合併し、**スペイン王国**（イスパニア王国）が誕生した。その後1492年にはイスラム勢力の最後の拠点であった**グラナダ**を陥落させてナスル朝を滅ぼし、国土回復運動を完成させた。ポルトガルでは、15世紀後半に王位に就いたジョアン2世が王権を固めた。

国土回復運動（レコンキスタ）

② ドイツ

　王権の伸長や中央集権化が見られた各国と対照的に、13〜14世紀頃のドイツ（神聖ローマ帝国）においては諸侯やハンザ同盟のような都市勢力が強く、皇帝はイタリア政策に集中したため国内の政治的統一が進まなかった。

　13世紀半ばにシュタウフェン朝が断絶すると事実上皇帝不在の**大空位時代**が生じ、その後も皇帝選出をめぐる混乱が続いていた。1356年にカール4世は**金印勅書**を出し、諸侯の最上位を占める七選帝侯に皇帝の選出権を認めることを定めた。15世紀以降の皇帝はオーストリアの**ハプスブルク家**による世襲となったが、諸侯領や都市は実質的な独立国のように分権化を進め、**領邦**と呼ばれる単位として分立していた。

　また、12世紀以降にはエルベ川以東の地域にドイツ人が大規模な進出を行っており（**東方植民**）、新たに勢力範囲となった地域にも諸侯領が生じた。

③ スイス

現在のスイスに当たる地方では、13世紀後半にハプスブルク家の支配に対抗した独立闘争が始まり、15世紀末に神聖ローマ帝国から実質的な独立を果たした。

④ イタリア

イタリアはドイツと同様、統一的な王による中央集権が進まず、都市国家や諸侯による分立が続いた。神聖ローマ帝国によるイタリア政策で介入を受けるようになると、諸都市は叙任権闘争で教皇と皇帝のいずれを支持するかで**教皇党**(ゲルフ)と**皇帝党**(ギベリン)の二陣営に分かれて争い、統一をさらに難しくした。

4 中世西ヨーロッパの文化

4.1 学問・教育 ★★★

中世西ヨーロッパにおいては、神学が学問の最高位とされて哲学や自然科学はその下に位置づけられ、修道院が貴族に対して学問を教授する役割を担っていた。学問においては共通語であるラテン語が用いられた。

十字軍でビザンツ帝国やイスラム勢力との接触が増えた西ヨーロッパでは、流入した書物をラテン語に翻訳するようになった(**大翻訳時代**)。これによって知識人の翻訳活動が盛んになり、古代ギリシアやアラビアの進んだ学術を吸収し、その後の発展の知的基盤を確立した(**12世紀ルネサンス**)。特にアリストテレス哲学の導入は影響が大きく、教会に付属する学校(スコラ)を中心に**スコラ学**が興り、**トマス=アクィナス**がこれを大成した[10]。

また、11世紀後半から学問を教授する場所としての**大学**が設けられ、教育の中心が郊外の修道院から都市の大学に移った。大学では神学のほか法学や医学が教えられ、教授や学生によるギルドのようなものとして出発した。

---

[10] キリスト教の教義を学ぶのが神学であり、キリスト教の教義をアリストテレス哲学によって理論化・体系化することを目指すのがスコラ学である。スコラ学では普遍的なるものについて、実在論と唯名論に分かれた論争が行われた。

4.2 美 術 ★★★

美術の中心は教会建築とそれに施される絵画や彫刻である。中世初期にはビザンツ様式の影響が残っていたが、11世紀になると**ロマネスク様式**、12世紀以降は**ゴシック様式**の建築が見られるようになった。

ロマネスク様式は厚い石壁、小さな窓、半円のアーチを特徴とし、ゴシック様式は高い尖塔、薄い壁、広い窓、尖頭アーチを特徴とする。ゴシック様式の広い窓にはステンドグラスが飾られた。

4.3 文 学 ★★★

代表的な中世文学は**騎士道物語**であり、学問と違ってラテン語以外の各地の俗語も用いられ、口語で表現された。また、吟遊詩人が宮廷をめぐり、騎士の恋愛を題材にした抒情詩を歌った。

中世西ヨーロッパの文化

神学 スコラ学	アンセルムス ／ 実在論 ウィリアム＝オブ＝オッカム ／ 唯名論	アベラール ／ 唯名論 トマス＝アクィナス ／『神学大全』
大学	ボローニャ大学 ／ 法学 サレルノ大学 ／ 医学 ケンブリッジ大学／神学	パリ大学 ／ 神学 オクスフォード大学 ／ 神学
建築	ビザンツ様式→ロマネスク様式→ゴシック様式 ロマネスク様式 ／ ピサ大聖堂、ヴォルムス大聖堂 ゴシック様式 ／ ノートルダム大聖堂、ケルン大聖堂、シャルトル大聖堂	
文学	騎士道物語 ／『アーサー王物語』、『ニーベルンゲンの歌』、『ローランの歌』	

▌過去問チェック

01 末期のローマ帝国では、ローマ教会とコンスタンティノープル教会が有力となっていた。しかし、カール大帝が聖像禁止令を発したことを契機として両教会は対立し、ローマ教皇を首長とするローマ・カトリック教会と、ビザンツ皇帝に支配されるロシア正教会とに二分された。国家専門職2007 [2.2]

✕ 聖像禁止令はカール大帝でなく東ローマ皇帝のレオン３世が出した。これを機にビザンツ帝国側にできたのはロシア正教会でなくギリシア正教会である。

02 西ヨーロッパでは、中世の封建社会の成立により国王の権力は絶大なものとなり、国王と封建的主従関係を結んだ諸侯や騎士たちは、有していた独自の課税権を国王によって剥奪され、荘園においては、農民は保有地での生産の一部を直接国へ納めることが義務づけられた。**国家専門職2010** 2.3⟩

✕ 中世の封建社会では諸侯や教会等も一定の影響力を有しており、王権は弱体で地方分権的であった。封建的主従関係を結んだ諸侯・騎士階級は独自の課税権や裁判権を持っていた。

03 13世紀の初めに絶頂を極めていた教皇権は、十字軍の失敗や封建制度の動揺を背景に教皇のバビロン捕囚や教会大分裂などが起こり、衰退を見せ始めた。このような中で教会の世俗化や腐敗が進み、教会改革を主張したフスが異端として処刑されたことから、フス派が反乱を起こした。**国家専門職2007** 3.3⟩

◯

04 ジャックリーの乱は、14世紀半ばの北フランスで、バラ戦争での初期の敗北や、領主の重税などへの不満から農民たちが蜂起したもので、その最大の蜂起は、ギヨーム・カールが率いたものであったが、国王や貴族の軍隊によって鎮圧された。**裁判所2012** 3.3⟩ 3.4⟩

✕ バラ戦争は15世紀にイギリスで起こった戦争である。ジャックリーの乱は、バラ戦争より前の百年戦争によって国土が荒廃したことや、重税、ペストの蔓延によって起こった一揆である。

05 ステュアート朝のジョン王の時代は、それまで領有していたフランス西半分の大半を失う結果となるフランスとの戦いなどで財政困難に陥った。そのため、ジョン王は重税を課したが、これに貴族たちは結束して反抗し、王にマグナ=カルタを認めさせ、これによって新たな課税には、大貴族や高位聖職者の会議の承認が必要となった。**裁判所2011** 3.4⟩

✕ ジョン王はステュアート朝ではなくプランタジネット朝の王である。

06 イギリスでは、13世紀に諸侯が王にマグナーカルタ（大憲章）を承認させるなど他のヨーロッパ諸国に比べて王権が弱かった。さらに15世紀、百年戦争でフランスに敗れると、バラ戦争と呼ばれる王位を巡る大内乱が起こり、王は諸侯・騎士勢力に依存したので、王権はますます弱体化した。**国家一般職2005** 3.4⟩

✕ イギリスの王権は他のヨーロッパ諸国に比べると強力であった。大憲章（マグナ=カルタ）はその強力な王権を一部制限するものであったが、バラ戦争後には王権はさらに強化された。

過去問 Exercise

問題1 次の文は、ビザンツ帝国に関する記述であるが、文中の空所A～Cに該当する語又は語句の組合せとして、妥当なのはどれか。

特別区Ⅰ類2018

ローマ帝国の東西分裂後、西ローマ帝国は 　**A**　 の混乱の中で滅亡したが、東ヨーロッパでは、ビザンツ帝国がギリシア正教とギリシア古典文化を融合した独自の文化的世界をつくり、商業と貨幣経済は繁栄を続けた。ビザンツ帝国の首都 　**B**　 は、アジアとヨーロッパを結ぶ貿易都市として栄え、ユスティニアヌス帝の時代には、一時的に地中海のほぼ全域にローマ帝国を復活させた。

しかし、7世紀以降、ビザンツ帝国の領土は東西ヨーロッパの諸勢力やイスラーム諸王朝に奪われ縮小し、1453年に 　**C**　 により滅ぼされた。

	A	B	C
1	十字軍の遠征	アレクサンドリア	オスマン帝国
2	十字軍の遠征	コンスタンティノープル	ササン朝ペルシア
3	ゲルマン人の大移動	アレクサンドリア	ササン朝ペルシア
4	ゲルマン人の大移動	コンスタンティノープル	オスマン帝国
5	ゲルマン人の大移動	アンティオキア	ササン朝ペルシア

解説

正解 ④

A：ゲルマン人の大移動

　ゲルマン人は西ローマ帝国に流入し、フン族の撃退などに協力したが、やがてゲルマン民族の傭兵隊長オドアケルによって西ローマ帝国が滅ぼされた。十字軍の遠征は11〜13世紀の出来事であり、時代が異なる。

B：コンスタンティノープル

　もともとビザンティウムと称していたが、4世紀にローマ帝国のコンスタンティヌス帝がここに遷都し、自分の名を冠してコンスタンティノープルとした。アレクサンドリアはアレクサンドロス大王の帝国の首都であり、アンティオキアはセレウコス朝の首都である。

C：オスマン帝国

　オスマン帝国は勢力を広げて強大化し、ビザンツ帝国を滅ぼして地中海を征し、コンスタンティノープルをイスタンブルと改称した。ササン朝ペルシアは3〜7世紀にイランに栄えた王朝で、7世紀に正統カリフ時代のイスラム王朝によって滅ぼされた。

2　中世ヨーロッパ　47

問題2　十字軍に関する記述として、妥当なのはどれか。

特別区 I 類2015

1　教皇インノケンティウス3世は、1059年にクレルモン公会議をひらいてイェルサレムの奪回を目的とする十字軍の派遣を提唱した。

2　第1回十字軍は、1099年に聖地奪回の目的を果たしてイェルサレム王国を建てたが、12世紀末にイェルサレムはアイユーブ朝のサラディンに奪回された。

3　教皇ウルバヌス2世が提唱した第4回十字軍は、ヴェネツィア商人の要望によりイェルサレムには向かわず、1204年にコンスタンティノープルを占領してラテン帝国を建てた。

4　神聖ローマ皇帝フリードリヒ2世は、第5回十字軍で、外交によるイェルサレムの回復に失敗したが、フランス王ルイ9世が主導した第6回、第7回十字軍はイェルサレムの奪回に成功した。

5　1291年に十字軍最後の拠点アッコンが陥落し、十字軍遠征が失敗のうちに幕を閉じたことによって、国王の権威は低下し、没落した諸侯や騎士の領地を没収した教皇の権力が伸長した。

48　第1章　世界史

解説

正解 **2**

① ✕ クレルモン宗教会議（公会議）を開いて十字軍の派遣を提唱した教皇は、インノケンティウス３世ではなくウルバヌス２世である。

② ◯ 正しい記述である。

③ ✕ 第４回十字軍に関わる記述は妥当だが、これを提唱した教皇はウルバヌス２世ではなくインノケンティウス３世である。

④ ✕ 神聖ローマ皇帝フリードリヒ２世は、一時イェルサレムの統治権を手にしたが、フランス王ルイ９世が主導した第６回の十字軍では、一時的にマムルーク朝の捕虜になるなど成果を挙げることができず、第７回十字軍でも遠征先のチュニスで病没しており、イェルサレム奪還は実現しなかった。

⑤ ✕ 十字軍の失敗により教皇権は失墜し、疲弊した諸侯や騎士階級の領地を没収するなどして国王権力が伸長し、これを機に主要国は絶対王政へと政治体制が変容していった。

2 中世ヨーロッパ　49

| 問題3 | 中世の西ヨーロッパに関する次の記述のうち、最も妥当なのはどれか。 |

国家専門職2004

1　中世の封建社会における主従関係は、主君が家臣に封土を授け、所領に対して保護を与え、家臣は主君に忠誠を誓って騎士としての軍役奉仕を行う双務的契約関係であった。このような封土を媒介とした主従関係の頂点に位置した国王は、官僚制と常備軍を整えて中央集権的な統治体制を確立し、家臣である諸侯の所領に対し課税権と裁判権を行使するなど強い権力を有した。

2　中世の封建社会における土地の領有の単位は荘園であり、荘園の内部は、領主直営地と農民の小作地である共同利用地とに区別されていた。貨幣経済が発達すると、領主は共同利用地を武力で囲い込むエンクロージャーによって、プランテーション経営を行うようになり、その結果、土地を失った農民は農奴として苛酷な賦役労働を強制されるようになった。

3　農業や手工業の生産が増大し、商業活動が活発となると、その活動拠点として各地に都市が発生した。一部の都市は領主の支配から脱し、種々の特権を獲得して自治権を確立した。これらの都市は経済的利害や自治を守るために都市同盟を結んだが、特に、リューベックを盟主とするハンザ同盟は、北海・バルト海商業圏を支配して繁栄を誇った。

4　聖像崇拝に反対しコンスタンティノープル教会の支配から離れたローマ教会は、トリエント公会議で神聖ローマ帝国皇帝を兼ねる教皇の正統性と至上権を確認するとともに、宗教裁判所を設けて聖像崇拝を禁止し、異端審問を強化した。また、イエズス会の修道院を中心として改革運動を進め、厳格な規律と組織のもとに積極的な宣教・教育活動をくりひろげた。

5　中世では神学が最高の学問であり、これはイスラムの哲学や科学を取り入れてスコラ哲学に体系化され、修道院に設けられた大学で医学や法律などとともに教えられた。信仰と理性との調和・総合を図ったエラスムスの「愚神礼賛」やバンヤンの「天路歴程」は、西ヨーロッパの公用語であるギリシア語で著されたスコラ哲学の代表的著作とされている。

50　第1章　世界史

解説

正解 ③

❶ ✕ 官僚制と常備軍を備えて中央集権的な統治体制を築くのは絶対王政期のことである。中世は地方分権的な体制で王権は弱体であった。

❷ ✕ プランテーションは17〜18世紀の熱帯・亜熱帯の経営形態であり、農民の小作地は「保有地」と呼ぶ。共同利用地は森林や牧草地・湖沼などのことを指す。

❸ ◯ 正しい記述である。

❹ ✕ トリエント公会議はカトリックとプロテスタントの対立に関わる会議で宗教改革期のことである。聖像崇拝が問題となったのは8世紀のことであり時代が異なる。また、神聖ローマ皇帝とローマ教皇兼任の事実もない。

❺ ✕ 11世紀頃までは教会や修道院の付属校が学問の中心だったが、12世紀すぎに各都市に大学ができると大学が中心になっていったとされている。エラスムスの『愚神礼讃』は当時のヨーロッパ公用語であるラテン語で書かれており、『天路歴程』はピューリタン文学の代表作といわれる。

2　中世ヨーロッパ

| 問題4 | 14世紀頃のヨーロッパの出来事に関する記述として最も妥当なものはどれか。 |

裁判所2019

① 　百年戦争は、14世紀、フランスの王位をめぐる争いをきっかけとして始まったフランスとドイツ(神聖ローマ帝国)の長期にわたる戦争である。

② 　百年戦争はフランスの敗北により終結し、長期の戦争で荒廃した国内の立て直しによって諸侯の力が増大したため、王権は弱まった。

③ 　百年戦争中、フランスではペストの流行によって、戦況が非常に悪化したが、神のお告げを受けたと信じる農民の娘が現れてペストの治療で劇的な成果を上げ、多くの人々を救ったことで、フランス軍は勢いを盛り返した。

④ 　イギリスでは、王位継承権を持つ2つの家系による王位継承の内乱であるバラ戦争が起きた結果、諸侯や騎士が両派に分かれて戦ったために没落し、王権が高まって絶対王政への道が開かれた。

⑤ 　ドイツ(神聖ローマ帝国)では、13〜14世紀頃には皇帝権力が非常に強く、皇帝が国家を統一してまとめあげ、周辺諸国への侵略をたびたび繰り返した。

解説

正解 ④

❶ ✗ 　百年戦争はフランス王位をめぐるフランスとイギリスの争いである。フランスのカペー朝断絶によりヴァロワ家が王位を継承するが、これに異議を唱えたイギリス王エドワード3世との間で始まった。

❷ ✗ 　フランスは百年戦争に勝利した。また、長期の戦争により諸侯勢力は人的・金銭的に疲弊し、相対的に国王権力が増大し、絶対王政へと移行していく。

❸ ✗ 　百年戦争の後半、「神のお告げを受けたと信じる農民の娘」であるジャンヌ＝ダルクが登場し、イギリス軍に攻囲されていたオルレアンを奪還すると、フランス軍は息を吹き返し、最終的にこの戦争に勝利した。フランス軍・国民がジャンヌ＝ダルクの登場で勇気づけられたことは事実であるが、彼女が「ペストの治療で劇的な成果を上げた」という事実はない。

❹ ◯ 　百年戦争の後にバラ戦争が起こる。

❺ ✗ 　13 〜 14世紀のドイツは、皇帝位が目まぐるしく推移したため皇帝権力が弱く、15世紀半ば以降ハプスブルク家による皇帝位世襲が確立するまで相対的に諸侯勢力の力が強く、「皇帝が国家を統一してまとめあげる」ことは不可能であった。

2　中世ヨーロッパ　53

国家一般職 ★★★／国家専門職 ★★★／裁判所 ★★★／東京都Ⅰ類 ★★★／特別区Ⅰ類 ★★★

3 近世ヨーロッパ

中世封建制度の解体をきっかけに、近代へと至る移行期を近世として扱っていきます。ルネサンス、大航海時代とされる頃から絶対王政の頃までの、劇的に変化する西ヨーロッパの状況を中心に見ていくとよいでしょう。

1 ルネサンス

1.1 ルネサンス ★★★

中世後期の西ヨーロッパでは、黒死病(ペスト)の流行や多くの戦乱により社会が疲弊する中、旧来の価値観にとらわれず、人間性の解放を求める文化運動が、学問、建築、美術、文学、音楽、科学などさまざまな領域で展開された[1]。一連の文化運動はルネサンスと呼ばれる。

ルネサンスはヒューマニズム(人文主義)という思潮に貫かれており、ギリシア・ローマの古典文化を参照しつつ人間らしい生き方を模索するという性格を持つものであった。ビザンツ帝国の学者たちがオスマン帝国の脅威に触れてイタリアに亡命し、ギリシア語による古典文化研究が進んだ。

そうした復古的な性質を持つ一方、ルネサンスは中世期に発達した都市国家の市民をその担い手としており、中世文化を受け継ぎ発展させる側面も見られる。ルネサンスの主体は都市在住の教養人であり、フィレンツェのメディチ家やローマ教皇、国王など権力者の保護のもと栄えたものでもあった[2]。このため、ルネサンスは政治、社会、宗教などにおける旧来の規範に正面から戦いを挑むものとはならなかった[3]。

---

1 ルネサンスは14〜16世紀にわたって展開されたが、まず古代ローマの伝統が強い北イタリアで興り、次第に西ヨーロッパ世界全体に伝播していった。

2 メディチ家のコジモ=デ=メディチは別荘の建物を改装して「プラトン学院」なるギリシア思想研究所を開いた。ここにフィレンツェの学者が集まり、プラトンの著作をはじめギリシア哲学の研究が盛んになされ、ルネサンスのヒューマニズムの拠点となった。

3 フィレンツェの政治思想家マキァヴェリは、小国家に分裂していた当時のイタリア情勢の混乱に接し、これを治めるべき君主には従来の宗教や道徳的価値観に囚われない権謀術数が必要と論じる『君主論』を著した。権力志向型の新たな君主像の提起は近代政治学に大きな影響を及ぼした。

54 第1章 世界史

1.2 ルネサンス期の文芸・美術・科学技術　★★☆

（1）文芸・美術

　フィレンツェに生まれた詩人**ダンテ**は、ラテン語ではなく日常用いられていた口語であるイタリアのトスカナ語で『**神曲**』を書き、ルネサンス文芸の先鞭をつけた。

　絵画では遠近法が確立され、写実的な描写や色彩表現とともに人体や自然を描写する技術の基礎をなした。建築では**ルネサンス様式**と呼ばれる、古代ローマ建築に似た大ドームを持った様式が生まれた。ルネサンス期に大改築されたローマのサン＝ピエトロ大聖堂はルネサンス様式の代表的な建築物である。

（2）科学技術

　ポーランド人**コペルニクス**は16世紀に**地動説**を提起し、教会が採っていた天地創造説に基づく天動説に異を唱えた。羅針盤、火薬、活版印刷術の三つはルネサンス期の三大発明と呼ばれた[4]。

ルネサンス期の文芸・美術・科学技術

文芸	ダンテ［伊］／『神曲』（トスカナ語）　　ボッカチオ［伊］／『デカメロン』 ペトラルカ［伊］／『叙情詩集』　　チョーサー［英］／『カンタベリ物語』 エラスムス［ネーデルラント］／『愚神礼賛』 トマス＝モア［英］／『ユートピア』 ラブレー［仏］／『ガルガンチュアとパンタグリュエルの物語』 モンテーニュ［仏］／『エセー（随想録）』 セルバンテス［スペイン］／『ドン＝キホーテ』 シェークスピア［英］／『ヴェニスの商人』、『ハムレット』
絵画	ジョット［伊］／「聖フランチェスコの生涯」 ラファエロ［伊］／「聖母子像」 ボッティチェリ［伊］／「ヴィーナスの誕生」、「春」 ミケランジェロ［伊］／「最後の審判」 レオナルド＝ダ＝ヴィンチ［伊］／「最後の晩餐」、「モナ＝リザ」 ファン＝アイク兄弟［ネーデルラント］／「ガンの祭壇画」 デューラー［独］／「四人の使徒」 ブリューゲル［ネーデルラント］／「子どもの遊び」、「農民の踊り」
彫刻	ドナテルロ［伊］／「聖ジョルジオ像」　　ミケランジェロ［伊］／「ダヴィデ像」
建築	ブラマンテ［伊］／ サン＝ピエトロ大聖堂 ブルネレスキ［伊］／ サンタ＝マリア大聖堂ドーム
科学技術	コペルニクス［ポーランド］／ 地動説　　グーテンベルク［独］／ 活版印刷術

4　ただし、羅針盤や火薬はすでに中国で発明されたものがヨーロッパで実用化されたものであった。

3　近世ヨーロッパ　55

❷ ヨーロッパの海外進出

2.1 大航海時代 ★★☆

15〜17世紀、ヨーロッパ人が遠くアジア、アフリカ、アメリカへの航海を行い、ヨーロッパ内部にとどまらない「世界の一体化」が始まった。海外進出により世界の幅広い地域に大きな影響が及んだことに照準してこの時期を**大航海時代**といい、ポルトガル、スペインの両国によってその先鞭が付けられた。

（1）背　景

この時期の熱心な海外進出には、以下のような背景があった。

ヨーロッパの海外進出の背景

- **東方への関心**　／　**マルコ=ポーロ**による『世界の記述』などによる
- **遠洋航海技術の確立**　／　羅針盤、快速帆船など
- **香辛料の需要**　／　肉食が一般化し、ヨーロッパで生産できない香辛料の需要が拡大
- **国土回復運動**　／　イスラム勢力からの領土奪還を経て、新たな土地への布教熱の高揚
- **オスマン帝国の進出**　／　オスマン帝国が地中海に進出したことによる東方貿易の制限[5]

（2）ポルトガルの海外進出

ポルトガルは15世紀前半から海外進出に意欲を見せ、北アフリカのモロッコにあるイスラム勢力の拠点を攻略していた。「航海王子」と呼ばれた**エンリケ**はさらに、アフリカ大陸の西岸を南下する航路開拓を推進し、ジョアン2世治下の1488年、**バルトロメウ=ディアス**がアフリカ大陸南端の**喜望峰**に至った。その後1498年に**ヴァスコ=ダ=ガマ**がインド西岸の**カリカット**に到達し、ヨーロッパからインドに至る航路が開かれた。

こうしてポルトガルは香辛料を入手するルートを確立し、インド西岸の**ゴア**に総督府を置いてアジア進出の拠点とした。香辛料の直接取引によってポルトガルは莫大な利益を得た。

---

5 香辛料などの東アジアの交易品は東方貿易において取引されていたが、これらはイタリアの商人に独占されていた。さらにオスマン帝国の領土が東地中海に及ぶとイスラム商人との交易が制約されるようになり、ヨーロッパ人が東アジアの産物を現地との直接取引によって得るための航路開拓が必要になった。

(3) スペインの海外進出

ポルトガルの動きに呼応してスペインも海外進出を始めた。1492年、女王**イサベル**はインド航路の開拓事業に当たり、イタリアのジェノヴァ出身の船乗り**コロンブス**が率いる船隊を派遣した。

天文学者トスカネリが提起した地球球体説に依拠し、インド到達の近道は西航するルートだと信じたコロンブスは大西洋を西に横断し、バハマ諸島のサンサルバドル島に行き着いた。その後複数回の航海によりカリブ海諸島や中南米に達していたコロンブスはそれらの地が目指していたインドであると勘違いし、その地の先住民を「インディオ」、カリブ海東部の島々を「西インド諸島」と呼称した。

その後、イタリアのフィレンツェ出身の**アメリゴ=ヴェスプッチ**の航海によって、コロンブスが到達した地はアジアとは別の大陸であることが示され、その大陸が彼の名にちなんで「アメリカ」と命名された。

また、航海者**マゼラン**はポルトガル人であったものの、1519年にスペイン王室との契約でモルッカ諸島(現在のインドネシア)を西回りで目指す大航海に出発し、南アメリカ大陸南端(マゼラン海峡)を経て太平洋に至り、さらにこれを横切って1521年にフィリピンに到達した。マゼラン自身はセブ島で殺されたが、船団は西進してアフリカ回りで1522年にスペインへの帰国を果たし、史上初の**世界周航**を実現した。

(4) ポルトガル・スペインの植民地争い

コロンブスがアメリカ大陸に到達した頃からポルトガル、スペインの両国は新たに接した勢力圏をめぐって対立するようになり、両国はローマ=カトリック教会に裁定を求めた。

1493年に教皇アレクサンドル6世が設定した植民地分割線(**教皇子午線**)はスペインに有利な分割線となっていたためポルトガルがこれに抗議し、翌1494年に**トルデシリャス条約**が結ばれた。この条約で領有権を分ける線は大幅に西に移動され、1500年にポルトガル人**カブラル**がブラジルに漂着した際、その地を**ポルトガルの植民地とする根拠**となった。

3　近世ヨーロッパ　57

(5) アメリカ大陸の征服
　スペイン王室はアメリカ大陸に先住民が興していた国家の征服を企図して軍隊を送った。1521年に**コルテス**はメキシコ高原の**アステカ王国**を滅ぼし、1533年には**ピサロ**がアンデス一帯に栄えていた**インカ帝国**を滅ぼした。

主な航海ルート

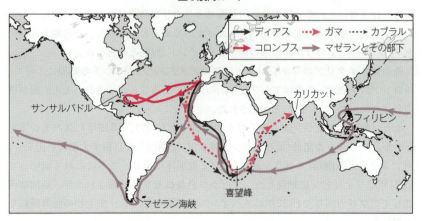

第1章
世界史

大航海時代

❶ポルトガル ／ インドの**ゴア**をアジア貿易の拠点とし、香辛料貿易で利益を得る
・**エンリケ**(航海王子)、インド航路開拓を奨励
・**バルトロメウ=ディアス** ／ 1488年に**喜望峰**に到達
・**ヴァスコ=ダ=ガマ** ／ 1498年にインドの**カリカット**に到達
・**カブラル** ／ 1500年に**ブラジル**に漂着、トルデシリャス条約を根拠にポルトガル領とする

❷スペイン ／ ラテンアメリカの**銀**を獲得、利益を得る
・**コロンブス** ／ スペイン女王**イサベル**の援助で航海へ
　　　　　　　　トスカネリの説に依拠して西回りでインド到達を目指し**サンサルバドル島**に到達
　　　　　　　　インドと勘違いし、先住民をインディオ、カリブ海東部の島々を西インド諸
　　　　　　　　島とする
・**アメリゴ=ヴェスプッチ** ／ 新大陸がアジア(インド)ではなく、未知の大陸であることを確認
　　　　　　　　　　　　　これを「**アメリカ**」と命名
・**マゼラン** ／ 西回りでの世界周航を試み1521年にフィリピン到達
　　　　　　　1522年に隊はスペインに帰国し、地球が球体であることを証明

❸教皇子午線とトルデシリャス条約
・**教皇子午線** ／ 1493年にコロンブスを派遣したスペインが発見した地の権利を確保するた
　　　　　　　　めに、ローマ教皇アレクサンドル6世に働きかけて設定した植民地分界線
・**トルデシリャス条約** ／ ポルトガルの抗議により1494年に教皇子午線を西に移動させた、
　　　　　　　　　　　スペインとポルトガルによる植民地分割線に関する協定

❹スペイン人による新大陸の征服
・**コルテス** ／ 1521年に**アステカ王国**(メキシコ高原)を滅ぼす
・**ピサロ** ／ 1533年に**インカ帝国**(アンデス一帯、ペルー中心)を滅ぼす

2.2 商業革命と価格革命　　　★★★

　大航海時代になされたさまざまな航海により、ヨーロッパの商業圏は全世界的な
広がりを見せた。商品の種類や取引額が拡大し、遠隔地との交易の中心地も地中海
から大西洋沿岸諸国に移った(**商業革命**)。
　また、16世紀半ばにラテンアメリカでポトシ銀山(現在のボリビア)が発見され
ると、スペインの入植者はインディオに採掘させて本国に送った。こうしてもたら
された大量の銀はヨーロッパの物価を大きく高騰させた(**価格革命**)。

3　近世ヨーロッパ

③ 宗教改革

中世後期に始まった教皇権の衰退は16世紀以降、宗教改革と呼ばれる大きな運動を誘引することとなった。

3.1 ドイツにおける宗教改革 ★★★

（1）九十五か条の論題

当時、メディチ家出身で教皇位にあったレオ10世は、ドイツで贖宥状（免罪符）を販売してローマのサン＝ピエトロ大聖堂の大改築資金を調達しようとしていた[6]。1517年、神学者のマルティン＝ルターは、ただ聖書に従ってキリストの福音を信じることのみが救いの道であるとの立場（福音信仰）から九十五か条の論題を提起し、贖宥状の販売を批判した。

活版印刷術の普及した時代にあってルターの主張はドイツ各地に普及し、広範な支持を集めた。

（2）ルター派の形成

1521年、ルターは教皇から破門に遭い、神聖ローマ皇帝カール5世はヴォルムスで開かれた帝国議会にルターを召喚した。ルターは主張の撤回を迫られるがこれを拒否し、ザクセン選帝侯フリードリヒの保護を受けて『新約聖書』のドイツ語訳を完成させた。ドイツ語に翻訳されたことで、民衆はキリスト教の教義に直接触れることとなり、ルター派の形成を促した。

（3）ドイツ農民戦争

ルターの主張に刺激された説教師ミュンツァーは、教会改革運動を農民たちの反封建闘争と結びつける形で指導し、農奴制の廃止などを掲げて1524年にドイツ農民戦争を起こした。ルターは当初この動きを支持したものの、やがて農民の鎮圧を諸侯に求める立場に転じた。

ミュンツァーは処刑され、ルターの主張を支持する諸侯らはローマ＝カトリック教会を離れて領内を独自に改革するようになった。

---

6 贖宥状を買うことで現世の罪を赦されるという説明のもとに販売されたもので、政治的な分裂の間隙を突かれてこうした教会の搾取の的となったドイツは「ローマの牝牛」と呼ばれた。

（4）シュマルカルデン戦争

　皇帝カール5世はイタリア戦争やオスマン帝国への対処に迫られる中、諸侯の協力を得るためルター派をいったん認めたものの、局面が打開されるとそれを撤回した。ルター派がこれに抗議したことから「**プロテスタント**」と呼ばれた[7]。

　ルター派の7諸侯11都市は1530年に**シュマルカルデン同盟**を結んで皇帝に対抗し、1546年にカトリック諸侯連合軍との間に**シュマルカルデン戦争**が起こった。その後1555年に**アウクスブルクの和議**が成立し、ルター派は公認されたが、それは諸侯が信仰することを定めた教派を領民も信仰するとしたもので、**個人の信仰の自由が認められたわけではなかった**。

　ルター派はその後、デンマーク、スウェーデン、ノルウェーなどの北欧諸国に広がっていった。

3.2　スイスにおける宗教改革 ★★★

（1）ツヴィングリの宗教改革

　スイスの宗教改革者ツヴィングリは、ルターの主張に接するとこれに共鳴し、チューリヒで贖宥状の販売を批判して改革運動に身を投じた。

（2）カルヴァンの「予定説」

　フランスの人文主義者**カルヴァン**はジュネーヴに招かれ、市政の実権を握り厳格な神権政治を行った。カルヴァンは聖職者制度も司教制度も否定して、教会員の中から信仰の厚い人物を長老とし、牧師を補佐させる**長老主義**を採用した。

　カルヴァンはまた、魂の救済はあらかじめ神によって決定されているとする「**予定説**」を提起した。現世における職業を神が与えた天職としてこれに励み、結果として蓄積された財は神の栄光を示すものとして認めるという考えであり、ヨーロッパの**商工業者**に広く普及し、資本主義の発展の源泉ともなった。

　カルヴァン派はその後、フランス、ネーデルラント、スコットランド、イギリスなどに広がっていった[8]。

7　のちに「プロテスタント」の呼称はローマ＝カトリック教会の権威を否定する諸宗派の総称となった。また、プロテスタントを新教、カトリックを旧教と呼ぶこともある。

8　カルヴァン派を示す呼称は地域により異なり、フランスではユグノー、ネーデルラントではゴイセン、スコットランドではプレスビテリアン、イギリスではピューリタンと呼ばれる。

3　近世ヨーロッパ　61

3.3 イギリスにおける宗教改革 ★★☆

（1）ヘンリ8世

　特定の改革者によって主導されたドイツやスイスの改革運動と異なり、イギリスでは国家主導での改革が進められた。テューダー朝の第2代国王**ヘンリ8世**は自らの離婚問題から教皇と対立し、1534年に国王至上法（**首長法**）を定め、イギリス国内の教会の首長は国王であると宣言してローマ＝カトリック教会と断絶した。

（2）メアリ1世

　次のエドワード6世治下では教義面の改革を進めたものの、その後を受けたメアリ1世はスペインの皇太子（のちのフェリペ2世）と婚姻関係を結びカトリックを復活させようとした。

（3）エリザベス1世

　その後**エリザベス1世**治下において1559年に**統一法**が出され、イギリス独自の教会体制（**イギリス国教会**）が確立した。

新旧各派の比較

	カトリック	ルター派	カルヴァン派	イギリス国教会
教義	秘跡を重視し教会を聖書よりも上位に置く	信仰義認説 聖書中心主義	予定説 聖書中心主義	カトリックとプロテスタントの折衷
職業観	営利活動を蔑視	聖職と世俗商業の平等	勤労の結果として蓄財を肯定	ー
伝播	イエズス会の活動により世界的に広まる	ドイツ、北欧諸国	スイス、オランダ、イングランド、フランス	イングランド

3.4 対抗宗教改革 ★★★

　各地で行われた宗教改革運動によって勢力を削がれたローマ=カトリック教会も、内部での改革を行って勢力の回復を図った（**対抗宗教改革**）。

（1）トリエント公会議

　1545年以降、イタリアで開かれた**トリエント公会議**で、教皇の至上権の再確認、禁書目録の作成、宗教裁判所による思想統制などの刷新が行われた。

（2）イエズス会の結成

　スペインの**イグナティウス=ロヨラ**、**フランシスコ=ザビエル**は教皇の許可を受けて1534年に**イエズス会**を結成し、ヨーロッパや海外における布教に努め、ローマ=カトリック教会の勢力回復を図った。このような取組みの結果、南ドイツでは多くの地域がカトリック勢力圏に回復された。

　宗教改革と対抗宗教改革の動きはカトリックとプロテスタントの対立を各地に産み落とすことになり、宗教戦争を頻発化させることとなった。

宗教改革

❶ドイツ

1517　**マルティン=ルター、九十五か条の論題を提起** ／ 贖宥状の販売を批判

1521　ルター、ヴォルムスの帝国議会に召喚 ／ 自説を撤回せず

1524～1525　**ドイツ農民戦争** ／ ミュンツァーの指導による農民反乱、ルターはやがて
　　　　　　　これを弾圧

1530　シュマルカルデン同盟の結成 ／ ルター派の7諸侯・11都市による同盟

1546～1547　**シュマルカルデン戦争** ／ シュマルカルデン同盟とカトリック派諸侯同盟の
　　　　　　　戦争

1555　**アウクスブルクの和議** ／ 諸侯の採用した教派を領民が信仰するという妥結

❷スイス

1536　**カルヴァン、『キリスト教綱要』を刊行** ／ **予定説**を提起

1541　カルヴァン、ジュネーヴで市政の実権を握り神権政治を行う

❸イギリス

1534　**ヘンリ8世、国王至上法（首長法）を制定** ／ 国王がイギリス国教会の首長であると
　　　　　　　宣言

1549　一般祈祷書の制定 ／ イギリス国教会の礼拝等の様式を定めたもの

1554　メアリ1世、スペイン皇太子と婚姻 ／ カトリック復帰を企図

1559　**エリザベス1世、統一法を制定** ／ イギリス国教会が最終的に確立

❹対抗宗教改革

1534　**イエズス会の結成** ／ **イグナティウス=ロヨラ、フランシスコ=ザビエル**らによる

1545～　**トリエント公会議** ／ 教皇至上権、禁書目録の作成などローマ=カトリック教会の
　　　　　　　内部改革

3.5 ユグノー戦争 ★★★

　フランスはローマ=カトリック教会の旧教国であったものの、宗教改革運動の発展の中でカルヴァン派（ユグノー）が広まると、新旧両派の対立が宮廷内部の貴族の対立と結びつき**ユグノー戦争**と呼ばれる内乱が生じた。

　この間、**サンバルテルミの虐殺**で多数の新教徒が殺されたり、またアンリ3世が暗殺されてヴァロワ朝が断絶するなどの事件が相次いだ。この混乱の中で、ブルボン家の**アンリ4世**が即位し**ブルボン朝**を開いた。彼は、もともとユグノーの指導者的立場にあったが、国内統一のため国民の大部分が信仰していたカトリックに改宗した。そして1598年、**ナントの勅令**（ナントの王令）を出して**ユグノーに信仰の自由を認める**とともに旧教徒と同等の市民権を与え、宗教対立を収めて王権を強化した。

4 主権国家体制の形成

4.1 主権国家と絶対王政 ★★☆

（1）主権国家の形成

　中世においては教皇や神聖ローマ皇帝が超国家的な影響力を有した一方、諸国家の王はおしなべて諸侯と比べ際立った権力を持たないものであった。こうした構図は近世に至って変化し、教皇・皇帝の権威低下に呼応して国家が支配力を伸長した独立の政治主体となっていった。こうして形成された国家のあり方は**主権国家**と呼ばれ、近代的な国家の基礎をなすものとなった。

主権国家の形成

・封建社会の解体と都市の発達 ／ 領主と農奴の主従関係から国家と国民の帰属関係へ
・戦争の長期化、軍事技術の進歩 ／ 常備軍の必要
・官僚制の創設 ／ 常備軍の維持のため、徴税を中心とした安定的な行政機構が必要に
・主権国家の形成 ／ 明確に定義された支配領域を持ち、国内秩序を強化し、君主の主権が明らかな国家

（2）絶対王政

　絶対王政は主権国家の最初の統治体制であり、国王が絶対的な権力と常備軍によって国民を一元的に支配するものである。スペイン、フランス、イギリスにおいて絶対王政が成立した。

　フランス国王ルイ14世の「**朕は国家なり**」という言葉で表現されているように、国家はあたかも国王の私有財産であるかのように捉えられ、そのような強大な権力を持つことを正当化するために、**王権神授説**なども登場した。

　一方、官僚や常備軍を指揮し、貴族として遇されてきた諸侯は、王権強化を擁護・推進する存在となり、もはや国王に比肩する力を有することはできなかった。

（3）重商主義

　この時代にはまた、新大陸から大量に流入した**銀**によって貨幣の価値が改めて重要視されるようになった。特に、絶対王政下の国王は、官僚や軍隊の維持や宮廷費のために、莫大な貨幣を必要とした。国家財政維持のため、商業を重視して市場への統制を行い、貨幣の蓄積を目指す経済政策を**重商主義**という。

　最初は、スペインに典型的に見られるように金や銀そのものを直接獲得しようとしたが（**重金主義**）、やがて、貿易の拡大による輸出入の差額を貨幣によって蓄積する**貿易差額主義**を採るようになり、イギリスやフランスがこうした政策を推進し

3　近世ヨーロッパ　65

た。これらに伴い、国内産業の保護・育成も盛んに進められるようになった（**産業保護主義**）。

　重商主義による貿易は、当初国家が独占して行っていたが、のちには特権的大商人に貿易独占権を与えて利益を上げさせ、国庫収入の増大を図った。イギリス、フランス、オランダなどの**東インド会社**などはその例である。

　重商主義政策は、その拡大志向のうえから、新たな市場を常に求めることになった。その結果、**ヨーロッパ諸国の植民地争奪戦はよりいっそう激化**した。

（4）資本主義の始まり

　この頃の西ヨーロッパでは、商人がその圧倒的な資本力によって流通のみならず生産をも支配するに至り、**問屋制**（とい<ruby>や<rt></rt></ruby>せい）が成立した。さらに毛織物工業においては手工業者を工場に集めて分業させ、生産効率を飛躍的に高めた**マニュファクチュア**（工場制手工業）も行われるようになり、次第に資本主義が発生する素地が整えられつつあった。

絶対王政

---

❶主権国家体制の成立
・教皇・皇帝の権威低下により、国家が独立の政治主体に
・戦争の長期化・大規模化により、国内の一元的支配強化が必要に（主権国家の必要性）

❷絶対王政（絶対主義）
・国王が貴族の権力を制限し、行財政・軍事を掌握する
・**王権神授説** ／ 国王の支配権は王の先祖が神から直接授けられたものであるとする
　　　　　　　　　　絶対王政を正当化するイデオロギー
・**官僚制・常備軍** ／ 官僚（貴族や諸侯出身者が多い）が国王の手足となって働く
　　　　　　　　　　兵制においては、常備軍を設置

❸重商主義
・官僚制・常備軍維持のため、貨幣（金銀）の蓄積を目指す
・**重金主義** ／ 金銀そのものの蓄積を目指す（スペイン、ポルトガル）
・**貿易差額主義** ／ 貿易による国富の増大を目指す（オランダ、イギリス、フランス）

4.2 イタリア戦争 ★☆☆

(1) 背　景

中世以来、イタリアは北部が東方貿易の中心地、中部は教皇領、南部はビザンツ帝国やイスラム勢力による支配を受けるなど分裂し、統一的な王権を立てられないまま小国家の乱立状態が続いていた。このイタリア支配をめぐって、フランスのヴァロワ家と神聖ローマ皇帝を輩出するハプスブルク家が争ったのが**イタリア戦争**である。

(2) 経　緯

1494年にフランス王がナポリに侵入し、神聖ローマ皇帝がこれに呼応して戦端が開かれた。ヴァロワ家とハプスブルク家の対立はイタリア諸都市、イギリスなど周辺の勢力を巻き込むことになり、戦いは断続的なものとなった。

ハプスブルク家出身のスペイン王カルロス1世は、1519年にさらに神聖ローマ皇帝に選出されて**カール5世**となり、フランスは神聖ローマ帝国とスペインを支配するカール5世の統べる領土に挟撃されることとなった。フランスのフランソワ1世は全面的にこれに対抗し、戦いは激化した。

1559年に**カトー=カンブレジ条約**が締結されて戦争は終結した。

(3) イタリア戦争の意義

ハプスブルク家とフランスの争いはここに終わらず、近代に至るまで残るヨーロッパの重要な競合軸となる。また、長期化した戦争を安定的に戦うための常備軍や、それを維持するための徴税を行う官僚機構の必要から、フランスやスペインにおける主権国家の形成が進んだ。

また、戦場となった国土とともにイタリアで展開されていたルネサンスも打撃を受けた。

4.3 スペインの繁栄と衰退 ★★☆

(1) スペインの全盛期

神聖ローマ皇帝を兼ねたオーストリアの王家ハプスブルク家は、16世紀はじめに結婚によってスペインの王位を継承し、カルロス1世(神聖ローマ皇帝カール5世)の時代には、オーストリア、ネーデルラント、イタリアなどの広大な領土を占有した。

スペインは新大陸からもたらされる大量の**銀**によって、その勢力を急速に拡大し

3　近世ヨーロッパ　67

ていたが、広大な支配地がオスマン帝国の脅威にさらされたことや、イタリア戦争の戦費増大にも悩まされていた。

カルロス1世の退位後にハプスブルク家はスペインとオーストリアに分かれるが、スペイン＝ハプスブルク家を継いだフェリペ2世の時代にスペインは最盛期を迎えた。フェリペ2世は1571年、地中海貿易における最大のライバルであるオスマン帝国をレパントの海戦で破り、地中海の制海権を掌握した。また1580年には、アジア貿易を独占していたポルトガルの王位をも継承して、世界最大の植民地帝国を築き上げ、「太陽のしずまぬ国」を実現させた。

（2）オランダ独立戦争

熱心なカトリック教徒であったフェリペ2世は、ハプスブルク家の所領であったネーデルラントにカトリックを強制しようとしてカルヴァン派を弾圧した。

しかし、カルヴァン派が多かった北部地域を中心に、オラニエ公ウィレムを首領とする反スペイン勢力がオランダ独立戦争を起こして抵抗した。スペインは、カトリック教徒が多かった南部10州（現在のベルギー）を帰順させたが、北部7州はユトレヒト同盟を結んで戦い続け、1581年、ネーデルラント連邦共和国（オランダ）の独立を宣言した[9]。

さらに、イギリスのエリザベス1世がオランダを支援すると、これを攻撃するため1588年に無敵艦隊（アルマダ）と呼ばれたスペイン海軍をイギリスに派遣したが、イギリス海軍に敗れた。

これ以後、スペインでは流入する銀に依存して国内産業が振るわなくなり、海外貿易でもイギリス、オランダなどとの競争に敗れて衰退していった。

（3）オランダの繁栄

オランダは古くから毛織物産業や商業で栄えていたが、独立戦争時代にも積極的に海外進出を図り、1602年に東インド会社を設立し、ジャワ島のバタヴィア（現在のジャカルタ）を根拠地として香料輸入の独占で莫大な利益を得ていた。首都のアムステルダムは国際金融の中心地として繁栄した。

---

9 このとき、行政・軍事の中心となったホラント州の名から、ネーデルラントはオランダとも呼ばれるようになった。オランダは1609年にスペインと休戦し、事実上の独立を勝ち取ったが、独立が国際的に承認されるのは、後のウェストファリア条約によってである。

68　第1章　世界史

スペインの絶対王政とオランダの独立

❶ハプスブルク家
- **カルロス1世** ／ 神聖ローマ皇帝に選出される(**カール5世**)
  - カルロス1世の退位により、ハプスブルク家の分裂
- **オーストリア=ハプスブルク家** ／ フェルディナント1世(カルロス1世の弟)
  - 神聖ローマ皇帝位とオーストリアを継承
- **スペイン=ハプスブルク家** ／ フェリペ2世(カルロス1世の子)
  - スペイン王位に就きスペインの全盛期を現出

- 1571　レパントの海戦 ／ オスマン帝国を破る
- 1580　ポルトガルの併合 ／ アジア方面の植民地も獲得、「**太陽のしずまぬ国**」を現出

---

❷オランダ独立戦争
- 1568年に独立戦争が開始 ／ 南部10州(現在のベルギー)の脱落
- 北部7州(現在のオランダ)は**ユトレヒト**同盟を結成して抵抗
- 指導者**オラニエ公ウィレム**が1581年にネーデルラント連邦共和国の独立宣言を発表

❸イギリスのオランダ支援
- 1588年の**アルマダ海戦**でスペインを破る

❹オランダ独立の背景とオランダ独立後の繁栄
- ネーデルラントでは商業が発達
- カルヴァン派が広がる中、フェリペ2世によるカトリック化政策に反発
- 独立宣言後、アムステルダムは国際金融の中心に
- アジアにも進出し、香辛料貿易を独占(ジャワの**バタヴィア**が拠点)

16世紀頃のスペイン・オランダ

1519	スペイン王**カルロス1世**、神聖ローマ皇帝に選ばれ**カール5世**と称す
1556	カルロス1世退位 ／ **フェリペ2世**が即位、ハプスブルク家がスペイン系とオーストリア系に分裂
1568	**オランダ独立戦争** ／ フェリペ2世のネーデルラント介入への反発
1571	**レパントの海戦** ／ スペインがオスマン帝国の海軍を破る
1579	**ユトレヒト同盟** ／ ネーデルラント北部7州が**オラニエ公ウィレム**のもと同盟を結成
1580	フェリペ2世、ポルトガルの王位を兼ねる ／ 「**太陽のしずまぬ国**」へ
1581	**ネーデルラント連邦共和国**(オランダ)の独立を宣言
1588	スペインの**無敵艦隊**(アルマダ)、イギリス海軍に敗れる
1602	オランダ、**東インド会社**を設立
1609	スペイン、オランダとの間に休戦条約

3　近世ヨーロッパ

4.4 イギリスの絶対王政 ★★☆

(1) イギリス絶対王政の特徴

　イギリスでは中世期から議会の存在が大きな役割を果たしていたが、近世に至っても国王は重要法令の制定を議会に問い、議会は絶対王政の下支えを担う形で中央政府としての役割を負った。

　また、他国に見られた官僚制や常備軍はイギリスには根づかず、ジェントリ(郷紳)と呼ばれる各地の地主たちの自発的な協力により地方行政が担われていた[10]。

(2) イギリスの海外進出

　テューダー朝を創始したヘンリ7世はバラ戦争の混乱を収拾し、中央集権化を進めて絶対王制の形成に着手した。続くヘンリ8世は首長法を発してイギリス国教会を創設し、ローマ=カトリック教会の影響を退けた。次のメアリ1世の時代にはスペインや教皇の介入を許したものの、メアリ1世の死後即位した**エリザベス1世**は、**統一法**によって**イギリス国教会を確立**して教皇からの政治的独立を確立した。また、イギリスでは地主、領主らが農民から農地を取り上げて塀で囲い込み、牧羊地にして羊毛の生産を増大させる運動が行われていたが(**第1次エンクロージャー**)、こうして発展した毛織物産業は国家の保護を受け海外市場における重要な財政基盤となった。

　さらに女王は、スペインと争って制海権を奪い(**アルマダ海戦**)、1600年には**東インド会社**を設立してアジア進出の道を開いた。

16世紀頃のイギリス

1558	**エリザベス1世**が即位
1559	**統一法**を制定 ／ イギリス国教会の最終的確立
1588	スペインの**無敵艦隊(アルマダ)**を破る
1600	**東インド会社**を設立 ／ 貿易独占権を与えて東アジアへ進出

---

[10]　ジェントリは中世における騎士身分を由来とするが、封建社会において軍事的役割を早くに失ってから地主としての性格を強くし、医師や法律家などを含む地方の名望家となっていた。

4.5 イギリス革命 ★★★

（1）ステュアート朝の政治

　イギリスでは1603年にエリザベス1世が死去するとテューダー家が断絶したため、スコットランドのステュアート家より**ジェームズ1世**が迎えられて即位し、**ステュアート朝**を創始した。ジェームズ1世は王権神授説の信奉者で議会を全く無視し、産業統制や重税によって商工業者や農民の負担を増大させ、またピューリタンを弾圧した。

　ジェームズ1世の子**チャールズ1世**もやはり専制政治を行って議会と対立し、議会側は1628年、議会の同意なき課税や不法逮捕などを制限する権利の請願を可決した。しかし王は一度はこれを承認したものの翌年に議会を解散し、以後11年間にわたって議会を召集せず、専制政治を行った。そして1639年、スコットランドに国教会を強制しようとして反乱を招くと、これに対する戦費調達の必要から1640年に議会を開いた[11]。この議会が**王党派**（主に国教会）と**議会派**（主にピューリタン）の衝突の場となり、1642年には王党派と議会派の内乱に発展した。

　ここに発端し、ステュアート朝の絶対王政の打倒と立憲王政を実現させたピューリタン革命、名誉革命の二つを合わせて**イギリス革命**と呼ぶ。

（2）ピューリタン革命

　はじめは王党派が優勢であったが、結局は**クロムウェル**の指揮する議会派がピューリタンから編成された鉄騎隊を率いて勝利を収めた。この間、議会派内部でも、教会の長老制度を支持する長老派と教会の独立を求める独立派の対立があったが、軍隊の実権を握る独立派はクロムウェルを首領として長老派を議会から追放し、さらに1649年、チャールズ1世を処刑して**共和政を樹立**した[12]。これが**ピューリタン革命**である。

---

[11]　1640年4月に開かれた議会はわずか3週間で解散し（短期議会）、同年11月に再開された議会が1653年まで続いた（長期議会）。

[12]　世襲の国王ではなく国民に選ばれた代表者を元首とする政治を共和政といい、イギリスの歴史において共和政が実現したのはこのときのみであった。

3　近世ヨーロッパ

長期議会の諸勢力

王党派	・国王チャールズ1世を支持し、議会派と対立した勢力 ・聖職者、特権的大商人、貴族など、イギリス国教会の信徒が中心	
議会派	・議会を重視し国王チャールズ1世の専制政治に反対した勢力	
	独立派	・議会派のうち、長老による教会統制を否定し各教会の独立を志向する勢力 ・ピューリタンを中心とし、ジェントリやヨーマン、都市の商工業者に支持される ・ピューリタン革命ではクロムウェル主導のもと主導権を得て共和政の実現を目指した
	長老派	・議会派のうち、教会の長老制度を支持する勢力 ・当初議会の多数派で立憲君主政を主張していたが独立派に追放された
	水平派	・議会派のうち最も急進的に人民の権利を要求した勢力 ・小農民、手工業者などに支持された ・ピューリタン革命では独立派に協力するが、その後クロムウェルから弾圧を受ける

(3) クロムウェルの政治

　権力を握ったクロムウェルは議会派のうち**水平派**と呼ばれた急進勢力を弾圧し、さらに王党派の多かった**アイルランド**、長老派の多かった**スコットランド**を相次いで征服した。特にアイルランドについては実質的に植民地化した。

　また、経済政策においては重商主義を推し進め、1651年に**航海法**を制定した。これは中継貿易(輸出国と輸入国の間を仲介する貿易)に依存して利を上げていたオランダに打撃を与えるための策で、イギリスへの輸入品を運ぶ船をイギリスか産出国の船に限定することを定めたものであった。

　これによって両国間に**第1次英蘭戦争**(イギリス=オランダ戦争)が起こり、イギリスが勝利を収めた。

（4）名誉革命

　クロムウェルは1653年に護国卿に就任し、厳しい独裁政治を行った。このため国民の間に不満が高まり、彼の死後、勢力を回復した王党派と長老派は、先王チャールズ1世の子チャールズ2世を擁立し、王政に戻した（王政復古）。しかし、チャールズ2世も専制政治を行い、さらにカトリックを復活させようとしたため、議会は1673年に審査法を定めて公職就任者を国教徒に限定するとともに、1679年に人身保護法を定めて法によらない逮捕を禁じた。またこの頃、議会には王権を尊重して国教会を支持するトーリ党（のちの保守党）、議会の権利を主張するホイッグ党（のちの自由党）が形成され、政党の起源をなした。

　次に立ったジェームズ2世もカトリックを支持して専制を続行したため、両党派は1688年、ジェームズ2世を廃し、王の長女で新教徒のメアリとその夫オランダ総督ウィレム3世を新王とした。ジェームズ2世は、これに対抗するため派遣した軍隊が新王側についたのを知ると、抵抗を断念してフランスに亡命し、無血革命が成立した（名誉革命）。

　翌1689年、ウィレムはウィリアム3世として、妻のメアリ2世とともに議会の決定した権利の宣言を承認して王位に就き、王の名のもとに権利の章典として発布した。ここに、イギリスの議会政治の基礎が確立された。

（5）責任内閣制の成立

　ウィリアム3世の次に王位に就いたアン女王のとき、イギリス（イングランド）はスコットランドを併合して大ブリテン王国となったが、アンには子どもがなく、ドイツのハノーヴァー家からジョージ1世を迎え、ハノーヴァー朝を創始した。これが現在のイギリス王室（ウィンザー朝）の始まりである。

　王はドイツに滞在することも多く、1621年にはホイッグ党のウォルポールが最初の首相に就くと、内閣が国王ではなく議会に対して責任を負うという責任内閣制が成立した[13]。同時に「王は君臨すれども統治せず」という立憲君主政の原則も固まった。

　このような国内政治体制の整備が進むと、1694年にはイングランド銀行を創設して国債の発行などの積極財政に取り組み、国内産業の強化とともに植民地政策に着手する地歩を整えた。

---

13 議会の多数を占める政党の代表で内閣を構成し、議会から信任されて内閣を担うのであるから、内閣が国王ではなく議会に対して責任を負うとする政治原則を責任内閣制という。立法（議会）と行政（内閣）の連携を重視した政治体制である。

イギリス革命

❶ピューリタン革命

1603	**ジェームズ1世**が即位 ／ 王権神授説を主張し議会を無視、ピューリタンを弾圧
1625	**チャールズ1世**が即位 ／ 同様に専制を続ける
1628	**権利の請願**が議会可決 ／ 国王の専制を批判する議決
1629	チャールズ1世、議会を解散 ／ 以後11年議会を召集せず
1639	スコットランドの反乱 ／ イギリス国教会を強制されたことに対する反乱
1640	チャールズ1世、議会を召集
1642	**王党派**と**議会派**の内乱勃発
1649	独立派の**クロムウェル**、長老派を追放してチャールズ1世を処刑

❷共和政

1649	クロムウェル、アイルランドを征服
1650	クロムウェル、スコットランドを征服
1651	**航海法**を制定 ／ 中継貿易に依存するオランダを妨害して締め出す
1652〜54	**第1次英蘭戦争** ／ イギリスが勝利
1653	クロムウェル、**護国卿**となり軍事独裁化

❸名誉革命

1660	**王政復古** ／ **チャールズ2世**による専制へ
1665〜67	**第2次英蘭戦争**
1672〜74	**第3次英蘭戦争**
1673	**審査法**を制定 ／ 官吏をイギリス国教会信者に限定
1679	**人身保護法**を制定 ／ 恣意的な逮捕や投獄を禁じる
1685	**ジェームズ2世**が即位 ／ カトリックと絶対王政の復活を目指す
1688	**トーリ党**と**ホイッグ党**、オランダ総督ウィレム3世を招請 ジェームズ2世はフランスに亡命
1689	**ウィリアム3世・メアリ2世**が王位に就き、**権利の章典**を制定

❹議会政治の確立

1707	スコットランドと合同し**大ブリテン王国**が成立
1714	ジョージ1世、ドイツのハノーヴァー家から迎えられ即位（**ハノーヴァー朝**）
1721	ホイッグ党の**ウォルポール**、初の首相に就任 ／ **責任内閣制**の形成

4.6 ▶ フランスの絶対王政　★★☆

（1）絶対王政の確立

　アンリ4世の後を受けた**ルイ13世**の宰相**リシュリュー**は、ユグノーや貴族の勢力を抑えて中央集権化を進め、国際的には後述の三十年戦争に介入してハプスブルク家に対抗した。さらに、ルイ14世の宰相**マザラン**が、王権の伸長に反対する貴族の反乱（フロンドの乱）を抑えて、王権を強固なものとした。またマザランは外政面でも活躍し、三十年戦争の処理をめぐるウェストファリア条約では、オーストリア、

スペイン両ハプスブルク家を弱体化させ、フランスの領土を拡大した。

(2) ルイ14世

宰相マザランの死後、**ルイ14世**は宰相を置かず、50年以上にわたって親政を行った。この時期がフランスの**絶対王政の絶頂期**である。経済政策では**コルベール**を財務総監に任じて重商主義を進め、商工業の保護・育成と国庫の充実を図った。ルイ14世は国内政治の安定と豊かな財政に支えられて、**ヴェルサイユ宮殿**を建設し、文学や芸術を奨励した。しかし、戦費や宮廷費の増大は財政を圧迫するようになり、晩年は国庫が窮乏した。また、1685年には**ナントの勅令の廃止**によってユグノーを抑圧したため、多数の商工業者が外国に移住して国内産業も次第に衰退した。

(3) スペイン継承戦争

1700年にスペイン=ハプスブルク家最後の王カルロス2世が死去すると、スペイン王女と婚姻していたルイ14世は孫をフェリペ5世としてスペイン王位を継承させた。オーストリア=ハプスブルク家はブルボン家と同様の血縁関係から継承権を主張してこれに反対し、翌年にはイギリス、オランダ、オーストリアとの間に**スペイン継承戦争**が起こった。この戦争は1713年に**ユトレヒト条約**によって終結するが、フランスはスペインの併合に失敗し、逆にイギリスがジブラルタルや新大陸のニューファンドランドを獲得して、両者の明暗は分かれた。

こうして、1715年に即位したルイ15世以後、フランス絶対王政は大きく揺れ動いていった。

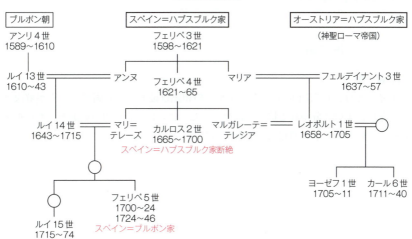

3王家の関係図

3 近世ヨーロッパ

スペイン継承戦争

❶原因
・スペイン=ハプスブルク家と血縁関係を持つブルボン家、オーストリア=ハプスブルク家の継承権争い
・両家の対立に乗じた周辺国の植民地獲得戦争

❷対立構図
・スペイン陣営／スペイン、フランス
・オーストリア陣営／オーストリア、イギリス、オランダ、プロイセン

❸ユトレヒト条約による終結
・フェリペ5世のスペイン王位継承を承認／ただしフランスによるスペイン併合は認めず
・イギリスはスペインよりジブラルタル、ミノルカ島、フランスからニューファンドランドなどを獲得
・オーストリアは別の条約でスペイン領ネーデルラント（ベルギー）を獲得

フランス絶対王政の最盛期

❶ルイ13世［位1610 ～ 43］
・王権を強化し、三部会の召集を停止
・宰相リシュリューが貴族やユグノーを抑圧し、**三十年戦争**に介入

❷ルイ14世［位1643 ～ 1715］
・フランス絶対王政の全盛期
・**王権神授説**を信奉
・宰相マザラン、王権の伸長に反対して貴族が起こしたフロンドの乱を鎮圧
・財務総監コルベールによる重商主義政策
・**ナントの勅令を廃止**したことによりユグノー（商工業者）が亡命し、産業の停滞を招く
・**ヴェルサイユ宮殿**の完成

4.7 三十年戦争 ★★★

（1）背　景

　ドイツでは、1555年のアウクスブルクの和議以後も、新旧両派の対立が解決せず、諸侯は両派に分かれて抗争を続けていた。さらに皇帝勢力の衰退とともに神聖ローマ帝国内は大小の領邦に分かれていた。

（2）経　緯

　ベーメン（ボヘミア）のプロテスタントがハプスブルク家によるカトリック強制に反発したことをきっかけとして、1618年に**三十年戦争**が始まった。戦いは当初新教と旧教の宗教戦争という構図を持ち、新教国のデンマーク、スウェーデンはプロテスタント側の陣営として、スペインや皇帝のカトリック側陣営と対峙したが、旧教国のフランスが皇帝に対立する勢力として参戦するなど、次第にハプスブルク家とフランスの国際戦争へと転化して長期化し、ドイツ全土を荒廃させた。

（3）ウェストファリア条約と戦後

　1648年、**ウェストファリア条約**で戦争は収拾され、アウクスブルクの和議での原則を再確認したうえでカルヴァン派にも敷衍する形でドイツでもカルヴァン派が公認を得た。スイスとオランダの独立やドイツ諸侯の主権も承認され、神聖ローマ帝国は有名無実化した。また、長年の戦乱による領土の荒廃は、ドイツの近代化を著しく困難にした。

　三十年戦争後、ドイツの政治的分裂は決定的になったが、比較的戦禍が少なくドイツ東北部に位置していた**プロイセン**が台頭し、18世紀には**ユンカー**と呼ばれる領主層を主体に常備軍と官僚制を整備して、絶対主義体制を整えた。

三十年戦争

```
●原因
・ベーメン（ボヘミア）における新教徒の反乱（宗教的原因）
・フランスとハプスブルク家のヨーロッパ覇権戦争（政治的原因）

●対立構図
・ハプスブルク家陣営 ／ 神聖ローマ皇帝、スペイン
・フランス陣営 ／ スウェーデン、デンマーク、オランダ、イギリス（プロテスタント）
　　　　　　　　　フランス（旧教国であるもののハプスブルク家に対抗）

●ウェストファリア条約による終結
・ドイツでのカルヴァン派公認 ／ アウクスブルクの和議の原則を再確認し、宗教戦争の終結
・スイス、オランダの独立承認
・フランスはライン川左岸のアルザス地方などを獲得
・スウェーデンは北ドイツに領土を得て強国化
・ドイツ諸領邦の主権の承認により神聖ローマ帝国の有名無実化
```

3　近世ヨーロッパ

5 啓蒙専制主義

5.1 プロイセンとオーストリア ★★★

（1）プロイセンの台頭

　プロイセンは神聖ローマ帝国内の一領邦であったが三十年戦争後に急成長し、スペイン継承戦争ではオーストリア＝ハプスブルク家側に立って参戦した。その功績により1701年に神聖ローマ皇帝から王国への昇格を許された。

　第2代国王**フリードリヒ＝ヴィルヘルム1世**は軍隊や官僚制を整え、絶対王政の基盤を作った。

（2）オーストリア継承戦争

　オーストリアでは、1740年に**マリア＝テレジア**がハプスブルク家の家督を継ぐ形で全領土を継承したが、女性の相続に対し異議を唱える声が上がった。プロイセンの**フリードリヒ2世(大王)**は**シュレジエン**(現在のポーランド南部)を占領し、フランスとともにオーストリアと戦った(**オーストリア継承戦争**)。マリア＝テレジアはイギリスの支援を受けたものの1748年の講和条約(アーヘンの和約)ではシュレジエンをプロイセンに奪われた。

オーストリア継承戦争

❶原因
・マリア＝テレジアがハプスブルク家の領土を継承したことに異を唱えて起こされた戦争

❷対立構図
・オーストリア側：オーストリア、イギリス
・プロイセン側：プロイセン、フランス、スペイン

❸アーヘンの和約による終結
・マリア＝テレジアの家督相続を承認する
・オーストリアはシュレジエンをプロイセンに割譲する

（3）七年戦争

　シュレジエンを失ったオーストリアはこれを奪回すべく、プロイセンの孤立を狙ってハプスブルク家の長年の宿敵フランスと同盟を結んだ（**外交革命**）。

　1756年にフリードリヒ2世はこの動きに応じて宣戦し、**七年戦争**が始まった。当初はプロイセンが不利であったが、植民地争奪戦でフランスがイギリスに敗れたために危機を脱し、1763年にフベルトゥスブルクの和約でシュレジエン領有を承認させた。

七年戦争

❶原因
・フランスと結んだオーストリアがシュレジエン奪回を図ったのに応じ、プロイセンが宣戦

❷対立構図
・オーストリア側：オーストリア、フランス、ロシア、スウェーデン
・プロイセン側：プロイセン、イギリス

❸フベルトゥスブルクの和約による終結
・プロイセンのシュレジエン領有を再確認

5.2 啓蒙専制主義　　★★☆

　18世紀の西ヨーロッパでは、旧来のキリスト教的世界観や封建思想から脱却して人間性の解放を試みるヴォルテールらの**啓蒙思想**が興り、王権神授説に代わって君主の依拠する統治理論となった。

　啓蒙思想の影響を受け、それを絶対王政における統治に採り入れた君主たちは、イギリス、フランスなどの強国に対抗するため、信教の自由の容認、産業や貿易の振興、軍事力の強化といった政策によって国家の発展を目指した。「上からの改革」によって近代化を図るものであり、旧来の価値観を否定する啓蒙思想の採用は貴族の有する伝統的な特権を抑制するためにも都合がよかった。

　こうした統治のあり方は**啓蒙専制主義**と呼ばれ、「君主は国家第一の僕」という言葉で有名なプロイセンのフリードリヒ2世やオーストリアのマリア＝テレジアは典型的な啓蒙専制君主とされる。

　しかしながら、フリードリヒ2世の統治は農民を支配する領主層であるユンカーに依拠するものであった点で前近代的であり、プロイセンの農民はこうした支配に囚われたままであった。オーストリアにおいても、マリア＝テレジアの子**ヨーゼフ2世**が啓蒙専制主義に基づく改革を行ったが成功せず、次第に弱体化していった。

3　近世ヨーロッパ　79

プロイセンとオーストリア

プロイセン：**フリードリヒ2世**（大王）	オーストリア：**マリア=テレジア**
・産業の育成、信教の自由、軍備の強化、司法改革、ユンカー（大土地貴族）を官僚・高級将校にする統治体制 ・「君主は国家第一の僕」	・行政・軍事・税制の改革、商工業の振興、農業改革、富国強兵 ・息子のヨーゼフ2世も啓蒙専制君主として農奴解放や信教の自由を試みたが、強い反対や反乱の勃発により失敗

6 ヨーロッパの海外進出

6.1 アジア市場への進出　　★★★

（1）ポルトガルのアジア進出

　大航海時代の1498年に、ヴァスコ=ダ=ガマがインドのカリカットに到達して航路を開き、1510年にはインドの**ゴア**を根拠と定めて香辛料貿易で莫大な利益を得た。その後、スリランカ、マラッカ、モルッカ諸島にも支配を広げ1557年には中国(明)の**マカオ**を拠点に対中貿易を行った。

（2）スペインのアジア進出

　スペインはマゼランとその部下が世界周航を成し遂げた後、フェリペ2世の時代にフィリピンの植民地化を進め、**マニラ**をアジアでの貿易拠点とした。マニラは同じくスペイン支配下にあったメキシコのアカプルコと太平洋横断ルートで結ばれ、交易を盛んに行った。

（3）オランダのアジア進出

　オランダは1602年に東インド会社を設立し、インドネシアの**バタヴィア**（現在のジャカルタ）を拠点として香辛料貿易を行った。さらに、モルッカ諸島のポルトガル勢力を排除してアンボイナ島に拠点を築いたが、やや遅れてイギリスの東インド会社がモルッカ諸島での貿易に参入すると、1623年にイギリス商館員を多数殺害する事件を起こしてこれを排除した（**アンボイナ事件**）。

　また、日本にも進出していたオランダは、鎖国政策の間も貿易を行う数少ない国の一つとなった。

（4）イギリスのアジア進出

　イギリスは1600年に東インド会社を設立して東アジア貿易への参入を図ったが、アンボイナ事件でオランダとの競争に敗れたのを機に、インド経営に注力するようになった。イギリスはインドに複数の拠点を構えて通商を行い、航海法の制定や英蘭戦争によって商業上のライバルであったオランダを締め出した。

（5）フランスのアジア進出

　フランスの東インド会社は1664年に財務総監コルベールにより再建され、インドに進出してイギリスと対抗関係をなした。

各国のアジア進出

ポルトガル	・インドのゴア、中国の**マカオ**を拠点 ・王室が利益を独占したため衰退
スペイン	・フィリピンの**マニラ**を拠点に、メキシコのアカプルコと結んだ貿易を展開
オランダ	・インドネシアのバタヴィアを拠点 ・17世紀にはイギリスを押さえて、オランダ東インド会社が最大の交易勢力に
イギリス	・アンボイナ事件以降、インド経営に注力 ・インドのマドラス、ボンベイ、カルカッタを拠点
フランス	・財務総監コルベールのもと、東インド会社を再建してイギリスに対抗 ・インドのポンディシェリ、シャンデルナゴルを拠点

（6）イギリス・フランスの**覇権争い**

　17世紀前半までのアジア市場の覇権はオランダが設立した東インド会社にあったが、その後イギリスに追い落とされると、インド進出をめぐるイギリスとフランスの対立という構図をなすようになった。両国の対立はヨーロッパでの戦争が世界の異なる地域での戦争に転じる形で現れることがしばしばあり、当時のインドを治めていたムガル帝国が内紛を起こすと、イギリスとフランスはこれに乗じてインドの地方勢力も巻き込み、対立を深めた。

　ヨーロッパで七年戦争が起こった際、インドでもイギリスとフランスの対立が武力衝突に発展し、1757年、イギリス東インド会社を率いた**クライヴ**が、フランスとベンガル州太守の連合軍を破ってイギリスのインド入植の基礎を築いた（**プラッシーの戦い**）。

6.2 アメリカ大陸の植民地争い ★★★

（1）ポルトガルのアメリカ入植
1500年にカブラルがブラジルに漂着した際、トルデシリャス条約で定められた植民地分割線に基づいてブラジルをポルトガル領とした。

（2）スペインのアメリカ入植
コルテスやピサロによる征服を端緒に、ブラジルを除くラテンアメリカの大半を植民地化した。鉱山経営から得られた**銀**はスペイン王室に莫大な利益をもたらしたが、その後オランダなどに圧されて衰退した。

（3）オランダのアメリカ入植
1621年、オランダはアムステルダムに**西インド会社**を設立し、アフリカ西岸とアメリカの貿易事業を始めた。北アメリカに**ニューネーデルラント植民地**を開き、その中心都市を**ニューアムステルダム**とした[14]。

（4）イギリスのアメリカ入植
イギリスは北アメリカに**ヴァージニア植民地**を開き、アメリカ入植の端緒とした。ステュアート朝の絶対王政期にピューリタンの弾圧が起こると、彼らの一部（ピルグリム＝ファーザーズ）は帆船メイフラワー号でアメリカに渡って定住し、**ニューイングランド植民地**の基礎をなした。

（5）フランスのアメリカ入植
フランスは16世紀前半からカナダへの進出を始め、**ケベック植民地**を開いた。ルイ14世治下では**ルイジアナ植民地**を建設した。

各国のアメリカ進出

ポルトガル	・トルデシリャス条約に基づき**ブラジル**を領有
スペイン	・ブラジル以外のラテンアメリカの大半を植民地化、大量の**銀**を得る
オランダ	・北アメリカに**ニューネーデルラント植民地**を開く
イギリス	・ヴァージニア、ニューイングランドに植民地建設
フランス	・ケベック、ルイジアナに植民地建設

14　第2次英蘭戦争においてこの地はイギリスに割譲され、ニューヨークと改名された。

（6）イギリス・フランスの植民地戦争

　東アジアと同様、アメリカへの入植においてもイギリス、フランスの両国の戦いが起こった。七年戦争の際、北アメリカで両国の植民地戦争が起き、イギリスが勝利した（**フレンチ=インディアン戦争**）。1763年の**パリ条約**で、フランスはイギリス、スペインに北アメリカにおける領土をすべて奪われ、逆にイギリスは多くの領土を獲得して植民地帝国の基礎を得た[15]。

ヨーロッパでの戦争に呼応した英仏の海外戦争

スペイン継承戦争時	1702～13　アン女王戦争 ／ 北米植民地におけるイギリスとフランスの戦争 1713　ユトレヒト条約 ・イギリスはスペインよりジブラルタル、ミノルカ島を獲得 ・イギリスはフランスからニューファンドランド、アカディア、ハドソン湾地方を獲得
オーストリア継承戦争時	1744～48　ジョージ王戦争 ／ 北米植民地におけるイギリスとフランスの戦争 1748　アーヘンの和約 ・勝敗がつかず占領地を交換
七年戦争時	1757　プラッシーの戦い ／ インド支配をめぐるイギリスとフランスの衝突 1755～63　フレンチ=インディアン戦争 ／ 北米植民地をめぐる最後の争い 1763　パリ条約 ・イギリスはフランスよりカナダ、ミシシッピ以東のルイジアナ、西インド諸島の一部、セネガルを獲得 ・イギリスはスペインよりフロリダを獲得 ・スペインはフランスからミシシッピ以西のルイジアナを獲得

---

[15]　フランスでは徴税権を持つ貴族が多く国の収入が少ないことに加え、国王の浪費が財政悪化に影響していたのに対し、イギリスでは議会の承認を得ることで税収のほとんどを軍事費に投入できたことが、戦争における優位を形成した。

3　近世ヨーロッパ

7 ロシアの台頭

7.1 ロマノフ朝の創始 ★★★

ロシアは中世期にモンゴル帝国の支配を受けていたが、15世紀後半にモスクワ大公国の**イヴァン3世**がこの支配を脱してロシアを統一した。彼はビザンツ皇帝の姪と婚姻してギリシア正教会を受け継ぐとともに、「**ツァーリ**」(皇帝)を自称した。

イヴァン4世(雷帝)はギリシア正教会の首長を兼任して専制を行い、コサックの首長**イェルマーク**の協力を得てシベリアの一部を開拓し、アジアにも領土を広げた。

イヴァン4世の死後は一時社会が混乱するが、1613年に**ミハイル=ロマノフ**が即位して**ロマノフ朝**を開いた。ロマノフ朝の皇帝は強い専制によって農民から過酷な収奪を行ったので、コサックに主導された**ステンカ=ラージン**の農民反乱など各地で反乱が相次ぎ、一時は衰弱した。

7.2 ピョートル1世の改革 ★★★

1682年に**ピョートル1世**(大帝)が即位すると、こうした停滞した雰囲気は一掃された。彼はまず東方進出を図り、1689年に康熙帝治下の清朝との間に**ネルチンスク条約**を締結して清との国境を確定し、通商を開いた。次に黒海進出を図ってオスマン帝国と開戦し、さらにバルト海進出を目指してスウェーデンのカール12世と衝突した(**北方戦争**)。占領地には**ペテルブルク**(現在のサンクト=ペテルブルク)が建設され、1712年にここへ遷都した。

7.3 エカチェリーナ2世の統治 ★★★

1762年に即位した女帝**エカチェリーナ2世**はピョートル1世の事業を継承し、オスマン帝国を破ってクリミア半島を手に入れ、またプロイセン、オーストリアとともに**ポーランド分割**を強行し、さらにオホーツク海沿岸地域に進出してアラスカ、千島を占領した。1792年には日本にも外交使節**ラクスマン**を派遣した。

一方、国内では伝統的な農奴制が存続し、**プガチョフの農民反乱**などを鎮圧して内政を固め、農奴制を強化した。

84　第1章　世界史

ロシアの台頭

❶イヴァン3世（モスクワ大公国）
・キプチャク＝ハン国（南ロシアのモンゴル王朝）の支配を脱し、ロシアを統一（15世紀末）
・東ローマ皇帝の姪と結婚、滅亡した東ローマ帝国に代わり、ギリシア正教会を継承
・**ツァーリ**（皇帝）を自称

❷イヴァン4世
・ギリシア正教の首長を兼任
・「**雷帝**」と呼ばれて恐れられ、専制政治を行った
・コサックの首領イェルマークにシベリアの一部を開拓させた

❸ミハイル＝ロマノフ
・1613年にロマノフ朝を開く
・対外戦争により国民生活を圧迫
・ミハイルの死後、ステンカ＝ラージンの反乱（1670～71）勃発

❹ピョートル1世
・自らイギリスとオランダを視察（武器製造や造船技術を学ぶ）
・税制改革、軍備の強化、産業を振興
・**ネルチンスク条約**（1689）／清との国境を画定
・**北方戦争**（1700～21）／スウェーデンを破り、バルト海東岸に進出
・「西欧への窓」であるペテルブルクを造営

❺エカチェリーナ2世
・フランス文化と宮廷に憧れ、冬宮を造営
・都市に自治権を付与し、経済活動を促進
・**プガチョフの農民反乱**（1773～75）やフランス革命（1789～99）後は逆に農奴制の強化を行い、自由主義思想を弾圧

3　近世ヨーロッパ　85

8 17~18世紀のヨーロッパ文化

8.1 科学革命 ★★★

　17世紀に各国が主権国家を形成する頃、自然科学が進歩してさまざまな成果をもたらした。

科学の発達

ガリレイ[伊]／望遠鏡の改良	ケプラー[独]／惑星の運行法則
ハーヴェー[英]／血液循環	ボイル[英]／気体の法則
ニュートン[英]／万有引力	リンネ[スウェーデン]／植物の分類
ラヴォワジエ[仏]／燃焼理論	ジェンナー[英]／種痘法
ラプラース[仏]／宇宙進化論	

8.2 思想・文芸・美術・音楽 ★★★

17~18世紀ヨーロッパ文化における思想・文芸・美術・音楽

思想	フランシス=ベーコン[英]／『新オルガヌム』	
	デカルト[仏]／『方法序説』	パスカル[仏]／『パンセ(瞑想録)』
	スピノザ[蘭]／『倫理学』	ライプニッツ[独]／『単子論』
	グロティウス[蘭]／国際法の祖、『海洋自由論』、『戦争と平和の法』	
	ホッブズ[英]／『リヴァイアサン』	ロック[英]／『統治二論』
	カント[独]／『純粋理性批判』	モンテスキュー[仏]／『法の精神』
	ヴォルテール[仏]／『哲学書簡』	ルソー[仏]／『社会契約論』
	ディドロ、ダランベール[仏]／『百科全書』	
文芸	コルネイユ[仏]／悲劇「ル・シッド」	ラシーヌ[仏]／悲劇「アンドロマック」
	モリエール[仏]／喜劇「人間嫌い」、「ドン=ジュアン」	
	ミルトン[英]／『失楽園』	バンヤン[英]／『天路歴程』
	デフォー[英]／『ロビンソン=クルーソー』	スウィフト[英]／『ガリヴァー旅行記』
絵画	ルーベンス[独]、ファン=ダイク[独]、エル=グレコ[スペイン]、ベラスケス[スペイン]	
建築	バロック美術／17世紀、ヴェルサイユ宮殿など ロココ美術／18世紀、サンスーシ宮殿など	
音楽	バッハ[独]、ヘンデル[独]、モーツァルト[オーストリア]	

86　第1章　世界史

過去問チェック

01 トルデシリャス条約は、1494年、スペインとポルトガルの間で対立していた大西洋の管轄区域をめぐる問題に関して、スペインのトルデシリャスにおいて両国間で締結された条約である。この問題は前年の1493年に両国間で結ばれた教皇子午線協定によって一時的な決着をみたが、これを不服とするスペインの要求により再度協議されることになった。この条約の結果、ブラジルはスペイン領になった。裁判所2005 `2.1`

✕ スペインでなくポルトガルの抗議によってブラジルはポルトガル領になった。よって現在のブラジルではポルトガル語が公用語となっている。

02 イギリスでは、ヘンリ8世が統一法（統一令）を制定し、ローマ教会から独立したイギリス国教会を成立させた。その後、この国教会は、礼拝儀式についてカトリックとプロテスタントの間で動揺したが、エリザベス1世が制定した首長令によって定着した。裁判所2005 `3.3`

✕ 統一法を制定したのはエリザベス1世であり、首長法（首長令）を制定したのがヘンリ8世である。

03 16世紀、英国国教会を確立させたイギリス女王エリザベス1世は、ポルトガルのスペインからの独立を援助し、スペインの無敵艦隊をレパント沖海戦で撃滅した。さらに、東インド会社を設立させて、毛織物貿易を保護するなど重商主義政策によってイギリス絶対主義の全盛期を築き上げた。国家一般職2005 `4.3`

✕ ポルトガルでなくオランダのスペインからの独立をイギリスは支援した。またそれはレパント海戦でなく、アルマダ海戦である。

04 16世紀後半、スペインの王位に就いたフェリペ2世は、現在のスペイン、フランスからバルカン半島に至る広大な領土を支配した。スペインは、レパントの海戦でのオスマントルコへの勝利、「無敵艦隊」による英海軍のせん滅を契機に、王国はその最盛期を迎えた。国家専門職2001 `4.3`

✕ フェリペ2世の治世がスペイン王政の全盛期ではあり、スペイン、ネーデルラント、ナポリやアメリカ大陸、フィリピン等を領土としたが、フランスからバルカン半島まで支配していない。またレパント海戦についての記述は妥当であるが、イギリスには敗れている（アルマダ海戦）。

05 フランスでは、ルイ14世が即位し、リシュリューが宰相となって国王の権力の強化に努めたが、それに不満を持った貴族がフロンドの乱を起こした。国内の混

乱は長期化し、ルイ14世が親政を始める頃にはフランスの王権は形骸化していた。
国家一般職2016 4.6

✕ リシュリューはルイ13世の宰相を務めた人物であり、ルイ14世の宰相はマザランである。フロンドの乱についての記述は正しいが、ルイ14世の治世が絶対王政全盛期だったので後半は妥当ではない。

06 神聖ローマ帝国内に大小の領邦が分立していたドイツでは、ハプスブルク家がオーストリア領ベーメン（ボヘミア）のカトリック教徒を弾圧し、それをきっかけに百年戦争が起こった。その後、ウェストファリア条約によって戦争は終結した。
国家一般職2016 4.7

✕ ハプスブルク家がオーストリア領ベーメン（ボヘミア）のカトリック教徒を弾圧して起きたのは百年戦争ではなく三十年戦争である。百年戦争は中世に起こったフランスとイギリスの戦争である。

07 17世紀前半、ボヘミアの旧教徒の反乱に端を発した三十年戦争は、フランス、イタリア、ロシアを巻き込む国際的な宗教戦争へと発展したが、フェルディナント３世はウェストファリア条約を結びルター派の公認を取り消して追放し、神聖ローマ帝国の威信を保った。国家専門職2001 4.7

✕ ボヘミアの旧教徒でなく新教徒（プロテスタント）が妥当である。また三十年戦争にイタリアやロシアは含まれず、フェルディナント３世の時代に結ばれたウェストファリア条約によってルター派は承認された。

08 17世紀、西欧列強の植民地抗争においては、イギリスは、モルッカ諸島の香辛料貿易をめぐる争いでオランダに敗れた後、インド経営に重点をおいた。オランダとの対立が激しくなる中で、イギリスは航海法が引き起こした英蘭戦争でオランダを破り、さらに、18世紀の半ばには、フランス、ベンガル王侯軍に勝利して、インド植民地化の足場を固めた。国家一般職2005 6.1

◯ 18世紀の半ばにイギリスがフランス、ベンガル王侯軍に勝利したのはプラッシーの戦いである。

第1章

世界史

3 近世ヨーロッパ　89

過去問 Exercise

問題1　ルネサンスに関する記述として妥当なのはどれか。

国家一般職1998

1　ギリシア・ローマの古代文化を理想とし、それを復興し新しい文化を作り出そうという運動で、フランスに始まり、その後ネーデルランド、ドイツなどヨーロッパに伝播し、15世紀になってイタリアのフィレンツェで最も隆盛をみた。

2　都市の繁栄により巨富を得た大商人によって支えられたルネサンス運動は、宗教を否定して人間の尊厳を説き、個性の自由な発揮を重んじたため、ローマ教皇や貴族はこれを厳しく弾圧した。

3　科学技術では、自然科学の各分野で技術の開発や発明が盛んに行われた。なかでも3大発明といわれる製紙法・羅針盤・火薬はイタリアで生まれたもので、イスラム世界を通じて中国に伝えられた。

4　美術では、現実をありのままに直視しようとする写実表現にかわって、物の本質や人間の内面の傾向に重きをおく抽象的表現方法が広まり、ボッティチェリは「ヴィーナスの誕生」や「春」を躍動感ゆたかに描いている。

5　文学では、ボッカチオが「デカメロン」を著して人間の現実の姿をえぐりだし、近代小説の先駆者となり、トマス-モアが「ユートピア」を著して、空想の理想的社会を描きながら現実を風刺した。

解説

正解 ⑤

❶ ✕　順序が反対になっている。イタリアで始まったルネサンスが後にフランスなどのヨーロッパ各地に広がった。

❷ ✕　「宗教を否定して」とまではいえず、人間と神の調和を図る作品も思想もある。また、ローマ教皇や貴族が厳しく弾圧した事実もない。イタリアではローマ教皇ユリウス2世やレオ10世が積極的に芸術家を保護したことで知られている。

❸ ✕　ルネサンス三大発明は活版印刷術、羅針盤、火薬であり、製紙法はこれに含まれない。また、羅針盤と火薬はイタリアではなく中国が起源である。活版印刷術を先に使った文明は中国とされるものの、近代の印刷技術の基礎となるヨーロッパの活版印刷はドイツのグーテンベルクが発明したとされる。

❹ ✕　抽象的表現方法ではなく、写実的な作品が多いのがルネサンスの特徴である。

❺ ◯　正しい記述である。

3　近世ヨーロッパ

問題2　　ルネサンスに関する記述として最も妥当なのはどれか。
国家専門職2002

1　教皇の力が衰え、封建社会もまた揺らいでくると、西ヨーロッパでは都市の市民層を中心に人間を封建的な束縛から解放しようとする政治・社会革新運動が起こった。この運動は、彼らが最も人間らしく生きていた時代と考えられるローマ共和制を再生させようという形で始まったところからルネサンスと呼ばれ、社会に変革をもたらし、近代化につながった。

2　ルネサンスは最初にヴェネツィアで起こった。その理由として、東方貿易に有利な海港都市であり経済的に繁栄したこと、東方貿易で高度なイスラム文化が流入したこと、ビザンツ帝国から学者が亡命してきて古代ギリシア文化を伝えたことなどが挙げられる。ヴェネツィアの大富豪で市政に君臨したサヴォナローラは自邸内にプラトン学院をもうけ、多くの学者や芸術家を養成した。

3　ルネサンス期には、階級的な制約の打破、人間疎外からの解放を目指すヒューマニズム運動が起こり、人間追求の手がかりを古典古代に求め、ラテン語・ギリシア語の研究と古典の収集に努力する文学者が多く輩出された。代表的な文学者であるダンテはギリシア語で「神曲」を著し、ラブレーはラテン語で「随想録」を著した。

4　ルネサンスの合理的な考え方は、自然科学や技術を進歩させた。コペルニクスは天動説に疑いを抱き地動説を唱え、ガリレオ＝ガリレイは望遠鏡による観測によって地動説の正しさを主張した。またルネサンスの三大発明の一つである活版印刷はドイツ人グーテンベルクが発明したといわれ、製紙法と相まって新しい思想の速やかな普及に影響を与えた。

5　壮大な規模と豪華絢爛たる装飾が特徴的な中世後期のゴシック様式に代わり、高い天井と屋根、ステンドグラスをはめた大きな窓を持つルネサンス様式が起こった。ピサの大聖堂はルネサンス期の代表的な建築物である。しかし建物内を飾る彫刻や絵画は科学万能の精神を反映してギリシア神話やキリスト教に題材を求めたものは少なかった。

92　第1章　世界史

解説

正解 **4**

1 ✕ ルネサンスは、古代ギリシアや古代ローマの文化・芸術を復活させようとする学芸運動であり、政治・社会革新運動とはいえない。

2 ✕ サヴォナローラはヴェネツィアの大富豪ではなく、15世紀末にフィレンツェで修道院長を務めた人物である。また、プラトン学院を創ったのは、フィレンツェの大富豪メディチ家のコジモである。

3 ✕ ダンテの『神曲』はギリシア語ではなく、出身地フィレンツェの言語であったトスカナ語で書かれた。また、『エセー(随想録)』を著したのはラブレーではなくモンテーニュである。

4 ○ 正しい記述である。

5 ✕ ピサの大聖堂は、ゴシック様式以前の11〜12世紀にかけて西欧で発達したロマネスク様式の代表例である。一方、ゴシック様式とは12世紀前半のフランスで生まれた建築様式で、薄い壁、大きな窓、ステンドグラス、尖塔形のアーチなどが特徴となっている。パリのノートルダム大聖堂などが代表的である。ルネサンス様式は大きなドームが特徴となっており、ローマのサン＝ピエトロ大聖堂などが代表例として挙げられる。

3 近世ヨーロッパ

問題3 　大航海時代に関する記述として、妥当なのはどれか。

東京都Ⅰ類2003

1 　大航海時代の背景として、ムガル帝国が東方貿易に介入したことを受けて、ヨーロッパ諸国が、香辛料貿易によって直接利益を得るため、新航路の開拓を目指したことがあげられる。

2 　ポルトガルでは、エンリケ航海王子が援助して、ヴァスコ=ダ=ガマは喜望峰を経由してインド西海岸のカリカットに到着し、ここは後にポルトガルの総督府が置かれ、アジア貿易の根拠地となった。

3 　スペインでは、女王イサベルが援助して、コロンブスは地理学者トスカネリの説を信じて西航し、西インド諸島を経由してブラジルに到着し、ここをスペイン領と宣言した。

4 　スペインは、アステカ王国及びインカ帝国を征服して、アメリカ大陸における植民地を築き、その後、ポルトガルとの間でトルデシリャス条約を結び、植民地境界線を定めた。

5 　新航路の開拓による影響として、ヨーロッパでは商業革命及び価格革命が起き、このうち価格革命とは、アメリカ大陸から大量の銀が流入したことにより、物価が高騰したことをいう。

94　第1章　世界史

解説

正解 **5**

1 ✗ 東方貿易に介入してきたのは、ムガル帝国ではなくバルカン半島南部から小アジア（東地中海）、北アフリカの一部を支配したオスマン帝国である。なお、ムガル帝国はインドの王朝である。

2 ✗ ヴァスコ=ダ=ガマがカリカットへの航海を成功させたことは事実であるが、ポルトガルの総督府が置かれたのはカリカットより北方のゴアである。

3 ✗ コロンブスはブラジルには到着していない。また、ブラジルは、トルデシリャス条約などによりスペイン領ではなくポルトガル領となった。なお、インド航路を航行中にポルトガル人のカブラルがブラジルに漂着し、ポルトガル領と宣言した。

4 ✗ トルデシリャス条約とは1494年にスペインとポルトガルとの間で締結された条約であり、スペインのコルテスによるアステカ王国征服、ピサロによるインカ帝国征服よりも前のものである。

5 〇 正しい記述である。

問題4 ヨーロッパ各国における15世紀〜18世紀の情勢に関する記述として最も妥当なのはどれか。

国家専門職2012

❶ 英国では、チャールズ2世が、トーリー党のクロムウェルを首相に登用し、審査法や人身保護法を制定して絶対王政の復活を図ったが、「代表なくして課税なし」を主張するウィッグ党のウォルポールがピューリタン革命を起こして、権利の章典を発布した結果、立憲君主制が確立した。

❷ フランスでは、ルイ14世が、内乱（宗教戦争）を終結させるため、「王は君臨すれども統治せず」とするナントの勅令を発布し、三部会による共和政を導入した。また、コルベールを宰相に登用し、農業を国の基本とする重農主義政策をとって、東インド会社を廃止した。

❸ プロイセンでは、フリードリヒ2世が、宗教寛容令を出し、重商主義政策によって産業を育成したほか、ヴォルテールらの啓蒙思想家を宮廷に招き、「君主は国家第一の下僕」と称した。また、オーストリア継承戦争、七年戦争を戦い抜き、プロイセンはヨーロッパの強国となった。

❹ ロシアでは、モスクワ大公国のピョートル1世が、農奴解放令を発して国力を高めると、ポーランド分割に参加して領地を拡大した。さらにオスマン帝国を滅ぼすなど、その版図を一気に拡げ、「太陽の沈まぬ国」と呼ばれるロシア帝国を成立させ、自らをツァーリと称した。

❺ オランダでは、オラニエ公ウィレムの指揮の下、レパントの海戦でスペインの無敵艦隊を破り、その講和会議で独立を要求したが、列強諸国が「会議は踊るされど進まず」と評されるほどに強硬に反対したため、ウェストファリア条約で独立が認められたのは南部10州だけにとどまった。

解説

正解 ❸

❶ ✗ クロムウェルはピューリタン革命で王政を打倒して共和政を打ち立てた人物であり、チャールズ2世が亡命先のフランスから帰国して王政を再スタートさせた際にはすでに死去している。また、「代表なくして課税なし」のスローガンは、イギリスの植民地であったアメリカが、本国の重税に抗議した際に用いられたものである。

❷ ✗ ナントの勅令はアンリ4世が旧教と新教の宗教対立(ユグノー戦争)を終結させるために発布した。「王は君臨すれども統治せず」とは、ハノーヴァー朝以降のイギリスの議会政治に始まる慣例であり、現在の議院内閣制の原則になっている。また、ルイ14世は絶対王政最盛期の王であり、そもそも共和政とは君主のいない政治体制なのだから、問題文が矛盾していることになる。さらに、コルベールは宰相ではなく財務総監に任じられた人物であり、東インド会社を廃止ではなく再興して、重商主義を推進して植民地の拡大を図った人物である。

❸ ○ 正しい記述である。

❹ ✗ 農奴解放令はクリミア戦争の敗北を契機にロシアの近代化を進めるためにアレクサンドル2世によって発布された。また、ポーランド分割は3回にわたり周辺国によって行われ、いずれにも参加したロシア皇帝はエカチェリーナ2世である。さらに、オスマン帝国はロシアではなく帝国内部からのトルコ革命によって滅びた。

❺ ✗ オラニエ公ウィレム指揮下に始まったオランダ独立戦争では、ネーデルラント諸州のうち、北部7州がユトレヒト同盟を結成して最後までスペインと闘い、ウェストファリア条約で独立が国際的に認められた。なお、レパントの海戦は、スペインとオスマン帝国の海戦であり、オランダ独立に関わるのは、イギリスとスペインが戦ったアルマダ海戦である。「会議は踊る、されど進まず」とはウィーン会議を揶揄したものである。

3 近世ヨーロッパ 97

国家一般職★★★／国家専門職★★★／裁判所★★★／東京都Ⅰ類★★★／特別区Ⅰ類★★★

4 近代国家の成立と発展

資本主義を確立したイギリスの産業革命、近代民主政の基礎となったフランス革命やアメリカの独立などを契機に、各国は近代国家という形を採り始めます。重要な歴史的事象が多く、試験を問わず出題の多い部分ですので、じっくりと学習しましょう。

1 産業革命

1.1 産業革命の背景 ★★☆

　生産手段の機械化やエネルギー革命を通じて、経済的・社会的に大きな変革が訪れたことを産業革命という。産業革命はまずイギリスで始まったが、それは次のような背景による。

イギリスで産業革命が起こった背景

- ・資本の蓄積 ／ 近世以降、商工業や金融業の発達により資本が蓄積されていた
- ・海外市場の存在 ／ 世界を舞台にした交易競争でオランダ、フランスを押さえ、広大な海外市場を得た
- ・農業の転換 ／ 市場向けの生産を目指す農業が発達し、都市人口向けの食料に
- ・労働力の増大 ／ 土地を喪失した農民が農業労働者や都市の工業労働者となった
- ・豊富な資源 ／ 石炭、鉄鉱石などの資源が豊富に存在
- ・科学の発達 ／ ニュートンの登場以来の近代科学の発達で、工業技術への応用が可能に

　特に農業については食料の生産業に従事しない都市労働者に供給される形で工業の発達を下支えしたが、これは議会が穀物増産のために推進した土地の囲い込み運動に裏づけられていた（**第2次エンクロージャー**）。農地は大地主のもとに集まり、大農場経営によって食料の生産が増大した（**農業革命**）。一方で中小の農民は土地を失い、大地主のもとでの農業労働者や都市に流入しての工業労働者となった。

98　第1章　世界史

イギリスにおける土地囲い込み運動

●第1次エンクロージャー
・15世紀末に行われた、羊毛生産拡大のための政策
・毛織物産業が国民産業に

●第2次エンクロージャー
・18世紀後半〜19世紀前半に行われた、穀物生産拡大のための政策
・先進技術を持った大地主による大規模な農場経営へ（農業革命）

1.2 産業革命の進展 ★★☆

（1）綿布の需要拡大

　イギリスの主要な産業は中世に始まった羊毛を原料とした毛織物業であったが、インドから輸入された綿布の需要がより高まったため綿工業がイギリス国内に発達した。このような事情で、産業革命はまずマンチェスターを中心に**綿工業**の分野で始まった。

（2）機械の発明

　綿工業は、原料である綿花から綿糸を紡ぎ出す紡績と、綿糸を織り上げて綿布などの織物を作る織布という工程からなる。これらの工程における生産効率を高めるための機械や動力が次々に発明されたことによって、綿工業は飛躍的に発達した。

機械の発明

飛び杼	・**ジョン=ケイ**が1733年に発明した、綿織機の縦糸に横糸を通す装置 ・織布の作業効率を急速に高め、綿糸の紡績技術の改良を誘引した
ジェニー紡績機	・**ハーグリーヴズ**が1764年頃に発明した紡績機
水力紡績機	・**アークライト**が1769年に発明した紡績機
ミュール紡績機	・**クロンプトン**が1779年に発明した紡績機
力織機	・**カートライト**が1785年に発明した織機
蒸気機関	・**ニューコメン**が1708年に考案 ・**ワット**が1769年に改良し、紡績機や力織機などの動力として採用

4　近代国家の成立と発展

（3）交通機関の改良

　こうした工業の発達に伴い、原料や製品を生産地や市場に運ぶために交通機関の改良が行われ、19世紀になると交通や運輸は大きく様変わりした（**交通革命**）。

交通機関の改良

蒸気機関車	・トレヴィシックが1804年に発明するも実用化に至らず ・**スティーヴンソン**が1814年に発明し、1825年に実用化 ・1830年にマンチェスターとリヴァプール間に旅客鉄道が開通
蒸気船	・**フルトン**（米）が1807年に実用化

1.3 産業革命の影響 ★★★

（1）イギリスの工業国化

　イギリスは農業国から工業国へ転換し、技術改良によって安価で大量に生み出された製品を世界の市場で売り出したことから「**世界の工場**」と呼ばれるようになった。一方で従来の家内工業や手工業は衰退した。

（2）各国への波及

　イギリスが工業の覇権を握ったことは、当初他のヨーロッパ諸国の産業を圧迫していたが、イギリスが機械と技術の輸出を解禁すると各国にも工業化が波及した。
　まずベルギーやフランス、次いでドイツ、アメリカなどで19世紀に産業革命が起こり、ロシアでは1880年代から、日本では明治維新後の19世紀末に産業革命が開始した。産業革命による技術革新や工業化によって、各国は世界規模での経済活動の展開を行い成長したが、経済成長の速度は現代と比べれば緩慢であった。

（3）資本主義体制と労働問題

　産業革命の結果、それまでの手工業に代わって機械制工業が生まれて大量生産時代が到来した。工場制度の発達は都市部への人口集中を引き起こし、社会的には**資本家**（産業資本家）と**労働者**という二大階級にはっきりと分化するようになった。資本家は経済全体に影響を及ぼすような存在となり、社会的地位が高まった。このようにして**資本主義体制**が形成された。
　資本家は利潤を追求するために、女性、子ども、植民地人などの安価な労働力を利用し、その労働条件・労働環境は劣悪なものであった。このため労働者の不満が高まり、労働組合の結成を図ったり、**ラダイト運動**（機械破壊運動）を起こしたりした。また、社会主義思想が誕生し、これらの問題の克服を模索した。

2 アメリカ独立革命

21 アメリカ独立の背景 ★★★

（1）北アメリカ植民地

　北アメリカの東岸にイギリスが有していた**13植民地**は、その成立の経緯や宗教的背景の違いから政治的結合を持たなかったものの、1619年に**ヴァージニア植民地**で最初の植民地議会が開かれるなど、自治制度を一定程度獲得しており自立志向については共通していた。

（2）本国との対立

　13植民地独立の動きは本国イギリスの重商主義政策に起因し、特に七年戦争後にイギリスが植民地への課税強行策に転換したことによる。

　イギリスが推し進めた重商主義政策は、国内産業を保護するために、植民地に対して自立的産業の発展を制限・抑圧していた。さらに、七年戦争に要した戦費を賄うために、イギリス議会は植民地に対する課税を強化し、住民の反感は高まっていった[1]。

① 印紙法

　1765年に制定された**印紙法**は、植民地で発行されるすべての証書・出版物などに課税して、本国からの駐屯軍の諸費用に充てようとしたものである。これに対して憤激したジャーナリストが啓蒙活動の中心となって、植民地住民に課税の不当性を訴え、**「代表なくして課税なし」**という主張が生まれた。

　結局、わずか３か月で印紙法は廃止された。

② 茶　法

　1773年に制定された**茶法**は、植民地に対する茶の独占販売権を、経営難に陥っていた東インド会社に与えたものである。これに反対する植民地住民は同社の船を襲撃して積み荷であった大量の茶を海に投棄し、強硬な姿勢で臨んだ本国との対立は決定的なものとなった（**ボストン茶会事件**）。

---

[1]　さらに、フレンチ＝インディアン戦争で破れたフランスの新大陸からの撤退によって外的な脅威が薄れたことも一因となって、植民地と本国の対立姿勢が表面化した。

4　近代国家の成立と発展　101

2.2 アメリカ独立戦争 ★★★

（1）戦争の発端

1774年に植民地代表はフィラデルフィアで**大陸会議**を開催し、本国に対する抗議と大規模な不買運動を行ったが、イギリス本国はこれを黙殺して、対立関係は悪化の一途をたどった。ついに1775年、マサチューセッツ植民地のレキシントンとコンコードで武力衝突が発生し、アメリカ独立戦争が始まった。

（2）独立宣言

緒戦の勝利の後、植民地側はワシントンを総司令官に任命し、またトマス＝ペインが発表した小冊子『**コモン＝センス**』の中でイギリスからの独立と共和国の建設を主張すると、これに大きく影響を受けた人々が次第に独立の方向へ傾斜し、1776年7月4日、トマス＝ジェファソンが起草し、大陸会議で可決していた独立宣言が公布された。

独立宣言の内容には当時の啓蒙思想、特にイギリスの**ロック**から発展した自然法的思想の影響が見られ、すべての人間は平等で、侵すことのできない一定の権利を持ち、人々を統治する権力は、統治される者の同意なくしては存在し得ず、人々を抑圧する権力に対しては、これに断固抵抗して廃止・変革を要求することができる（**抵抗権**）、と述べて独立の正当性を主張した。

（3）独立の達成

緒戦に勝利したものの苦戦の続いていた独立軍は、サラトガの戦いでの勝利の後、1778年にはフランス、1779年にはスペインと同盟することに成功し、さらにロシア皇帝**エカチェリーナ2世**の提唱により他のヨーロッパ諸国とも武装中立同盟を結んで外交的に優位に立った。

そして1781年のヨークタウンの戦いで決定的な勝利を収め、1783年のパリ条約でイギリスから独立の承認を受けるとともにミシシッピ川以東の領土を獲得し、アメリカ合衆国が建国された。

2.3 アメリカ合衆国の建国 ★★☆

（1）合衆国憲法の制定

　独立戦争に勝利した13植民地は、当初、それぞれが固有の主権を持つ州の連合体という形を採った。しかし、戦時債権の処理や通商の不振などの経済的困難が増大した結果、中央政府樹立の必要性が叫ばれるようになった。このような立場の人々を**連邦派**（フェデラリスト）と呼ぶが、彼らが中心となって1787年、フィラデルフィアにおいて憲法制定会議が開かれ、**人民主権**、**連邦主義**、**三権分立**を基礎とする合衆国憲法が採択された。

合衆国憲法の特色

・世界初の近代的成文憲法
・**人民主権** ／ 共和政の民主主義を基礎とする（一方で先住民や黒人奴隷の権利は無視）
・**連邦主義** ／ 各州の自治を認めつつ、中央政府の権限を強化する
・**三権分立** ／ 行政は大統領、立法は議会、司法は最高裁判所が担う

（2）連邦政府の発足

　合衆国憲法を支持する連邦派と、批判的な反連邦派の対立が生じたものの、1789年に**ワシントン**を初代大統領とする連邦政府が発足し、この政権には連邦派のハミルトンが財務長官に、反連邦派のジェファソンが外交を務める国務長官として参加した。

　ワシントンは独立戦争後の復興を優先し国内の地歩を固めるため、フランス革命には干渉せず中立の立場を維持した。

4　近代国家の成立と発展　103

アメリカ独立革命

●アメリカへの入植
1607　**ヴァージニア植民地**建設　／　アメリカに開かれた最初の植民地
1619　ヴァージニアで最初の植民地議会が開設
1620　ピューリタンの一団（ピルグリム＝ファーザーズ）、メイフラワー号でプリマスに上陸
1664　イギリス、ニューアムステルダムを占領してニューヨークと改称
1682　フランス、ルイジアナに入植
1755～　**フレンチ＝インディアン戦争**　／　フランスを破り、イギリスのアメリカ植民地支配
　　　　　　　　　　　　　　　　　　　　　　　が確立

●独立への動き
1765　**印紙法**が制定　／　植民地住民は「**代表なくして課税なし**」と主張して反発
1773　**茶法**が制定　／　植民地住民は**ボストン茶会事件**を起こす
1774　第1回大陸会議　／　イギリス本国に抗議を行い自治の尊重を求める
1775　レキシントンの戦い　／　**アメリカ独立戦争の開始**
　　　　第2回大陸会議　／　**ワシントン**を軍司令官に任命
1776　**トマス＝ペイン、『コモン＝センス』**を発刊
　　　　7月4日、フィラデルフィアで独立宣言を発表　／　**トマス＝ジェファソン**らが起草
1778　フランス・スペイン、アメリカの独立を承認し同盟
1780　武装中立同盟が結成　／　ロシアのエカチェリーナ2世が提唱
1781　**ヨークタウンの戦い**　／　イギリスの決定的な敗北
1783　**パリ条約**　／　アメリカ合衆国の独立を承認

●合衆国憲法と連邦議会
1787　**合衆国憲法**を制定　／　**人民主権、連邦主義、三権分立**
1789　**ワシントン**を初代大統領とする連邦政府が発足

3 フランス革命とナポレオン帝政

3.1 フランス革命の背景　★★★

（1）旧制度の矛盾

　フランスは、中世的な身分制度や封建的支配と、近代的経済発展によってもたらされた階層分化との間の矛盾によって、極めて不安定な状態にあった。このような、革命前夜のフランス社会のことを総称して**旧制度**（アンシャン＝レジーム）と呼んでいる。この旧制度のもとでは、フランスには依然として三つの身分が存在していた。

旧制度下の三つの身分

> ・**第一身分**（聖職者）／ 高級官僚を独占し、免税などの特権を享受していた
> ・**第二身分**（貴族）／ 土地を所有し、封建領主として農民を支配していた
> ・**第三身分**（平民）／ あらゆる特権から除外され、重税が課せられていた

　同時に、人口の９割以上を占める第三身分の内部でも階層分化が進行し、農民や都市の下層民は重税にあえぎ、また有産市民層（ブルジョワジー）は商工業の発達によっていくらかの富を得られたものの、その活動は大きく制限されていた。そのため、旧制度に対する**第三身分の不満**が蓄積・増大していった。

（2）革命前のフランス

　18世紀に入ると、ルイ14世以来の対外戦争への出費によって、国家財政は危機的状況に陥った。1774年に**ルイ16世**が即位すると、アメリカ独立革命への介入で財政の破綻は決定的となり、国王は重農主義者**テュルゴー**や銀行家**ネッケル**などを起用して財政改革を試み、特権身分（第一身分、第二身分）に対する課税を計画した。しかし、自己の特権を失うことを嫌う特権身分の代表者は国王に対して、1615年以来開かれていなかった**三部会**の開会を要求した。

4　近代国家の成立と発展　105

3.2 フランス革命の展開 ★★★

（1）革命の勃発

　1789年5月、ヴェルサイユ宮殿において開催された三部会で、数のうえで勝る第三身分の代表は旧来の身分別議決法に反対し、1人1票による採決を主張して、特権身分の代表と対立した。第三身分の代表はミラボーを中心として**国民議会**を自称し、国王の弾圧に反対して、憲法が制定されるまで解散しないことを誓約した。この誓約は**球戯場の誓い**（テニスコートの誓い）と呼ばれる。

　第一身分、第二身分の中からも国民議会に同調する者が現れると国王はやむなくこれを公認し、国民議会は**憲法制定議会**と改称して憲法の起草に着手した。しかし国王が国民議会の武力弾圧を画策すると、これを察知した市民らが1789年7月14日に蜂起して**バスティーユの牢獄**を襲撃し、全国的な農民蜂起に波及した。こうして**フランス革命**が始まった。

（2）人権宣言と1791年憲法

　事態の急変に驚いた国王は議会と妥協を図り、議会は1789年8月4日に領主裁判権や教会への納税（十分の一税）などの**封建的特権の廃止**を決議した。また8月26日、**ラ＝ファイエット**らが起草し、すべての人間の自由・平等、主権在民、言論の自由、私有財産の不可侵などを主張する**人権宣言**を採択した。

　なおも国王は革命の鎮圧を企てていたが、10月にパリの民衆が再び蜂起し、ヴェルサイユ宮殿に行進して国王と議会をパリに移した。こうして1791年9月には、**フランス最初の憲法**（1791年憲法）が制定され、国民議会は解散した。しかしこの憲法は、急速に保守化した**フイヤン派**が中心となって制定されたため、**立憲君主政**や**制限選挙**を定めた憲法であった。

（3）革命戦争と共和政の樹立

　これに先立ち不利を感じた国王一家は同年6月、反革命勢力と結んで王妃マリ＝アントワネットの故郷オーストリアへ逃亡しようとしたが、東北国境に近いヴァレンヌで発見され、パリに連れ戻された（**ヴァレンヌ逃亡事件**）。この事件で国王への不信は高まって民心は完全に国王から離れ、共和政を求める声が勢いを増した。

　1791年10月に開会された**立法議会**では、当初立憲君主政を志向する保守派のフイヤン派が優勢を保っていたが、反革命勢力に妥協的な彼らは次第に支持を失い、代わって中流市民に支持された穏健共和派の**ジロンド派**が台頭した。

　しかし、長びく社会混乱により食糧は不足し、共和派の台頭に接して君主政を維持する諸外国は革命の波及を恐れたため、反革命圧力は一段と強まった。これらの

106　第1章　世界史

状況を打破するために翌1792年4月、ジロンド派は国王ルイ16世に迫って**オースト**
リアに宣戦布告したが、逆にオーストリア・プロイセン連合軍の侵入を許した。

　このような革命の危機に直面して民衆は三度決起し、議会の呼びかけに応じて、
続々と義勇軍に参加した。1792年8月、義勇軍とパリの民衆はテュイルリー宮殿
を襲撃して国王を逮捕し（8月10日事件）、これを受けて立法議会は直ちに**王権の**
停止を宣言して、9月には**男性普通選挙**による**国民公会**が召集された。

　その翌日、国民公会は満場一致で王政の廃止と共和政の樹立を宣言し、**第一共和**
政が開始された。

（4）ジャコバン派の恐怖政治

　選挙の結果、国民公会では穏健なジロンド派に代わって**ロベスピエール**らに指導
される急進的な共和派である**ジャコバン派**（山岳派）が勢力を伸ばし、ルイ16世を断
頭台で処刑してベルギーに進出した。しかし、このことは周辺諸国を刺激し、イギ
リスの首相ピットの提唱によって**第1回対仏大同盟**が結成された。また、フランス
国内でも反革命反乱や経済危機によって、革命政府への不満が増大した。

　国内外の危機に接したジャコバン派は1793年6月、ジロンド派を議会から追放
するとともに男性普通選挙を定めた**1793年憲法**（ジャコバン憲法）を制定し、さら
に**封建地代の無償廃止**、メートル法や革命暦の採用、黒人奴隷制の廃止を宣言する
など民主的施策を行った。しかしその一方で、戦時下における一連の物価統制や、
公安委員会の強化によって独裁色を強め、革命裁判所による**恐怖政治**を作り出し
た。

　この独裁は、彼らを支持していた市民層の離反のみならずジャコバン派内部の分
裂も促し、主要人物の粛清が相次いだ。孤立したロベスピエールは1794年の革命
暦テルミドール9日、反ジャコバン派勢力によって処刑された（**テルミドール9日の**
クーデタ）。

4　近代国家の成立と発展

（5）革命の終了

　ジャコバン派が一掃された国民公会では隠健派が有力となり、新たに制定された**1795年憲法**では財産による**制限選挙**が復活した。この憲法下で国民公会に代わって二院制の議会と5人の総裁の集団指導による**総裁政府**が成立した。しかし、政府に無視された無産階級は各地で蜂起し、さらに王党派が王政復古を企てるなど、混乱が続いた。

　当時、国内の政情は安定せず、国外では対仏大同盟があって孤立するなど社会は不安定だった。革命のおかげで土地を所有できるようになった農民の大多数や、財産権や営業の自由を実現しつつあった有産市民層は、王党派や外国によって革命の成果が奪われることを恐れ、内外の危機に対処できる強力なリーダーシップを求めていた。

　イタリア方面軍司令官であった**ナポレオン＝ボナパルト**は、イタリア遠征の成功とオーストリアに大勝した実績によって軍事的名声を確立し、1798年、イギリスとインドとの連携を断つため**エジプト**に**遠征**した。これに対抗してイギリスのネルソンはフランス海軍を撃破し、さらに**第2回対仏大同盟**を結んでフランスを包囲した。

　この危機に総裁政府はなす術を知らず、これを見てナポレオンは無断で帰国し、1799年11月にクーデタによって総裁政府を倒して**統領政府**を樹立した（ブリュメール18日のクーデタ）。

　統領政府は3人の統領と四院制であったが、立法府の権限は極めて弱体で、実質的には第一統領に権力が集中していた。ナポレオンは第一統領に就任し、1799年12月、**フランス革命は終結**し、ナポレオンの独裁が開始された。

108　第1章　世界史

フランス革命

●革命前夜
1774 重農主義者テュルゴー、財務総監に就任
1777 銀行家ネッケル、財務総監に就任 ／ 特権身分への課税を提起
1789 三部会の開催 ／ 1615年以来の開催
　　　特権身分と第三身分が議決方法で対立し、第三身分が離脱して**国民議会**を宣言

●国民議会
1789.6 **球戯場の誓い** ／ 憲法制定まで国民議会を解散しないことを誓約
1789.7 パリの民衆が**バスティーユ牢獄**を襲撃 ／ 全国的な農民反乱に波及
1789.8 **封建的特権の廃止**を決定 ／ 領主裁判権、教会への十分の一税の廃止
　　　人権宣言を採択 ／ 自由・平等、主権在民、言論の自由、私有財産の不可侵
　　　ラ=ファイエットらが起草
1789.10 ヴェルサイユ行進 ／ 王家をパリに移転させる
1791.8 **ヴァレンヌ逃亡事件** ／ ルイ16世とマリ=アントワネット、オーストリアへの逃亡
　　　を企て失敗
1791.9 1791年憲法を制定 ／ 一院制の立憲君主政、制限選挙を定める

●立法議会
1791.10 **立法議会**が開かれる ／ 立憲君主派の**フイヤン派**、穏健共和派の**ジロンド派**が
　　　対立
1792.3 ジロンド派が政権を握る
1792.4 ジロンド派政権、**オーストリアに宣戦** ／ オーストリア、プロイセンの国内侵入を
　　　招く
1792.8 義勇軍、テュイルリー宮殿を襲撃し王権を停止（8月10日事件）

●国民公会
1792.9 男性普通選挙による**国民公会**が成立
　　　王政の廃止と共和政の樹立を宣言（**第一共和政**）
1793.1 急進共和派の**ジャコバン派**、ルイ16世を処刑
1793.3 **第1回対仏大同盟** ／ フランスのベルギー侵入によるフランス包囲網形成
1793.4 **公安委員会**の設立
1793.6 ジャコバン派、ジロンド派を議会から追放
　　　1793年憲法を制定 ／ 男性普通選挙を定めるも、施行は延期
1793.7 ロベスピエール、封建地代の無償廃止を実施
1794.7 **テルミドール9日のクーデタ** ／ ロベスピエール、処刑される

●総裁政府
1795.8 1795年憲法を制定 ／ 制限選挙制を復活
1795.10 **総裁政府**が成立 ／ 5人の総裁からなる政府
1796.4 **ナポレオン**、イタリア遠征を実施 ／ オーストリアを破り、第1回対仏大同盟瓦解
1798.7 ナポレオン、エジプト遠征を開始
1799.3 **第2回対仏大同盟** ／ ナポレオンの軍事的進出を警戒した対フランス軍事同盟
1799.11 **ブリュメール18日のクーデタ** ／ ナポレオン、総裁政府を倒し**統領政府**を樹立

4　近代国家の成立と発展　109

3.3 ナポレオンの支配と没落 ★★☆

（1）統領政府

　独裁権力を手にしたナポレオンは、1800年にオーストリアを破ってライン左岸を獲得し、翌1801年には革命以来対立関係が続いていた**ローマ教皇**と和解した。さらに1802年、イギリスと**アミアンの和約**を結んで講和し、外圧を解消した。1804年にはフランス民法典である**ナポレオン法典**を制定して、後世に大きな影響を与えた。1802年に終身統領に就任した彼は、国民の圧倒的支持を背景にして1804年には皇帝に即位し、**ナポレオン1世**となった（**第一帝政**）。

（2）皇帝ナポレオン

　これに危機感を抱いたイギリスは、ピットが再び首相となって1805年に**第3回対仏大同盟**を組織した。これに対してナポレオンはイギリス本土上陸を図るが、同年の**トラファルガーの海戦**でネルソン率いるイギリス海軍に撃退された。しかし、大陸ではナポレオンは進撃を続けて同年、**アウステルリッツの戦い**（三帝会戦）でロシア、オーストリア連合軍を撃破した。翌1806年には**ライン同盟**を結成して西南ドイツ諸国を保護下に置くと、ここに神聖ローマ帝国は解体した。さらに、同年にプロイセンとロシアの連合軍を撃破すると1807年に**ティルジット条約**を結んでプロイセンの領土の大半を奪い、ポーランド地方にワルシャワ大公国、エルベ川左岸にウェストファリア王国を建設した。

　こうしてナポレオンはヨーロッパ大陸の大半をその支配下に収めた。

（3）ナポレオンの没落

　ナポレオンは1806年に**大陸封鎖令**を発布してイギリスとの通商を全面的に禁止し、イギリスの経済封鎖とフランスによるヨーロッパ市場の独占を図ったが、多くの植民地を有するイギリスにさほどの影響は与えられず、かえってヨーロッパ諸国が困窮する結果となり、彼の大陸支配は揺らぎ始めた。また、ナポレオンの大陸制覇は、革命の生み出したナショナリズムを諸地域に広める結果ともなり、各地で民族蜂起が発生した[2]。

　一方、大陸封鎖令によって打撃を受けたロシアはフランスに反抗した。ナポレオンは1812年、**ロシア遠征**を行ってモスクワを占領するが、農民のゲリラ的反抗や

2　スペインではナポレオンの兄が国王に即位したことをきっかけに大規模な反乱が発生し、プロイセンでは領土の大半を奪われた屈辱がシュタインやハルデンベルクらの改革をもたらして農奴解放や徴兵制度などの近代化が推進された。哲学者のフィヒテは、ナポレオン占領下のベルリンで「ドイツ国民に告ぐ」を講演し、国民の民族意識を鼓舞した。

110　第1章　世界史

冬季の厳寒のために撤退を余儀なくされ、その途上で兵力の大半を失った。これを機に**第4回対仏大同盟**が結成され、1813年、プロイセン、オーストリア、ロシア連合軍が**ライプツィヒの戦い**（諸国民戦争）でナポレオン軍を撃破し、翌年にはパリ占領を果たした。ナポレオンは帝位を追われてエルバ島に流され、代わってブルボン朝が復活してルイ18世が即位した。

　しかし、後述のウィーン会議が列国の利害調節に手間取っている間にナポレオンはエルバ島を脱出して皇帝に復位した。しかし彼は1815年、**ワーテルローの戦い**でイギリス、プロイセン連合軍に敗れ（「百日天下」）、南太平洋の孤島**セントヘレナ島**に流されて1821年にその地で没した。

ナポレオンの支配と没落

1801	コンコルダート ／ **ローマ教皇との和解**
1802	**アミアンの和約** ／ イギリスとの戦争状態を一時的に解消
1804	**ナポレオン法典**を公布 ／ フランス革命が勝ち取った理念を法制度によって確定 国民投票の結果、**ナポレオン一世**として即位（**第一帝政**）
1805	**第3回対仏大同盟** ／ ナポレオンの帝政開始を受けてイギリスのピット首相が組織 **トラファルガーの海戦** ／ ネルソン率いるイギリス海軍に敗れる **アウステルリッツの戦い**（三帝会戦） ／ オーストリア、ロシア連合軍を破る
1806	**ライン同盟** ／ ドイツ諸邦を組み込んだ同盟結成により、神聖ローマ帝国が消滅 **大陸封鎖令** ／ 諸国にイギリスとの通商を禁じるも、大きな効果は得られず
1807	**ティルジット条約** ／ プロイセンの領土の大半を奪う
1812	ナポレオン、**ロシアに遠征** ／ モスクワに遠征するも失敗
1813	**ライプツィヒの戦い**（諸国民戦争） ／ プロイセン、ロシア、オーストリア連合軍に敗れる
1814	連合軍、パリを占領 ／ ナポレオンはエルバ島に流され、ルイ18世が即位
1815	ナポレオン、エルバ島を脱出して皇帝に復位 **ワーテルローの戦い** ／ ナポレオンは連合軍に敗れ、セントヘレナ島に流される

4 ヨーロッパ世界の再編

4.1 ウィーン体制 ★★★

（1）背景

　フランス革命やナポレオンが主導した一連の戦争は、フランス国内だけでなくヨーロッパ世界全体に大きな影響を及ぼした。特に王政が打倒され共和政が樹立されたこと、ナポレオンによる遠征でフランスが広い領土を獲得したことは、周辺諸国にとって警戒すべき動きであった。このため、各国はヨーロッパの政治的安定を回復するための国際会議を開くこととなった。

（2）ウィーン会議の開催

　1814年、オーストリアの**メッテルニヒ**の主導により**ウィーン会議**が開かれ、各国の合意による国際秩序の回復が目指された。会議に列席したフランスのタレーラン外相は、革命前の王朝と旧制度の復活を志向する**正統主義**を掲げたが、参加国は利害調整に手間取り「会議は踊る、されど進まず」と揶揄された。しかし、1815年にナポレオンがエルバ島を脱出する動きを見せると合意形成が加速した。

　ウィーン会議によって築かれた新たな国際秩序は**ウィーン体制**と呼ばれ、各国に広まった自由主義やナショナリズムの抑制と、メッテルニヒらが掲げた現状維持的な政策が支配的となった。

（3）神聖同盟の結成

　1815年には、ウィーン体制を補完して革命と戦争の再発を防ぐために、ロシア皇帝アレクサンドル1世の提唱によって**神聖同盟**が結ばれ[3]、さらにイギリス、プロイセン、オーストリア、ロシアは**四国同盟**を結成した。

（4）ウィーン体制の動揺

　ウィーン体制によってヨーロッパでは保守反動の風潮が強まったが、各地で自由主義的改革を求める運動を抑えることはできず、ドイツ学生組合（**ブルシェンシャフト**）の改革運動、スペインの**立憲革命**の運動、イタリアの秘密結社**カルボナリ党**の蜂起、ロシアの**デカブリストの乱**などが起こった。

　これらの運動や反乱は鎮圧されたものの、後述するギリシアの独立やフランスにおける共和政の再建などによって、ウィーン体制は崩壊を迎えることになる。

3　イギリス、オスマン帝国、ローマ教皇はこの同盟に参加していない。

ウィーン体制の成立

---

❶ウィーン会議（1814 〜 15）
・目的 ／ フランス革命、ナポレオン戦争の戦後処理
・参加 ／ オスマン帝国を除く、全ヨーロッパ諸国の代表
・議長 ／ **メッテルニヒ**（オーストリア外相）
・基本原則 ／ 仏外相タレーランが提唱した**正統主義**（フランス革命前の王朝と旧制度）
・経過 ／ 大国の利害が対立、「会議は踊る、されど進まず」

❷ウィーン議定書
・フランス、スペイン ／ ブルボン朝の復活
・スイス ／ 永世中立国として承認される
・ドイツ ／ **神聖ローマ帝国は復活せず**、オーストリア、プロイセンなどからなるドイツ連邦
　　　　　に
・プロイセン ／ ドイツ連邦内に領土を拡大
・オーストリア ／ オランダに南ネーデルラント（のちのベルギー）を譲り、北イタリアを得る
・ロシア ／ ロシア皇帝がポーランド王を兼ねる
・イギリス ／ 旧オランダ領スリランカ、ケープ植民地の領有

❸ウィーン体制
・自由主義を抑制し、正統主義による平和維持を目的とする
・**神聖同盟**（1815）／ ロシアのアレクサンドル1世が提唱した君主間の精神的同盟
　　　　　　　　　　イギリス、オスマン帝国、ローマ教皇は参加せず
・**四国同盟**（1815）／ ロシア、イギリス、プロイセン、オーストリアの軍事同盟

4.2 19世紀のフランス ★★★

（1）七月革命

　ブルボン朝に回帰したフランスでは、ルイ18世が新憲法を発布して、制限選挙による立憲君主政を敷き、続く**シャルル10世**はさらに貴族や聖職者を重視する反動的な傾向を強めた。シャルル10世は1830年7月に議会を解散して出版の自由の制限などを定めた七月勅令を発布したが、これに反発する市民が蜂起した（七月革命）。

　この結果、自由主義者オルレアン家の**ルイ＝フィリップ**が王位に就き、フランスは神聖同盟から脱退した（七月王政）。

　七月革命は各国に大きな影響を与え、ベルギーが1830年に独立し、ポーランド、ドイツ、イタリアでも反乱が発生した。

4　近代国家の成立と発展　113

（2）二月革命

① 二月革命

七月革命以後、イギリスに続いてフランスでも産業革命が本格化して富裕の差が顕著に表れるようになると、極端な制限選挙により中小資本家や労働者は民意を反映されない不満を募らせた。

これを抑えようとした政府に対し、1848年2月にパリで革命が起こった（**二月革命**）。国王ルイ＝フィリップは亡命して共和政の臨時政府が樹立された（**第二共和政**）。臨時政府は男性普通選挙制度を採用し、労働者救済のための国立作業場を設立したりした。

② 二月革命の影響

この二月革命は各地の民族運動を大いに刺激し、オーストリアのウィーンではメッテルニヒを失脚させ、プロイセンでも自由主義内閣を成立させた（**三月革命**）。さらにハンガリー、北イタリアの民衆蜂起やアイルランドの併合撤廃運動などが連鎖的に発生し、こうした社会的・民族的要求を掲げて革命が続発した1848年の春は**諸国民の春**と呼ばれた。

ウィーン体制はこれによって崩壊し、フランスで起こった二月革命やオーストリア、プロイセンでの三月革命など1848年の一連の革命を**1848年革命**と総称する。

（3）第二帝政

① ナポレオン3世の積極外交

1848年、新たに制定された憲法によって大統領選が行われ、ナポレオンの甥に当たる**ルイ＝ナポレオン**が当選した。彼は1851年に議会を解散し、翌年国民投票で皇帝に即位し、**ナポレオン3世**と称した（**第二帝政**）。こうしてフランスの第二共和政はわずか4年で終わることになった。

即位したナポレオン3世はパリ市の改造やパリ万国博覧会の開催を行い、フランスにおける産業革命の成果を国際社会にアピールした。また1860年には英仏通商条約を締結して西欧における自由貿易体制の原型を築いた。

一方で国民からの人気を保つため、対外的にはクリミア戦争への参戦、中国とのアロー戦争、インドシナ出兵（仏越戦争）など、積極政策を展開した。

② 普仏戦争と帝政の崩壊

　1861年、ナポレオン3世はメキシコ国内の混乱に乗じてこれに介入すべく遠征を行ったが失敗した。さらに、プロイセンがドイツ統一に向けて勢力を強めていたことを恐れたナポレオン3世は、スペインに生じた王位継承問題でプロイセンと対立した。

　ここではプロイセンがスペイン王位を継承することを阻止したものの、プロイセン首相のビスマルクが情報操作によって世論を刺激する形でフランスを挑発すると、1870年7月にナポレオン3世はプロイセンに宣戦布告し、**普仏戦争**(プロイセン=フランス戦争)が起こった。

　プロイセンはフランスを圧倒し、スダンの戦いでナポレオン3世は捕虜となった。これを受けてパリでは民衆が蜂起し、**第二帝政**が崩壊した。

普仏戦争（プロイセン＝フランス戦争）

●原因
・フランスはプロイセンの強大化を警戒し、プロイセンはフランスがドイツ統一の障害になると考えて対立
・プロイセン首相ビスマルクの挑発に刺激されたナポレオン3世が宣戦する形で1870年7月に開戦

●経過
・9月にナポレオン3世が捕虜となり、パリの民衆蜂起で第二帝政が崩壊
・後を受けたフランス臨時政府が1871年1月に降伏

●終結
・フランスはプロイセンに50億フランの賠償金を支払う
・フランスはプロイセンにアルザス、ロレーヌを割譲する

4　近代国家の成立と発展

（4）パリ＝コミューンと第三共和政

帝政を崩壊させた勢力は臨時政府を立て、1871年にプロイセンに降伏した。ビスマルクから提示された講和条件を屈辱的だとした社会主義者やパリの民衆は、独自に労働者政権を樹立した（パリ＝コミューン）。

しかし孤立していたコミューン政府は、ティエールの率いる臨時政府側に軍事力によって鎮圧されて崩壊した。その後、1875年に共和国憲法が制定され、第三共和政のもと国民統合が進んだ。

19世紀のフランス

●七月革命・二月革命
1824　シャルル10世が即位 ／ 制限選挙や貴族・聖職者を優遇する反動的施政
1830　七月革命 ／ シャルル10世は退位してイギリスに亡命、ブルボン王朝の終わり
　　　七月王政 ／ オルレアン家のルイ＝フィリップが即位
1841　選挙法改正運動 ／ 選挙権に付されていた高額な納税条件を改正する要求
1848　二月革命 ／ 普通選挙を求める市民・労働者により王政が倒され、ルイ＝フィリップ
　　　　　　　が亡命

●第二共和政
1848　大統領選挙を実施、ルイ＝ナポレオンが大統領に就任
1851　ルイ＝ナポレオンがクーデタにより議会を解散し、ナポレオン3世として皇帝位に

●第二帝政
1853　クリミア戦争 ／ オスマン帝国を支援して参戦
1856　アロー戦争 ／ イギリスとともに中国（清）に対して侵略戦争を仕掛ける
1858　インドシナ出兵 ／ スペインとともにベトナムに出兵
1860　英仏通商条約を締結 ／ イギリスとの間に自由貿易体制を構築
1861　メキシコ遠征 ／ メキシコの混乱に乗じて干渉すべく出兵したが失敗
1870　普仏戦争 ／ ナポレオン3世自身が捕虜となり、第二帝政が崩壊

●パリ＝コミューン
1871　臨時政府、プロイセンに降伏 ／ 屈辱的な講和条件に反対した勢力がパリ＝コ
　　　　　　　　　　　　　　　ミューン（自治政府）を樹立
　　　しかし臨時政府のティエールらに打倒され、第三共和政へ

4.3 イギリスの改革 ★★☆

（1）自由主義的改革

　産業革命によって社会構造が変化していたイギリスでは、新興の有産市民層（ブルジョワジー）が次第に力を持ち、自由主義的な改革が進んだ。1824年に団結禁止法を廃止して労働組合の結成を認め、1828年にはイギリス国教会の信徒以外の公職就任を禁じていた**審査法を廃止**した。さらに1829年に**カトリック教徒解放法**によってカトリック教徒の公職就任を認めた。

（2）選挙法改正運動

　また、七月革命の影響は選挙法改正運動にも及び、1832年にはホイッグ党内閣による改正案が議会を通過した（**第1回選挙法改正**）。この改正でも選挙権を獲得できなかった労働者は**チャーティスト運動**を起こし、普通選挙の実現を要求したものの、その成果はすぐには得られなかった。

イギリスの選挙法改正

●産業革命後の社会の変化
・産業革命により都市に人口が集中したため、選挙区割りが実際の人口分布と整合しないものに
・人口激減にもかかわらず従来の議席を割り当てられていた「**腐敗選挙区**」が残存
・選挙権がジェントリに限定されていた

●第1回選挙法改正
・ホイッグ党内閣による選挙制度改革が実現
・腐敗選挙区を廃止し、産業資本家（都市在住の中産階級）に選挙権を拡大

●チャーティスト運動
・第1回選挙法改正の恩恵を得られなかった都市労働者たちによる普通選挙請願運動
・男性普通選挙の要求など6か条からなる**人民憲章**を掲げるも、実現せず

（3）自由貿易政策

　19世紀前半にはまた、産業革命で育った産業資本家に有利な対外貿易を実現すべく、それまでの重商主義や保護貿易から自由貿易への転換が行われた。特に1846年の**穀物法廃止**は、産業資本家らがこれに反対する同盟運動を行った成果として実現したものであった[4]。

---

[4]　穀物法は1815年に保護貿易政策の一環として制定したものであり、安価な穀物の輸入に高関税を課すことでイギリス国内の地主らの利益を守る目的があった。輸入制限が工業製品の輸出の停滞を招いていたほか、物価の騰貴が労働者の生活をも圧迫したため廃止の機運が高まった。

4　近代国家の成立と発展　117

（4）ヴィクトリア女王の時代

　ハノーヴァー朝第6代ヴィクトリア女王は19世紀半ば以降に長い在位期間を持った。1851年に開催されたロンドン万国博覧会は国内外にイギリスの工業発展の成果を示す機会となり、これに象徴されるようにこの時期のイギリスは近代において最も繁栄した時期であった。

① 二大政党制の確立

　19世紀半ばになると、従来のトーリ党は**保守党**、ホイッグ党は**自由党**と呼ばれるようになり、1860年代以降、選挙の結果を受けてこの二大政党が交替で政権を担う政党政治が確立した。

　保守党からは**ディズレーリ**、自由党からは**グラッドストン**が組閣し、さまざまな改革を行った。

② アイルランド問題

　アイルランドはクロムウェルの時代に事実上植民地化された後、1801年に正式にイギリスに併合されていた。アイルランドにはカトリック教徒が多く存在していたが、宗教改革時の統一法でイギリス国教会の国教化を決めたイギリスによってカトリック系住民が抑圧されるなど、イギリスによる統治に対する不満が蓄積していた。

　19世紀後半にはグラッドストンによりアイルランド自治法案が出されるも議会を通過せず、問題の解決は20世紀まで棚上げとなった。

イギリスの改革

1824	団結禁止法を廃止 ／ 労働組合の結成を認める
1828	**審査法を廃止** ／ イギリス国教会の信徒以外も公職就任が可能に
1829	**カトリック教徒解放法** ／ カトリック教徒も公職就任が可能に
1832	**第1回選挙法改正** ／ 腐敗選挙区の廃止など
1834	東インド会社の中国貿易独占権を廃止 ／ 貿易への自由参入が可能に
1837	**ヴィクトリア女王**が即位 ／ 以後1901年まで在位
1838	**人民憲章**が議会に提出される ／ **チャーティスト運動**における請願書
1846	**穀物法の廃止** ／ 穀物価格の騰貴と工業製品の輸出阻害を招いていた穀物法を廃止
1849	**航海法の廃止** ／ 自由貿易体制の確立
1851	ロンドン万国博覧会 ／ イギリスの工業発展を国内外に示す
1867	第2回選挙法改正 ／ 都市労働者に選挙権拡大
1884	第3回選挙法改正 ／ 農業労働者に選挙権拡大
1870	教育法を制定 ／ 公立学校の設立、のちに初等教育は義務化
1871	労働組合法を制定 ／ 労働組合の法的地位を定め、争議権（ストライキ権）を認める

4.4 ドイツの統一　　　★★★

（1）ドイツ関税同盟

　ウィーン会議において連邦体制となったドイツでは、35の主権国家と4の自由都市で構成されており、統一した経済政策を持たなかった。このため各領邦が個別に関税を設けていたことは、ドイツの商工業発達の遅れをもたらしていた。

　1834年、プロイセンを中心にドイツ連邦内の18か国が参加する**ドイツ関税同盟**が発足した。加盟国間は関税を相互に撤廃して自由な通商を実現するもので、この同盟は次第に加盟を増やしていき、**オーストリアを除くほとんどの領邦を組み込んだ**。こうして、ドイツ統一の経済的な側面は大きく前進した。

（2）大ドイツ主義と小ドイツ主義

　フランスの二月革命の影響を受けて1848年に起こった三月革命では、**フランクフルト国民議会**が開かれてドイツ統一が目指されたが、**大ドイツ主義**と**小ドイツ主義**の対立が起こり、統一は実現しなかった[5]。

大ドイツ主義と小ドイツ主義

・**大ドイツ主義** ／ オーストリアを含めてドイツを統一する案 ・**小ドイツ主義** ／ オーストリアを排除したドイツ統一案

---

[5] ドイツ統一とは「ドイツ人」の居住地を統合することを意味したが、多民族国家であるオーストリアは領内にチェコ人やハンガリー人などの居住地を含んでおり、大ドイツ主義でのドイツ統一により国が分断せざるを得なくなることから強硬に反対した。

4　近代国家の成立と発展　119

(3) ビスマルクの鉄血政策

　自由主義的な気運を背景とした統一が挫折した後、プロイセンの首相となったビスマルクにより軍事力を背景とした統一が目指された。

　ビスマルクはユンカーを出自としたが、1862年にヴィルヘルム1世から首相に任命され、「鉄血政策」と呼ばれる一連の外交を推進した。

① 普墺戦争

　1864年、プロイセンとオーストリアは連合してデンマークと開戦して勝利を収め、ドイツ系住民の居住するデンマーク領を得た。このとき得た領地をめぐってプロイセンとオーストリアが対立し、1866年に普墺戦争(プロイセン＝オーストリア戦争)が起こった。

　この戦争はプロイセンの勝利に終わった。

普墺戦争（プロイセン＝オーストリア戦争）

- ・デンマーク戦争で得たシュレスヴィヒ州、ホルシュタイン州をめぐってプロイセン、オーストリアが対立して開戦
- ・プロイセンの勝利
- ・ドイツ連邦は解体し、オーストリアは帝国を再編してオーストリア＝ハンガリー二重帝国を形成
- ・プロイセンは新たに北ドイツ連邦を結成、次第に南ドイツ諸邦も参加

---

② 普仏戦争

　プロイセンの強大化を警戒したフランスは、スペイン王位継承問題ではプロイセンによる継承を妨げたが、ビスマルクはこれに関連した電報の内容を改竄した世論操作を通じてフランスを挑発し(エムス電報事件)、1870年に普仏戦争(プロイセン＝フランス戦争)が起こった。

　この戦争もプロイセンの勝利に終わった。

（4）ドイツ帝国の成立

1871年にプロイセン国王ヴィルヘルム1世はヴェルサイユ宮殿で戴冠式を行ってドイツ皇帝位に就き、ドイツ帝国が成立した。

ドイツ帝国はプロイセンを中心に構成されたドイツの統一国家であり、これまでと同じく連邦制を採るもののプロイセン国王が皇帝を兼ねる形で帝国を主導した。帝国議会が設けられたもののその権限は制約されており、ビスマルクは宰相に任じられて独裁的な権力を誇った。

（5）ビスマルク体制

ビスマルクは、戦争で破ったフランスが復讐心から再びドイツの脅威となることを警戒し、フランスを孤立させる国際秩序の形成を図った（ビスマルク体制）。

1873年、ドイツ、オーストリア、ロシアは三帝同盟を結んだが、オーストリアとロシアが領土問題で対立すると1879年に解消された[6]。また、1882年にはドイツ、オーストリア、イタリアが三国同盟を結び、1887年にはドイツ、ロシア間で再保障条約を結んでフランスを包囲する体制を維持した。

ドイツの統一とビスマルク体制

❶ドイツの統一
1834	**ドイツ関税同盟** / 経済的統一を目的とするもオーストリアは参加せず
1848	**フランクフルト国民議会** / **大ドイツ主義**と**小ドイツ主義**が対立し、統一に失敗
1862	**ビスマルク**、プロイセン首相に就任 / 「**鉄血政策**」を推進
1864	デンマーク戦争 / オーストリアと連合してデンマークに勝利
1866	**普墺戦争** / デンマークから獲得した領土をめぐりオーストリアと開戦して勝利
1867	**北ドイツ連邦**を結成 / ドイツ連邦は解体
1870	**普仏戦争** / エムス電報事件でフランスを挑発して開戦、プロイセンの勝利
1871	プロイセン国王ヴィルヘルム1世、ドイツ皇帝に就任 / **ドイツ帝国**の成立

❷ビスマルク体制
1873	**三帝同盟** / ドイツ、オーストリア、ロシアの同盟（1879解消）
1881	三帝同盟を復活 / 1887年に解消
1882	**三国同盟** / ドイツ、オーストリア、イタリアの同盟
1887	**再保障条約** / ドイツ、ロシアの秘密軍事条約

---

6 オーストリア＝ハンガリーとロシアの対立を好ましくないものとしたビスマルクはその復活に尽力し、1881年に新たな三帝同盟が結ばれた。しかし1887年に両国の対立が深まり、やはり同盟は消滅した。

4.5 イタリアの統一 ★★★

(1) 分裂の時代

近世以降、イタリアはその分裂状態に付け込まれ、領土は戦争における戦利品としてスペイン、オーストリア、フランスなどの支配を受ける時代が続いた。

ウィーン体制下のヨーロッパにおける自由主義、ナショナリズムの高揚は秘密結社カルボナリの蜂起などに至ったが、オーストリア軍の介入によって弾圧を受けた。

(2) 統一への歩み

1830年代になると、自由主義者マッツィーニの指導する政党「青年イタリア」によるイタリア統一運動が興った。1848年革命が挫折した後は**サルデーニャ王国**が国内の統一を図り、オーストリアに宣戦したり（**イタリア統一戦争**）、中部イタリアを併合したりした。

1860年、青年イタリア党の**ガリバルディ**が両シチリア王国を併合後サルデーニャ国王に献じてイタリアの統一をほぼ達成し、1861年にはサルデーニャ国王ヴィットーリオ＝エマヌエーレ2世が**イタリア王国**の成立を宣言した。

なお、統一後も南チロルとトリエステを回収できず、オーストリアとの間に領土問題が残り（**未回収のイタリア**）、のちの第一次世界大戦で奪還が図られた。

イタリアの統一

1820	秘密結社カルボナリ、ナポリで蜂起 ／ オーストリア軍の介入で弾圧
1821	秘密結社カルボナリ、トリノで蜂起 ／ オーストリア軍の介入で弾圧
1831	自由主義者マッツィーニ、「**青年イタリア**」を結成
1849	ローマ共和国を樹立 ／ ローマの共和派が蜂起して建国するも、フランスの介入により倒される
	ヴィットーリオ＝エマヌエーレ2世、サルデーニャ国王に即位
1859	**イタリア独立戦争** ／ サルデーニャ王国首相カヴールがフランスのナポレオン3世と結び、オーストリアに宣戦
1860	**ガリバルディ**、両シチリア王国を占領してサルデーニャ国王に献上
1861	**イタリア王国**が成立 ／ ヴィットーリオ＝エマヌエーレ2世が即位 一部オーストリア領が残存（「**未回収のイタリア**」）
1866	ヴェネツィアを併合
1870	ローマ教皇領を占領

4.6 ロシアの近代化 ★★☆

（1）保守反動の盟主としてのロシア

ロマノフ朝のアレクサンドル1世は、1812年のナポレオンによるロシア遠征を失敗させたことでウィーン会議に優位な立場で臨み、ポーランドの支配権を獲得した。1815年に神聖同盟を提起してその盟主となり、同時にイギリスの提起した四国同盟にも参加した。

こうして、現状維持路線を旨とするウィーン体制における憲兵の役割を自任したロシアであるが、自由主義、ナショナリズムの影響と無関係ではいられなかった。

1825年にアレクサンドル1世が急逝し、急遽ニコライ1世が即位するに際して起きた**デカブリストの乱**（十二月党員の乱）は、ツァーリによる専制政治に不満を感じる青年将校らが、この混乱に乗じて起こした反乱であった。

（2）東方問題

オスマン帝国の衰退とともに、その支配下にある諸民族の独立運動が活発になると、列強はこれに介入して自国の勢力拡張を狙う動きを見せるようになった。この動きは、ヨーロッパにとって東方に位置する地域での国際対立であったことに照準して「**東方問題**」と呼ばれた。

1821年にギリシアがオスマン帝国からの独立を求める戦争を起こすと、ニコライ1世はバルカン半島に南下する好機と捉えてギリシアを支援する形で介入した。オスマン帝国はロシアに黒海北岸を割譲し、1830年のロンドン会議で国際的に**ギリシアの独立**が承認された。

同様に1831年にエジプトがオスマン帝国にシリアの領有権を求めて戦争を起こすと、ロシアは不凍港の獲得を目当てにオスマン帝国側に立って参戦したが、さらにイギリスが介入したことによって失敗した。

4　近代国家の成立と発展　123

（3）クリミア戦争

　フランスのナポレオン3世がオスマン帝国に対して聖地イェルサレムの管理権を要求すると、これに反発したロシアはオスマン帝国内のギリシア正教徒保護を名目に出兵し、1853年にオスマン帝国と開戦した（**クリミア戦争**）。これに、ロシアの南下政策を警戒するイギリス、フランスがオスマン帝国と同盟して参戦し、ロシアは敗北した。

　ロシアの南下政策は頓挫し、ウィーン体制時の「ヨーロッパの憲兵」としての優位を失った。戦争中に死去したニコライ1世に代わって即位したアレクサンドル2世は自国の後進性を痛感し、国内の近代化に腐心することとなる。

クリミア戦争

●原因
・勢力を南方に拡大したいロシアは、オスマン帝国内のギリシア正教徒保護を口実に開戦
・ロシアの南下を警戒したイギリス、フランスはオスマン帝国側に与して参戦

●経過
・クリミア半島のセヴァストーポリ要塞が陥落し、ロシアの敗北

●パリ条約による終結
・オスマン帝国の領土保全、黒海の中立化を確認

（4）ロシアの改革
①「上からの改革」の失敗

　専制政治とそれを支える農奴制が強固に残存していたロシアでは、抑圧され教育も不十分な農民からの徴兵で軍隊が組織されていた。クリミア戦争の敗北によって自国の軍隊では近代戦闘を戦えないことを悟り、ロシアは自国の農村社会そのものを「上からの近代化」で改めようとした。

　このような経緯からアレクサンドル2世は1861年に**農奴解放令**を発布して農奴に人格的自由を認めたものの、耕作地は有償で分与されることとしたため自作農の創出という**本質的な成果**にはつながらなかった。

② ナロードニキ運動

　「上からの改革」とは別に、ツァーリズムを打倒しようと急進的な改革運動が行われ、これは**インテリゲンツィア**と呼ばれる都市の青年知識人層に担われた。

　彼らは農民を啓蒙することによって改革を実現できると考え、「ヴ＝ナロード（人民の中へ）」をスローガンに活動したため**ナロードニキ**（人民主義者）と呼ばれた。

（5）露土戦争

① 露土戦争

　オスマン帝国下にあったボスニア・ヘルツェゴヴィナでの農民反乱や、ブルガリアでの独立を求める運動が起こったが、オスマン帝国はこれらを武力で鎮圧した。

　ロシアは、全スラヴ民族の団結によりオスマン帝国からの独立を目指す**パン=スラヴ主義**を利用し、ギリシア正教徒の保護を口実として1877年にオスマン帝国との戦端を開き、<u>露土戦争</u>（ロシア=トルコ戦争）が始まった。

　この戦争にロシアは勝利し、1878年に**サン=ステファノ講和条約**によってブルガリアを保護下に置き、黒海への出口を得ることに成功した。

② ベルリン会議

　しかし、これに対してイギリスとオーストリアが反対すると、ビスマルクが調停役として**ベルリン会議**を開いた。この結果、サン=ステファノ講和条約は破棄されて新たに**ベルリン条約**が結ばれ、ロシアの拡大は限定的となった。

露土戦争（ロシア=トルコ戦争）

```
●原因
・オスマン帝国内のスラヴ民族による独立運動に接したロシアが、ギリシア正教徒の保護を
　名目にオスマン帝国と開戦

●サン=ステファノ講和条約による終結
・ブルガリアはオスマン帝国の宗主権のもと自治公国に（事実上ロシアの保護国に）

●ベルリン条約によりサン=ステファノ講和条約廃棄
・ルーマニア、セルビア、モンテネグロのオスマン帝国からの独立を承認
・ブルガリアは領土を縮小したうえで自治国化
・イギリスはオスマン帝国からキプロスを獲得
・オーストリアはボスニア・ヘルツェゴヴィナの統治権を獲得
```

4　近代国家の成立と発展　125

ロシアの近代化

1815	**神聖同盟、四国同盟を締結**
1821	**ギリシア独立戦争** ／ 南方への勢力拡大目的でギリシア側に立って介入
1825	**ニコライ1世が即位**
	デカブリストの乱 ／ 専制政治に反対する青年将校らによる反乱
1831	**エジプト=トルコ戦争** ／ オスマン帝国側に立って参戦
1853	**クリミア戦争** ／ オスマン帝国と開戦するも、イギリス、フランスが敵国に回り敗北
1855	**アレクサンドル2世が即位**
1856	**パリ条約** ／ 黒海の中立化
1861	**農奴解放令** ／ 自作農創設は実現せず近代化は不徹底
1877	**露土戦争** ／ オスマン帝国と開戦して勝利
1878	**サン=ステファノ講和条約** ／ ブルガリアの事実上保護国化
	ベルリン会議 ／ オーストリア、イギリスの反対によりビスマルクが調停、ロシアの拡大を抑制

4.7 社会主義思想の成立 ★☆☆

産業革命の広がりによって諸国は人口の拡大、工業化、国富の増大などの成長を遂げる一方、労働者たちは過酷な就労環境に苦しんでおり、彼らの待遇を求める運動や思想が盛んになった。

労働環境の改善と社会主義思想

●イギリス
・工場経営者オーウェン、労働組合、協同組合の設立に尽力
・1833年に**工場法**が制定され、年少者の労働時間制限など労働環境の改善へ

●フランス
・サン=シモン、フーリエなどによる初期社会主義

●ドイツ
・マルクスとエンゲルスによるマルクス主義

5 南北アメリカの発展

5.1 ラテンアメリカ諸国の独立 ★★★

　ラテンアメリカ諸国の多くは近世以降スペインの植民地であったが、フランス革命の気運の伝播やスペインがフランスの配下となったことなどにより、19世紀前半に多くの国が独立を果たすことになる。

（1）ハイチの独立

　カリブ海のサン＝ドマング（イスパニョーラ島西部）は17世紀末にスペイン領からフランス領となっていたが、この地の黒人奴隷が**トゥサン＝ルヴェルチュール**に指導されて解放運動を行った。この結果1804年に**ハイチ**として独立を果たし、史上初の黒人共和国、**ラテンアメリカ初の独立国**となった。

（2）その他のラテンアメリカ諸国の独立

　その他の多くのラテンアメリカ諸国においては、「**クリオーリョ**」と呼ばれる現地生まれの白人が独立運動を主導した。コロンビア、ベネズエラ、エクアドル、ボリビア、ペルーなど北部の諸国は**シモン＝ボリバル**の主導によって、アルゼンチン、チリ、ペルーなど南部の諸国は**サン＝マルティン**の主導によって独立が達成された。

　ポルトガルの植民地であったブラジルについては、1822年にポルトガルの王子が皇帝に即位し、ブラジル帝国として独立した。

　こうして、1810～1820年代にラテンアメリカの大半の国は独立を果たした。

4　近代国家の成立と発展　127

5.2 アメリカの拡大 ★★☆

（1）米英戦争

　アメリカでは1800年の選挙で反連邦派の**トマス＝ジェファソン**が勝利し、第3代大統領に就任した。

　この頃、ヨーロッパではナポレオン治下のフランスを対仏大同盟で抑え込む動きがあったが、アメリカはイギリスとフランスの対立には介入せず中立を維持していた。しかし、ナポレオンが1806年に大陸封鎖令を出すとイギリスも海上封鎖でこれに応じたため、アメリカはフランスとの通商を妨害された。このことからアメリカとイギリスの関係が悪化し、1812年には**米英戦争**（アメリカ＝イギリス戦争）が起こった。

　この戦争は明確な勝敗のないまま講和を迎えたが、イギリスに依存しない産業力を必要としたことからアメリカの経済的な自立が促されることとなった。

（2）モンロー教書

　第5代大統領に就任した**モンロー**は、1823年に**アメリカとヨーロッパの相互不介入**を内容とする**モンロー教書**を発表し、孤立主義（モンロー主義）政策を堅持した。

　これには、当時進んでいたラテンアメリカ諸国の独立運動にヨーロッパ諸国が干渉しようとする動きを牽制する狙いがあったが、モンロー教書に示された態度はその後長く続く**アメリカの外交姿勢の基本**をなすものとなった。

（3）ジャクソニアン＝デモクラシー

　アメリカは東海岸から西側に向けてその領土を広げていったが、この西部開拓の動きは「**西漸運動**」と呼ばれた。西部開拓民出身の第7代大統領ジャクソンは、農民や都市部の下層市民を重視した民主政治を推進した（ジャクソニアン＝デモクラシー）。

　ジャクソンの支持者は反連邦派を中心に民主党を結成する一方、反対派は連邦派を中心にホイッグ党（のちの共和党）を結成し、現在の二大政党の基盤をなした。

　ジャクソンは1830年に**強制移住法**によって先住民の土地を奪い、ミシシッピ川の西に設定した保留地へ追いやった。

（4）米墨戦争

　1840年代に至ると「明白な天命」説（マニフェスト＝デスティニー）という、西部の開拓を神から与えられた使命だと正当化する説が流布されるようになった。1845年にアメリカが**テキサス**を併合するともともとテキサスを領有していたメキシコと対立し、**米墨戦争**（アメリカ＝メキシコ戦争）が起こった。アメリカはこの戦争に勝利して、メキシコからさらに**カリフォルニア**の割譲を受けた[7]。

アメリカの領土拡大

7　1848年にカリフォルニアで金鉱が発見されると多くの移民が訪れ、人口が急増した（ゴールドラッシュ）。

5.3 南北戦争 ★★★

（1）南北対立の激化

　西部開拓が進んで新たな領土が広がると、南北の対立が顕在化するようになった。北部では独立当初から商工業が盛んであり、米英戦争を通じて工業化のさらなる進展を経験した。このため輸入品に関税を設けて自国産品を守る**保護貿易**を希望し、また奴隷を解放することにより労働力や市場の拡大を期待し、**奴隷制の廃止**を求めた。一方南部では温暖な気候と広大な農地を利用したプランテーション農業で、イギリスに輸出するための綿花栽培が行われていた。このため**自由貿易**を希望し、プランテーション農業の労働力として**奴隷制の存続**を求めた。

　1820年に結ばれた**ミズーリ協定**において北緯36度30分以北には奴隷制を容認する州を設けないことが定められ、南北の対立はいったん沈静化した。しかし1854年にカンザス、ネブラスカに奴隷制を認めるかどうかを住民投票で決定する法律が制定された。これによってミズーリ協定が否定されたため、南北は対立状態に立ち戻った。さらにホイッグ党が奴隷制の反対をイシューとする**共和党**に改組したことを受けて、奴隷制を焦点に南北対立が鮮明化することとなった。

南北対立

	産業	貿易	奴隷制	国家体制	支持政党
北部	商工業	保護関税貿易	反対	連邦主義	共和党
南部	プランテーション農業	自由貿易	賛成	州権主義	民主党

（2）南北戦争

　1860年、北部の利害を代表する共和党の<u>リンカン</u>が第16代大統領に選ばれると、南部諸州は連邦から分離して翌1861年に**アメリカ連合国**を作り、ジェファソン＝デヴィスを大統領に選んだ。こうして<u>南北戦争</u>が始まった。

　当初はリー将軍などを抱えた南軍が有利であったが、1863年1月にリンカンが**奴隷解放宣言**で内外世論の支持を集め、同年**ゲティスバーグの戦い**に勝利した。11月19日にリンカンはこの地で「人民の、人民による、人民のための政治」を訴える演説を行った。これ以降はグラント将軍の率いる北軍が優勢となり、1865年に南部の首都リッチモンドが陥落して南軍は降伏した。こうしてアメリカ合衆国は再統一された。

5.4 アメリカの重工業化 ★☆☆

（1）戦後の再建

　戦後のアメリカを再建するに当たり、アメリカ連合国として分離した南部諸州を復帰させること、奴隷制を廃止することなどの課題があったが、共和党が中心となってこうした取組みが進められた。

　連邦憲法の条文が修正されることによって奴隷制の廃止が明文化され、黒人の市民権や選挙権も認められた。しかし、黒人に対する差別は長く残存し、投票権を定める州法では投票税や文字の書き取りテストを課すことで事実上黒人の投票権を奪い、憲法の修正条項を骨抜きにした。

（2）アメリカの重工業化

　南北戦争中の1862年に制定された**ホームステッド法**は、160エーカー（約65ha）の土地を国が貸与し、5年間開拓することによって無償で与えることを定めていたため、広大な土地を求めて入植者が集まり、西漸運動をより促すこととなった。

　人口の増加や農業生産の拡大に伴って東西を結ぶ交通の整備も進み、1869年には最初の**大陸横断鉄道**が完成した。このように西部の開拓は急速に進み、1890年頃には**フロンティアが消滅した**[8]。

　こうして国内市場がいっそう拡大される中で、天然資源に恵まれたアメリカの工業は飛躍的な発展を遂げた。19世紀末にはイギリスを抜いて**世界一の工業国**になった。

---

8 開拓済みの地域と未開拓の地域の境界に当たるのがフロンティアであり、フロンティアの消滅は国内の領土を拡張することの限界を迎えたことをも意味する。

4　近代国家の成立と発展　131

南北アメリカの発展

❶ナショナリズムの成長

1801 反連邦派の**ジェファソン**、第3代大統領に就任
1803 ミシシッピ以西のルイジアナを買収
1804 ハイチがフランスから独立 ／ トゥサン＝ルヴェンチュールの指導による
1812 **米英戦争** ／ アメリカの工業化が促進される

❷西漸運動と産業革命の時代

1817 **モンロー**、第5代大統領に就任
1819 フロリダを買収
1820 **ミズーリ協定** ／ 北緯36度30分以北には奴隷制を容認する州を設けない
1823 **モンロー教書** ／ ヨーロッパとアメリカの相互不干渉
1829 **ジャクソン**、第7代大統領に就任 ／ ジャクソニアン＝デモクラシーを推進
1830 強制移住法を制定 ／ 先住民をミシシッピ川以西へ追いやる
1845 **米墨戦争** ／ テキサス併合に反対したメキシコとの戦争
1848 カリフォルニアをメキシコから獲得 ／ 金鉱が発見されゴールドラッシュが起こる

❸南北対立と南北戦争

1854 ホイッグ党が奴隷制に反対する**共和党**に改組
1860 共和党の**リンカン**、第16代大統領に就任
1861 南部諸州、分離して**アメリカ連合国**を作る ／ **南北戦争**の開始
1862 **ホームステッド法**を制定 ／ 国有地の貸与・開拓後の譲与を定めて西部開拓を促進
1863 リンカンが**奴隷解放宣言**を行う
　　　ゲティスバーグの戦いに北軍が勝利 ／ 戦闘後、リンカンが演説を行う
1865 南軍が降伏して南北戦争が終結
1869 最初の**大陸横断鉄道**が完成

132　第1章　世界史

6 19世紀欧米の文化

6.1 市民文化 ★☆☆

　フランス革命に始まり19世紀以降を通じて各国で見られた有産市民層の台頭は、文化の担い手を貴族から市民に移行させることとなった。文学や芸術の各分野において花開いた市民文化は特定の言語や歴史を持つ市民の意識を喚起し、民族や国民としての統合を促す役割を果たすこともあった。

　また、思想や科学も19世紀に入って大きく発展し、さまざまな発見や新たな技術が社会に多くの変化をもたらした。

19世紀の代表的芸術

美術	ダヴィド[仏]／「ナポレオンの戴冠式」 クールベ[仏]／「石割り」 ルノワール[仏]／「ムーラン=ド=ラ=ギャレット」 ゴーガン[仏]／「タヒチの女たち」	ドラクロワ[仏]／「キオス島の虐殺」 ミレー[仏]／「落ち穂拾い」 ゴッホ[オランダ]／「ひまわり」
音楽	ベートーヴェン[独] ショパン[ポーランド] ヴァーグナー[独] チャイコフスキー[ロシア]	シューベルト[オーストリア] ヴェルディ[伊] ドビュッシー[仏] スメタナ[チェコ]
文学	ゲーテ[独]／『ファウスト』 ヴィクトル=ユゴー[仏]／『レ=ミゼラブル』 スタンダール[仏]／『赤と黒』 ゾラ[仏]／『居酒屋』 イプセン[ノルウェー]／『人形の家』	ハイネ[独]／『ドイツ冬物語』 ボードレール[仏]／『悪の華』 ドストエフスキー[ロシア]／『罪と罰』

4　近代国家の成立と発展　133

6.2 科学と技術 ★★★

　19世紀以後の自然科学の分野では、**ダーウィン**の進化論の影響が特筆される。ダーウィンが1859年に発表した『**種の起源**』は、それまでの宗教的価値観を根底から覆し、さらに彼が展開した進化論における適者生存の自然淘汰説は、それが自然科学的な論説であったにもかかわらず、社会的にも適用されるなど、著しい影響を及ぼした。

　また、物理学・化学の分野はいっそう進歩し、**ファラデー**や**キュリー夫妻**、**レントゲン**などが活躍し、生物・医学の分野では**メンデル**、**パストゥール**、**コッホ**らが発展に貢献した。

　さらに応用技術の分野では**モース**が電信機を、**ベル**が電話を、**マルコーニ**が無線電信装置をそれぞれ発明した。また**エジソン**が電球を、**ダイムラー**がガソリンエンジンを、**ディーゼル**がディーゼル機関を発明し、今日の文明社会の礎を築き上げた。

　また、**ノーベル**が発明したダイナマイトは戦争に利用され、戦禍の深刻さを増す結果ともなった。

科学と技術

社会科学	ヘーゲル[独] ／ 弁証法　　　ベンサム[英] ／ 功利主義	マルクス[独] ／ 史的唯物論　　コント[仏] ／ 社会学の創始
自然科学	ダーウィン[英] ／ 進化論 パストゥール[仏] ／ 予防医学 キュリー夫妻[仏] ／ ラジウムの発見 メンデル[オーストリア] ／ 遺伝法則	コッホ[独] ／ 結核菌、コレラ菌の発見 ファラデー[英] ／ 電磁誘導の法則 レントゲン[独] ／ X線の発見
技術	モース[米] ／ 電信機 マルコーニ[伊] ／ 無線電信装置 ダイムラー[独] ／ ガソリンエンジン ノーベル[スウェーデン] ／ ダイナマイト ライト兄弟[米] ／ プロペラ飛行機	ベル[米] ／ 電話 エジソン[米] ／ 電球 ディーゼル[独] ／ ディーゼル機関

過去問チェック

01 ワシントンは、アメリカの独立戦争で植民地側の軍隊の総司令官となり、イギリスとの戦いに勝利した後、初代大統領となって独立宣言を発表した。**東京都Ⅰ類2013** 2.2

✕ 独立宣言はアメリカ独立戦争に勝利した後でなく、戦いの途中に発表された。

02 トマス＝ジェファソンは、独立宣言の起草者の一人であり、大統領に就任後、メキシコとの戦争に勝利してテキサス、カリフォルニアを獲得し、アメリカの領土を太平洋沿岸にまで広げた。**東京都Ⅰ類2013** 2.2 5.2

✕ 独立宣言起草については妥当だが、テキサスやカリフォルニアを獲得し、アメリカ領土を太平洋沿岸まで広げたのはジェファソンが大統領を務めた時期より後の出来事である。

03 絶対王政下のフランスでは、財政危機に陥った国王ルイ16世が自ら三部会の開催を要求し、免税特権を有していた第一身分の聖職者、第二身分の貴族からも徴税を行おうとしたが、テュルゴー、ネッケルら貴族からの激しい抵抗にあい、三部会の開催を断念した。**国家専門職2010** 3.1

✕ 三部会は国王ではなく貴族によって要求され、実際に開催された。また、テュルゴーとネッケルは国王によって登用された財務総監・財務長官である。

04 フランスでは、絶対王政に対する民衆の不満からフランス革命が勃発し、ルイ16世は革命勢力によって幽閉された。ロベスピエールは「国王は君臨すれども統治せず」であるべきだと主張してテルミドールの反動（クーデター）を起こし、ルイ16世を形式的元首とする統領政府を樹立した。**国家一般職2007** 3.2

✕ 「国王は君臨すれども統治せず」はイギリスの政治体制を表す言葉である。また、ロベスピエールはルイ16世が処刑された後のジャコバン派の指導者であり、テルミドール9日のクーデタで処刑された人物である。さらに、統領政府はこれより後のブリュメール18日のクーデタで成立し、第一統領になったのはナポレオンである。

05 ドイツ関税同盟は、プロイセンとオーストリアとが中心となって結成され、加盟国間の関税を撤廃し、自由通商を行なうことを約した。これによって政治的に分裂していたドイツが、大ドイツ主義のもと経済的に統一されることになった。ただ政治的な統一の機運も高まったが、その実現までにはまだ紆余曲折があった。**裁判所2008** 4.4

✕ ドイツ関税同盟はプロイセン中心でオーストリアはこれに入っていない。また、大ドイツ主義

4 近代国家の成立と発展 135

でなくオーストリアを除いた小ドイツ主義で統一されていくことになる。

06 プロイセンでは、ビスマルクが首相に就任すると「鉄と血によってのみ問題は解決される」と主張して軍備拡張を図り、普墺戦争でオーストリアを破った。さらに普仏戦争でフランスを破ると、プロイセン王のヴィルヘルム1世はヴェルサイユ宮殿でドイツ帝国の成立を宣言した。**国家一般職2007** 4.4

◯

07 アメリカ合衆国はその独立戦争でフランスの干渉を受けたため、フランス革命やナポレオン戦争に際してモンロー宣言を公表して積極的に干渉した。同宣言で、ヨーロッパの情勢に積極的に干渉する一方、その植民地となっていたラテンアメリカの情勢には干渉しない方針を示した。**国家一般職2011** 5.2

✕ アメリカ独立戦争時、フランスは参戦しているものの独立軍を支援する形でイギリスに宣戦した。その後アメリカは独立戦争後の復興を優先すべく、フランス革命などのヨーロッパ情勢には干渉せずに中立の立場を採った。その後のモンロー教書(モンロー宣言)もアメリカとヨーロッパの相互不干渉を宣言したものである。

08 リンカンは、南北戦争後に大統領に就任し、戦争で勝利した北部の主張を受けて、奴隷解放宣言を発表するとともに、保護貿易と連邦制の強化に努めた。**東京都Ⅰ類2013** 5.3

✕ リンカンが大統領に就任したのは南北戦争後でなく南北戦争の直前である。奴隷解放宣言は南北戦争の途中で発表されている。

第1章

世界史

4　近代国家の成立と発展　137

過去問 Exercise

問題1 近代のヨーロッパ及びアメリカにおける次のA〜Eの出来事を年代順に並べたものとして正しいのはどれか。

裁判所2002

A ウィーン会議

B イタリア統一の完成

C アメリカ独立戦争

D フランス革命

E 二月革命(フランス)

1 ABCDE

2 BADCE

3 CDAEB

4 DACEB

5 EACBD

解説

正解 ③

A：ウィーン会議（1814〜15）

　ナポレオン戦争後のヨーロッパの秩序回復、戦後処理のため、オーストリア外相メッテルニヒが主宰し、開催された。

B：イタリア統一の完成（1861）

　イタリアは神聖ローマ帝国（皇帝家のハプスブルク家はのちにオーストリアの皇帝家）のイタリア政策などの影響で19世紀まで未統一の状態だったが、19世紀後半からサルデーニャ王国のヴィットーリオ＝エマヌエーレ２世が首相カヴールの協力により統一を進めた。

C：アメリカ独立戦争（1775〜83）

　フレンチ＝インディアン戦争でフランスに勝利したイギリスは植民地（アメリカ）支配を本格化し、印紙法などで課税を強化した。これに対し植民地側は反発し、1773年に茶法が制定されるとボストン茶会事件を起こして、イギリスと植民地の対立が深まり独立戦争へと発展した。1783年のパリ条約で、アメリカの独立が認められた。

D：フランス革命（1789〜99）

　1789年７月14日にパリの群衆によるバスティーユ牢獄襲撃が契機となり、全国に動乱が広がった。1799年のブリュメール18日のクーデタで、ナポレオンは統領政府を樹立し、第一統領となり独裁権力を握った。これをもってフランス革命の終焉とするのが一般的である。

E：二月革命（1848）

　ウィーン会議で復活したブルボン朝の反動政治に対して七月革命が起こり、オルレアン公ルイ＝フィリップが国王に就いた。しかし、ルイ＝フィリップは制限選挙により大ブルジョアジー中心の政治を行ったため反発が高まった。ルイ＝フィリップはイギリスに亡命し、臨時政府が樹立された。これをフランス二月革命という。この革命により第二共和政が成立した。

4　近代国家の成立と発展　139

問題2

A ピューリタン（清教徒）革命

B スペイン継承戦争

C フランス革命

D 神聖ローマ帝国滅亡

E ウィーン会議

F 二月革命

　上のA～Fの事項は、17世紀半ばから19世紀半ばにかけて起こった出来事を年代順に並べたものである。これに「アメリカ独立戦争」という出来事を入れた場合の位置として正しいものは、次のうちどれか。

裁判所2003

1 AとBの間

2 BとCの間

3 CとDの間

4 DとEの間

5 EとFの間

解説

正解 ②

以下出来事の年代を記載すると以下のようになる。

A：ピューリタン革命（1642〜49）

B：スペイン継承戦争（1701〜14）

C：フランス革命（1789〜99）

D：神聖ローマ帝国滅亡（1806）

E：ウィーン会議（1814〜15）

F：二月革命（1848）

アメリカ独立戦争（1775〜83）は**B**と**C**の間となる。

問題3 欧米の近代社会に関する記述として最も妥当なのはどれか。

国家専門職2006

1 イギリスでは、毛織物工業で機械化などの技術革新が進み産業革命が起こった。特にカートライトが改良した蒸気機関が動力として実用化されると、良質で安価な毛織物が大量生産されるようになった。その結果、フランドルなどの工業都市が出現し、人口の都市集中が起こった。

2 パリ＝コミューンの支配下にあったフランスでは、国王が絶大な権力を握り、民衆の反感を強めていた。ルイ16世のとき、ナポレオンが民衆と共にヴェルサイユ宮殿を襲撃し占領したため、各地で農民暴動が起こり、議会は国王の封建的特権の廃止を決議し、人権宣言を採択した。

3 ナポレオン没落後のヨーロッパに新しい秩序を打ち立てるため、各国の代表者がパリに集まって、メッテルニヒが中心となり講和会議を開いた。会議では、14か条の平和原則に基づいて国際協調を目指すことが確認され、新たな国際秩序であるヴェルサイユ体制が成立した。

4 産業革命の結果、ヨーロッパ各地で労働問題や社会問題が発生した。プロイセンでは七月革命が起こり、フランスでも選挙権を与えられていない労働者階級の不満が高まり、男女普通選挙の実施などを要求したチャーティスト運動が展開された。

5 アメリカ合衆国では、リンカンが大統領に当選すると、南部諸州は合衆国から分離してアメリカ連合国をつくり、南北戦争が始まった。はじめは南軍が優勢であったが、自営農地法の制定や奴隷解放宣言により内外の支持をえた北軍が有利となり、その結果、北軍が勝利を収めて合衆国は再統一された。

142 第1章 世界史

解説

正解 **5**

❶ ✕ 蒸気機関を改良したのはワットであり、カートライトが発明したのは力織機という織物を作る機械である。またフランドルとはオランダとベルギーの国境からフランス北東部にかけての沿岸地域を指し、イギリスの都市ではない。

❷ ✕ パリ＝コミューンとは19世紀の労働者中心の革命政権のことである。またフランス革命開始時にはナポレオンの関与はない。革命開始時に民衆が襲撃したのはヴェルサイユ宮殿ではなくバスティーユ牢獄である。

❸ ✕ 14か条の平和原則は第一次世界大戦中の1918年に米大統領ウィルソンが発表し、大戦後のパリ講和会議で基調となった。ナポレオン戦争後に開催されたウィーン会議後の国際体制は、ウィーン体制という。

❹ ✕ 七月革命はプロイセンではなくフランスで起こった革命である。またチャーティスト運動はイギリスの都市労働者による男性普通選挙権獲得の運動で、フランスの二月革命の影響で盛り上がったが政府に弾圧され衰退した。

❺ ◯ 1860年の選挙でリンカンが勝利すると、翌年に南部がアメリカ連合国を形成し、南北戦争が開始された。リンカンは1863年に奴隷解放宣言を出すなどして内外の支持を集め、戦争は北軍の勝利に終わった。

問題4	フランス革命に関する記述として、妥当なのはどれか。

特別区Ⅰ類2014

1 　国王の召集により三部会が開かれると、特権身分と第三身分は議決方法をめぐって対立し、改革を要求する第三身分の代表たちは自らを国民公会と称したが、国王が弾圧をはかったため、パリ民衆はテュイルリー宮殿を襲撃した。

2 　国民公会は、封建的特権の廃止を宣言し、「球戯場の誓い」を採択したが、この誓いには、自然法にもとづく自由と平等、国民主権、私有財産の不可侵などが盛り込まれた。

3 　国王一家が王妃マリ＝アントワネットの実家のオーストリアへ逃亡しようとひそかにパリを脱出し、途中で発見されて連れもどされるという、ヴァレンヌ逃亡事件が起こり、国王は国民の信頼を失った。

4 　1791年に立憲君主政の憲法が発布され、この憲法のもとで男子普通選挙制にもとづく新たな立法議会が成立したが、オーストリアとプロイセンが革命を非難したので、プロイセンに対して宣戦し、革命戦争を開始した。

5 　ロベスピエールをリーダーとしたジロンド派は、公安委員会を使って恐怖政治を展開したが、独裁体制に対する反発が強まり、「ブリュメール18日のクーデタ」によりロベスピエールが処刑された。

144　第1章　世界史

解説

正解 ③

❶ ✕　第三身分の代表たちが自称したのは国民公会ではなく国民議会である。国民公会は、市民階級がテュイルリー宮殿を襲撃した8月10日事件の後に立法議会に代わって招集された議会である。

❷ ✕　選択肢の説明は国民公会ではなく国民議会の出来事についてであり、封建的特権の廃止は人権宣言に盛り込まれた内容である。球戯場の誓いとは、憲法制定まで第三身分が国民議会を解散しないと誓ったものである。

❸ ◯　ヴァレンヌ逃亡事件は1791年6月に起きた。

❹ ✕　選択肢冒頭は妥当だが、1791年憲法では男性普通選挙ではなく、財産による制限選挙が定められた。またプロイセンでなくオーストリアに宣戦布告した。

❺ ✕　ジロンド派ではなくジャコバン派が妥当である。またロベスピエールが処刑されたのはブリュメール18日のクーデタでなくテルミドール9日のクーデタの際である。

4　近代国家の成立と発展　145

| 問題5 | ウィーン体制下のヨーロッパに関する記述として最も妥当なのはどれか。 |

国家総合職2009

1 ナポレオン戦争後に、ヨーロッパの秩序回復を目指して開かれたウィーン会議では、フランスの外相メッテルニヒの主宰の下、フランス革命前の君主の支配を正統とみなす正統主義を基調として各国の利害調整が進められ、フランスではブルボン朝、ドイツでは神聖ローマ帝国が復活した。

2 復古的な風潮が強まっていたウィーン体制下において、自由主義や国民主義の理念に基づき、ドイツの大学生を中心とするブルシェンシャフト運動、ロシアの青年士官を中心とするデカブリストの乱、イタリアの秘密結社であるカルボナリによる乱が起こったが、いずれも鎮圧された。

3 産業革命を世界で初めて達成したイギリスでは、労働運動も最も早く始まり、児童の労働時間の制限を求めるチャーティスト運動が展開された。また、社会主義思想家のサン＝シモンとフーリエは、共同で著した『国富論』の中で資本主義の自由放任の競争こそが社会悪の原因であるとして、労働運動を擁護した。

4 王政復古の下でのフランスでは立憲王政がとられていたが、ルイ＝フィリップが即位すると、選挙資格制限や出版統制などを強行しようとしたため、パリの民衆が蜂起して七月革命が起こり、王政が廃止され臨時政府が樹立された。

5 人間の理性を重視する啓蒙思想が広まり、モンテスキューは『法の精神』において表現の自由や信仰の自由を主張し、カトリック教会を厳しく批判した。これに対し、ヴォルテールは『哲学書簡』において君主の専制を防ぐものとしての教会の権威を擁護した。

解説

正解 ❷

❶ ✕ ウィーン会議の主宰であるメッテルニヒはオーストリアの外相である。正統主義とはフランス革命以前の主権と領土を正統とするというもので、フランスではブルボン家による王政復古となったが、神聖ローマ帝国は認めず、35の君主国と4の自由市からなるドイツ連邦を構成することとなった。

❷ ◯ 正しい記述である。

❸ ✕ チャーティスト運動は、第1回選挙法改正で選挙権を得られなかった都市労働者を中心に普通選挙の実施を求めて起こされた史上初の労働者による組織的な政治運動である。また、サン＝シモンとフーリエは(空想的)社会主義者であり、『国富論』の著者は古典派の祖であるA.スミスである。

❹ ✕ 復古王政に対して起こった七月革命では、シャルル10世が退位に追い込まれ、代わってオルレアン家のルイ＝フィリップが即位し、制限選挙と立憲王政を定めた政治体制が誕生した(七月王政)。王政が廃止され、臨時政府が樹立されたのは二月革命である。

❺ ✕ 文中のモンテスキュー、ヴォルテールともに18世紀を中心に活躍した思想家であり、設題の「ウィーン体制下のヨーロッパに関する記述」ではない。なお、モンテスキューは『法の精神』で三権分立を唱えて王権の制限を説いており、ヴォルテールは『哲学書簡』でイギリスを賛美し、暗にフランスの後進性・封建制を批判し、教会の権威や非寛容を批判してカトリック教会を非難した。

国家一般職★★★／国家専門職★★★／裁判所★★★／東京都Ⅰ類★★★／特別区Ⅰ類★★★

5 帝国主義と二つの世界大戦

第5節では、19世紀から20世紀前半の国際社会を扱います。帝国主義の全盛期において、世界の工業先進国や軍事強国は植民地や従属国に対する支配の拡大に努め、列強間の対立は二つの世界大戦の原因となりました。国際社会が激動する時代を学習していきます。

❶ アジア諸地域の変貌

1.1 イギリスのインド支配 ★★★

（1）西欧のインド進出

　ヨーロッパ勢力は大航海時代に交易目的でインドに接触し、さらに17世紀以降は各国の東インド会社がインドに商館を設けて経済的な進出を始め、綿布などのインドの産品を取引するようになった。

　16世紀前半以降のインドは**ムガル帝国**によって統治されていたが、18世紀初頭に第6代皇帝**アウラングゼーブ**が没すると帝国による統治は形骸化して地方勢力が台頭し、各地で抗争が起きた。ヨーロッパ勢力のうち特にイギリスとフランスは、インドにおける地方勢力の抗争に介入する形で現地支配の拡大を考えるようになり、対立を深めた。

　イギリスの東インド会社は、英仏両国が拠点を設けていたカーナティック地方（インド南東部）の経営をめぐった争いでフランスを退けた（**カーナティック戦争**）。さらにヨーロッパの七年戦争に連動して起こった**プラッシーの戦い**において、ベンガル太守とフランスの連合軍を破り、インド経営におけるイギリスの優位を確かなものとした。

148　第1章　世界史

（2）イギリスによる植民地支配の完成

　フランスを締め出すことに成功したイギリスの東インド会社は、次にインド各地の勢力に支配の手を伸ばした。まずベンガルなど3地方の徴税権をムガル皇帝から与えられ、インド南部のマイソール王国との戦争に勝利し、南インドに支配地域を拡張した（**マイソール戦争**）。さらにデカン高原一帯を勢力地とするマラーター同盟との戦争や（**マラーター戦争**）、西北部パンジャーブ地方のシク王国との戦争にも勝利した（**シク戦争**）。

　こうして、18世紀後半から19世紀前半にかけてイギリスはインドの全域に支配域を拡張した。インドの一部は600に及ぶ**藩王国**に編成され、現地支配者である**藩王**が内政を、**イギリスが外交を担う間接統治**が敷かれた。インドの残りの地域はイギリスによる直接統治となり、**イギリスによるインドの植民地化が完成**した。

（3）イギリス統治下のインド
① 地　税

　イギリス東インド会社がインド経営によって得られた最大の収入は各地からの地税収入にあり、以下に示すザミンダーリー制やライヤットワーリー制など、地域によって異なる徴税方法が採られた。

地税の徴収方法

ザミンダーリー制	・地主、領主（ザミンダール）に土地所有権を認めて、徴税を行わせる ・ベンガル地方を中心に導入
ライヤットワーリー制	・農民（ライヤット）に国家の土地を保有させて、納税させる ・南インドを中心に導入

　このような地税の導入は従来からインド社会にあった土地制度と、関係する人々の生活を大きく変化させることになった。ザミンダーリー制ではザミンダール、ライヤットワーリー制ではライヤットのみが納税義務者であり土地所有者として認定されたため、それ以外の農村生活者の立場は従属的なものとなった。また、東インド会社の目的は地税収入を最大化することにあったため、税額は現金で従来の徴税額を下回らないよう設定されており、農産物価格の低下によって生活に困窮した土地所有者はその所有権を売却せざるを得ないこともあった。

② 綿工業の衰退

18世紀になってイギリスで産業革命が起こると、イギリス製の機械製綿布が流入してインド製品を圧倒し、19世紀前半には**綿布の輸入額が輸出額を上回る**ようになった。インドはイギリスの工業発展のための原料供給と海外における消費市場としての役割を担わされ、貧困化が進んだ。

③ 東インド会社の変容

東インド会社は、イギリス本国からアジア地域での貿易独占権を認められた会社であったが、産業革命によって産業資本家が力を蓄えると、こうした特権の排除と自由貿易体制への移行を求める声が高まった。

19世紀前半に東インド会社に与えられていた特許が順次改定され、インドや中国における貿易の独占権に加え、商業活動を行う権利が失われた。これを受けてイギリス東インド会社は、貿易における特権会社から**植民地インドの統治機関**へとその役割を変容させた。

（4）シパーヒーの反乱

東インド会社が抱えていた**シパーヒー**と呼ばれるインド人傭兵は、イギリスの支配に対する不満から、1857年に**シパーヒーの反乱**（インド大反乱）を起こした。反乱軍は有名無実化していたムガル帝国の皇帝を盟主に奉じることで正当性を得て、植民地支配に対する不満を抱えていた旧支配層や旧地主層などを幅広く抱き込みながら北インドの広範囲に広がった。

しかし東インド会社側の軍隊が態勢を立て直すと反乱は鎮圧に向かい、1858年にはムガル皇帝は流刑となって廃され、**ムガル帝国は滅亡**した。各地に残存した反乱も翌1859年には鎮圧された。

（5）インド帝国の成立

シパーヒーの反乱を東インド会社による統治が招いた失敗と捉えたイギリス本国は、1858年に**東インド会社を解散**し、イギリス本国政府による直接統治を行うことを決めた。

1877年に**ヴィクトリア女王**がインド皇帝を兼ねた**インド帝国**が成立した。インド帝国は**分割統治**への転換によって帝国支配に対する反乱・独立運動の抑制を図った[1]。

---

[1] 分割統治はインド人の間での対立構造を残すことによって、大同的な独立運動が起きないようにする政策であり、イギリスは直接統治を行う地域以外に藩王国の自治地域を設けて藩王間での対立の余地を残した。これ以外にも、ヒンドゥー教とイスラム教間の宗教対立やカースト制度を利用した対立を助長する狙いでさまざまな政策が行われた。

イギリスのインド支配

> **❶インドの植民地化**
> ・アウラングゼーブの死後、ムガル帝国は地方勢力が独立し抗争が激化
> ・**プラッシーの戦い**(1757) ／ イギリスがベンガル地方政権・フランス連合軍を破る
> ・マイソール戦争(1767〜) ／ 南インドをイギリスが征服
> ・マラーター戦争(1775) ／ デカン高原をイギリスが征服
> ・シク戦争(1845〜) ／ パンジャーブ地方をイギリスが征服
> ・一部を藩王国とし(間接統治)、ほかを直接統治 ／ 植民地支配の完成
>
> **❷東インド会社の変容**
> ・産業革命の進行により、イギリス東インド会社の特権維持が困難に
> ・貿易独占権廃止(1813)→ 商業活動の停止(1833)→ インド統治機関として存続
>
> **❸イギリス統治による土地制度**
> ・**ザミンダーリー制** ／ 地主・領主に土地所有権を認めて徴税(ベンガル中心)
> ・ライヤットワーリー制 ／ 農民に土地所有権を与え、直接徴税(南インド中心)
>
> **❹インド綿工業の衰退**
> ・イギリスでの産業革命が遠因
> ・イギリスの機械製綿布がインドに流入してインド製品を圧倒
>
> **❺シパーヒーの反乱(インド大反乱)**
> ・東インド会社のインド人傭兵が武装蜂起(1857〜59)
> ・イギリスが鎮圧し、**ムガル帝国が滅亡**(1858)
>
> **❻インド帝国の成立**
> ・東インド会社が解散(1858) ／ イギリスによるインドの直接統治開始
> ・**ヴィクトリア女王**を皇帝とする英国直轄領と**藩王国**からなる**インド帝国**が成立(1877)

1.2 東南アジア諸国の動向 ★★★

　東南アジア諸国においても、ヨーロッパ諸国による進出の目的が次第に商業権益の獲得から領土支配に移行し、各国の植民地化が進んだ。

(1) ジャワ (インドネシア)

① オランダ東インド会社による植民地経営

　ジャワ島を中心とした現在のインドネシアに当たる地域にはオランダが東インド会社を設立しており、バタヴィアに拠点を設けて香辛料貿易を盛んに行っていた。17世紀前半にポルトガルをモルッカ諸島の貿易から締め出し、次いでアンボイナ事件でイギリスを追い落とすと、オランダの東インド会社は直接的な領土支配へと方針転換し、18世紀前半には**ジャワ島のほぼ全域に支配権**を及ぼした。

5　帝国主義と二つの世界大戦　151

② オランダによる直轄

18世紀末に東インド会社が解散すると、オランダは政府によりジャワ島を直轄支配するようになった。1825年にはイスラム諸侯の反乱が起こったが（ジャワ戦争）、これを抑えたオランダは、コーヒー、サトウキビ、藍などの商品作物を**強制栽培制度**によって住民に栽培させ、莫大な利益を得た。

(2) ベトナム
① 阮朝の成立

ベトナムでは16世紀以降長い内乱の時代が続いていた。17世紀には南北に勢力を二分して争っていたが、1771年に西山の乱が起こって南北の勢力を倒し、一時ベトナムを統一した。

その後、南部勢力の生き残りであった**阮福暎**は、フランス人宣教師ピニョーや周辺国の援助を受けながら西山政権を打倒し、1802年にベトナム全土を統一して**阮朝**を成立させた。阮朝は清に朝貢して行政制度を移入し、国号をベトナム(越南)とした。

② フランスのベトナム進出

19世紀になると第二帝政下のフランスが**インドシナ出兵**を行い、1867年にベトナム南部を直轄化した。さらに北部にも進出して1883年にベトナムを保護国化するに至ると、宗主国であった清との対立を生じた。この対立は1884年に**清仏戦争**に発展し、1885年に結ばれた天津条約で清は**フランスがベトナムの保護国となること**を承認した。

こうしてフランスはベトナムの植民地化に成功し、1887年に**フランス領インドシナ連邦**を成立させた[2]。

---

2 1863年に保護国としたカンボジアもこれに含まれ、さらに1899年にはラオスも編入された。

(3) その他の東南アジア諸国

マレー半島にはイギリスが進出し、1826年にマラッカ海峡に面したペナン、マラッカ、シンガポールを合併して海峡植民地とした。さらに1895年には支配地域を広げてマレー連合州とした。

ビルマ(ミャンマー)では18世紀中頃にコンバウン朝が興ったが、イギリスは19世紀に3次にわたるビルマ戦争の末、ビルマを直轄州としてインド帝国に併合した。

フィリピンはマゼランの船隊が到着したときからスペインの勢力圏となっており、16世紀にマニラを根拠地として交易と支配を行っていた。スペインは現地人を強制的にカトリックに改宗させる政教一致策を採り、原住民との間に長い軋轢を生んだ。また、19世紀になると自由貿易を求める声に応じて、マニラを国際貿易に開放した。

東南アジア諸国のうち唯一植民地化を回避したタイは1782年にラタナコーシン朝を興し、首都をバンコクとした。19世紀後半に自由貿易や諸外国との外交関係の締結、国内の行政改革が進められ、集権化・近代化を図ることで独立を堅持した。

東南アジア諸国の動向

ジャワ (インドネシア)	・オランダによる支配 ・19世紀以降、オランダ政庁による直接支配に移行 ・コーヒー、サトウキビ、藍などの強制栽培制度でオランダに莫大な利益
ベトナム	・フランスによる支配 ・19世紀初頭に建てられた阮朝にフランスが軍事介入 ・宗主国清との清仏戦争の結果、フランスによる保護国化が承認される ・カンボジアと合わせてフランス領インドシナ連邦に ・のちにラオスも編入
マレー半島	・イギリスによる支配
ビルマ(ミャンマー)	・イギリスによる支配
フィリピン	・スペインによる支配
タイ	・植民地支配を受けず、独立を維持

5　帝国主義と二つの世界大戦

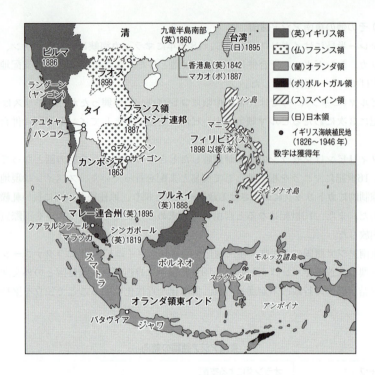

1.3 清と東アジアの変貌 ★★★

(1) 清の内外環境の変化

17世紀以降の中国では清という王朝が支配を行っており、18世紀に全盛期を迎えていた。しかし18世紀末に土地の不足や乱開発による環境悪化などから社会不安が増大すると、仏教系秘密結社が農民を指導して反乱を起こした(白蓮教徒の乱)。この反乱は鎮圧に10年近くを要し、清朝衰退の端緒となった。

また、同時期にヨーロッパの勢力が東アジア進出をうかがう動きを見せるようになった。清は1689年のネルチンスク条約などでロシアとの国境を画定させて交易を行っていたが、そのロシアは日本にも接近して通商を要求し、東アジアでの交易拡大を狙っていた。イギリスも、清がヨーロッパ諸国の交易を行うための港を広州のみに限り、公行と呼ばれる特許商人の組合にこれを管理させていたところ、1792年にマカートニーを派遣して自由貿易の拡大を要求した。

(2) アヘン戦争
① イギリスの三角貿易

　18世紀後半の時点で、清が広州で行う対外貿易の最大の相手国はイギリスであった。当時のイギリスでは中国産の**茶**の需要が増大していた一方、イギリスの主力産品であった綿製品は中国での売れ行きが悪かったため、対中国貿易は輸入超過となり、イギリスから中国へ大量の銀が流出していた。

　この状況を打開するためにイギリスは支配下にあったインドを巻き込んだ**三角貿易**を展開し、イギリスの綿布をインドへ、インドのアヘンを中国へ、中国の茶をイギリスへと動かす物流を展開した。

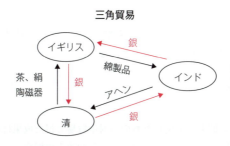

三角貿易

② アヘン戦争

　三角貿易によってインドからアヘンがもたらされると中毒性のあるアヘンの吸引が広がり、アヘンの密貿易によって大量の銀が中国国外に流出するようになった。この事態を受けて清は1839年、**林則徐**を広州に派遣して取締りを行った。

　林は広州のアヘンを没収して廃棄処分とし、イギリスに対してアヘン貿易の禁止を求めたところ、イギリス本国内にはアヘン貿易に対する反対論もあったものの、中国における自由貿易の実現を武力で実現すべきとする声が勝り、1840年に**アヘン戦争**が起こった[3]。

③ 不平等条約

　アヘン戦争の結果、清はイギリスに敗れて1842年に**南京条約**を結び、さらに翌1843年には追加条約を締結した。これらは清が外国と結んだ不平等条約の先駆となった。

---

[3] アヘン戦争中の1841年に、広州西南部の三元里において略奪行為を行っていた一部のイギリス軍に対し、村民たちが「平英団」を組織して抵抗を行った（三元里事件）。

アヘン戦争の講和

●南京条約
・清はイギリスに香港島(ホンコンとう)を割譲する
・清は上海(シャンハイ)、寧波(ニンポー)、福州(ふくしゅう)、厦門(アモイ)、広州(こうしゅう)の5港を開港する
・清は公行を廃止する
・清はイギリスに対して賠償金を支払う

●五港通商章程・虎門寨追加条約(こもんさい)
・清はイギリスに対して領事裁判権(治外法権)を認める
・清・イギリス双方の関税は、両国共同の協定で定める(関税自主権の喪失)
・清が別の条約で有利な条件を他国に与えた場合、イギリスにも同じ条件を与える(片務的最恵国待遇)

　また、1844年にはアメリカとの望厦条約(ぼうか)、フランスとの黄埔条約(こうほ)によって、両国にもイギリスと同じ権利を与えることになった。

(3) アロー戦争

① アロー号事件

　南京条約で通商の拡大を実現したものの対中貿易で得た成果は捗々しくなく、イギリスはさらに自国に有利な条件を得るべく条約改定の機会をうかがっていた。そのような中1856年に、広州に停泊中のアヘン密輸船アロー号の中国人乗組員が海賊容疑で逮捕される事件が起こった(アロー号事件[4])。

② アロー戦争

　アロー号事件はイギリス側が出兵を行うための口実に過ぎず、フランスと共同で清に出兵を行いアロー戦争(第2次アヘン戦争)が起こった。イギリス・フランス軍に押された清は1858年に天津条約(てんしん)を結んだが、翌1859年、清が条約批准を拒否するとイギリス・フランスは再度出兵して北京に攻め入った。1860年に北京条約(ペキン)が結ばれてアロー戦争は終結し、このときアヘン貿易も公認された。

4　イギリスはこの船がイギリス船籍であり、船員の逮捕に際して船に掲げられたイギリス国旗が引きずり降ろされたと主張して抗議した。

156　第1章　世界史

北京条約

・清は、イギリス・フランスに800万両の賠償金を支払う
・清は、イギリスに**九竜半島南部を割譲**する
・清は、天津など11港を開港する
・清は、外国公使が北京に駐在することを認める
・清は、国内でキリスト教を自由に布教することを認める

（4）太平天国の興亡

① 太平天国の建国

　アヘン戦争の外患がある一方で、重税による農民の生活苦や統治への不満から国内各地で起こった反乱にも清は直面しなければならなかった。

　広東でキリスト教の伝道を行っていた**洪秀全**は拝上帝会という宗教結社を興し、儒教などの他宗教の偶像を破壊する活動を行っていた。こうした活動は弾圧されたものの、1851年に広西で洪が挙兵して**太平天国**を建国すると、民衆を巻き込んで大きく広がった。

② 反乱の経過

　太平天国は「**滅満興漢**[5]」というスローガンのもと、女性の纏足やアヘンの禁止、土地の均等分配などの政策を掲げた。しかし中央内部の争いによって隙が生じ、漢人官僚による**郷勇**と呼ばれた義勇軍や、**常勝軍**と呼ばれた外国人傭兵部隊が清に協力し、1864年に太平天国は滅んだ。

太平天国の反乱鎮圧に協力した勢力

郷勇	・漢人の官僚が組織した義勇軍 ・**曾国藩**が組織した湘軍、**李鴻章**が組織した淮軍など
常勝軍	・外国人による傭兵部隊 ・アメリカ人**ウォード**、イギリス人**ゴードン**らが組織

---

[5] 清朝が満州人の政権であることから、このスローガンは清朝を滅ぼし、漢民族の国家を再興させるというものである。

5　帝国主義と二つの世界大戦

（5）洋務運動

　アロー戦争や太平天国による反乱を鎮めた清は一時的な安定期を迎えた（同治の中興）。列強の進んだ科学技術に裏打ちされた軍事力に対抗し、国内の農民反乱を抑制するため、西洋の学問や技術を導入した軍制改革や産業育成が行われた（洋務運動）。

　こうした取組みは太平天国の反乱鎮圧にも当たった曾国藩、李鴻章ら漢人官僚が中心となって行われ、中国の伝統的な道徳倫理を根本としつつも西洋の技術のみを導入するという「中体西用」の方針に貫かれていた。

（6）日清戦争
① 日本の海外進出

　19世紀半ばにアメリカからペリーが来航したことをきっかけに開国した日本では、その後江戸幕府が倒されて天皇親政を行う明治政府が成立した。日本は急速に近代化を推し進めるとともに台湾への出兵、琉球の領有、朝鮮半島への進出を行い、東アジアの長い伝統であった中国を中心とした秩序を動揺させた。

② 朝鮮半島情勢

　14世紀末に建てられた朝鮮王朝は17世紀以降外交関係を清と日本に限定していたが、19世紀後半になると欧米諸国から開国を迫られるようになった。日本も1875年に朝鮮沿岸の江華島付近で両国の衝突事件を起こし（江華島事件）、翌1876年に日朝修好条規を取り交わした[6]。

　朝鮮内部には日本に接近して改革を急進的に進めたいと考える金玉均らの開化派と、従来の清との関係を重んじて漸進的な変化を望む閔氏一族が対立していた。1884年には、金玉均が日本と結んで閔氏政権を倒そうとクーデタを起こした（甲申政変）。この事件は清軍の介入によって失敗に終わったが、朝鮮に進出したい日本と、朝鮮に対する宗主国としての立場を維持したい清との緊張は高まることになった。

③ 日清戦争

　1894年、朝鮮半島で甲午農民戦争（東学党の乱）という反キリスト教を掲げた指導者による農民反乱が起こると、これを口実に日清両軍が出兵し、日清戦争が起こった。

6　朝鮮が釜山、仁川、元山の3港を開港するとともに、開港地における領事裁判権を認める内容であり、日本側に有利な不平等条約であった。また、この条約をもって日本に対しては開国したことになるが、清を宗主国とする関係は残存していたため欧米諸国への開国は1880年代になってようやくなされた。

清はこの戦争に敗れて1895年に**下関条約**を結び、朝鮮の独立や日本に対する領土の割譲、賠償金の支払いなどを認めた。

下関条約

・清は朝鮮の独立を承認する
・清は遼東半島、台湾、澎湖諸島を日本に割譲する[7]
・清は日本に2億両の賠償金を支払う
・清は日本に通商上の特権を認める

（7）列強の中国分割

日清戦争における清の敗北はその弱体化を国際社会にさらす結果となり、これを見た列強は中国国内における利権獲得を競うようになった。

中国進出に遅れたアメリカは、1899年に国務長官ジョン=ヘイが中国の**門戸開放**、**機会均等**、**領土保全**を求める宣言を出し、中国市場への関心とアジア地域への進出の意欲を示した。

列強の中国分割

ロシア	・三国干渉を提起した見返りに東清鉄道の敷設権を獲得 ・遼東半島南部（旅順・大連）を租借 ・東北地方の利権における優先権
ドイツ	・膠州湾を租借 ・山東地方の利権における優先権
イギリス	・威海衛・九竜半島北部を租借 ・長江流域・広東東部の利権における優先権
フランス	・広州湾を租借 ・広東西部・広西地方の利権における優先権
日本	・福建地方の利権における優先権
アメリカ	・国務長官ジョン＝ヘイによる門戸開放宣言で各国の動きを牽制

---

7 このうち遼東半島については、ロシア、フランス、ドイツの干渉により清に返還された（三国干渉）。

5 帝国主義と二つの世界大戦

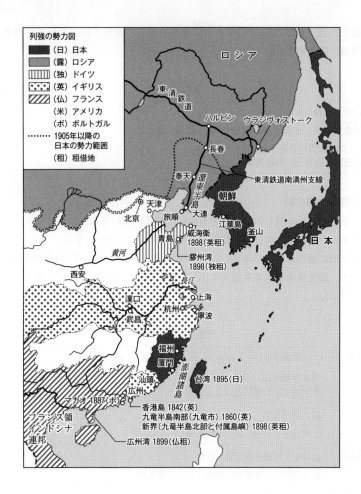

（8）変法運動と戊戌の政変

　日清戦争敗北を受けて清の国内では、日本の明治維新を模範とした根本的な制度改革が必要だとする意見が強まった。この運動は**康有為**を中心に進められ、国会の開設や憲法の制定による立憲君主政を目指した改革であり、1898年には光緒帝にこれを断行させた（**戊戌の変法**）。

　しかし、あまりに性急な改革に対し**西太后**を中心した保守派はクーデタを起こし、改革は失敗に終わった（**戊戌の政変**）。

（9）義和団事件

　アロー戦争後に締結した北京条約において、清はキリスト教の布教を容認させられていた。列強による分割とキリスト教の浸透が進むにつれ民衆の排外感情が高まり、特にキリスト教に反対する運動（**仇教運動**）につながった。

　とりわけ、白蓮教の流れを汲んだ武装宗教結社である義和団は「**扶清滅洋**」を掲げ、キリスト教教会や鉄道の破壊活動を行った。列強はこの運動を鎮圧するよう清に求めたが、清は逆にこれを利用して各国に宣戦布告した。日本やロシアなど８か国は共同出兵して北京を占領し、義和団を鎮圧した（**義和団事件**）。

　1901年に清は列強と**北京議定書**を締結し、巨額の賠償金支払いや外国軍隊が北京に駐屯することを認めた。

清朝末期の動乱

❶イギリスによる三角貿易
・18世紀後半、広州の対外貿易の大半をイギリスが占有
・茶の需要の増大に伴い、イギリスは輸入超過に ／ 大量の銀が中国へ流出

❷アヘン戦争（1840）
・中国国内でアヘン吸引が広がる ／ アヘン密貿易による銀の流出
・**林則徐**を広州に派遣し、取締りを開始 ／ アヘンの没収と破棄処分
・清はイギリスからのの自由貿易の要求に抵抗し、**アヘン戦争**が勃発 ／ イギリスの勝利

❸南京条約（1842）
・香港島の割譲、広州・上海・福州・厦門・寧波の開港、公行（貿易を独占していた商人組合）の廃止、賠償金の支払いなどを定める
・清に対する不平等条約の先駆に

❹太平天国の乱（1851〜64）
・アヘン戦争後、重税による農民の生活苦や清朝への不満が高まる
・洪秀全、キリスト教をもとに拝上帝会を発足し、「滅満興漢」をスローガンにして挙兵
・理想国家の太平天国を樹立 ／ 政策「男女平等、纏足の禁止、アヘンの禁止、土地の均等分配」

❺アロー戦争（1856〜60）
・アロー号事件を契機にイギリスはフランスを誘って清朝と戦争
・英仏が勝利して天津条約を締結
・清は批准を拒否し再戦するも、再び英仏の勝利
・**北京条約** ／ 天津条約で決められた布教の自由や外国公使の北京駐在などが確認される
　　　　　　　九竜半島の一部を割譲

❻太平天国の滅亡
・郷勇（義勇軍）と常勝軍により鎮圧される
　　・**郷勇** ／ 曾国藩の湘軍、李鴻章の淮軍
　　・**常勝軍** ／ イギリス人ゴードンが指揮した洋式軍隊
・洪秀全は病死、太平軍は郷勇や常勝軍によって鎮圧され滅亡（1864）

❼洋務運動
・洋務運動 ／ アロー戦争後、富国強兵を目指して西洋の学問や技術を導入
・運動の中心は漢人官僚 ／ 曾国藩、李鴻章ら
・「**中体西用**」の方針 ／ 中国の伝統的な道徳倫理を根本とし、西洋の技術のみを導入

❽変法運動と戊戌の政変
・日清戦争の敗北の衝撃
・**変法運動**（1895）／ 日本の明治維新を模範とし、根本的な制度改革を志向した運動
　　　　　　　　　　　立憲制などの改革の推進（戊戌の変法）
　　　　　　　　　　　西太后ら保守派の反対を招く
・**戊戌の政変** ／ 保守派のクーデタが成功し、改革は失敗に終わる

❾義和団事件（1900 ～ 01）
・背景 ／ キリスト教布教の活発化により各地で仇教運動（反キリスト教運動）が高揚
　　　　　また、欧米列強の華北進出により民衆の民族的感情が高揚
・宗教結社義和団が「**扶清滅洋**」を掲げて武装蜂起
・清朝は列強へ宣戦布告したものの、8か国軍が北京を占領（北清事変）
・北京議定書締結（1901）／ 巨額な賠償金の支払い、外国軍隊の北京駐留など

（10）日露戦争

　朝鮮は1897年に国号を**大韓帝国**（韓国）と改めて国王は皇帝の称号を用い、独立国であることを強調しようとしたが、日本とロシアはともに朝鮮への支配強化を狙って対立を深めていた。

　イギリスはロシアの南下を警戒していたものの南アフリカ戦争で極東に割く余力を欠いたため、1902年に**日英同盟**を結んで日本がロシアの動きを抑止することを望んだ。こうして日本はイギリス、アメリカの援助を受けて1904年にロシアに宣戦し、日露戦争が始まった。

　この戦争の最中にロシアでは第1次ロシア革命が起き、日本は戦局を優位に運びつつも国力の損耗が激しく、1905年にアメリカのセオドア＝ローズヴェルト大統領の仲介で**ポーツマス条約**を結び講和した。

ポーツマス条約

- ロシアは日本が韓国に対して保護権を持つことを認める
- ロシアは日本に遼東半島南部の租借権を譲渡する
- ロシアは日本が南満州に有する鉄道利権を認める
- ロシアは南樺太を日本に割譲する
- ロシアは沿海州・カムチャツカにおける漁業権を日本に譲渡する

(11) 日本による韓国併合

　ポーツマス条約で韓国進出における優位を得た日本は、3次にわたる日韓協約によって韓国支配を進めた。韓国国内では日本の進出に抵抗する武装闘争(義兵闘争)が起きたが、日本は1910年に**韓国を併合**し、朝鮮総督府をおいて統治を始めた。

(12) 辛亥革命
① 義和団事件後の中国

　義和団事件後、清の実権を握った西太后らは科挙(試験による官吏登用制度)の廃止、憲法制定の準備などの改革を進めた。こうして立憲君主政への移行を含む近代化が政権内部でも目指されたものの、清朝の復権にはつながらなかった。

② 辛亥革命

　1911年、幹線鉄道を国有化し、これを担保に外国からの借款を得て鉄道建設を進める計画が示されると、これに反対する暴動が四川で起こった。これを契機に湖北省の**武昌**において政府軍の兵士たちが蜂起し、**辛亥革命**が始まった。

　この蜂起は中国各地に伝播し、各省が独立と共和国樹立を宣言した。海外で革命運動を行っていた**孫文**は帰国して**臨時大総統**の地位に就き、1912年に南京でアジア初の共和国となる**中華民国**の建国を宣言した。

③ 清の滅亡

　革命側との交渉のため清政府から派遣された**袁世凱**は、これを自身が権力を得るための交渉の機会と捉え、孫文に臨時大総統の地位を譲るよう迫った。支持基盤の薄弱だった中華民国政府は清朝皇帝の退位や共和政の維持を条件としてこれを認め、袁に臨時大総統の地位を譲った。

　宣統帝(溥儀)はこれによって退位し、清朝が滅びるとともに2000年以上にわたる中国の皇帝専制政治が終了した。

④ 軍閥抗争時代へ

　共和政である中華民国政府においては議会の権力が強いものであったが、独裁を強めたい袁は議会の力を抑えようとし、孫文らが組織した**国民党**を弾圧した。これに対し1913年に孫文らは再び挙兵したものの破れ（第二革命）、その後袁は正式に大総統に就任した。

　袁は独裁を進め、自ら帝位に就いて帝政を復活させようとしたが、内外の反発に遭い挫折した（第三革命）。袁が1916年に病死すると、各地に**軍閥**が割拠して抗争する不安定な時代を迎えることとなった。

辛亥革命

❶辛亥革命の勃発
・外国の借款による鉄道国有化計画への反対運動が契機となり、四川で暴動発生
・革命派が武昌で蜂起（1911.10）／ **辛亥革命**の勃発
・孫文を臨時大総統に選出し**中華民国**の建国が宣言される（1912.1）

❷第二革命
・清朝は**袁世凱**を派遣し革命側と交渉、革命側との妥協が成立
・**宣統帝（溥儀）**の退位により清朝が滅亡（1912）
・袁世凱は臨時大総統となり政権を握る ／ 孫文らの国民党を弾圧
・孫文らは再び挙兵するも敗れる

❸第三革命
・袁世凱が正式大総統に就任し、独裁権を強化 ／ 帝政宣言（1915）
・袁世凱、病死（1916）／ 以降、各地に軍閥が割拠し抗争時代に

❷ 帝国主義の時代

2.1 帝国主義の展開 ★★★

（1）第2次産業革命と帝国主義

　19世紀後半になると、欧米諸国は近代科学の発展を踏まえ、従来の石炭に加えて**石油**や**電力**を動力源にした技術革新に成功した（**第2次産業革命**）。

　18世紀後半にイギリスから始まった産業革命が軽工業部門で起こったのに対し、第2次産業革命は**重化学工業部門**で起こった。こうした産業の担い手は莫大な資本を必要としたため、大企業による中小企業の吸収が起こり、次第に独占的な資本の形成が見られるようになった。

　これに伴って、各国は原料や市場の確保、資本の投下、植民地の開発などを目的に、資本主義の未発達な後進地域に進出していった。このような先進資本主義国の対外進出政策を**帝国主義**という。

　帝国主義の発展段階においてはそれを推し進める列強の間に格差が存在し、特に先進のイギリス、フランスに対して後進のドイツ、イタリアなどの利害が衝突することが多く、のちの世界大戦の誘因ともなった。

　一方で、資本主義の発展は、帝国主義国内に社会的矛盾を強め、社会主義や労働運動、植民地における独立運動などをもたらすことにもなった。

（2）帝国主義時代のロシア

① ロシアの社会主義運動

　ロシアでは、1894年の**ニコライ2世**の即位後、フランスなどからの外国資本の導入により急速に資本主義が発展したが、国内企業の多くが外国資本に占有され、労働条件も劣悪であったためにマルクス主義運動が浸透した。

　1898年には**ロシア社会民主労働党**が結成されたが政府の弾圧に遭い、レーニンやプレハーノフなど主要な指導者は国外に亡命した。1903年には、レーニンの指導する**ボリシェヴィキ**（多数派）と、プレハーノフらを中心とする**メンシェヴィキ**（少数派）に分裂した。

5　帝国主義と二つの世界大戦　165

② 血の日曜日事件と第１次ロシア革命

　ロシアがその南下政策の一環として極東アジアに進出すると、中国における権益をめぐって日本と衝突するに及び、1904年に日露戦争に突入した。この戦争中にペテルブルクにおいて、司祭に率いられた労働者たちがニコライ２世に対する請願行動を行ったが、警備隊がこれに発砲して多数の死傷者を出す事件が起こった（**血の日曜日事件**）。これをきっかけに農民や労働者の運動、民族運動が全国に広がり、モスクワで**ソヴィエト**（評議会）という労働者の自治組織が結成されたほか、海軍の反乱にもつながった（**第１次ロシア革命**）。ニコライ２世は十月宣言を発して国会（ドゥーマ）の開設を約束し、その後**ストルイピン**が首相に就任して農村共同体（ミール）の解体などの改革を行ったが、かえって社会問題が深刻化した。

　政府は国内からの批判をかわすべく、バルカン半島における南下政策を進めた。

（3）帝国主義時代のアメリカ
① 中南米・太平洋への進出

　アメリカでは南北戦争後に資本主義が発達し、1890年代にフロンティアが消滅すると国外進出に乗り出した。まず中南米に進出したアメリカは、共和党の**マッキンリー**大統領の政権下において、スペインからの独立運動が起こったキューバをめぐって1898年に**米西戦争**（アメリカ＝スペイン戦争）を起こし、スペインに勝利した。講和条約（パリ条約）でキューバの独立が認められるとアメリカがこれを保護国化し、さらにプエルトリコ、フィリピン、グアムを獲得した。また同年には**ハワイ**を併合し、太平洋地域へも進出した。

② 門戸開放政策とカリブ海政策

　一方で中国進出に遅れていたアメリカは国務長官ジョン＝ヘイによる**門戸開放**宣言によって、アジア市場への参入意思を示した。次に大統領に選出された共和党の**セオドア＝ローズヴェルト**大統領も「棍棒外交」と呼ばれた強権的なカリブ海政策を推進し、パナマ運河の建設など拡大政策を継承した。

166　第１章　世界史

（4）帝国主義時代のドイツ

① ヴィルヘルム2世の「世界政策」

　1888年に**ヴィルヘルム2世**が即位すると宰相ビスマルクは辞職させられ、勢力均衡によりフランスを孤立させることを図ったビスマルク外交から転じて「**世界政策**」の名のもとに拡大政策を明確に打ち出した[8]。

　こうして、ヴィルヘルム2世治下のドイツは、後発資本主義国の遅れを一気に解消してしまうほど、激しく海外市場の獲得に乗り出し、イギリスやフランスの利害と対立していくことになる。

　この頃、アジア、アフリカはすでにイギリス、フランスなどの列強に蚕食されていたためにドイツは中近東に着目し、オスマン帝国から**バグダード鉄道**の敷設権を獲得すると、ベルリン、ビザンティウム、バグダードを結ぶ陸路を確保して、北海からペルシア湾に至る地域の帝国主義支配を画策した。これを、その頭文字から**3B政策**といい、イギリスが進めていた3C政策に対抗する形となった[9]。

② 労働者政党の躍進

　国内では、貧しい生活を強いられていた労働者の労働運動が盛んになり、1875年にはドイツ社会主義労働者党が結成された。

　ビスマルクが制定した社会主義鎮圧法が彼の失脚後に廃止されると、1890年に**ドイツ社会民主党**と改称して議会で大きな影響力を持つようになり、1912年には議会の第一党に躍進した。

（5）帝国主義時代のイギリス

① エジプト進出

　地中海と紅海を結んで海上交通の利便性を向上させるため、1869年に**スエズ運河**が建造された。保守党のディズレーリ首相は1875年にこの運河を経営する会社の株式を買収して債務を抱えるエジプトへの影響を強め、イギリスの帝国主義政策の端緒とした。

　こうした外国による実質的な支配に対して1881年にエジプト陸軍将校ウラービーらが反乱を起こすと、自由党のグラッドストン首相は**エジプトを占領して実質的な保護下に置いた**。

---

[8]　ヴィルヘルム2世はドイツ、ロシア間に結ばれていた再保障条約の更新を拒んだが、ここに現れているように「世界政策」は資本主義の発展を背景に、ドイツが単独で帝国主義諸国の植民地分割競争に伍していく姿勢を示したものである。

[9]　ドイツとイギリスは1890年代から建艦競争（海軍の軍備拡張競争）にも突入し、これが第一次世界大戦直前まで続いた。

② インド支配

　17世紀前半以降、東インド会社を中心にインド経営を行っていたイギリスは、1858年からはこれを直接統治に改め、1877年にはヴィクトリア女王を皇帝とする**インド帝国**を成立させた。

③ 植民地との連携強化

　イギリスは1895年にジョゼフ=チェンバレンを植民相に任じて各地の植民地政策を支援させ、オーストラリア、ニュージーランド、南アフリカ連邦を自治領とした[10]。チェンバレンはアフリカ南部にあったケープ植民地を周辺に拡張すべく、1899年に**南アフリカ戦争**を起こした。

　当時イギリスはアフリカ南端のケープタウンとエジプトのカイロ、インドのカルカッタを結ぶ三角地帯を配下に収めるという**3C政策**を進めており、これらの拡張はその一環をなすものであった。

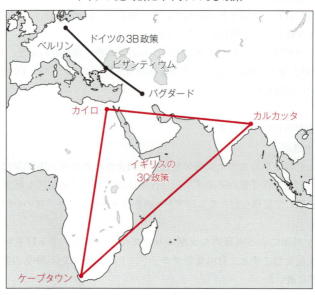

ドイツの3B政策とイギリスの3C政策

---

[10] オーストラリア、ニュージーランドはともにオランダ人タスマンの探検によって踏査されていたが、18世紀にイギリス人クックによって改めて探査され、イギリスがこれらの地を領有することを宣言していた。

④ 労働党の結成

国内では労働運動が発展し、**フェビアン協会**[11]などの社会主義団体が中心となって労働代表委員会が結成された。この委員会は1906年に改称されて**労働党**となった。

⑤ アイルランド自治法

1914年に自由党内閣により**アイルランド自治法**が成立したが、北アイルランドにはイギリス人が多かったためこれに反対する声が上がり、独立を求める**シン=フェイン党**と対立した。

ちょうど第一次世界大戦が勃発した時局であったため、政府はこれを理由に自治法の実施を延期した。

（6）帝国主義時代のフランス
① インドシナとアフリカへの進出

すでに見たように、フランスは阮福暎によって統一されたベトナム（南越）に介入し、インドシナ出兵や清仏戦争を経て、のちにタイからラオスをも奪ってこれを**フランス領インドシナ連邦**とした。また、1830年にアルジェリアを植民地に、1881年にチュニジアを保護国化したのを足掛かりに**アフリカにも進出**を行った。

ドイツがビスマルク体制によってフランスを包囲していたため、外交上は孤立を深めていた。

② ドレフュス事件

1894年にユダヤ系の軍人ドレフュスが、ドイツのスパイであるという嫌疑で終身刑を宣告された。この裁判をめぐって国論は二分され、嫌疑の背後に軍部や右翼による反ユダヤ主義があると主張する共和派、終身刑を支持する軍部などの王党派が論戦を展開した（**ドレフュス事件**）。

結局1906年にドレフュスは無罪となり、これを機にユダヤ人が自分たちの国家を建設しようとする運動（シオニズム）が高揚することとなった。

③ フランス社会党の成立

労働運動が盛んになり、労働組合を基盤とした労働者の直接行動で資本主義体制を打倒することを目指すサンディカリズムが台頭したが、1905年に正統的なマルクス主義政党である**フランス社会党**も結成された。

---

11 フェビアン協会は、議会を通じての社会改革を目標としたものである。バーナード＝ショーやウェッブ夫妻が中心となった。

5　帝国主義と二つの世界大戦

2.2 列強のアフリカ分割　★★☆

(1) ベルリン会議 (ベルリン＝コンゴ会議)

　ベルギー国王レオポルド2世がアフリカのコンゴに進出したことをきっかけに、ドイツのビスマルクの提唱で1884年に**ベルリン会議**（ベルリン＝コンゴ会議）が開かれた。この会議で**コンゴ自由国**をベルギー国王が所有することが認められるとともに[12]、アフリカの植民地化に際しての列強の間での原則が定められた。

　ベルリン会議後、各国は先を競ってアフリカ分割に乗り出し、アフリカ大陸はエチオピア帝国とリベリア共和国を除いて植民地として分割された。

(2) イギリスのアフリカ進出

　イギリスはスエズ運河会社の買収や陸軍将校ウラービーの反乱鎮圧を経て**エジプトを保護国化**すると、さらに南下して**スーダン**に進出し、マフティー派の抵抗を退けて1899年にこれを征服した。

　エジプトからの南進の一方、南端の**ケープ植民地**政府の首相である**ローズ**は周辺への侵攻を始めた。1899年にはこの政策をジョゼフ＝チェンバレンが引き継ぎ、ケープ植民地の北方にブール人[13]が建国したオレンジ自由国、トランスヴァール共和国に対する侵攻を行って両国を併合した（**南アフリカ戦争**）。

　当時イギリスはアフリカ南端のケープタウンとエジプトのカイロ、インドのカルカッタを結ぶ三角地帯を配下に収めるという**3C政策**を進めており、その一環でケープタウンとカイロを結ぶ鉄道の建設を目指していた（**アフリカ縦断政策**）。

(3) フランスのアフリカ進出

　フランスは本格的なアフリカ分割が始まる以前から**アルジェリア**を植民地化していたが、1881年に**チュニジア**を保護国化した後広大なサハラ砂漠地域を配下に置き、東端で紅海に臨むジブチやインド洋上のマダガスカルまでを連結する国土を確保しようとした（**アフリカ横断政策**）。

　この政策は1898年にスーダンのファショダにおいてイギリスのアフリカ縦断政策と衝突することになったが、フランス側が譲歩することで両国の全面対決が避けられた（**ファショダ事件**）。ファショダ事件の後、イギリスとフランスは**英仏協商**を結び、イギリスがエジプトにおいて支配的地位を有すること、フランスがモロッコにおいて支配的地位を有することを相互に確認した。

12　この時点ではレオポルド2世個人の領土であるが、1908年にベルギー領コンゴとなった。

13　ブール人（ボーア人）は17世紀にケープ植民地に入植したオランダ系の白人である。

（4）ドイツのアフリカ進出

ドイツのアフリカ進出は他の列強より遅れたが、ヴィルヘルム2世の治世になると、イギリス、フランスに対抗し勢力を拡大しようとしてカメルーン、東アフリカ、南西アフリカを獲得した。さらにフランスがモロッコに進出する動きを見せるとこれに強く反発し、2回にわたって**モロッコ事件**を引き起こしたが、英仏協商によりイギリスがフランスを支援したことで、ドイツの進出は阻止された。

（5）イタリアのアフリカ進出

イタリアはソマリランド、エリトリアを植民地としたうえ、エチオピアへの進出を図ったものの、1896年のアドワの戦いに敗れて断念した。また、オスマン帝国の領有していたトリポリ、キレナイカを伊土戦争（イタリア=トルコ戦争）に勝利して奪い、リビアという地名に改めて領有した。

列強のアフリカ分割

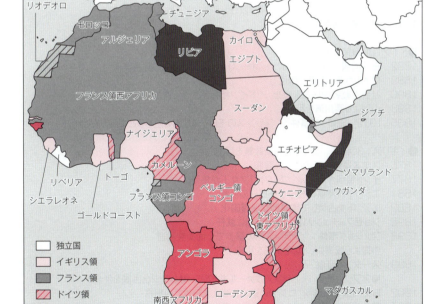

帝国主義の展開

❶ロシア：バルカン半島や東アジアへの南下政策を展開
1891　**シベリア鉄道**を建設開始
1894　**ニコライ2世**が即位
　　　露仏同盟を締結 ／ ドイツとの再保障条約が更新されず、フランスに接近
1895　**三国干渉** ／ 日本の大陸進出を警戒し、遼東半島を中国に返還させる
1898　中国より旅順、大連を租借
1903　ロシア社会民主労働党が分裂 ／ ボリシェヴィキとメンシェヴィキ
1904　**日露戦争** ／ 韓国支配をめぐって日本と対立して開戦
1905　**血の日曜日事件** ／ 第1次ロシア革命に波及
1907　**英露協商、日露協約**を締結 ／ イギリス、日本と接近

❷アメリカ：棍棒外交、カリブ海政策を展開
1897　共和党の**マッキンリー**が大統領に就任
1898　**米西戦争** ／ **キューバ**の保護国化、**フィリピン**、**グアム**の獲得
　　　ハワイを準州として併合
1899　国務長官ジョン＝ヘイによる**門戸開放宣言** ／ アジア市場参入の意思を示す
1901　共和党の**セオドア＝ローズヴェルト**が大統領に就任 ／ 棍棒外交を展開
1909　共和党の**タフト**が大統領に就任
1913　民主党の**ウィルソン**が大統領に就任
1914　**パナマ運河**が完成

❸ドイツ：3B政策を展開
1882　**三国同盟**を締結 ／ ドイツ、オーストリア、イタリアの提携関係
1888　**ヴィルヘルム2世**が即位
1890　社会主義者鎮圧法を廃止 ／ ドイツ社会民主党が躍進するきっかけに
1898　中国より膠州湾を租借
1905・1912　**モロッコ事件** ／ フランスのモロッコ進出を阻もうとするも失敗

❹イギリス：3C政策、アフリカ縦断政策を展開
1875　**スエズ運河会社**の株式を買収
1877　**インド帝国**が成立 ／ ヴィクトリア女王が皇帝に
1881　エジプトの陸軍将校**ウラービー**の反乱
1882　エジプトを占領して実質的な保護国化
1895　**ジョゼフ＝チェンバレン**が植民相に就任
1898　**ファショダ事件** ／ フランス側の譲歩で全面衝突回避
　　　中国より威海衛、九竜半島を租借
1899　**スーダン**を征服
　　　南アフリカ戦争 ／ トランスヴァール共和国、オレンジ自由国を併合
1902　**日英同盟**を締結 ／ ロシアの進出に備えた日本との提携
1904　**英仏協商**を締結 ／ ドイツの進出に備えたフランスとの提携
1906　労働党が結成される
1907　**英露協商**を締結 ／ ロシアとの和解

❺フランス：アフリカ横断政策を展開

1881	チュニジアを保護国化
1887	**フランス領インドシナ連邦が成立** ／ ベトナム、カンボジアをフランス領に
1894	**ドレフュス事件** ／ **共和政に対する国内の反動的事件**
	露仏同盟を締結 ／ フランスが外交的孤立を脱する
1898	**ファショダ事件** ／ フランス側の譲歩でイギリスとの全面衝突回避
	中国より広州湾を租借
1904	**英仏協商を締結** ／ ドイツの進出に備えたイギリスとの提携
1905	フランス社会党が結成される
1912	モロッコを保護国化

2.3 列強の二極化 ★★☆

(1) 三国協商の成立

　ビスマルク辞職後のドイツでは、ヴィルヘルム2世による積極的な世界政策が推進され、ロシアとの再保障条約の更新が見送られた。これをきっかけにロシアはフランスに接近して1891年に**露仏同盟**が成立し、フランスは国際的な孤立状態を脱した。

　ドイツ、ロシアの急激な台頭はイギリスを脅かす結果となり、イギリスはどの国とも同盟しないという「光栄ある孤立」政策を転換した。まずロシアの南下に備えて1902年に**日英同盟**を締結し、続いて1904年には**英仏協商**を結んだ。

　一方、ロシアは日露戦争の敗北後、バルカン方面へ進出しようとしてドイツ、オーストリアと対立したためにイギリスと和解し、1907年に**英露協商**を締結した。

　このようにして成立したイギリス、フランス、ロシアの提携を三国協商という。

三国協商の諸要素

1891～1904 露仏同盟	・ドイツとの再保障条約の破棄により締結された政治・軍事同盟
1904 英仏協商	・エジプトではイギリス、モロッコではフランスの優位を相互承認 ・ドイツが起こしたモロッコ事件は失敗に終わる
1907 英露協商	・日露戦争の敗北でロシアの影響力が弱まり、相対的にドイツの影響力が増加 ・ドイツのバルカン方面進出に対抗することについて、対立していた英露両国の利害が一致

(2) 三国協商と三国同盟

　三国協商は1882年に成立していたドイツ、オーストリア、イタリアの**三国同盟**に対抗する提携関係であるが、三国同盟側ではイタリアがオーストリアに対して領土問題(「未回収のイタリア」)で反目したため事実上の脱退状態となり、オーストリアも領内での民族問題が未解決であったため、実質的には三国協商によってドイツが包囲される形となった。

　こうして、イギリスを軸とする三国協商、ドイツを軸とする三国同盟が列強諸国の二大陣営となった。

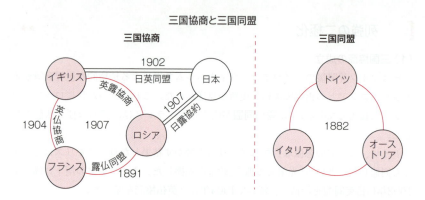

三国協商と三国同盟

3 **第一次世界大戦とロシア革命**

3.1 バルカン半島情勢の緊迫 ★★☆

（1）バルカン同盟の結成

　当時、オーストリアやバルカン半島には、ロシアが自らの南下政策の足掛かりとすべく提唱していた**パン=スラヴ主義**と、ドイツ、オーストリアを中心とする**パン=ゲルマン主義**が対立していた。

　この地域には領内にゲルマン人とスラヴ人が混住している国が多く、民族問題に頭を悩ませていた。特に、被支配者層に多くのスラヴ人を抱えるオーストリアは、パン=スラヴ主義運動の影響を恐れて、ドイツと結んでバルカン半島に勢力を伸ばした。

　このような状況の中で、1908年にオスマン帝国で青年トルコ革命が起こると、これに乗じて**ブルガリア**が独立を宣言し、また、オーストリアはスラヴ人の多かった**ボスニア・ヘルツェゴヴィナ**を併合した。

　これにパン=スラヴ主義の急先鋒であった**セルビア**が反発すると、この情勢を利用してロシアは1912年、セルビア、モンテネグロ、ブルガリア、ギリシアの４国間に**バルカン同盟**を組織させ、自国の勢力下に置くことに成功した[14]。

（2）バルカン戦争

　1912年、バルカン同盟諸国は、伊土戦争でイタリアと交戦中のオスマン帝国に対して宣戦を布告し、**第1次バルカン戦争**が勃発した。

　同盟諸国はこれに勝利してバルカン半島内に残っていたオスマン帝国領の大半を得たが、領土配分に不満を持ったブルガリアが1913年、セルビア、ギリシアに侵攻し、同盟間での戦争となった（**第2次バルカン戦争**）。オスマン帝国もブルガリアを攻撃したので、ブルガリアが孤立した形での戦争となった。

　結果はブルガリアの大敗に終わったが、この戦争によってスラヴ陣営のロシアは戦勝国に対する影響力を強め、同じくスラヴ陣営のセルビアは領土を拡大した。一方、敗戦国のオスマン帝国とブルガリアはドイツ、オーストリアの三国同盟側に接近し、両勢力の主役であるセルビアとオーストリアの衝突は時間の問題となった。

　このような一触即発の状態から、バルカン半島は「**ヨーロッパの火薬庫**」と呼ばれるようになった。

14　バルカン同盟はオスマン帝国とオーストリアの両方に対抗することを意識したスラヴ民族の同盟であったといえる。

5　帝国主義と二つの世界大戦　175

3.2 第一次世界大戦 ★★★

（1）大戦の勃発

1914年6月28日、ボスニアの州都サライェヴォを訪問中のオーストリアの皇太子夫妻がセルビアの一青年によって暗殺されると（**サライェヴォ事件**）、その1か月後の7月28日、オーストリアはセルビアに対して宣戦を布告した。

これを見たロシアがセルビアを援助すると、ドイツはオーストリアを支持してロシアに宣戦し、また露仏同盟を結んでいたフランスに対しても宣戦して、中立国であったベルギーに侵入した。これを理由としてイギリスが露仏側に立って参戦すると、戦争は一気にヨーロッパ全域に拡大し、第一次世界大戦へと発展していった。

（2）戦争の経過

第一次世界大戦は20世紀初頭の列強の二極分化を反映し、三国同盟を背景とする**同盟国**と三国協商を背景とする**連合国**の植民地をめぐる対立を基本構図とし、さらにバルカン戦争を背景にオスマン帝国とブルガリアは同盟国側に、日英同盟を背景に日本は連合国側に立って参戦した。

これ以外にも、参戦国の状況は複雑に変化しながら戦況は推移していった。

第一次世界大戦の対立構図

同盟国		連合国	
三国同盟	ドイツ、オーストリア	**三国協商**	イギリス、フランス、ロシア
	オスマン帝国		イタリア（秘密条約により連合国側へ）
	ブルガリア		日本（日英同盟により連合国側へ）
			アメリカ
			など

（同盟国 × 連合国）

176　第1章　世界史

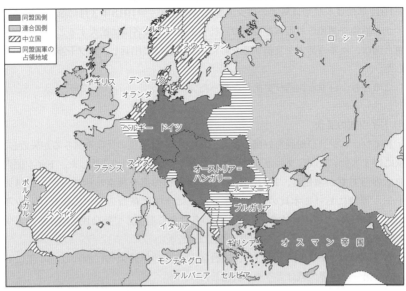

第一次世界大戦当時のヨーロッパ

① イタリアの参戦

　当初イタリアは、三国同盟が防衛同盟であることを口実に、オーストリアがセルビアに攻撃を仕掛けたことを契機に始まった戦争に対して中立の立場であった。しかし、オーストリアとの間に「未回収のイタリア」と呼ばれる領土問題を抱えるイタリアは三国協商側と秘密裏に交渉し、1915年に**ロンドン秘密条約**を結んだ。

　この秘密条約で、戦後にオーストリア支配地の割譲を受けることを保証されたイタリアは連合国(三国協商)側に味方し、**オーストリアに宣戦**した。

② アメリカの参戦

　イギリスは、海軍による海上封鎖によってドイツの通商を断つ作戦を行っていたが、これに対してドイツは1917年に**無制限潜水艦作戦**を開始することを宣言し、イギリスに向かう商船に対して交戦国か中立国かを問わず潜水艦での攻撃を決行した。

　アメリカは当初中立を守っていたが、イギリスに商船を送っていたことからこれに抗議して**ドイツに宣戦**し、**連合国側に与した**。

5　帝国主義と二つの世界大戦　177

③ ロシアの戦線離脱

　1917年にロシアでは後述の**ロシア革命**が起こり、翌1918年３月に革命政府はドイツと単独で講和して戦線離脱した。社会主義革命が各国に拡大することを恐れた連合国は、反革命勢力を支援するためにロシア各地に出兵し、**対ソ干渉戦争**を起こした。

　このとき、日本もシベリア出兵を行った。

④ ドイツ軍の降伏

　ドイツはロシアの離脱を好機と捉え、1918年春に最後の反攻を試みるが失敗し、秋にはオスマン帝国、ブルガリア、オーストリアが相次いで降伏した。ドイツ国内でも内部対立が激化し、1918年中頃から和平への道を模索し始めたが、11月のキール軍港における水兵の暴動をきっかけに全国に革命の波が広がり（**ドイツ革命**）、皇帝はオランダに亡命し、帝国内の各君主も退位して社会民主党を主体とする臨時政府が作られ、**ドイツ共和国**が成立した。

　臨時政府は、1918年11月11日、連合国との間の休戦条約に調印し、４年にわたった第一次世界大戦はようやく終結した。

(3) 第一次世界大戦の結果

　長期戦・物量戦となった第一次世界大戦においては、職業軍人や軍隊だけが戦うこれまでの戦争と異なり、参戦した各国が戦闘に挑み続ける体力を維持するため、国内経済、産業、一般市民の生活を動員する**総力戦**の態勢を採ることとなった。

　主戦場はヨーロッパであったものの、アジアやアフリカにおける権益（植民地）にも攻撃は及び、戦火は拡大した。また、毒ガス、航空機、潜水艦等の高度な兵器が投入されたことで多くの人命が失われた点は、領土的野心に邁進してきた帝国主義諸国にとっての挫折である一方、その支配を受けていた植民地諸国にとっては自立・独立に向けて動く契機ともなった。

第一次世界大戦

---

❶イタリアの参戦
・当初、三国同盟の**イタリア**は中立を保っていた
・ロンドン秘密条約 ／ 連合国側での参戦の見返りに「未回収のイタリア」を得る約束
・三国同盟の構成国でありながら秘密条約を受けて**連合国側に立ち、オーストリアに宣戦**

❷アメリカの参戦
・当初、**アメリカ**は中立を保っていた
・ドイツ、**無制限潜水艦作戦**を開始（1917）／ 交戦国・中立国に関係なく潜水艦で攻撃する作戦
・アメリカはこれに抗議し、**連合国側に立って参戦**

❸主な中立国
・スペイン、スイス、スウェーデン、デンマーク、ノルウェー、チリ、エチオピアなど

❹ロシアの戦線離脱
・**ロシア革命**（1917）によりロシアは戦線離脱
・革命阻止のため、英仏などは対ソ干渉戦争を起こす ／ 日本もシベリア出兵を行う

❺日本の参戦
・日本は**日英同盟**により連合国側に立って参戦
・中国青島のドイツ軍要塞を攻略

❻大戦の終結
・**ドイツ降伏**（1918）

❼戦争長期化の要因と影響
・中心はヨーロッパであるが、アジアやアフリカでもそれぞれの権益（植民地）への攻撃があり、戦火は拡大
・武器の高度化（毒ガス、飛行機、潜水艦等）
・国民動員（徴兵制度、女性の労働等、一部の軍人だけの戦争ではない）

5　帝国主義と二つの世界大戦

3.3 ロシア革命 ★★★

（1）三月革命

　ロシアは第一次世界大戦に参戦したが、敗戦を重ねて戦局が次第に悪化し、また戦争が長期化する中で、国内での物資の欠乏は日増しに深刻化していった。政府内部では怪僧ラスプーチンが政局をほしいままにし、講和派と主戦派との暗闘も続いて、政府は統治能力を完全に失っていた。

　このような情勢の中、1917年3月に首都ペトログラードで大規模な労働者ストライキや暴動が発生した。鎮圧に向かった軍隊もこれに合流して反乱はたちまち他の都市にも波及し、各地で労働者と兵士の代表による**ソヴィエト**（評議会）が再組織された。

　皇帝ニコライ2世は革命を支持する軍隊によって捕らえられて退位し、ここに**ロマノフ朝は崩壊**した。これが**三月革命**（ロシア暦では二月革命）である。

（2）十一月革命

　三月革命後、立憲民主党を中心に**臨時政府**が成立したが、このために、政治は**臨時政府とソヴィエトの二重構造**となった。

　戦争の継続を主張する臨時政府に対し、1917年4月に**レーニン**が亡命先のスイスより帰国すると、戦争の継続に反対して「すべての権力をソヴィエトへ」という**四月テーゼ**を発表した。臨時政府を打倒して社会主義共和国を建設することを呼びかけたこのテーゼは、ソヴィエト内部に**ボリシェヴィキ**の勢力を大きく伸張させた。

　7月には、立憲民主党に代わって臨時政府首班の座に就いた社会革命党の**ケレンスキー**首相がボリシェヴィキを弾圧したが、9月に発生した反革命クーデタをボリシェヴィキの力を借りて鎮圧すると、ボリシェヴィキの勢力はますます拡大した。

　1917年11月7日、ボリシェヴィキはレーニンと**トロツキー**の指導のもとに武装蜂起し、臨時政府を打倒した。これが**十一月革命**（ロシア暦では十月革命）である。

　1917年に起こった三月革命と十一月革命を合わせて**ロシア革命**（1905年に起こった第1次ロシア革命に次いで起こったことに照準すれば第2次ロシア革命）という。

（3）ソヴィエト政権

革命直後に開かれた**全ロシア＝ソヴィエト会議**でソヴィエト政権の樹立が宣言され、第一次世界大戦の全交戦国に対して「**平和に関する布告**」と、国内の地主や農民に対して「**土地に関する布告**」を発表して社会主義政策を明確に打ち出した。

しかし憲法制定議会の選挙で社会革命党が第一党となると、ボリシェヴィキは同党左派と協力し、右派や資本家、大地主などの資本家階級の勢力を排除した。レーニンは1918年1月、武力によって議会を閉鎖し、ボリシェヴィキによる**一党独裁体制**を樹立した。3月に新政府はトロツキーを全権としてドイツと**ブレスト＝リトフスク条約**を結んで単独講和を行った。この条約には不利な点が含まれていたが、のちにヴェルサイユ条約で無効とされた。同年、ボリシェヴィキは**共産党**と改称し、首都を**モスクワ**に移した。

（4）コミンテルンの創設

レーニンは、社会主義のソヴィエト政権を維持・防衛していくために、1919年にモスクワで**コミンテルン**（共産主義インターナショナル・第3インターナショナル[15]）を創設し、先進資本主義国家における社会主義革命（**世界革命**）への支援を行った。

（5）干渉戦争と戦時共産主義

革命後、ソヴィエト政権に反発する旧帝政派や反ボリシェヴィキ政党は、各地に反革命政権を建てた。連合国は、ロシア革命が国際的に波及して労働者や社会主義勢力による革命が連鎖することを恐れ、反革命政権を援助するとともに**対ソ干渉戦争**を起こした。

ソヴィエト政権は**赤軍**を組織してこれに対峙し、チェカ（非常委員会）を設けて反革命運動を弾圧した。また、農作物を強制徴発して兵士たちに配給するなどの極端な**戦時共産主義**を実施することで反革命政権を抑え込み、干渉戦争に乗り出していた諸外国も順次撤退した。

---

15 これに先立ち、1864年にはマルクスが指導して各国の社会主義者が集結した第1インターナショナルが、1889年にはドイツ社会民主党が指導して帝国主義や軍国主義への反対運動を行った第2インターナショナルが組織されていた。

（6）ソ連の成立

　戦時共産主義の実施は農民の生産意欲の減退など社会の混乱を招き、共産党一党支配への不満が生じるなど状態も極めて悪化したので、1921年にレーニンは**新経済政策（ネップ）**を採用し、中小企業や国内商業など部分的に資本主義の復活を許し、穀物徴発をやめて農民に現物税納入後、農産物の自由販売を認めた。こうして経済はようやく安定に向かい、1927年に生産はほぼ戦前の水準に戻った。

　このようにしてソヴィエトを基本とする体制は次第に発展し、1922年12月、ロシアはウクライナ、ベラルーシ、ザカフカースの諸民族と連合して、**ソヴィエト社会主義共和国連邦**（ソ連）を成立させ、1924年に新憲法が制定された。

（7）社会主義国家の建設

　1924年のレーニンの死後、ソ連では**一国社会主議論**を標榜する**スターリン**と、**世界革命論**を展開する**トロツキー**の対立が起こったが、スターリンがトロツキーを追放して支配権を掌握し、独裁的手法によって社会主義政策を推進した。

　1928年から始まった**第1次五か年計画**では工業の重工業化と農業の集団化が目指された。これによってソ連は工業的発展を遂げ、集団農場（**コルホーズ**）と国営農場（**ソフホーズ**）の建設によって農業生産も安定させることとなった。

（8）スターリン体制

　1920年代末にはアメリカ発の世界恐慌で資本主義国は大きな打撃を受けたが、社会主義体制を採るソ連では、経済的に国際社会から孤立していたために恐慌の影響をほとんど受けなかった。

　スターリンは独裁を進め、自身の政敵や批判者を次々と粛清することで、彼個人への崇拝を強めていった（**スターリン体制**）。1933年からは**第2次五か年計画**を実施してさらなる工業化を進めた。

　1936年には**スターリン憲法**を発布し、完全普通選挙と労働権や自治権などを規定したが、同時に**共産党による一党支配**も確立された。

　対外的には、1934年に日本やドイツが脱退後の国際連盟に加盟し、常任理事国として国際的な発言力を増していった。

ロシア革命とソ連の成立

❶三月革命（ロシア暦二月革命）
・第一次世界大戦での相次ぐ敗戦、食糧・物資の欠乏により、戦争反対の機運が高まる
・首都ペトログラードで大規模なデモ・ストライキが発生
・労働者と兵士の代表が**評議会（ソヴィエト）**を結成
・ニコライ2世が退位し、**ロマノフ朝が滅亡**（1917.3）
・臨時政府樹立（ブルジョワジー主体）／ 臨時政府とソヴィエトの二重権力状態に

❷十一月革命（ロシア暦十月革命）
・臨時政府が普通選挙による議会の招集、戦争継続を主張
・ボリシェヴィキの指導者**レーニン**は**四月テーゼ**を発表
・レーニン、臨時政府の戦争継続に反対してケレンスキー政権（社会民主党）と対立
・武装蜂起して新政権成立を宣言（1917.11）

❸ボリシェヴィキ独裁
・憲法制定議会、選挙で敗北したボリシェヴィキは議会を武力で解散
・ボリシェヴィキ（ソヴィエト政府）はドイツと**ブレスト＝リトフスク条約**締結（1918.3）
・反革命政権との内戦、英・仏・日・米との**対ソ干渉戦争**で苦境に
・トロツキー率いる赤軍の活躍などで反革命軍鎮圧、列国も撤退

❹戦時共産主義
・農作物の強制徴発、すべての私企業を禁止するなど、極端な共産主義化
・農民の生産意欲の減退など社会の混乱を招き、廃止

❺新経済政策（ネップ）
・一定範囲での資本主義経営・市場経済復活（1921）

❻ソ連の成立
・**ソヴィエト社会主義共和国連邦**の成立（1922.12）
・レーニン死去 ／ **スターリン（一国社会主義論）とトロツキー（世界革命論）**の対立
　　　　　　　　　　スターリンの勝利

❼スターリンの政策
・**第1次五か年計画**（1928〜32）／ 重工業に重点、農業の集団化
　　　　　　　　　　集団農場（コルホーズ）・国営農場（ソフホーズ）の建設
・本格的な社会主義国家建設を目指す

4 ヴェルサイユ体制とワシントン体制

4.1 パリ講和会議 ★★★

（1）ヴェルサイユ条約

　第一次世界大戦後の1919年1月、連合国の代表によるパリ講和会議が開催され、アメリカ大統領ウィルソンの提案した十四か条の平和原則に基づいて講和と戦後の体制が話し合われた[16]。

　しかし、イギリス、フランスが自国の国益を優先させたため、1919年6月に実際に締結されたヴェルサイユ条約はドイツにとって非常に懲罰的なものとなり、特に莫大な賠償金は、その後のドイツ経済を圧迫するものであった。

　また、民族自決は東欧諸国のみでアジア、アフリカ諸国には適用されなかったため、アジア、アフリカの植民地諸国を冷遇する結果となった。

　なお、ヴェルサイユ条約は連合国とドイツとの講和条約という位置づけであり、旧同盟国との講和条約もそれぞれ別に締結された。

ヴェルサイユ条約の主な内容

- ・別途定める規約に基づいて国際連盟を設立する
- ・ドイツは、すべての植民地とその権益を放棄する[17]
- ・ドイツは、アルザス、ロレーヌをフランスに返還する
- ・ドイツは、ポーランド回廊をポーランドに割譲する[18]
- ・ドイツは、ラインラント（ライン川流域）を非武装地帯とする
- ・ドイツは、軍備を大幅に制限する
- ・ドイツは戦争責任を負い、賠償金を支払う義務を負う

---

[16] ウィルソン大統領の提唱した十四か条は、秘密外交の廃止、軍備の縮小、ヨーロッパ諸国の民族自決、国際平和機構の設立などで構成された。

[17] これにより、中国の山東半島にドイツが有していた権益は日本に与えられた。

[18] ポーランドは北方のバルト海に出る経路をドイツ領土に遮られていたが、ドイツから一部領土の割譲を受けることでその経路を得た。割譲によってドイツ領の一部が飛び地になり、二つの領土間の渡り廊下のような位置を占めたため、ポーランド回廊と呼ばれた。

（2）東欧諸国の独立と委任統治

　ヨーロッパ諸国に限定されていたものの民族自決の原則に基づいて、ハンガリー、チェコスロヴァキアがオーストリアから、ポーランド、フィンランド、エストニア、ラトヴィア、リトアニアがロシアからの独立を果たした[19]。

　オスマン帝国領内にあったシリアはフランスの、イラク、トランスヨルダン、パレスチナはイギリスの委任統治下に置かれた。委任統治は後述の国際連盟が有力国に統治を委任するという制度であり、国際連盟は関与を行わないことから実質的には植民地支配と変わらないものであった。

（3）国際連盟の設置
① 国際連盟の設置

　ヴェルサイユ条約によって1920年1月、国際連盟が発足した。国際連盟は、その本部をスイスのジュネーヴに置き、総会、理事会[20]、連盟事務局、また付設機関である国際司法裁判所と国際労働機関からなる、初の集団安全保障機構であった。

② 国際連盟の問題点

　しかし、提唱国のアメリカは伝統的な孤立主義が根強く国際的負担を嫌った上院に条約批准を退けられ不参加であり、またソ連やドイツはそもそも参加を除外されたために、常任理事国が自国の国益を優先させがちであった。また、国際連盟は全会一致をその議決の原則とし、決議に違反したときの制裁手段を持たなかったために、十分な力を発揮することはできなかった。

19　これによってオーストリア＝ハンガリー帝国（二重帝国）は解体し、オーストリア＝ハプスブルク家の最後の皇帝カール1世は退位した。

20　イギリス、フランス、日本、イタリアが常任理事国となり、さらに総会で選出された非常任理事国によって組織された。

（4）ヴェルサイユ体制

　パリ講和会議で規定された第一次世界大戦後のヨーロッパにおける新しい国際秩序は**ヴェルサイユ体制**と呼ばれる。それまでのヨーロッパの外交はビスマルク体制に顕著な勢力均衡や、国家の個別的自衛権を同盟関係などによって数か国の集団で保有する集団的自衛権を基礎とするものであり、各国が領土的野心を満足させるための交渉は秘密条約という形で決する場面がしばしば見られた。

　ウィルソン大統領が主導する形でアメリカが提起した新しい国際秩序は、国際連盟という多国間交渉の場において国家間の問題を解決するという**集団安全保障**の理念に貫かれたものである。

　一方でヴェルサイユ体制は敗戦国ドイツに過酷な戦争責任を担わせ、ソ連とアメリカを包摂できず、アジア、アフリカの植民地を被支配地域として残存させるという課題をはらんだものであった。

ヴェルサイユ体制

---

❶米ウィルソン大統領の「十四か条の平和原則」
・秘密外交の廃止、軍備の縮小、民族自決、国際平和機構の設立など
・民族自決の原則の適用　／　旧ロシア、オーストリア、オスマン帝国に限定
・ドイツの租借地・植民地は戦勝国に配分　／　アジア、アフリカでの失望

❷ヴェルサイユ条約（1919.6）
・連合国とドイツとの講和条約
・すべての植民地喪失、アルザス・ロレーヌの返還、ラインラントの非武装化、軍備制限、
　巨額の賠償金などドイツにとって過酷なもの

❸東欧諸国の独立と委任統治
・ハンガリー、チェコスロヴァキア　／　オーストリアから独立
・ポーランド、フィンランド、バルト三国（エストニア、ラトヴィア、リトアニア）／　ロシアから
　　　　　　　　　　　　　　　　　　　　　　　　　　　　　　　　　　　　　　独立

❹国際連盟
・ジュネーヴを本部とし、総会、理事会、国際労働機関、国際司法裁判所を設置
・問題点　／　ドイツ・ソ連の排除、アメリカの不参加（上院が批准を拒否）

4.2 ワシントン体制 ★★☆

（1）ワシントン会議

　大戦の混乱が収まると、各国は新たな国際秩序の建設に着手した。まず1921～22年、アメリカ大統領ハーディングの提唱で**ワシントン会議**が開催され、**ワシントン海軍軍縮条約**が締結された。その結果、海軍の主力艦保有率がアメリカ、イギリス各5、日本3、フランス、イタリア各1.67と定められた[21]。

　またこの会議においてはほかに1921年にアメリカ、イギリス、フランス、日本の間で**四か国条約**が結ばれて日英同盟が廃棄され、**太平洋諸島の現状維持**が約束された。さらに翌1922年にはこれにイタリア、オランダ、ポルトガル、ベルギー、中国を加えて**九か国条約**を締結し、**中国の主権尊重・門戸開放**が約束された。この条約によって、日本のアジア進出は抑制される結果となり、国内に不満が蓄積されることになった。

（2）ワシントン体制

　ワシントン会議で定められたアジア、太平洋地域の新しい秩序は**ワシントン体制**と呼ばれる。ヨーロッパの国際秩序を定めたヴェルサイユ体制とともに、両体制は1920年代の国際秩序の両輪をなした。

ワシントン体制

> ❶ワシントン海軍軍縮条約
> ・**主力艦**の保有率を米英：日：仏伊＝5：3：1.67とする
> ・補助艦保有比率についてはロンドン海軍軍縮条約で決定）
>
> ❷四か国条約
> ・米・英・日・仏の4か国が**太平洋諸島**の現状維持を約束
> ・日英同盟は廃棄
>
> ❸九か国条約
> ・**中国の主権尊重**・門戸開放を約束　／　日本を牽制

21　各国の補助艦の制限についてはワシントン会議で決定せず、1930年のロンドン会議に持ち越された。

5　帝国主義と二つの世界大戦　187

4.3 国際協調の時代 ★★☆

(1) ロカルノ条約とドイツの国際連盟加盟

1925年にスイスのロカルノにおいて行われた会議で、イギリス、フランス、ベルギー、イタリア、ポーランド、チェコスロヴァキア、ドイツの7か国は**ロカルノ条約**という条約群について合意した。

この条約ではドイツ西部の国境について現状維持とすること、ラインラントの永久非武装化などが定められており、さらにドイツが国際連盟に加盟することを発効条件としていたため、1926年にドイツは**国際連盟に加盟**し、ドイツの国際社会復帰が実現した。

(2) 不戦条約

1928年にフランスのブリアン外相、アメリカのケロッグ国務長官の提唱で**不戦条約**(ブリアン・ケロッグ条約)がソ連、ドイツ、日本を含む15か国で調印された。

この条約は国際紛争を解決する手段として戦争を用いないことを定めており、戦争を禁止することを定めた初の国際的な条約としての意義を持つ一方、自衛のための戦争を除外しているなどの問題点も有していた。

(3) ロンドン会議

1927年には、補助艦の保有量の制限をめぐってジュネーヴ軍縮会議が開催されたが、アメリカ、イギリスの対立によって不調に終わった。その仕切り直しとして1930年に開催された**ロンドン会議**において、補助艦の保有比率をアメリカ、イギリス10、日本7とすることが決定した(**ロンドン海軍軍縮条約**)。

ただし日本の軍部はこれを不満とし、日本は次第に国際的孤立を深めることになった。

第1章 世界史

5 各国の戦後体制

5.1 大戦後の西欧諸国 ★★☆

　第一次世界大戦に参戦した西欧諸国は経済的に窮迫するが、国内においては民主化が推進されるなどの成果が見られた。

(1) イギリス

① 普通選挙の実現と労働党の躍進

　イギリスでは1918年に**第4回選挙法改正**が行われ、**21歳以上の男性**と**30歳以上の女性**に選挙権が与えられた。さらに1928年には**第5回選挙法改正**が行われ、**21歳以上の男女**に選挙権が認められて**男女普通選挙が実現**した。また、1906年に結成されていた**労働党**は保守党に次ぐ第二党の勢力に成長し、1924年に党首**マクドナルド**は自由党と連立して組閣した。

イギリスの選挙権拡大

1832 第1回選挙法改正	・腐敗選挙区を廃止し、その分の議席を新興都市や人口の多い州に配分 ・産業資本家などの中間層に選挙権を拡大 ・下層市民や労働者階級の選挙権請願運動(チャーティスト運動)が興る
1867 第2回選挙法改正	・都市部の選挙区において、選挙権の財産規定を廃止 ・都市労働者の多くが選挙権を得る
1884 第3回選挙法改正	・財産規定の廃止を州選挙区(農村部)にも拡大 ・農村労働者の多くが選挙権を得る
1918 第4回選挙法改正	・21歳以上の男性、30歳以上の女性に選挙権を拡大 ・男性の普通選挙が実現
1928 第5回選挙法改正	・21歳以上の男女に選挙権を拡大 ・男女の普通選挙が実現

5　帝国主義と二つの世界大戦　189

② アイルランドとイギリス連邦

　1910年代に成立したアイルランド自治法の実施が第一次世界大戦を理由に延期されると、これに反発するアイルランドの急進派が1916年に蜂起し、イギリス軍により鎮圧された。

　その後、独立を求める戦争を経て、1922年にプロテスタントの多い北部アルスター地方を除いて**アイルランド自治国**として自治領となることが認められた。

　1931年にイギリスは**ウェストミンスター憲章**を制定し、本国と各自治領は対等な地位を得つつ**イギリス連邦**を構成することが定められた。しかし1937年にアイルランドの独立派は新憲法を制定して国名を**エール**とし、事実上イギリス連邦から離脱することとなった。

(2) フランス

　ドイツの再起を恐れていたフランスは1923年、ヴェルサイユ条約で定められた賠償金の支払い不履行を理由に**ルール占領**を行った。ドイツのルール地方は鉄、石炭の産地であり、この地を占領することで産出物をフランスが直接管理しようとしたものだが、ドイツはこれに生産停止などで対抗したため、フランスも得るものがなく撤兵することとなった。

(3) ドイツ

① ヴァイマル憲法の制定

　1918年のドイツ革命によって共和政が成立したドイツでは、1919年1月、急進的なスパルタクス団(のちのドイツ共産党)が武装蜂起し、社会主義革命を目指したが失敗した。社会民主党は軍部などの保守勢力に接近して共産党の動きを押さえ、同年8月、ヴァイマル(ワイマール)で開かれた国民議会で民主的な新憲法が制定された(**ヴァイマル憲法**)。

　その後、社会民主党の**エーベルト**が初代大統領に選出され、共和国ドイツの基礎が確立された(ヴァイマル共和国)。

② インフレの収拾

　しかし、戦争による国土の荒廃と、国力をはるかに上回る膨大な賠償金の負担に国内経済は極度に混乱した。また、フランスによるルール占領に対する消極的抵抗によってさらに生産力が低下し、高騰率1兆倍という爆発的なインフレーションが進行した。

　この危機的状況に対して、首相に就任した**シュトレーゼマン**は大連合内閣を組織して消極的抵抗の中止を声明し、ヴェルサイユ条約の速やかな履行を約してフランスを撤兵させた。また、経済的には新紙幣**レンテンマルク**を発行するなどしてインフレを克服した[22]。

③ 賠償金問題

　イギリスやフランスは、ドイツから支払われる賠償金を大戦中のアメリカに対する戦債の償還に充てようとしていたので、アメリカには債権回収のため、賠償金に苦しむドイツに救済策を授ける理由があった。

　シュトレーゼマンがインフレを解消して賠償金の履行を目指すべくアメリカの援助を求めると、1924年に**ドーズ案**が示され、ドイツはこれを受け入れた。ドーズ案は標準の年間支払額を定めるとともにしばらくはそれを軽減するというものであり、これによって当面の危機が回避された。合わせて連合国はアメリカ資本の導入によるドイツ経済の復興を決めた。

　その後、1929年にまとめられた**ヤング案**では賠償金総額の軽減と返済期間の延長が決定され、さらに1932年の**ローザンヌ会議**で賠償金はヤング案の約12分の1程度に減額されたが、結局このとき**賠償が実施されることはなかった。**

④ 国際社会への復帰

　シュトレーゼマンの協調外交の成果もあり、前述のとおり1925年のロカルノ条約を経て1926年にドイツの国際連盟加盟が実現し、ドイツの国際的地位の回復が図られた。

22　従来の1兆マルクを新1マルク（レンテンマルク）とするものである。

5　帝国主義と二つの世界大戦

戦後ドイツの状況

❶ヴァイマル共和国（1919～33）
・社会民主党が政権を握り、エーベルトを大統領に選出 ／ **ヴァイマル共和国**成立
・**ヴァイマル憲法**（1919）／ 主権在民、男女普通選挙、労働者の団結権・団体交渉権を保
　　　　　　　　　　障し、当時において最も民主的な憲法（社会権も規定）

❷ルール占領
・生産の低下から激しい**インフレーション**が発生
・シュトレーゼマン首相による**レンテンマルク**の発行で危機を克服
・欧米協調外交を採り、**ドーズ案**の成立により賠償金支払いの緩和とアメリカ資本の導入

❸ロカルノ条約締結（1925）
・参加国 ／ 英、仏、ベルギー、伊、ポーランド、チェコスロヴァキア、独の7か国
・ラインラントの永久非武装化、独仏・独ベルギーの国境の現状維持

❹ドイツの国際連盟加盟（1926）
・ロカルノ条約を受け、ドイツは国際連盟に加盟

❺パリ不戦条約（1928）
・フランスのブリアン外相とアメリカのケロッグ国務長官が提唱
・武力で国際紛争を解決することを禁止した条約（日独米ソを含む15か国が調印）

（4）イタリア

　大戦後、連合国がオーストリアと結んだサン=ジェルマン条約において、イタリアは南チロルとトリエステのイタリア併合を果たし、「未回収のイタリア」問題は一応落着した。しかし、戦勝国側としてそれ以上の植民地拡大を期待していたが叶わなかったことから、ヴェルサイユ条約への国民の不満感が広がった。また、国内でインフレーションが起きたことから政府への不信感が強まって共産主義勢力が勢いを増し、1920年には社会党左派の指導のもとに北イタリアで大規模なストライキが発生した。

　このような情勢の中、1922年に**ファシスト党**を率いるムッソリーニが中産階級と社会主義革命を恐れる資本家たちの支持を受け、政権獲得を目指して武装党員とともにナポリからローマに向けて行進を行った（**ローマ進軍**）。ムッソリーニは政局の混乱を招くことを恐れた国王から首相に任命され、ファシズム大評議会を基礎とする**一党独裁体制**を固めた。

　ムッソリーニは独裁的な権力をかざして国民の権利・自由を抑圧し、反対派を弾圧する一方で、反資本主義を掲げたカリスマ的な指導者であろうとし、大衆宣伝を大々的に行った。このように構築された全体主義体制や思想は**ファシズム**と呼ばれる。

5.2 大戦後のアメリカ ★★★

アメリカでは1920年に女性参政権が実現したが、この年の大統領選挙では「平常への復帰」のスローガンを掲げた共和党が大勝し、以来1920年代を通じて政権を担った。

大戦後の没落に苦しむヨーロッパ諸国と対照的に、1920年代のアメリカは「永遠の繁栄」といわれるほどの経済発展を経験した。産業は自動車、家庭電化製品、電話、住宅建設などを中心に飛躍的発展を遂げ、月賦販売制度も普及した。また映画やラジオも産業として確立し、プロスポーツやジャズ音楽も流行した。このような工業化や都市化の進展は、社会の活力を増大させるとともにその緊張も高めた。北部の都市に住む白人中産階級は、南部から工場労働者として大量に移住してきた黒人および東欧・南欧・アジア系移民の増加に反発した。農民の不満も大きかった。

このような社会の不満をよそに、共和党政府は自由放任の名のもとに事実上大企業保護政策を続けた。一方、戦前に「革新主義」を支えた都市中間層や急進的農民も、戦争中の挙国一致の雰囲気や戦後の繁栄の中で目標を見失い、社会には社会主義運動家への迫害、黒人差別、排外主義などの風潮が強まった。禁酒法や人種によって移民を制限する移民法の制定も、このような世相の反映といえる。

5　帝国主義と二つの世界大戦

6 アジア・アフリカの民族運動

6.1 日本と東アジア ★★☆

（1）日本の中国進出

第一次世界大戦において、日本は日英同盟を根拠に連合国側に立ってドイツに宣戦し、ドイツが中国内に有していた租借地である膠州湾(青島)、太平洋上に有していたドイツ領南洋諸島を占領した。

さらに大戦中の1915年には中国の袁世凱政府に対して**二十一か条の要求**を突きつけた。要求は、ドイツが中国に対して有していた山東省の利権を日本が継承することなど中国の主権を軽視する内容だったため、袁政府はこれを拒否する姿勢を示したが、一部を除いて承認する結果となった。

1919年のパリ講和会議の際、中国は国際社会に二十一か条の要求の取消しを提訴したが退けられ、これに抗議して5月4日に北京大学の学生を中心としたデモが起こり、各地に波及した(**五・四運動**)。中国の反日感情は高まり、中国政府もヴェルサイユ条約調印を拒否した。

（2）韓国での反日運動

1910年以来日本の統治下に置かれていた韓国でも独立を求める気運が高まり、1919年3月1日に行われたデモ運動が全土に広まった(**三・一独立運動**)。

（3）その他

大戦中にロシア革命が起きた際、日本は各国が行った対ソ干渉戦争に加わってシベリア出兵を行った。パリ講和会議で日本は国際連盟の常任理事国としての地位を得たが、各国は次第に日本の動向を警戒するようになり、ワシントン会議で結ばれた九か国条約に関連して、日本がドイツから継承した山東省の利権は中国に返還されることとなった。

6.2 中国の革命運動 ★★☆

（1）文学革命

19世紀後半に興った洋務運動は、「中体西用」のスローガンが示すように根本としての儒教思想を温存したまま革新を目指すものであったが、辛亥革命後の中国では伝統的な思想体系そのものを改めるべきだと考える若い世代が新文化の創造を目指す啓蒙運動を行った（**文学革命**）。

陳独秀は雑誌『新青年』を刊行して儒教道徳を批判し、文学者の**胡適**は口語による文学表現を目指して白話文学を提唱した。**魯迅**は『狂人日記』、『阿Ｑ正伝』などの社会性の強い小説で中国社会の暗黒面を描写した。

（2）第１次国共合作

軍閥が割拠する混乱状況が続いていた中国では、五・四運動などの民族運動の高まりに接した孫文が上海で革命運動を再起させる機会をうかがっていた。辛亥革命時に彼が結成した国民党は中華革命党を経て1919年に**中国国民党**となり、大衆政党としての力を蓄えた。

一方で陳独秀は1921年にコミンテルンの指導のもと**中国共産党**を結成した。彼らは将来的な社会主義革命を目指すとしながらも、現在直面している軍閥支配と帝国主義支配の打倒を優先し、孫文の中国国民党に接近した。中国国民党も1924年、共産党員が党籍を有したまま国民党員となることを認め、両組織は連携した（**第１次国共合作**）。

（3）北伐と国共分裂

孫文は「**連ソ・容共・扶助工農**」（ソ連と連携し、共産主義を容認し、労働者・農民を助ける）の方針を掲げて運動を続けたが1925年に死去し、**蔣介石**がその後継を務めた。蔣は中国南部の広州に国民政府を樹立し、国民革命軍を率いて北京に構えられた軍閥政府を打倒して中国を統一するための軍事行動を開始した（**北伐**）。

中国国民党と中国共産党の協力のもと進められた北伐は、労働者や農民の協力を得て順調に各地の軍閥を倒しながら北上していき、南京、上海の占領に成功した。19世紀に起きたアロー戦争の結果として開かれた港に列強は租界（外国人居留地）を設けていたが、国民革命軍は外国支配下にある租界も襲撃の対象とし、実際に武漢市のイギリス租界は中国に返還される事態となった。また、資本家や地主層も中国共産党勢力による体制の転覆を恐れた。こうした事情から北伐は帝国主義諸国や資本家にとって警戒すべき動きとなり、蔣は国共合作の解消と中国共産党の弾圧を密かに持ちかけられるようになった。

5　帝国主義と二つの世界大戦

1927年、蔣介石は**上海クーデタ**を起こして中国共産党の弾圧に転じ、**南京**に国民政府を樹立して自ら主席に就任した(**国共分裂**)。

(4) 国民政府の全国統一

その後1928年に北伐が再開され、国民革命軍は軍閥政府の本拠である北京に接近した。奉天軍閥の**張作霖**を支援していた日本は国民革命軍による中国統一を妨害しようと複数回の山東出兵を行ったものの、張作霖は敗北した。日本軍(関東軍)は敗走する張を爆殺し、これを国民革命軍の行為に見せかけようと謀るが失敗し、張作霖の子である**張学良**は国民政府と提携した。

国民革命軍は北京を占領し、**国民政府による中国統一**が**完成**された。

(5) 中国共産党の動向

一方、弾圧を受けて中国国民党と離れた中国共産党は、**毛沢東**を指導者として抵抗を続けた。中国共産党が辺境で組織した紅軍は農村から次第に勢力を拡大していき、1931年に江西省の**瑞金**で**中華ソヴィエト共和国臨時政府**を建てた。

中国の革命運動

---

❶中国の民族運動
- パリ講和会議で二十一か条の要求取消しを提訴したが、列国が拒否
- **五・四運動**(1919) ／ 北京大学生中心の抗議デモが各地に波及
- **孫文**が**中国国民党**を設立(1919)

❷中国共産党の成立
- **陳独秀**が**中国共産党**を結成(1921)

❸第1次国共合作(1924)
- 孫文が共産党員の国民党入党を認める(**第1次国共合作**)
- 打倒軍閥・打倒帝国主義路線を明示

❹北伐と国共分裂
- 孫文死去(1925)の後、後継者である**蔣介石**が指導し、**北伐開始**(1926)
- 蔣介石は共産党の弾圧に転じ(**国共分裂**)、南京に国民政府を樹立して自ら主席に就任
- 毛沢東が率いる中国共産党は、国民党による攻撃・包囲に抵抗して瑞金からの大移動を展開(**長征**)
- 一方、蔣介石による北伐軍は北京に接近
- 日本が支援していた奉天軍閥の**張作霖**が敗北し、国民党は北京を占領
- 敗北した張作霖は**関東軍**(満州駐屯の日本陸軍部隊)により爆殺される
- 張作霖の子、**張学良**が国民政府と提携し、蔣介石の国民政府による全国統一が一応完成

6.3 インドの民族運動 ★★☆

（1）インド国民会議の結成

　1877年にイギリスによる統治が始まったインド帝国では、イギリスからの投資により交通や通信が発達し、茶やコーヒーなどの商品作物がプランテーション農業で栽培されて世界の市場に向けて取引されるようになった。イギリス支配下で世界市場に組み込まれていったインド人の社会においても、次第に西欧的な教育を受けて知識人となる層や、イギリスの植民地経営によって利益を得て資本を蓄える層が現れた。

　こうした背景から、1885年に**インド国民会議**が発足した。これはインド帝国経営にインド人エリート層の意見を反映させる機関として出発したもので、イギリス側には植民地統治に対する不満を適度に和らげる狙いがあったが、次第に**インド人による反英闘争の母体**としての性格を強くしていった。

（2）ベンガル分割令

　シパーヒーの反乱を経験していたイギリスは、インド帝国が建てられた当初から分割統治を行い、さまざまな軸でインド社会の分断を図ってきた。これと同様に1905年、インド国民会議をもとに反英闘争が高揚するのを抑える目的で**ベンガル分割令**を出し、反英闘争の中心地であったベンガル州をそれぞれヒンドゥー教徒、イスラム教徒が多数を占める東西地区に分割した。

（3）国民会議派の反発

　ベンガル分割令が出されると、インド国民会議ではティラクらの急進派が主導的な立場となって反対運動を行った。この運動はインド全土に広がって1906年にカルカッタで大会が開かれ、**英貨排斥**、**スワデーシ**（国産品愛用）、**スワラージ**（自治獲得）、**民族教育**の４綱領を採択した。

　こうして彼らはイギリス支配と対決する姿勢を先鋭化させ、**国民会議派**と呼ばれる政治組織となった。

（4）全インド＝ムスリム連盟

　ヒンドゥー教徒主体の国民会議派がイギリスとの対決姿勢を表す一方、イスラム教徒はイギリス統治に協調的な1906年に**全インド＝ムスリム連盟**を結成した。

（5）インド統治法とローラット法

　長期戦・物量戦となった第一次世界大戦において、イギリスは植民地インドから

5　帝国主義と二つの世界大戦　197

の人的・物的資源を必要とした。かねてから反英闘争と自治要求の強まっていたインドの戦争協力を取り付けるため、イギリスは戦後のインド自治を約束した。

イギリスは1919年に制定された**インド統治法**で、地方行政の一部をインド人に委ねることでの懐柔を図ったが、これは自治とはかけ離れたものだった。また、同年制定された**ローラット法**では、インド総督に令状なしでの逮捕権などが与えられ、**民族運動が強権的に弾圧**されることになった。

（6）ガンディーの運動

民族運動の取締りが強まる中、指導者としてインドの民衆から支持を集めた**ガンディー**は、**非暴力・不服従**を掲げてイギリスへの抵抗を行った。1920年の国民会議派の大会ではこれに加えてより積極的な闘争手段である**非協力**の方針を掲げた。

国民会議派はイスラム教徒からの支持も得ていったんは全国的な運動になるが、再びヒンドゥー教徒とイスラム教徒の宗教対立が深刻化して、運動は停滞した。

（7）独立運動の再燃

国民会議派のうち急進派のネルーは1929年の大会で**プールナ＝スワラージ**（完全独立）の方針を決議し、ガンディーも独立運動に復帰した。1935年に新しい**インド統治法**が定められて地方行政がインド人に委ねられたが、中央は依然としてイギリス支配が温存されたため、完全独立は叶わなかった。

全インド＝ムスリム連盟の指導者ジンナーは次第に国民会議派との対立を深め、イスラム国家パキスタンとしての独立を掲げるようになった。

インドの民族運動

❶イギリスの動き
・**インド国民会議**（1885）／イギリスが開催したものだが、次第に反英的に
・**全インド＝ムスリム連盟**（1906）／イスラム教徒を支援するために結成
・第一次世界大戦中、イギリスは戦後のインド自治を約束（1917）
　　・**インド統治法**（1919）／重大な権限はイギリスが握り、自治とはかけ離れたものに
　　・**ローラット法**（1919）／インド人に対する令状なしの逮捕などを認めた弾圧法
・インド民衆の激しい反発の中、**ガンディー**（国民会議派）登場

❷ガンディーの運動
・**国民会議派**／ヒンドゥー教徒中心の政治結社、独立運動の中心となる
・ムスリムの支持を得て、いったんは全国的な運動になる
・再びヒンドゥー教徒とムスリムの宗教対立が深刻化し、運動は停滞
・**新インド統治法**（1935）／完全独立からはほど遠い内容
・インドの独立は第二次世界大戦後

6.4 東南アジアの民族運動 ★★★

（1）インドネシア

① サレカット＝イスラムの結成

　オランダにより統治されていたインドネシアでは、現地人に対して強制栽培制度などの過酷な搾取が行われていたが、20世紀に入って民族意識が高まりを見せ、独立に向けた運動が行われるようになった。

　1912年に結成された**サレカット＝イスラム**（イスラム同盟）は当初商人たちの互助組織だったものの、1910年代後半には民族運動においての中心的な組織として機能するようになった。

② インドネシア国民党の結成

　1920年にアジア初の共産党となるインドネシア共産党が結成され、オランダからの独立が提唱された。同党はサレカット＝イスラムに代わって民族運動の中心組織となったもののオランダ当局の弾圧を受けて実質的に壊滅した。

　その後1927年に独立運動家スカルノが**インドネシア国民党**を結成し、新たな民族主義運動の旗手となった。

（2）インドシナ

① ファン＝ボイ＝チャウのベトナム独立運動

　フランス領インドシナ連邦を構成していたベトナムでは、1904年に**ファン＝ボイ＝チャウ**が維新会を組織して反仏運動を行った。彼は東アジアで当時急速に力をつけていた日本に範を求め、その支援を得るべくドンズー運動（東遊運動）と呼ばれる日本留学運動を行った。しかし協約でフランスの植民地支配を認めていた日本からの支援は得られず失敗した。

　その後、1912年にベトナム光復会を組織して新たな共和政国家を目指したが、フランスの厳しい弾圧によってファン＝ボイ＝チャウは逮捕された。

② ホー＝チ＝ミンの独立運動

　1920年代以降のベトナムの独立運動を主に指導した**ホー＝チ＝ミン**は1930年に香港でベトナム共産党（同年**インドシナ共産党**に改称）を結成した。同党はカンボジア、ラオスを含むインドシナ3国家の共産党勢力を合わせて独立運動を展開した。

5　帝国主義と二つの世界大戦　199

（3）フィリピン

① フィリピン革命

　19世紀後半の時点でスペインの統治を受けていたフィリピンでは、1880年代からホセ=リサールの言論活動によって民族意識の啓発が行われ、1896年にスペインからの独立を求める武装闘争が起こった（**フィリピン革命**）。1898年に米西戦争が起こると革命軍はアメリカに協力して戦い、**アギナルド**を大統領とする**フィリピン共和国**の独立を宣言した。

② アメリカ統治へ

　しかし、米西戦争の結果、アメリカはスペインからフィリピンの領有権を得ていたため独立を承認するわけにはいかず、1899年に**米比戦争**（フィリピン=アメリカ戦争）を起こしてフィリピンを破った。

　こうしてフィリピンはアメリカによる植民地支配に服することとなった。

③ 独立準備政府の発足

　ゲリラによる武装闘争がある程度抑えられた1907年の段階で、アメリカは漸進的な自治の第一歩として議会を開設し、フィリピン人への一部権限委譲を進めた。1934年には**フィリピン独立法**が定められ、1946年のフィリピン独立が約束された。これを受けて1935年にフィリピンは自治領となり、**独立準備政府**が置かれた。

東南アジアの民族運動

インドネシア	・オランダ統治からの独立運動 ・**サレカット=イスラム**（イスラム同盟）が民族運動の中心に ・その後、**スカルノがインドネシア国民党**を結成
インドシナ	・フランス統治からの独立運動 ・**ファン=ボイ=チャウ**が維新会を結成し、**ドンズー運動**を行うも失敗 ・その後、**ホー=チ=ミン**がインドシナ共産党を結成
フィリピン	・スペイン統治からの独立運動 ・**ホセ=リサール**の言論活動による啓発 ・米西戦争に乗じて**フィリピン共和国**の独立を宣言 ・**米比戦争**に敗北してアメリカ統治に服する ・その後、**フィリピン独立法**が定められ**独立準備政府**が設置

6.5 イスラム諸国の民族運動 ★★☆

(1) アフガーニーのパン＝イスラム主義

19世紀後半、イスラム圏は帝国主義の圧力や、オスマン帝国領内での各民族の独立運動に伴って生じた東方問題に直面していた。

反帝国主義の運動家アフガーニーは民族の違いを超えてイスラム教徒が広く連帯すべきとするパン＝イスラム主義を提起し、イスラム圏にとどまらずヨーロッパ各地でさまざまな運動を行った。

(2) トルコ
① 青年トルコ革命

19世紀後半に起こった露土戦争と、その後ビスマルクが開いたベルリン会議で締結されたベルリン条約によって、オスマン帝国の領土は大幅に縮小した。

国内では立憲運動が高まり、これを反映した憲法が制定されていたが、アブデュルハミト2世は1878年に憲法を停止し、アフガーニーの説くパン＝イスラム主義の思想を利用して権威の回復を図った。

これに対して近代化と立憲政治の復活を求める青年知識人や軍人は青年トルコという運動体を組織し、1908年に挙兵して憲法の復活、政権の奪取に成功した(青年トルコ革命)。

② 青年トルコ政権

1909年にアブデュルハミト2世は退位させられたものの、スルタン(イスラム王朝の支配者)は有名無実化されつつも存続していた。革命の混乱は帝国主義諸国に隙を与えることとなり、オーストリアがボスニア、ヘルツェゴヴィナの2州を併合し、1911年には伊土戦争に敗れてアフリカの領土(トリポリ、キレナイカ)を失った。また青年トルコ革命時にブルガリアがオスマン帝国からの独立を宣言しており、その後の第1次バルカン戦争の敗北でもイスタンブルを除くヨーロッパ領土とクレタ島を失った。

このような周辺国からの帝国主義的野心に加え国内でもトルコ民族主義の台頭によって、青年トルコ政権は安定を欠いたまま第一次世界大戦に直面することとなった。

5　帝国主義と二つの世界大戦　201

③ セーヴル条約

　第一次世界大戦において、オスマン帝国(トルコ)は同盟国側に立って参戦したが、連合国側のイギリス、ロシア、フランスは大戦中に帝国領を分割する旨の秘密協定を結んでいた(サイクス=ピコ協定)。戦後オスマン帝国と連合国との講和条約である**セーヴル条約**が結ばれたが、この条約は帝国領の分割をさらに進め、主権を喪失させるなどの屈辱的な条件を突きつけるものだった。

④ トルコ革命

　1830年にオスマン帝国から独立を果たしていたギリシアは、帝国内に残るギリシア人を統合すべく、大戦後の混乱に乗じて小アジアのイズミルに侵攻し、1919年に希土戦争(ギリシア=トルコ戦争)を起こした。

　オスマン帝国の軍人**ムスタファ＝ケマル**[23]はセーヴル条約に抵抗する国民運動の指導者となっていたが、このときギリシア軍と戦って、1920年にトルコ大国民議会を組織した。ケマルは1922年にギリシア軍を撤退させてイズミルを奪還し、スルタン制を廃止した。これによって**オスマン帝国は滅亡した**。また、1923年に連合国と**ローザンヌ条約**を結び、一定の国土を回復するとともにセーヴル条約の定めていた不平等な要素を取り除くことに成功した。

　アンカラを首都に**トルコ共和国**を樹立するとケマルは大統領となり、共和政に移行した(**トルコ革命**)。ケマルは政教分離、女性の参政権の実施、ローマ字の採用などの近代化を推進した。

(3) イラン
① イラン立憲革命

　イランは18世紀末からカージャール朝によって治められていたが、南下政策を採るロシアや、その南下を警戒してインド方面から侵出をうかがうイギリスの脅威にさらされていた。

　1891年に政府はイランにおけるタバコ販売の利権をイギリス人投資家に譲渡すると、アフガーニーの運動に刺激されて国内で反対運動が起こった(**タバコ=ボイコット運動**)。この運動は次第にイラン人の民族運動に転化し、1906年には国民議会の開設と憲法の公布が果たされた(**イラン立憲革命**)。

23　ムスタファ＝ケマルが本名であり、ケマル＝パシャという通称や、後に与えられたケマル＝アタテュルク(アタテュルクは「トルコ人の父」という意味)という名も持つ。

第1章　世界史

② パフレヴィー朝の創始

1908年にイラン南部に油田が発見されると、イギリスはこの利権を獲得するとともに産油国としての関心を強めた。第一次世界大戦中はイギリス、ロシアに占領されていたが、戦後の1921年に**レザー=ハーン**がクーデタを起こして政権を握って独立を取り戻した。

さらに1925年にカージャール朝を廃して**パフレヴィー朝**を興し、自らシャー(国王)となった。1935年には国名がペルシアからイランに改められた。

(4) その他の諸国
① アフガニスタン

アフガニスタンでは18世紀にアフガン王国が成立していたが、19世紀に入ってロシアが南下して中央アジアに進出すると、イギリスはこの動きを自国の植民地インドに対する脅威と見て警戒した。イギリスはアフガニスタンをロシアとの緩衝地帯とすべく2回にわたって侵攻し、保護国化した(アフガン戦争)。

しかし20世紀に入るとロシアの帝政崩壊やインドの独立運動などによって独立の好機が訪れ、1919年に**第3次アフガン戦争**をイギリスと戦って完全な独立を果たした。

② サウジアラビア

オスマン帝国下にあったイブン=サウードはパリ講和会議の際に独立を果たし、1932年にアラビア半島の大部分を統一してサウジアラビア王国を興した。

③ パレスチナ

第一次世界大戦中、イギリスは同盟国側に立ったオスマン帝国を混乱させる目的で、アラブ側と**フセイン・マクマホン協定**という秘密協定を結び、戦後の独立を約束する見返りにオスマン帝国に対して反乱を起こすようけしかけていた。しかし一方でユダヤ系大資本のロスチャイルド家から支援を得るべく1917年に**バルフォア宣言**を行い、ユダヤ人によるパレスチナ国家建設運動(シオニズム)を支援する意向を示していた。

パレスチナを含む地においてアラブ人、ユダヤ人の双方に独立国家建設という矛盾した約束を結んだことは、両方の勢力に主権を主張して対立する根拠を与えることになった。

5　帝国主義と二つの世界大戦　203

④ エジプト

19世紀末にエジプト支配に乗り出したイギリスは、1914年にオスマン帝国が同盟国側に立つとエジプトを正式に保護国化していた。

戦後、独立を求める**ワフド党**の運動が起こり、1922年に**エジプト王国**が成立した。しかし、イギリスはスエズ運河の特権を保持し続けていた。

イスラム諸国の民族運動

トルコ	・アブデュルハミト2世の専制に対し**青年トルコ革命**が起こる ・第一次世界大戦の敗戦国となり、セーヴル条約を突きつけられる ・**ムスタファ＝ケマル**がスルタン制を廃し、**オスマン帝国滅亡** ・連合国とローザンヌ条約を締結 ・**トルコ共和国**を樹立して共和政へ ・政教分離、女性の政治参加、ローマ字の採用など近代化を推進
イラン	・タバコ利権の譲渡に反対する**タバコ＝ボイコット運動**が起こる ・民族運動の高揚につながり、議会の開設と憲法の公布へ（**イラン立憲革命**） ・第一次世界大戦後、**レザー＝ハーン**がパフレヴィー朝を興す
アフガニスタン	・19世紀にイギリスが侵攻して保護国化 ・20世紀の第3次アフガン戦争でイギリスから**完全に独立**
サウジアラビア	・イブン＝サウードが第一次世界大戦後オスマン帝国から独立 ・**サウジアラビア王国**を建国
パレスチナ	・イギリスの二枚舌外交がアラブ人・ユダヤ人の対立のもとに ・**フセイン・マクマホン協定**でアラブ諸国の独立を約束 ・**バルフォア宣言**でユダヤ人国家建設を援助
エジプト	・第一次世界大戦時にイギリスにより正式に保護国化 ・戦後、**ワフド党**により独立運動がなされ、**エジプト王国**が成立 ・一方で、イギリスはスエズ運河の特権を継続

7 世界恐慌とファシズムの台頭

7.1 世界恐慌　★★★

（1）世界恐慌の発生

　1929年10月24日、アメリカの**ニューヨーク株式市場**（ウォール街）で突然株価が大暴落し、**世界恐慌**が発生した（「暗黒の木曜日」）。

世界恐慌の背景

- ・自由放任主義と1920年代の好況に基づく工業製品の生産過剰
- ・ヨーロッパの農業が回復したことによる農産物価格の下落（農業不況）
- ・大戦後に各国が採った高関税政策などによる国際貿易の低迷
- ・企業の生産合理化による失業者の増加、それに伴う購買力の低下

　第一次世界大戦後のアメリカは世界最大の債権国となっており、世界の経済や金融の中心となっていたアメリカ発の恐慌は、その有する植民地に及び、さらにアメリカ資本が引き上げられたことでヨーロッパの資本主義諸国に広がった。1929〜32年の世界の工業生産は半減し、企業の倒産と労働者の大量失業、金融機関の経営危機、商業・貿易の不振を招いた。

　一方で社会主義に基づく計画経済を行っていたソ連は世界恐慌の影響を受けなかった。

（2）当初の対応

　共和党の**フーヴァー大統領**は外国製品に高関税を課すことで国内産業を保護する政策を行ったが（**スムート＝ホーリー法**）、かえって貿易の停滞を招き恐慌状態を悪化させることとなった。

　1931年にドイツ、イギリス、フランスに対して賠償金・戦債支払いの１年間停止（**フーヴァー＝モラトリアム**）を行ったが、こちらも効果を上げなかった。

5　帝国主義と二つの世界大戦　205

（3）アメリカの対応

① ニューディール

　フーヴァーに代わって大統領に選出された民主党の**フランクリン＝ローズヴェルト**は**ニューディール**と呼ばれる政策群を推進した。

　ニューディールの主な内容は次のとおりである。

ニューディールの主な内容

銀行・通貨の統制	・銀行の救済 ・金本位制の停止[24]
企業・個人の救済	・破産に直面した企業や個人に対する連邦政府の貸付け
農民の救済	・**農業調整法**（AAA）を制定し、農業の生産と価格を管理 ・生産者に減産を求めて減収分を補助金で埋め合わせることで、農産物価格の引上げと農民の収入安定化を図った
産業復興・ 労働者保護	・**全国産業復興法**（NIRA）を制定し、企業統制と労働者保護を図る ・産業ごとの団体に協定を促し、工業生産物価格と労働者の賃金を安定化 ・**テネシー川流域開発公社**（TVA）を設けて公共土木事業を創出 ・**ワグナー法**を定め、労働者の団結権、団体交渉権を保障
社会保障	・失業保険、退職金制度、年金制度などの整備

② 対外政策

　一方、対外的には1933年にソ連を承認して国交を樹立し、ヨーロッパの民主主義諸国とも協調路線を採った。

　また、ラテンアメリカ諸国に対しては**善隣外交**と呼ばれる友好的な路線に転じ、キューバへの内政干渉を撤廃するなどの施策を行った。

---

24 金本位制は、国が保有する金と発行する紙幣との交換（兌換）を保証する通貨制度である。アメリカに先立ってイギリスが1931年に金本位制から離脱して通貨ポンドの切下げを行っていたため、イギリスからの輸入が拡大しアメリカの金が流出していた。アメリカが金本位制を停止したのにはこの金およびそれとの交換を保証するドルの流出を防ぎ、金融不安を治める目的があった。

（4）イギリスの対応

イギリスでは、1929年に労働党の第2次マクドナルド内閣が成立し、恐慌の事態収拾に努力したが、マクドナルド首相による失業保険の削減などの政策は労働党自身の賛同を得られず、彼は労働党から除名されていったん退陣した。

しかし1931年、保守党・自由党の協力を得て再びマクドナルドを首相とした**挙国一致内閣**が組織され、金本位制の停止やポンド切下げなどを断行した。1932年に開催されたイギリス連邦の経済会議（**オタワ連邦会議**）では、連邦内の特恵的関税制度を設ける一方で連邦外には高関税を課すという**スターリング＝ブロック**の確立を図った。しかしこれは、列強諸国に保護関税主義的なブロック経済政策を推進させる結果となった。

（5）フランスの対応

1932年から恐慌の影響を受け始めたフランスでは自国植民地で**フラン＝ブロック**を構成して経済の安定に努めた。一方国内では政治情勢が極度に混乱して短命内閣が相次いだが、1933年、ドイツにナチス政権が誕生すると左翼勢力が台頭し、そのドイツに対抗するべく1935年にソ連と**仏ソ相互援助条約**を結んだ。しかしこの間、1934年に右翼勢力がクーデタを起こすと、翌年にはこれに反対する労働者らが中心となって共産党・社会党などによる人民戦線が結成され、1936年に社会党の**ブルム**を首班とする人民戦線内閣が成立した[25]。

（6）世界恐慌の影響

世界恐慌は資本主義を採用する諸国の経済を大きく揺さぶり、各国は自国およびその支配地の安定を優先せざるを得なくなった。

広大な国土・植民地を持つイギリス、フランス、アメリカはそれぞれの経済圏を囲い込み、それぞれスターリング＝ブロック、フラン＝ブロック、ドル＝ブロックを構成して排他的な防衛施策を採った一方、こうした施策を採れなかったドイツ、イタリア、日本などの後発の帝国主義諸国は海外市場を確保するための軍事的侵略に傾斜することとなった。

---

25 この動きはスペインにも波及してスペインでも人民戦線内閣が成立するが、1936年に内乱が発生し、この余波を受けてフランス人民戦線内閣も1938年には崩壊するなど国民の政治不信は強まる一方だった。

各国の世界恐慌への対応

アメリカ	・民主党の**フランクリン=ローズヴェルト**大統領による「**ニューディール**」 　・金本位制の停止 　・**農業調整法（AAA）** ／ 生産調整、生産物価格の引上げ 　・**全国産業復興法（NIRA）** ／ 過剰生産の抑制、労働者の待遇改善 　・**テネシー川流域開発公社（TVA）** ／ 公共投資による地域開発で失業者を吸収 　・**ワグナー法** ／ 労働者の権利拡大 ・ブロック経済（ドル=ブロック）の実施
イギリス	・**マクドナルド挙国一致内閣**による事態収拾 　・金本位制停止、ポンド切下げ 　・ウェストミンスター憲章 ／ イギリスと旧自治領の間にイギリス連邦が誕生 　・**ブロック経済（スターリング=ブロック）**の実施
フランス	・当初金本位制を維持したまま**ブロック経済**（フラン=ブロック）を実施 　・金本位制を維持するフランス、オランダ、ベルギー、スイスで構成（金ブロック） 　・金本位制からの離脱によって崩壊

7.2 日本の大陸進出　★★☆

（1）満州事変

　1931年、日本が中国の東北地方に置いていた陸軍部隊である関東軍は**柳条湖事件**を口実に中国に対する軍事行動を開始し、満州事変の戦端が開かれた。これに対し、中国の国民政府は武力抵抗を禁じて国際連盟に提訴したが、日本は1932年1月に上海でも中国軍と衝突した（上海事変）。同年3月、一連の軍事行動を満州民族の独立支援と自衛のための戦いと装うための既成事実を作るべく、関東軍は清朝最後の皇帝であった**溥儀**を執政として**満州国**を建国させた。しかし、国際連盟が派遣していた**リットン調査団**の報告書によって国際的にこの独立が否定されると、1933年、日本は国際連盟を脱退した。

（2）抗日戦線の結成

　1933年になると日本は本格的に大陸への侵攻を開始し、2月に熱河省を占領し、4月には万里の長城を越えて河北省に入り、その東部を非武装地帯として中国軍を撤退させた。しかし、蒋介石は反共政策に奔走し、日本の侵略にはなす術がなかった。

　一方、中国共産党は国民政府軍に攻撃を受けて瑞金を放棄し、**長征**と呼ばれる大移動の末に陝西省北部の延安を新たな根拠地とした。この間、中国共産党のモスクワ代表部が八・一宣言を発表して抗日民族統一戦線の結成を呼びかけ、中国国内に抗日の気運が高まった。また、1936年に張学良は西安において蒋介石を監禁し、反共より抗日を政策の主眼とするよう転換を求め、蒋もこれに同意した（**西安事件**）。

（3）日中戦争

　1936年の二・二六事件で軍部の指導権が確立した日本は、1937年7月の**盧溝橋事件**を機に中国への侵略を拡大し、宣戦布告のないまま戦争に突入した（**日中戦争**）。国民政府はこれに対抗するために**第2次国共合作**を確認して全面抗戦の姿勢を打ち出した。日本軍は同年末に南京を占領したが、国民政府は**重慶**に遷都し、武漢にその拠点を置いて抗戦を続けた。

　1940年に日本は、国民革命軍が重慶に建てた政府に対抗して南京に**汪兆銘**による親日政権を建てたが、戦争は泥沼化の様相を呈した。

日本の大陸進出

❶満州事変
・**柳条湖事件**（1931）／日本の関東軍、柳条湖で事件を起こし**満州事変**の戦端を開く
・関東軍が**満州国**を建国させる（1932）

❷抗日運動の拡大
・**八・一宣言**発表（1935.8）／中国共産党が内戦停止、民族統一戦線結成を呼びかけ
・**張学良**が共鳴し**西安事件**発生（1936）／張学良が**蒋介石**を捕らえ、協力を促す
・蒋介石は抗日、共産党との内戦停止を受諾

❸日中戦争
・**盧溝橋事件**（1937.7）／**日中戦争**へ
・**第2次国共合作**成立（1937）／抗日民族統一戦線が成立
・国民政府、南京を攻略され武漢、さらに重慶に移動
・南京に汪兆銘親日政権の設立（1940）／重慶政府と対抗、戦争は泥沼化

5　帝国主義と二つの世界大戦

7.3 ファシズム勢力の伸長

(1) ナチス=ドイツの台頭
① ナチ党の一党独裁体制

　世界恐慌の影響を強烈に被ったドイツ(ヴァイマル共和国)では、次第に**ナチ党**(国民社会主義ドイツ労働者党)が勢力を伸ばし始めた。

　指導者の**ヒトラー**はイタリアで興ったファシズムに影響を受け、ユダヤ人の排斥、ヴェルサイユ体制の打破、共産主義の排除などを主張した。ナチ党の掲げる主張は当初支持されなかったものの、世界恐慌後の社会不安の中で巧妙な大衆宣伝を用いて中産階級の支持を獲得していった。1932年の総選挙では第1党に躍進し、翌1933年にはヒトラー内閣が成立した。ヒトラーは、国会議事堂放火事件を口実に共産党を非合法化すると、総選挙を行って過半数を獲得し、**全権委任法**を成立させてナチ党の一党独裁体制を築き上げた。

　こうしてヒトラーは議会を無力化すると、他の政党や労働組合を解散させてその活動を禁止し、さらにヴァイマル憲法を死文化させて、またたく間に全体主義国家体制を確立した。1934年8月にはヒンデンブルク大統領の死とともに、国民投票によって大統領と首相を統合した**総統**(フューラー)という地位に就いたヒトラーは、名実ともに完全な独裁者となって、ドイツ第三帝国の頂点に立った[26]。

② ヴェルサイユ体制の崩壊

　1933年に国際連盟を脱退したドイツは、1935年にフランスとの国境地帯であるザール地方を併合し、さらに徴兵制度を復活させて**再軍備**の道を歩み始めた。1936年には、**ラインラント**の非武装地帯に進駐して第一次世界大戦後のヨーロッパ安全保障体制の要であったロカルノ条約とヴェルサイユ条約を最終的に破棄し、ここに**ヴェルサイユ体制は崩壊**した。

---

[26]「第三帝国」とは、神聖ローマ帝国、ドイツ帝国に次ぐ3番目の帝国、という意味である。

(2) ベルリン＝ローマ枢軸

イタリアは、ムッソリーニが1924年にヴェルサイユ条約では認められなかったユーゴスラヴィア領のフィウメを併合し、1926年にはアルバニアを保護国とした（1939年に併合）。また1929年にローマ教皇庁との間にラテラノ条約を締結して**ヴァチカン市国**を独立させた。

世界恐慌の苦境に立つと、対外侵略により新たな国外市場を得ようとして1935年には**エチオピアに侵攻**し、1936年になってこれを併合した。国際連盟はイタリアの侵略に対して経済制裁を行ったものの、効果は不十分であった。

イタリアは、後述するスペイン内戦を契機にナチス＝ドイツとの提携関係を結んで接近した（ベルリン＝ローマ枢軸）。

(3) スペイン内戦

スペインでは1931年に革命が起こってブルボン朝を擁する立憲政体が倒れ、共和政が成立していたものの、政局は不安定であった。世界恐慌を契機にヨーロッパ各国に広がりつつあったファシズムに連携して対抗すべく、スペインでは共和派、社会党、共産党などによる**スペイン人民戦線**が組織された。

1936年に人民戦線が選挙に勝利して政府を組織すると、これに不満を持つ軍人の**フランコ**ら右翼勢力が旧王党派や地主層などの支持を受けてモロッコで武装反乱を起こし、政府側がこれに応戦して激しい内戦が発生した（**スペイン内戦**）。ドイツとイタリアは反乱軍を支援して空爆などを敢行し、これに対してソ連とメキシコが政府側を支援した。また各国から知識人や労働者が、反ファシズムの**国際義勇軍**として参加したが、イギリス、フランスは不干渉の立場を採り続けた。結局、物量に勝るフランコ軍が1939年に首都マドリードを占拠し、親独政権を樹立した。

(4) 枢軸の形成

コミンテルンは1935年に反ファシズムの人民戦線結成を呼びかけており、国際的な共産主義運動の高まりに接して日本とドイツは接近し、1936年に日独防共協定を結んだ。これに翌1937年イタリアが加わって**三国防共協定**を結成し、イタリアは日本やドイツと歩調を合わせて国際連盟を脱退した。

三国の提携関係は防共という目的に始まったものの、国際連盟やヴェルサイユ体制、ワシントン体制という秩序に戦いを挑む共同体としての性格を強くし、他の諸国を抱き込みながら第二次世界大戦の**枢軸国**を構成していくこととなった。

ファシズム勢力の伸長

❶ドイツ
- ナチ党（国民社会主義ドイツ労働者党）とヒトラーの台頭
  - 世界恐慌の影響を強烈に被り失業者が増大
  - ナチ党はユダヤ人排斥、ヴェルサイユ体制打破、民族共同体による国民生活安定などを主張
  - 巧妙な大衆宣伝によって次第に中産階級の支持を獲得
- ナチ党が総選挙で第1党に（1932）
  - **ヒトラー内閣が成立**（1933）／ **全権委任法**を成立させて一党独裁体制へ
  - ヒトラーが国民投票により**総統**の地位に（1934）
- ヒトラーによる国内政策
  - 大規模な土木工事の実施／失業者の吸収
  - 大衆娯楽や福祉に対する配慮から国民の支持を得る
- ナチ党の外交
  - **国際連盟を脱退**（1933）
  - **再軍備宣言**（1935）／ イギリス、フランス、イタリアが抗議
  - **ラインラント**の非武装地帯に進駐／ ヴェルサイユ体制の崩壊

❷イタリア
- **エチオピア**に侵攻（1935）／ 国際連盟は侵略行為を非難、制裁を実行するも不十分
- ナチス＝ドイツに接近／ ベルリン＝ローマ枢軸の形成へ

❸スペイン
- スペイン革命（1931）／ ブルボン朝による王政が倒れる
- スペインの総選挙で**人民戦線**が勝利（1936）／ 社会党、共産党、共和派等の統一戦線
- **スペイン内戦**／ ファシズムを標榜する**フランコ**将軍が反乱を起こす
  - イギリス、フランスは不干渉、ドイツ、イタリアはフランコ側に立って参戦
  - フランコ軍の勝利

❹枢軸の形成
- **ベルリン＝ローマ枢軸**（1936）／ イタリアとナチス＝ドイツとの提携関係
- **日独防共協定**（1936）／ 日本とドイツの対共産主義防衛協定
- **三国防共協定**（1937）／ 防共協定にイタリアが加わる

8 第二次世界大戦

8.1 ナチス＝ドイツの侵略 ★★☆

（1）ミュンヘン会談

　ナチス＝ドイツは1938年、**オーストリアを併合**し、次いでチェコスロヴァキアの**ズデーテン地方**を併合しようとした。これに対してイギリスのネヴィル＝チェンバレン首相はイギリス、フランス、ドイツ、イタリアの4か国が参加する**ミュンヘン会談**を開催し、イギリス、フランスは反ソの立場からチェコスロヴァキアを犠牲にして併合を認める協定を結んだ[27]。

　しかし、この結果はドイツを勢いづかせることとなり、ヴェルサイユ条約によって失ったダンツィヒとポーランド回廊の返還を要求した。イタリアもドイツの動きを好機と捉え、事実上保護国化していたアルバニアを併合した。

（2）ポーランド侵攻

　イギリス、フランスはドイツの膨張政策に危険を感じてポーランドへの援助を約束し、またソ連とも共同防衛の交渉を始めたが、ソ連は自国の孤立化に対する懸念と軍備強化の時間稼ぎから1939年8月に**独ソ不可侵条約**を締結した。反共産主義を掲げるドイツと、反ファシズムのもとに結集していた人民戦線の旗手ともいえるソ連が相互不可侵という軍事同盟に至ったことは、国際社会に大きな驚きと失望をもたらした。

　イギリス、フランスの消極的な対応に参戦の意思なしと見たドイツは同年9月1日、**ポーランド侵攻**を開始した。しかし、イギリス、フランスはドイツに宣戦布告し、ここに第二次世界大戦が勃発した。

27　ミュンヘン協定は対ドイツの宥和政策の頂点として知られる。このようなファシズム諸国の侵略行為に対して、イギリス、フランス、アメリカなどの民主主義的国家が宥和的な態度を示したのは、同じ資本主義国家として、反共産主義の姿勢を明示していたからである。

5　帝国主義と二つの世界大戦

8.2 大戦の拡大 ★★★

（1）フランスとイギリスの抵抗

　ドイツは2週間でポーランドを壊滅させ、東から進撃してきたソ連の赤軍とともにポーランド分割を完了した。ソ連はフィンランド、ルーマニア、バルト海沿岸地方などにも進出し、領土を拡大した。

　ドイツはさらに、1940年4月にはデンマーク、ノルウェーを攻撃してこれらを占領し、5月には中立国であったオランダ、ベルギー、ルクセンブルクに侵入した。6月にはパリが陥落し、フランスの第三共和政が崩壊した。ペタンを首班とする内閣はドイツに降伏し、南部の都市ヴィシーに政権を移してドイツに協力した（**ヴィシー政府**）。しかし**ド＝ゴール**らはヴィシー政権を否定してロンドンに亡命政府（自由フランス政府）を樹立し、のちにアルジェリアに移って徹底抗戦を続け、フランス国内にもナチス＝ドイツに対する**レジスタンス**（抵抗運動）が興った。

　また、イギリスも同年5月に首相に就任した**チャーチル**が本土空襲を受けながらもドイツ軍の上陸を阻止し、ヒトラーにイギリス占領作戦の挫折を強いた。

（2）独ソ戦の開始

　この間に1940年6月にはイタリアがドイツ側に立って参戦し、9月には**日独伊三国同盟**を締結して枢軸陣営の提携関係を軍事同盟に発展させた。翌1941年にかけてドイツは着々と東欧・バルカン方面に進出してバルカン半島を完全制圧すると、これを見たソ連はドイツの動きを警戒し、攻撃に備えて4月に**日ソ中立条約**を結んで後方の安全を確保した。

　6月22日、ドイツは独ソ不可侵条約を無視してソ連を奇襲し、**独ソ戦**に突入した。ドイツはモスクワ、レニングラードに迫ったが、コミンテルンを解散してイギリス、アメリカとの協力関係を保ったソ連がこれを迎撃し、冬の到来とともに耐寒設備に劣るドイツ軍を押し戻すなど、戦闘は長期戦の様相を呈した。

　アメリカは1941年3月に武器貸与法を定めてイギリスやソ連に物資援助を始めた。しかし国内には孤立主義が根強く、参戦には至らなかった。

（3）太平洋戦争の開戦

　日本は日中戦争の長期化に直面し、新たな資源開拓と蔣介石への支援ルート遮断のため、南方進出を図った。1940年9月に日本はフランス領インドシナ連邦の北部に進駐し、翌1941年7月には南部にも進駐して、アメリカ、イギリス、オランダとの対立を深めた。日本は対米関係の打開を図ったが、アメリカは8月に対日石油輸出全面禁止に踏み切り、イギリス、中国、オランダとともに日本の封じ込めを図った（ABCD包囲陣）。日米間では開戦を避けるための交渉が行きづまりを見せ、1941年11月に中国およびフランス領インドシナ連邦からの全面撤兵要求などを突きつけられるに及んで、12月1日の御前会議において開戦を決定した。

　1941年12月8日、インドシナへの進出を図る南方作戦開始と同時にハワイの**真珠湾**を奇襲した日本は対米宣戦を布告し、**太平洋戦争**に突入した。同時にドイツ、イタリアもアメリカに宣戦し、戦禍は全世界に広がった。

　開戦直後、日本はマニラ、シンガポール、ジャカルタなどを次々と占領し、「**大東亜共栄圏**」構想を唱えて支配地経営に乗り出したが、日本的価値観を強要するなどして現地人の反感を招き、抗日運動が盛んになった地域もあった。

　1942年6月の**ミッドウェー海戦**でアメリカ軍に大敗した日本は、次第に敗色を強めたものの抗戦を続けた。

8.3 大戦の終結 ★★☆

（1）連合国の反撃

　モスクワ占領に失敗したドイツ軍は、1942年に再び大攻勢を開始したが、11月に連合国軍はフランス領北アフリカに上陸して枢軸国軍を一掃し、1943年1月には**スターリングラード**でドイツ軍を撃破してポーランド、ルーマニアなどの占領地を奪回した。この結果、ドイツは東方進出を断念せざるを得ず、連合国側が今後の戦局に対しての主導権を握った。同年7月、連合国軍はシチリア島に上陸し、9月にはイタリアが無条件降伏した。

（2）終戦に向けた外交
① 大西洋憲章

　1941年8月に、アメリカのフランクリン＝ローズヴェルトとイギリスのチャーチルは大西洋上で首脳会談を行い、枢軸国側との戦争を行う目的を合意する**大西洋憲章**を発表した。これにソ連をはじめ26か国が賛同し、1942年1月に連合国共同宣言という形で表明され、戦後の国際協調体制の基本をなした。

5　帝国主義と二つの世界大戦　215

② カイロ宣言とパリの奪回

1943年11月、エジプトのカイロでアメリカのローズヴェルト、イギリスのチャーチル、中国の蔣介石によるカイロ会談が開かれ、対日戦争の処理方針を合意したカイロ宣言が発表された。

カイロ会談後、議題をヨーロッパ戦線に改めるため蔣介石が帰国し、ソ連に近いイランのテヘランに場所を移してスターリンを迎え、テヘラン会談が行われた。

この会談での合意に基づいて1944年6月、アメリカのアイゼンハワーを総司令官とした北フランスへの上陸作戦が敢行された（ノルマンディー上陸作戦）。連合国軍が8月にパリを奪回すると、ロンドンに亡命していたド=ゴールは帰国して臨時政府を組織した。

③ ヤルタ協定とドイツの降伏

1945年2月、クリミア半島のヤルタでアメリカのローズヴェルト、イギリスのチャーチル、ソ連のスターリンによるヤルタ会談が開かれ、ドイツの戦後処理とともにドイツ降伏後にソ連が対日参戦することを決めた（ヤルタ協定）。

4月末にヒトラーは自殺し、5月2日にはベルリンが占領され、同7日にドイツは無条件降伏した。

④ ポツダム宣言と終戦

1945年7月、ドイツのポツダムでアメリカのトルーマン、イギリスのチャーチル（途中でアトリーに交代）、ソ連のスターリンによるポツダム会談が開かれ、戦後のドイツ管理と日本の無条件降伏を求めるポツダム宣言を発表した。

日本の軍部は、本土決戦・一億総玉砕などを叫んで戦闘維持の姿勢を崩さなかったが、8月6日に広島、次いで9日に長崎に原子爆弾が投下され、また8日にはヤルタ協定での合意に基づいてソ連が対日参戦したことを受けて、8月15日に日本はポツダム宣言を受諾して無条件降伏し、太平洋戦争および第二次世界大戦は終結した。

（3）第二次世界大戦の結果

ドイツ、イタリア、日本などファシズムに傾斜した国家は、世界恐慌時の国家経営の行きづまりや、資源供給・消費市場の確保のため侵略を必要と考え、国民も熱狂的にこれを支持した。当初ヨーロッパと中国において各国が仕掛けた戦争は時局の推移とともに広く世界を巻き込むものとなり、多くの死者を生じさせた。アメリカ、ソ連は戦争の動向に大きな影響を及ぼす大国となり、戦後の国際秩序のあり方を決定づける役割を果たした。

集団安全保障体制を標榜して設置された国際連盟は、アメリカの不参加や有力国の脱退を許していたことからその機能を次第に失い、戦後新たな秩序の形成を担う国際連合の発足を必要とすることになった。

第二次世界大戦

❶ナチス=ドイツの侵略
・ドイツがズデーテン地方（チェコスロヴァキア領）の割譲を要求し、チェコスロヴァキアが拒否
・**ミュンヘン会談**（1938.9）／ドイツ、イタリア、フランス、イギリスが出席し会談を開催
・英仏はドイツにこれ以上の領土要求をしないことを約束させ、代わりにズデーテンに対するヒトラーの要求を受諾
・英仏による対独宥和政策の典型

❷開戦までの経過
・**独ソ不可侵条約**（1939.8）／両国が東ヨーロッパの勢力圏を定め、ポーランドを分割するのが目的
・ドイツの**ポーランド侵攻**（1939.9）／英・仏が宣戦布告し**第二次世界大戦**へ

❸開戦初期の戦況
・ドイツ、ポーランドを圧倒
・さらに、ドイツがパリを占領（1940.6）

❹独ソ戦の開始
・バルカン半島をめぐる対立からドイツがソ連を奇襲し、**独ソ戦**開始（1941.6）

❺日本の真珠湾攻撃
・**太平洋戦争**勃発（1941.12）／アメリカの参戦

❻連合国軍の反撃
・シチリア上陸（1943）／イタリア・シチリア島を攻略、のちイタリアは降伏
・スターリングラードの戦い（1943）／ソ連がドイツ軍に勝利し、形勢逆転
・ノルマンディー上陸作戦（1944）／北フランスへの上陸作戦が成功し、パリ解放へ

❼大戦中の首脳会談
・**カイロ会談**（1943.11）／ローズヴェルト（米）、チャーチル（英）、蔣介石（中）
　　　　　　　　　　　　　カイロ宣言で対日処理方針決定
・**テヘラン会談**（1943.11）／ローズヴェルト（米）、チャーチル（英）、スターリン（ソ）
　　　　　　　　　　　　　北フランス上陸作戦の要綱とソ連の対日参戦を協議
・**ヤルタ会談**（1945.2）／ローズヴェルト（米）、チャーチル（英）、スターリン（ソ）
　　　　　　　　　　　　　ヤルタ協定でドイツ処理の大綱、ソ連の対日参戦を決定
・**ポツダム会談**（1945.7）／トルーマン（米）、チャーチル（途中からアトリー）（英）、スターリン（ソ）
　　　　　　　　　　　　　ポツダム宣言で戦後のドイツ管理、日本の無条件降伏を求める

過去問チェック

01 イギリスがインドのベンガル地方などに導入した地税徴収制度はザミーンダーリー制度とよばれた。これによってザミーンダールとして土地所有を認定された者は地税を納入する責任を負わされたが、それと同時にこの制度は、土地売買を禁止するなどして農民の没落を防ぐ意味をもっていた。**裁判所2008** `1.1`

✕ ザミンダーリー制は農民の没落を防ぐためではなく、徴税請負人として土地所有者を定め、一定額の納税義務を負わせたものである。これにより大地主だけが土地を持つようになり、小作人を発生させた。

02 李鴻章の指導する太平天国は、1901年に「滅満興漢」を掲げて清朝に対し反乱を起こした。清朝は、日本やロシアの支援を受けて鎮圧に向かったが、敗北して、太平天国に巨額の賠償金を支払った。**国家一般職2010** `1.3`

✕ 太平天国の指導者は李鴻章でなく洪秀全である。太平天国の乱はイギリス軍や義勇軍により鎮圧され、清朝は賠償金を支払ってはいない。

03 19世紀後半から始まった第2次産業革命では、鉄鋼、化学工業などの重工業部門が発展し、石油や電気がエネルギー源の主流になった。**東京都Ⅰ類2017** `2.1`

◯

04 第一次大戦中、ドイツが連合国の海上封鎖に対抗して無制限潜水艦作戦を展開し、中立国の船舶にも攻撃したため、イタリアの参戦を招いた。**特別区Ⅰ類2011** `3.2`

✕ ドイツによる無制限潜水艦作戦を一因として、連合国側として参戦することになったのはイタリアではなくアメリカである。

05 ロシアでは、第一次世界大戦期に食料や燃料の不足に苦しむ国民の不満が高まってストライキが起き、労働者・兵士の反乱へと発展して、各地にソヴィエト（評議会）が組織された。事態の収拾がつかないなか、ニコライ2世は退位し、臨時政府が樹立された。しかし、臨時政府が戦争を継続したため民衆の不満は解消せず、やがて、レーニンを指導者とするボリシェヴィキが武装蜂起して臨時政府を倒し、ボリシェヴィキ中心のソヴィエト政権が成立した。**国家専門職2008** `3.3`

◯

06 ウィルソンは、第一次世界大戦中、軍備の縮小や国際平和機構の設立を提唱し、戦後、国際連盟が結成されると、アメリカは常任理事国として国際紛争の解決に取り組んだ。東京都Ⅰ類2013 4.1

✕ 軍備の縮小や国際平和機構の設立を提唱したウィルソンの十四か条の平和原則は、第一次世界大戦後の講和の原則とされた。実際に国際連盟が結成されたが、自国の議会で反対されたため、アメリカは国際連盟に参加せず、常任理事国にはなっていない。

07 第一次世界大戦に敗北したドイツでは、ドイツ共産党と対立した社会民主党が、ブルジョワ勢力や官僚・旧軍部などの保守勢力と結んでヴァイマル(ワイマール)で国民議会を開催し、シュトレーゼマンを大統領に選出し、ワシントン条約を受諾した。また、ヴァイマル(ワイマール)憲法を制定して共和国の基礎を作った。
裁判所2011 4.1 5.1

✕ 敗北したドイツが受諾したのはワシントン条約ではなくヴェルサイユ条約である。また大統領に選出されたのはシュトレーゼマンでなくエーベルトである。シュトレーゼマンは後に首相、外相として活躍した人物である。

08 フランクリン=ローズヴェルトは、恐慌対策としてニューディール政策を実施したほか、ラテンアメリカ諸国に対する内政干渉を改めて、善隣外交を展開した。東京都Ⅰ類2013 7.1
◯

過去問 Exercise

問題1　ヨーロッパ諸国に関する記述A〜Dと、これらの国々が植民地とした国（地域）の組合せとして最も妥当なのはどれか。

国家専門職2010

A　「航海王子」エンリケの指揮の下、アフリカ大陸西側に沿って拠点を築きながら南下した。王子の死後、バルトロメウ・ディアスの艦隊は、アフリカ大陸南端の喜望峰に到達した。さらにヴァスコ・ダ・ガマの艦隊がアフリカ東岸を北上し、インドのカリカットに到着した。

B　女王や国王がコロンブスの新大陸発見やマゼランの世界周航を支援し、後には海外の鉱山から大量の銀を入手して、莫大な利益を得た。フェリペ2世の時代に最盛期を迎え、彼の領土は世界中に広がったため、「太陽の沈まぬ国」といわれた。

C　アルマダ海戦で無敵艦隊を破る一方で、経済を支える商工業者を育成し、海運力を増強した。17世紀後半以降、ヨーロッパ、アフリカ、南北アメリカとの三角貿易の成立によって、大きな利益を得た。

D　16世紀に独立を宣言した後、強力な海運業に支えられて、その首都は世界の貿易と金融の中心となった。19世紀には、植民地の住民にコーヒー、サトウキビなどの商品作物を強制的に栽培させて、大きな利益を得た。

	A	B	C	D
1	ブラジル	インド	ベトナム	カンボジア
2	ブラジル	メキシコ	インド	インドネシア
3	ブラジル	メキシコ	ベトナム	カンボジア
4	アルゼンチン	インド	ベトナム	インドネシア
5	アルゼンチン	メキシコ	インド	カンボジア

解説

正解 ②

第1章 世界史

A：ブラジル

「エンリケ航海王子」等の人物名でポルトガルについての記述だと判断できる。ポルトガルが植民地としたのはブラジルであり、アルゼンチンはスペインの植民地である。

B：メキシコ

「フェリペ2世」等でスペインについての記述だと判断できる。スペインが植民地としたのはメキシコであり、インドはイギリスの植民地である。

C：インド

アルマダ海戦ではイギリスとスペインが戦い、イギリスが勝利したことから、イギリスについての記述と判断できる。イギリスが植民地としたのはインドであり、ベトナムはフランスの植民地である。

D：インドネシア

「世界の貿易と金融の中心」でオランダについての記述だと判断できる。オランダが植民地としたのはインドネシアであり、カンボジアはフランスの植民地である。

5　帝国主義と二つの世界大戦

| 問題2 | 19世紀後半から20世紀前半にかけての中国での出来事に関する記述として、妥当なのはどれか。 |

東京都Ⅰ類2011

1 アヘン戦争は、イギリスからの輸入の急増に苦しむ清が、外貨獲得手段としていたアヘンの取引をイギリスに妨害されたことから始まった。

2 アロー戦争は、イギリス船籍の乗組員が海賊容疑で逮捕されたことから始まり、この戦争に敗れた清は南京条約により香港島を割譲した。

3 太平天国の乱では、洪秀全を指導者とする太平天国が、「扶清滅洋」を掲げて鉄道や教会を破壊したが、ロシアを中心とする連合軍により鎮圧された。

4 義和団事件では、宗教結社の義和団が、「滅満興漢」を掲げて儒教を攻撃する活動を行ったが、曾国藩らの郷勇により鎮圧された。

5 辛亥革命は、四川における暴動をきっかけとして、武昌で軍隊が蜂起して起き、革命派は孫文を臨時大総統に選出して中華民国が成立した。

解説

正解 ⑤

❶ ✕ イギリスと清との貿易で、輸入急増に直面したのはイギリスである。それを解消するため、イギリスがアヘンの密輸を始め、アヘン吸引の悪習が蔓延したことに危機感を持った清が妨害したことからアヘン戦争が始まった。以上よりイギリスと清の記述が逆である。

❷ ✕ アロー戦争(第2次アヘン戦争)で締結した条約は天津条約、講和条約として北京条約である。南京条約はアヘン戦争の講和条約であり、その際に香港が割譲された。

❸ ✕ 洪秀全率いる太平天国は「滅満興漢(満州民族を滅ぼし漢人国家を樹立する)」という民族主義をスローガンに掲げた。また、この反乱を鎮圧した中心は、漢人地主階級が中心となって結成された郷勇と呼ばれる義勇軍であり、曾国藩の湘軍、李鴻章の淮軍などのほか、イギリス人軍人ゴードンが率いる常勝軍などが活躍した。

❹ ✕ 義和団が掲げたスローガンは「扶清滅洋(清朝を扶け西洋を滅ぼす)」であり、排斥対象となったのは儒教ではなく西洋人・キリスト教である。また、義和団を鎮圧したのは郷勇ではなく日本・ロシアを主力とした列強8か国の連合軍である。

❺ ◯ 正しい記述である。

| 問題3 | 帝国主義の時代に関する記述として最も妥当なのはどれか。 |

国家一般職2013

① 19世紀末になると、欧米先進諸国は、石炭と蒸気力を動力源に第2次産業革命と呼ばれる技術革新に成功し、巨大な生産力と軍事力の優勢を背景に、アジア・アフリカ、更には太平洋地域を次々と植民地に設定した。この植民地獲得の動きを帝国主義といい、植民地には工業製品の供給地として多くの工場が建設され、世界全体が資本主義体制に組み込まれた。

② 欧州列強諸国は、帝国主義政策の競合から、ドイツなど古くからの植民地保有国とイタリアなど後発の植民地保有国に分かれて対立し、ドイツ・フランス・イギリスの間では三国協商が、イタリア・オーストリア・ロシアの間では三国同盟が結ばれた。こうした列強の二極化は、小国が分立するバルカン半島の民族主義的対立を激化させ、同半島は「ヨーロッパの火薬庫」と呼ばれた。

③ イギリスは、アイルランドでの自治要求の高揚に直面した。20世紀初めに、アイルランド独立を目指すシン＝フェイン党が結成され、その後、アイルランド自治法が成立したが、イギリス人の多い北アイルランドはこれに反対してシン＝フェイン党と対立し、政府は第一次世界大戦の勃発を理由に自治法の実施を延期した。

④ 帝国主義国の圧力にさらされた清朝支配下の中国では、日本の明治維新にならった根本的な制度改革を主張する意見が台頭した。その中心となった儒学者の康有為は、西太后と結んで宣統帝（溥儀）を動かし、科挙の廃止、立憲制へ向けての憲法大綱の発表と国会開設の公約などを実現させ、近代国家の建設に向けての改革に踏み切った。

⑤ イギリスの統治下にあったインドでは、近代的教育を受けた知識人が増加するにつれイギリス支配への不満が高まり、知識人の中でも英貨排斥、自治獲得などの急進的な主張をする人々の主導によってインド国民会議が創設された。これに対しイギリスは、ベンガル分割令を発表し、仏教徒とキリスト教徒の両教徒を反目させて反英運動を分断することによって事態の沈静化を図った。

224　第1章　世界史

解説

正解 ③

❶ ✗ 　第2次産業革命とは、石油と電力を動力源として重化学工業などが生じたことを指す。石炭と蒸気力を動力源にして、繊維産業や鉄鋼業が生じたのは第1次産業革命である。第2次産業革命によって生じた帝国主義の時代に、植民地は資源の供給地と工業製品の市場であったため、「工業製品の供給地」という記述も誤り。

❷ ✗ 　帝国主義の時代に古くからの植民地保有国と後発の植民地保有国の間で対立があったという記述は妥当であるが、ドイツはイタリア同様に後発の植民地保有国に分類される。また、三国協商を結んだのはフランス、イギリス、ロシア、三国同盟を結んだのはドイツ、イタリア、オーストリアである。

❸ ◯ 　17世紀にイギリスの事実上の植民地となったアイルランドでは、19世紀に独立要求運動が高まったが、イギリスから移住した住民が多かった北アイルランドではイギリス系住民が独立運動に反対した。なお、アイルランドがイギリスから独立した後も、北アイルランドはイギリス領である。

❹ ✗ 　清朝末期に康有為が「変法」と呼ばれる改革を行ったが、このとき西太后は変法運動を弾圧するため戊戌の政変を起こした。西太后は近代化を阻止した側である。また、変法運動が行われたときの清の皇帝は、清朝最後の皇帝である宣統帝・溥儀ではなく光緒帝である。

❺ ✗ 　ベンガル分割令は、キリスト教徒ではなく、イスラム教徒とヒンドゥー教徒を反目させることでインドの反英運動を鎮静化することを企図して制定された。インド国民会議はインドの知識人による諮問機関として1885年に設立されたが、ベンガル分割令に反発したインドの知識人は英貨排斥・自治獲得を唱えるようになった。

| 問題4 | ヴェルサイユ体制又はワシントン体制に関する記述として、妥当なのはどれか。 |

特別区Ⅰ類2017

① パリ講和会議は、1919年1月から開かれ、アメリカ大統領セオドア=ローズヴェルトが1918年1月に発表した十四か条の平和原則が基礎とされたが、第一次世界大戦の敗戦国は参加できなかった。

② ヴェルサイユ条約は、1919年6月に調印されたが、この条約で、ドイツは全ての植民地を失い、アルザス・ロレーヌのフランスへの返還、軍備の制限、ラインラントの非武装化、巨額の賠償金が課された。

③ 国際連盟は、1920年に成立した史上初の本格的な国際平和維持機構であったが、イギリスは孤立主義をとる議会の反対で参加せず、ドイツとソヴィエト政権下のロシアは除外された。

④ ワシントン海軍軍縮条約では、アメリカ、イギリス、日本、フランス、イタリアの主力艦保有トン数の比率及びアメリカ、イギリス、日本の補助艦保有トン数の比率について決定された。

⑤ 四か国条約では、中国の主権尊重、門戸開放、機会均等が決められ、太平洋諸島の現状維持や日英同盟の廃棄が約束されたほか、日本は山東半島の旧ドイツ権益を返還することとなった。

226　第1章　世界史

解説

正解 **2**

1 ✕　十四か条の平和原則を発表したのはセオドア=ローズヴェルトではなくウィルソンである。

2 ◯　敗戦国ドイツとの講和条約がヴェルサイユ条約である。

3 ✕　アメリカは提唱国でありながら自国議会の反対に遭い、国際連盟に参加していない。イギリスは原加盟国であり、常任理事国でもあった。選択肢後半は正しい。

4 ✕　補助艦保有トン数の比率を決定したのはワシントン海軍軍縮条約ではなく、ロンドン海軍軍縮条約においてである。

5 ✕　中国の主権尊重、領土保全について決めたのは四か国条約ではなく九か国条約である。太平洋諸島の現状維持について決めたのが四か国条約である。

5　帝国主義と二つの世界大戦　227

| 問題5 | 第一次世界大戦後から第二次世界大戦前までの各国に関する記述として最も妥当なのはどれか。 |

国家専門職2017

1 アメリカ合衆国は、ウィルソン大統領が提案した国際連盟の常任理事国となり、軍縮や国際協調を進める上で指導的な役割を果たした。世界恐慌が始まると、フーヴァー大統領がニューディールと呼ばれる政策を行い、恐慌からの立ち直りを図ろうとした。

2 ドイツは、巨額の賠償金の支払などに苦しみ、政治・経済は安定せず、ソ連によるルール地方の占領によって激しいインフレーションに襲われた。この危機に、シュトレーゼマン外相は、ヴェルサイユ条約の破棄、ドイツ民族の結束などを主張し、ドイツは国際連盟を脱退した。

3 イタリアは、第一次世界大戦の戦勝国であったが、領土の拡大が実現できず、国民の間で不満が高まった。世界恐慌で経済が行き詰まると、ムッソリーニ政権は、対外膨張政策を推し進めようとオーストリア全土を併合したが、国際連盟による経済制裁の決議の影響を受けて、更に経済は困窮した。

4 イギリスでは、マクドナルド挙国一致内閣が金本位制の停止などを行ったほか、オタワ連邦会議を開き、イギリス連邦内で排他的な特恵関税制度を作り、それ以外の国には高率の保護関税をかけるスターリング(ポンド)=ブロックを結成した。

5 ソ連では、レーニンの死後、スターリンがコミンテルンを組織して、世界革命を主張した。スターリンは、五カ年計画による社会主義建設を指示し、工業の近代化と農業の集団化を目指したが、世界恐慌の影響を大きく受けて、経済は混乱した。

解説

正解 **4**

① ✗　アメリカは、ウィルソン大統領の国際連盟加盟案に対して議会が批准を拒否したため、発足当初から未加盟であった。また、世界恐慌に際し、ニューディールと呼ばれる政策を掲げたのはフーヴァー大統領ではなくフランクリン＝ローズヴェルト大統領である。

② ✗　ルール地方を占領したのはソ連ではなくフランスとベルギーであり、シュトレーゼマンは首相兼外相（のち外相）として周辺国と相互不可侵を約したロカルノ条約を締結し、国際連盟に加盟するなど協調外交を推進した。「ヴェルサイユ条約の破棄…国際連盟を脱退」などファシズム体制を推進したのはヒトラー率いるナチス政権である。

③ ✗　オーストリアを併合したのはイタリアではなくナチス＝ドイツである。また、ムッソリーニ政権が世界恐慌による不況を打破するために海外領土の獲得に乗り出した先はエチオピアである（1936年に併合した）。

④ 〇　イギリスブロック経済についての記述である。

⑤ ✗　コミンテルン（共産主義インターナショナル）を組織したのはスターリンではなくレーニンである。また、スターリンは「世界革命を主張した」のではなく、社会主義建設はソ連一国だけでも可能という一国社会主義論を提唱した。ソ連は五か年計画を推進していたので、世界恐慌の影響を受けていない。

5　帝国主義と二つの世界大戦　229

国家一般職★★★／国家専門職★★★／裁判所★★★／東京都Ⅰ類★★★／特別区★★★

6 現代の国際社会

第6節では戦後の国際社会の歴史を学習します。東西両陣営が形成され、また解体していく全体の流れを押さえたうえで、出題の多いインドシナ、中東、中国などのテーマを詳しく見ておきましょう。また国家公務員を中心に、アジア、アフリカなど第三世界諸国についても出題が見られますので注意しましょう。

1 戦後世界の出発

1.1 戦後構想と国際連合　　　　　　　★★★

（1）国際連合の発足

　大戦中の1941年に示された大西洋憲章、およびその翌年の連合国共同宣言ではすでに戦後国際秩序の大要が合意されていた。その後、1944年のダンバートン＝オークス会議を経て**国際連合憲章**の草案が徐々にまとまりを見せ、大戦末期の1945年6月には、**サンフランシスコ会議**に連合国50か国が参加して憲章が正式に採択された。同年10月には原加盟国51か国の批准を得て、国際連合(国連)が発足した。

（2）国際連合の特色

　国際連合は本部をアメリカのニューヨークに置き、全加盟国が参加する**総会**、国際的な紛争解決や平和と安全の維持を担う**安全保障理事会**、経済問題や社会問題を扱う**経済社会理事会**などの主要機関を有する[1]。

　特に安全保障理事会においては国際連盟の失敗から大国の協調を重視し、アメリカ、イギリス、フランス、ソ連、中国の5大国(常任理事国)は議事決定における**拒否権**を有する。このように、大国の意思の一致によって戦後の国際秩序を維持する仕組みを採っている点が国際連合の特徴である。

---

[1]　このほか、国際連合教育科学文化機関 (UNESCO)、国際労働機関 (ILO)、世界保健機関 (WHO) などの専門機関を数多く有する。

230　第1章　世界史

1.2 ブレトン=ウッズ体制 ★☆☆

（1）戦後経済・金融秩序の形成

　世界恐慌が起こった際、帝国主義の強国は閉鎖的なブロック経済を展開し、保護貿易を行った。これによって国際協調や経済協力の気運が失われて第二次世界大戦を招いたとの反省から、連合国は1944年にアメリカのブレトン=ウッズで会議を開き、自由貿易を前提とした国際経済秩序の構築を試みた。

（2）ブレトン=ウッズ体制

　この会議に基づいて1945年に**国際通貨基金(IMF)** と**国際復興開発銀行(IBRD)** が発足した。また、関税など貿易にとって障壁となるものの撤廃を促すための協定として、1947年に**「関税と貿易に関する一般協定」(GATT)** が成立した。

　戦後資本主義国家の経済・金融面における協力体制は**ブレトン=ウッズ体制**と呼ばれ、アメリカの**ドル**を基軸通貨とする固定相場制を採ることも定められた。

1.3 敗戦国の戦後処理 ★★☆

（1）ドイツ

　ドイツはアメリカ、イギリス、フランス、ソ連の4か国による分割占領が行われ、ニュルンベルクに設置された国際軍事裁判所でナチス=ドイツの指導者が戦争犯罪者として裁かれた。

（2）日　本

　日本は連合国のうち事実上アメリカ単独による占領が行われ、連合国軍最高司令官総司令部(GHQ)のもと、さまざまな民主化政策が主導された。ドイツと同様に極東国際軍事裁判所で戦争犯罪が裁かれた。

　また、1946年に主権在民、基本的人権の尊重、戦争放棄を柱とした日本国憲法が公布された。

（3）その他の枢軸国

　ドイツ、オーストリアを除くヨーロッパの旧枢軸国と連合国との間には、1947年にパリ講和条約が結ばれた。

　イタリアに関してはさらに個別に講和条約が結ばれ、イタリアの海外領土は放棄された。第二次世界大戦の直前に併合を受けたオーストリアはドイツと分離されて4か国の共同管理下に置かれた。

6　現代の国際社会　231

戦後世界の出発

●戦後構想と国際連合
1941　**大西洋憲章** ／ 国際連合憲章の基礎となる内容を含む
1942　連合国共同宣言 ／ 連合国26か国による共同宣言
1944　ダンバートン=オークス会議 ／ 国際連合憲章の草案作成のための会議
1945　**サンフランシスコ会議** ／ 国際連合憲章を採択して**国際連合**が発足

●国際連合（国連）
・アメリカのニューヨークに本部
・総会、安全保障理事会、経済社会理事会などの主要機関と専門機関などで構成
・アメリカ、イギリス、フランス、ソ連、中国（常任理事国）は安全保障理事会において拒否権を持つ

●ブレトン=ウッズ体制：ドルを基軸通貨とする固定相場制
1944　ブレトン=ウッズ会議 ／ 自由貿易体制を確立するための国際会議
1945　**国際通貨基金（IMF）、国際復興開発銀行（IBRD）**が発足
1947　「**関税と貿易に関する一般協定**」（GATT）が成立

●敗戦国の戦後処理
・ドイツ ／ 4か国による分割占領、ニュルンベルクの国際軍事裁判所での戦争裁判
・日本 ／ 事実上アメリカ単独での占領、極東国際軍事裁判所での戦争裁判
・イタリア ／ 海外領土はすべて放棄

2 東西対立と冷戦の始まり

2.1 戦後のヨーロッパ諸国　★★☆

（1）西ヨーロッパ諸国
① イギリス

　ヨーロッパにおける戦争が終結した1945年7月にイギリスで総選挙が行われると、戦争に倦み変化を求めた国民からはチャーチルの保守党に代わって**労働党**が圧倒的な勝利をもって選ばれ、**アトリー**が首相となった。アトリーは重要産業の国有化や、「ゆりかごから墓場まで」という言辞に表れるような広範囲に及ぶ社会政策の充実を図り、福祉国家建設を進めた。

　また、1937年にイギリス連邦から事実上離脱していたエールは、アイルランド共和国として独立した主権国家となり、イギリス連邦を正式に離脱した。

232　第1章　世界史

② フランス・イタリア

ドイツがパリを占領した際に建てられたヴィシー政府は大統領制と議会を廃止しており、フランスの第三共和政が終わっていた。その後パリが解放されてド＝ゴールが臨時政府を組織していたが、1946年に新憲法が成立し、第四共和政が始まった。イタリアでは1946年の国民投票で王政が廃止され、共和政に移行した。

フランスではヴィシー政府に対するレジスタンス運動の中心を担った共産党が、第四共和政下の総選挙で第一党となり、イタリアでも共産党が連立内閣に参加するなど、共産党の勢力が伸長していた。

（2）東ヨーロッパ諸国

ポーランド、ハンガリー、ルーマニア、ブルガリアなどは、ソ連型の社会主義国家となった。これらの国々は大戦中、ソ連軍によって解放されたため、戦後は親ソ政権が樹立され、ソ連の後押しを受けた共産党主導の改革が実行された。

2.2 東西両陣営の形成 ★★☆

（1）トルーマン＝ドクトリンとマーシャル＝プラン

アメリカは国土が戦争の被害をほとんど受けず、飛躍的に伸びた経済力と軍事力は他国を寄せつけなかった。またファシズムを打倒したことで自国の政治・社会体制に自信を抱いていた。そこで、戦後資本主義世界の盟主として自由貿易に基づく開かれた世界経済体制を作り出そうとした。

1947年3月、トルーマン大統領の所信表明演説（**トルーマン＝ドクトリン**）を受けて、ギリシア、トルコに及ぼうとしていた共産主義に対する封じ込め政策が発表された。同年6月にはその具体案として、マーシャル国務長官によるヨーロッパ経済復興援助計画が発表され、西欧諸国はこの援助を受け入れた（**マーシャル＝プラン**）。

（2）コミンフォルム

一方ソ連は、中国とともに戦場となった最大の被害国であり、その復興のために、占領地の資源や労働力を求めていた。そして、占領した東欧の国にも親ソ的な社会主義体制を次々に作らせ、自己の勢力圏としていた。

このような東欧の多くの国はマーシャル＝プランの受入れを拒否し、これに対抗して政治的な団結を図るために1947年10月、各国共産党の情報を交換するための機関として**コミンフォルム**（共産党情報局）が組織された。

また、経済的な結束を図るために1949年1月、**経済相互援助会議**（COMECON）が創設され、ソ連を中心とした共産圏の経済上の分業体制が構築された。

6 現代の国際社会 233

（3）東西両陣営の形成

　こうして第二次世界大戦後の世界は、自由と議会制民主主義を確立しようとしたアメリカと、社会主義を実行する人民民主主義を確立しようとするソ連という二つの超大国を軸に東西両陣営が形成された。

　やがて、これは、欧米の資本主義諸国と社会主義諸国間での**冷戦**といわれる状況に発展した[2]。

東西両陣営の形成

西側	東側
・トルーマン=ドクトリン発表（1947.3） 　／ギリシア、トルコへの共産主義進出阻止 　　封じ込め政策 ・マーシャル=プラン発表（1947.6） 　／ヨーロッパ経済復興援助計画 ・西ヨーロッパ連合（WEU）結成（1948.3） ・**北大西洋条約機構（NATO）結成**（1949.4） 　／西側諸国の軍事同盟 ・ドイツ連邦共和国（西ドイツ）建国（1949.9）	・コミンフォルム結成（1947.9） 　／各国共産党の情報交換機関 ・チェコスロヴァキアに共産党政権（1948.2） ・ベルリン封鎖（1948.6） ・**経済相互援助会議（COMECON）結成** 　（1949.11） 　／ソ連と東欧諸国の経済協力組織 ・ドイツ民主共和国（東ドイツ）建国 　（1949.10） ・**ワルシャワ条約機構（WTO）結成**（1955.5） 　／ソ連と東欧諸国の軍事同盟

2　1946年、アメリカに招かれたイギリス前首相チャーチルは、フルトン市での演説で、ヨーロッパを舞台にアメリカとソ連との間に対立があると明言した。彼はその米ソ間の対立を「鉄のカーテン」という言葉で端的に表し、そのカーテンはバルト海（シュテッティン）からアドリア海（トリエステ）まで降りているとした。

2.3 ヨーロッパの分断 ★★☆

（1）東欧社会主義国家の誕生

東欧諸国ではソ連の後ろ盾のもと、ポーランド、ハンガリー、ルーマニア、ブルガリア、アルバニアが社会主義国家形成を進めた。

さらに1948年2月、西側に属していたチェコスロヴァキアにおいて、マーシャル＝プランに反発する共産党のクーデタが起こり、共産党による一党独裁体制が樹立されたことは、東西関係に大きな波紋を投げかけることになった。

（2）東西の防衛体制

① 西側諸国の防衛体制

特に西ヨーロッパ諸国には大きな恐怖と戦慄が走り、クーデタの1か月後の3月にイギリス、フランス、ベネルクス三国（ベルギー、オランダ、ルクセンブルク）はブリュッセル条約（西ヨーロッパ連合条約）を結び、西ヨーロッパ連合（WEU）が大慌てで結成されるという始末であった。

そして、後述のドイツの分割占領とベルリン封鎖を経て、1949年には、西ヨーロッパ連合を母体としてアメリカやカナダ、アイスランド、ギリシア、トルコなど12か国により北大西洋条約機構（NATO）が結成された。その後もアメリカを中心として、地域的な反共軍事戦略網が敷かれていくことになった。

② 東側諸国の防衛体制

このような西側諸国の動きに対して、1955年5月には、ソ連を中心として東欧諸国により軍事同盟としてのワルシャワ条約機構（WTO）が結成された。翌年にコミンフォルムは解散され、その役割をワルシャワ条約機構が引き継ぐことになった。

こうして東西両陣営の軍事的結束が強化され、また軍拡競争も続くなど、冷戦構造が進展していくことになった。

6　現代の国際社会　235

(3) ドイツの分割
① ドイツとベルリンの分割占領

　第二次世界大戦後のドイツは、のちの西ドイツの領域がイギリス、フランス、アメリカの占領下にあり、のちの東ドイツの領域がソ連の占領下にあった。さらに、ベルリンの街は東側領域にあるが、ベルリン自体も4国によって分割されており、イギリス、フランス、アメリカが占領する西ベルリンとソ連の占領する東ベルリンに分かれていた。このように、西ベルリンだけが東側の中の浮島状態となっていた。

② ベルリン封鎖とドイツの東西分裂

　しかし、1948年6月、西側の領域で通貨改革が実行されると、ソ連はその影響を遮断するために東西の境界線を封鎖しただけでなく、西ベルリンへの交通の遮断を行った(ベルリン封鎖)。

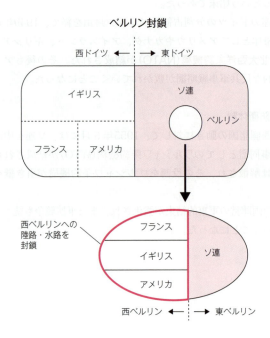
ベルリン封鎖

③ 東西ドイツとベルリンの壁

　その後、封鎖が解かれたものの、1949年5月に、ボンを首都とする**ドイツ連邦共和国**(西ドイツ)が建国され、それに対して10月に東側領域では東ベルリンを首都とする**ドイツ民主共和国**(東ドイツ)が建国された。

　西ドイツは、保守系政党であるキリスト教民主同盟の**アデナウアー**首相のもとで経済復興を遂げて1955年の**パリ協定**により主権を回復し、西側諸国の一員となった。1950年代に入ると東ベルリンから西側への脱出者が増えたため、1961年に東ドイツは**ベルリンの壁**を築いた。

ベルリン封鎖とドイツの東西分裂

1948　**ベルリン封鎖** ／ ソ連が西ベルリンへの水・陸路経路を封鎖 　　　　　　　　　　西側諸国は生活物資の空輸作戦を実行 1949　ベルリンの封鎖解除 　　　　ドイツ連邦共和国(西ドイツ)建国 ／ 首都ボン 　　　　ドイツ民主共和国(東ドイツ)建国 ／ 首都ベルリン 1961　**ベルリンの壁**が築かれる

(4) ユーゴスラヴィアとオーストリア

① ユーゴスラヴィアの独自路線

　1948年、共産圏の国であったユーゴスラヴィアがアメリカのマーシャル=プランの受入れを表明したことにより、東西関係に緊張が走った。当時のユーゴスラヴィアの首相であった**ティトー**は、公然とスターリン体制からの自立を意図した言動を示したことにより、コミンフォルムから除名された。

　こうしてユーゴスラヴィアは、西側諸国にも属さず、社会主義路線でありながら東側諸国とも同盟しない独自路線を採ることとなった。

② オーストリアの中立化

　ドイツと同様に4か国の分割占領を受けていたオーストリアは、1955年に**オーストリア国家条約**を4か国と結び、中立国として独立を回復した。

6　現代の国際社会

3 アジア諸国の独立と分断

3.1 中華人民共和国の成立 ★★☆

（1）国共対立の再燃

中国では戦後、中国国民党と中国共産党との内戦が再燃する事態となった。蔣介石の率いる国民政府は当初圧倒的な優位を示し、共産党勢力の拠点であった延安を攻略した。

共産党の紅軍は人民解放軍と改称して東北地方（旧満州）に逃れ、反撃の準備を整えた。共産党は支配地の農村において封建制度の解体を進めることで、農民の支持を集めていった。

（2）中華人民共和国の成立

共産党の人民解放軍は1947年から反撃に転じ、国民党に連勝して南京に入城を果たし、1949年12月に蔣介石は台湾に逃れてこの地で中華民国を維持することとなった。

共産党は1949年、**毛沢東**を主席とし、**周恩来**を首相とする中華人民共和国を建国し、首都を北京とした。

（3）社会主義国としての中国

1950年に中ソ友好同盟相互援助条約を結び、ソ連との軍事同盟関係と社会主義勢力に与する姿勢を示した。1953年に策定された第1次五か年計画ではソ連に倣った計画経済を採り、工業化と農業の集団化が進められた。

アメリカは台湾に逃れた中華民国を中国の代表と見ており、中華人民共和国とは対立した。

3.2 朝鮮の分断と朝鮮戦争 ★★☆

（1）朝鮮の分断

　戦後、日本による植民地支配の終わった朝鮮では独立が待望されたが、米ソの対立が持ち込まれる形で北緯38度線を境に北がソ連、南がアメリカによる占領を受けることとなった。

　南北統一を進める動きもあったが挫折し、1948年に南部において李承晩を大統領とする大韓民国（韓国）が、北部において金日成を首相とする朝鮮民主主義人民共和国（北朝鮮）が成立し、民族は南北に分断された。

（2）朝鮮戦争

　1950年6月、北朝鮮軍は南北統一のため境界線である北緯38度線を越えて韓国に侵攻し、首都ソウルを占領したうえ朝鮮半島全土をほぼ制圧して南端の釜山に迫った（朝鮮戦争）。

　この状況にアメリカは、アジアにおける共産主義の拡大を懸念して軍事介入を決意した。しかし、内政干渉との批判を避けるために国連軍の派遣という形態を採り、実質的にはアメリカ軍である国連軍が韓国軍の支援のために朝鮮に出動した。

　国連軍はたちまち北朝鮮軍を撃破し、逆に38度線を突破して中国国境（鴨緑江）近くまで侵攻した。これに反発した形で中国が人民義勇軍を派遣し、北朝鮮軍を援助して国連軍に反撃した。この結果38度線で一進一退を繰り返すことになり、戦争は長期化した。

　しかし、1953年7月、ソ連の提案により休戦会談が板門店で開かれ、現在でも38度線を軍事境界線とした南北の分断が固定化している。

6　現代の国際社会　239

3.3 ベトナムの独立とベトナム戦争 ★★★

（1）インドシナ戦争

　フランス領インドシナ連邦は日本軍による進駐を受けていたが、**ホー＝チ＝ミン**が日本の占領下にベトナム独立同盟会（ベトミン）を組織し、戦後すぐの1946年に中国やソ連の支援を得て**ベトナム民主共和国**の独立を宣言した。

　しかし、フランスは独立を認めず、南部にバオ＝ダイを国王とするベトナム国を建ててベトミンを武力で抑えようとしたので、両者の間で戦闘状態が続くことになった（**インドシナ戦争**）。

　戦争は長期化の様相を示していたが、1954年5月に**ディエンビエンフーの戦い**でフランス軍が大敗を喫すると、7月に**ジュネーヴ休戦協定**を結んだ。フランス軍はインドシナから撤退し、北緯17度線が暫定的軍事境界線とされた。

（2）ベトナムの南北分断

　アメリカはジュネーヴ休戦協定に調印しておらず、フランスの撤退で空白の生じたインドシナに進出し、東南アジアの共産主義拡大に対抗しようとした。1955年にゴ＝ディン＝ジエムを支援してフランスの建てたバオ＝ダイ王を追放し、南部に**ベトナム共和国**を樹立した。

　こうしてベトナムも、北緯17度線を境に北がホー＝チ＝ミンによるベトナム民主共和国、南がアメリカの援助を受けたベトナム共和国となり、南北に分断することとなった。

（3）南ベトナム解放民族戦線の結成

　1960年代に入り、南北に分断されていたベトナムで、統一を目指す動きが見られるようになった。

　アメリカの支援で建てられたベトナム共和国（南ベトナム）でゴ＝ディン＝ジエムが独裁化すると、ベトナム民主共和国（北ベトナム）の支援を受けて南ベトナムに**南ベトナム解放民族戦線**が結成され、ゲリラ戦が繰り広げられた。その結果、南ベトナム政府は解放戦線の勢力に押されていった。

（4）北爆の開始

アメリカでは1963年11月にケネディ大統領が暗殺され、民主党の**ジョンソン大統**領がその後を引き継いだ。ジョンソンは国内では黒人差別撤廃を目指す**公民権法**を成立させ、「偉大な社会」計画を発表するなど社会政策を積極的に推進した。しかし対外的には、特に東南アジアにおける共産主義の拡大を警戒し、ベトナム内戦への軍事介入を強化する方針を採った。

1964年に北ベトナムの警備艇がアメリカ軍艦を攻撃する事件が起こると（トンキン湾事件）、これを口実に翌1965年、北ベトナムへの爆撃を開始した（**北爆**）。

同時に南ベトナム政府を支援して解放民族戦線を一掃するために地上兵力を派遣して、**ベトナム戦争**に突入した。

（5）戦争の泥沼化

ソ連と中国の援助を受ける北ベトナムと解放民族戦線の抵抗は続き、戦局は泥沼化の様相を呈した。その結果、莫大な軍事支出と国内外からの批判を浴びたジョンソン大統領は、1968年に北爆を停止し、パリで和平交渉に入ることになった。

その後、ジョンソン大統領の後を引き継いだ**ニクソン大統領**のもとでの和平交渉は思うように進展せず、逆に北爆を再開し、ラオスなどに戦闘範囲を拡大させた。ようやく1973年に和平協定が調印され、アメリカは南ベトナムから完全撤退した。

（6）ニクソン訪中

ベトナム戦争の泥沼化とアメリカ経済の落ち込みを受けて、ニクソンはアジア地域への過度な介入を抑制する政策に転換することを表明した（ニクソン＝ドクトリン）。この政策は中国（中華人民共和国）との関係改善という形で現れ、1972年に**ニクソンが訪中**して毛沢東と関係正常化について合意に至った。

アメリカと中国は1979年に国交正常化を実現し、同時にアメリカは台湾（中華民国）と断交した。

（7）ベトナムの統一

アメリカ軍の完全撤退後も、南ベトナムにおいて政府軍と解放民族戦線の戦闘が続いていたが、1975年4月に北ベトナム軍と解放民族戦線はサイゴンを占領し、翌年、南北ベトナムはハノイを首都とする**ベトナム社会主義共和国**として統一された。

6　現代の国際社会

3.4 パレスチナ問題 ★★★

(1) 戦前・戦後のパレスチナ

すでに見たとおり、イギリスは第一次世界大戦中にアラブ系勢力とユダヤ系勢力の双方にパレスチナ地域での独立支援を約束して戦争に協力させていた[3]。

パレスチナは第一次世界大戦後にイギリスの委任統治領となっていたが、ユダヤ人移住者が増加したことでアラブ人との紛争が激化し、第二次世界大戦後に国連が問題解決に乗り出すこととなった。

(2) アラブ連盟とイスラエル

一方、エジプトを中心としたアラブ7か国は、アラブ諸国の関係強化を図るため1945年に**アラブ連盟**（アラブ諸国連盟）を結成した。

(3) 第1次中東戦争 (パレスチナ戦争)

1947年11月、国連によってパレスチナをアラブ人地域とユダヤ人地域に分ける「パレスチナ分割案」が作成された。これを受けてユダヤ人はイスラエルの建国を宣言したが、アラブ連盟はこれを受け入れることができず**第1次中東戦争**（**パレスチナ戦争**）が勃発した。

結局、国連の調停によりイスラエルはパレスチナの大半を得て独立を果たし、100万人以上のアラブ人が難民となった。

(4) 第2次中東戦争 (スエズ戦争)

エジプトは20世紀前半にイギリスからの独立を果たしてエジプト王国が成立していたが、1952年には**エジプト革命**が起こって王政が倒され、翌1953年にエジプト共和国が成立して**ナセル**が大統領に就任した。

ナセル大統領は国内の近代化のためアスワン＝ハイダムの建設を目指してアメリカに援助を求めたが、アメリカはナセルの親ソ的外交を嫌って援助を断った。このためナセルは財源の調達をすべく**スエズ運河の国有化**を宣言した。スエズ運河会社の株式を有するイギリスやフランスはこれに反発し、さらにイスラエルを伴って、エジプトに対して**第2次中東戦争**（**スエズ戦争**）を起こした。

しかし、3国は国連の即時停戦決議と米ソの批判の前に撤退を余儀なくされ、実質的にはエジプトの勝利で終わった。

---

3 さらにその裏でイギリス、フランス、ロシアの間では、戦後のオスマン帝国の領土配分についての取決めを交わしていた（サイクス＝ピコ協定）。この協定においてパレスチナは国際管理地域とされていた。

（5）第３次中東戦争（六日間戦争）

第２次中東戦争の結果を受けて国際社会はエジプトのナセルをアラブ圏の旗手と認め、これに攻め入って窮地に立ったイスラエルはエジプトやアラブ世界に対する反駁の機会をうかがった。

一方、アラブ圏でイスラエルの北部に領土を接するシリアではイスラエルに対する不満が蓄積しており、同様にパレスチナ戦争で生じたアラブ人の難民たちはイスラエルと戦ってパレスチナを解放することを目指し、1964年に**パレスチナ解放機構**(PLO)を組織した。

1967年にシリアとイスラエルの国境において緊張が高まり、イスラエルはエジプト、シリア、ヨルダンを奇襲する形で**第3次中東戦争(六日間戦争)**を起こし、シナイ半島、ゴラン高原、ヨルダン川西岸、ガザ地区を占領して圧倒的勝利を収めた。

（6）第４次中東戦争

ナセルの後継となったエジプトのサダト大統領は、シリアを伴って1973年、イスラエルに対して奇襲攻撃を行った。緒戦を飾ったがアメリカの援助を受けたイスラエルが反撃に転じ、決定的な勝敗のないまま停戦を迎えた(**第4次中東戦争**)。

（7）中東戦争と石油危機

1973年に第４次中東戦争が勃発すると、アラブ石油輸出国機構(OAPEC[4])はイスラエル側を支援する国々に対して石油の禁輸・量的制限を行い、OPECも一方的な原油価格の引上げを行った。これにより、アメリカをはじめ日本など各国経済は混乱状態となり深刻な資源・エネルギー問題に陥った(**第1次石油危機**)。

また、1978年末にイラン革命が起こってアラブ内で緊張が生じると、これに乗じて1979年にOAPECは原油価格を２倍に引き上げた(**第2次石油危機**)。

この二度にわたる石油危機により、各国は安い石油に頼るエネルギー政策を見直すようになり、石油に代わるエネルギーの開発が進められるようになった。

4　1960年に、産油国５か国による国際組織である石油輸出国機構（OPEC）が発足した。その後、1968年にはアラブの産油国によるアラブ石油輸出国機構（OAPEC）が発足し、原油の輸出価格などを戦略的に決定する機関となった。

(8) その後の中東情勢

① キャンプ=デーヴィッド合意

1978年、アメリカのカーター大統領の仲介により、イスラエルのベギン首相とエジプトのサダト大統領の会談が実現した。エジプトはイスラエルを国家承認し、イスラエルはエジプトに対してシナイ半島の返還などを約束した(**キャンプ=デーヴィッド合意**)。これを受けて翌1979年に**エジプト=イスラエル平和条約**が結ばれて中東戦争が終結した。

しかし、アラブ諸国はこの合意について、エジプトが自国の領土回復を優先してパレスチナ人を見捨てたものだとして反発した。エジプトはアラブ連盟を離脱したうえアラブ諸国やパレスチナ解放機構(PLO)から断交されて孤立を深め、中東和平はかえって遠のくことになった。

② オスロ合意

1993年、ノルウェーのホルスト外相の仲介により、イスラエルのラビン首相とパレスチナ解放機構(PLO)のアラファト議長が和平に向けた秘密交渉を行った。この交渉の結果、ヨルダン川西岸地区とガザ地区にパレスチナ人による暫定自治政府を設けることが合意された(**オスロ合意**)。

この暫定自治は5年間とされ、自治期間の中途より最終的地位に関する交渉を開始することが合意されていたが、実際には和平に反対する勢力によるテロや衝突が頻発し、最終的地位確定のための交渉は開始されなかった。

3.5 その他のアジア国家 ★☆☆

（1）インドネシア

　オランダの統治を受けていたインドネシアは、1945年に**インドネシア共和国**として独立を宣言した。その後オランダとの独立戦争を経て1949年に正式に独立し、スカルノが初代大統領に就任した。

（2）インド

　インドは第二次世界大戦中に戦後の独立を約束されていたが、全インド＝ムスリム連盟のジンナーはイスラム教徒の多いパキスタンをインドから分離して独立することを求める一方、国民会議派のガンディーはイスラム教徒も一体となった統一インドとしての独立を主張して対立した。

　結局、1947年にインド独立法がイギリス議会で制定され、ヒンドゥー教徒主体の**インド連邦**とイスラム教徒主体の**パキスタン**に分離しての独立となった[5]。インド連邦の初代首相には**ネルー**が就任した。

（3）その他

　この他にも以下に示すように多くのアジア諸国が独立を果たした。

アジア諸国の独立と分断

中　国	・共産党により**毛沢東**を首席、**周恩来**を首相とした**中華人民共和国**が建国される ・蔣介石は台湾に逃れ、中華民国を維持
朝　鮮	・戦後、北緯38度線以北をソ連、以南をアメリカが占領 ・南部において**李承晩**を大統領とする**大韓民国**（韓国）が成立 ・北部において**金日成**を首相とする**朝鮮民主主義人民共和国**（北朝鮮）が成立 ・**朝鮮戦争**（1950〜53） 　／北朝鮮軍が韓国に侵攻し、釜山地区まで迫る 　　アメリカ軍主体の国連軍が韓国、中国の人民義勇軍が北朝鮮を支援 　　板門店で休戦協定が結ばれ、北緯38度線が軍事境界に

---

[5]　インド、パキスタン両国の宗教対立はその後も続き、独立直後の1947年からカシミール州の帰属問題をめぐって戦争が起こった。

ベトナム	・ホー=チ=ミンがベトナム民主共和国（北ベトナム）として独立を宣言
	・フランスは南部にバオ=ダイを王とするベトナム国を建国
	・インドシナ戦争（1946～54）
	／ベトナム民主共和国とベトナム国（フランスが支援）との戦争
	ディエンビエンフーの戦いでフランス軍が大敗
	ジュネーヴ休戦協定を締結
	・アメリカは協定に調印せず、南部に**ベトナム共和国**（南ベトナム）を樹立
	・南ベトナムで**南ベトナム解放民族戦線**が結成
	・ベトナム戦争（1965～75）
	／北ベトナムの警備艇がアメリカ軍艦を攻撃（トンキン湾事件）
	アメリカの**ジョンソン大統領**、北ベトナムへの爆撃（**北爆**）を開始、
	同時に南ベトナムへの地上部隊派遣を行い、**ベトナム戦争**へ
	北ベトナムはソ連、中国の支援を受けて戦争は泥沼化
	アメリカ、北爆を停止（1968）
	・パリ和平協定（1973）
	／アメリカの**ニクソン大統領**、南ベトナムから完全撤退
	北ベトナム軍と南ベトナム解放民族戦線がサイゴンを占領（1975）
	・**ベトナム社会主義共和国**が成立（1976）
パレスチナ	・国連によってパレスチナ分割案が提起される
	・**第1次中東戦争**（パレスチナ戦争）
	／ユダヤ人がイスラエルを建国する
	イスラエルとアラブ連盟との間に戦争が起こる
	アラブ側が大敗し、イスラエルは分割案以上の領土を獲得
	100万人に及ぶ**パレスチナ難民**が発生
	・**第2次中東戦争**（スエズ戦争）
	／エジプトの**ナセル大統領**が**スエズ運河国有化**を宣言
	これに反対したイスラエル、イギリス、フランスがエジプトに出兵
	イスラエルはシナイ半島を制圧
	しかしアメリカ、ソ連はイギリス、フランス、イスラエルを非難
	イギリス、フランス、イスラエルは国際的に孤立して撤退
	・**第3次中東戦争**（六日間戦争）
	／イスラエルがエジプト、シリア、ヨルダンに先制攻撃（6日間の電撃
	戦で勝利）
	イスラエルがシナイ半島、ゴラン高原、ヨルダン川西岸、ガザ地
	区を占領
	・**第4次中東戦争**
	／エジプトの**サダト大統領**がシリアとともにイスラエルを先制攻撃
	アラブ産油国が石油戦略で対抗し、**第1次石油危機**が発生

カンボジア	・1953年にフランスから独立
ラオス	・1953年にフランスから独立
インドネシア	・1945年にインドネシア共和国として独立を宣言 ・オランダとの独立戦争を経て正式に独立し、初代大統領に**スカルノ**が就任
フィリピン	・1946年にアメリカから独立
ビルマ	・1948年にイギリス連邦から独立 ・1989年に国号をミャンマーと改める
マレー連合州	・1957年にイギリス連邦から独立し、マラヤ連邦となる
インド	・1947年に**インド連邦**(ヒンドゥー教徒主体)と**パキスタン**(イスラム教徒主体)に分離して独立 ・**ネルー**がインド連邦の初代首相に就任
スリランカ	・1948年にイギリス連邦内の自治領として独立
イラン	・第二次世界大戦中、イギリス、ソ連の駐留を受ける ・戦後、イラン産の石油を独占する外国資本に対する民族主義運動が高揚 ・首相に就任したモザデグによって石油の国有化が断行される ・その後、国王パフレヴィー2世によって民族運動が抑えられる

6　現代の国際社会　247

4 経済復興と「雪どけ」

4.1 米ソの軍拡 ★★★

(1) 日本の自由主義陣営入り

共産主義のアジアでの拡大を恐れるアメリカは、中華人民共和国の成立を受け、次なる反共の砦としての役割を日本に期待するようになった。

朝鮮戦争が勃発するとアメリカは日本の自衛権を認めて警察予備隊が作られた（のちの**自衛隊**）。

また、1951年9月には**サンフランシスコ講和会議**が開かれ、社会主義諸国とアジアの一部の国を除いた資本主義諸国48か国との間で講和条約が結ばれた。これによって日本は独立を回復した。平和条約調印の翌日にはアメリカとの間で**日米安全保障条約**を締結するなど、日本は自由主義陣営の一員として国際舞台に復帰した。

(2) 軍拡の激化

アジア、太平洋地域の諸国における社会主義化・共産化によって自国にとっての市場が失われることを恐れたアメリカは、1950年代から太平洋地域、中東地域の諸国との軍事同盟を結び、共産圏包囲網の形成に努めた[6]。

その背景にはソ連が1949年に原子爆弾の核実験を成功させたことがあるが、これを受けてアメリカが1952年に原子爆弾を上回る破壊力を持つ水素爆弾の実験を行うと、ソ連も翌年水素爆弾の実験を成功して見せた。こうした動きに追随してイギリスも第三の核保有国となるなど、核兵器の開発競争は激しさを増した。

---

[6] こうした一連の政策はトルーマンの後を受けたアイゼンハワー大統領とダレス国務長官によって進められた。

248 第1章 世界史

第1章

世界史

4.2 ヨーロッパと日本の経済復興 ★★★

（1）ヨーロッパの地域統合

　マーシャル＝プランによって経済を順調に復興させてきた西ヨーロッパ諸国において、さらなる経済協力の体制強化を求める動きが現れた。

　そこで1952年に、フランスのシューマン外相の提案（シューマン＝プラン）により、**ヨーロッパ石炭鉄鋼共同体（ECSC）**がフランス、西ドイツ、イタリア、ベルギー、オランダ、ルクセンブルクの6か国間で発足した。

　この連帯をもとに6か国は1958年に**ヨーロッパ経済共同体（EEC）**、**ヨーロッパ原子力共同体（EURATOM）**を設立した。

　1967年にはこれらECSC、EEC、EURATOMの三つの組織を一つに統合した**ヨーロッパ共同体（EC）**が結成され、西ヨーロッパ統合の土台となった。

（2）フランスの第五共和政

　ノルマンディー上陸作戦後の臨時政府で首相を務めていたド＝ゴールは終戦後に共産党と対立して辞任していた。フランスの植民地であるアルジェリアで独立を求める戦争が起こると、国内で対立が生じ、より強力な指導者としてド＝ゴールの復帰を望む声が高まった。

　ド＝ゴールは首相に復帰し、自ら起草した憲法をもとに1958年に**第五共和政**を創始して初代大統領となり、1962年にアルジェリアの独立を認めた。

　フランスを中心として展開されたヨーロッパ共同体構想の背景には、第四の核保有国としてアメリカ、ソ連、イギリスを中心とした国際関係に対抗しようとするド＝ゴールの思惑があった。このためフランスはイギリスのEEC、EC加盟を拒否し、1966年には公然とNATOへの軍事協力も拒否してアメリカからも離反した。

（3）イギリスの反発と拡大EC

　こうした動きに対してイギリスは1960年、スウェーデン、ノルウェー、デンマーク、スイス、オーストリア、ポルトガルとともに**ヨーロッパ自由貿易連合（EFTA）**を結成してフランスの主導するヨーロッパ地域統合の動きに対抗した。

　しかし、1968年にフランス国内における労働者・学生デモ（五月危機）が起こり、翌年ド＝ゴールは退陣した。これにより1973年、イギリス、アイルランド、デンマークがECに加盟した（**拡大EC**）。

6　現代の国際社会　249

（4）日本の高度経済成長

　東アジアの日本は、日米安全保障条約でアメリカと協力しながら、1965年に**日韓基本条約**を結んで韓国と国交を開き、さらに1972年には**日中共同声明**に調印して中国との国交を正常化させた。

　この間、日本経済は鉄鋼、電気、自動車工業、石油化学などを中心に躍進を遂げ、アメリカ、韓国、東南アジアをはじめ世界市場で輸出や投資が急増した（**高度経済成長**）。その後、世界第2位の経済大国になった日本は、石油危機後も技術革新や合理化を通じ比較的高い経済成長と貿易収支での大幅な黒字を維持した。

[4.3] ソ連の「雪どけ」 ★★☆

（1）ジュネーヴ4巨頭会談

　1953年にソ連のスターリンが死去し、1954年に朝鮮やインドシナの問題を協議したジュネーヴ会議以降から、米ソ両国間に歩み寄りの兆しが見え始めた。まず、1955年4月にはソ連がユーゴスラヴィアと和解し、7月には**ジュネーヴ4巨頭会談**が開かれ、話し合いによる国際紛争の解決を図る気運が生まれた。

（2）フルシチョフのスターリン批判

　1956年2月に行われたソ連共産党第20回大会で、党第一書記であった**フルシチョフ**は、スターリン独裁下における個人崇拝と不法な抑圧や処刑を批判し、自由化の路線を打ち出した（**スターリン批判**）。これを受け、ミコヤン副首相が資本主義国との**平和共存**を提唱してコミンフォルムも解散し、東西対立に対する緊張緩和政策を唱えた。

　この平和共存路線とスターリン批判は「**雪どけ**」と呼ばれ、東欧各国に大きな動揺を誘発し、従来までのソ連型の体制を採っていた東欧諸国にも自立の動きが現れることになった。

(3) 東欧諸国の危機
① ポーランド

　1956年6月、ポーランド西部の都市ポズナニで反ソ暴動が起こり、民衆は生活の改善と民主化を求めた。ソ連の介入を嫌ったポーランド政府はかつてスターリン批判による投獄の経験を持つ**ゴムウカ**を政権に就かせ、自由化路線が採られることになった。

② ハンガリー

　1956年10月、社会主義体制への不満が全国的なデモに発展し、その圧力により当時の首相**ナジ＝イムレ**がソ連からの離反を表明した。これに対してソ連は、首都ブダペストに戦車を出動させる軍事干渉を行い、武力的に鎮圧した。ナジ＝イムレは処刑され、代わって政権に就いたカーダール首相のもとで、現実主義的政策が展開された。

③ 東ドイツ

　東ドイツでは、1950年代にソ連と同様の農業の集団化が強制されると、農民たちは西側世界へ脱出するようになった。特に東ベルリンから西ベルリンへと出国する人々が急増すると、東ドイツ政府は1961年に東ベルリン市民の出国を禁止し、東西ベルリンの境界に鉄条網とバリケードを築いて脱出を阻止するようになった（ベルリンの壁）。

(4) 米ソ対立の再燃

　米ソ関係が改善され歩み寄りが見られたのも束の間、1957年にソ連が人工衛星スプートニク1号の打ち上げに成功したことにより、再び緊張に向かっていった。これは大陸間弾道ミサイル(ICBM)開発において宇宙開発が不可欠であった当時としては、ソ連がアメリカよりも一歩先んじていることを証明したものであり、徐々に米ソ関係は悪化していくことになった。

経済復興と「雪どけ」

❶米ソの軍拡

1949	ソ連、原子爆弾の核実験に成功
1951	日本で警察予備隊が設置される ／ のちの自衛隊
	サンフランシスコ講和会議 ／ 日本と資本主義諸国48か国との間の講和が成立
	日米安全保障条約 ／ アメリカとの同盟関係のもとに日本が自由主義陣営の一員に
1952	イギリス、原子爆弾の核実験に成功 ／ 3番目の核保有国に
	アメリカ、水素爆弾の核実験に成功
1953	ソ連、水素爆弾の核実験に成功

❷ヨーロッパと日本の経済復興

1952	ヨーロッパ石炭鉄鋼共同体(ESCS)が発足
1958	ヨーロッパ経済共同体(EEC)が発足
	ヨーロッパ原子力共同体(EURATOM)が発足
	フランスが第五共和政に移行
1960	ヨーロッパ自由貿易連合(EFTA)が結成
1965	日韓基本条約 ／ 日本と韓国との国交樹立
1967	**ヨーロッパ共同体**(EC)が発足 ／ ESCS、EEC、EURATOMを統合
1972	日中共同声明 ／ 日本と中国との国交正常化
1973	イギリス、アイルランド、デンマークがECに加盟(拡大EC)

❸ソ連の「雪どけ」

1953	スターリンが死去
1954	ジュネーヴ会議 ／ 朝鮮とインドシナ問題を協議
1955	ソ連、ユーゴスラヴィアと和解
	ジュネーヴ4巨頭会談 ／ 米・英・仏・ソ4国による平和共存理念の共有
1956	**フルシチョフ**による**スターリン批判**
	ポーランド西部のポズナニで反ソ暴動 ／ ゴムウカによる自由化路線へ
	ハンガリー事件 ／ 社会主義体制に反するデモが起こり、ソ連が介入して鎮圧
1961	**ベルリンの壁**建設 ／ 東ベルリンから西側への脱出を阻止するための防壁

5 緊張緩和（デタント）の時代

5.1 キューバ危機と軍縮の進展 ★★☆

（1）キューバ革命

　1948年、アメリカは南北アメリカ大陸の21か国に**米州機構（OAS）**を結成させ、ラテンアメリカ諸国を軍事同盟網に引き入れて共産主義の浸透を抑止した。

　しかし1959年、キューバでは**カストロ**の指導する革命運動が、親米的なバティスタ独裁政権を倒して政権を握った（**キューバ革命**）。これに対して、アメリカは革命政権の武力打倒を画策したが失敗するなど、次第に対立関係が鮮明化した。ついに1961年、革命政権は社会主義宣言を発表してソ連寄りの姿勢を表明した。

（2）キューバ危機

　1962年、ソ連がキューバに中距離ミサイル基地を建設していることがわかると、アメリカの**ケネディ大統領**はミサイルの撤去を要求し、キューバ海域を軍事的に封鎖した。その結果、米ソの直接衝突の危機が世界を震撼させた（**キューバ危機**）。

　しかしフルシチョフ首相は、アメリカがキューバに侵攻しないことを交換条件に基地を取り払うと提案し、ケネディ大統領もこれを受け入れて危機は終息した。

（3）緊張緩和（デタント）

　キューバ危機の反省から、1963年には米ソ間にホットラインが設置されて両国首脳は直接対話できるようになり、また同年、モスクワでアメリカ、イギリス、ソ連の3国間による**部分的核実験停止条約**が調印された。これにより大気中、水中、宇宙での核実験が禁止され、米ソ関係が再び融和される方向に進んだ。このような東西関係の発展過程を、フランスのド＝ゴール大統領は**緊張緩和**（デタント）と呼んだ。

（4）軍縮の進展

　緊張緩和に後押しされた軍縮の動きはさらに進み、1968年には国連において非核保有国に核兵器、核開発技術が広がることを防止することを目的とした**核拡散防止条約（NPT）**が締結された。

　さらに、1969年にはヘルシンキで**第1次戦略兵器制限交渉（第1次SALT）**が始まり、1972年に調印された。これによって米ソ両国の戦略兵器の数と質を制限し、両国間の核開発競争に歯止めをかけた。その後、交渉は難航していたが、1979年に**第2次戦略兵器制限交渉（第2次SALT）**が調印された。

6　現代の国際社会　253

5.2 フルシチョフ後のソ連

(1) フルシチョフの解任
キューバ危機に際しての対応が弱腰外交だと非難されたことや農業政策の失敗から、ソ連では1964年に**フルシチョフ**が**解任**され、コスイギンが首相、ブレジネフが第一書記を務める体制に移行した。

(2) ルーマニアの離反
ルーマニアはスターリン批判以降、特に1960年代に入ってデジやチャウシェスクなどの指導者が自主路線を採るようになり、ソ連からの離反が顕著になっていた。その背景には、自国の石油資源に基づく経済力が挙げられ、後述する中ソ対立後も、自主独立路線のもとで中国と友好関係を保ち、また西側諸国との関係を深めたりした。

しかし、1970年代に入って石油資源のピークアウトを迎えると再びソ連からの援助を仰ぐようになり、経済的に疲弊していった。

(3) プラハの春
チェコスロヴァキアでは1968年春に、改革派の**ドプチェク**が共産党第一書記に選出されたことをきっかけに国民の民主化要求が興った。この市民運動は**プラハの春**と呼ばれ、ドプチェクらは「**人間の顔をした社会主義**」をスローガンに自由化路線を展開した。

この動きに対し、ブレジネフ率いるソ連はワルシャワ条約機構加盟4か国軍とともに軍事干渉を行った。翌1969年4月にはドプチェクを解任して保守派のフサークを書記長に置くことによって、改革派を鎮圧した。

(4) 中ソ対立とその後
1956年にソ連共産党第20回大会においてフルシチョフが示した「平和共存」路線に対して、帝国主義との対決を重視する中国は憤激し、1963年以降では中ソの公然たる批判の応酬が繰り返されることになった(**中ソ対立**)。

1964年に中国は核保有国となり、ソ連を「社会主義の仮面をかぶった帝国主義国家」と批判するなど、その対立は激化していった。1969年には、中ソ国境のダマンスキー島で軍事衝突が起こるに至った。

その後、1979年にソ連軍が**アフガニスタンに侵攻**を行うと、1980年代には米ソの対立関係が再燃する事態を招いた。

5.3 ヨーロッパでの緊張緩和 ★☆☆

（1）西ドイツの東方外交

ドイツ社会民主党は、ナチス＝ドイツ下では非合法であるとして解散させられていたが戦後復活した。ドイツの東西分断に際して別の組織となるが、西ドイツでは現実路線に転換した。

社会民主党の**ブラント**は、自由民主党との連立内閣を組織して首相となり、ソ連や東欧などの東側諸国との関係正常化を目指す外交を行った（**東方外交**）。

1970年にソ連との間に武力不行使条約を結び、さらに同年ポーランドとの間に国交正常化条約を締結した[7]。1972年には東ドイツとの間に**東西ドイツ基本条約**を結んで両ドイツが相互承認を行い、翌1973年に東西ドイツは国連への加盟を果たした。

（2）全欧安全保障協力会議（CSCE）

1975年、フィンランドのヘルシンキでヨーロッパ地域の緊張緩和と相互の安全保障を討議する**全欧安全保障協力会議**（CSCE）が開かれた。緊張緩和（デタント）の進行に伴いソ連のブレジネフが提起した1966年から懸案とされていたが、アルバニアを除く全ヨーロッパ諸国とアメリカ、カナダを加えた35か国の首脳が一堂に会し、主権尊重、武力の不行使、科学・人間交流の協力を謳った**ヘルシンキ宣言**が採択された。

（3）南ヨーロッパの民主化

ポルトガルでは、戦前の1932年に首相に就任したサラザールの政権が独裁体制を採り、戦後にも反共の姿勢を示したことで西側陣営として認められて温存されてきた。1950年代後半以降のアフリカ諸国の独立運動はポルトガル領にも影響を及ぼし、1960年代から独立運動が始まった。こうした運動は本国のサラザール体制を動揺させ、その死後1974年に独裁体制が倒されると、アフリカのポルトガル領もようやく独立を果たした。

スペインでは、戦前のスペイン内戦で勝利したフランコによる長期独裁政権が続いていたが、ポルトガルの民主化の影響を受け、1975年のフランコの死後にフアン＝カルロス1世が即位してブルボン朝による王政に復帰した。その後は立憲君主

---

[7] 戦後、ドイツが4か国の分割占領下に置かれた際、ドイツとポーランドの間の国境はオーデル川とナイセ川を結ぶ線（オーデル＝ナイセ線）に改められた。ドイツ側の領土を損なうものであったため西ドイツはこのときまで新国境を認めていなかったが、国交正常化に当たってこれを認めてドイツに領土野心のないことを諸国に示し、欧州の緊張緩和を進めた。

6　現代の国際社会　255

政による民主化が進み、1978年に新憲法が成立した。

　ギリシアでは、1967年にクーデタが起きて軍部が政権を握っていたが、1974年に軍事政権が倒れて民主化が進んだ。

緊張緩和（デタント）の時代

❶キューバ危機と軍縮の進展
1948　米州機構（OAS）結成 ／ 南北アメリカ21か国による軍事同盟
1959　**キューバ革命** ／ **カストロ**が親米的なバティスタ政権を倒す
1961　キューバの革命政権が社会主義宣言を行い、親ソ姿勢を表明
1962　**キューバ危機** ／ ソ連がキューバにミサイル基地を建設するも、米ソ間の交渉により危機回避
1963　米ソ間にホットラインが設置される
　　　部分的核実験停止条約 ／ アメリカ、イギリス、ソ連による部分的核実験停止の合意
1968　核拡散防止条約（NPT）／ 国連の採択による核兵器の不拡散条約
1969　第1次戦略兵器制限交渉（第1次SALT）／ 米ソ間で1972年に合意
1973　第2次戦略兵器制限交渉（第2次SALT）／ 米ソ間で1979年に合意

❷フルシチョフ後のソ連
1960　ルーマニアのデジ政権、国内の石油資源を背景に工業化政策を推進
1963　**中ソ対立始まる**
1964　**フルシチョフ解任** ／ コスイギン首相、ブレジネフ第一書記の新体制へ
1968　チェコスロヴァキアで改革派の**ドプチェク**が共産党第一書記に選出
　　　プラハの春 ／ ドプチェクによる自由化政策の推進
　　　チェコ事件 ／ ブレジネフがワルシャワ条約機構5か国軍によりドプチェクを軍事弾圧
1969　ダマンスキー島事件 ／ 中ソ国境で軍事衝突

❸ヨーロッパでの緊張緩和
1970　ソ連＝西ドイツ武力不行使条約
　　　西ドイツ＝ポーランド国交正常化条約 ／ オーデル＝ナイセ線を両国国境とすることを認める
1972　東西ドイツ基本条約 ／ **東西ドイツが相互に国家承認**
1973　東西ドイツ、国連に同時加盟
1974　ポルトガルで独裁政権が倒れる
　　　ギリシアで軍事政権が倒れる
1975　全欧安全保障協力会議（CSCE）／ ヘルシンキ宣言を採択
　　　スペインで独裁政権が倒れる

6 第三世界の台頭

6.1 第三世界の形成 ★★☆

（1）第三世界の形成

　第二次世界大戦後の冷戦構造の中で、アジア・アフリカ諸国の間にナショナリズム（民族主義）が高まり、植民地は相次いで独立を果たしていった。さらに、西側の先進国（第一世界）にも、東側の社会主義国（第二世界）にも属さない**第三世界**（第三勢力）を形成しようとする動きが見られた。

（2）コロンボ会議

　1954年4月、戦後すぐに独立を果たしたインド、パキスタン、インドネシア、スリランカ、ビルマ（ミャンマー）の5か国首脳が、インドのネルー首相の呼びかけでスリランカのコロンボに集まり、インドシナ戦争の早期解決と核兵器の使用禁止、アジア＝アフリカ会議の開催などを提案した（**コロンボ会議**）。

（3）アジア＝アフリカ会議

　また、インドのネルー首相は、1954年6月に中国の周恩来首相を迎えて、両国の友好の基礎として、および、アジア、アフリカその他の諸国に向けて**平和五原則**（領土主権の尊重、相互不侵略、内政不干渉、平等互恵、平和共存）を発表した。

　そして翌1955年には、インドネシアのバンドンにアジア、アフリカ29か国の代表が集まって**アジア＝アフリカ会議**（バンドン会議）が開かれ、反植民地主義と民族自決主義などを謳った十原則を採択した。

（4）非同盟国首脳会議

　1961年9月、ユーゴスラヴィアのティトー、インドのネルーなどを中心として、アジア、アフリカ、ラテンアメリカの非同盟主義を掲げる25か国首脳と3か国のオブザーバーがユーゴスラヴィアの首都ベオグラードに集結し、平和共存、民族解放闘争の支持、外国の軍事基地の一掃、植民地主義反対を宣言した（**非同盟諸国首脳会議**）。

6　現代の国際社会　257

6.2 アフリカ諸国の独立 ★★☆

（1）アフリカの年

1950年代に入ると、アフリカにおいてもナショナリズムの高揚により独立する国が増加した。

まず1951年にリビアが独立し、さらに1952年の西アジア最初の革命であるエジプト革命はアジア、アフリカ諸国に大きく影響を与えることとなったため、それ以降独立する国が急増した。中でも1957年に独立を果たしたガーナは、**エンクルマ**を指導者とした黒人共和国としては初めての独立であった。

1960年には、カメルーン、トーゴ、コンゴ、マダガスカル、ソマリア、ナイジェリア、セネガルなどアフリカの17か国が独立し、アフリカの年と呼ばれた。

（2）アフリカ統一機構

さらに、1963年にはエチオピアのアジスアベバにアフリカの独立国30か国が集まり首脳会議が開かれた。そこで全アフリカの統一と連帯と協力、主権尊重、植民地主義の克服を掲げる**アフリカ統一機構**（OAU）が結成された。

（3）新興諸国の苦難
① 新興独立国の困難

しかし、アフリカの新興諸国は植民地時代の国境線をそのまま受け継いでおり、部族間の対立や人種問題などを抱えていた。さらに植民地支配時代に輸出用の単一作物栽培を強制されていたため産業の基盤を欠くことが多く、経済の後れにも苦しんだ。

コンゴは1960年にベルギーからの独立を果たしたが、その後もベルギーからの介入を受け、1960年に内戦に陥った（**コンゴ動乱**）。また、南アフリカは1961年に白人政府がイギリス連邦からの離脱を宣言して南アフリカ共和国とすることを一方的に宣言して独立したが、少数の白人による支配を行うために黒人住民に対する広範囲で極端な差別政策を行った（**アパルトヘイト**）。

② ポルトガル植民地の独立の遅れ

また、独裁政権の続いていたポルトガルはアフリカの植民地支配への依存から抜け出せず、ギニアビサウ、アンゴラ、モザンビークの独立は遅れた。

(4) 南北問題

　主として北半球にある経済的に豊かな少数の諸国と、主として南半球にある貧しい多数の諸国との間に生じる問題のことを南北問題と呼ぶ。

　南の多くは、第二次世界大戦までは欧米諸国の植民地であるか、または従属関係にあった国がほとんどであり、戦後独立を果たしたとしても旧宗主国の経済的支援をなくしては自立できない状態だった。

　南北問題の検討機関として、国連は1964年に国連貿易開発会議(UNCTAD)を設置し、南北の経済格差を縮める取組みを始めた。

第三世界の形成

❶第三世界の形成
1954	コロンボ会議 ／ 南アジア・東南アジア首脳による会合	
	平和五原則 ／ インドのネルー、中国の周恩来による	
1955	アジア＝アフリカ会議 ／ アジア・アフリカの29か国代表による会議	
1961	非同盟国首脳会議 ／ 非同盟主義を掲げる諸国による会議	

❷アフリカ諸国の独立
1951	リビアが独立 ／ イタリアに代わって統治していたイギリス・フランスから独立	
1956	モロッコ、チュニジアがフランスから独立	
1957	ガーナがイギリスから独立 ／ エンクルマを指導者とし、黒人共和国として初の独立	
1960	アフリカの年 ／ 17の新興独立国が生まれる	
1962	アルジェリアがフランスから独立 ／ 独立戦争の末、ド＝ゴールが独立を承認	
1963	アフリカ統一機構(OAU)が発足 ／ アフリカ諸国の連帯、植民地支配の克服を目指す	
1964	国連貿易開発会議(UNCTAD)が発足 ／ 南北問題の解決を図る	

6.3 文化大革命と中国の現代化 ★★★

（1）毛沢東の「大躍進」運動

　中国は、1958年から**第2次五か年計画**を推進し、農工業生産の飛躍的増大を目指す「**大躍進**」運動を展開した。毛沢東は**人民公社**と呼ばれる集団農場を組織するなどの経済政策を強行したが、経済的な混乱は続き、労働者や農民の疲弊、自然惨害、ソ連技術者の引上げなどによりこの運動は大失敗に終わった。

　1959年に毛が国家主席を辞任し、**劉少奇**を国家主席、**鄧小平**を共産党総書記とする体制に移行した。劉らは「大躍進」の誤りから毛沢東路線の修正を進めたが、毛は資本主義の復活を図るものとしてこれを警戒した。

（2）プロレタリア文化大革命

　国家主席からは退いたものの党主席の地位に留まっていた毛沢東ら左派は、1966年に劉少奇、鄧小平らを批判し党幹部の一掃を図り、全国に**プロレタリア文化大革命**を呼びかけた。これが若い世代を主体に組織された**紅衛兵**を中心とした大衆運動に拡大すると、共産党幹部や知識人に対して激しい非難を浴びせ、追放した。

　文化大革命によって劉少奇は失脚して獄死し、鄧小平も失脚した。さらに1971年に毛の追従者であった軍指導者の**林彪**もクーデタを起こして失敗した。

　その後復帰した鄧小平ら旧幹部と文化大革命推進派の対立が継続していたが、1976年に周恩来、毛沢東が相次いで死亡すると、**華国鋒**首相が「四人組」と呼ばれる革命推進派を逮捕し、1977年に**文化大革命の終了**を宣言した。

（3）四つの現代化

　1978年、鄧小平を中心とし新指導部は農業、工業、国防、科学技術の4部門での近代化を図る「**四つの現代化**」を掲げ、改革・開放路線に移行した。

　一方では民主化なき経済改革に不満が高まり、1989年には民主化を求める学生や市民等が北京の天安門広場に集まって運動を行い、政府によって排除される事件が発生した（**天安門事件**）。

6.4 第三世界の開発独裁 ★★☆

（1）開発独裁

　1960年代以降のアジアでは、貧困から脱するために工業化を最優先し、そのために反対勢力や社会運動を弾圧する体制が発展途上国において見られるようになった（**開発独裁**）。

（2）韓国の開発独裁

　韓国では1960年に学生運動が起こって李承晩が失脚し、軍人の朴正煕がクーデタによって権力を掌握した。朴は大統領となって1965年に日本と国交を結び（日韓基本条約）、憲法を改めて独裁体制を敷いた。

　この体制のもとで韓国経済は工業部門で急成長を果たしたが、朴は反政府活動を厳しく弾圧したことから1979年に暗殺され、その後も全斗煥、盧泰愚らの軍人出身の大統領が続いた。

（3）インドネシアの開発独裁

　インドネシアでは、西洋を模範とした議会制民主主義が政党の乱立を招いて混乱していたが、スカルノ大統領は軍部と共産党との連携のもと、強力なリーダーシップを有する指導者として国を率いていた。

　しかし1965年に陸軍が共産党勢力を一掃する事件が起き（**九・三〇事件**）、これを機に軍部が実権を握って共産党が弾圧を受け、スカルノも失脚した。実権を握った**スハルト**は60年代から90年代にかけて開発独裁政策を展開して工業化を推進した。

（4）イランの開発独裁

　イランでは、1963年から親米の国王パフレヴィー2世の指導のもとで、**白色革命**と呼ばれる経済・社会の強制的な近代化を実行した。その政策は急速な工業化をもたらしたが、その反面で農村に打撃を与え、貧富の差は広がった。

　その後、1978年末頃から国王の独裁に反対する運動が全国に広がり、翌年1月、国王は亡命した。2月にはイスラム教シーア派の最高指導者**ホメイニ**が軍部を抑え、**イラン＝イスラム共和国**を樹立した（**イラン革命**）。

第三世界の自立と危機

❶文化大革命と中国の現代化
1958　毛沢東、**第2次五か年計画**を推進 ／「**大躍進**」運動を展開、**人民公社**を組織
1959　毛沢東、国家主席を辞任 ／ **劉少奇**主席、**鄧小平**総書記の新体制に移行
1963　**中ソ対立**始まる
1964　中国が核保有国となる
1966　**プロレタリア文化大革命**が始まる ／ 毛沢東主導で、学生主体の紅衛兵などの運動に
1969　ダマンスキー島事件 ／ 中ソ国境で軍事衝突
1977　**華国鋒**首相、革命推進派を逮捕 ／ 文化大革命の終了
1978　鄧小平らによる「**四つの現代化**」／ 改革・開放路線への移行

❷第三世界の開発独裁
1961　韓国で軍事クーデタ ／ **朴正煕**が権力を掌握し、開発独裁を行う
1963　イランで「**白色革命**」始まる ／ 国王**パフレヴィー2世**が開発独裁を行う
1965　インドネシアで**九・三〇事件** ／ 実権を握った**スハルト**が開発独裁を行う
1979　**イラン革命** ／ イスラム教指導者の**ホメイニ**が**イラン＝イスラム共和国**を樹立

7 東西冷戦の終結

7.1 スミソニアン体制　★★★

（1）ドル＝ショック

第二次世界大戦後に構築されたブレトン＝ウッズ体制と呼ばれる国際金融体制は、アメリカの経済力に対する国際的信頼を背景としており、金1オンス＝35ドルという固定相場制においてドルを基軸通貨とした金ドル本位制が採られていた。

しかし、ベトナム戦争による軍事費の膨張が大幅な財政赤字をもたらし、また、国内における産業の空洞化・多国籍企業化などによりドルが国外へ大量に流出したことによって、ドルは基軸通貨としての条件を維持できなくなった。

1970年代に入ると、ドルに対する不安からアメリカ保有の金が海外に流出するようになった。その結果、1971年8月、ニクソン大統領はドル防衛の手段として**金とドルの公的交換停止**（兌換停止）を発表した（**ドル＝ショック**）。このことは世界各国に混乱をもたらし、同年12月には10か国の蔵相が集まりブレトン＝ウッズ体制を調整し直した新体制を発表した（**スミソニアン体制**）。

しかし、ドル危機の混乱は収まらず、1973年の2月から3月にかけて、ドル不安による通貨混乱のため、主要国通貨は**変動相場制**に移行せざるを得なくなった。

（2）米中の国交正常化

　前述のとおり、1972年2月、ニクソン大統領はアメリカの大統領として戦後初の公式訪中を果たした。その際に発表した米中共同声明で、アメリカは中華人民共和国を事実上承認した。

　その後、ウォーターゲート事件により辞任したニクソン大統領の後を引き継いだフォード大統領のもとでは両国間における目立った進展はなかったが、次の人権外交路線を推進した**カーター大統領**のもとで、**米中国交正常化**が果たされた。

7.2 第2次冷戦と冷戦の終結　　★★☆

（1）ソ連のアフガニスタン侵攻

　1979年、反政府勢力の活動に対して、親ソ派の社会主義政権が軍の派遣を要請したことにより、ソ連軍は**アフガニスタン**に**軍事介入**を行い全土を軍事制圧した。

　西側諸国はソ連の行動を非難し、アメリカは反政府勢力に武器を供給するなどの支援を行った。イスラム組織の抵抗も長期化して泥沼化し、ソ連に経済的にも軍事的にも大きな損失をもたらした。

（2）第2次冷戦

　アメリカ経済の悪化によるドル＝ショックとその混乱、1979年からのソ連軍のアフガニスタン侵攻という状況の中、「強いアメリカ」を標榜して登場したのが**レーガン大統領**だった。

　彼は、ソ連を「悪の帝国」とみなして大規模な軍拡路線を提唱し、対ソ強硬路線を進めた。その結果、折から展開されていた軍縮交渉は打ち切られ、1983年3月には戦略防衛構想（SDI）を宣言し、宇宙空間での防衛構想を示した。このように1980年代前半は米ソともに軍事緊張が再燃し、**第2次冷戦**の時代ともいわれた。

（3）米ソ首脳会談

　レーガン政権の軍拡路線は、「強いアメリカ」を印象づける一方で、国家財政は1985年段階で巨額の累積赤字を抱えていた。このため政策転換を余儀なくされたレーガン政権は、ソ連との対話路線を再開させることとなった。こうして、1985年11月に6年半ぶりにアメリカの**レーガン大統領**とソ連の**ゴルバチョフ書記長**との間で**米ソ首脳会談**が行われた。

　1987年12月にワシントンで開かれた首脳会談では、凍結されていた交渉内容をさらに進展させた**中距離核戦力（INF）全廃条約**が調印され、米ソ間の緊張が緩和した。こうした状況を受けて1989年に**ソ連軍**が**アフガニスタンから撤退**した。

6　現代の国際社会　263

（4）冷戦の終結

　こうしたアメリカの対ソ対話路線は**ブッシュ大統領**に引き継がれた。一方のソ連もゴルバチョフ書記長のもとで、情報の公開・自由化（グラスノスチ）や行政・経済などの諸改革（ペレストロイカ）が実施され、多極化した国際関係を意識した「**新思考外交**」と呼ばれる外交方針も示された。

　1989年12月に地中海の**マルタ島**でアメリカのブッシュ大統領とソ連のゴルバチョフ書記長が会談を行い、両首脳によって**冷戦の終結**と新時代の到来が宣言された。

東西冷戦の終結

❶スミソニアン体制
1971　**ドル＝ショック** ／ ニクソン大統領が金とドルの兌換停止を表明
　　　　スミソニアン協定 ／ 固定相場制維持のため先進国が協調介入
1972　**ニクソン大統領が訪中** ／ 中華人民共和国を事実上承認
1973　**変動相場制に移行**

❷第2次冷戦と冷戦の終結
1979　ソ連、**アフガニスタン侵攻**開始 ／ 米ソ間が再度緊張
1981　レーガンがアメリカ大統領に就任 ／「強いアメリカ」を標榜
1985　**ゴルバチョフ**がソ連共産党書記長に就任
　　　　ゴルバチョフ、国内で行政・経済の諸改革を推進（ペレストロイカ）
　　　　米ソ首脳会談 ／ レーガン大統領とゴルバチョフ書記長による6年半ぶりの会談
1986　チョルノービリの原子力発電所で事故
1987　中距離核戦力（INF）全廃条約が調印
1989　ソ連、**アフガニスタンからの撤退**を完了
　　　　ブッシュがアメリカ大統領に就任 ／ 対ソ対話路線を引き継ぐ
　　　　マルタ会談 ／ ブッシュ大統領とゴルバチョフ書記長により**冷戦終結**が宣言

8 現代の国際社会

8.1 ソ連の解体 ★★★

（1）東欧革命と統一ドイツ

1989年秋頃から、東欧諸国では国民による民主化と自由化の要求から革命が起こり、共産党による独裁政治体制は次々と崩壊していった。自由と人権を尊重する民主主義国家への転換が進展し、西側諸国に対抗する東側の体制は事実上崩壊した。

1989年6月にゴルバチョフが西ドイツを訪れて統一ドイツに対する理解を表明すると、11月には東西冷戦の象徴であった**ベルリンの壁が開放**された。

その後、1990年8月に東ドイツが西ドイツに編入することと統一選挙を実施することで合意し、10月3日には歴史的な**東西ドイツの統一**が果たされた。

（2）その他の東欧諸国の民主化

これと前後してその他の東欧諸国においても共産党一党体制が崩壊し、民主化が進んだ。1991年には経済相互援助会議（COMECON）、ワルシャワ条約機構（WTO）も解散し、東欧に構成されていた社会主義圏は消滅した。

東欧諸国の民主化

ポーランド	・ワレサを指導者とする労働運動「連帯」が1980年より興る ・1989年に民主化を達成
ハンガリー	・カーダール首相が1988年に辞任 ・1989年に一党独裁制から複数政党制へ移行
チェコスロヴァキア	・「プラハの春」を指導したドプチェクが1989年に復権 ・同年、革命が起き共産党政権の打倒と民主化を達成
ルーマニア	・1989年に民衆による暴動が起き、チャウシェスクの独裁体制が倒れる

6 現代の国際社会 265

(3) ソ連の解体

1990年3月、ソ連において革新的な憲法改正が行われて大統領制が導入され、ゴルバチョフが大統領に就任した。1991年8月に反ゴルバチョフを唱える共産党保守派がクーデタを起こし、中央集権的な体制の維持を図ったが失敗に終わった。

この政変はソ連共産党の解体と社会主義の放棄をもたらした。同年12月8日には、**エリツィン**を大統領とするロシア(ロシア共和国)のほか、ウクライナ、ベラルーシのスラヴ系3共和国が独立国家共同体(CIS)を創設し、21日までにグルジアを除く11共和国もこれに参加した。また、エストニア、ラトヴィア、リトアニアのバルト三国はそれぞれ独立した。これにより1991年12月25日、ゴルバチョフが大統領を辞任することにより**ソ連邦は崩壊**した。

8.2 現代の国際社会 ★★★

(1) 湾岸戦争

東西冷戦構造の終結に伴い政治、軍事、経済などのさまざまな国際問題の解決に5大国の協調が見られるようになった。

1990年8月にイラクによるクウェート侵攻によって**湾岸危機**が起こった際も、国連安全保障理事会の5大国の決議のもとに、アメリカを中心とする多国籍軍の軍事力によってイラクを撤退させた(**湾岸戦争**)。

(2) 南アフリカのアパルトヘイト撤廃

南アフリカで続いていたアパルトヘイトと呼ばれる人種隔離政策に対し、1989年にアフリカ民族会議(ANC)の反対運動に加えて経済制裁を伴う国際的な批判が起こった。これによって白人指導者は政策の転換を余儀なくされ、1994年に全人種の参加する総選挙が行われた結果、黒人指導者**マンデラ**が大統領に就任した。

マンデラは白人閣僚も含む政府を作り、国民統合に努めた。

（3）現代の国際社会

　そのほかにも、1991年には朝鮮半島両国の国連同時加盟、カンボジア問題の話し合いの進展など、国連を中心とした役割のもとで世界の安定化へ向けた新たな動きが模索されている。1993年のカンボジアの新政権発足、パレスチナ暫定自治協定の締結などもその一環といえる。

　その一方で1992〜95年のボスニア＝ヘルツェゴヴィナでの戦闘や、2001年9月11日のイスラム過激派による同時多発テロ事件と、それに端を発した戦争も続き、イスラエルとパレスチナの問題もいまだに解決には至っていない。

　また、経済問題では、いまなお深刻化している南北問題や南の原油産出国と非産出国の経済格差である南南問題などを含めて、世界はなお解決困難な課題に直面しており、これから解決していかなければならない問題が少なくないというのも現状である。

現代の国際社会

```
❶ソ連の解体
1989   ベルリンの壁が開放
1990   ソ連で大統領制を導入 ／ ゴルバチョフが大統領に就任
       東西ドイツの統一 ／ 東ドイツが西ドイツに編入
1991   ソ連で共産党保守派によるクーデタが起こるも失敗
       独立国家共同体（CIS）が創設 ／ ロシア共和国を中心に11か国より構成
       ゴルバチョフ大統領が辞任 ／ ソ連邦が解体

❷現代の国際社会
1990   イラクがクウェートに侵攻（湾岸危機）
1991   湾岸戦争 ／ アメリカ中心の多国籍軍がイラク攻撃を行い撤退させる
       南アフリカでアパルトヘイト関連法が廃止
1994   南アフリカで黒人指導者のマンデラが大統領に就任
```

6　現代の国際社会　267

過去問チェック

01 ドイツでは分断が進み、1948年、ソ連は西側地区の通貨改革に反対し、西ベルリンの境界線にベルリンの壁を築いてベルリンを封鎖したが、ドイツ連邦共和国はアデナウアー首相の指導で経済復興に成功し、1954年、パリ協定で主権を回復した。**特別区Ⅰ類2016** 2.3

✕ ベルリンの壁は1948年のソ連によるベルリン封鎖時に築かれたのではなく、1950年代にドイツ民主共和国（東ドイツ）から自国民が西側へ脱出するのを防ぐために築かれたものである。

02 ベトナム戦争は、北ベトナム主導によるベトナム統一を阻止しようとするアメリカの支援する南ベトナムと、南ベトナム解放民族戦線との間の内戦を契機として始まり、アメリカの軍事介入により規模が拡大した。その後アメリカ軍は撤退したが、最終的には、アメリカの支援を受けた南ベトナムがベトナム統一を果たした。**裁判所2006** 3.3

✕ アメリカはベトナム戦争が膠着状態になって撤退したのであり、最終的には南ベトナムの勢いが弱まり、北側が統一して社会主義国となった。

03 第二次世界大戦後、欧米諸国の支援を受けたユダヤ人は、トルコ国境からシナイ半島全域をその領土とするイスラエル国を建てた。その後アラブ諸国とイスラエルとの間でパレスチナ戦争（第一次中東戦争）が生じたが、イスラエルと欧米諸国は原油価格の値上げにより大きな打撃を受け、シナイ半島のサウジアラビアへの返還やエジプトのスエズ運河の国有化宣言を認めることになった。**国家専門職2004** 3.4

✕ イスラエルと欧米諸国が原油価格の値上げにより大きな打撃を受けた第１次石油危機は、第１次中東戦争ではなく第４次中東戦争の最中においてである。シナイ半島はエジプト領であったが、第３次中東戦争でイスラエルに占領され、第４次中東戦争後にエジプトに返還された。また、エジプトのスエズ運河の国有化宣言の後に起きたのは第２次中東戦争であり、その後エジプトによるスエズ運河の管理を認めることになった。

04 中東戦争の歴史的背景には、第２次世界大戦時に、イギリスが戦争協力を得るため、アラブ人にはバルフォア宣言で独立を認めながら、ユダヤ人にはフサイン=マクマホン協定でパレスティナでの建国を認めた、矛盾した政策がある。**東京都Ⅰ類2002** 3.4

✕ イギリスがアラブ人と交わしたのがフサイン=マクマホン協定であり、ユダヤ人の独立を認めたのがバルフォア宣言である。また、これらは第一次世界大戦中のイギリスによる外交政策である。

268 第1章 世界史

05 第二次世界大戦後、民族運動の高まりによって、ケニアやアルジェリアなど
が1950年代に独立し、さらに、ガーナなど27か国が独立した1960年は「アフリカ
の年」と呼ばれた。その後は、2011年の南スーダンの成立まで新たに独立した国は
なかった。**国家専門職2015** 4.2 6.2

✕ ガーナはエンクルマに指導され、「アフリカの年」である1960年よりも早く、1957年に黒人共
和国としては初の独立を果たしている。まら、「アフリカの年」に独立を果たしたアフリカの国は合
計17か国である。さらに、ケニアのイギリスからの独立は1963年、アルジェリアのフランスから
の独立は1962年に果たされており、これらは「アフリカの年」より後である。

過去問 Exercise

問題1 第二次世界大戦後の世界の動向に関する次の記述のうち、最も妥当なのはどれか。

国家専門職2003

① 中国では、毛沢東を国家主席とする中華人民共和国が成立した。人民公社を中心とした農業集団化と経済建設を図る大躍進政策が成功したものの、指導部に対立が生じ、毛沢東と鄧小平はプロレタリア文化大革命を起こして周恩来、林彪らを失脚させた。

② ドイツでは、米ソ2か国によって分割占領が行われていたが、アメリカ合衆国によるベルリン封鎖により東西の対立は高まった。その後ドイツ連邦共和国とドイツ民主共和国に分裂し、シュレーダー首相による東西ドイツの統一まで、両国間の国交は断絶されたままであった。

③ イギリスでは、戦後最初の選挙で勝利を収めたチャーチルが、国有化されていた重要産業を民営化して経済再建を図るとともに、国民保険制度を導入し、社会福祉政策を強化した。しかし、インドシナ戦争やアルジェリアの独立闘争によって政局が安定せず、チャーチルは辞職した。

④ アメリカ合衆国では、トルーマン大統領が共産主義に対抗するため、トルーマン=ドクトリンを発表し、ソ連に対する封じ込め政策を推し進めた。また、ヨーロッパの資本主義経済を再建するためにマーシャル=プランと呼ばれる援助計画が発表された。

⑤ ソ連では、ブレジネフがスターリンを修正主義として非難し、資本主義諸国との平和共存を強調した。しかし、東欧諸国でソ連の影響下から独立する動きが広がると、ワルシャワ条約機構軍を投入してユーゴスラヴィアやポーランドでの民主化や経済改革を求める運動を抑えた。

270 第1章 世界史

解説

正解 **4**

1 ✕ 　大躍進政策は成功していない。またプロレタリア文化大革命では、毛沢東は軍人の林彪と提携して権力奪還を目指したのであり、周恩来は失脚していない。失脚したのは当時の指導部の中心にいた鄧小平と劉少奇である。

2 ✕ 　第二次世界大戦後にドイツを占領していたのはアメリカ、ソ連の2か国ではなく、イギリス、フランスを加えた4か国である。また、ベルリン封鎖を行ったのはアメリカではなくソ連である。なお、東西ドイツ統一時の首相はシュレーダーではなくコールである。

3 ✕ 　ヨーロッパにおける戦争が1945年7月に終わるとイギリスで総選挙が行われたが、このときチャーチル率いる保守党はアトリーの労働党に敗北したため首相の座を失った（その後、1951〜55年に再び首相を務めた）。また、インドシナ戦争やアルジェリアの独立戦争に直面していたのは、イギリスではなく当地を植民地にしていたフランスである。

4 ◯ 　正しい記述である。

5 ✕ 　スターリン批判を行ったのはブレジネフではなくフルシチョフである。フルシチョフが平和共存路線への転換を打ち出したことによって東欧で民主化運動が始まったことは事実であるが、こうした運動を抑える目的でのポーランドやユーゴスラヴィアへの介入は行われていない。ハンガリーに対しては介入が行われたが、ワルシャワ条約機構軍ではなくソ連軍による軍事介入である。

問題2 第二次世界大戦後のアジア諸国に関する記述として最も妥当なのはどれか。

国家専門職2014

1 中国では、国共内戦が再開された。当初は孫文率いる国民党軍が農民や民族資本家などの支持を集め優勢であったが、共産党がソ連の支援を獲得し形勢は逆転した。1949年には共産党が中国本土を制圧し、毛沢東を主席、周恩来を首相とする中華人民共和国の成立が宣言された。

2 朝鮮では、朝鮮戦争の後、米国とソ連による分割占領が行われた。そして、1953年に、南部に朴正熙を大統領とする大韓民国が、北部に金日成を首相とする朝鮮民主主義人民共和国が成立し、半島は二つの国家に分断された。

3 インドシナでは、ベトナム民主共和国が建国されたが、フランスがこれを認めなかったため、インドシナ戦争が始まった。ディエンビエンフーの戦いで敗北したフランスは、ベトナム民主共和国とジュネーブ協定を結んで撤退した。

4 インドネシアでは、独立運動の指導者であったスカルノを中心に独立宣言を発表し、平和五原則に基づいた憲法を制定した。これに対しスペインは武力で独立を阻止しようとしたため戦争になったが、国連の仲介で1949年にハーグ協定が結ばれ、インドネシアは独立を達成した。

5 インドでは、英国からの独立が認められたが、ヒンドゥー教徒の国民会議派とムスリム連盟の対立が高まり、ヒンドゥーのインド連邦とムスリムのアフガニスタンの2国に分離して独立した。両国の間では、カシミールの帰属をめぐる対立が激化し戦争が勃発した。

解説

正解 **3**

1 ✗ 　孫文は1925年に死去しており、その後、国民党を率いていたのは蔣介石である。

2 ✗ 　1950年に朝鮮戦争が勃発するより前の1948年に、南部では李承晩を大統領とする大韓民国が、北部では金日成を首相とする朝鮮民主主義人民共和国が成立している。なお、朴正熙は、日韓基本条約を締結したときの大統領である。

3 ◯ 　正しい記述である。

4 ✗ 　インドネシアを植民地にしていたのはオランダである。そのため、武力で独立を阻止しようとしたのはスペインではなくオランダである。なお、平和五原則とはインドのネルー首相と中国の周恩来首相との会談で合意された外交上の原則である。

5 ✗ 　問題文においてインドと分離してイギリスから独立した国に該当するのはアフガニスタンではなくパキスタンである。なお、アフガニスタンは第3次アフガン戦争で1919年にイギリスから独立を果たしている。

国家一般職★★★／国家専門職★★★／裁判所★★★／東京都Ⅰ類★★★／特別区Ⅰ類★★★

7 地域史

地域史としては、アジアの歴史、特に中国史とイスラム史を中心に学習します。中国史は統一王朝が成立している時代の政治制度と外国勢力の影響を受ける近代以降に分けて学習し、イスラム史はイスラム世界の形成からオスマン帝国が成立するまでの流れを学習しておきましょう。

1 中国王朝史

1.1 中国文明の始まり ★★★

紀元前3000年頃から黄土地帯で農耕が開始された。黄河中流域に住みついた人々はアワ、キビ、麦などを栽培するとともに豚などを家畜として集落を形成し、縞模様の彩文土器(彩陶)を使用した。この黄河中流域に出現した文化は**仰韶文化**と呼ばれる。

また黄河下流域では紀元前2000年頃、薄手で硬く、黒漆のように光る黒陶を特色とする文化が展開した。この文化は**竜山文化**と呼ばれ、その範囲は遼東半島や揚子江流域にも拡大した。

1.2 殷 ★★★

伝説によれば、堯・舜・禹等の帝王が存在し、禹は夏王朝を開いたといわれるが、**確認できる最古の王朝は殷**である。

殷は黄河流域に発達した集落・都市(邑)を統合した広域的な王朝国家であり、**殷墟**と呼ばれるその都の遺跡で発見された**甲骨文字**は漢字の原形として中国最古の資料となっている。

殷の社会は原始的な**氏族集団**による社会であり、政治は**神権政治**で王が占いにより主要な国事を決定した。文化的には、非常に精巧な**青銅器**を作ったとされる。

274 第1章 世界史

1.3 周 ★★★

　黄河の支流である渭水流域を根拠地とし、殷に服従していた**周**の武王が、牧野の戦いで殷の紂王を破り、鎬京(現在の西安付近)に都を置いて華北を支配するようになった。

　周王は一族・功臣に封土を与えて諸侯として領地を世襲させ、諸侯には貢納・軍役の義務を課した。また周王や諸侯は卿・大夫・士と呼ばれる世襲の家臣に同様の封土を与えた。このような封土の分与による統治システムを**封建**といい、血縁関係を基礎とした氏族的性格が濃厚なものであった。また、世代交代に伴って血縁関係が薄くなることを補うために**宗法**という規範が作られた。

1.4 春秋・戦国時代 ★★★

(1) 春秋・戦国時代

　周王朝が成立して数百年が経過する頃、**鉄器**と**牛耕**の普及により深耕が可能となり、農業生産高が一気に7～8倍になった。それに伴って人口が増加し、都市国家は次第に領土国家へと発展した。また余剰生産物の交易のため貨幣(刀銭などの青銅貨幣)も使われるようになり、商工業が盛んになった。

　紀元前770年、周の都・鎬京に異民族が進入し、周は都を洛邑(現在の洛陽)に移した。これを機に周王朝の勢力は衰え、諸侯が相争う乱世となった。

　紀元前403年までは周王室は王として尊ばれ、覇者と呼ばれる有力諸侯は伝統的権威を奉じていた。この時代を**春秋時代**という。

　ところが紀元前403年に有力諸侯の晋が韓・魏・趙に分裂したのを境に、伝統的権威が全く通用しない**群雄割拠の戦乱の時代**となった。紀元前221年に秦による統一がなされるまでのこの時代を**戦国時代**という。

　諸侯はそれぞれ王と称し、周は一諸侯に過ぎなくなった。やがて戦国の七雄(秦・斉・燕・楚・韓・魏・趙)と呼ばれる強力な諸侯が並び立つようになり、中でも西方に興った秦は急速に勢力を伸ばした。

（2）諸子百家

　春秋・戦国時代の社会の激動は思想界をも刺激し、儒家、道家、法家など**諸子百家**と呼ばれる多くの思想家や学派が現れ、社会の安定化の方策を模索したが、これが中国思想の根本を形成していった。

① 儒　家

　儒家は紀元前5世紀の**孔子**を祖とし、周初期の宗法的家族制度・封建制度を理想とする。孔子の言行は『**論語**』に記録されている。紀元前4世紀の**孟子**は性善説を主張し、紀元前3世紀の**荀子**は性悪説を主張した。

② 墨　家

　墨家は紀元前5世紀の**墨子**を祖とし、従来の氏族や身分に囚われない無差別の愛（**兼愛**）を主張した。

③ 道　家

　道家は紀元前6世紀の**老子**を祖とし、儒家の思想を人為的な無用の礼儀を説くものとして否定して**無為自然**を説いた（老荘思想）。

④ 法　家

　法家は**商鞅**、**韓非**などによって確立され、厳しい法によって治めること（**法治主義**）を説いた思想は秦王朝に採用された。

1.5 秦 ★★☆

（1）秦の中国統一

戦国の七雄の一つである**秦**は、前４世紀に法家の商鞅を登用して強力な中央集権国家を築いた。紀元前221年、秦の王である**政**は中国全土を統一し、**始皇帝**と名乗った。

（2）始皇帝の政治

始皇帝は、商鞅以来の**群県制**を全国に実施し、都(咸陽)から派遣した官吏に郡や県を治めさせた。また**貨幣、度量衡、文字**の統一も行った。さらに丞相であった李斯の意見で思想統一のため**焚書・坑儒[1]**を行った。

対外的には**匈奴**と呼ばれる北方の遊牧民族を攻撃し、戦国時代に作られた万里の長城を修築した。

（3）秦の滅亡

秦の急激な改革は保守派の反感を買い、始皇帝の死後まもなく**陳勝・呉広の乱**をはじめ各地に反乱が生じ、紀元前206年に滅亡した。

その後、江蘇の農民**劉邦**と楚の貴族**項羽**が対立し、劉邦が項羽を垓下の戦いで破り、紀元前202年に漢王朝を開いた(**前漢**)。

秦

---

❶始皇帝の統一事業
- **郡県制の全国施行** ／ 全国を郡に分けて郡の下に県を置き、中央から官吏を派遣して統治
  強力な中央集権体制を確立
- **法家**思想を採用し、**焚書・坑儒**による思想統制 ／ 農学、医薬、占い以外は弾圧
- 対外政策 ／ **万里の長城**を修築し北方の匈奴に対抗

❷秦の滅亡
- **陳勝・呉広の乱** ／ 中国最初の本格的な農民反乱、各地で続発
- 農民出身の**劉邦**により秦は滅亡
- その後、劉邦と**項羽**の争いが起き、劉邦が中国を再統一

---

1 「焚書」とは儒学に関する書物を焼き捨てることを指し、「坑儒」とは儒学者を穴に埋めて殺すことを指す。秦の採用した法家の思想は、君主の徳による統治を唱える儒家の思想とは相いれなかった。

1.6 漢 ★★☆

（1）前 漢

① 前漢の政治

漢（前漢）の始祖劉邦は**高祖**と名乗り、都を**長安**（現在の西安）に置いた。秦の急激な中央集権化が失敗したことに鑑み、統治形態においては要地を皇帝の直轄地とし、僻地に一族や功臣を封じるという郡県制と封建制の折衷的形態（**郡国制**）を採った。その後、徐々に漢王朝は直轄地を広げたため、この動きに反対する各地の王は、紀元前154年に**呉楚七国の乱**を起こした。これを鎮圧した漢はますます直轄地を広げ、実質的に郡県制と変わらない中央集権体制が確立した。

② 前漢の衰退

第7代皇帝であった**武帝**は対外積極策を採って北の匈奴を分裂に追い込み[2]、南は南越（南ベトナム）を滅ぼして南海など9郡を置いてベトナム北部まで支配域を広げた。さらに東は衛氏朝鮮を滅ぼして**楽浪郡**など4郡を置き、西は**張騫**を大月氏に派遣した[3]。

外征で悪化した財政を立て直すため塩、鉄、酒を専売とし、さらに特産物を貢納させその物資が不足している地方に転売する**均輸**、物資が豊富なときに貯蔵し、物価が上がるとこれを売り出す**平準**を行って物価の抑制を図った。

また**董仲舒**の献策により**儒学を官学化**した。さらに人材登用のため地方豪族と地方長官の合議で中央官吏を推薦する**郷挙里選**という制度を始めた。

しかし重税と売官で社会不安が募り、宮廷内での宦官や外戚の権力闘争も相まって皇帝の権威は急速に衰えた。

---

2 高祖は匈奴の最盛期を築いた冒頓単于に大敗し、以後匈奴に対して和親策を採っていた。

3 このとき張騫の派遣のために開かれた道はユーラシア大陸の東西をつなぐ交易路としての役割を果たすようになり、東方の絹がこの交易路を通じて西方に運ばれたため、絹の道（シルク＝ロード）と呼ばれた。

前漢

❶高祖
・**郡国制** ／ 中央直轄地のみを郡県制とし、地方には封建制を併用
・**匈奴**対策 ／ 匈奴の全盛期を築いた冒頓単于に大敗し、匈奴に対して和親策を採る

❷武帝
・**儒学**を官学に（董仲舒の提案）
・官吏任用制度 ／ 有徳者を地方長官が推薦する**郷挙里選**を施行
・**均輸・平準**（物価調整・安定を目指す法）の実施、塩・鉄・酒の**専売制**
・対外政策
　・北方 ／ 匈奴を北に撃退
　・西方 ／ **張騫**を**大月氏**へ派遣することで西域事情が判明
　・東方 ／ 衛氏朝鮮を滅ぼし、楽浪など4郡を設置
　・南方 ／ 南越を滅ぼしベトナム北部を支配下に編入

❸文化
・歴史書 ／ 司馬遷『**史記**』

（2）新

　この混乱に乗じて8年、外戚の**王莽**が国を奪い**新**を建てた。彼は現状にそぐわない周の時代の政治構造を復活させようとしたため政治が混乱し、農民が起こした**赤眉の乱**によって新は23年に滅びた。

（3）後　漢

　劉秀は25年に赤眉の乱を収めて都を洛陽に置き、漢を復興した（**後漢**）。彼は皇帝となって**光武帝**と名乗った。

　2世紀に入ると豪族勢力が伸張し、宦官や外戚の専横のため国力は衰えた。167年に宦官が儒教官僚を弾圧した**党錮の禁**が起こり、さらに184年に宗教結社の指導者**張角**が率いる**黄巾の乱**が起こると各地が混乱し、220年に後漢は滅亡した。

（4）諸国との交渉
① 徴姉妹の反乱

　前漢の武帝以来、ベトナム北部は中国王朝の支配下に置かれていたが、漢王朝の置いた交趾郡の太守に対し、後漢時代の40年に独立を求める越人（ベトナム人）の反乱が起こり、同地の豪族であった**徴姉妹**がこれを指導した（徴姉妹の反乱）。光武帝は軍隊を派遣してこれを鎮圧した。

7　地域史　279

② 西方・日本との交流

後漢時代に西域都護に任じられた**班超**は、部下をローマ帝国（大秦国）に派遣しようとした。逆に2世紀中頃にはローマ皇帝マルクス＝アウレリウス＝アントニヌス（大秦国安敦）の使いがベトナム中部を訪れるなど、東西の交渉が盛んになった。

また、後漢の光武帝の時代には倭人（日本人）の使者が洛陽を訪れ、光武帝は使者に金印を授けた。

（5）漢代の文化

後漢の時代には、**蔡倫**が製紙法を改良し、前漢時代の**司馬遷**による『**史記**』、後漢時代の**班固**による『**漢書**』など、**紀伝体**[4]で書かれた歴史書の普及に貢献した。

後漢

---

❶後漢の再統一
- **劉秀**、漢を復興（後漢）し、**光武帝**として即位
- 対外政策　／　**班超**を**西域都護**（西域統治機関の長官）に任命
- 以後幼帝が続き、再び宦官・外戚・官僚の対立が激化
- **黄巾の乱**が起きて各地に群雄が割拠し、220年滅亡

❷文化
- **紙の普及**　／　後漢時代、製紙技術の改良
- 歴史書　／　**班固**『**漢書**』は**紀伝体**で編まれ、中国史書の基本形となる

4　歴史を人物ごとの事績を中心に記述する書式を紀伝体といい、本紀（皇帝の伝記）、列伝（臣下などの伝記）などにより構成される。紀伝体は以降の歴代の中国王朝が編纂する歴史書に長く採用された。これに対して年代順に事件を羅列する書式を編年体という。

1.7 魏晋南北朝　★☆☆

（1）三国時代

　後漢末期の実力者曹操の子曹丕は220年、後漢最後の皇帝である献帝から帝位を譲られ華北に魏を興し、初代皇帝になった。その後ほどなくして孫権が長江下流域に呉を、劉備が四川に蜀を建て、これら三国が中国を三分する時代を迎えた（三国時代）。

　魏は土地制度として、荒田を国有とし流民や一般農民に割り当て耕作させ、租税を徴収する屯田制を採用し、また官吏登用制度として、中央が任命する中正官がその地方の人材を九等に分けて推薦し、その等級に応じて中央の官吏の地位に就ける九品中正を採用した。中正官は地方の豪族に抱き込まれ、豪族の子弟が中央官吏に推薦されたので、この九品中正によって豪族が門閥貴族化した。

　魏は263年に蜀を滅ぼしたが、265年に魏の将軍司馬炎に滅ぼされた。

（2）晋

　司馬炎は晋（西晋）を建て、280年に呉を滅ぼして三国時代に終止符を打ち、中国を統一した。しかし3世紀の終わりから帝位をめぐる争いなどにより動揺し（八王の乱）、「五胡」（匈奴、鮮卑、羯、氐、羌）と呼ばれる遊牧民族が台頭した。その後晋は匈奴に首都洛陽を、さらに長安を攻略されて316年に滅亡した。しかし翌年、晋の一族司馬睿が建康（現在の南京）を都とし晋を復活させた（東晋）。

（3）五胡十六国時代

　匈奴による侵入があった304年から北魏による華北統一がなされる439年まで、遊牧民族が建てた多くの政権が興亡を繰り返した（五胡十六国）。

7　地域史　281

（4）南北朝時代

東晋の後、江南地方では420年に宋が成立し、華北地方では439年に北魏が成立した。これ以降しばらく、北は北方民族の影響を受けた王朝が、南は漢民族の文化を維持した王朝が興亡する分立時代が続いた（**南北朝時代**）。

① 北　朝

鮮卑の一部族である拓跋氏の建てた北魏の太武帝が439年に華北を統一した。

北魏の**孝文帝**は、無主の土地を農民に均等に分け、皇帝の名において耕作権を与え税を納めさせる**均田制**を実施した。さらに孝文帝は漢化政策を採り、都を平城から洛陽に移し、鮮卑の言葉を禁止した。

北魏はその後東西に分裂（東魏・西魏）し、東魏の後は北斉が、西魏の後は北周が興り、北周が北斉を併合した。

② 南　朝

江南地方では420年に宋が建てられ、これに続いて斉、梁、陳の3王朝が短期間に興った。華北から江南への漢民族流入が進んで江南地方の人口は急増し、長江中・下流域の開発が進展した。

（5）魏晋南北朝期の文化

仏教は1世紀頃にすでに西域から伝播していたが、4世紀後半以降に中国に本格的に普及した。華北では庶民にも広まる一方、江南においては貴族の教養として受容されていた。

平城の西、雲崗の石窟寺院の仏像はグプタ様式、ガンダーラ様式といわれ、インド＝ギリシア文化の影響が見られる。これに対し、洛陽南部の竜門の石窟寺院には中国風の仏像が置かれている。

江南では、東晋の成立とともに華北にいた漢人の貴族や農民が戦乱を避けて移住して急速に発展し、自由で洗練された中国風の文化が発達した。この文化を三国時代の呉と、東晋・南朝の4王朝を含めて**六朝文化**という。

文学では田園詩人の**陶潜**（陶淵明）、書では王羲之が有名である。思想では儒学は振るわず、乱世を反映し老荘思想が発展した。東晋の**法顕**はインドで仏教を修めて仏典の漢訳を行った。

分裂の時代

❶三国時代
- 黄巾の乱以降、各地に軍事集団が出現し、群雄割拠の状態に
  - **魏**(220〜265)／ 曹操→曹丕(曹操の子、魏の初代皇帝)
  - **呉**(222〜280)／ 孫権(呉の初代皇帝)
  - **蜀**(221〜263)／ 劉備(呉との戦いで大敗、病死)

❷晋の興亡
- 魏の将軍**司馬炎**が晋を建国し、呉を破り280年に中国統一
- 帝位をめぐる一族の内乱(八王の乱)により衰退
- 五胡(匈奴、羯、鮮卑、氐、羌)の蜂起
- 匈奴が晋を滅ぼし、五胡十六国時代へ

❸南北朝
- 北魏 ／ 5世紀前半、鮮卑族が建国し華北を統一
  - 北朝 ／ 異民族による王朝
  - 南朝 ／ 漢民族による王朝

❹南北朝期の社会
- **九品中正** ／ 魏で採用された、有力豪族の子弟のみが上品に推薦される制度
- **仏教** ／ 1世紀頃、西域から伝播し、4世紀後半以降に普及
  華北では庶民に普及、江南では貴族の教養として受容

1.8 隋・唐

(1) 隋

北朝から出た隋の楊堅(文帝)は、589年に南朝の陳を倒して南北を統一し、都を大興城(長安)に置いた。隋は南北朝時代の王朝で採用されていた制度に倣い、均田制、租・庸・調制、府兵制を実施する一方、九品中正を廃止し、官吏登用制度として科挙を創始した。

楊堅の子、煬帝は大運河を開いたが、高句麗遠征の失敗を機に各地で反乱が起こり、隋は618年に滅亡した。

隋 (581〜618)

---

❶ 隋の建国
- 文帝(楊堅)、隋を建てて都を大興城(長安)とする
- 南朝の陳を征服して589年に南北統一を達成

❷ 隋の諸制度
- 中央集権化 ／ 南北朝時代の諸王朝の制度を導入
- 均田制 ／ 一定の基準で土地を給田
- 租・庸・調制 ／ 租は粟、庸は労役、調は絹や麻など
- 府兵制 ／ 徴兵制度
- 科挙の創始 ／ 儒学による学科試験

❸ 隋の滅亡
- 煬帝、大運河を完成し、高句麗遠征を行うも失敗
- 各地で反乱が発生し、618年に滅亡

---

(2) 唐の成立

隋を倒した李淵(高祖)は唐を建て、都を長安に置いた。2代目の李世民(太宗)は中国統一を果たし、唐の全盛期を築いた(貞観の治)。この時期に諸制度が確立されて中央集権の国家体制が完成し、繁栄と平和がもたらされた。

対外的には東は新羅と組んで高句麗を滅ぼし、北や西では異民族の突厥を討ち、南はベトナム中部にまで至る大帝国となった。支配地域には周辺諸民族を治める機関として都護府を置き、その監督のもとに各民族の首長に唐の官位を授けてある程度の自治を許すという寛大な政策を採った(羈縻政策)。

(3) 唐の諸制度
① 律令国家

唐は隋の制度を受け継ぎつつ、それを**律・令・格・式**[5]という法体系にまとめ上げ、統治の根本とした(**律令国家**)。中央には三省(中書省、門下省、尚書省)、六部(吏部、戸部、礼部、兵部、刑部、工部)、御史台という機関が置かれた。

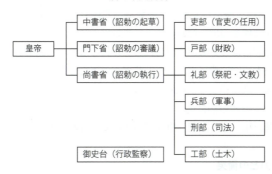

唐の中央官制

② 土地制度・税制度・軍制度

土地制度は**均田制**で、成年男性に土地を均等に支給して口分田や永業田の耕作を認める代わりに税を負担させるというものであった。

税には生産物の一部を納める**租**、中央での労役である**庸**、特産物を納める**調**と地方での労役である**雑徭**があった。

さらに兵役も義務づけられ、農民に土地を与える代わりに兵役義務を課す兵農一致の**府兵制**が採られた。

均田制が施行される一方、貴族による大土地所有も行われていたので、広大な**荘園**を所有して隷属農民に耕作させる高級官僚も存在した。

---

5 「律」は刑法、「令」は行政法・民法、「格」は律令の修正や補足、「式」は律令の施行細則である。

（4）唐の衰退

① 武韋の禍と唐の再興

　第3代皇帝高宗の皇后であった**則天武后**は第4代中宗を廃して自ら皇位に就き（中国史上唯一の女帝）、国号を周とした（武周）。その後、則天武后の老衰により中宗が復位したが自分の后・韋后に毒殺された。こうした政治の混乱を合わせて**武韋の禍**という。

　その後8世紀前半には**玄宗**皇帝が政治の引締めにより安定期をもたらした（**開元の治**）。彼は府兵制を廃止して志願者を募集して兵士とする**募兵制**を採用し、都護府に代わって**節度使**を辺境に配備して異民族の侵入に備えた。

　経済的・文化的にはこの頃が盛唐時代といわれるものの、政治的には衰退し始めており、その根本原因は農民の均田から荘園への逃亡であった。このため均田制が崩壊し、租・庸・調の税制も機能しなくなった。そこで780年、現住地で実際に所有している土地や資産の額に応じて夏・秋の二期に課税する**両税法**が採用された。こうして均田制、租・庸・調制、府兵制のすべては行われなくなった。

② イスラム勢力との衝突

　751年、イスラム勢力（アッバース朝）との衝突が起こり、唐が大敗するという事件が起きた（**タラス河畔の戦い**）。これによって唐の西域進出は挫折し、このとき東軍がイスラム側の捕虜となったことで、製紙法がイスラム世界に伝播した。

③ 安史の乱と唐の滅亡

　一方で、辺境に派遣されていた節度使は地方軍閥化し、755年に北方の3節度使を兼ねるソグド人の**安禄山**とその部下**史思明**が**安史の乱**を起こし、洛陽・長安を陥落させた。安史の乱はウイグルの援軍を得て鎮圧されたが、唐王朝の衰退は決定的となり、有力な節度使は地方で自立化して**藩鎮**と呼ばれる勢力を構成した。

　そして875年に塩の密売商人**黄巣**により**黄巣の乱**が起こり[6]、その後節度使の**朱全忠**により唐は907年に滅ぼされた。

6　安史の乱以降、塩の専売制は唐の大きな収入源であった。このため塩の価格は高騰したが、一方で密売も横行していた。

(5) 唐代の文化

① 首都長安

　唐の首都長安は、宮城から南に延びる大通りを設け、碁盤目状の道路の各所に施設を配置し、外側を城壁で囲んで建設された計画都市であった。これは日本の平城京をはじめ東アジア各地域における首都建設のモデルとされた。

　また、周辺諸国からの使節、留学生、商人が集まることから国際色豊かな都市という性格も有し、仏教寺院のほか、ネストリウス派キリスト教(景教)、ゾロアスター教(祆教)、マニ教などの寺院も建設された。

② 仏　教

　仏教は皇帝や貴族の保護を受けて栄えた。玄奘はインドで仏教を学んで経典を持ち帰り、その旅行記『大唐西域記』を著した。同じく義浄もインドを訪れ、『南海寄帰内法伝』を著した。

③ 文学・芸術

　詩作では**李白**、**杜甫**、**白居易**らが活躍したほか、山水画の呉道玄、書家の顔真卿が有名である。

(6) 隋・唐と諸国

　日本は遣隋使や遣唐使を送って9世紀末まで中国から文物の摂取を行い、律令国家など統治制度の移入も行った。

　また唐は朝鮮半島の新羅と連合して百済、高句麗を滅ぼした。その後新羅は朝鮮半島の大半を支配した。

唐（618〜907）

```
❶唐の建国
・高祖(李淵) ／ 唐を建国し、都を長安とする
・太宗(李世民) ／ 中国統一の完成、貞観の治

❷唐の制度
・律令国家 ／ 隋の制度を継承
　　　　　　　律(刑法)、令(行政法、民法)、格(律令の修正、補足)、式(施行細則)
　　　　　　　の法制に基づく統治体系を構築
・中央官制 ／ 三省六部
　　　　　　　中書省(詔勅起草)、門下省(詔勅を審議)、尚書省(詔勅を実施)
　　　　　　　吏部(官吏の任用)、戸部(財政)、礼部(祭祀・文教)、
　　　　　　　兵部(軍事)、刑部(司法)、工部(土木)
```

❸統治体制の基盤

- **均田制** ／ 成年男性に土地を均等支給
- **租・庸・調制** ／ 穀物・絹布などの税と力役
- **府兵制** ／ 均田農民が兵役を負担
- 高級官僚の大土地所有を公認したため、貴族は広大な**荘園**を所有

❹首都長安の繁栄

- 計画都市 ／ 宮城から南に延びる大通り（朱雀大路）を軸に東西対称
- 東アジア各地域の首都建設のモデルに（日本の平城京など）

❺宗教

- **仏教** ／ 玄奘（『大唐西域記』著）、義浄がインドから経典を持ち帰る
  中国独自の宗派形成、浄土宗・禅宗の普及
- その他 ／ 景教（ネストリウス派キリスト教）、祆教（ゾロアスター教）、マニ教

❻玄宗の治世（開元の治）

- 8世紀初め、**玄宗**が政治の引締めに努力、経済的・文化的には最盛期を迎える
- 一方で、農民の貧富差が拡大し、没落・逃亡する農民が増加する
- 均田制、租・庸・調制、府兵制が崩壊
- **兵制の変化** ／ 府兵制から募兵制へ（志願者を募集して兵士とする）
- **節度使**（募兵軍団の司令官）が辺境防備の任務に就く
- **タラス河畔の戦い**（751）／ **アッバース朝**に惨敗（この際、**製紙法**がイスラム世界に伝播）
- **安史の乱**（755～763）／ 玄宗の晩年、楊貴妃一族が実権を掌握したことに対し、**安禄山・史思明**父子が中心となった反乱
- 安史の乱後は中央政府の統制力は弱体化、有力節度使の自立化が進んだ（**藩鎮**）

❼財政改革

- **両税法** ／ 均田制、租・庸・調制の崩壊、節度使の自立による税収の減少に対する新税制
  現住地で所有する土地・資産に応じて夏・秋2回徴収
  地税は穀物の現物納、戸税は原則銭納

❽唐の滅亡

- **黄巣の乱**（875～884）／ 塩の密売人であった黄巣が指導した大農民反乱
  唐の支配が事実上終焉
- **朱全忠**により、907年に唐は滅亡

19 宋 ★★☆

（1）五代十国

　唐が滅亡した907年から宋王朝が建てられる960年までの53年間を**五代十国**という。この時期は、華北には朱全忠の建てた後梁を含め5王朝が興亡し、他の地方にも10の国が興亡した混乱期であるが、同時に変革期でもあった。

　従来の支配層であった門閥貴族は衰え、節度使と組んだ新興の地主や富商が支配層となり、地主の多くは所有地を**佃戸**という小作人に貸して小作料を得ることで経済基盤とした。

（2）宋の統一

　後周の**趙匡胤**は960年に**宋**（北宋）を建国して都を開封に置き、藩鎮勢力を抑えて武断政治を排除すべく**文治主義**への変革に努めた。すなわち節度使に欠員が生じるたびに文官を充てて兵力や財力を奪い、皇帝の親衛軍を強化して中央集権化に努めた。加えて隋・唐でも行われていた**科挙**を整備して皇帝が自ら試験官となって最終試験を行う殿試を設けるなど、官僚組織に力を持たせた。しかし結果として軍事的には弱体化を招き、異民族の圧迫を受けることになった。

　高級官僚の多くは科挙出身者から登用されるようになり、この科挙の受験資格は男性に対して広く開かれていたものの、実質的には経済力のある地主層からの受験が大半を占めていた。このような新興地主層は**形勢戸**と呼ばれ、**士大夫**と呼ばれる高級官僚・知識層を輩出した。

（3）北方勢力の動向

　唐滅亡後の五代十国から宋朝の時代において、東アジアにおいては多数の北方民族が興亡し、中国史にも大きな影響を及ぼした。

① 遼（契丹）

　モンゴル系民族である契丹の耶律阿保機が建国した**遼**（契丹）は、926年に中国東北地方の渤海を滅ぼし満州を支配下に置き、946年には後晋を滅ぼして宋を圧迫した。宋は1004年、遼と**澶淵の盟**を結び、毎年銀や絹を送った。

② 大　夏

　チベット系の大夏（西夏）は中国の西北で興り、宋はこれにも銀や絹を送った。

③ 金

遼（契丹）が勢力を有していた地域の東にはツングース系の女真族がおり、1115年に完顔阿骨打が金を興した。

（4）王安石の改革

遼や大夏などの北方民族による宋の圧迫や集権的な軍制は防衛費を増大させ、国家財政の窮乏をもたらしていた。そこで第6代神宗は1069年に王安石を登用し、新法による改革を行わせた。

王安石は富国策として一方で貧民を救済すべく青苗法で農民に、市易法で小商人に低利で融資し、また強兵策として保甲法を制定した。

この改革により財政も好転したが、大地主や富商の利害に反したため司馬光を中心とする保守派官僚（旧法党）に反対され挫折した。その後も新法党と旧法党との対立は続き、宋の力は衰えた。

（5）南宋の成立

1125年、宋は北方民族の金と組んで、金は遼を滅ぼした（靖康の変）。さらに金は1127年に開封を占領し、上皇の徽宗、皇帝の欽宗以下3,000人を北方に連行した。徽宗の子高宗は江南に逃れて臨安を都とし、南宋として宋を復興した。

南宋の金に対する政策については、岳飛らの主戦派と秦檜らの和平派が対立したが、和平論を採用して淮河を国境とし、金に対して臣礼をとり多額の歳幣を送るという屈辱的な和議が結ばれた。

（6）宋代の経済・社会

宋代では、靖康の変で南宋が建てられて以降江南地方に田植え農法が広まり、水田面積が拡大し、米の生産量が大幅に増加した。陶磁器、茶、絹などの特産品の生産も盛んになった。

商工業の発展に伴って貨幣経済も一般化し、銅銭だけでなく金・銀も貨幣として通用した。さらに交子・会子という紙幣も流通した。各地で商業都市も栄え、北宋の開封や南宋の臨安は人口が100万人を超える大都市となり、江蘇、浙江、福建などの長江下流域は中国経済の中心地となった。

(7) 宋代の文化

国際色豊かな唐の文化に対し、宋の文化は中国的なものであった。一方で地主・官僚などの知識階級、すなわち**士大夫**を中心に学問、思想、文学、美術が発達し、他方で都市の反映を背景に新興の庶民文化も栄えた。

儒学の精神・本質を明らかにしようとする**宋学**は、北宋の**周敦頤**が興し南宋の**朱熹**が**朱子学**として大成した。歴史書では、編年体の中国通史である**司馬光**の『**資治通鑑**』が有名である。

技術面では、三大発明といわれる**木版印刷**、**火薬**、**羅針盤**が発明され、イスラム圏を経由してヨーロッパに伝播した。

宋（960〜1279）

❶**宋（北宋）の統一**
- 五代十国の乱世を経て、**趙匡胤（太祖）**が宋を建国し、**開封**を都とする
- **文治主義** ／ 学識ある文人官僚による政治（藩鎮勢力、武断政治の抑圧が目的）
- **科挙の整備** ／ **殿試**を導入し、君主独裁の中央集権体制へ
- **形勢戸の台頭** ／ 経済力のある新興地主層が科挙の難関を突破し、勢力伸張

❷**王安石の改革（神宗の時代）**
- 契丹・大夏（西夏）などの北方民族による圧迫や集権的な軍制から防衛費が増大し、国家財政が窮乏
- **王安石の新法**
   - **青苗法** ／ 低利融資による中小農民の救済
   - **市易法** ／ 低利融資による中小商人の救済

❸**南宋の成立**
- **澶淵の盟**（1004）／ 南下し宋を脅かす遼に対し、宋が金銀を送ることで和平を保つ
- **靖康の変**（1126〜27）／ 金が華北を占領、皇帝（欽宗）・重臣らが連行され宋（北宋）が滅亡
- その後、皇帝の弟（高宗）が江南に**南宋**を建国（都：**臨安**）

❹**南宋（江南）の開発・発展**
- 江蘇、浙江、福建地域（長江下流域）が中国経済の中心に
- 陶磁器、茶・絹など特産品の集中生産
- 海運・河運の発達

1.10 元 ★★☆

(1) モンゴル帝国の形成

① チンギス=ハン

　モンゴル系諸部族ははじめ遼や金に服属していたが、次第に統合化を進め、遼の滅亡後の1206年、テムジンが族長会議であるクリルタイで推されハン(遊牧民族における君主の呼び名)の位に就き、**チンギス=ハン**となって**大モンゴル国**を建てた。

　彼は騎馬部隊を率いてまず内陸の東西貿易路を確保するべく、ナイマンを攻撃し、次にセルジューク朝から自立したトルコ系イスラム王朝であるホラズム=シャー国を滅ぼし、さらに大夏を滅ぼした。

② オゴタイ=ハン

　チンギス=ハンの第三子はハン位を継承して**オゴタイ=ハン**となり、定住農耕地帯に攻撃を向けて1234年に**金を滅ぼし**、**カラコルム**を都とした。

　オゴタイの甥バトゥの率いる軍は、南ロシアを征服して東ヨーロッパに侵入し、1241年に**ワールシュタットの戦い**でポーランド・ドイツ連合軍を撃破した。

③ モンケ=ハン

　また、第4代モンケ=ハンの時代、オゴタイの甥フラグは西南アジアに進出し、1258年にバグダードを占領してアッバース朝を倒した。

　このようにしてモンゴルの支配地は6,000万km^{2}に及ぶ空前の大帝国となった(モンゴル帝国)。

(2) モンゴル帝国の分裂

　広大な帝国内を画一的・全体的に統合することの困難から分裂の傾向が現れ、ロシアに**キプチャク=ハン国**、中央アジアに**チャガタイ=ハン国**[7]、西南アジアに**イル=ハン国**などの地方政権が形成された。

　そしてフビライが宗家のハンに就いた1266年、相続争いから**ハイドゥの乱**が起こり、各ハン国は独立してモンゴル帝国は分裂した。

7　チャガタイ=ハン国は13世紀前半に興り、14世紀半ばにはイスラム化して東西に分裂した。

(3) 元の中国支配
① 元の建国

第5代として即位した**フビライ=ハン**は、1264年に本格的な中国支配のため、首都をカラコルムから**大都**(現在の北京)に移し、1271年に国号を元と改めた。さらに1279年に南宋を滅ぼして中国全土を統一支配した。

元と3ハン国

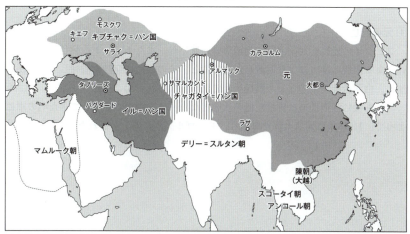

② 元の中国統治

元は中国支配に当たって従来からの伝統的な官僚制度を採ったものの、政策決定については中央政府の首脳部を独占していたモンゴル人が行った。また西域出身のトルコ、イラン系の人々を**色目人**と呼び重用した一方、金の支配下にあった**漢人**、南宋統治下の**南人**らは被支配者の立場に置かれた。

また武人や実務的な官僚を重視し、科挙を末期まで停止して儒教を軽視した。さらに**モンゴル語**を公用語とし、パスパ文字を公文書に採用した。しかし中国の農耕社会には深く関与しなかったため宋代からの大土地制、佃戸制は温存された。

③ 元の東西交流

　モンゴル帝国は、その初期から商業を重視し、**駅伝制(ジャムチ)**を設けて東西通商路を整備したほか海運も発達させ、**交鈔**と呼ばれる紙幣を統一通貨として発行した。その結果、東西文化の交流が活発化し、イタリアの商人**マルコ=ポーロ**は大都を訪れて元に仕え、またモロッコの大旅行家**イブン=バットゥータ**も元を訪れた。このほかローマ教皇から**モンテ=コルヴィノ**が派遣され、中国で初めてカトリックの布教を行った。

④ 元の滅亡

　フビライの死後、元朝内部で相続争いが続いた。またチベット仏教(ラマ教)の信仰による出費の増大により財政が悪化すると、そのために交鈔を濫発して経済が混乱し、白蓮教徒を主体とした農民反乱である**紅巾の乱**が起こった。

　これを機に江南地方は群雄割拠の状態となり、その中から北上してきた明の軍によって、1368年に元は大都を奪われ、モンゴル高原に追い払われた。

モンゴル帝国

❶第1代 / チンギス＝ハン[位1206～27]
- モンゴル高原諸部族に統合の機運が強まる中、**テムジン**（チンギス＝ハンの幼名）が1206年の**クリルタイ**（集会）でハン（君主の称号）位に就く
- 諸部族を統一して大モンゴル国を形成し、草原・オアシス地帯に支配拡大

❷第2代 / オゴタイ[位1229～41]
- 1229年にクリルタイでハン位に就く
- 1234年に金を滅亡させ、カラコルムに遷都、駅伝制等を整備
- **バトゥの西征** / 西北ユーラシア草原制圧
  東欧に侵入し、**ワールシュタットの戦い**（1241）でドイツ・ポーランド連合軍を撃破
- バトゥは南ロシアに**キプチャク＝ハン国**を建国（1243）

❸第4代 / モンケ[位1251～59]
- 1254年、フビライがチベット、大理を征服
- **フラグの西征** / バグダードを占領し、**アッバース朝を滅ぼす**（1258）
- フラグは西アジア（イラン、イラク方面）に**イル＝ハン国**を建国（1260）

❹第5代 / フビライ[位1260～94]
- 支配の重心を東方に移し、**大都**（北京）に遷都
- 国名を中国風に定め、**元**と称する（1271）
- 南宋を征服し、中国全土を支配

❺元の中国統治
- 中国の伝統的官僚制度を採用するが、モンゴル人が中央政府の首脳部を独占し政策決定を行う
- 公用語はモンゴル語
- **色目人**（中央アジア・西アジア出身の諸民族、イスラム教徒が多い）をモンゴル人の次に**財務官僚**として重用

❻東西文化の交流
- **駅伝制**（ジャムチ）により東西交通路を整備し、東西文化の交流が活発化
- モンテ＝コルヴィノ / ローマ教皇庁より派遣され中国で初のカトリック布教
- **マルコ＝ポーロ** / イタリア商人、『**世界の記述**（**東方見聞録**）』を著しヨーロッパで反響

❼元の滅亡
- 放漫財政・内紛により、元の統治体制が動揺
- **紅巾の乱**（1351～66）/ **交鈔**（紙幣）の濫発、専売制度の強化、飢饉から民衆は困窮
  白蓮教徒を中心とした紅巾の乱が発生
- 明軍に大都を攻略され、1368年にモンゴル高原に退く

明 ★★★

（1）明の統一
　紅巾の乱で活躍した貧農出身の朱元璋は、江南の穀倉地帯を基盤に群雄を従え、1368年に中国を統一した。彼は南京で皇帝に即位して洪武帝となり、明を建国した。

（2）洪武帝の治世
　洪武帝は君主独裁による中央集権国家を確立するために専制支配体制の基礎を築いた。

① 行政機関の改廃
　まず最高の行政機関である中書省とその長官である丞相を廃止し、その下に置かれていた六部などの各機関をすべて皇帝直属にして宰相に代わる殿閣大学士を設置した。

② 農村支配・兵制
　また戸籍を民戸と軍戸とに分け、民戸をもとに里甲制を、軍戸をもとに衛所制を作った。
　里甲制とは、110戸を1里とし、そのうちの有力な10戸を里長戸、その他を甲首戸に分け、里長は1名が輪番で徴税や治安維持を担当し、甲首は10名が里長を補佐するという制度である。この制度の基礎となったのが土地台帳としての魚鱗図冊と戸籍・租税台帳としての賦役黄冊である。
　衛所制とは、唐の府兵制に倣った兵制であり、112人で百戸所、10百戸所で千戸所、5千戸所で1衛を編成するものであり、衛所には屯田が置かれた。

③ その他
　朱子学を官学とし、民衆教化のために六諭と呼ばれる6か条の教訓を定めた。そして一世一元の制が始められた。対外的には海禁策を採り中国人の渡航を許さず、貿易は朝貢貿易を中心とした。

（3）永楽帝の治世

　洪武帝の死後、孫の建文帝が即位したが、その叔父である燕王が1399年に靖難の役を起こして南京を攻略し、帝位を奪って即位した（永楽帝）。

　彼は新たに内閣大学士を設置して重要政務に参画させ、万里の長城を修築して北方民族の侵入を防ぎ、都を南京から北京に移した。また思想統制のため大規模な編纂事業を行い、百科全書の『永楽大典』、国定注釈書の『四書大全』、『五経大全』を作らせた。

　対外的には永楽帝自身がモンゴルに遠征しオイラト、タタールなどの部族を牽制したほか、東北部の女真族を征服し、南はベトナムの陳朝を滅ぼした。またイスラム教徒の宦官である鄭和に200隻50,000人の大艦隊を率いさせ、インド洋からアフリカ東岸まで遠征させた。

（4）北虜南倭

　永楽帝の死後、政治は宦官の勢力増大や官僚の政権争いなどで乱れ始め、また北虜南倭といわれる外民族の侵入・略奪に苦しんだ。

　北虜とは、西方モンゴルのオイラトや東方モンゴルのタタールによる中国進出をいう。1449年、明と正統帝はオイラトの侵犯に対し反撃したが、逆にオイラト部に捕らえられた（土木の変）。また1550年、タタールのアルタン＝ハンにより北京が包囲される事件が起こった（庚戌の変）。

　南倭とは、南方海上に出没して南方から明を苦しめた倭寇のことである。明は外国貿易を朝貢貿易に制限し、民間貿易や海外渡航を禁ずる海禁政策を採っていたが、倭寇はこの統制に反抗して密貿易や掠奪を行った。

（5）張居正の改革

　16世紀後半、明は万暦帝と内閣大学士である張居正により一時的に中興策を採った。張居正は宦官の力を抑えて従来一部で実施されていた徭役を廃止し、これを銀に換算して課税を銀納に一本化する新税制、すなわち一条鞭法を全国に施行して財政破綻を解消した。

　また張居正はタタールのアルタン＝ハンに対し懐柔策を採り、和議を結んだ。その結果国内の安定は一時回復したが、彼の死後再び政治は混乱した。

（6）明の衰退

　16世紀末の豊臣秀吉による朝鮮出兵に対する援軍の派遣、女真族との交戦などで再び財政は悪化し、民衆は重税に苦しんだ。しかも官僚は、顧憲成らの東林派と宦官・魏忠賢と結んだ非東林派との党争に明け暮れ、明は衰退の一途をたどった。

7　地域史　297

この間に中国東北部では満州族が自立し、次第に勢力を拡大して中国に進出しつつあった。

(7) 明代の文化

　木版印刷による書物が多く出版され、『三国志演義』、『水滸伝』、『西遊記』、『金瓶梅』などの小説が広く読まれた。

　ヨーロッパから東アジアにキリスト教宣教師が来航するようになり、イエズス会の宣教師フランシスコ=ザビエルの訪中と布教は実現できなかったものの、その後マテオ=リッチが16世紀末に中国を訪れて布教を行った。リッチは「坤輿万国全図」という世界地図を作製した。

明（1368〜1644）

❶洪武帝の治世
- 朱元璋（太祖・洪武帝）／ 貧農出身、白蓮教徒による紅巾の乱の首領となり、南京で即位
- 中書省を廃止し、六部を皇帝直轄に
- 朱子学を官学化
- 里甲制 ／ 農村統治のための連帯責任制度
　　　　　租税台帳（賦役黄冊）・土地台帳（魚鱗図冊）の作成
- 衛所制 ／ 兵制
- 六諭 ／ 民衆教化の6か条
- 対外的には海禁政策（東南沿海）／ 民間人の海上交易禁止、朝貢貿易推進

❷永楽帝の治世
- 靖難の役（1399〜1402）／ 建文帝に反抗して南京を占領、永楽帝が帝位に就き北京に遷都
- 対外積極策
　- 北 ／ モンゴル高原遠征、万里の長城（現存のもの）修築を開始
　- 南 ／ ベトナム北部（大越国）を占領
　- 鄭和の南海遠征 ／ インド洋〜アフリカ沿岸に遠征させ、南海諸国の朝貢を勧誘

❸北虜南倭
- 16世紀半ば、異民族や海賊の活動の激化が明衰退の要因となった
　- 北虜 ／ モンゴル民族
　- 南倭 ／ 倭寇（朝鮮・中国沿岸で活動した海賊）

❹税制の変革（万暦帝（神宗）の治世）
- 一条鞭法（1581）／ 銀の普及により税の銀納化を促進し、各種の税・徭役を銀に一本化

❺文化
- 中国四大奇書とされる『三国志演義』、『水滸伝』、『西遊記』、『金瓶梅』が成立
- イエズス会宣教師マテオ=リッチが訪中して布教、「坤輿万国全図」という漢訳版世界地図を作製

1.12 清 ★★★

（1）清の成立

中国東北部に住んでいたツングース系の**女真**（女直・満州）という民族は12世紀に金を建国したが、その滅亡後は元に服属し、永楽帝による征討後は明による間接統治を受けていた。

しかし16世紀末に**ヌルハチ**が女真族を統一し1616年、清の前身である後金を建国した。彼は民族固有の軍事・社会組織としての**八旗**を整備して明を撃破し、遼東地方を占領した。

第2代皇帝太宗（ホンタイジ）は、内モンゴルを領土に加え、異民族支配のための機関である理藩院を作った。そして1636年に国号を清と改めた。また李氏朝鮮を服属させ、明を圧迫した。

（2）明の滅亡

明では各地で反乱が発生し、農民の支持を得た指導者**李自成**は1644年に北京を陥落させ、明の皇帝を自殺させた。この時点で明の武将呉三桂は、第3代順治帝の率いる清と交戦中であったが、清に降伏し清軍を先導して北京に入城した。清軍は李自成を破り1644年、北京に遷都した。このときの功により、呉三桂ら3人の漢人武将は、雲南、広東、福建の藩王とされた。

（3）清の繁栄期

第4代の**康熙帝**は呉三桂らの漢人武将による**三藩の乱**を鎮定し、明の遺臣・鄭成功以来台湾で復明反清運動を続ける鄭氏一族を下し、台湾を中国の領域に加えた。さらに南進しつつあったロシアと1689年に**ネルチンスク条約**を結び、アムール地方を確保した。

第5代の**雍正帝**は、当初用兵の迅速と機密保持のために宮中に設けられ、のちに常設の最高政治機関となった**軍機処**を設置した。

第6代の**乾隆帝**も外征に力を注ぎ、その結果中国内地、東北地方、台湾を直轄領、モンゴル、チベット等を間接統治の藩部、朝鮮、ベトナム、タイ、ビルマ、ネパールを属国とした。そして藩部関係事務を統括する**理藩院**を整備した。

7　地域史　299

（4）清の中国支配

清朝は、中国統治に漢人の協力が必要と考え、八旗軍以外に漢人で組織する常備軍である緑営を各地に置き、また中央の重要官職員数を偶数にして漢人にも同等の地位を与えた（満漢併用制）。また科挙を盛んに行い、学者を優遇し学問を奨励した。しかし他方で辮髪を漢人に強制し、儒学者の言論を弾圧する文字の獄によって思想統制をするなど厳しい政策も行った。

清代に入ると、一条鞭法を基礎にした地丁銀制が始まった。これは、徴税方法（銀納のみ）としては一条鞭法と同じであるが、課税対象を従来の土地（地税）と人（丁税・人頭税）の二本立てから、土地のみにしたものである。

対外的にはヨーロッパとの貿易は広州1港に限られ、公行という特許商人の組合が交易を独占していた。

（5）清の衰退と滅亡

19世紀中頃になると、イギリス、ロシア、アメリカが中国に進出し、その植民地化と同時に近代化運動が進展した。

その後1908年、光緒帝と西太后が死去し、清朝最後の皇帝である宣統帝（溥儀）が即位した。清朝は同年憲法大綱を発表し、1911年に内閣や軍機処を廃止して責任内閣制を施行したが、革命の流れを変えることはできなかった。革命軍は孫文を臨時大統領とし、1912年1月1日、南京で中華民国の建国を宣言した。これが辛亥革命である。

清朝はこれに対処するため北洋軍閥の袁世凱を総理大臣に任命した。しかし彼は清朝を見限り、革命政府と密約して清帝の退位を条件に自ら臨時大統領になる取決めをした。2月に宣統帝は退位し、清は滅亡した。

清（1616〜1912）

❶清の建国
- 女真（女直・満州）／ 中国東北地方に住んだ民族
- **ヌルハチ**が16世紀末に女真諸部族を統一し、1616年に後金を建国
- **八旗**を編制し、明に対抗 ／ 八色の旗を標識とした満州族の軍事・行政組織
- 第2代太宗（**ホンタイジ**）が国号を清と改名、朝鮮を属国とする

❷明の滅亡
- 北虜南倭に続き、朝鮮半島や中国東北地方の乱れにより、軍事費増加
- 国内では重税・飢饉の拡大により各地で反乱発生
- **李自成**の反乱軍が北京を占領し、1644年に滅亡

❸第3代順治帝の治世
- 明を滅亡させ、北京を占領した**李自成**を破り、清が中国を支配（1644）

❹第4代康熙帝の治世
- **三藩の乱**（1673〜81）／ 康熙帝の抑圧に対する漢人武将の反乱
- 台湾を占領し反清活動をしていた**鄭氏台湾**を征服（1683）／ 台湾の直轄化
- **ネルチンスク条約**（1689）／ ロシアのピョートル1世と結んだ条約
  　　　　　　　　　　　　　　　外国と対等の立場で結んだ最初の条約
- **地丁銀**を実施（1717）／ 人頭税（丁銀）が土地税（地銀）に繰り込まれる（税の簡略化）

❺第5代雍正帝・第6代乾隆帝の治世
- 清の最盛期
- キリスト教の布教禁止
- **軍機処**の設置（雍正帝）／ 皇帝直属の諮問機関
- 貿易港を**広州**に限定（乾隆帝）／ **公行**が貿易を独占

❻清朝の中国統治
- 明の制度を踏襲 ／ 科挙、官制、儒学など中国王朝の伝統保持の姿勢
- **満漢併用制** ／ 政府要職の定員を偶数とし、満州人と漢人を同数任命
- **文字の獄、禁書** ／ 思想の弾圧
- **辮髪令** ／ 漢人男性に対して満州人風俗を強制

❼支配領域の拡大
- 17世紀末以降に支配領域を拡大
- 18世紀半ばに最大領域となり、ほぼ今日の中国領土の原型をなす
- 直轄領 ／ 中国内地、東北地方、台湾
- 藩部（**理藩院**が統括）／ モンゴル、青海、チベット、新疆

❽清の文化
- 文学 ／ 曹雪斤『紅楼夢』、呉敬梓『儒林外史』、蒲松齢『聊斎志異』
- 宣教師の著作 ／ フェルビースト（南懐仁）『**坤輿全図**』（世界地図）
  　　　　　　　　　ブーヴェ（白進）『**皇輿全覧図**』（中国地図）など

7　地域史　**301**

辛亥革命後の中国

(1) 中国国民党と中国共産党
① 第1次国共合作と北伐
　孫文は**国民党**を結成して議会勢力を確立し、袁世凱の独裁を阻止しようとした。しかし袁世凱は国民党を武力で弾圧し正式な大統領に就任した。さらに独裁を強化した袁世凱は皇帝になろうとしたが内外の反対に遭って断念し、1916年に失意のうちに病死した。

　革命政府は弱体であったため、**軍閥**が各地に割拠した。華南では、1917年に孫文が広東軍政府を樹立し、1919年に上海で**中国国民党**を結成した。他方、1921年、**陳独秀**らは上海で**中国共産党**を組織した。1924年に国民党は共産党員の加入を認め、**第1次国共合作**がなされた。1925年に孫文は病死したが、その後も国共の提携のもと国民革命は急速に進展した。そして孫文の遺志を継いだ**蔣介石**は、国民革命軍を率いて北方軍閥の討伐を開始した(**北伐**)。

② 中国国民党による統一
　日本は北伐の成功による中国の統一を警戒し、東北軍閥の**張作霖**を援助したが、張作霖は北伐軍に抗し切れず、奉天に帰る途中、日本の関東軍による鉄道爆破により死亡する。1928年6月、蔣介石は北京に入り北伐を完了し、中国は国民党のもとに一応の全国統一を果たし、南京を首都として専制政治を実施した。

③ 中華ソヴィエト共和国臨時政府と第二次国共合作
　しかし他方で中国共産党は農村部を中心に農地解放や武装蜂起を推し進めて、これに対抗して1931年、江西省瑞金に中華ソヴィエト共和国臨時政府を作り、**毛沢東**がその主席になった。両者は激しい内戦を繰り広げたが日本の侵略が激しくなり、1937年内戦を停止して**第2次国共合作**を成立させ、協力して対日戦を戦った。

(2) 中華人民共和国の成立
　第二次世界大戦後、国共は再び内戦状態に陥ったが、農民の支持を得た共産党が1949年、中国全土を手中に収めた。1949年9月に共産党の指導のもとに北京で人民政治協商会議が開かれ、10月1日に毛沢東を国家主席、**周恩来**を首相とする**中華人民共和国**が成立した。一方、内戦に敗れた蔣介石と国民政府は同年12月台湾に逃れて**中華民国**を維持した。

　中華人民共和国は1950年に土地改革法を制定し、封建的な地主制度を廃止した。また、1953年から**第1次五か年計画**を実施し、工業化と農業の集団化を進めた。さらに、1958年からの**第2次五か年計画**では、人民公社を基軸に大躍進政策を進め、

着々と社会主義建設に邁進した。

戦後の中国史

1949	**中華人民共和国が成立** ／ **毛沢東**主席、**周恩来**首相
1950	**朝鮮戦争に義勇軍派遣**
1953	**第1次五か年計画**
1958	**第2次五か年計画** ／「**大躍進**」政策
1959	**劉少奇**が主席に就任 ／ 調整政策開始
1966～	**プロレタリア文化大革命**
1969	ダマンスキー島事件 ／ 中ソ国境紛争
1972	**ニクソン大統領**が訪中
1976	毛沢東、周恩来死去
1977	「四人組(文革推進派)」が逮捕され、文化大革命終了を宣言
1981	**鄧小平・胡耀邦**体制 ／ 改革開放路線
1989	(第2次)天安門事件 ／ 事件後、江沢民が総書記就任
1992	社会主義市場経済を採択
1997	イギリスから香港返還
1999	ポルトガルからマカオ返還

2 中国周辺地域

2.1 朝鮮半島史 ★★★

　前漢の武帝の侵攻を受ける前は、**衛氏朝鮮**の実在が確認されている。この王朝は紀元前108年に武帝に滅ぼされ、武帝は半島の西岸に楽浪郡を置いたが、楽浪郡は313年に中国東北部に根拠地を持つツングース系の高句麗によって滅ぼされた。

　高句麗は4世紀後半に全盛期を迎え、長寿王は首都を平壤に移した。隋の煬帝の再三にわたる攻撃を退けた高句麗も、668年には唐・新羅の連合軍によって滅ぼされた。その後、ツングース系の**渤海**が中国東北部の東部に建国された。

　4世紀の朝鮮半島南部では、高句麗の南下に備え小国家群が連合し始め、西部の**百済**、東部の**新羅**が誕生した。南端部は統合が進まず**加羅**諸国と呼ばれていたが、やがて百済・新羅に併合された。高句麗・百済・新羅のこの時代を**三国時代**と呼ぶ。

　660年、新羅は唐と同盟を結び半島統一に乗り出し、同年8月に百済を、668年に高句麗を滅ぼし、さらに676年には平壤に設置されていた唐の安東都護府を追い出した。こうして新羅は**初の朝鮮半島統一国家**となり、都を金城(現在の慶州)に置いた。

　10世紀初めには王建が都を開城として**高麗**を建国し、新羅を滅ぼした。高麗では特権身分の世襲官僚制である**両班**が行われた。1259年、モンゴル軍の侵攻により高麗はモンゴルの属国となり、海岸を荒らす倭寇の活動などで衰退した。文化面では世界最古の金属活字の作成で知られ、また青磁は世界的に有名である。

　倭寇撃退で名を挙げた**李成桂**は**李氏朝鮮**を建国し、朱子学を官学とした。第4代世宗のとき**訓民正音**(ハングル)が制定され、民族文字を持つに至った。

　1592年には豊臣秀吉が攻め込み大きな被害を受けたが、海軍の李舜臣の活躍でこれを凌いだ(壬辰・丁酉倭乱)。その後17世紀前半に清のホンタイジから攻撃を受け、その属国となった。

朝鮮半島史

❶衛氏朝鮮
- 紀元前190年頃、衛満が建国
- 都は現在の平壌

❷漢の支配
- 前漢の武帝が衛氏朝鮮を征服
- 楽浪郡、真番郡、臨屯郡、玄菟郡の4郡が設置される

❸朝鮮三国時代
- **高句麗**（紀元前後〜668）
  - 都は丸都城→平壌（5世紀〜）
  - 中国東北地方から朝鮮半島北部を支配し、313年に楽浪郡を滅ぼす
  - 広開土王（好太王）の時代が最盛期（4世紀末〜5世紀）
  - 668年、唐・新羅連合軍により滅亡
- **百済**（4世紀半ば〜660）
  - 高句麗、新羅と対抗するため日本と結ぶ
  - 唐・新羅連合軍により滅亡
- **新羅**（4世紀半ば〜935）
  - 7世紀に唐と結んで百済・高句麗を滅ぼし、朝鮮半島を統一、慶州を都とする
  - 唐の律令制度、文物を導入する
  - 仏教を保護し、仏教文化が繁栄（首都慶州の仏国寺）

❹高麗（918〜1392）
- 936年、新羅を滅ぼして朝鮮半島を統一して**高麗**を建て、**開城**を都とする
- 政治・社会の特権階層である両班が成立
- モンゴル帝国に服属、元寇の基地となる
- 仏教を保護 ／『高麗版大蔵経』を刊行

❺李氏朝鮮（1392〜1910）
- **李成桂**（太祖）が**李氏朝鮮**を建国し、**漢城**（現在のソウル）を都とする
- 朱子学が官学とされる
- 両班が特権階級の座を確立
- **訓民正音**（ハングル）が制定される
- 豊臣秀吉の朝鮮出兵（壬辰・丁酉倭乱）を**李舜臣**らの活躍により撃退
- 1637年に清に服属
- 1910年に日本に併合される

2.2 東南アジア ★★★

(1) インドシナ半島
① ベトナム

　現在ベトナムと呼ばれる地域は、秦の時代に中国の支配を受けた。秦の末期には南部(南越)が自立を果たしたものの、前漢の時代に入ると武帝により南越も征服された。

　後漢の時代には交趾太守の支配に対して**徴姉妹の反乱**を起こしたが、**光武帝**により鎮圧された。その後唐王朝が滅亡すると中国支配を脱した。

　11世紀に**李氏**が**大越国**を建て、李朝は宋軍を撃退した。続く**陳朝**はモンゴル民族の侵入を撃退したほか、**字喃(チュノム)**と呼ばれる文字が作られた。15世紀から18世紀にかけての黎朝は明と朝貢関係を結んで明の文物を採り入れ、朱子学を振興した。

　1771年に西山党の阮氏が農民の不満を背景に反乱を起こしたが、西山政権は1802年に**阮福暎**により倒され、**阮朝**が建てられた。阮朝はベトナム最後の王朝で清に服属していたが、**清仏戦争**で清がフランスに敗れると、フランスの植民地となって**フランス領インドシナ連邦**を構成した。

② カンボジア

　1世紀末、メコン川流域に建国された**扶南**は東南アジア初の本格的な国家とされる。その後6世紀にクメール人によって**カンボジア**が建てられ、扶南を滅ぼした。9世紀以降の**アンコール朝**が最盛期とされ、寺院遺跡の**アンコール=ワット**や都市遺跡アンコール=トムはこの王朝期に建設された。

　1863年、フランスの**ナポレオン3世**により保護国化され、ベトナム、ラオスとともにフランス領インドシナ連邦を構成した。

(2) その他の地域
① タ　イ

　14世紀に興ったアユタヤ朝は、国内の特産物を中国や琉球との交易で取引して栄え、敵対する勢力を押さえてタイ史上最大の領土を支配するに及んだ。

　18世紀の終わりにはラタナコーシン朝が創始され、東南アジア諸国が植民地支配を受ける中、近代化の取組みに成功して唯一植民地化を防いだ。

306　第1章　世界史

② インドネシア

　現在のインドネシアを構成するジャワにおいては、8〜9世紀に**シャイレンドラ朝**という仏教主体の王朝が興った。13世紀には元の侵入を受けたが、これを撃退して**マジャパヒト王国**というインドネシア最初の統一王朝が建てられた。マジャパヒト王国はヒンドゥー教の国であったが、16世紀にイスラム系の**マタラム王国**に滅ぼされ、そのマタラム王国も18世紀にオランダによって滅ぼされた。

東南アジア

---

❶ベトナム
・中国の支配下
　　・秦の始皇帝に支配を受け、秦末に南越が自立
　　・前漢の武帝が南越を征服
　　・後漢の時代に**徴姉妹の反乱**を起こすも光武帝により鎮圧
　　・唐の滅亡後、中国支配を脱する
・中国からの独立 ／ 11世紀に**大越国**が成立
　　・李朝 ／ 宋軍を撃退
　　・陳朝 ／ モンゴルの侵入を撃退、字喃(チュノム)の作成
　　・黎朝 ／ 朱子学を導入
　　・西山政権 ／ 西山党の阮氏が建国
・フランスの影響 ／ **越南国**
　　・阮朝 ／ 阮福暎が建国したベトナム最後の王朝
　　　　　　　　清を宗主国としていたが、**清仏戦争**でフランスの植民地になる

❷カンボジア
・**扶南**(プノム) ／ クメール(カンボジア)人またはインドネシア系の民族が建国
　　　　　　　　　東南アジア初の本格的国家(1世紀に建国)
・**アンコール朝**(802頃〜1432)が最盛期
　　・**アンコール=ワット** ／ 寺院遺跡
　　・アンコール=トム ／ 王都の遺跡
・フランスの影響 ／ 1863年にフランス(**ナポレオン3世**)により保護国化
　　　　　　　　　　ベトナム、ラオスと併せてフランス領インドシナ連邦を形成

❸タイ
・**アユタヤ朝**(1350〜1767) ／ タイ史上最大の領土を支配
・**ラタナコーシン朝**(チャクリ朝) ／ 現在に至る王朝
　　　　　　　　　　　　　　　　タイは**東南アジアで唯一独立を維持**

❹ジャワ島(インドネシア)
・シャイレンドラ朝(8〜9世紀)
・マジャパヒト王国(1293〜1520頃)
　　・元の侵入を撃退し建国された、インドネシア最初の統一王朝
　　・最後のヒンドゥー教国 ／ イスラム勢力の進出で滅亡
・マタラム王国(16世紀末〜1755) ／ オランダにより征服される

7　地域史　307

❸ イスラム史

3.1 イスラム世界の形成 ★★★

（1）アラブ台頭の契機

　6世紀まで、アラブ人は小部族に分かれ遊牧と隊商貿易を営んできた。ところが6世紀にビザンツ帝国とササン朝との交戦が激化し、中国、インドからペルシアを経てヨーロッパに通じる東西貿易路（シルク＝ロード）が中断した。そして新しいルートとしてインド洋からアラビア半島西岸（紅海沿岸のヒジャーズ地方）が利用されるようになり、この新しい貿易路の中心となってメッカとメディナが栄え、ここにアラブ人の民族的自覚が高まった。

（2）イスラム教の創始

　メッカの生まれでクライシュ族の商人ムハンマドは、610年ごろ唯一神アッラーの啓示を得て自らを預言者であると称し、イスラム教を唱えた。この教えは富と権力を理想とする利己主義を正して神へのおそれを説き、部族、階級、貧富の別なく、神の前では万人が平等であると説いた。

（3）アラビア半島の統一

　ムハンマドの教えは民衆の支持を得たが、多神教を奉じる者が多いメッカの大商人から迫害を受けて、622年にメディナに移住し、ここにイスラム教徒の共同体（ウンマ）をを建設して政治、宗教、軍事の指導者になった。この事件をヒジュラ（聖遷）という。

　630年、メッカを征服したムハンマドはカーバ神殿をイスラム教の聖殿とし、偶像を破壊してこの地をイスラム教の聖地と定めた。さらに異教徒に対するジハード（聖戦）を推し進め、632年にアラビア半島を統一した。ムハンマドがシリア遠征の途中で病死した後、彼の伝えた唯一神アッラーの啓示はアラビア語で記録され、イスラム教の聖典コーラン（クルアーン）となった。

3.2 正統カリフの時代 ★★☆

（1）アラブ人の大征服

ムハンマドの死後、イスラム教徒(ムスリム)の選挙で選ばれた者が、**カリフ**として政治宗教を指導した。初代カリフとなったアブー＝バクルから続く４代のカリフを**正統カリフ**という。

この時代アラブ人は大規模なジハードを敢行し、第２代ウマルの時代にはビザンツ帝国を退けてシリア、エジプトを占領し、また642年に**ニハーヴァンドの戦い**でササン朝を撃破して中央アジアにも進出した。

（2）アラブ帝国の支配

アラブ人は特権階級として各地に移住したが、イスラム教を強制せず、**ジズヤ**(人頭税)と**ハラージュ**(地税)の納入を条件に、彼らの宗教、生命、財産を保障した。もっとも東方に移住する者も多く、その結果、唐代の中国にネストリウス派キリスト教(景教)、ゾロアスター教(祆教)、マニ教が伝播した。

この時代はカリフ選出をめぐる対立から第４代**アリー**が暗殺されて終わりを告げた。

3.3 ウマイヤ朝 ★★☆

（1）ウマイヤ朝の成立

アリーの死後、シリア総督であったウマイヤ家の**ムアーウィヤ**が武力をもってカリフの地位に就き、世襲カリフ制を樹立し、661年に都をダマスクスとした**ウマイヤ朝**を開いた[8]。

（2）ウマイヤ朝の全盛期

ウマイヤ朝はジハードをさらに積極的に進め、東は唐と接し、西は北アフリカを平定後、ジブラルタル海峡を渡って711年には西ゴート王国を滅ぼし、732年にはピレネー山脈を越えてフランク王国に侵入した。**トゥール・ポワティエ間の戦い**でフランク王国の**カール＝マルテル**に敗れて西欧進出は断念したものの、以後地中海の制海権を握り西欧世界を圧迫した。

---

[8] イスラム教のうち、ウマイヤ朝を支持する派をスンナ派 (信者の90％を占める多数派)、第４代アリーの子孫を支持する派をシーア派と呼ぶ。シーア派はペルシアを中心に被征服民に浸透した。

（3）ウマイヤ朝の滅亡

　ウマイヤ朝において、アラブ人はザカートと呼ばれる年収の40分の1程度の税金を払うのみであり、一方、非アラブ人（イラン人、トルコ人）のイスラム教徒（マワーリー）は、非イスラム教徒と同様のジズヤとハラージュを負担させられた。

　この政策がコーランの教えに背くとして各地に内乱が勃発し、やがて**アッバース朝**によって750年、ウマイヤ朝は滅亡した。もっともその一族はイベリア半島に逃れ、コルドバを首都として後ウマイヤ朝を建国し、11世紀の前半まで続く。

イスラム世界の成立

---

❶ムハンマド時代
- メッカの住人**ムハンマド**、布教活動を始める（610頃）
  - 厳格な一神教 ／ 唯一神**アッラー**以外は認めない
  - 富の独占の批判 ／ メッカの商人から迫害を受ける
- **ヒジュラ**（聖遷）／ メディナへ移住（622）
  - 少数の信徒とともに、イスラム教徒（ムスリム）の共同体（**ウンマ**）を建設
  - 次第にイスラム教が広まる
- メッカを征服してアラビア半島統一 ／ **カーバ神殿**をイスラム教の聖殿と定める

❷正統カリフの時代
- ムハンマドの死後（632）、ウンマの指導者として**カリフ**が選挙で選出される
- 初代アブー=バクルから4代アリーまでを**正統カリフ**（632 〜 661）という
- カリフ指導のもと、大規模な**ジハード**（聖戦）が開始される
- **ニハーヴァンドの戦い**（642）／ ササン朝はこの敗戦で事実上崩壊し、651年に滅亡
- ビザンツ帝国から**シリア**（640）、**エジプト**（642）を奪う
- 征服活動により支配領域が拡大するとカリフの権限をめぐる対立が起こる
- 第4代カリフのアリーが暗殺（661）

❸ウマイヤ朝
- アリーと敵対していたウマイヤ家の**ムアーウィヤ**がカリフ就任
- ムアーウィヤ、ダマスクスに首都を置いて**ウマイヤ朝創始**（661 〜 750）
- 8世紀初めには政治的にも安定し、領土をさらに拡大
  - イベリア半島征服（711）／ 以降レコンキスタ完了までイベリア半島はイスラム王朝の統治
  - **トゥール・ポワティエ間の戦い**（732） ／ フランク王国に敗北し失敗
- 東は西北インド（インダス川流域）、西は北アフリカからイベリア半島までをも支配する帝国に
- しかし、ウマイヤ朝を認めないシーア派や、征服地の改宗者（マワーリー）の抵抗・反乱が起きる
- 反対派勢力を束ねた**アッバース家**により滅ぼされる（750）

第1章　世界史

3.4 アッバース朝 ★★☆

(1) アッバース朝の成立
　ムハンマドの叔父の子孫であるアブー＝アルアッバースが革命運動を推進し、ウマイヤ朝の失政に乗じてこれを倒し、750年に**バグダード**を都として**アッバース朝**を開いた。

(2) イスラム帝国の成立
　この時期にはアラブ人優位が崩れてアラブ人もハラージュを払うようになり、イスラム教徒であれば民族の区別なくジズヤが免除された。またカリフという位の神格化が進み、絶対専制君主として君臨するようになった。751年には**タラス河畔の戦い**で唐軍を破り、以降イスラム商人は世界貿易の中心となって8世紀後半ハールーン＝アッラシードの時代に全盛期を迎える。

イスラム世界の情勢

（3）アッバース朝の衰退

しかし9世紀以降はアッバース朝も衰え始め、帝国内のエジプトやイランに独立の王朝が次々に成立する。

969年、エジプトを征服し北アフリカ全土を統一した**ファーティマ朝**はカイロを首都とするシーア派の王朝であり、建国以来カリフの称号を用いて正面からアッバース朝の権威を否定した。

またイランでもシーア派の**ブワイフ朝**が自立して945年にバグダードに入城し、カリフから軍事・行政の全権限を奪って軍事政権を樹立した。これによってアッバース朝のカリフはイスラム教徒の統合の象徴となり、以後武人による政治が展開する。

3.5 イスラム勢力の拡大 ★★★

（1）トルコの台頭

① マムルーク

騎馬戦士として優れているトルコ人は、アッバース朝のカリフによって**マムルーク**と呼ばれる親衛隊として用いられ、軍事力の中心となった。そして彼らは実力を蓄えて軍閥化し、各地に独立政権を樹立した。

② カラハン朝

初のトルコ系イスラム王朝である**カラハン朝**は、西進したウイグルによって東トルキスタンに建国された。やがてサーマーン朝を滅ぼして東西トルキスタンを併合し、この地のイスラム化を促進した。

しかし1132年、カラキタイ（西遼）の耶律大石に滅ぼされた。

第1章

世界史

③ セルジューク朝

11世紀はじめにスンナ派のセルジューク族は、**トゥグリル=ベク**のもとに独立し、セルジューク朝を建国した。セルジューク朝はシーア派のブワイフ朝を倒してバグダードに入り、アッバース朝のカリフから**スルタン**（支配者）の称号を受けた。これ以降カリフは一切の政治的権限を失い、これに代わってスルタンがイスラム世界の支配者となった。

セルジューク朝はアッバース朝の東方領を再統一し、シリア、パレスチナを領有した。さらに小アジアにも進出してビザンツ帝国を圧迫し、十字軍の遠征を引き起こすことになった。この時期に従来一代限りであった封土が世襲制として軍人・功臣に分与されるようになり（**イクター制**）、イスラム世界の封建制の基礎が確立した。

セルジューク朝はカラキタイとホラズムから攻撃を受け、1194年に滅亡した。

④ ホラズム＝シャー朝

ホラズム＝シャー朝はセルジューク朝からイラン全土を奪い、ゴール朝をインドに追いやり、アフガンを押さえた。さらにカラキタイを破り、西トルキスタンを占領して中央アジアの大国となった。しかし13世紀にチンギス=ハンによって滅ぼされた。

11世紀のイスラム世界

7 地域史 313

（2）北アフリカとイベリア半島

① ファーティマ朝・アイユーブ朝

　十字軍の進入に対して無力であったセルジューク朝に代わって、12世紀後半に
イスラム世界防衛の中心となったのは**サラディン**の率いる**アイユーブ朝**である。

　サラディンはシーア派の**ファーティマ朝**を滅ぼしてカイロを首都とするアイユー
ブ朝を作り、1187年には十字軍の建国した**イェルサレム王国**を討伐して、90年ぶ
りにイェルサレムを奪還した。サラディンの死後第5回・第6回十字軍との抗争で
衰退したアイユーブ朝は君主の親衛隊であるマムルーク軍団に実権を奪われ滅亡し
た。

② マムルーク朝

　マムルーク朝は第6回・第7回十字軍を駆逐し、モンゴルの侵入をシリアで撃破
してイスラム世界を対外的に防衛した。またモンゴルによって滅ぼされたアッバー
ス朝のカリフの亡命を受け入れ、全イスラム文明を防衛した。

③ その他の情勢

　チュニジア以西にいた**ベルベル人**は、7世紀以来、アラブ人に征服されてイスラ
ム教への改宗がなされた。彼らはイスラム勢力のイベリア半島進出の際にはその先
鋒として活躍したが、11世紀半ば頃からアラブ人に対する反抗を見せるようになっ
た。ベルベル人は北アフリカからイベリア半島を領有して**ムラービト朝、ムワッヒド
朝**という独立王国を建て、キリスト教徒による国土回復運動(レコンキスタ)に反撃
を加えた。

　15世紀にはカトリック諸国の国土回復運動が活発化し、イスラム最後の王朝で
ある**ナスル朝**が、1492年、首都グラナダの**アルハンブラ宮殿**を占領され滅亡し、こ
こにイスラム勢力による8世紀以来のイベリア半島支配が終わる。

（3）イラン地方

① イル＝ハン国

モンゴル軍のフラグは1258年にバグダードを占領し、750年から続いたアッバース朝を滅ぼし、タブリーズを首都として**イル＝ハン国**を建国した。

アッバース朝のカリフは945年の軍事政権設立以来その政治的意義を喪失し、象徴としてのみ存続していたが、イル＝ハン国の成立によってカリフ制度は壊滅してイスラム帝国は完全に滅亡した。

イル＝ハン国は当初、マムルーク朝と対立してイスラム教を圧迫したが、13世紀末にイスラム教を国教としてイスラム文化を保護した。

② ティムール朝

14世紀後半、**チャガタイ＝ハン国**末期の混乱からモンゴル系イスラム教徒の**ティムール**が台頭し、中央アジアのサマルカンドを首都として**ティムール朝**を建国した。ティムールはモンゴル帝国の再建を標榜しチャガタイ＝ハン国、イル＝ハン国を征服し、さらにキプチャク＝ハン国を従属させて西北インドにまで遠征した。そして1402年には当時小アジアで勃興したオスマン帝国を**アンカラの戦い**で破り、中央アジアからインド、ペルシア、小アジアにまたがる大帝国を作った。

しかしティムールは、当時永楽帝が治めていた明に向かう途中で病死した。その後は、オスマン帝国や明と国交を回復し、東西貿易を拡大して繁栄したが、15世紀後半、北方からトルコ系のウズベク族が進入し、1500年に滅亡した。

③ サファヴィー朝

16世紀初めにイスマーイールがイラン全土を再統一し、タブリーズを首都として**サファヴィー朝**を開いた。彼はシーア派のイスラム教を国教とし、アラビア的なスルタンの称号を廃してイラン風にシャーの尊称を採用し、イランの民族国家となった。

特に**アッバース1世**の時代が最盛期で、オスマン帝国を破って領土を拡大し、また新首都イスファハーンを建設して高度のイラン文化を誇った。

3.6 オスマン帝国 ★★★

（1）オスマン帝国の成立

　モンゴル人の西征の際に、その圧迫を避けて小アジアに移住したトルコ系部族の中から13世紀の末、オスマン1世が出て周囲の群小国家を併合し、1299年、**オスマン帝国**を建国した。

　やがてビザンツ帝国を圧迫してバルカン半島に進出し、1369年にアドリアノープルに首都を移し、**イェニチェリ**という強力な親衛隊を組織して軍事力を強化した。この隊の人材は、バルカン半島のキリスト教徒を徴用してイスラムに改宗させた後に訓練を施す**デヴシルメ**という制度に支えられた。

（2）帝国の中絶

　さらに1396年、バヤジット1世はニコポリスの戦いでバルカン諸国、ドイツ、フランス連合軍を撃破した。しかしその後アンカラの戦いでティムールに大敗し、オスマン帝国は中断した。

（3）大帝国への発展

　やがて国力を回復し、**メフメト2世**は1453年、コンスタンティノープルを陥落させて**ビザンツ帝国を滅ぼした**。次いでセリム1世は、サファヴィー朝を破った後シリアに進出し、1517年にマムルーク朝を滅ぼしてエジプトを併合した。このときマムルーク朝の管理下にあった**メッカ**と**メディナ**両聖都の保護権を得た。そして亡命中のアッバース朝カリフの子孫からカリフの称号を継承し、スルタンの政治的支配権とカリフの宗教的権威が結合した、政教一致の**スルタン=カリフ制**が成立し、オスマン帝国のスルタンはスンナ派イスラム教の中心的守護者となった。

（4）オスマン帝国の最盛期

　1520年から1566年まで在位した**スレイマン1世**の時代にオスマン帝国は最盛期を迎え、サファヴィー朝からバグダードを含むイラクを奪い、ハンガリーを征服し、1529年にはウィーンを包囲した（**第1次ウィーン包囲**）。さらに1538年、**プレヴェザの海戦**でスペイン、ヴェネツィアの連合艦隊を破って、地中海の制海権を握った。

　スレイマン1世は征服地の異民族には寛大に接し、自治を許可した。またフランス、イギリスには、領内での領事裁判権や租税免除などを恩恵的に認める**カピチュレーション**を行った。

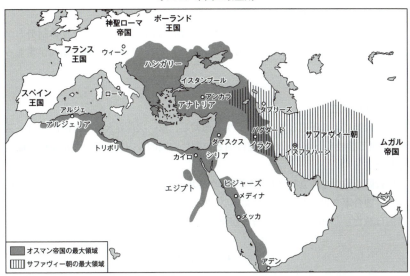

オスマン帝国の最盛期

（5）帝国の衰退期

　スレイマン1世の死後、1571年の**レパントの海戦**でスペイン、ヴェネツィアの連合艦隊に完敗し、地中海の制海権に陰りが見え始め、また新航路発見で東西貿易が振るわず、財政が窮乏した。

　1683年には**第2次ウィーン包囲**に失敗し、さらに1697年にオーストリア、ポーランド、ロシアの連合軍に敗れ、イギリスの調停で1699年カルロヴィッツ条約を締結すると、ハンガリー全土を失った。

　18世紀の後半にはロシアとの戦いに大敗し、黒海北岸を奪われその後も領土は縮小の一途をたどった。

（6）帝国の改革

　19世紀半ば、**アブデュルメジト1世**は近代的な西欧化政策（**タンジマート**）を実施したが、かえって外国資本への従属が進んだ。

　1853年からの**クリミア戦争**では、イギリス、フランスの応援を得てロシアの南下を防ぎ、さらに近代化を求めながらヨーロッパとのバランスを図ろうとしてきた。1876年にはアジア初の憲法であり、自由主義的な理念を持つ**ミドハト憲法**が制定された。

　しかし、1877〜78年の露土戦争（ロシア＝トルコ戦争）に敗れ、サン＝ステファノ講和条約でルーマニア等の独立を認めることになり、オスマン帝国は縮小してい

く。また、ミドハトが追放されたことにより憲法は停止され、アブデュルハミト2世の専制政治が30年続くことになる。

　この専制政治に反発し、ミドハト憲法の復活を目指して1908年に反体制勢力が蜂起したのが**青年トルコ革命**である。革命後にはパン=トルコ主義の傾向が強まった。

(7) 帝国の滅亡

　南下政策により圧迫してくるロシアと敵対し、第一次世界大戦では**ドイツ・オーストリア側で参戦**したため敗れ、連合国との間に亡国的な内容の**セーヴル条約**が締結された。

　戦後臨時政府を樹立した**ムスタファ=ケマル**(ケマル=パシャ)はセーヴル条約に反発し、連合軍を退けた。1922年にムスタファ=ケマルの**トルコ革命**によりオスマン帝国は滅亡し、1923年に政教分離がなされた**トルコ共和国**が樹立した。

オスマン帝国

❶バヤジット1世[位1389〜1402]
・**ニコポリスの戦い**(1396)／フランス、ドイツ、イギリス連合軍に勝利
・カイロのアッバース家からスルタンの称号を授けられる
・**アンカラの戦い**(1402)／**ティムール朝**に敗れ、以降11年間オスマン帝国は空位時代

❷メフメト2世[位1444〜46、51〜81]
・コンスタンティノープル攻略／**ビザンツ帝国滅亡**(1453)
・コンスタンティノープルをイスタンブールと改称し、帝国の首都と定める

❸セリム1世[位1512〜20]
・アラブ地域に支配領域を広げる
・カイロを攻略(1517)／マムルーク朝滅亡
・その他、メッカ・メディナの支配権を得る

❹スレイマン1世[位1520〜66]
・オスマン帝国最盛期のスルタン
・**第1次ウィーン包囲**(1529)
　・ハプスブルク家(神聖ローマ皇帝)の都であるウィーンを包囲
　・1か月余りで包囲を解いて退却
　・神聖ローマ皇帝カール5世と対立するフランスのフランソワ1世と同盟を結び、圧迫を加える
・**カピチュレーション**をフランス、イギリス、オランダに与える
　・通商・居住の自由、領事裁判権、租税免除、身体・財産の保障などの治外法権
　・18世紀以降、オスマン帝国が衰退すると、これを口実に列強諸国が侵略を強めた
・**プレヴェザの海戦**(1538)
　・ローマ教皇、神聖ローマ皇帝カール5世を中心とするキリスト教連合軍に快勝
　・地中海の制海権を握る

4 インド史

4.1 インダス文明 ★★★

　新石器時代に、オリエントの影響を受けて西北インドに農耕・牧畜を主体とする集落が発生した。これが**インダス文明**で、紀元前2600年頃に興った。このインダス文明を代表する都市遺跡が、インダス川流域の**モエンジョ=ダーロ**（モヘンジョ=ダロ）と**ハラッパー**である。

　これらの都市では、東西・南北に延びる道路が敷かれ、下水道も設けられていた。道路に沿って家屋が建てられ、大沐浴場、穀物倉庫、市場などの遺跡もあるが、オリエントに見られるような壮大な宮殿・王墓などの跡は現在まで発見されていない。

　しかし、この文明を担った民族は明らかではなく、印章などに刻まれたインダス文字もいまだに解読されていない。

4.2 古代新宗教 ★★★

(1) アーリヤ人の侵入と発展

　紀元前1500年頃、インド=ヨーロッパ語族の一派であるアーリヤ人が中央アジアからインドに移住してきた。彼らは先住民を征服し、農耕を主とする定住生活に入った。また、牧畜も行い、すでに牛を神聖視する習慣が存在した。その頃、鉄器の使用が始まり、また稲作も広まって、北インドの農耕社会は発達した。

　アーリヤ人は自然現象を崇拝し、その神々に賛歌と供え物を捧げていた。このような神への賛歌や祈祷など口述の宗教的知識をまとめた聖典がヴェーダである。ヴェーダはインド最古の文献群で、中でも『**リグ=ヴェーダ**』が重要である。このようなヴェーダを中心とした信仰を**バラモン教**と呼んだ。人々はヴェーダの詠唱を中心として神に仕えたが、やがて専門の司祭者が必要となり、世襲の司祭者であるバラモンが社会の指導者的地位を占めるようになった。

　このようにバラモンを最高位として、宗教的・職業的な身分階層制度が発生した（**ヴァルナ制**）。人々はバラモン（司祭）、クシャトリヤ（武士）、ヴァイシャ（商人、職人、農民などの庶民層）、シュードラ（隷属民）という四つの身分に分けられ、このヴァルナと職業別などに細分化されたジャーティとの組合せによってなされる**カースト制度**が、長くインドの社会制度の根本を形成した。

（2）古代新宗教

　カースト制度の固定化に伴って、バラモン教は祭祀のみに囚われて形式化し、行き詰まりを見せた。そして武力を担うクシャトリヤと商工業者であるヴァイシャの勢力が向上した。このような気運に乗って紀元前500年頃に、ジャイナ教と仏教が生まれた。

① ジャイナ教

　クシャトリヤに属する**ヴァルダマーナ**は、バラモンの権威を否定し、肉体的苦行によってのみ救済されると説きジャイナ教を興した。ジャイナ教は商人層に支持され、現在でもインド民族資本家の中にはジャイナ教徒が多く見られる。

② 仏　教

　一方、**ガウタマ=シッダールタ**は仏教を創始した。彼は徹底した無常観に立ち、すべて人間は平等であるとし、中道の精神と慈悲の心を持って八正道（はっしょうどう）を行えば、生・老・病・死の悩みから解脱できるとした。この教義はマガタ国の王に厚く保護されてクシャトリヤを中心に支持を広げ、やがて商工業者や奴隷にも広まった。

古代インド

❶アーリヤ人
・インド=ヨーロッパ語系の牧畜民
・前1500年頃、西北インドに進入

❷バラモン教の成立
・アーリヤ人の神々への賛歌や儀礼をまとめたヴェーダが根本聖典
・最古の賛歌集は『**リグ=ヴェーダ**』

❸カースト制
・4種類の**ヴァルナ**（種姓）が基本となる職業的・宗教的身分制度
・バラモン（司祭）、クシャトリヤ（武士）、ヴァイシャ（庶民）、シュードラ（隷属民）

❹仏教の成立
・前5世紀頃にヴァルナ制を否定してシャカ族の**ガウタマ=シッダールタ**が創始

❺ジャイナ教
・ヴァルナ制を否定し、禁欲・苦行を説く
・極端な不殺生主義

❻ヒンドゥー教
・紀元前後以降、バラモン教にインド各地の民間宗教が融合して成立
・シヴァ神、ヴィシュヌ神を中心とする多神教
・成立後、仏教の信仰は衰退

4.3 古代統一国家 ★★★

（1）マウリヤ朝

　紀元前6～紀元前5世紀頃、**マガダ国**がガンジス川流域を支配したが、西北インドはアケメネス朝に押さえられており、インド全土の統一勢力とはなり得なかった。

　その後**マウリヤ朝**を興した**チャンドラグプタ王**は、東はガンジス川流域の諸国を平定し、西はインダス川流域のギリシア人勢力を一掃し、最初の統一国家を作った。マウリヤ朝は紀元前3世紀の**アショーカ王**の頃に最盛期を迎えるが、彼の死後衰退に向かった。

（2）クシャーナ朝

　1世紀半ば、匈奴に圧迫されて西方に移った月氏のクシャーン人は、**クシャーナ朝**を建てて西北インドに侵入した。**カニシカ王**のとき最盛期を迎え、仏教を保護した。

　ガウタマ＝シッダールタの死後、仏教では革新運動が興った。自身の解脱を目指して出家者の厳しい修行を重視する初期からの仏教（**上座部仏教**）に対して、人々を広く救済することを重視し、出家しないまま修行を行う新しい仏教が興り、広く民衆に受け入れられた（**大乗仏教**）。

　この頃のギリシア式仏教美術を**ガンダーラ美術**と呼ぶ。

（3）グプタ朝

　4世紀前半、ガンジス川中流域に勢力を確立したチャンドラグプタ1世は**グプタ朝**を開き、第3代の**チャンドラグプタ2世**のときに最盛期を迎える。東晋の僧である法顕がインドを訪れたのはこの頃である。

　グプタ朝の時代にはバラモン教を受け継ぎそれに民間信仰が融合して自然にできた**ヒンドゥー教**が広まった。人々の宗教的義務や日常生活の規範を定めたマヌ法典ができたのもこの頃である。仏教美術も頂点に達し、アジャンターの石窟寺院の壁画は、グプタ様式の代表として知られる。またこの時代はインド古典文化の黄金時代でもあり、二大叙事詩として有名な『マハーバーラタ』と『ラーマーヤナ』が完成したのもこの頃である。

7　地域史

（4）ヴァルダナ朝

　その後遊牧民の侵入で混乱期を迎えるが、7世紀のはじめにハルシャ王が**ヴァルダナ朝**を興し、北インドを統一した。唐の僧である玄奘がインドを訪れ、**ナーランダー僧院**で仏教を研究したのはこの頃である。

統一国家の成立

❶マウリヤ朝［前317頃〜前180頃］
・インド初の統一王朝
・**アショーカ王**のとき最盛期 ／ 仏教を保護

❷クシャーナ朝［1〜3世紀］
・**カニシカ王**のとき最盛期 ／ 中央アジア〜ガンジス川中流域を支配
・仏教の革新
　　・**上座部仏教** ／ 自身の解脱を目指し、出家者の厳しい修行を重視
　　・**大乗仏教** ／ 紀元前後成立、すべての人間の救済を目指し、広く受け入れられる
・**ガンダーラ美術**
　　・ヘレニズム文化の影響
　　・仏像製作が始まり、ギリシア風美術と大乗仏教が結びついて成立
　　・中央アジア、中国、朝鮮、日本に伝わる

❸グプタ朝［4〜6世紀］
・北インド全域を支配する大王国
・ヒンドゥー教の普及 ／ 民間の信仰・慣習を吸収して社会に定着

❹ヴァルダナ朝［7世紀前半］
・北インドの大半を支配したが、**ハルシャ王**の死後急速に衰退
・滅亡後北インドは、諸勢力が割拠し混乱期に

4.4 インドのイスラム化 ★★★

（1）ガズナ朝・ゴール朝

7世紀半ばにヴァルダナ朝が滅亡した後、長い間ヒンドゥー諸王朝の割拠する分裂時代が続いた。8世紀のはじめ、ウマイヤ朝のアラブ人がインダス川流域に侵入して一時西北インドを支配すると、これを機にイスラム教がインドに入った。

10世紀末にはトルコ人の軍事政権ガズナ朝がインドを征服するに及び、イスラム勢力が本格的にインドに入り込んだ。その後ゴール朝は12世紀後半インドに侵入し、1193年にデリーを占領してベンガル地方にまで進出した。

（2）奴隷王朝

その後ゴール朝の奴隷出身のアイバクがデリーで自立し、1206年インド初のイスラム王朝である**奴隷王朝**を開いた。その後の5つのイスラム王朝を総称して**デリー＝スルタン王朝**という。

インドのイスラム化

❶イスラム勢力の進出
- **ウマイヤ朝** ／ 8世紀、インド西部に侵入
- **ガズナ朝・ゴール朝** ／ 10世紀末より、北インドに侵攻を繰り返す
- ヒンドゥー諸勢力（ラージプートと総称）／ 内部分裂で対抗できず

❷デリー＝スルタン朝［1206～1526］
- インド最初のイスラム政権
- 以後デリーを本拠とするイスラム諸王朝が興亡

❸イスラム勢力のインド支配
- 仏教拠点の破壊 ／ インドから仏教消滅
- ヒンドゥー教寺院の破壊 ／ 一方で現実の統治はイスラム教を強制せず
- カースト差別に苦しむ人びとにイスラム教の信者が拡大（インド＝イスラム文化）

4.5 ムガル帝国 ★★★

（1）ムガル帝国の成立

ティムール朝崩壊後の16世紀はじめ、ティムールの子孫**バーブル**はアフガニスタンから南下し、1526年にデリーに入城して**ムガル帝国**を開いた。

バーブルの孫**アクバル**はヒンドゥー教徒と和解して領土の拡大に努め、晩年にはデカン高原と南部インドを除く大帝国を築いた。彼はデリーから遷都してアグラに新しい首都を築き、イスラム教とヒンドゥー教の融和を図るべく**ジズヤ**（人頭税）を

7 地域史 **323**

廃止して官僚制度を整え、中央集権的専制国家の確立に成功した。

（2）帝国の最盛期と地方勢力の台頭

　アクバルの孫シャー＝ジャハーンはデカン地方諸国を征服して領土を拡大し、**ター
ジ＝マハル**を作った。その子で第6代皇帝の**アウラングゼーブ**のとき領土は最大に
なったが、彼は熱烈なイスラム教徒であったため、ヒンドゥー教徒へのジズヤを復
活した。このため各地で反乱が起こり、彼の死後帝国は急速に衰えた。

（3）イギリスによる支配

　1757年、イギリスの東インド会社は**プラッシーの戦い**でフランスを破り、その
後、全インドに勢力を伸ばした。このためインドはイギリスに綿工業の原料を供給
し、その製品を購入する立場に転落した。

　これに反感を持つインド人は1857年に**シパーヒーの反乱**を起こしたがイギリス
に鎮圧され、**ムガル帝国は滅ん**だ。その後イギリスは東インド会社を解散して全土
の直接支配に乗り出し、1877年には**インド帝国**の成立を宣言し、イギリスのヴィク
トリア女王がインド皇帝を兼ねた。

ムガル帝国（1526～1858）

❶バーブル
・ティムールの子孫バーブルが北インドに進出
・**ムガル帝国を建国** ／ デリーに都を置く

❷アクバル帝
・中央集権的な統治機構整備 ／ 帝国の実質的な土台築く
・アグラに遷都
・ヒンドゥー教徒とイスラム教徒の融合政策／ヒンドゥー教徒との結婚、**ジズヤ**（人頭税）の
　　　　　　　　　　　　　　　　　　　　　　　　　　　　　　　　　　　　廃止

❸アウラングゼーブ帝
・ムガル帝国の領土最大となる
・イスラム教の厳格な信仰（ヒンドゥー教寺院の破壊、ジズヤ復活）
・ヒンドゥー教徒の反発招く

過去問チェック

01 唐においては、安史の乱以後、地方の節度使が台頭し、中央政府の統制力が弱まっていたが、皇帝の玄宗は中央集権化とともに財政再建を図り、隋から続いていた両税法を廃止して、里甲制を実施し、租税台帳（賦役黄冊）や土地台帳（魚鱗図冊）を整備した。国家専門職2010 1.8 1.11

✗ 両税法は隋からでなく唐で始まった税制度である。また、里甲制を実施し、租税台帳（賦役黄冊）や土地台帳（魚鱗図冊）を整備したのは明の時代である。

02 明代後期から清代初期に行なわれた税制である一条鞭法は、土地税と人頭税を現物で納入する従来の両税法が複雑であったことから、これを一括して銅銭で納入する方法に簡素化したものであった。この制度の制定は当時、銅銭が豊富に存在していたことに起因していたが、それは銅銭が日本にまで大量に輸出されていたことからもうかがえる。裁判所2008 1.11

✗ 現物納入から銭納になったのは妥当だが、銅銭でなく銀納である。銀納が始まったのは、フィリピンを拠点としたスペインがラテンアメリカの銀をもたらしたことや、日本との貿易で日本の銀がもたらされ、中国国内で銀の流通が盛んになったことが背景にある。

03 ウマイヤ朝においては、アラブ人以外の者だけに地租と人頭税の両方が課せられていたが、後のアッバース朝においては、アラブ人の特権はしだいに失われ、イスラーム教徒であればアラブ人以外の者であっても人頭税は課せられないこととなった。国家専門職2010 3.3 3.4

◯

04 ティムールの子孫であったバーブルによって、その端緒が築かれたムガル帝国は、第3代アクバルの時代に、官僚制度の整備などによって、帝国統治の基礎が築かれた。またアクバルはジズヤを廃止するなどして、イスラーム教とヒンドゥー教との融合をはかって帝国の安定に尽力した。裁判所2010 4.5

◯

7　地域史　325

過去問 Exercise

問題1　中国の秦又は漢に関する記述として、妥当なのはどれか。

特別区Ⅰ類2010

1　秦の始皇帝は、世襲に基づく分権的な封建制に代わって、法律と官僚制を通じて都の長安から全領域を直接統治する中央集権体制を築こうとし、中央から官僚を派遣して統治させる郡国制を全土に施行した。

2　秦の始皇帝が没すると、全土で反乱が発生し、反乱勢力のうち、農民出身で指導者として人望の厚かった項羽と、楚の名門出身の劉邦が相次いで長安を占領し、秦は統一からわずか15年で滅びた。

3　項羽を倒した劉邦は皇帝の位につき、洛陽を都とした前漢を建て、その後前漢は郡県制を行いつつ、外戚や諸侯の実権を奪ったために黄巾の乱が起こされたが平定し、武帝の頃までに中央集権体制を確立した。

4　社会の儒教化を急進的に進めた前漢は、豪族の反発や呉楚七国の乱という農民の反発を招いたため、前漢の王族の一人劉秀が咸陽を都とした後漢を建てたものの、赤眉の乱によって、魏に滅ぼされた。

5　漢代には歴史書の編纂も盛んになり、司馬遷の「史記」、班固の「漢書」が完成し、「史記」や「漢書」が採用した本紀と列伝からなる紀伝体という形式は、後世の歴史書で盛んに用いられた。

326　第1章　世界史

解説

正解 **5**

❶ ✕　中央から官吏を派遣して地方を統治する秦の中央集権体制は郡国制ではなく郡県制という。

❷ ✕　農民出身が劉邦で、楚の有力貴族出身が項羽である。両者は激しく争い、垓下の戦いで劉邦が項羽を破って中国を統一し、長安を都として漢王朝を建てた。

❸ ✕　洛陽に都を置いたのは後漢であり、前漢の都は長安である。また、前漢の統治制は、長安周辺は皇帝の直轄領、地方は一族・功臣を封じる郡国制を敷いた。なお黄巾の乱は後漢末に起こった農民反乱であり、これを契機に後漢は滅亡した。

❹ ✕　赤眉の乱で滅亡したのは前漢を滅ぼして王莽が建てた新王朝であり、その新王朝を滅ぼし、漢を再興(後漢)したのが劉秀(光武帝)である。また、呉楚七国の乱は儒教化に反発したものではなく、中央集権化を進める朝廷に対する反乱である。

❺ ○　正しい記述である。

問題2　A～Dは、中国の王朝についての記述であるが、王朝を古い順に並べたものとして正しいのはどれか。

国家一般職1997

A　科挙制度を完成させて文人官僚中心の専制政治を行ったため、軍事力が弱体化し、やがて官僚の内部抗争と異民族の侵入により国力が衰えた。

B　中央に三省六部の官制を整え、地方に都護府を置いて異民族を支配した。財政、軍事については均田制、租庸調制、府兵制を採用した。

C　郡国制を採用した漸進的な中央集権化を図るとともに、儒教の国教化を押し進めた。大遠征の費用を賄うため塩、鉄、酒などを政府の専売とした。

D　農村に里甲制を敷き、思想統一のために六諭を布告した。税制において各種の税を銀納に一本化する一条鞭法を制定した。

1　B→A→C→D

2　B→C→A→D

3　C→B→A→D

4　C→B→D→A

5　C→D→B→A

解説

正解 **3**

A：宋（960〜1279）
　「科挙制度の完成」、「文人官僚中心の専制政治」で判断できるだろう。

B：唐（618〜907）
　「均田制」、「租庸調制」、「府兵制」で判断できるだろう。三省とは唐で定制化された中央行政機関である。また都護府とは漢および唐で被支配民族の統治のために設置された機関であり、唐では辺境に6都護府が置かれた。

C：前漢（前202〜後8）
　「郡国制」、「儒教の国教化」で判断できるだろう。土地を与えられた諸侯がその後反乱を起こしたため（呉楚七国の乱）、武帝の頃には実質的に郡県制となった。

D：明（1368〜1644）
　「里甲制」、「一条鞭法」で判断できるだろう。六諭とは洪武帝が発布した6か条からなる教訓で、父母に対する孝順などを内容とする。

| 問題3 | 中国の諸王朝に関する記述として、最も妥当なのはどれか。 |

国家一般職2021

1 秦は紀元前に中国を統一した。秦王の政は皇帝と称し(始皇帝)、度量衡・貨幣・文字などを統一し中央集権化を目指した。秦の滅亡後に建国された前漢は、武帝の時代に最盛期を迎え、中央集権体制を確立させた。また、儒家の思想を国家の学問として採用し国内秩序の安定を図った。

2 隋は、魏・蜀・呉の三国を征服し中国を再統一した。大運河の建設やジャムチの整備などを通じて全国的な交通網の整備に努めたが、朝鮮半島を統一したウイグルの度重なる侵入により滅亡した。唐は律令に基づく政治を行い、節度使に徴税権を与える租庸調制の整備などによって農民支配を強化した。

3 宋(北宋)は分裂の時代を経て、中国を再統一した。都がおかれた大都(現在の北京)は、黄河と大運河の結節点で、商業・経済の中心地として栄えた。北宋は、突厥の侵入を受け、都を臨安(現在の杭州)に移し、国家を再建した(南宋)。南宋では儒学の教えを異端視する朱子学が発達し、身分秩序にとらわれない科挙出身の文人官僚が勢力を強めた。

4 元は、モンゴルのフビライ＝ハンによって建てられた征服王朝である。フビライ＝ハンは科挙制度を存続させたが、これに皇帝自ら試験を行う殿試を加えることで、モンゴル人の重用を図った。元代には交易や人物の往来が盛んであり、『東方見聞録』を著したマルコ＝ポーロやイエズス会を創設したフランシスコ＝ザビエルが元を訪れた。

5 明は、元の勢力を北方に追い、漢人王朝を復活させた。周辺諸国との朝貢体制の強化に努めた一方、キリスト教の流入を恐れ、オランダを除く西洋諸国との貿易を禁じる海禁政策を採った。清は、台湾で勢力を伸ばした女真族によって建国された。康熙帝、雍正帝、乾隆帝の三帝の治世に清は最盛期を迎え、ロシアとの間にネルチンスク条約を締結し、イランを藩部とした。

解説

正解 **1**

① ◯　正しい記述である。

② ✕　ジャムチは元の駅伝制のことであり隋には関係しない。また、隋は高句麗遠征に失敗したことをきっかけとして各地で反乱が起きて滅亡したが、ウイグルは朝鮮半島を統一していない。節度使は募兵軍団の長官であり、租・庸・調制の整備を行ってはいない。

③ ✕　宋は当初開封を都として栄えたが女真族の金に攻められ滅亡し、生き残りが南の臨安に遷都して南宋を建てた。朱子学は新しい儒学であり、身分秩序を厳しく問う学問である。

④ ✕　元は科挙を一時停止している。また殿試が確立したのは元ではなく宋の時代においてである。ザビエルは16世紀の人物で元を訪れてはいない。

⑤ ✕　明朝は朝貢貿易のみを認め、民間の交易や民間人の海外渡航を禁止したものの、キリスト教禁止の目的でも、西洋諸国だけとの貿易を禁止したものでもない。また、女真族は北方のツングース系で台湾を根拠地とする民族ではない。さらに、清朝がロシアとネルチンスク条約を締結したことは正しいが、イランは清朝の勢力外で藩部になっていない。ちなみに藩部はモンゴル、青海、チベット、新疆の総称である。

| | | 問題4 | | モンゴル帝国に関する次のA～Dの記述の正誤の組合せとして最も妥当なものはどれか。 |

問題4 モンゴル帝国に関する次のA～Dの記述の正誤の組合せとして最も妥当なものはどれか。

裁判所2018

A モンゴル民族のテムジンは、モンゴル諸族の集会クリルタイを開いてハン位につき、オゴタイ＝ハンと称してモンゴル帝国の成立を宣言し、諸部族を統一してカラコルムを都とした。

B チンギス＝ハンは、騎馬軍を率いて支配域を広げ、大都に都を定めて、国号を中国風に元として南宋を滅ぼした。

C オゴタイ＝ハンは、西方に軍を派遣し、ワールシュタットの戦いでドイツ・ポーランド諸侯連合軍を撃破した。

D 紙幣の乱発や重税によって経済が混乱し、14世紀には、紅巾の乱など各地で反乱が起こった。

	A	B	C	D
1	正	誤	正	誤
2	誤	正	誤	誤
3	正	正	誤	誤
4	誤	誤	正	正
5	誤	誤	誤	正

解説

正解 **4**

A ✕ 　テムジンがチンギス＝ハンと称してモンゴル帝国を成立させた。オゴタイ＝ハンはチンギス＝ハンの第3子で、2代皇帝である。金を滅ぼし、カラコルムを都としたのもオゴタイ＝ハンである。

B ✕ 　元を開いたのはチンギス＝ハンの孫のフビライ＝ハンである。

C ◯ 　オゴタイ＝ハンがバトゥを派遣し、ワールシュタットの戦いでドイツ・ポーランド連合軍を破った。

D ◯ 　騎馬民族である元は、遠征や移動に便利な交鈔という紙幣を発行したが、財政難を補うため乱発し、専売制度を強化したため、物価高騰を引き起こし、庶民を苦しめた。さらに漢民族の仏教系宗教秘密結社である白蓮教徒が紅巾の乱を起こし、元は滅んだ。

問題5	中国の歴史に関する記述として最も妥当なのはどれか。

国家一般職2010

1 李鴻章の指導する太平天国は、1901年に「滅満興漢」を掲げて清朝に対し反乱を起こした。清朝は、日本やロシアの支援を受けて鎮圧に向かったが、敗北して、太平天国に巨額の賠償金を支払った。

2 1912年に孫文が南京で臨時大総統として中華民国の建国を宣言した。軍事力を握る袁世凱は、清朝最後の皇帝を退位させ、孫文から臨時大総統を引き継いで、独裁を進めた。

3 1920年代にコミンテルンの支援により中国共産党が結成された。中国共産党は国民党との間に国共合作を成立させたが、後に毛沢東が上海クーデターを起こして国民党を弾圧したため、1930年代に国民党は台湾に逃れた。

4 1949年に中国共産党は中華人民共和国を成立させたが、この時、政治路線の違いや領土問題をめぐってソ連と激しく対立した。当時、ソ連と対立していたアメリカ合衆国は、建国と同時に中華人民共和国を承認し、正式の中国代表とみなした。

5 1950年代に、毛沢東の指導により農業・工業・国防・科学技術の「四つの現代化」が進められ、人民公社の解体や外国資本・技術の導入など、経済の改革・開放政策が実施された。この「大躍進」運動により中国の経済状況は好転し、国民の生活水準も向上した。

解説

正解 ❷

❶ ✕　太平天国とは洪秀全を指導者とする反乱軍が建てた国号で、南京を首都とし、「滅満興漢」のスローガンを掲げて、満州人主体の清朝政府に対抗した。李鴻章はその太平天国の鎮圧に当たった清朝末期の軍人・政治家である。

❷ ◯　正しい記述である。

❸ ✕　陳独秀が初代委員長を務めた中国共産党と孫文が組織した国民党が国共合作したことは事実であるが、孫文が死去したのち、国民党の指導者に上りつめた蔣介石が中心となって上海クーデタで共産党を追いやった。国民党が共産党との内戦に敗れて台湾へ逃れていったのは第二次世界大戦後のことである。

❹ ✕　中華人民共和国は、建国後ほどなくして中ソ友好同盟相互援助条約を締結するなど社会主義路線を鮮明にし、冷戦を主導したアメリカ合衆国は同国を「中国」の代表とは認めず、台湾へ逃れた国民党政権を「中国」の代表とみなした。そのため、中華人民共和国は1971年まで国際連合には加盟していなかった。

❺ ✕　「四つの現代化」政策を推進したのは毛沢東ではなく鄧小平であり、それは1966年〜70年代初頭まで毛沢東主導で続いた文化大革命によって疲弊した社会経済体制を立て直すために行われた。また、「大躍進」運動とは、第2次五か年計画のスローガンであり、急激な工業化政策を推進したが、資本・労働力の疲弊を招いて失敗に終わり、毛沢東はその責任をとって国家主席を辞任した。

| 問題6 | イスラーム世界に関する記述として最も適当なものはどれか。 |

裁判所2016

1　イランに成立したサファヴィー朝は、建国後にシーア派を国教とし、君主はスルタンを名乗るなどイラン人の民族意識を高揚した。アッバース1世は、かつてオスマン帝国やポルトガルに奪われた領土を回復し、新首都イスファハーンを建設して、サファヴィー朝は最盛期を迎えた。

2　アドリアノープルは陸路の東西交易の拠点として発展した中央アジアの中心都市で、チンギス=ハンによって破壊されたが、西チャガタイ=ハン国出身のティムールにより建てられたティムール朝では首都とされ、14〜15世紀には商業・学芸の中心として繁栄した。

3　13世紀にアナトリアの北西部に建国されたオスマン帝国は、セリム1世のもとでシリアへ進出し、さらに1517年にエジプトのマムルーク朝を滅ぼし、その管理下にあったメッカとメディナの保護権を手に入れ、シーア派イスラーム教の守護者の中心となった。

4　広大な版図を有したオスマン帝国内には、イスラーム教徒だけでなく多くのキリスト教徒やユダヤ教徒などが暮らしていた。彼らはイスラームの伝統にならって人頭税(ジズヤ)を支払うことによって、ミッレトと呼ばれる宗教共同体を単位とした自治が認められていた。

5　オスマン帝国のヨーロッパ・アジアへの征服活動を支えた軍事力は、軍事奉仕の代償として与えられた土地からの徴税権を保持する騎士軍団と、イクター制によって徴用されたキリスト教徒を編制した皇帝直属の歩兵軍団であるイェニチェリとからなっていた。

解説

正解 **4**

1 ✕　サファヴィー朝の君主は、「スルタン」ではなく古代イランで王を意味した「シャー」の称号を使用した。なお、サファヴィー朝が建国後にシーア派を国教化したという記述は妥当である。サファヴィー朝のアッバース1世は、ホルムズのポルトガル人勢力を一掃し、オスマン帝国から領土を回復し、新首都イスファハーンを建設した。

2 ✕　西チャガタイ=ハン国出身のティムールが中央アジアに建国したティムール朝の首都は、アドリアノープルではなく、サマルカンドである。アドリアノープルは、バルカン半島に位置し、オスマン帝国がビザンツ帝国から奪った都市である。

3 ✕　オスマン帝国は、シーア派ではなくスンナ派の守護者だった。それ以外の記述は妥当である。

4 〇　正しい記述である。

5 ✕　オスマン帝国の皇帝直属の歩兵軍団イェニチェリの兵士は、バルカン半島のキリスト教徒の子弟から徴用されたが、これをデヴシルメという。イクター制とはブワイフ朝などで見られた税制で、軍人に土地を与えて徴税権を認めるというものである。なお、オスマン帝国でも土地の徴税権を認められた「騎士」は存在した。

7　地域史　337

| 問題7 | イスラム諸国と周辺諸国の歴史に関する記述として、最も妥当なのはどれか。 |

国家一般職2003

1　ムハンマドの死の直後、その子ムアーウィヤが初代のカリフとなり、メッカを首都とするウマイヤ朝を建てた。ウマイヤ朝はササン朝ペルシアを滅ぼし、また、イベリア半島に進出しトゥール・ポワティエ間の戦いでフランク王国を破った。

2　ウマイヤ朝内において、スンナ派とシーア派の対立が激しくなると、多数派のスンナ派はコンスタンティノープルを首都とするマムルーク朝を建てた。マムルーク朝はイベリア半島を初めて領土としたイスラム帝国となった。

3　サラーフ゠アッディーン（サラディン）は、アッバース朝を建て、エジプトのセルジュク朝を倒した。また、サラディンは、9世紀に十字軍が建てたイェルサレム王国を攻撃してイェルサレムの奪回に成功した。

4　ティムールはバグダードを首都としてティムール朝を開き、小アジアやインドにまで領土を拡大した。しかし、フラグに率いられたモンゴル軍の強大な軍事力に抗すことができず、イル゠ハン朝に滅ぼされた。

5　ビザンツ帝国を滅ぼしたオスマン帝国は、スレイマン1世の時に最盛期を迎えた。イラクや北アフリカに領土を広げ、また、ハンガリーを征服し、ウィーンを包囲してヨーロッパ諸国に大きな脅威を与えた。

解説

正解 ⑤

❶ ✕　初代カリフとなったのはムアーウィヤでなくアブー＝バクルである。またウマイヤ朝の首都はメッカでなくダマスクスである。さらに、トゥール・ポワティエ間の戦いで勝利したのはフランク王国である。

❷ ✕　ウマイヤ朝で起きた対立はアラブか非アラブかの対立である。マムルーク朝以前にイベリア半島はイスラム支配下になっているので初めて領土としたわけではない。

❸ ✕　サラディンが建てたのはアッバース朝でなくアイユーブ朝である。またイェルサレムの奪回に成功したのは9世紀でなく11世紀の第3回十字軍の頃の出来事である。

❹ ✕　ティムール朝の首都はバグダードでなくサマルカンドである。ティムール朝はフラグでなくウズベク族に滅ぼされた。フラグはアッバース朝を滅ぼした人物である。

❺ ◯　正しい記述である。

7　地域史　339

| 問題8 | イスラム世界と非イスラム世界の間の抗争の歴史に関する記述として妥当なのはどれか。 |

国家一般職2001

1 イラン系のアッバース朝は、当初帝国の版図を中央アジア方面へ拡大したが、タラス河畔の戦いで唐に敗れた後は、アフリカ北部からイベリア半島への進出を果たした。

2 アッバース朝は、ドイツ・ポーランドの連合軍とワールシュタットで戦ったがこれに敗れ、更にチンギス=ハンの率いるモンゴルの侵攻を受け、首都メッカを占領され滅亡した。

3 バグダードを発祥の地としてアラビア半島を支配したトルコ系のセルジューク朝は、ギリシア正教を信仰するスラブ系のティムール朝にアンカラの戦いに敗れて衰退し、東西に分裂した。

4 小アジアに建国されたトルコ系のオスマン帝国は、バルカン半島に進出した後、ビザンツ帝国の首都コンスタンティノープルを陥れ、ビザンツ帝国を滅ぼした。

5 オスマン帝国は、北アフリカ及びインド半島に勢力を広げた後、ウィーンを占領してオーストリアを支配するとともにレパントの海戦でスペインに勝って地中海の支配権を握った。

解説

正解 **4**

① ✗　タラス河畔の戦いで敗れたのは唐であり、アッバース朝が勝利した。これ以降、中央アジアへのイスラム勢力の進出が本格化した。またイスラム勢力のアフリカ北部への進出はアッバース朝以前の正統カリフ時代になされており、イベリア半島への進出もウマイヤ朝の頃には行われている。

② ✗　ワールシュタットの戦いとは、ドイツ・ポーランドの連合軍とモンゴル軍とがポーランドで戦い、モンゴル軍が勝利した戦争であり、アッバース朝の戦いではない。アッバース朝は、1258年にフラグ率いるモンゴル軍により滅ぼされた。なお、アッバース朝の首都はメッカではなくバグダードである。

③ ✗　セルジューク朝の発祥の地はバグダードではなく中央アジアのシル川（シルダリア）付近である。ティムール朝は1370年にモンゴル族のティムールにより建国されたもので、セルジューク朝の滅亡とは関係がない。また、ギリシア正教ではなくイスラム教が信仰されていた。アンカラの戦いとは、ティムール朝がオスマン帝国に勝利した戦いである。

④ ◯　メフメト2世の時代にビザンツ帝国を滅亡させた。

⑤ ✗　オスマン帝国は北アフリカには進出したが、インド半島は支配していない。また、2回にわたりウィーンを包囲はしたが、占領には至っていない。さらに、レパントの海戦ではオスマン帝国軍はスペイン軍に破れている。

問題9

インド及びその周辺地域に関する次の記述のうち、最も妥当なのはどれか。

国家総合職2003

1 紀元前4世紀末、アレクサンドロス大王のインド侵入を阻んだアショーカは、スリランカを含むインド全土を統一し、マウリヤ朝を建てた。アショーカはナーランダー僧院を創建し、仏教を保護したため、ガンダーラ美術と呼ばれる仏教文化が開花し、バーミヤンの石仏など各地の崖に仏像が作られた。

2 4世紀頃、インド半島東南端におこったグプタ朝ではスリランカとともに東西の海上貿易が栄え、金貨やガラス細工の輸出がインダス河口を経由してローマ帝国に向けて盛んに行われた。一方、東南アジアとの交易により、広く信仰されていた大乗仏教が東南アジアにもたらされ、アンコール＝ワット寺院がカンボジアに造られた。

3 16世紀から17世紀にかけて、ムガル帝国のアクバルは中央集権化をすすめ、商工業の育成、ヒンドゥー教徒とイスラム教徒との融和を図った。また、イスラム文化はインドの伝統文化と融合し、宮廷を中心として独自なインド＝イスラム文化が形成され、建築では、ムガル帝国の最盛期にタージ＝マハル廟が造られた。

4 18世紀、イギリスはプラッシーの戦いで、ポルトガルと結んだベンガル太守を破り、ベンガル地方の徴税権や司法権を手に入れ、事実上の植民地とした。また、19世紀に入るとロシアの支援を得たイギリスは、アフガニスタンを支配していたイランのパフレヴィー朝を破り、アフガニスタンを植民地とした。

5 20世紀、国民会議派の指導者であったガンジーは、完全なる自治を求め、ネルーのムスリム連盟とともに非暴力不服従運動をインド全域に展開した。これに対しイギリスは、第二次世界大戦へのインドの人的・物的協力を得るため、インド、パキスタン、バングラデシュをイギリス連邦内の自治領として認めるローラット法を制定した。

解説

正解 ③

① ✗ マウリヤ朝を建国したのはアショーカではなく、チャンドラグプタ王である。

② ✗ グプタ朝はインド半島東南端ではなく、インド北中部を支配した。またローマ帝国との交易が盛んだった王朝としてはクシャーナ朝や、同時期にデカン地方を中心に西部・南部インドを支配したサータヴァーハナ朝が有名である。なお、カンボジアのアンコール＝ワットはアンコール朝のスールヤヴァルマン２世により建てられたのであり、４世紀のものではない。

③ ◯ 正しい記述である。

④ ✗ プラッシーの戦いでは、イギリスは、ポルトガルではなくフランスと結んでいたベンガル太守と戦った。また、19世紀のアフガニスタンの王朝は、パフレヴィー朝ではなくバーラクザイ朝である。パフレヴィー朝は20世紀のイランの王朝である。

⑤ ✗ ネルーはムスリム連盟の指導者ではなく、1920年代後半から国民会議派の指導者の一人となった人物で、インド独立後の初代首相を務めた。また第一次世界大戦後に制定されたローラット法は、反英運動の取締りを目的とした弾圧法であり、インドなどをイギリス連邦内の自治領として認めるものではなかった。

7 地域史 343

第 2 章

日本史

　日本史の出題は、時代別では江戸時代以降、分野別では政治史からよく出題されます。高等学校で学習するレベルを意識しながら時代ごとの要点を整理していくようにしましょう。近・現代の問題に関しては、特に世界との関係が深くなるので、戦争・条約などの経過も詳しくまとめておく必要があります。最近の傾向としては、各時代を通じての分野別総合問題の出題が増えてきているので、その対応策として政治・文化・外交・税制・土地制度など分野のまとめも作成しておくとよいでしょう。

国家一般職★★★／国家専門職★★★／裁判所★★★／東京都Ⅰ類★★★／特別区Ⅰ類★★★

1 原始・古代

我が国の歴史については、年々古い時代のことが明らかになってきています。しかし、最近の公務員試験においては原始・古代に関する出題はほとんどありません。よって時代の概要を把握することを念頭に学習してください。

1 原始時代の日本

獲得経済の時代から、米の生産という生産経済の時代になり、余剰生産物ができるようになりました。そこから権力が生まれてくる過程を学習します。

1.1 先土器時代（無土器時代）　★★★

先土器時代（無土器時代）というのは文字どおり土器のなかった時代で、地質学上の更新世の時代であり、約１万年前のことである。この時代は、その後の時代と比べて原始的な生活をしていた。

この時代が日本にあったことを証明したのは、群馬県岩宿で出土した打製石器である。これが先土器時代の地層から相沢忠洋氏により発見されたため、日本にも先土器時代が存在していたことが確認された。この時代に日本列島が大陸から離れ、日本の歴史が始まることになる。

1.2 縄文時代　★★★

約１万年前頃から現在までは地質学上の完新世に当たる。紀元前１万３千年頃から約１万年以上も続いたのが縄文時代であり、このときから土器が使われるようになっていった。

縄文とは、撚糸を土器表面に回転させて付けた縄目の文様に由来する。他の道具については弓矢、磨製石器の出現がある。

この時代の文化については、貝塚に捨てられていた骨角器や土器の破片などから類推される。また習俗としては呪術的なものとして土偶や石棒、集団的統制の形態と考えられる抜歯、死者の霊への畏怖からと思われる屈葬といったことが挙げられる。

346　第2章　日本史

1.3 弥生時代

(1) 弥生文化の伝播

紀元前5〜紀元前4世紀頃、朝鮮半島に近い九州北部から水稲耕作が始まり、紀元前3世紀頃に西日本で**弥生文化**が成立した。縄文時代から引き続き土器が使われるが、縄文時代とは土器の形式が異なる。

弥生式という名前は、このタイプの土器が東京都文京区弥生町で発見されたことに由来している。弥生文化は、西日本から次第に東日本へと伝播していったが、縄文文化が北海道まで伝わったのに対して、北海道は**続縄文文化**、南西諸島は貝塚文化という食料採取文化が続いた。北海道では9世紀以降に**擦文文化**が興るが、農耕文化ではなく狩猟文化であった。

縄文時代と弥生時代との生活様式の違い

時代	縄文時代	弥生時代
時期	約1万年前〜紀元前3世紀	紀元前3世紀〜紀元後3世紀
住居	竪穴式住居で共同生活	竪穴式住居で低地に定住、**環濠集落**を形成
食料	狩猟・漁労を中心とする獲得経済	米づくりを中心とする生産経済
土器	縄文式土器 **低温**で焼き、**厚手**で**黒**っぽく、もろい	弥生式土器 **高温**で焼き、**薄手**で**赤**っぽく、固さも縄文土器より固い
遺跡	大森貝塚(東京都)、モースが発見	登呂遺跡(静岡県)、唐古遺跡(奈良県)
他	信仰や習慣として土偶、屈葬、抜歯、アニミズム(自然崇拝)などがあった	**金属器**は青銅器と鉄器の二つ、青銅器は祭事や権威の象徴、鉄器は農具、武具

(2) 弥生文化の特徴

弥生時代の一番大きな特徴は、<u>米作り</u>が始まったことである。石包丁による穂首刈り、高床式倉庫への収穫物の貯蔵、田下駄や木鍬、木鋤などの木製農具、これらを作成するために斧や刀子などの鉄製工具が使用された。農具の普及により湿田だけでなく乾田の開発も進められた。

他に後期にはいると、石器に代わって鉄・青銅などの**金属器**の使用が始まった文化でもある。**銅鐸**、**銅剣**、**銅矛**などの青銅製祭器が収穫を感謝する祭に使用された。銅鐸は近畿地方を中心に東海地方まで、平形銅剣は瀬戸内海が中心で、銅矛・銅戈は九州北部を中心に西四国まで、それぞれ分布していた。埋葬形式は、九州北部では**甕棺**に、その他の地域では**伸展葬**にしたものが多い。

1.4 ▷ 「むら」から「くに」へ ★★★

弥生時代に農耕が始まり、収穫を上げるために共同作業が必要となった。家族が共同で作業を行うことから始まり、それがさらにいくつかの家族で作業をするというように、**作業グループの大きさが拡大していった**。防御用と思われる濠や土塁をめぐらせた20〜30戸程度の環濠集落や、標高が300mを超えるような高地にも集落ができた。

これらいくつかの家族が集まったグループを「むら」と呼び、むらがいくつか集まったグループを「くに」と呼ぶ。米の収穫量の差、あるいは「むら」や「くに」の運営、他のむらと戦うための指導を行う人が出てくることで、身分の差が発生することになり、「くに」はこのようなリーダーの出現と他の弱い「むら」を従えることで、より大きな「むら」や「くに」になっていった。

1.5 ▷ 小国の分立 ★★★

この当時の日本に「くに」ができていたことが、**当時の中国に記録として残っている**。日本に記録がないのは、まだ記録する手段がなかったからである。

例えば『漢書』の「地理志」(1世紀)には楽浪郡(現平壌付近)へ使いを送っていたことが記されている。中国や朝鮮半島の先進文化に触れられ、他の国との立場もより高くすることができると考えて使者を送っていたものと思われる。

中でも邪馬台国の女王卑弥呼は、魏の皇帝から親魏倭王の称号と銅鏡を多数贈られている。その邪馬台国には統治組織、税制、刑罰などがある程度整い、また大人と下戸の身分差があったとされる。卑弥呼は巫女としての宗教的権威を背景に政治を行った。邪馬台国の所在地には、九州説と近畿説があるものの、どちらが正しいかはいまだにはっきりしない。

2 大和朝廷の成立

大和朝廷は、我が国で最初の全国的な支配力を持った政治システムと考えられる。朝廷はどのようなシステムを備えていたのか、その後どのように展開していくのか、をまずは確認し、それと同時にその時期の文化の特徴についても把握しておきたい。

348　第2章　日本史

2.1 大和朝廷の時代 ★★★

(1) 大和朝廷の成立

先土器時代から弥生時代までは、文化が時代の名前に冠されていた。大和朝廷の成立からは基本的に政治の中心がどこで行われたかで、時代の呼び方が定められていく。

大和というのは現在の奈良県にある。大王(現在の天皇)を中心に、豪族が集まって大和朝廷を作った。君主が政治を行う場所のことを朝廷という。

(2) 東アジアへの進出

大和朝廷は、4世紀中頃に全国をほぼ統一したと考えられており、5世紀には讃、珍、済、興、武という倭の五王が宋(南朝)に使いを送り、中国に認めてもらうことで朝鮮半島における支配権を強化しようとした。

その朝鮮半島では、北部に4世紀に高句麗が進入して楽浪郡を滅ぼし、南部では馬韓、弁韓、辰韓という小国連合が形成されていたが、馬韓から百済、辰韓から新羅が興った。日本は鉄資源の獲得をめざして伽耶(加羅)と組み、高句麗と対抗した。中国吉林省丸都にある高句麗好大王碑文には391年より倭が進出した様子が記されている。

朝鮮半島との関係

❶高句麗	半島北部を支配した国家 391～ 倭と交戦(好太王碑文に記載)
❷新羅	半島南東部を支配した国家 527 筑紫国造磐井が大和政権の新羅出兵に反対し、新羅と結んで反乱(磐井の乱)
❸百済	半島南西部を支配した国家 高句麗に対抗するため倭と提携

中国の史料にみる日本の様子

史料の名前	史料の内容
『漢書』地理志	倭(日本)は100余国に分かれていた
『後漢書』東夷伝	「漢委奴国王」が光武帝から金印をもらう
「魏志」倭人伝	邪馬台国の女王卑弥呼が30余国を支配する
高句麗好太王碑文	日本が朝鮮半島へ出兵してきて、高句麗と戦った
『宋書』倭国伝	倭の5人の王が中国へ朝貢[1]していた

2.2 氏姓制度 ★★★

　当時の朝廷は直轄地として屯倉を持ち、田部に耕させ、品部という特別な職能を持つ集団を用いた。品部の中には宮廷官的な蔵部や史部と、帰化人を中心とした宮廷工房的な鍛冶部や錦織部があった。有力な豪族は、私有地としての田荘や私有民としての部曲、奴隷として奴・奴婢を所有していた。天皇や有力豪族の生活に関するものを生産したりするのには、子代・名代(御子代部・御名代部)と呼ばれる農民が当たった。

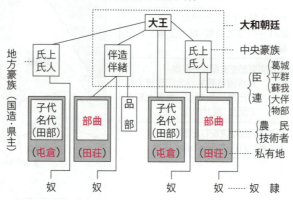

氏姓制度と私地私民制

1　皇帝に対して周辺国の王が貢物を捧げることを朝貢といい、日本からの朝貢に対して皇帝は恩賜を与えた。これにより日本の王が中国の皇帝に従属し、当該地域の支配を認められることを冊封といい、このような中国を中心とした秩序を冊封体制という。

大和朝廷は、中央や地方の豪族を大王中心の支配体制下に組み入れるために氏姓制度を制定した。豪族は氏と呼ばれる血縁を中心に構成された祖先が同じ一族で、氏上が氏人を統率した。氏は大和朝廷の中では特定の職務を分担した。

姓は、天皇から与えられる政権内での地位を示す称号で、家柄や職能を示しており、代表的なものには一定の地域に地盤を持つ臣、特定の職掌を持つ連、地方の有力豪族に与えた君や服属した国造に与えた直がある。臣・連の有力者は大臣・大連として政治に当たらせていた。

2.3 古墳文化 ★★★

古墳が作られていた3世紀後半から7世紀までの文化を古墳文化という。古墳というのは天皇や豪族の墓所で、彼らは支配者としての権力の強さを示すために、大きな盛り土をして墓所とした。古墳は3世紀末から4世紀初頭にかけて瀬戸内海沿岸から近畿地方にかけてでき始め、6世紀には東北地方南部から九州までの広い範囲で作られた。

形としては前方後円墳が特に有名であるが、他に方墳や円墳などもある。古墳には崩れるのを防いだりするため、埴輪が並べられた。埴輪には円筒埴輪や形象埴輪がある。埋葬施設には、木棺や石棺を竪穴式石室に納めたが、後期には横穴式石室が多くなっていく。副葬品についても前期は呪術的要素の強いものが多かったが、中期になると馬具や装身具が入れられるようになり、後期には鉄製の武器などが多くなっていった。

土器は弥生式土器の系譜にある土師器が用いられていたが、5世紀からは朝鮮半島から伝わった灰色の須恵器も用いられるようになった。習俗としては、太占の法や盟神探湯などの呪術的なものが盛んであった。

2.4 渡来人とその文化 ★★★

中国や朝鮮と交流を持ったり、三国時代や北方民族の侵入などによって中国で争いが続くと、そこから逃れた人が日本に移り住んできた。彼らを渡来人という。渡来人はさまざまな技術を伝えている。

5世紀に百済の王仁が孔子の教えである儒教のことを書いた『論語』を伝え、このとき同時に「漢字」が伝わった。6世紀になると百済の聖明王を通じて仏教が伝えられ、五経博士により易経、詩経、書経、春秋、礼記の五経が伝えられた。その後、易、暦、医の博士も日本に来ている。この他にも、機織り、土木、製陶の技術が伝わった。

1 原始・古代 351

大和政権は、渡来人をそれぞれ錦織部、鞍作部、陶作部と呼ばれる技術者集団に組織した。

3 聖徳太子と律令国家

天皇中心の政治を行おうとした人物として忘れてはならないのが、聖徳太子である。彼の施策と、その死後、どんな政治が行われたかを確認する。

3.1 聖徳太子の政治 ★★★

6世紀中頃、神道を推進する大連の物部氏と仏教を進めようとする大臣の蘇我氏が対立し、587年に蘇我馬子が物部氏を滅ぼし、592年には崇峻天皇をも暗殺して蘇我氏が政権を独占した。このような状況下で即位した推古天皇は、甥の聖徳太子を6世紀の終わりに摂政[2]とした。

聖徳太子は蘇我氏と協力して、天皇中心の政治を行おうとした。603年、身分に関係なく人材を登用し昇進させるための冠位十二階の制を、604年には役人としての心得を示すための憲法十七条を制定した。また中国と対等に外交を行うため、遣隋使として小野妹子らを派遣した。隋の皇帝である煬帝は帰化人の子孫で留学生であった裴世清に国書を持たせて日本に派遣した(翌年、遣隋使とともに帰国)。遣隋使には留学生や学問僧が随行し、高向玄理、僧旻らが後の大化改新で国博士になるなど影響を与えた。

3.2 飛鳥文化 ★☆☆

推古朝を中心とする時代の文化を、政治の中心地があった地名から飛鳥文化という。この文化の特徴は、日本で最初の仏教文化という点であり、中国南北朝の影響を受けている。遣隋使や渡来人のおかげで国際性豊かな文化となり、ギリシアやペルシアの文化がシルクロードを通過して日本に入ってきた。エンタシスやアルカイック・スマイルが一例である。

また、古墳に代わり豪族が氏寺を建立し、権威を示すようになった。蘇我氏の氏寺である飛鳥寺や聖徳太子が建立した法隆寺がある。

彫刻では鞍作鳥(止利仏師)の作といわれる法隆寺釈迦三尊像、法隆寺百済観音像、中宮寺半跏思惟像が作られた。他に仏教に関連して法華経、維摩経、勝鬘経の

---

2 摂政というのは天皇が幼少あるいは成人しても女性の場合、その人に代わり政治をする人をいう。

経典の注釈書や、百済の僧観勒が7世紀頃に暦を伝えている。

3.3 大化改新 ★★☆

聖徳太子の死後、蘇我氏の権勢はますます強くなり、太子の子である山背大兄王の敗死により聖徳太子の一族は滅ぼされてしまった。蘇我氏による横暴を抑え、**天皇中心の政治制度を作り上げること**を**中大兄皇子**や**中臣鎌足**らは考えた。645年、朝鮮の使者が皇極天皇に貢ぎ物を献上しているときに蘇我入鹿が暗殺され、その父蘇我蝦夷も翌日自害させられて蘇我氏は滅亡した（乙巳の変）。中大兄皇子らは**大化**という元号を創設し、都を難波（大阪）へ移して改革を行うことにした。**646年、改新の詔**を出して新しい**中央集権体制**作りを示した。主な内容は次の四つである。

改新の詔

❶公地公民制	私有地と私有民の廃止
❷国・郡・里制	地方における政治の仕組み
❸班田収授法	戸籍を作り、6歳以上の者に口分田を与える制度
❹租・庸・調	税制

政府は世襲制の品部を一部廃止するなどして、新しい官職や位階制度を定めていった。これら一連の改革を**大化改新**という。

3.4 遣唐使 ★★☆

遣唐使は、630年に犬上御田鍬が派遣されて以来、894年に廃止されるまで十数回派遣された。当初は朝鮮半島に沿って進んでいたが、新羅との関係が悪化すると、南の揚子江河口へ向かって直接進む進路に変更された。

航海は非常に危険で、難破や沈没が起こりやすく命がけであり、その中で唐の僧**鑑真**は、途中で失明しながらも律宗を伝えるべく6度目の航海でやっと日本へ到達した。また、逆に日本から留学したまま帰国できなかった者もおり、阿倍仲麻呂は唐で高官に昇り、帰国を果たせず客死した。

1 原始・古代 353

3.5 律令政治まで ★★☆

　朝鮮半島では、日本と同盟関係にあった百済が唐と新羅の連合軍に滅ぼされ、日本は百済を再興するために出兵したが663年、白村江の戦いで破れ、朝鮮半島で影響力を保てなくなった。新羅は高句麗を唐とともに滅ぼし、676年には唐の勢力を排除して朝鮮半島を統一した。

　668年、中大兄皇子は天智天皇として即位する[3]と国内政治に重点を移し、最初の戸籍である庚午年籍を作った。

　天智天皇の死後は、その弟である大海人皇子と、息子である大友皇子との間で皇位をめぐる争いが起こった。この壬申の乱は大海人皇子が勝ち、天武天皇として即位した。彼は天皇中心の中央集権国家を作るべく豪族による私的な領有民の制度を廃止し、また豪族を政府の官吏として組織するために八色の姓を定めた。

　天武天皇の死後、その后であり天智天皇の娘でもあった持統天皇は、唐の都長安を真似て大和に藤原京を作った。689年に天武天皇が編纂し始めた飛鳥浄御原令が施行された。この令に基づいて作られた庚寅年籍は6年ごとに戸籍を作ることとされ、それに基づいて班田を行うことが確立した。

律令国家まで

天智天皇	667	近江大津宮に遷都
	670	庚午年籍作成 ／ 最初の全国的戸籍
天武天皇	681	飛鳥浄御原令作成開始
	684	八色の姓 ／ 天皇を中心に身分秩序を再編成し、天皇の神格化、権威の向上を図る
持統天皇	689	飛鳥浄御原令施行
	690	庚寅年籍作成
	694	藤原京の造営 ／ 初の本格的都城

3　中大兄皇子は乙巳の変の後すぐに即位したのではなく、孝徳天皇、斉明天皇の後に即位した。

3.6 律令政治の始まり ★★

　唐で行われていた律令制に基づく政治体制を遣唐使や留学生が学び、彼らの一部は帰国後、国博士となるなどして政治制度の策定に参与していた。中大兄皇子が天皇の補佐をしていたときから、唐の制度を真似た政治制度の準備が進められていたのである。

　律令のうち、**律が刑法、令が行政法・民法**に当たる。これまでは、飛鳥浄御原令（天武天皇期）のように令はあったが、律が整っていなかった。

　701年、刑部親王や藤原不比等らを中心として**大宝律令**が制定された。**大宝律令ができたことで、名実ともに日本は律令国家となった**[4]。

3.7 律令の内容 ★★

　律令の内容は次のとおりである。

(1) 中央行政組織

　神々の祭祀を司る**神祇官**、行政を司る**太政官**の二官と、太政官の下に政務を分担する八省が置かれた。このほか、弾正台と五衛府を合わせた二官八省一台五衛府が中央に設置された。

二官八省一台五衛府

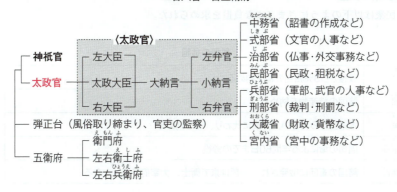

---

[4] 718年には藤原不比等らにより養老律令が編纂されているが、内容は大宝律令と大差ないものであった。

（2）地方組織

地方組織は国、郡、里に分けられ、それぞれ国司、郡司、里長がこれを治めた。国司には中央の貴族が任じられ、4年間の任期を国衙(政庁)にて務めた。郡司にはその地方の有力豪族(旧・国造)が任じられ、こちらは終身・世襲制であった。

また、要地である京には左・右京職、難波には摂津職、九州北部には太宰府が置かれた。

（3）官僚制

中央・地方の役人には位階が与えられ、位階に応じた官職に任命された。これを官位相当制という。

また律令国家の官吏養成機関として、中央に大学、地方に国学が置かれた。

（4）民衆の負担

① 班田収授法

6年ごとに作成される戸籍に基づいて、6歳以上の男女に口分田を与えた。唐の均田制を真似た制度で、これを班田収授法という。

農民の生活の最低保障を行うとともに、収穫の一定割合を後述する租として徴収する目的があった。また、支給される口分田の面積は性別や身分によって異なるものであった。

② 民衆の負担

民衆は以下のようにさまざまな負担を求められた。

民衆の負担

租	収穫から3%相当の稲を納める
調	諸国の特産物を納める
庸	本来課せられていた労役に代わり、布を納める
雑徭	国司の命による年間60日までの労役
兵役	諸国の軍団に徴発され、一部は京で衛士、大宰府で防人となる

租・庸・調のしくみ

	正丁 (21〜60歳の男子)	次丁(老丁) (61〜65歳の男子)	中男(少丁) (17〜20歳の男子)	備　考
租	稲2束2把(口分田1段当たり)			
庸	布2丈6尺 (本来は歳役10日)	布1丈3尺 (本来は歳役5日)	な　し	京・畿内なし (歳役30日で 租・調免除)
調	絹：8尺5寸・糸：8両・綿：1斤・布：2丈6尺、などから一種	正丁の$\frac{1}{2}$	正丁の$\frac{1}{4}$	
雑徭	60日以下	30日以下	15日以下	年間日数

3.8 白鳳文化 ★★★

　7世紀後半から8世紀初頭にかけての、**天武朝から平城京へ移るまでの時期の文化**を白鳳文化という。国を守るための仏教としての位置づけが、このときから始まり、奈良時代に発展した。仏教文化としての側面とともに、シルクロードを経由したインドやペルシアなどの文化が色濃く反映されている。

　建築物としては薬師寺や大官大寺が建立され、美術としては法隆寺金堂壁画や高松塚古墳の壁画が有名である。宮廷では漢詩文が盛んに作られ、代表的な歌人に柿本人麻呂、額田王らがいる。

1　原始・古代　357

④ 奈良時代

聖徳太子の時代も政治は奈良を中心に行われていたが、奈良時代には政治の中心として唐の長安を真似た大きな都を造営した。社会制度もこの時代から整えられていった。

4.1 平城京と初期の政治 ★☆☆

710年に元明天皇は平城京へ遷都した。平城京は唐の都長安の都城制を真似たものであり、現在の奈良市にあるため、この平城京に都が置かれていた時代を奈良時代という。

これに先立ち708年に和同開珎と呼ばれる銅貨が作られた。その後、乾元大宝までに12種類の銅銭が作られ皇朝十二銭と呼ばれる。一般には物々交換だったが、都を中心に貨幣が使われ始め、交通網の整備が進んでいくことで各地に広まっていった。現在使われている畿内、東海道、北陸道、山陰道、山陽道の名前は、このときまでに整備された五畿七道の名残である。

各地で鉱山の開発が行われ、技術も地方へ普及し、国家としての力は上昇していった。この力を使って7世紀には東北地方に住んでいた蝦夷を征討し始め、その拠点として8世紀には出羽国を設置し、日本海側に秋田城、太平洋側に多賀城を築いた。また、九州南部に住んでいた隼人も徐々に鎮圧されていった。衛門府の隼人司は朝廷に仕える隼人を管理する役割を担っていた。

4.2 奈良時代の政情 ★★☆

（1）長屋王の変

中臣鎌足が死の直前、天智天皇から藤原の姓を賜ったのが藤原氏の始まりである。鎌足の子である藤原不比等は大宝律令、養老律令の制定に関与するなど政界での勢力を強めていった。不比等が娘の光明子を皇太子(後の聖武天皇)に嫁がせ、天皇家との関係を築いていった。

720年に藤原不比等が死去すると、天武天皇の孫で右大臣の長屋王が政権を握った。これによって藤原氏の天皇外戚としての地位を危ぶんだ不比等の四子・藤原武智麻呂(南家)、房前(北家)、宇合(式家)、麻呂(京家)は、誣告によって長屋王を自殺に追い込んだ(長屋王の変)。

358　第2章　日本史

（2）藤原広嗣の乱

　長屋王の変によって光明子を聖武天皇の皇后に立てることに成功したものの、藤原武智麻呂ら4兄弟は流行した天然痘によって相次いで病死してしまい、藤原氏の権勢は衰えた。

　皇族の橘諸兄が政権を握って、唐への留学から帰国した吉備真備、玄昉を登用すると、藤原広嗣は彼らの排斥を求めて大宰府で挙兵したが、失敗に終わった（藤原広嗣の乱）。この乱以後、聖武天皇は短期間に遷都を繰り返した[5]。

（3）鎮護国家思想

　疫病や政情不安などが続いた国家の安定を図るべく、聖武天皇は自ら厚く信仰していた仏教の持つ鎮護国家の思想に基づいて741年に国分寺建立の詔を出し、諸国に国分寺・国分尼寺を建造させた。

　続いて743年には大仏造立の詔を出しており、これに基づいて752年に盧舎那仏が完成すると、大仏の開眼供養の儀式が盛大に行われた。

（4）橘奈良麻呂の変・恵美押勝の乱

　聖武天皇の娘である孝謙天皇の時代には、南家武智麻呂の子である藤原仲麻呂が勢力を拡大しており、橘奈良麻呂（諸兄の子）は仲麻呂を排除すべく反乱計画を立てるも未遂に終わった（橘奈良麻呂の変）。

　奈良麻呂を退けた仲麻呂は淳仁天皇を擁立し、天皇からの信頼を得て恵美押勝という名を賜り、さらなる権勢を誇った。しかし孝謙上皇の信任を得た僧道鏡が政界に進出すると、これに反発して挙兵したが敗北した（恵美押勝の乱）。

（5）宇佐八幡宮神託事件

　恵美押勝の乱で淳仁天皇は淡路に流され、孝謙上皇が重祚して称徳天皇となった。道鏡は称徳天皇の信任を得て権力を握り、さらに皇位をもうかがうようになる。宇佐神宮からの神託により称徳天皇が道鏡に皇位を譲ろうとするものだったが、これは和気清麻呂らによって阻止された（宇佐八幡宮神託事件）。

　藤原式家の藤原百川は、称徳天皇の死後後ろ盾を失った道鏡を左遷し、光仁天皇を立て政治の再建を目指した。

---

[5] 平城京から恭仁京（山城国）、難波宮（摂津国）、紫香楽宮（近江国）と転々と遷都し、最終的には平城京に戻っている。

1　原始・古代　359

奈良時代の政治

藤原不比等 (文武・元明)	701 718	大宝律令の制定 養老律令の制定
長屋王 (元正)	722 723 729	百万町歩開墾計画 三世一身の法 長屋王の変 ／ 藤原氏が光明子を聖武天皇の皇后にする計画に反対した長屋王が自殺に追い込まれる
藤原四子 (聖武)	729 737	光明子立后 四子(武智麻呂・房前・宇合・麻呂)病死
橘諸兄 (聖武)	740 741 743	藤原広嗣の乱 ／ 玄昉・吉備真備を登用した諸兄に反発して藤原広嗣が挙兵 この後聖武天皇、遷都を繰り返す 国分寺建立の詔 墾田永年私財法 大仏造立の詔 ／ 行基が尽力した
藤原仲麻呂 (孝謙・淳仁)	757 758 764	橘奈良麻呂の変 仲麻呂、恵美押勝の名を賜る 恵美押勝の乱
道鏡 (称徳)	765 769	道鏡、太政大臣禅師に 宇佐八幡宮神託事件
藤原百川 (光仁)	770	称徳天皇死去、道鏡を下野に左遷し、政治の再建へ

4.3 公地公民制の崩壊 ★★☆

　律令制下における**公地公民制**は、**すべての土地と人民は天皇のものである**という考えであり、税が厳しすぎるため諸国を浮浪したり逃亡したりする農民が増えていった。当然、口分田は荒れたまま放置され、また人口が増大したことにより、口分田そのものも不足していった。

　朝廷は口分田の不足を補うため、新たに田畑を作ったり、荒れた土地を耕すことを奨励することにし、723年に新たに開墾した土地については3世代まで、これまであった灌漑設備を利用した場合は1世代のみその土地の私有を認める**三世一身法**を制定した。そのために公地公民制は崩れ始め、743年に制定された**墾田永年私財法**では、身分によって私有できる面積は異なるものの、一定面積の中では代々の私有が認められることとなり、**公地公民制は完全に崩れた**。この結果成立したのが**初期荘園**(墾田地系荘園)である。大寺院・有力貴族が広大な私有地を保持するようになる。

4.4 天平文化 ★★★

　奈良時代、聖武天皇の頃にあった貴族中心の文化を天平文化という。遣唐使により最盛期の唐文化が伝えられたことで、世界各地の文化の影響を受けている。例えば、ラクダやヤシの木の図案化したものや、ガラス器などである。この文化は聖武朝が中心で、仏教的な色彩が強いものだった。

　建築物では、東大寺法華堂や唐招提寺金堂および講堂、正倉院宝庫などがある。彫刻では、塑像と乾漆像の技法が登場した。塑像は、インドから伝わった粘土で作る像、乾漆像は中国から伝わった方法である。代表的な塑像には東大寺日光・月光菩薩像、新薬師寺十二神将像、乾漆像では興福寺八部衆像、唐招提寺鑑真像などがある。

　絵画では、薬師寺吉祥天像、正倉院の鳥毛立女屏風などがある。

　文学では、現存最古の漢詩集である『懐風藻』、日本最古の和歌集である『万葉集』がある。代表的な文人は淡海三船や石上宅嗣が、歌人には山上憶良、山部赤人、大伴旅人、大伴家持らがいる。天平文化を象徴するものは、聖武天皇の遺品である正倉院御物である。

　また、いろいろな仏教教理に関する研究も進められ、南都六宗と呼ばれる諸学派が形成された。南都六宗は、三論、法相、華厳、倶舎、成実、律からなり、その中でも律宗の鑑真は失明しながらも日本に渡来して戒律を伝え、唐招提寺建立に寄与した。また行基のように布教と社会事業を行う僧や、光明皇后による悲田院・施薬院での貧困者救済、和気広虫(法均)による孤児養育など、仏教に基づいた社会活動も行われた。

1　原始・古代　361

飛鳥時代から奈良時代にかけての文化の比較

	飛鳥文化	白鳳文化	天平文化
時　期	7世紀前半	7世紀後～8世紀初	8世紀
代表的な人物	聖徳太子	天武天皇	聖武天皇
文学・書物	『三経義疏』 『天寿国繍帳』	歌人：額田王 　　　柿本人麻呂	『古事記』（稗田阿礼ら） 『日本書紀』（舎人親王ら） 『風土記』（地理誌） 『万葉集』（最古の和歌集） 『懐風藻』（漢詩集）
建築と関連する建築様式	様式：エンタシス 建築物：法隆寺金堂・五重塔・中門・回廊	建築物：薬師寺・薬師寺東塔 大官大寺	様式：**校倉造** 建築物：東大寺正倉院・東大寺法華堂（三月堂）・転害門 法隆寺夢殿・伝法堂 唐招提寺金堂・講堂
芸　術	飛鳥寺釈迦如来像 法隆寺金堂釈迦三尊像（止利仏師）・百済観音像・夢殿救世観音像 中宮寺半跏思惟像 広隆寺半跏思惟像 法隆寺玉虫厨子（お経などをいれておく） 法隆寺玉虫厨子須弥座絵・扉絵 中宮寺天寿国繍帳	法隆寺夢違観音像 興福寺仏頭 薬師寺金堂薬師三尊像 薬師寺東院堂聖観音像 高松塚古墳壁画 法隆寺金堂壁画	興福寺八部衆像 東大寺三月堂日光・月光菩薩像（塑像） 東大寺戒壇院四天王像（塑像） 唐招提寺鑑真和上像・金堂盧舎那仏像（乾漆像） 新薬師寺十二神将像（塑像） 薬師寺吉祥天像 正倉院鳥毛立女屏風 過去現在因果経 正倉院螺鈿紫檀五絃琵琶 東大寺大仏殿八角灯籠 銀薫炉・漆胡瓶

5 平安時代初期

5.1 平安京遷都 ★★☆

光仁天皇の後に即位した**桓武天皇**は奈良から都を移して政治の刷新を図るべく、まず784年に**長岡京**へ都を移したが、都を造営する責任者である**藤原種継**が暗殺されたことから、794年に**平安京**に遷都した。平城京と同様、唐の都長安を真似て造営した。

平安京は京都にあり、この時代以後明治時代に至るまで、天皇は京都に住んでいた。

5.2 桓武天皇の政治 ★★☆

（1）蝦夷征討

東北地方では奈良時代から蝦夷との争いが続いており、桓武天皇は**坂上田村麻呂**を**征夷大将軍**に任命し、蝦夷征討を試みた。

坂上田村麻呂は**胆沢城**を築城し、ここに多賀城から東北地方の拠点（鎮守府）を移すと、蝦夷の族長阿弖流為を降伏させた。

（2）令制の改革

桓武天皇はまず班田の確実な実行のため**班田収授法を改正**し、口分田の支給を12年に1回（一紀一班）とした。また、農民の負担となっていた**雑徭**を年間60日以下から**年間30日以下に半減**させた。

（3）勘解由使の設置

地方政治の乱れを改めるべく、国司の交代時の不正を厳しく取り締まるための官職として**勘解由使**を設けた。勘解由使は「令」によって定められていない官職であり、このように令によらず置かれた官職を**令外官**という[6]。

（4）兵制の改革

軍団の質が落ちてきたことを受けて、東北・九州などを除き軍団を廃止して代わりに**健児**を置いた。健児は郡司の子弟から編成され、国府の警備や国内の治安維持に当たった。

---

[6] 征夷大将軍や、嵯峨天皇のときに設けられた蔵人頭や検非違使も令外官である。

5.3 嵯峨天皇の政治 ★★★

(1) 薬子の変

桓武天皇の後を受けた平城天皇は藤原薬子を寵愛し、その兄藤原仲成を重用していた。次の嵯峨天皇の治世になると、藤原仲成・薬子兄妹が平城上皇の重祚を画策するが、嵯峨天皇に制され失敗に終わるという事件が起こった(薬子の変)。

この際、嵯峨天皇は、天皇の機密事項を扱う役所の長官として蔵人頭を新設し、藤原冬嗣らを任命した。

(2) 検非違使の設置

嵯峨天皇は、平安京内の治安維持に当たるための役職として検非違使を新設した。

(3) 法制の整備

律令制定後の社会の変化に合わせてこれを補足・修正する定めである「格」と、律・令・格の施行細則である「式」を整備し、弘仁格式を編纂した。

嵯峨天皇より後の治世で編纂された貞観格式(清和朝)、延喜格式(醍醐朝)と合わせて三代格式という。

平安初期の政治

桓武天皇	784　長岡京遷都 ／ 造営長官藤原種継の暗殺で中止 788〜　蝦夷征討 　・797　坂上田村麻呂を征夷大将軍に任命 　・802　胆沢城を築城／鎮守府を多賀城から移す 792　健児の制 ／ 東北・九州などを除き軍団を廃止 794　平安京遷都 ／ 和気清麻呂の建議により改めて遷都 795〜　令制の改革 　・班田を6年ごと→12年ごとに改める(班田の確実な実行を意図) 　・雑徭を60日以下から30日以下に半減(農民の負担を軽減) 797頃　勘解由使の設置 ／ 国司の不正を防止するために設置
嵯峨天皇	810　薬子の変 　　　蔵人所設置 ／ 藤原冬嗣を蔵人頭とする 816　検非違使の設置 820　弘仁格式編纂 ／ 格=律令の補足・修正、式=律令格の施行細則

5.4 平安初期の文化 ★★★

平安京への遷都から9世紀末頃までの文化を弘仁・貞観文化という。この文化の特徴は、遣唐使の帰国により新しい仏教がもたらされたことである。最澄は天台宗を比叡山延暦寺で、空海は真言宗を高野山金剛峰寺で開いた。これら二つは密教と呼ばれる。この時代の文化は新仏教の影響を受けており、既存の宗教にも影響を与え、8世紀には神仏習合の動きが始まっている。

建築では伽藍配置として有名な室生寺の金堂・五重塔、彫刻では一木造が多く作られ翻波式という表現方法が用いられた作品があり、一例としては元興寺薬師如来像がある。他の作品としては、神護寺薬師如来像、観心寺如意輪観音像などがある。

文学としては、勅撰漢詩集が編纂され『凌雲集』、『文華秀麗集』、『経国集』が9世紀初頭に相次いで完成した。空海個人による『性霊集』もある。

唐風の書である唐様も嵯峨天皇・空海・橘逸勢が名手として三筆と呼ばれた。

学問としては、有力者が子弟を寄宿させ大学での試験や講義を受けるために作らせた施設として大学別曹ができた。和気氏の弘文院、藤原氏の勧学院、橘氏の学館院、在原氏・皇族の奨学院などがある。庶民向けには綜芸種智院を空海が設置したが、その死後廃絶した。

この頃から宮廷における儀式も整備されてきた。

6 摂関政治

6.1 藤原北家の発展 ★★☆

平安初期には桓武天皇・嵯峨天皇が国政に指導的な役割を果たしてきたが、蔵人頭に藤原冬嗣が任じられたのを端緒に、藤原北家が再び力を盛り返してきた。

（1）藤原良房の時代

冬嗣の子藤原良房は、対立する氏族であった橘逸勢、伴健岑を謀反の疑いがあるとして排除した。この事件は承和の変と呼ばれ、さらに応天門の変で伴善男を政界から追放することに成功した良房は、藤原北家の優位を確固たるものとした。

その後、太政大臣に就いた良房は幼少の清和天皇を即位させ、天皇の外祖父として摂政を務めた。臣下として摂政に就任したのはこれが初めてとなる。

（2）藤原基経の時代

　良房の養子である**藤原基経**は、宇多天皇の下で正式に**関白**に就任した。関白は令外官であり、成人した天皇の代わりに政治を行う役職である。

　しかし、宇多天皇が詔勅において「阿衡」という名ばかりの名誉職に基経を任じようとしたとして基経が出仕を拒否し、宇多天皇がこれを撤回し起草者を処罰する事件(**阿衡の紛議**)が起こり、宇多天皇と基経の関係が悪化した。

6.2 ▶ 天皇親政の時代　★★★

（1）宇多天皇の親政

　9世紀の終わり、藤原基経が他界すると、摂政・関白を置かずに宇多天皇が自分で政治を執り行った。

　宇多天皇は学者の**菅原道真**を重用しており、道真の建議により**遣唐使を廃止**した。唐との公的な関係はなくなり、王朝が宋に代わった後も私貿易が行われるに留まった。

　また、宮中警備のため**滝口の武者**を設置した。天皇が政務を執る清涼殿東北の滝口に詰め所があったため、このように呼ばれる。

　この他には10世紀には朝鮮半島に高麗が興ったが、こちらも公式の国交は結ばれず**私的貿易**が行われ、書籍や薬品の輸入があり、11世紀後半になるとこれが活発になる。

（2）延喜の治

　醍醐天皇の親政を**延喜の治**という。醍醐天皇は律令政治復興に努力し、**延喜の荘園整理令**を出した。この後何回か整理令が出されたがその最初である。しかしながら財政的に律令制度の再建はかなり困難になっていた。

　一方で、藤原基経の子である**藤原時平**は、讒言により**菅原道真**を大宰府に左遷するなど(**昌泰の変**)、権勢を拡大する機会をうかがっていた。

（3）天暦の治

　醍醐天皇の子である**村上天皇**の親政は、**天暦の治**という。醍醐天皇の方針であった律令政治の復興を引き継いだものの成功したとはいえず、律令体制の変質と崩壊が明確になった。

　また、皇朝十二銭の最後となる乾元大宝を鋳造した。

6.3 ▷ 摂関政治の全盛　★★☆

（1）安和の変

　基経の後も藤原氏は、天皇家との姻戚関係を代々続けていった。969年に起きた**安和の変**で**源　高明**らが左遷されたことで、藤原氏の他氏排斥は終わりを告げ、これ以後**摂政・関白**が常置され、それを**藤原氏が独占**し、そのもとで国政が運営される摂関政治の時代となった。

（2）摂関政治の全盛期

　他氏排斥を終えた藤原氏は一族内部での争いをする。例えば**兼通・兼家**の兄弟争い、**道長・伊周**の甥と叔父の争いであり、道長が左大臣となり力をつけたことで一族内部の争いも収束した。

　10世紀末に摂政となった**藤原道長**は、自身の娘4人をすべて后とし、その子**藤原頼通**とともに**藤原摂関政治の全盛期**を迎える。道長は関白になっていないにもかかわらず「**御堂関白**」と呼ばれ、その子頼通は3代の天皇（後一条、後朱雀、後冷泉）の治世50年間にわたり摂政・関白を務め、宇治に別荘として**平等院鳳凰堂**を建立した。

藤原北家の権勢拡大

藤原冬嗣	810	**薬子の変** ／ 冬嗣、蔵人頭に就任
藤原良房[摂政]	842 857 858 866	**承和の変** ／ 橘逸勢・伴健岑を反乱の疑いで排除 良房、太政大臣に就任 清和天皇即位 ／ 良房、事実上の**摂政**に（臣下として初の摂政） **応天門の変** ／ 伴善男を排除
藤原基経[関白]	884 887 887～88	光孝天皇即位 ／ 基経、事実上の関白に 宇多天皇即位 ／ 基経、正式に関白に就任 　阿衡の紛議 ／ 橘広相を排除
藤原時平	894 901	**遣唐使の派遣中止** ／ 菅原道真の建議による **昌泰の変** ／ 菅原道真を大宰府に左遷
藤原実頼 [摂政・関白]	969	**安和の変** ／ 源高明を大宰府に左遷 　　　　以後、摂政・関白は常置
藤原道長[摂政]	1016	道長、摂政に就任
藤原頼通 [摂政・関白]	1017	頼通、摂政に就任

1　原始・古代　367

6.4 荘園の発達 ★★★

（1）土地制度の変質

醍醐天皇の時代には延喜の荘園整理令が出されるなど、律令制度の立て直しが目指されたものの、もはや戸籍をもとに口分田の支給を行い、税を取り立てて国の資源にするという体制は維持できなくなっていた。

この時代の国司は受領と呼ばれるようになり、地方政治や徴税を任されるなど権限が拡大していった。受領は課税の対象となる田地を名という単位に再編成し、それぞれの名を有力農民である田堵に耕作させた。田堵の中でも大規模な名を耕作していた者は大名田堵と呼ばれた。

（2）寄進地系荘園

11世紀になると、田堵や大名田堵の中には新たに山野を開墾する者が現れ、彼らは開発領主と呼ばれた。開墾した土地もそのままでは徴税対象の土地となってしまうことから、これを逃れるために開墾地を荘園として中央の有力貴族や寺社に寄進するようになった。開発領主自らはその管理者である荘官に任じてもらうことで、受領の徴税から保護されるとともに管理者としての利権を確保していた。

このような荘園は奈良時代に成立した初期荘園に対して寄進地系荘園と呼ばれ、寄進を受けた貴族や寺社は領家・本家と呼ばれた。寄進地系荘園は有力貴族や寺社の権力を後ろ盾としているため、徴税を免除される権利(不輸)や検田使と呼ばれる土地調査を行う役人の立ち入りを拒否する権利(不入)を得るものも多くなり、受領を通じた税収はますます不安定なものになっていった。

6.5 国風文化 ★★★

国風文化は、遣唐使が廃止されたことで大陸から新たな文化が入ってこなくなり、これまで輸入してきた文化に日本人がアレンジを加えて発展したものといえる。時期は摂関政治の頃である。

仏教においては、1052年から「末法」(仏法が衰えて乱世の世となる)に入ると信じられており、人々は世の中の乱れがこの前兆と恐れていた。村上天皇の時代に空也が浄土教を広め始めていたが、この浄土教は阿弥陀仏を信仰していれば来世には極楽浄土へ往生できるという教えであり、この信仰が末法思想の登場でより強く信じられるようになった。

次にかな文字であるが、かな文字は、もともと漢字の一部分を用いてできた片かなと、漢字の草書体を簡略化してできた平がながあり、11世紀のはじめにはほぼ完成していた。そしてかな文字の発達とともに国文学も発達していく。当時政治の記録としての日記は漢字が使われていたが、かな文字によって、和歌集や文学が数多く創作されていくことになった。書道も唐様に対して和様が登場し、**小野道風**、**藤原佐理**、**藤原行成**が三蹟と呼ばれた。

その他に、建築では平等院鳳凰堂がある。別荘として作られ、建築用法としては**寝殿造**に分類される。本尊の阿弥陀如来像は寄木造である。

習俗としては、**十二単**、**衣冠**、**束帯**といった服装から、**元服**、**裳着**という成人になるための儀式や、年中行事ができあがっていった。

7 武士の台頭

7.1 承平・天慶の乱 ★★★

醍醐天皇の次に即位した朱雀天皇治下の935年、桓武平氏の**平将門**が下総国猿島を根拠地として、関東を自分の国家としようと乱を起こした(平将門の乱)。彼は自分を新皇と称したが、押領使の藤原秀郷と平貞盛によって鎮圧された。

また939年に伊予国の国司であった**藤原純友**が反乱を起こすも、源経基や追捕使[7]の小野好古により鎮圧された(藤原純友の乱)。

二つの争乱を合わせて**承平・天慶の乱**という。

---

[7] 押領使や追捕使は、地方の反乱を鎮圧するために設けられた令外官である。

1 原始・古代 369

7.2 源氏の台頭 ★★★

　延喜・天暦の治で登場して、滝口の武者に代表されるように朝廷や貴族の警備を担った武士の力は目覚ましいほど強くなった。1028年、東国で**平忠常の乱**が起こった際、源 頼信は乱を平定して関東における足場を築き始めた。

　そして奥州安倍氏が国司に反抗したことから発生した**前九年の役**（1051～62）は、源 頼義・源 義家らによって平定された。その後鎮守府将軍であった清原氏の相続争いから**後三年の役**（1083～87）が起こり、義家が介入して内紛を平定した。

　このとき義家を助けた藤原清衡は、奥州藤原氏として平泉を中心に支配し、3世代100年間の繁栄が続くことになった。源氏も東国武士団との主従関係ができ、武家の棟梁としての地位を作っていった。これがのちに源氏が鎌倉に幕府を作ることになる理由の一つである。

過去問チェック

01　4世紀後半に大和朝廷は、百済との友好関係を図り、半島の鉄資源や先進技術を得ようと努めた。百済の好太王碑文によると、百済と高句麗との間の抗争に関連して、我が国と高句麗との間で長期にわたる戦争が行われ、その結果高句麗の勢力が衰退し、百済が朝鮮半島の大半を占領したとされる。国家専門職2002　2.1

✕　百済と友好関係にあったことは妥当であるが、好太王は百済ではなく高句麗の王である。また4世紀後半の朝鮮半島では、高句麗が南進して、百済、新羅、伽耶諸国を圧迫しており、百済が半島の大半を占領していたとはいえない。

02　7世紀初期に制定された憲法十七条は、新たな身分秩序を作るため、冠位十二階を定めて、従来の世襲的な氏姓制度を改め、個人の才能や功績に応じた人材登用の道を開くとともに、朝廷に仕える者の心構えを示し、和の尊重、仏教への帰依、天皇への忠誠などを強調した。国家専門職2001　3.1

✕　憲法十七条は政治的服務規程や道徳的訓戒を定めただけであり、冠位十二階を定めたわけではない。

03　飛鳥時代、朝廷は最初の遣唐使として小野妹子を派遣したが、これは唐の皇帝から称号を得て、朝鮮半島における政治的立場を有利にするためであった。特別区Ⅰ類2008　3.1　3.4

✕　最初の遣唐使として派遣されたのは小野妹子ではなく、犬上御田鍬である。小野妹子は遣隋使として派遣された。また、飛鳥時代の遣隋使の派遣は唐の皇帝から称号を得て君臣関係を結ぶ朝貢

をしていたわけではなく、対等外交であった。

04 8世紀初期に、藤原不比等らによって編さんされた大宝律令は、唐の律令にならって作られたもので、その内容は、行政法・民法などに相当する規定集である律と、刑法に相当する規定集である令からなり、形式的にはその後長く我が国の統治の基本とされた。**国家専門職2001** 3.6

✕ 「行政法・民法」と「刑法」の説明が入れ替わっている。刑法に相当する規定が律であり、行政法・民法などに相当する規定が令である。また、大宝律令と大差ないものではあるが、形式的には718年に養老律令がまとめられ、757年からは大宝律令に代わって施行されている。

05 班田収授法は、律令制度において、農民の最低生活を保障し、租・庸・調等の税を確保するため、戸籍に基づき6歳以上の男子に限って口分田を与え、その永久私有を認めたものである。**特別区Ⅰ類2007** 3.7

✕ 男子だけでなく、6年ごとに作成される戸籍に基づいて6歳以上の男女に班給される。また、班田収授法において永久私有は認められず、死亡した場合には口分田は収公される。

06 奈良時代、仏教は庶民を中心に発展したが、それは当時日本に渡来して戒律を伝え、興福寺を開いた鑑真ら中国の僧侶の活動に負うところが大きかった。**特別区Ⅰ類2008** 4.2 4.4

✕ 奈良時代、仏教は庶民を中心にして発展したのではなく、聖武天皇の鎮護国家思想のもとに国家主導で進められた。また鑑真が開いたのは唐招提寺であり、興福寺は藤原氏の氏寺である。

07 寄進地系荘園は、開発領主らが、租税の免除の特権を得たり、検田使の立入りを拒否するために、その所有地を国司に寄進し、自らはその荘官となって支配権を確保した荘園をいい、鎌倉時代に各地に広まった。**特別区Ⅰ類2007** 6.4

✕ 寄進地系荘園が広まったのは鎌倉時代でなく平安時代中後期からである。また国司に寄進したのではなく、中央の有力貴族や寺社に寄進した。

08 平安時代中期、関東で勢力を伸ばしていた平将門が朝廷に対して挙兵し、関東の大半を征服し、自ら新皇と称した。一時は京都付近まで攻め上ったが、朝廷は、伊予を本拠地とし瀬戸内海の海賊を支配下においていた藤原純友の協力を得て平将門を討伐した。**国家一般職2014** 7.1

✕ 平将門が関東で反乱を起こしたのは妥当だが、藤原純友は瀬戸内で乱を起こした人物であり、朝廷が藤原純友の協力で平将門を討伐したのではない。

1 原始・古代 371

過去問 Exercise

問題1 日本の弥生時代に関する記述として最も妥当なのはどれか。

国家専門職2007

1 薄手で赤褐色のものが多い縄文土器に代わって厚手で黒褐色のものが多い弥生土器が作られ、食物を入れるなどして使うようになった。また、機織の技術が導入されて植物の繊維で織った衣服を着るようになり、女性は、単衣の布に穴をあけて頭を通したものである直衣を着用していたと伝えられている。

2 灌漑・排水用の水路を備えた本格的な水田が作られ、低湿地を利用した湿田だけでなく乾田も作られるようになった。また、稲作等で収穫された物は、貝塚や貯蔵穴に収納された。さらに、水田の近くの低地に集落が多く営まれるようになって、周囲に深い壕をめぐらす高地性集落も作られた。

3 九州北部を中心に銅鐸、近畿地方を中心に銅矛・銅戈といった青銅器が使用され、墓に副葬されるようになった。また、葬法としては、土壙や甕棺に加えて木棺や壺棺に遺体を納めるようになり、九州北部を中心に支石墓や箱式石棺墓が盛んに作られ、近畿地方を中心に木棺墓や土壙墓のまわりに溝をめぐらす前方後円墳が作られた。

4 農耕の発達に伴って一つの水系を単位とした地域を統率する国司が出現し、有力な集落が周辺の集落を統合して各地に政治的な集団である小国が作られるようになった。『漢書』地理志には、小国の一つである倭の奴国の国王の使者が後漢の光武帝に朝貢し、印綬を受けたことが記されている。

5 『魏志』倭人伝によれば、倭の各地で小国が自立や結合をはかるようになり、2世紀後半に大乱が起こったが、3世紀ごろに諸国が邪馬台国の卑弥呼を倭国の王に立てて、30あまりの小国を統合した国が成立し、また、卑弥呼が魏の皇帝に使者を送り、魏の皇帝から「親魏倭王」の称号を賜ったとされている。

解説

正解 **5**

第2章

日本史

❶ ✕ 縄文土器と弥生土器についての説明が逆になっている。また直衣は平安の公家の平常服である。

❷ ✕ 収穫物は貝塚や貯蔵穴でなく高床倉庫に貯蔵された。貝塚は食物の残骸や土器の破片等、廃棄物が積み重なった遺跡である。また、周囲に深い壕をめぐらすのは高地性集落でなく環濠集落である。

❸ ✕ 銅鐸は西日本から東海地方にかけて出土されている。銅矛や銅戈は九州北部で見られる。箱式石棺墓は中国地方に多く見られ、木棺墓や土壙墓の周りに溝をめぐらすのは前方後円墳ではなく、周溝墓である。

❹ ✕ 国司は律令制の役職であり、この時代には出現しない。また、印綬を受けたことが記されているのは『漢書』地理志でなく『後漢書』東夷伝である。

❺ ◯ 正しい記述である。

1　原始・古代　**373**

| 問題2 | 平安時代に関する記述として、妥当なのはどれか。 |

東京都Ⅰ類2003

1 桓武天皇は、寺院勢力の強い平城京から平安京に遷都し、律令政治の再建事業に着手し、国司の交替事務を監督して不正を取り締まるために検非違使を、警察や裁判の業務をつかさどるために勘解由使を設置した。

2 嵯峨天皇は、東北地方の支配に力を入れ、坂上田村麻呂を征夷大将軍に任命し、蝦夷の反乱を鎮定させ、鎮守府を胆沢城から多賀城へ移した。

3 宇多天皇は、菅原道真を重用し、藤原氏をおさえようとしたが、菅原道真は、続く醍醐天皇の時代に、藤原時平の策謀によって、大宰府に左遷された。

4 摂政は天皇が幼少の期間その政務を代行し、関白は天皇が成人後にその後見役を務めるもので、このような摂政、関白をだす家柄を摂関家といい、摂関家の勢力は、藤原冬嗣とその子良房のときに全盛期を迎えた。

5 承平・天慶の乱とは、藤原純友が下総国の豪族を率いて起こした反乱と、平将門が瀬戸内海の海賊を率いて起こした反乱とをいうが、この乱を通じて、朝廷の軍事力の低下が明らかになり、地方武士の組織が一層強化された。

解説

正解 ③

❶ ✕ 桓武天皇は即位直後、平城京から長岡京、さらには平安京へと遷都した。また勘解由使と検非違使の説明が逆であり、さらに検非違使を設けたのは嵯峨天皇である。

❷ ✕ 坂上田村麻呂を征夷大将軍に任じたのは桓武天皇である。

❸ ◯ 正しい記述である。

❹ ✕ 藤原氏は冬嗣以降、①天皇家との外戚関係、②朝廷内での高位高官独占、③他氏排斥、④荘園の拡大などにより勢力を拡大した。安和の変(969)で、醍醐天皇の子で左大臣の源高明を失脚させて以降11世紀の半ばまでは摂政・関白が常置され、そのもとで政治が行われる摂関政治の時代となった。摂関政治の最盛期は藤原道長とその子である頼通の11世紀前半の約50年間である。

❺ ✕ 平将門と藤原純友の説明が逆である。平将門が下総の豪族を率いて反乱を起こし(平将門の乱)、同時期に藤原純友が瀬戸内海の海賊を率いて反乱を起こした(藤原純友の乱)。

1 原始・古代 375

問題3 次のA～Dのうち、平安時代の出来事に関する記述として妥当なもののみを全て挙げているものはどれか。

裁判所一般職2020

A 坂上田村麻呂が東北で蝦夷の征討を行い、蝦夷の族長阿弖流為を降伏させた。

B 道鏡が孝謙太上天皇の寵愛を受けて権力を握り、政治が混乱した。

C 学問が重んじられ、有力貴族らも子弟教育のための大学別曹を設けた。

D 農地開拓のために健児制度が設けられ、各地で健児による開墾が行われた。

1　A、B
2　A、C
3　B、C
4　B、D
5　C、D

376　第2章　日本史

解説

正解 **2**

A ○ 桓武天皇の時代、征夷大将軍の坂上田村麻呂は蝦夷の族長阿弖流為を帰順させた。その後、嵯峨天皇の時代には蝦夷の反乱はほぼ終息した。

B ✕ 道鏡が孝謙太上天皇の寵愛を受けて権力を握り、これに危機感を抱いた恵美押勝が乱を起こすなど政治が混乱したことは妥当だが、これは奈良時代後半の出来事であり、平安時代の出来事ではない。

C ○ 大学別曹の例としては、藤原氏の勧学院、橘氏の学館院などがあげられる。

D ✕ 健児制度とは、桓武天皇の時代に、東北・九州などを除いて軍団を廃止する代わりに、郡司の子弟などを採用して新たに設置された兵制のことであり、農地開拓のために設けられた制度ではない。

1 原始・古代 377

藤原氏に関する記述として、妥当なのはどれか。

特別区Ⅰ類2003

① 中臣鎌足は、中大兄皇子と謀り、蘇我馬子・蝦夷父子を倒して政治の改革に着手し、内臣として政策の立案に当たり、のちに天智天皇から藤原の姓を与えられた。

② 藤原不比等は、律令制度の確立に大きな役割を果たすとともに、天皇家に接近して、藤原氏発展の基礎を固め、不比等の死後、その4人の子が皇族出身の橘諸兄を策謀により自殺させ権力を握った。

③ 藤原冬嗣は、聖武天皇の信任を得た玄昉や吉備真備の追放を求めて、九州で反乱を起こしたが、平定された。

④ 藤原良房は、清和天皇が幼少で即位すると、臣下で初めて摂政の任をつとめたのち、初めての関白となって政治を主導した。

⑤ 藤原頼通は、3代の天皇の摂政・関白をつとめるとともに、宇治の平等院鳳凰堂を建てた。

解説

正解 **5**

第**2**章

日本史

---

❶ ✕ 中臣鎌足らが倒したのは馬子・蝦夷父子ではなく、蝦夷・入鹿親子である。

❷ ✕ ４人の子が自殺に追い込んだのは橘諸兄ではなく長屋王である。橘諸兄は藤原四子が天然痘で亡くなった後に政権を掌握した人物である。

❸ ✕ 九州で反乱を起こしたのは冬嗣ではなく藤原広嗣であり、冬嗣は藤原北家発展の祖に当たる人物である。

❹ ✕ 前半の記述は妥当だが、初めて関白となったのは藤原基経である。

❺ ◯ 後一条・後朱雀・後冷泉３代の天皇の摂政・関白となった。

1 原始・古代 379

国家一般職★★★／国家専門職★★★／裁判所★★★／東京都Ⅰ類★★★／特別区Ⅰ類★★★

2 中 世

日本の中世の中心は鎌倉・室町時代です。この時代は武士が政治の中心でした。鎌倉も室町も、時代を三つに区切ればわかりやすくなります。鎌倉時代は事件が、室町時代は文化と社会背景が区切りになります。それぞれをきちんと区別するようにしましょう。国家一般職試験以外では鎌倉時代からの出題が多いので鎌倉時代から学習してもよいでしょう。戦国時代も要注意です。

1 院政と平氏の台頭

　藤原氏の権力は、外戚として権力を維持できなくなると急に衰えた。その後政治の実権を握ったのは、皇位を譲位した上皇だった。そして武士もこれに伴い力を得ていき、平氏は貴族化して反感を買うこととなった。

1.1 院政の始まり　　　　　　　　　　　　　　　　　★★★

（1）後三条天皇の親政

　11世紀中頃、摂関政治の全盛期が終わりに近づいた。特に、摂政・関白として力を保持するために必要であった外戚という立場が失われることになった。それは藤原頼通の娘に男子が生まれなかったためであるが、藤原氏を摂政・関白としない後三条天皇が即位すると、大江匡房らを登用したことで藤原氏の影響力は次第に薄れていった。

　特に1069年に出された延久の荘園整理令は摂関家の荘園も対象とし、記録荘園券契所（記録所）を設けて書類を審査したことで、荘園の増加防止や縮小といった大きな成果を上げたため、のちに院政が進むと藤原氏の勢力は衰えてしまった。

　上皇の近臣たちが国司などの官職に任じられるようになり、知行国制の広まりもあって、国衙領は知行国主や国司の個人的な領地のような状況となり、院政の政治的・財政的支えとなった。

380　第2章　日本史

（2）院政の始まり

　後三条天皇の後を継いだ白河天皇は、自分の子堀河天皇を守るために早くに位を譲った。天皇が生存中に譲位すると上皇と呼ばれる。白河上皇は、院庁において天皇に代わり政治を行った。このように院庁で「上皇が天皇に代わって政治を行うこと」を院政という。

　院政は鳥羽上皇、後白河上皇と約100年続いた。院の御所に北面の武士を置き、荘園整理を支持する国司を味方にして院の権力を強化した。また、院政期に造立された六つの寺をまとめて六勝寺という。

1.2 中央政界への武士の進出　★☆☆

　白河上皇が院の御所に警備のために北面の武士を設置したことが中央の政治の舞台に武士が入っていくきっかけになった。こうして武士は重用されるようになり、僧兵が朝廷へ強訴（神木などを持って自分たちの主張を通そうと押しかけること）した際に、貴族を警護したりした。

1.3 保元・平治の乱　★★☆

（1）保元の乱

　1156年に起きた保元の乱は、崇徳上皇と後白河天皇の兄弟間の皇位に関わる争いである。これに摂関家や武士が巻き込まれた形で行われた。結果は後白河天皇方が勝利した。

保元の乱

	後白河天皇方		崇徳上皇方	
	人物	関係	人物	関係
天 皇 家	後白河天皇	弟	崇徳上皇	兄
藤 原 氏	藤原忠通（関白）	兄	藤原頼長（左大臣）	弟
平 氏	平清盛	甥	平忠正	叔父
源 氏	源義朝	（子）兄	源為義 源為朝	父 弟

2　中世　381

（2）平治の乱

　これに続いた**平治の乱**は、院近臣の権力争いであったが、実質的には源氏と平氏との争いという構図となった。平清盛一行が熊野三社へ詣でているときに源義朝らが挙兵したが、力で上回っていた平清盛側が勝ち、源氏では義朝や藤原信頼（清盛と組んでいた藤原通憲と勢力争いをしていた）らが義朝の子頼朝を除いて攻め滅ぼされた。

平治の乱

	院近臣の藤原氏	武　士
平　家　方	藤原通憲（信西）…自殺	平清盛・重盛
源　氏　方	藤原信頼…斬首	源義朝…謀殺・源義平…斬首・源頼朝…伊豆へ

1.4 平氏政権 ★★☆

　こうして清盛は武士の棟梁としての地位を確実なものとし、院近臣として娘の平徳子を高倉天皇の中宮とし、その子安徳天皇が即位すると外戚として権力を振るうようになった。

　清盛は宋との貿易にも力を入れ、摂津の**大輪田泊**（神戸港）を整備し、**日宋貿易**を行った。貿易そのものは平安後期から始まり鎌倉時代に入っても続いた。

日宋貿易での主な貿易品目

輸　入　品	**宋銭**、陶磁器、香料、薬品、書籍、茶、木綿、文具、高級織物
輸　出　品	砂金、硫黄、水銀、木材、刀剣、扇、漆器、蒔絵、真珠、螺鈿、屏風

　平氏の全盛期は「平氏にあらずんば人にあらず」と平時忠にいわしめたほどである。ところが院、つまり上皇側との対立が起こり、1177年に後白河法皇とその近臣たちがクーデタを計画した。この計画が清盛の耳に入ると、清盛は計画に参加していた者たちを処罰し、法皇を幽閉した（鹿ヶ谷の陰謀）。一時的に全国の知行国（律令の俸禄に代わりその国の収入の大半をもらえるという国）のほとんどを手中にしたが、反対派の結束を招いてしまい、平氏の全盛期は長くは続かないことになる。

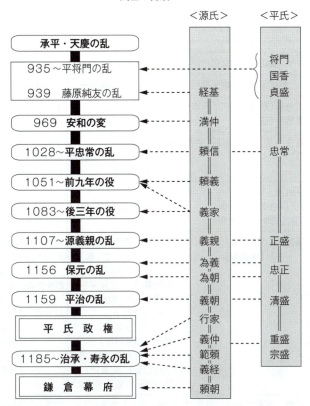

1.5 院政期の文化 ★★★

　この時代では平氏の文化が一番華やかだったといえる。『栄華物語』、『大鏡』はその代表例である。また、奥州藤原氏の栄華を示す中尊寺金色堂がある。
　もう一つの特徴は絵巻物で、詞書きと絵を交互に並べて、話の場面展開をわかりやすくしたものである。物語としては『将門記』のような軍記物語が書かれ始めた。歌謡では、今様と呼ばれる民間歌謡について、『梁塵秘抄』を後白河法皇が編纂したことも特筆すべきことである。

平安時代の文化

時　代	初期	中期	院政期
時　期	9世紀	10世紀以降	11世紀中頃
呼　称	**弘仁・貞観文化**	**国風文化**	（院政期の文化）
政　治	桓武天皇・嵯峨天皇	藤原道長・頼通親子	後白河上皇・平清盛
仏　教	天台宗（最澄→円仁・円珍）真言宗（空海）	本地垂迹説・御霊会浄土教（空也・源信）	浄土教（聖による地方への普及）
建　築	室生寺金堂・五重塔（奈良県）	様式：**寝殿造**建物：宇治平等院鳳凰堂（京都府）	中尊寺金色堂（岩手県）富貴寺大堂（大分県）白水阿弥陀堂（福島県）
芸　術	**一木造**「元興寺薬師如来像」「室生寺釈迦如来像」	**寄木造**「平等院阿弥陀如来像」蒔絵・大和絵	―大和絵…『扇面古写経』厳島神社『平家納経』
文　学書　物	漢詩集…『凌雲集』　　　　　『性霊集』	和歌集…『古今和歌集』（紀貫之ら編）物語…『竹取物語』『伊勢物語』（在原業平）『源氏物語』（紫式部）随筆…『枕草子』（清少納言）日記…『蜻蛉日記』（右大将道綱の母）『土佐日記』（紀貫之）『更級日記』（菅原孝標女）	説話…『今昔物語』軍記物語…『将門記』『陸奥話記』歴史物語…『大鏡』『栄華物語』絵巻物…『源氏物語絵巻』『信貴山縁起絵巻』『鳥獣戯画』『伴大納言絵詞』『年中行事絵巻』
芸　能芸　術	三筆…唐風の力強い筆風が特色の書家のこと・嵯峨天皇、空海、橘逸勢	三蹟…仮名と草書がきれいで優雅な書家のこと・藤原佐理、藤原行成、小野道風	歌謡…『梁塵秘抄』田楽→能楽
その他	綜芸種智院（空海）	年中行事、和風の服装、儀式などができあがる	中央から地方へ文化が伝わる

2 鎌倉幕府の成立

2.1 治承・寿永の乱 ★★★

平清盛が後白河法皇を制して、自分の孫である安徳天皇を即位させると、これに反対する後白河法皇の皇子である以仁王らが、平氏を倒そうと兵を挙げた。王の命令(令旨)で地方の武士は平氏との戦いに参加した。このときの王らの挙兵は失敗に終わったが、平氏が貴族的になり一族中心の政治をしていたために不満が募っており、源氏を中心とした各地の武士や僧兵が兵を挙げ、全国へ戦火が広がっていった(治承・寿永の乱)。

はじめは劣勢だった源氏も徐々に勝ちを収め、一度は福原京(現神戸市)へ遷都(1180)した平氏も清盛の死(1181)や養和の大飢饉などもあって都落ちし、壇ノ浦まで追いつめられ、ついに1185年滅亡した。

2.2 源頼朝の登場 ★★★

源頼朝は1180年に相模・足柄で、石橋山の戦いで敗れて安房に逃れ、その後、鎌倉に入った。1183年には後白河法皇が頼朝に東国の支配権を事実上認めたことで、鎌倉幕府が実質的に始まったといえる。平氏の滅亡で、源氏は武家の棟梁として認められることになった。源氏は頼政が戦死し、源(木曽)義仲も京都で公家と対立したことで頼朝の弟である義経に討たれ、源氏の嫡流では頼朝が残ったことから彼が源氏の棟梁となり、武士の頂点に立つことになった。

2.3 鎌倉幕府の成立 ★★★

頼朝は鎌倉へ入ってから、関東の荘園や国衙領を支配し、政権を作るための準備を進めた。1180年に御家人を統率するための機関として侍所を設置し、初代長官(別当)には東国御家人の和田義盛を任じた。1184年には一般政務を司る公文所を設置し、初代別当に貴族出身の大江広元を任じた。公文所はのちに政所と改称された。さらに同1184に裁判事務を行う問注所を設置し、初代長官(執事)に貴族出身の三善康信を任じた。

1185年、後白河法皇により、諸国に守護、荘園などに地頭を任命する権利と、兵糧米徴収の権利などを得て、頼朝は全国を支配することになった。守護には主に関東の有力御家人が任命され、大犯三か条(京都大番役の催促、謀叛人の検挙・断罪、殺害人の検挙・断罪)などの職務と、任地であるその国の武士を統率する役目

を担った。**地頭**は御家人のなかから指名され、年貢(律令下での租)の徴収・納入、土地の管理、治安維持が主な職務であった。

荘園領主たちは管理を一切任せて一定の年貢のみを納めさせる**地頭請所**の契約をしたり、現地を地頭と折半して分割して荘園領主の支配権を半分維持する**下地中分**を行ったりした。地頭の任免権は平安時代の国司や荘園領主と異なり幕府にあった。

鎌倉幕府の組織図

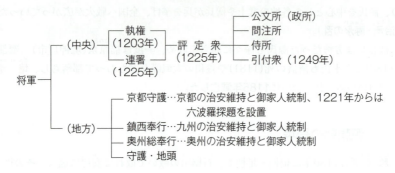

武士は、先祖伝来の土地に住み着き、所領の要所に館を構えて堀や塀で囲んでいた。農民から年貢を徴収したものを荘園領主などに納め、自分たちは定められた加徴米などによる収入で暮らしていた。生活は簡素で流鏑馬や笠懸、犬追物などの武芸を身につけ、のちの武士道の起源となった。一族は宗家と分家による一門と呼ばれる集団からなり、宗家の長を惣領あるいは家督と呼び、その他を庶子と呼んだ。

一方、後白河法皇は頼朝を危険な人物として、義経に討伐を命じたが果たせず、逆に頼朝から討たれそうになった義経は奥州に逃げた。それに対して頼朝は、義経を匿ったという理由で義経とともに奥州藤原氏を滅亡させ(1189)、名実ともに源氏の支配は確立されていった。1192年に頼朝は、後白河法皇の死後に後鳥羽天皇によって征夷大将軍に任じられ、鎌倉に幕府を開いた。

24 封建制度 ★★★

　土地（封土）を仲立ちとして成り立つ主従関係を**封建制度**という。鎌倉幕府は、将軍が御家人に対して行った**御恩**と、**奉公**の関係から成り立っていた。平安時代に東北地方で行われた戦役で深まった絆が、御恩によってより深まった。前項で述べた守護・地頭の設置が日本の国家全体における封建制度の成立を決定づけたといえる。

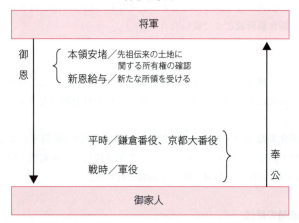

御恩と奉公

　鎌倉時代の初期は、**幕府と朝廷**による**二重支配**が残っていたことも特徴的である。幕府は頼朝の知行国である関東知行国と荘園である関東御領を所有し、幕府の経済的な基盤としていた。

3 執権政治

3.1 執権政治の始まり ★☆☆

源　実朝の死によって源氏の将軍は3代で途絶えてしまった。実朝の後は、第4代将軍九条頼経と第5代将軍九条頼嗣を藤原氏から(摂家将軍)、その後の4代を皇族から(親王将軍)招いた。彼らは実力も将軍としての信望もなかったため、象徴としての存在だった。そのため、**鎌倉幕府では将軍の代わりに執権が実権を握ること**になった。これが執権政治である。

北条政子が頼朝の妻であったことから、**北条氏**が将軍の補佐役としての執権となり、これが鎌倉幕府滅亡まで続いた。

（1）北条時政の時代

頼朝の死後、幕政は貴族出身の側近や御家人による合議制により進められていたが、次第に幕政に主導的な役割を果たしたいと望む有力御家人の争いが見られるようになった。

頼朝の妻北条政子の父である**北条時政**は、第2代将軍 **源 頼家**の後見を務めていた**比企能員**を滅ぼすとともに、頼家を廃して第3代将軍に**源実朝**を擁立した。さらに政所の別当に就任して自身の地位を**執権**と称した。

（2）北条義時の時代

時政の子である**北条義時**は、侍所の別当を務めていた**和田義盛**を滅ぼして(**和田合戦**)政所と侍所の両方の別当を兼職し、以後執権の地位を北条氏が世襲していく基礎を築いた。

一方で幕府・朝廷間の関係は不安定化し、第3代将軍実朝が甥の**公暁**に暗殺される事件が起こると、当時院政を行っていた**後鳥羽上皇**は、執権義時を討つための兵を挙げたが、幕府は関東の武士を中心に抗戦して勝利を収めた。後鳥羽・土御門・順徳の各上皇は隠岐と佐渡に配流され、仲恭天皇も廃位された。この戦乱を**承久の乱**という。

京都にはこの後、朝廷を監視するために**六波羅探題**が置かれた。この乱の後に任命された地頭は、それまでの**本補地頭**と区別して**新補地頭**という。

この乱を機に、朝廷の力が衰退し幕府の支配が全国に及んだことにより、**幕府優位の公武二元体制**になった。

3.2 執権政治の発展 ★★★

（1）北条泰時の時代

　承久の乱に勝利した幕府側は、執権政治を安定させるべく幕府の組織に手を入れた。まず第3代執権の**北条泰時**は執権を補佐する役割として**連署**を設け、一族の中からこれに任じた。また重要な政務や裁判に当たる役職として**評定衆**を設け、有力御家人をこれに任じた。

　さらに、御家人どうしの争いや荘園領主との争いを公平に裁くために、**貞永式目（御成敗式目）**を定めた。基準となったのは頼朝以来の先例や慣習・道徳で、我が国最古の武家法である。

（2）北条時頼の時代

　第5代執権を務めた**北条時頼**は**三浦泰村**一族を滅ぼして執権北条氏の地位をより強固なものとし（**宝治合戦**）、評定衆の補佐として土地訴訟を扱う**引付衆**を新設し、御家人の所領に関する裁定を迅速なものとした。

4 元寇と幕府の衰退

4.1 蒙古襲来と得宗専制政治 ★★★

（1）北条時宗の時代

　13世紀頃の貿易は、宋や高麗との間の私貿易が継続していた。ユーラシア大陸ではチンギス＝ハンが広大な地域を征服するに及び、13世紀前半に金を、また後半に南宋を滅ぼし、高麗をも服属させた。フビライ＝ハンは国号を元として日本に対して何度も朝貢を求めてきたが、第8代執権**北条時宗**がその使者を断罪して要求を拒絶したためにフビライの怒りを買い、元が2回にわたり攻めてくることになった。これを**元寇**という。

　1回目が**文永の役**（1274）で、元軍の撤退後、**異国警固番役**を強化して博多湾沿いに石塁を作り、守りを固めた。2回目が**弘安の役**（1281）である。幕府は3回目に備えて貞時の時代に博多に**鎮西探題**を設置し、九州地方の政務や御家人の統率などに当たらせた。元軍の火薬などの使用は日本側を驚かせたが、2回とも暴風雨となって元寇そのものは失敗した。

2　中世　389

（2）北条貞時の時代

　幕府の権力が全国的に広がっていくに従い、執権である北条家の権力は大きくなっていった。中でも北条家の家督を継ぐ惣領家である得宗（嫡流の当主）の力は強大になり、13世紀後半に得宗とその家臣である御内人が専制を行うようになったことから、一般の御家人と対立するようになった。

　1285年に第9代執権北条貞時の外祖父である安達泰盛が、彼の影響力拡大を恐れる内管領（執権の後見役）平頼綱と対立し、泰盛は一族もろとも討たれた（霜月騒動）。のちに貞時は頼綱を滅ぼし自ら権力を握った。この事件をきっかけに得宗による支配体制（得宗専制政治）が確立した。

4.2> 幕府の衰退　　　　　　　　　　　　　　　　　　★★☆

　元寇で御家人たちは多くの犠牲を払ったものの、幕府からはほとんど恩賞が与えられなかった。そのうえ、財産が**分割相続**であったこともあり、一個人の財産もさほどなく、蓄えもなくなってしまった。この結果、借金をする御家人が増え、幕府は御家人の借金対策に迫られた。

　1297年、貞時は永仁の徳政令[1]を出したが、経済の混乱を招いただけで効果は限定的であった。

---

1 越訴（裁判に敗訴した者による再審）、御家人の所領の質入・売質の禁止、有力御家人が20年以内に質入れ、売却した土地の無償返還を借上（金融業者）に求める内容であった。

執権政治

※数字は執権就任順序

❶北条時政	1203	比企能員を謀殺
		第2代将軍源頼家を廃し(修善寺幽閉後暗殺)、3代将軍に源実朝を擁立
		時政が能員に代わり政所別当に就任→執権と称す
❷北条義時	1213	和田合戦 ／ 和田義盛を滅ぼし、義時が政所・侍所両別当に
	1219	第3代源実朝が甥の公暁に暗殺される
	1221	承久の乱 ／ 後鳥羽上皇が義時の追討を命令するも、幕府側勝利
❸北条泰時	1225	連署を設置 ／ 執権の補佐
		評定衆を設置 ／ 重要政務、裁判
	1226	九条頼経が第4代将軍に就任 ／ 摂家将軍
	1232	貞永式目(御成敗式目)制定 ／ 最初の武家法
❺北条時頼	1247	宝治合戦 ／ 三浦泰村一族を滅ぼす
	1249	引付衆を設置 ／ 土地訴訟を扱う
	1252	第5代九条頼嗣を廃し宗尊親王を擁立 ／ 皇族将軍
❽北条時宗	1274	文永の役 ／ 元・高麗軍襲来
	1275	異国警固番役を強化、博多湾沿岸に石塁を築く
	1281	弘安の役 ／ 元・高麗軍と旧南宋軍襲来
❾北条貞時	1285	霜月騒動 ／ 御家人の安達泰盛が平頼綱によって滅ぼされる
		得宗専制政治確立
	1293	鎮西探題 ／ 九州の御家人を統率
	1297	永仁の徳政令 ／ 御家人の所領質入、売却禁止

5 鎌倉時代の産業・文化

5.1 鎌倉時代の産業　★★★

　農業においては、**畿内や西日本**において**二毛作**が進み、牛馬耕によって人力よりも深耕が可能になった。農業技術の進歩により、穀物や商品作物が増産できるようになったことは、**定期市(三斎市)**や商品の運送・中継ぎを行う**問丸**、同業者の組合である**座**の活動を活発化させた背景の一つである。

　この時代、我が国では貨幣が鋳造されておらず、輸入銭(宋銭)を介して売買が行われた。また貨幣経済の浸透により、当初は米を貸していた**借上**が、金銭を貸すようにもなった。

5.2 鎌倉文化　★★★

(1) 鎌倉新仏教

　鎌倉時代には、武士の力の伸長を反映し、伝統的な公家文化の中に、力強さと写実性が加わって新しい文化が形成された。平安時代末期の社会動乱の中で、人々の不安と末法思想が広まり、庶民の間で簡単な教えを中心とした新しい仏教が広まっていった。

鎌倉新仏教

宗派	開祖	主要著書	中心寺院	教義	支持層
浄土宗	法然	選択本願念仏集	知恩院(京都)	専修念仏	公家・武士
浄土真宗(一向宗)	親鸞	教行信証	本願寺(京都)	悪人正機説	武士・農民
時宗	一遍	一遍上人語録	清浄光寺(神奈川)	踊念仏	浮浪民・農民
臨済宗	栄西	興禅護国論	建仁寺(京都)	不立文字	上級武士
曹洞宗	道元	正法眼蔵	永平寺(福井)	只管打坐	下級武士
日蓮宗(法華宗)	日蓮	立正安国論	久遠寺(山梨)	法華経第一	商工業者・武士

（2）その他の文化

　文学では、藤原定家らの編纂による『新古今和歌集』、源実朝による『金槐和歌集』などの和歌集や、平家の栄枯盛衰を記した軍記物語として著名な『平家物語』、また鴨長明『方丈記』や吉田兼好『徒然草』などの随筆が知られる。

　建築・美術では、南宋の建築様式を模した大仏様で築かれた東大寺南大門や、仏師運慶・快慶の共作による東大寺南大門金剛力士像などが有名である。

　また、北条実時は武蔵国金沢（現在の横浜市）の称名寺内に金沢文庫という私設図書館を設置し、和書や漢書の蔵書に努めた。

6　室町幕府の成立

6.1　鎌倉幕府の滅亡　★★☆

　朝廷では、皇位継承などをめぐって後深草上皇の流れを汲む持明院統、亀山天皇の流れを汲む大覚寺統が争っており、幕府はこれを調停して両統が交互に皇位に就くことを提案した（両統迭立）。一方幕府では、第14代執権北条高時の失政や得宗専制政治に対する御家人たちの不満が高まっていた。

　このような混乱の中で大覚寺統から即位した後醍醐天皇は、親政を推し進めながら討幕の動きを見せたものの最初の挙兵は幕府に発覚し失敗に終わった（正中の変）。続いて二度目の挙兵でも失敗し（元弘の変）、後醍醐天皇は隠岐に配流された。

　しかしその後支援を得て隠岐から脱出すると、後醍醐天皇の子である護良親王や、楠木正成、新田義貞、足利尊氏などの挙兵により北条高時らは滅ぼされ、鎌倉幕府は滅亡した。

鎌倉幕府の滅亡

1324	正中の変 ／ 後醍醐天皇、討幕を計画するも幕府に発覚して失敗	
1331	元弘の変 ／ 後醍醐天皇、再び討幕に向け挙兵するも失敗	
	幕府は持明院統の光厳天皇を擁立し、後醍醐天皇は隠岐に配流	
1333	鎌倉幕府滅亡 ／ 後醍醐天皇は、護良親王、楠木正成、新田義貞、足利尊氏らとともに幕府を滅ぼす	

2　中世　393

6.2 建武の新政 ★★☆

　鎌倉幕府の滅亡後、**後醍醐天皇**が自ら行った政治を**建武の新政**という。天皇は、中央には重要政務を扱う**記録所**や、引付衆の代わりに所領に関する裁判を行う**雑訴決断所**、諸国には国司と守護を併置した。東北・関東地方にはそれぞれ**陸奥将軍府**・**鎌倉将軍府**を置いて治めようとした。

　後醍醐天皇は摂政・関白も院政も認めない姿勢で天皇への権限を集中させ、天皇の発する命令である**綸旨**に絶対的な効力を持たせた。

　しかし、それまでの慣習を無視した諸政策に対する武士たちの不満は強まった。すると天皇は貴族をまとめ、武士は足利家を中心にまとまり始め、両者は次第に対立を深めていった。1335年に起こった**中先代の乱**(北条高時の子北条時行が鎌倉を占領)をきっかけに、**足利尊氏**は後醍醐天皇に対して叛旗を翻した。

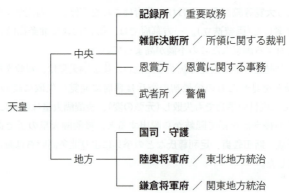

建武の新政の政治機構

6.3 南北朝の動乱 ★★

　足利尊氏は建武の新政に不満のある武士たちに後押しされて挙兵した。後醍醐天皇は新田義貞と組んで対抗し一度は尊氏を西日本へ追いやるが、やがて京都を追われる。東上して京に入った尊氏は、**持明院統**の**光明天皇**を立てて幕府を開くと、当面の政治方針として**建武式目**を発布した。

　一方、後醍醐天皇は吉野（奈良県）へ逃れ、ここで天皇家としての正統性を自ら示したことから、京都を拠点とする持明院統の**北朝**と吉野を拠点とする大覚寺統の**南朝**という二つの朝廷が生まれ、約60年に及ぶ全国的な争乱が始まった。

　南朝側に与した楠木正成、新田義貞らは動乱の初期に戦死したため当初は南朝方の形勢が不利であったものの、**北畠親房**[2]らが各地の拠点で抵抗を続けるなど攻防が続いた。

　一方、北朝側（足利政権内）においては鎌倉幕府以来の秩序を重んじる**足利直義**（尊氏の弟）と、新興勢力の**高師直**（尊氏の執事）との対立が激しくなり、これが1350年に**観応の擾乱**という政権内部の武力衝突に発展した。

　こうした混乱に加え、武家社会において分割相続に代わり**単独相続**が一般化し、それぞれの家で相続争いが激化すると、各地の武士団の内部に分裂と対立を引き起こし、動乱拡大・長期化の要因になった。

観応の擾乱（1350～52）

足利尊氏／征夷大将軍 高師直／尊氏の執事		足利直義／尊氏の弟 足利直冬／直義の養子

---

[2] 北畠親房は『**神皇正統記**』を著して南朝の正統性を示した。

6.4 室町幕府の成立 ★★★

(1) 南北朝の統一

二つに分かれていた朝廷は後醍醐天皇の死後、1392年、第3代将軍**足利義満**により統一される。義満の提案で大覚寺統(南朝)の**後亀山天皇**が持明院統(北朝)の**後小松天皇**に天皇の位を譲ることで二つの朝廷が合一した。征夷大将軍になっていた義満は、1394年には太政大臣となって公家をも支配下に置き、幕府は全盛期を迎えることになった。

(2) 室町幕府の機構

① 室町幕府の機構

幕府の機構のうち鎌倉幕府との顕著な相違点は将軍の補佐役であり、これを**管領**という。管領には**細川・斯波・畠山**の三家(三管領)が交代で就任した。また、侍所の長官である所司には**京極・山名・赤松・一色**が交代で就任し、これらを四職という。

地方機関としては、関東などを統治する**鎌倉府**や九州を制する九州探題など要所を扱う機関の他、諸国に守護・地頭を置いた。鎌倉府の長官は**鎌倉公方**、補佐役は**関東管領**と呼ばれ、関東管領は**上杉氏**が世襲で務めた。

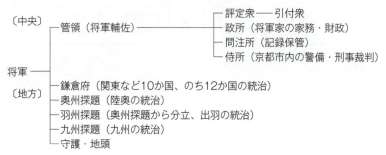

室町幕府の組織図

② 室町幕府の財政

幕府の財源として、まず**御料所**と呼ばれる直轄領から得られる税収が挙げられる。**奉公衆**という将軍の直属軍が御料所の管理を行った。そのほか、財源として以下のものが挙げられる。

室町幕府の財源

- **御料所からの税収** ／ 奉公衆が御料所を管理
- **土倉役・酒屋役** ／ 土倉（高利貸し）や酒屋への課税
- **段銭・棟別銭** ／ 田地や家屋に対する臨時課税
- **関銭・津料** ／ 関所の通行税、港の利用税

（3）守護大名と国人一揆

　南北朝の動乱期以降、幕府は地方の武士を統制させるために守護の役割を拡大していった。行政権や裁判権を与えたことに加え、**半済令**を発して荘園・公領から得られる年貢の半分を守護が徴収する権利を与えると[3]、守護による国内の土地侵略が進んでいった。また、荘園や公領の年貢徴収を守護が請け負い、領主に納めるという**守護請**が行われることもあった。

　このように実質的に一国を支配する存在に成長した守護は**守護大名**と呼ばれるようになり、地方在住の武士を配下に従えていった。主に地頭や荘官などとして土地を納めていた地方の武士は**国人**と呼ばれ、守護大名の家臣に連なりつつも反発する者も現れた。こうした国人による地域的な反抗を**国人一揆**という。

（4）東アジア諸国との外交

① 元

　元寇の後、日元間には私的な貿易関係のみ結ばれていた。

元寇後の日元関係

1325	北条高時、**建長寺船**を元に派遣 ／	建長寺の修築費用調達のために元に派遣した民間の貿易船
1342	足利尊氏、**天竜寺船**を元に派遣 ／	天竜寺の造営費用調達のために元に派遣した民間の貿易船

3　半済令は年貢を領主と守護とで分割する制度から、のちに土地自体を領主と守護で分割する制度にも及んだ。

② 明

　1368年、朱元璋(洪武帝)は元による支配を打倒して明を建国した。明は古代の冊封体制の再建を目指し、日本に対して倭寇(武装商船団)の取締りと朝貢を要求した。幕府がこれに応じたことで国交が開かれた。

　日本と明の間で行われた日明貿易において明に派遣された船は、正式な貿易船であることを証明する勘合という証票を携えたため、この貿易を勘合貿易とも呼ぶ。

　貿易は一時中断されるもほどなくして再開され、日本側に大きな利益をもたらした。しかし幕府の衰退に伴って次第に貿易の実権が商人と結んだ細川氏、大内氏に渡り、両者の衝突をもたらした(寧波の乱)。この争いに勝利した大内氏は貿易を独占するも、結局大内氏の滅亡とともに勘合貿易も途絶えることとなった。

日明貿易 (勘合貿易) の推移

1401	第3代足利義満により明に使者が送られ、国交が開かれる
1404	**勘合貿易開始** ／ 銅銭(永楽通宝など)、生糸、書籍などを輸入、銅、硫黄などを輸出
1411	第4代足利義持が朝貢形式に反対したため中止
1432	第6代足利義教により再開
1523	**寧波の乱** ／ 堺商人と結んだ細川氏、博多商人と結んだ大内氏が衝突、大内氏が勝利し、以後貿易を独占
1547	勘合船、最後の派遣

③ 李氏朝鮮

　1392年、李成桂は高麗を倒し、李氏朝鮮を建国した。朝鮮側は日本に倭寇禁圧と国交樹立を求め、幕府もこれに応じた。

　日朝貿易は対馬の宗氏が仲介する形を採り、守護大名など幅広い層が参加して行われた。日本は木綿をはじめとする織物を輸入し、銅や硫黄などを輸出した。貿易のために開かれた朝鮮南部の「三浦」と呼ばれる三つの港町には、日本から貿易で訪れる使節のために倭館と呼ばれる居留施設が置かれた。

　朝鮮が1419年に対馬を倭寇の根拠地として攻撃した(応永の外寇)ことから日朝関係は一時中断したものの、再開後はより活発な交易が行われた。しかし1510年に三浦で特権を与えられていた日本人居留民が乱を起こした(三浦の乱)ことから、日朝貿易は衰退した。

④ 琉　球

　中世の琉球では按司と呼ばれる各地の領主が割拠して争っていたが、やがて三山（山北・中山・山南）という３大勢力に収束していった。1429年、中山王の尚巴志は三山を統一し、**琉球王国**が成立した。

　琉球王国は日本・明などに朝貢し、中継貿易を行うことで繁栄した。

⑤ 蝦夷地（北海道）

　本州から北海道南部に進出する人々が見られ、彼らは**和人**と呼ばれた。蝦夷地に暮らしていたアイヌは和人と交易を行っていたが、次第にアイヌを圧迫することになり、1457年に蜂起したものの蠣崎氏により鎮圧された（**コシャマインの戦い**）。蠣崎氏は以後北海道南部を支配するようになった（江戸時代には松前氏と改称した）。

6.5 幕政の安定期　★★☆

　第３代将軍足利義満の時代は、すでに見たように南北朝の統一が実現するなど室町幕府の体制が安定を迎えた時期であった。

　加えて動乱期に力を蓄えた有力守護大名の勢力を削ぐため、義満は土岐氏、山名氏、大内氏の討伐を行った。

有力守護大名の討伐

1390	**土岐康行の乱** ／ 美濃・尾張・伊勢3国を治める土岐康行を討伐	
1391	**明徳の乱** ／ 11か国の守護を兼ねる山名氏清を討伐	
1399	**応永の乱** ／ 6か国の守護を兼ねる大内義弘を討伐	

2　中世　399

7 幕府の衰退と室町期の社会

7.1 幕政の動揺 ★★★

　第6代足利義教は兄である第4代足利義持の死後、くじによって将軍に選ばれた。最初は合議制を採るものの、次第に将軍専制政治を行うようになり、守護大名や鎌倉府を威圧した。永享の乱は、義教が関東管領上杉憲実らと結んで、鎌倉公方である足利持氏を滅ぼした戦乱である。

　このような強圧的な態度は周囲の不満を招き、播磨国の守護赤松満祐により義教が殺害される事件が起こった（嘉吉の変）。満祐は幕府軍に討伐されるが、これを機に幕府や将軍の権威は失墜することになった。

幕府の専制と嘉吉の変

1416	上杉禅秀の乱 ／	関東管領上杉禅秀が鎌倉公方足利持氏に反乱するも、鎮圧される
1438	永享の乱 ／	鎌倉公方足利持氏と関東管領上杉憲実が対立し、義教は憲実を支援して持氏を討伐
1441	嘉吉の変 ／	播磨国守護赤松満祐が義教を殺害、赤松氏は幕府軍により討伐される

7.2 室町期の社会と庶民 ★★★

（1）村の自治

　二毛作が広まり、牛馬耕の実施や肥料の改良が行われると、農業生産量が増え、農民の力は強くなっていった。そして地頭や守護大名が荘園体制を崩壊させていくことでこの傾向は強まり、地域ごとに農民はまとまっていった。このようにしてできた農民による自治組織を惣または惣村という。

　惣は寄合という協議機関の決定に従い、おとな・沙汰人と呼ばれる代表者によって運営された。惣掟という構成員が守るべき規約を定め、これに違反した者を追放したり処罰したりするなど警察権の行使も行った（自検断・地下検断）。また、領主への年貢を惣がひとまとめにして請け負う地下請も行われるようになった。

400　第2章　日本史

（2）農業・商工業の発達

室町時代に入ると灌漑施設が整備され、全国に二毛作が広まった。また、畿内の一部では**三毛作**（米・麦・そば）も見られるようになった。稲の品種改良も進み、早稲、中稲、晩稲の作付けも普及し、気候条件に応じた栽培ができるようになった。

また手工業の原料として、苧・桑・楮・藍・茶等も盛んに栽培されるようになり、これらが商品として流通するようになった。この頃、手工業の発達で特産物、例えば織物や酒、陶器などができていった。商工業者は**同業者組合**として「**座**」を形成し、**公家や寺社の保護**を受けることで営業を独占し、多大な利益を上げた。

商品を売る場としての市は、鎌倉時代は月3回だったのが室町時代になると月6回（**六斎市**）に増え、日明貿易で輸入した**明銭**も盛んに使われるようになった。

流通した明銭は洪武通宝・永楽通宝・宣徳通宝の3種類であるが、この中で最も標準的に利用されたのが永楽通宝である。ただ輸入銭や私鋳銭などの粗悪な銭が流通しており、良銭と悪銭とを選り分けるため、幕府や大名は**撰銭令**で良銭の基準や種類などを定めた。

運送業としては**馬借**や**車借**があり、金融業としては**土倉**（質屋）や土倉を兼ねた**酒屋**が発達した。13世紀はじめ頃から使われ始めた為替は、この当時も遠隔地どうしの貸借決済をするために用いられ、室町時代になると**割符**という為替手形が出回った。

（3）土一揆（徳政一揆）

この頃から、惣の成立によって共同体としての力をつけた農民たちが、自らの要求を通そうと団結して蜂起することがたびたび見られた。農民が武士の力を借りて起こしたこのような運動を**土一揆**という。

土一揆は幕府や領主に対して年貢の軽減を求めるものや、土倉や酒屋などの高利貸しに借金の帳消し（徳政）を求めるものが多く、徳政を要求する一揆は**徳政一揆**とも呼ばれる。

最初の大規模な一揆である**正長の徳政一揆**をはじめ、近畿地方を中心に一揆が頻繁に起こるようになった。

土一揆（徳政一揆）

1428	**正長の徳政一揆** ／ 近江の馬借の蜂起をきっかけに、京都中心に土倉・酒屋を襲撃し、徳政を要求（最初の大規模な一揆）
1429	**播磨の土一揆** ／ 守護赤松満祐とその家臣の国外追放を要求
1441	**嘉吉の徳政一揆** ／ 徳政令を要求して京都で起こり、幕府はこれに応じて徳政令を発布

7.3 応仁の乱と国一揆 ★★☆

（1）応仁の乱

　幕府内の実力者であった細川勝元と山名持豊の対立に、第8代足利義政の後継者争いと管領家の家督争いが加わり、1467年から10年にも及ぶ応仁の乱が始まった。家督の相続争いを抱えた各地の守護大名も、東軍の細川方と西軍の山名方の両軍に分かれて戦ったため、京都を主戦場に争いは地方にも拡大した[4]。

　この応仁の乱以降を戦国時代ともいう。

応仁の乱の対立構図

	西軍	東軍
幕府内実力者	山名持豊（宗全）	細川勝元
将軍家[5]	足利義尚	足利義視
畠山家	畠山義就	畠山政長
斯波家	斯波義廉	斯波義敏

（2）国一揆と下剋上

　応仁の乱が起こったことで有力守護大名は京都で戦うようになったため、彼らの領国では国人の影響力が拡大し、次第に実質的な領国支配を確立していった。国人たちは、武士だけでなく領国の住民も一体となった国一揆を結成することもあり、1485年に起こった山城の国一揆においては東西軍に分かれて戦っていた畠山氏両軍を国外に退去させ、民衆の自治が8年続くという成果を挙げた。

　これと類似の一揆として一向宗の宗徒によって結ばれた一向一揆も挙げられる。本願寺の蓮如の布教活動によって一向宗の勢力は北陸地方で拡大しており、この勢力を背景に1488年に起こった加賀の一向一揆は、守護富樫氏を滅ぼし、信長による平定まで約100年間の自治支配を実現した。

　嘉吉の変や国一揆に見られるように、下の者が上の者に取って代わる下剋上が、幕政の動揺期から戦国時代の世に見られる特徴となった。

4　分割相続が一般的であった鎌倉時代とは異なり、嫡子の単独相続が一般的になっていたことも、家督相続にまつわる争いを大きくした一因である。

5　開戦直後の1467年5月、東軍は御所を占拠して義政、義尚、義視を確保し、義視を東軍の総大将に奉じたが、翌1468年に義視は西軍に寝返り、1474年に義尚が第9代将軍位を義政から譲られた。

8 戦国時代

8.1 戦国大名 ★☆☆

（1）戦国大名の登場

応仁の乱以後、下剋上の動きは全国へ広がり、力のない守護大名や国人は滅ぼされていった。守護大名の中で力のある者や、下剋上でのし上がったものが戦国大名である。実力のある者が勝つ世となり、戦国大名は領国内をまとめて荘園をなくし、家臣は土地を与えられることで主君に仕えるという関係になった。家臣団に加えて多数の地侍も組織に取り込んで軍事力を増強したため、この時代からは鉄砲や長槍を使用した集団戦も可能になった。

（2）分国法

戦国大名たちは、領内だけに通用する法令である分国法を作り、領国や家臣団を統制していった。

分国法

戦国大名	領国	名称
武田信玄	甲斐国（山梨県）	甲州法度之次第
今川氏親	駿河・遠江（静岡県）	今川仮名目録
長宗我部元親	土佐（高知県）	長宗我部氏掟書
伊達稙宗	米沢（山形県）	塵芥集

有力な戦国大名としては、5回にわたる川中島の合戦を繰り広げた武田信玄と上杉謙信、油商からのし上がった斎藤道三、もとは地頭ながら守護の大内氏を倒して中国地方を平定した毛利元就、四国をまとめた長宗我部元親などがおり、力のある戦国大名は天下取りのために京都を目指した。

今川義元は織田信長に敗れ、武田勝頼は三方が原の戦いで松平氏（後の徳川氏）に勝利したものの織田・松平の連合軍に敗れた。こうして戦国大名どうしが戦うことで、織田信長が徐々に台頭していった。

（3）戦国大名の土地支配

　戦国大名たちは、領地を治める家臣たちに所領の耕地面積やそこから収穫される年貢量を申告させた。このような申告に基づく土地管理の方法を**指出検地**という。これによって明らかになった年貢量を銭に換算したものを**貫高**といい、貫高を基礎として農民が納めるべき年貢量や家臣が負担すべき軍役が決められた。これを**貫高制**という。

8.2 町の発達 ★★★

　戦国時代には経済や産業の発達により、町や市場が増大した。地方にもこの傾向はあり、戦国大名や寺社が自由な流通による経済の発達と税収増加への期待から、**楽市楽座令**を出したり新しい市を開設したりした。

　堺や博多、平野(現大阪市)のように自由都市として自治が行われたところもある。自治は町の会合衆(堺など)や年寄、町老が中心となって行われた。京都では、町衆といって土倉や酒屋などが中心の商工業者が、自治・自衛の協同体を作った例もある。

町の発達

城下町	戦国大名が城を中心に家臣や商工業者を住まわせるために建設	小田原、山口、豊後、駿河、甲斐など
港町	貿易や商業の発達によって、主に海と陸との交通の要地に成立	堺、博多、坊津、尾道、小浜など
門前町	寺社の門前で行われた市から発展	宇治、山田、坂本、長野など
寺内町	特に一向宗の寺院や道場を中心に、その内側に形成	石山、金沢、富田林など
宿場町	宿駅を主体に発展	遠江、島田、三河など

9 室町期の文化

9.1 北山文化 ★★★

　第3代足利義満は京都の北山にある鹿苑寺に**金閣**という別荘を建築した。金閣は公家と禅宗の文化を折衷した、時代の特徴を反映した代表的な建築物であることから、金閣が建てられた場所にちなんでこの頃の文化を**北山文化**という。

　観阿弥・世阿弥の父子は能楽を大成し、世阿弥は『**風姿花伝**』という芸能論を著した。また、臨済宗の僧侶らによる漢詩文学も盛んで、絶海中津や義堂周信らが活躍し、**五山文学**と総称された。

9.2 東山文化 ★★★

　第8代足利義政は京都の東山にある慈照寺に義満を真似て銀閣を建築し、これに由来してこのころの文化を**東山文化**という。

　中国の画法を学んだ**雪舟**が、帰国して日本独自の**水墨画**を発達させたのはこの頃である。

中世の主な文化

	鎌倉文化	北山文化	東山文化
時　期	鎌倉時代(12〜13世紀)	14世紀末	15世紀後半
文学・書物	和歌集…『新古今和歌集』 　　　　(藤原定家ら) 『金槐和歌集』(源実朝) 軍記物語…『平家物語』 随筆… 　『方丈記』(鴨長明) 　『徒然草』(吉田兼好) 歴史書…『吾妻鏡』 　『愚管抄』(慈円) 絵巻物…『蒙古襲来絵巻』	連歌… 　『菟玖波集』(二条良基) 能楽論… 　『風姿花伝』(世阿弥) 五山文学…禅僧らの漢詩 　文学のこと。僧は朱子 　学を研究 足利学校(板東の大学)	御伽草子…『一寸法師』 　『浦島太郎』 　『物ぐさ太郎』 　『さるかに合戦』 連歌…『新撰菟玖波集』 　　　(宗祇) 小歌『閑吟集』 　　(戦国期)
建　築	様式…天竺様 建築物…東大寺南大門 様式…唐様 建築物…円覚寺舎利殿	様式…寝殿造と禅宗様 「鹿苑寺金閣」	様式…書院造と禅宗様 　「慈照寺東求堂」 　「銀閣」 枯山水…龍安寺石庭
芸　術	彫刻…寄木造 　東大寺南大門金剛力士像 　(運慶・快慶) 　六波羅密寺空也上人像 似絵…源頼朝像・平重盛像 　(藤原隆信伝)	宋・元風の水墨画が禅僧に より行われる 明兆・如拙・周文ら	水墨画…山水画(雪舟) 　『山水長巻』 狩野派…水墨画と大 和絵の混合
その他	刀剣… 　岡崎正宗・長船長光 陶器…瀬戸焼(加藤景正)	猿楽・田楽→能楽 能楽…観阿弥・世阿弥 狂言…能楽の合間の喜劇	①「侘び茶」…喫茶→ 村田珠光の侘び茶 →茶道(千利休)へ ②「華道」…供花→立 花→生花 ③「香道」

過去問チェック

01 保元の乱とは、後白河上皇の近臣間の対立から、藤原信頼が源義朝と結んで藤原道憲を倒したが、平清盛により鎮圧された争乱であり、これにより武士の地位が高まり、武家政権への道が開かれた。**特別区Ⅰ類2006** [1.3]

✕ これは1159年に起きた平治の乱についての説明である。

02 鎌倉時代、源頼朝は摂津国の大輪田泊の修築を行い、初めて日宋貿易を行ったが、それで得られる利益は鎌倉幕府の重要な経済基盤の一つであった。**特別区Ⅰ類2008** [1.4]

✕ 大輪田泊の修築を行い、日宋貿易を行ったのは源頼朝ではなく平清盛である。またこれは鎌倉幕府開府以前のことである。

03 下地中分は、室町幕府が、軍費調達のため一国内の荘園の年貢の半分を徴収する権限を守護に認めたものであり、また地頭請は、守護が地頭にその年貢の納入を請け負わせたことをいう。**特別区Ⅰ類2007** [2.3] [6.4]

✕ 下地中分は鎌倉時代に見られたもので、地頭と荘園領主が土地と民を折半するものである。地頭請は「守護が地頭に」でなく「荘園領主が地頭に」請け負わせた。「軍費調達のため一国内の荘園の年貢の半分を徴収する権限を守護に認めたもの」は、室町時代の半済令の説明である。

04 13世紀後半、元のフビライ＝ハンは、日本に朝貢を求めたが、北条時宗はその要求に応じなかった。元は、文禄の役、慶長の役と二度にわたって日本に兵を派遣したが、高麗や南宋の援軍を得た日本軍は、集団戦法や火薬で圧倒し、元軍を二度とも退けた。**国家専門職2019** [4.1]

✕ 文禄の役、慶長の役は秀吉の朝鮮出兵であり、元との戦は文永・弘安の役である。また高麗も南宋も元軍側で日本の味方ではない。

05 明徳の乱とは、後醍醐天皇が、討幕のための挙兵を企てたが失敗して隠岐に流された争乱であり、これをきっかけとして、有力御家人の足利尊氏や新田義貞が挙兵して鎌倉幕府を滅亡させた。**特別区Ⅰ類2006** [6.1] [6.5]

✕ 後醍醐天皇の企てが失敗して隠岐に流されたのは明徳の乱ではなく元弘の変である。明徳の乱は足利義満が有力守護である山名氏の勢力を削ぐために起こした乱である。

06 観応の擾乱とは、鎌倉幕府以来の秩序を重んじる足利尊氏の執事高師直を支持する勢力と、急進的な改革をのぞむ尊氏の弟足利直義を中心とする勢力との争い

2 中 世 **407**

であり、一方が一時的に南朝方につくなどして、長期化した。**特別区Ⅰ類2012** 6.3

× 鎌倉幕府以来の秩序を重んじるのは足利直義、急進的な改革を望むのは高師直とされている。一時的に一方が南朝方についたという説明は妥当である。

07 琉球王国は、按司と呼ばれる地方豪族が勢力を競い分裂していた北山・中山・南山の三山を、1429年に南山王の尚泰が統一し建国したものである。**特別区Ⅰ類2014** 6.4

× 三山を統一して琉球王国を建国したのは、南山王の尚泰でなく中山王の尚巴志である。

08 室町時代、貨幣経済の進展によって金融業を営む土倉などが増加した。これらに対し、幕府や荘園領主は収入を増やす目的で重税を課した。応仁の乱の後に京都で発生した正長の土一揆は、こうした課税に反対した土倉が起こしたものである。**国家一般職2014** 7.2

× 正長の徳政一揆(土一揆)は土倉でなく近江の馬借の蜂起を契機として畿内に波及したものであり、土倉や酒造業者が襲撃された。

09 15世紀後半、山城南部の国人らが、領地争いを続ける源氏・平氏双方の国外退去を求めて国一揆を起こした。しかし、両氏は要求を拒否し、一揆を結ぶ国人らを味方にしようとする動きを活発化させたため、国人らは足軽となって分裂し、翌年に一揆は崩壊した。**国家専門職2020** 7.3

× 山城の国一揆は、源氏・平氏ではなく畠山政長と畠山義就の退去を求めて起こしたものである。その後国人と農民により8年の自治が行われた。

10 15世紀後半、加賀国で勢力を伸ばした一向宗の門徒が国人らと結んで一向一揆を起こし、加賀国の守護大名を倒した。これ以降、加賀国では、織田信長に制圧されるまでの間、一向宗の門徒が国を治めた。**国家専門職2020** 7.3

◯ 加賀の一向一揆についての記述である。

過去問 Exercise

問題1　鎌倉幕府に関する記述として、妥当なのはどれか。

特別区Ⅰ類2009

1　北条泰時は、新たに公文所を設置し、合議制により政治を行うとともに、武家の最初の体系的法典である建武式目を制定し、源頼朝以来の先例や道理に基づいて、御家人間の紛争を公平に裁く基準を明らかにした。

2　後鳥羽上皇は、新たに北面の武士を置き、軍事力を強化するとともに、幕府と対決する動きを強め、北条高時追討の兵を挙げたが、源頼朝以来の恩顧に応えた東国の武士達は結束して戦ったため、幕府の圧倒的な勝利に終わった。

3　北条時頼は、有力御家人の三浦泰村一族を滅ぼし、北条氏の地位を一層確実なものとする一方、評定衆のもとに引付衆を設置し、御家人達の所領に関する訴訟を専門に担当させ、敏速で公正な裁判の確立に努めた。

4　幕府は、承久の乱に際して十分な恩賞を与えられなかったことから御家人達の信頼を失ったが、永仁の徳政令を発布することで、貨幣経済の発展に巻き込まれて窮乏する御家人の救済と社会の混乱の抑制に成功した。

5　幕府は、2度目の元の襲来に備えて九州地方の御家人による九州探題を整備し、博多湾沿岸に石築地を築いて、防備に就かせるとともに、公家や武士の多数の所領を没収して、新たに新補地頭と呼ばれる地頭を任命した。

410　第2章　日本史

解説

正解 ❸

❶ ✕ 　一般政務を扱う公文所（後に政所に改称）を設置したのは初代将軍源頼朝であり、合議制の機関である評定衆を設置したのは3代執権北条泰時である。また、建武式目は室町幕府初代将軍足利尊氏が示した政治の基本方針であり、文中の説明にある北条泰時が制定したのは貞永式目である。

❷ ✕ 　北面の武士をおいたのは白河上皇であり、後鳥羽上皇がおいたのは西面の武士である。また、後鳥羽上皇が発したのは幕府2代執権北条義時追討の院宣である。なお、北条高時は幕府14代執権である。

❸ ◯ 　正しい記述である。

❹ ✕ 　元寇（蒙古襲来）の戦による出費や分割相続の慣習により13世紀後半になると御家人の窮乏化が目立ち、いきおい反幕府・反北条の機運が芽生えていた。そこで幕府は御家人の借金を帳消しにする永仁の徳政令を発布するが、収入の増加が見込めない以上、同法令は場当たり的な性質のもので、さらに金融業者の融資姿勢が厳しくなったため、「御家人の救済と社会の混乱の抑制に成功」とはいえず、反対に御家人の窮乏化は深まり、1298年には同法令は撤回され、反幕機運が高まる契機となった。

❺ ✕ 　新補地頭とは、承久の乱で幕府が没収した所領3,000か所あまりに新たに地頭職として与えられた地頭のことをいう。また、九州地方の防備・統治強化機関である九州探題（鎮西探題）が設置されたのは元寇後のことである。

2　中世　411

問題2 鎌倉幕府の執権政治に関する記述として、妥当なのはどれか。

特別区Ⅰ類2005

1 北条義時は、承久の乱の後、鎮西探題を設けて京都市中の警備や尾張以西の国々の御家人の統轄に当たらせた。

2 北条泰時は、執権を補佐する連署を設け、有力な御家人や政務に優れた者を選んで評定衆とし、執権・連署・評定衆による合議制に基づく政治を行い、さらに、武家法として最初の体系的法典である御成敗式目を制定した。

3 北条時頼は、文永の役の後、元軍の再度の襲来に備えて、博多湾沿岸に石塁を築かせるとともに、九州北部の要地を御家人などに警備させる異国警固番役を整備した。

4 北条時宗は、有力な御家人である安達泰盛を霜月騒動で滅ぼし、北条一門とその家臣である御内人が幕府政治を主導する得宗専制を確立した。

5 北条貞時は、評定衆のもとに新たに引付衆を設置し、御家人たちの所領に関する訴訟を専門に担当させ、頻発する荘園領主と地頭との紛争に対し、迅速で公正な裁判制度を確立した。

412 第2章 日本史

解説

正解 **2**

❶ ✕ これは六波羅探題についての説明である。鎮西探題は9代執権北条貞時が設置し、九州地方の沿海防備、御家人の統括と訴訟の裁許を管掌した。

❷ ◯ 正しい記述である。

❸ ✕ 元寇に対応したのは時頼ではなく8代執権北条時宗である。

❹ ✕ 霜月騒動は、御内人の首座平頼綱が、有力御家人安達泰盛をはじめその一族を滅ぼした事件であり、時宗が行ったことではない。またこの事件が起きたのも、得宗家と御内人による専制体制を確立したのも9代執権北条貞時の治世の出来事である。

❺ ✕ 北条貞時ではなく、5代執権北条時頼に関する記述である。

| 問題3 | 室町幕府に関する記述として、妥当なのはどれか。 |

特別区Ⅰ類2015

1　足利尊氏は、大覚寺統の光明天皇を立てて征夷大将軍に任ぜられ、弟の足利直義と政務を分担して政治を行ったが、執事の高師直を中心とする新興勢力と対立し、観応の擾乱がおこった。

2　足利義満は、将軍を補佐する中心的な職である管領を設け、侍所や政所などの中央機関を統括し、管領には足利氏一門の一色、山名、京極の3氏が交代で任命された。

3　足利義持は、徳政令を出して守護に荘園や公領の年貢の半分を兵粮米として徴収する権限を与えると、守護はさらに、年貢の納入を請け負う守護請の制度を利用して荘園を侵略し、やがて守護大名とよばれて任国を支配した。

4　足利義教は、将軍権力の強化をねらって専制政治をおこない、幕府に反抗的な鎌倉公方足利持氏を滅ぼしたが、有力守護の赤松満祐に暗殺され、これ以降将軍の権威は揺らいだ。

5　足利義政の弟の義尚を推す日野富子と、義政の子の義視のあいだに家督争いがおこり、幕府の実権を握ろうと争っていた細川勝元と山名持豊がこの家督争いに介入し、応仁の乱が始まった。

解説

正解 **4**

1 ✗ 　光明天皇は大覚寺統ではなく、持明院統に属する。執事の高師直は対立した勢力でなく、尊氏の側近である。観応の擾乱は尊氏の弟直義と高師直の対立によって起こった。

2 ✗ 　一色、山名、京極は管領ではなく侍所の長官(所司)である。侍所所司は一色、山名、京極、赤松の四氏が交代で就任する。管領には細川、斯波、畠山の三氏が交代で就任する。

3 ✗ 　前半の記述は徳政令ではなく半済令についての説明である。半済令は足利尊氏の頃から行われた。後半は妥当である。

4 ○ 　足利持氏を滅ぼした乱を永享の乱、赤松満祐に暗殺された事件を嘉吉の変という。

5 ✗ 　足利義尚と足利義視の記述が逆である。8代将軍足利義政とその正室である日野富子との間に誕生したのが義尚であり、義政の実弟が義視である。

問題4

次は、我が国と過去に存在した中国王朝との関係に関する記述であるが、A、B、Cに当てはまるものの組合せとして最も妥当なのはどれか。

国家専門職2021

○ 小野妹子が A に派遣され、翌年に A の煬帝は使節を我が国に送った。また、 A への留学生である高向玄理らは、中国の制度、思想、文化についての新知識を我が国に伝え、7世紀半ば以降の政治に大きな影響を与えた。

○ 平清盛は、摂津の大輪田泊を修築して B の商人を畿内への招来に努め、貿易を推進した。 B との貿易がもたらした多くの珍宝や銭貨、書籍は我が国の文化や経済に大きな影響を与え、その利潤は平氏政権の重要な経済的基盤となった。

○ 足利義満は、倭寇と呼ばれる海賊集団と区別するために C から発給された勘合を用いて朝貢貿易を行った。この貿易は、滞在費、運搬費などを全て C が負担したことから、我が国の利益は大きいものであった。

	A	B	C
1	隋	宋	明
2	隋	宋	清
3	隋	元	清
4	唐	宋	明
5	唐	元	清

解説

正解 ①

A：隋

「小野妹子」、「煬帝」、「高向玄理」で判断できるだろう。遣隋使についての記述である。

B：宋

「平清盛」、「大輪田泊」、「平氏政権の重要な経済的基盤」で判断できるだろう。平清盛による日宋貿易についての記述である。

C：明

「足利義満」、「勘合を用いて朝貢貿易」で判断できるだろう。日明貿易を行った人物を考えればよい。

| 問題5 | 室町時代の文化に関する記述として、妥当なのはどれか。 |

東京都Ⅰ類2018

❶ 南北朝の動乱期には、「平家物語」などの軍記物が作られ、また、「二条河原落書」にみられるような和歌が盛んとなり、後鳥羽上皇は「新古今和歌集」を編集した。

❷ 足利義政が建てた鹿苑寺金閣は、北山文化を代表する一向宗の建物であり、足利義満が建てた慈照寺銀閣は、東山文化の中で生まれた寝殿造の建物である。

❸ 足利義満は五山の制を整え、一向宗の寺院と僧侶を統制し保護したため、浄土宗文化が盛んとなり、義満に仕えた五山の僧の雪舟は、障壁画に幽玄の境地を開いた。

❹ 北山文化の時期には、安土城や大坂城など、武家の居城の内部に、簡素な中に幽玄を重んじた枯山水の庭園が造られた。

❺ 応仁の乱が起こると、多くの公家や文化人が戦乱を避けて地方に移住したことから、朱子学をはじめとする中央の文化が地方に普及した。

第2章　日本史

解説

正解 **5**

1 ✕　「平家物語」は室町ではなく鎌倉時代の軍記物語である。「二条河原落書」は和歌ではなく建武の新政を批判した落書である。後鳥羽上皇の命によって編纂された「新古今和歌集」は室町ではなく鎌倉時代の和歌集である。

2 ✕　鹿苑寺金閣は義政ではなく義満が、慈照寺銀閣は義満ではなく義政が建立した。金閣は一向宗ではなく臨済宗、銀閣は寝殿造ではなく書院造の建物である。

3 ✕　五山の制は一向宗ではなく臨済宗の寺格を定めたものである。雪舟が禅僧であったことは妥当だが、義満でなく義政の時代の画家である。また、雪舟は障壁画ではなく水墨画を成した人物である。

4 ✕　安土城や大坂城は室町ではなく安土桃山時代の城である。枯山水は北山文化ではなく東山文化の庭園である。

5 〇　10年以上続いた応仁の乱により、公家や僧侶によって地方に文化が伝播した。

2　中世　419

国家一般職 ★★★／国家専門職 ★★★／裁判所 ★★★／東京都Ⅰ類 ★★★／特別区Ⅰ類 ★★★

3 近 世

応仁の乱以降の戦国時代において織田信長や豊臣秀吉が現れ、戦国時代を終わらせていく過程と、その後の江戸時代が近世となります。公務員試験では江戸の三大改革がよく出題されます。江戸時代は人物を軸に通史を見るとともに、この改革の内容を理解しておきましょう。

1 織豊政権

1.1 西欧との通交 ★★★

（1）ヨーロッパ人の来航

15世紀半ば以降、ポルトガルやスペインをはじめとする西欧は大航海時代を迎え、世界の広範囲に向けて海外進出を行っていた。

ポルトガルはインドのゴア、中国のマカオを拠点に東アジアへ進出していた。1543年、ポルトガル人を乗せた船が種子島に漂着すると、彼らによって鉄砲が日本に伝えられた。一方スペインはフィリピンのマニラを拠点に東アジアに進出していた。

（2）南蛮貿易

鉄砲の伝来以降、ポルトガル人は九州の平戸・長崎を訪れるようになり、またスペインも1584年に平戸に来航して、両国と日本との間に貿易が始まった。彼らとの貿易を南蛮貿易[1]という。

貿易で日本は中国産の生糸、鉄砲、火薬などを輸入し、銀、刀剣、硫黄などを輸出した。

---

[1] ポルトガル人、スペイン人を「南蛮人」と呼称していたことに由来する。オランダ人やイギリス人のことは紅毛人と呼んでいた。

420 第2章 日本史

（3）キリスト教の伝来

① キリスト教の伝来

　西欧の世界進出の目的にはキリスト教の布教が掲げられており、南蛮貿易を通じて彼らの文物を取り入れることは、キリスト教の浸透を受け入れることと不可分であった。

　1549年、イエズス会の宣教師フランシスコ＝ザビエルは鹿児島に来航し、キリスト教の布教を始めた。

イエズス会宣教師の来日

フランシスコ＝ザビエル ／ 大内氏・大友氏の保護を受けて山口、府内でキリスト教を布教
ルイス＝フロイス ／ 信長や秀吉とも会見、『日本史』を執筆
ヴァリニャーニ ／ セミナリオ（神学校）、コレジオ（宣教師養成学校）を設立 　　　　　　　　　　活版印刷術をもたらす

② キリシタン大名の登場

　宣教師たちの布教活動は大名の保護のもと、南蛮貿易と一体化して行われており、大名たちの中には自ら洗礼を受ける者も現れた（キリシタン大名）。大友義鎮、大村純忠、有馬晴信の3人のキリシタン大名は、ヴァリニャーニの勧めで4人の少年使節をローマに派遣した。この使節団を天正遣欧使節[2]と呼ぶ。

1.2 織田信長の統一事業　★★★

（1）統一過程

　織田家は尾張（愛知県）の守護代の織田大和守家の分家であった。織田信長は、多くの大名が天下取りを狙って動こうとしていた時期に今川義元を破った後、地歩を固めて一気に都へ入り、天下統一へ最も近づいた。

　しかし中国攻めに向かう途中、本能寺の変で自死した。

2　伊東マンショ、千々石ミゲル、中浦ジュリアン、原マルチノの4名が派遣され、ローマ教皇グレゴリウス13世に謁見した。

3　近世　421

織田信長の天下統一過程

1560	**桶狭間の戦い** ／ 尾張の桶狭間で**今川義元**を破る
1567	**稲葉山城の戦い** ／ 美濃の斎藤氏を稲葉山城で滅ぼし、ここを岐阜城と改め拠点とする
	「**天下布武**」の印判を使用し、武力による天下統一の意思を示す
1568	**足利義昭**を第15代将軍に就任させて上洛
1570	**姉川の戦い** ／ 近江の浅井氏、越前の朝倉氏を破る
	石山戦争 ／ 本願寺の**顕如**、門徒に信長と戦うための挙兵を促す
1571	**比叡山延暦寺焼き討ち** ／ 天台宗の本山である延暦寺を焼き討ち
1573	**室町幕府滅亡** ／ 信長に敵対した義昭を追放し、室町幕府を滅ぼす
1575	**長篠合戦** ／ 鉄砲を用いた戦いで**武田勝頼**に勝利
1576	近江に**安土城**の築城開始
1580	**石山戦争終結**
1582	**本能寺の変** ／ 京都本能寺で**明智光秀**に攻められ自害

（2）信長の施政

① 商工業の自由化

　信長は城下町に**楽市令**を出し、特権的な座や独占販売を禁じ、商人たちの営業活動に対する課税の免除を行った。また支配地における**関所を撤廃**して自由な通行を認め、商工業の自由化を図った。

② 堺の直轄化

　全国で最も高い経済力を誇った自治都市である**堺**を武力で制圧し、直轄領とした。

③ 指出検地

　支配地に対して**指出検地**を実施して、土地の測量を行った。

④ 仏教の弾圧とキリスト教の保護

　信長は自身と対立していた仏教勢力（特に一向宗）を抑え込むため、仏教を弾圧しキリスト教を保護した。

1.3 豊臣秀吉 ★★☆

（1）統一過程

豊臣秀吉は信長が本能寺の変で倒れた後、明智光秀を討ったことで後継者としての地位に就き、天下統一事業を進めた。百姓から律令制度では最高位の太政大臣、さらに関白にまでなった人物である。

豊臣秀吉の天下統一過程

1582	**山崎の合戦** ／ 明智光秀を破る
1583	**賤ヶ岳の戦い** ／ 信長の重臣であった**柴田勝家**を破る
1584	**小牧・長久手の戦い** ／ 徳川家康と和睦
1585	関白に就任
	四国平定 ／ 長宗我部元親を降伏させる
	惣無事令 ／ 全国の大名に停戦を命じる
1586	太政大臣に就任
1587	**九州平定** ／ 島津義久を降伏させる
1590	**小田原攻め** ／ 北条氏を滅ぼす
	全国統一完成 ／ 伊達政宗ら東北の諸大名も服属し、全国統一が完成

（2）秀吉の施政

① 太閤検地

秀吉は土地の面積についての新しい基準を設け、枡の大きさも**京枡**に統一した。このような基準で秀吉が新たに行った検地を**太閤検地**という。

太閤検地は、田畑の等級ごとに単位面積ごとの米の収穫高（石盛）を割り当て、これに面積を乗じて得られる石高で土地を評価するものである。これにより、収穫の見込まれる米の量で生産力が表示されるという**石高制**が確立した。

また、実際に耕作を行っている農民のみを検地帳に登録させる**一地一作人**の原則を敷いた。土地の権利および年貢の負担者を確定するとともに、荘園制のもとに行われていた中間的な搾取を一掃した。

② 兵農分離

中世の農民が武器を取って一揆を起こしていたことへの警戒から、**方広寺**の大仏を作るという名目で農民の武器を没収する**刀狩令**を発令し、農民を耕作に専念させた。

また、武士、商人、百姓などの身分階層を改めることを禁じる**人掃令**を出して身分秩序を固定化させ、これに基づいて全国の身分ごとの戸籍調査を行った。

3 近世 423

③ キリスト教統制

秀吉は1587年に**バテレン追放令**を出し、宣教師を追放することでキリスト教の布教活動を制限しようとしたが、あまり効果はなかった。キリシタン大名にも改宗を強要した。

また1596年、土佐に漂着した**サン=フェリペ号**の乗組員が、スペインが宣教師の布教活動を通じて領土の拡張をうかがっていると証言したことから、秀吉は宣教師・信者26名を処刑した。

④ 朝鮮出兵

弱体化を始めた明を攻めるため、李氏朝鮮に協力を求めたが拒絶されると、秀吉は朝鮮に出兵を行った。

一度目の派兵では当初優勢であったものの、**李舜臣**の率いる朝鮮水軍の活躍や義兵の蜂起などにより次第に押され、現地軍が和平工作を行うも秀吉の強硬な姿勢により決裂した（**文禄の役**）。二度目の派兵は翌年、秀吉が病死したため撤兵した（**慶長の役**）。

二度にわたる出兵は朝鮮半島の人々に多くの被害を与えるとともに日本国内をも人的・財政的に疲弊させ、豊臣政権衰退の原因となった。

朝鮮出兵

1592〜96 **文禄の役** ／ 小西行長・加藤清正などの大軍を派遣するが、李舜臣ら水軍の抗戦を受け休戦
1597〜98 **慶長の役** ／ 再出兵するも、秀吉の死により撤退

⑤ 五大老・五奉行

秀吉は有力大名である徳川家康らを子の秀頼の後見に任じ（**五大老**）、腹心の部下である石田三成らに政務を分掌させた（**五奉行**[3]）。

⑥ その他

1588年に**海賊取締令**を出して海賊行為を禁止し、商人が東アジアなどへ渡航することを奨励した。また、**天正大判**をはじめ小判や天正通宝などの貨幣を鋳造した。

---

3 家康以外の五大老は前田利家、毛利輝元、宇喜多秀家、小早川隆景（死後は上杉景勝）、三成以外の五奉行は前田玄以、増田長盛、浅野長政、長束正家が務めた。

1.4 桃山文化 ★★★

　織田信長と豊臣秀吉の頃の文化を桃山文化という。大名の気質や豪商の経済力を反映した絢爛豪華さを特徴としており、寺院勢力が信長や秀吉により弱められたことからも仏教的色彩は薄いものとなっている。

　石垣や天守閣を設けた城郭建築は桃山文化を象徴するもので、安土城、大坂城、伏見城などが有名である。城郭の内部にある襖、屏風、壁などには障壁画が描かれ、狩野永徳の『唐獅子図屏風』、『洛中洛外図屏風』をはじめ、狩野派の門人狩野山楽とともに多くの作品を残した。

　このほか、千利休による侘茶の完成や、出雲阿国による阿国歌舞伎の創始、人形浄瑠璃の流行などが挙げられる。

2 江戸幕府の成立と幕藩体制

2.1 江戸幕府の成立 ★★★

　五大老筆頭の徳川家康は、豊臣政権の維持を望む石田三成と対立し、1600年に関ヶ原の戦いで三成を破った。

　家康は、1603年に征夷大将軍となって江戸に幕府を開くと、すぐに子の徳川秀忠に将軍職を譲り、徳川家が将軍職を世襲していくことを示した。豊臣家には大坂城に秀吉の子豊臣秀頼がいたが、徳川の謀略により、1615年、大坂夏の陣で攻め滅ぼされた。

江戸幕府の成立

1600	関ヶ原の戦い ／ 徳川家康が石田三成らを破る
1603	家康、征夷大将軍に就任、江戸幕府を開く
1605	徳川秀忠が第2代将軍に就任 ／ 家康は大御所として実権を握り続ける
1614	大坂冬の陣 ／ 方広寺の鍾銘を口実に豊臣家を攻めるも、いったん和睦して大坂城の堀を埋める
1615	大坂夏の陣 ／ 豊臣家滅亡
1616	家康死去

3　近世　425

2.2 幕府の機構 ★★

大老は最高位の職であるものの、常置ではない。常置の最高職は老中であり、政務全体の統括を担った。若年寄は老中を補佐する職で、目付と呼ばれる旗本・御家人[4]の監察者を配下に従えていた。老中の配下である大目付は大名の監察を担った。

また、寺社を統括する寺社奉行、都市部の行政・司法を担う町奉行、幕府の財政や直轄地の訴訟を担当する勘定奉行は三奉行と呼ばれた。

これらの役職には譜代大名や旗本数名が任命され、月番交代で職務に当たった。

地方組織としては、朝廷や西国大名の監視を行う京都所司代などが置かれた[5]。

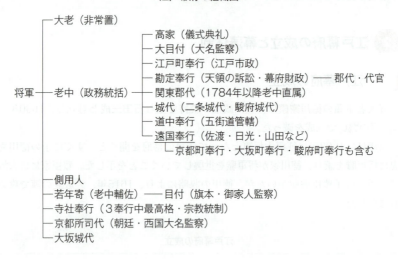

江戸幕府の組織図

---

[4] 旗本、御家人はどちらも領地が石高1万石未満である将軍家直属の家臣であり、将軍への謁見(お目見え)が許された者が旗本、許されなかった者が御家人と区別された。

[5] 幕末の1862年には、京都の治安改善などのため、さらに京都守護職が追加で設置された。

2.3 大名統制 ★★★

（1）大名の分類

石高1万石以上の領地を有する家臣が大名に当たり、幕府との関係性から以下のように分類される。

親藩 (しんぱん)	・徳川家一門の大名 ・水戸、尾張、紀伊の3家は御三家と呼ばれる
譜代 (ふだい)	・関ヶ原の戦い以前から臣従していた大名 ・要地に配置され、幕府の重職にも就くが石高は小さい
外様 (とざま)	・関ヶ原の戦い以後に臣従した大名 ・遠隔地に配置して監視、石高は大きい場合が多い

（2）一国一城令

幕府は1615年に**一国一城令**を出し、すべての大名の居城を一つに限り、それ以外の城を破却することを命じた。

（3）武家諸法度

武家諸法度は大名を統制する法令であり、将軍の代替わりごとに発布された。これに違反した大名には厳しい処罰が行われた[6]。

① 元和令

武家諸法度元和令は家康が南禅寺・金地院の僧である**崇伝**に起草させ、1615年に第2代将軍**徳川秀忠**の名で発布された。

② 寛永令

武家諸法度寛永令は儒学者の**林羅山**が起草し、1635年に第3代将軍**徳川家光**が発布した。

寛永令により**参勤交代**が制度化された。参勤交代は、大名に江戸・領国を1年交代で往復することを原則とし、大名の妻子は江戸常住を強制された。本来は幕府・将軍への忠誠を確認するもので、平時における軍役の代わりであった。これに要する経費は大名の自己負担であり、藩財政窮乏の原因となった。

---

6 処分の中で最も重いものは改易で、領地を没収し、その家を断絶させるものであった。他の処分には、減封（領地の削減）、転封（国替）があった。

3 近世 427

2.4 朝廷・公家統制 ★★☆

（1）朝廷・公家統制の概要

　幕府は京都所司代による監視や、天皇の領地である禁裏御料を最小限に抑えたことをはじめ、朝廷や公家に対しても強い統制を行った。また、公家の中から2名を武家伝奏に任命し、幕府と調整の間の連絡役を務めさせた。

　1615年には禁中並公家諸法度を制定し、天皇や公家の行動、生活を規制した。

（2）紫衣事件

　後水尾天皇が大徳寺の沢庵に紫衣の着用を勅許したが、これについて事前の届出がなかったことを幕府が問題視して勅許を無効にし、沢庵を処罰した。この事件は紫衣事件と呼ばれ、後水尾天皇は抗議の意を込めて退位し、明正天皇(秀忠の孫で女帝)が即位した。

　紫衣事件は、**幕府の法度が天皇の勅許に優先することを示したもの**であった。

2.5 寺社統制 ★★☆

　寺社に対しては三奉行の最上位である寺社奉行が統制を行ったほか、寺や僧侶に対しては諸宗寺院法度、神社や神主に対しては諸社禰宜神主法度を定め、統制を強化した。

　日蓮宗不受不施派のように、幕府や藩の方針に反発する宗派も弾圧された。そのため、新たな宗教の展開はほとんど見られず、寺社の活動は停滞した[7]。

7　ただしこの時期には、明僧の隠元隆琦により、禅宗の一派である黄檗宗が伝えられている。

2.6 農民統制 ★★☆

（1）農民の階層化

　自作農で年貢・諸役の負担者である本百姓、小作農である水呑、本百姓と隷属関係にあった名子・被官など、農民たちが階層化されていた。

本百姓と水呑

本百姓	・土地や家を持ち、検地帳に記載されて年貢などの負担を負う農民
水呑	・本百姓から土地を借りて小作料を支払う農民

（2）江戸時代の村落組織

　江戸時代の村落は、村方三役と呼ばれる村の中心的な農民によって運営されていた。

村方三役

名主	・村の最高責任者で村政全般を統括 ・庄屋、肝煎とも呼ばれる
組頭	・名主の補佐
百姓代	・百姓の代表者 ・名主、組頭の監視を行う

　また、村民は五人組という組織に編成された。五人組は年貢の納入などにおいて連帯責任を負うため農民たちはお互いに監視し合う関係となった。年貢は四公六民（石高の４割を納める）や五公五民（石高の５割を納める）という割合で課され、村単位で納入されていた（村請制）。

3　近　世　429

(3) 農民統制

　本百姓から納入される年貢は幕府の重要な財源であることから、幕府は百姓の農地経営の安定と年貢の確実な徴収のために農民に対する統制を行った。

　土地の自由処分を禁じる**田畑永代売買の禁止令**や、分割相続によって土地が細分化するのを防ぐための**分地制限令**のほか、日常生活についての規定も定められた。

幕府による諸統制

1615	**一国一城令** ／ 大名の居城以外の城を破却するよう命じる
	武家諸法度・元和令 ／ 崇伝が起草して徳川秀忠の名で発布
	禁中並公家諸法度 ／ 天皇、公家の行動、生活を規制
1627	**紫衣事件** ／ 後水尾天皇による紫衣勅許の無効化、大徳寺の沢庵を処罰
1635	**武家諸法度・寛永令** ／ 林羅山が起草して徳川家光が発布、**参勤交代**を定める
1643	**田畑永代売買の禁止令** ／ 土地の自由処分の禁止
1665	**諸宗寺院法度** ／ 仏教宗派を超えた寺院全体の統制
	諸社禰宜神主法度 ／ 神社・神職の統制
1673	**分地制限令** ／ 田畑の細分化を防止

2.7 幕藩体制　★★☆

　幕藩体制は、幕府と、大名の領地であり地方の支配機構である藩が、土地・人民を治める体制である。幕府は幕領（天領）と呼ばれる直轄領からの年貢収入や、佐渡、伊豆の金山、石見、生野の銀山からの鉱産物による収入によって維持されていた。

　また、商業の発達した大坂、堺などの直轄化や貿易の統制も行い、貨幣の鋳造も独占していた。

3 初期の外交

3.1 諸国との関係 ★★☆

（1）オランダとイギリス

1600年、オランダ船リーフデ号が豊後に漂着し、航海士ヤン=ヨーステン（耶揚子）とイギリス人の水先案内人ウィリアム=アダムズ（三浦按針）は江戸に招かれ、幕府の外交顧問となった。

その後、両国は肥前の平戸に商館を開き、日本との貿易を開始した。

（2）スペイン（イスパニア）

当時スペイン領となっていたメキシコ（ノビスパン）との通商を目的に、家康は京都の商人田中勝介をメキシコへ派遣した。また仙台藩主の伊達政宗も家臣の支倉常長をスペインに派遣し、メキシコとの貿易を開こうとしたが交渉は失敗した（慶長遣欧使節）。

（3）ポルトガル

ポルトガル商人は、中国産の生糸で暴利を得ていたが、幕府はポルトガルによる独占を排除するべく糸割符制度を設けた。これは、糸割符仲間と呼ぶ特定の商人たちのみに生糸の購入権を限定し、彼らの定めた価格で輸入生糸を一括購入させたものである。

糸割符仲間は当初京都、堺、長崎の商人たちで組織されていたが、のちに江戸、大坂の商人が加わって五か所商人と呼ばれるようになった。

（4）その他

明	・朝鮮や琉球王国の仲介で明との国交回復を交渉するも、拒否される ・正式な国交回復は断念し、長崎で私貿易を行う
朝鮮	・対馬の宗氏を通じて国交回復を実現（1607） ・己酉約定を宗氏と朝鮮の間で締結し（1609）、貿易を再開
琉球	・薩摩の島津家久により征服され、薩摩藩の支配下に

（5）朱印船貿易

幕府は海外貿易をする商人たちに朱印状という許可証を与え、彼らは東アジアで貿易を行った。朱印状を携えた貿易船を朱印船という。朱印船による貿易では生糸

3 近世 431

や絹織物などが輸入され、**銀**、**銅**などが輸出された。

貿易が盛んになると、相手国側の貿易地に移住する日本人も現れ、各地に**日本町**という日本人商人たちの自治都市が形成されるようになった[8]。

3.2 鎖国政策 ★★☆

鎖国政策の目的はキリスト教の禁止と貿易の統制にあり、完全な国際的孤立状態ではなく幕府の統制下に対外関係を限定したものであった。

（1）キリスト教の禁教

当初の幕府は特段のキリスト教対策を行っていなかったが、布教を通じたポルトガル、スペインの勢力拡大や国内の信徒の団結を防ぐため、1612年にまず直轄領に**禁教令**を出し、翌年これを全国に拡大した。

キリスト教徒は強制的に改宗させられ、これに応じない者は外国へ追放されたり、処刑されたりした。中には隠れキリシタンとして信仰を維持したまま潜伏した者もいた。

（2）島原の乱

九州の島原城主松倉重政、天草領主寺沢広高は飢饉下であるにもかかわらず領民に重い年貢を課し、キリスト教徒に弾圧を加えていた。これに対し1637年に益田時貞（天草四郎時貞）を中心として大規模な反乱が起き、幕府は九州の諸大名の勢力を大規模に動員し、翌年これを鎮圧した（**島原の乱**）。

（3）キリスト教監視の強化

島原の乱の前後で、幕府はキリスト教に対する監視を強化するための施策を行った。

絵踏	・キリストや聖母の像が彫られた板を踏ませることで信徒でないことを確認する
寺請制度	・すべての人が一つの仏教寺院の檀家とならなければならず、寺院がこれを証明する制度
宗門改め	・キリスト教徒の摘発を目的に、人々の信仰する宗教を調査する制度

---

[8] 商人の山田長政はタイの首都アユタヤで日本町の長を務め、アユタヤ王朝からも重用されたが、のちに政争で毒殺された。

432　第2章　日本史

（4）貿易の統制と鎖国

　鎖国政策のもう一方の狙いである貿易の統制のため、幕府は徐々に外国船の来航を制限していくようになった。加えて日本から海外へ渡航する船も、朱印状のほかに**老中奉書**（ろうじゅうほうしょ）という許可証を携えた**奉書船**（ほうしょせん）のみに限定した。

　島原の乱後、ポルトガル船の来航が禁止され、平戸のオランダ商館が長崎の出島に移されると、鎖国が完成し、以後200年以上限られた窓口以外での海外との通交が閉ざされることになった。

鎖国政策の経過

1612	直轄領に**禁教令** ／ 翌1613年、全国に拡大
1616	中国船以外の来航を**平戸・長崎**に限定
1623	イギリス、平戸商館を閉鎖し撤退 ／ オランダとの競争に負けて退去
1624	スペイン船の来航を禁止
1633	**奉書船**以外の海外渡航を禁止
1635	日本人の海外渡航・帰国を禁止
1637	**島原の乱** ／ キリスト教徒を中心とした大規模な反乱、翌年鎮圧
1639	ポルトガル船の来航を禁止
1641	平戸のオランダ商館を**長崎**の**出島**に移す ／ 鎖国の完成

（5）鎖国後の対外関係

オランダ	・長崎出島のオランダ商館で交易を続けた ・オランダ商館長は**オランダ風説書**（ふうせつがき）を提出し、これにより幕府は海外事情を入手・独占した
中国 （明→清）	・長崎の**唐人屋敷**（とうじんやしき）で交易したほか、東南アジア方面での出会貿易が中心 ・私貿易のみで、朝貢関係はない
朝鮮	・対馬藩が窓口となり、**宗氏**が貿易を独占した ・将軍の代替わりごとに**朝鮮通信使**が来日するようになる
琉球	・薩摩藩が実効支配したが、日清両属をとった ・将軍の代替わりごとに**慶賀使**（けいがし）を、琉球国王の代替わりごとに**謝恩使**（しゃおんし）を幕府に派遣した
蝦夷地	・蠣崎氏より改称した松前氏が藩制をとり、松前藩が支配した ・松前藩の交易支配により、自由な交易ができなくなったアイヌ民族は蜂起したが敗れた（**シャクシャインの戦い**）

3　近　世　433

4 文治政治の展開

家康から家光までの初期の幕政は、幕府の強大な武力を背景に国を治める**武断政治**という姿勢で支配が行われていた。大名に対する処罰も厳しく、改易や減封が断行されると、主人や俸禄を失い**牢人**となる武士が増え、社会不安につながった。

これを改め、権威だけでなく忠孝・礼儀など儒学に基づく秩序作りが目指されるようになり、これが実践された第4代家綱〜第7代家継の治世を**文治政治**といい、幕政の安定期となった。

4.1 徳川家綱の時代 ★★☆

第4代**徳川家綱**は幼少のうちに将軍に就き、会津藩主**保科正之**らがこれを補佐した。1651年に兵学者**由井正雪**らが反乱を起こしたが(**慶安の変**)、この反乱の背後に牢人の増加による社会不安の増大があると見た幕府はそれまでの**武断政治から文治政治への転換を図った。

具体的には、牢人が生じることのないよう**末期養子の禁止を緩和**し、武家諸法度を発布して**殉死を禁止した**[9]。

4.2 徳川綱吉の時代 ★★☆

17世紀末から18世紀初頭にかけてが第5代**徳川綱吉**の時代である。大老は堀田正俊であり、堀田が若年寄稲葉正休により刺殺されたのちには将軍の命令を老中に伝える**側用人**の権勢が高まり、**柳沢吉保**が手腕を振るった。

(1) 文治政治の推進

綱吉は、**儒教を重視**して、**湯島聖堂**を建ててそこに林家の私塾を移し、聖堂学問所として林家に主宰させた(のちの昌平坂学問所)。また、林鳳岡を大学頭に任命した。

---

9 嗣子のいない大名が、死の直前に養子縁組により跡継ぎを設ける末期養子は、これまで原則禁止されていた。しかし、このため改易(領地没収・家の断絶)となり、主君を失った武士が牢人となる原因となっていたため、当主が50歳未満の場合は末期養子の禁止を大幅に緩和した。また、主人の死後に忠義を示すための殉死は、人材の喪失を防ぐ観点などから禁止された。

（2）仏教信仰

　文治政治の一方で、綱吉は仏教を篤く信仰した。そのため動物は殺してはならないとする**生類憐みの令**を出した。

（3）幕政組織の改革

　勘定奉行を助け貢租出納の監査を行う**勘定吟味役**、編暦に当たる**天文方**（渋川春海を任命）、詠歌を司り歌書の研究を行う**歌学方**（北村季吟を任命）を設置した。

（4）財政の危機

　家綱の時代の1657年に起きた**明暦の大火**（振袖火事）により江戸城天守閣や本丸などや市街地の多くが焼失し、その修理を迫られた。また、綱吉は護国寺や寛永寺など寺社の造営などでも支出が多く、幕府の財政は危機に直面した。

　財政状態をよくするため、1695年、勘定吟味役**荻原重秀**は貨幣の質を下げた**元禄小判**を鋳造した。これにより収入は増えたものの、物価高を招くなど経済は不安定になった。さらに富士山の噴火が追い打ちをかけ、農業などに大きな被害をもたらした。

4.3 正徳の政治 ★★☆

　第6代**徳川家宣**と第7代**徳川家継**の時代に、実際の政治を取り仕切ったのは侍講（儒学者）の**新井白石**である。白石による幕制改革を**正徳の政治**という。

（1）綱吉時代の施策の転換

　金の含有率を下げて鋳造された元禄小判が物価の騰貴をもたらしていたことから、新井白石は以前の慶長小判と金含有率の等しい**正徳小判**を鋳造した。しかし再度の貨幣改鋳は社会に混乱をもたらし失敗に終わった。

　また、評判の悪かった**生類憐みの令**を廃止した。

（2）貿易統制

　長崎で行われた清、オランダとの貿易で大量の金銀が国外に流出しており、これを食い止めるために**海舶互市新例**を発し、年間の貿易額を制限した。

　この時期の貿易で輸出の中心となっていたのは、いりこ、干しあわび、ふかひれを俵に詰めた**俵物**であった。

3　近世　435

（3）その他の施策

　このほか、朝鮮通信使に対する待遇の簡素化、閑院宮家[10]の創設などの施策を行った。

　また、屋久島にイタリア人宣教師シドッチが潜入する事件が起こり、捕えられて江戸に幽閉されたシドッチを尋問した内容をもとに、白石は『采覧異言』、『西洋紀聞』を記した。

文治政治の時代

●第4代家綱の時代：会津藩主保科正之らが補佐
1651　**慶安の変** ／ 兵学者**由井正雪**らによる反乱
　　　 末期養子の禁止の緩和 ／ 50歳未満の大名の末期養子を認める
1657　**明暦の大火**
1663　武家諸法度・寛文令 ／ 口上で**殉死を禁止**

●第5代綱吉の時代：大老堀田正敏⇒側用人柳沢吉保が補佐
1683　武家諸法度・天和令
1685　**生類憐みの令**
1695　**元禄小判鋳造** ／ 慶長小判から金の含有率を下げ、物価が高騰

●第6代家宣・第7第家継の時代：侍講**新井白石**・側用人間部詮房が補佐（正徳の政治）
1709　**生類憐みの令を廃止**
1710　**閑院宮家創設**
1711　**朝鮮通信使の待遇を簡素化**
1714　**正徳小判鋳造** ／ 金の含有率を慶長小判の水準に戻すも、混乱を招き失敗
1715　**海舶互市新例** ／ 金銀の海外流出を避けるため、長崎での年間貿易額を制限

10　当時、伏見宮家、桂宮家、有栖川宮家の3家しかなかった宮家に幕府の出資で閑院宮家を創設して加え、皇位継承の安定を図ることで幕府と天皇家との紐帯を強めたものである。

5 幕政の動揺

文治政治は幕府と大名、天皇家との関係などにおいては安定をもたらしたものの、幕府は財政面の課題を抱え、正徳の政治においても十分な解決を見ないまま、家継は早世してしまった。

18世紀以降、幕府はほころび始めた体制を立て直す必要から、大規模な改革を行っていくことになる。

5.1 享保の改革　★★★

鎖国や金銀の産出量の減少により幕府の財政は苦しく、諸藩も参勤交代や土木工事の費用などのために、やはり苦しい状態となっていた。またこれまで自給自足経済だった農民も、日用品買入れなどのため貨幣経済に組み込まれていった。

紀伊藩主であった**徳川吉宗**が第8代将軍に就くと、彼は家康の政治を理想として、財政状況をよくするべく、また支配体制の引締めを図るべく、種々の政策を行った。これらは**享保の改革**と呼ばれる。

（1）財政再建

最大の課題であった幕府の財政を再建するため、吉宗はまず**倹約令**を出して質素・倹約に努めさせ、米の増産のために商人たちの協力を得て**新田開発**を進め、農地面積を拡大した。

また、大名から1万石につき100石の割合で米を臨時に納めさせる**上げ米**を実施し、代替措置として参勤交代における大名の江戸滞在期間を**1年から半年に短縮**した[11]。

加えて年貢の増徴のため、税率の決定方法を改めた。毎年の収穫高の豊凶を調査して税率を決めるという従来の**検見法**から、収穫量にかかわらず一定の税率とする**定免法**に切り替えられた。

その他、米価を安定させるために大坂にある堂島米市場を公認し、新しい産業を推奨するために**漢訳洋書の輸入制限を緩和**するなどの政策が行われた。

---

11 財政再建を諸藩の助力に頼る上げ米は幕府権威を損なうものであり、9年間実施されたのちに廃止された。同時に参院交代における江戸滞在期間ももとに戻された。

3　近世　437

（2）人材登用

　側用人を側近とした政治を改め、旗本から大岡忠相、儒学者から荻生徂徠、室鳩巣などの優秀な人材を登用しつつ、吉宗自らも陣頭に立って指揮を行った。

　当時は役職ごとに就任するための基準石高が定められていたため、吉宗は基準に満たない者に対し在職中のみ不足分の石高を支給して補う足高の制を設けた。家柄などを理由にせず優秀な人材を要職に登用するための制度であり、大岡はこの制度により町奉行に登用され、江戸の都市政策を担った。

（3）都市政策

　明暦の大火などの教訓から、火災への対策として町火消を組織し、段階的に充実させた。また、貧民のための医療施設として小石川養生所を設けた。

　これらは評定所に設けられた目安箱への投書から実現した政策であった。

（4）訴訟関連

　幕府に寄せられる訴訟のうち、金銭の貸借に由来するものが大半を占めていたため、訴訟事務の軽減のために相対済し令を出し、金銭貸借は当事者間で解決するものとした。

　また、公事方御定書という基本法典を編纂し、裁判の際の合理的な判断に役立てた。

（5）改革の成果

　享保の改革は30年にも及ぶ多方面にわたった改革であり、最大の目的であった幕府の財政再建には一定の効果をもたらした。一方で農民の生活は困窮し、1732年の大凶作を発端に享保の飢饉が起こると、翌1733年には江戸の米問屋が打ちこわしに遭った。

438　第2章　日本史

享保の改革

```
1716  徳川吉宗、第8代将軍に就任
1719  相対済し令 ／ 金銭貸借に関する訴訟は受け付けず当事者どうしの解決に委ねる
1720  漢訳洋書の輸入制限を緩和 ／ キリスト教に関係しない洋書の輸入を解禁
1721  目安箱を設置
1722  上げ米を実施 ／ 石高1万石に対して100石を臨時に納めさせる制度
      小石川養生所を開設 ／ 貧民のための医療施設
      年貢税率の決定法として定免法を採用 ／ 従来の検見法から変更
      新田開発に着手 ／ 日本橋に新田開発を奨励する高札を設置
1723  足高の制 ／ 基準の石高に満たない役職に就任させる際、在任中の不足分を支給
1730  堂島米市場の公認 ／ 米価の平準化を図る
1742  公事方御定書、完成
```

5.2 ▷ 田沼時代　★★★

　吉宗の次に将軍位を受けた第9代徳川家重は言語不明瞭で側用人の大岡忠光が政治を司り、吉宗の享保の改革からは進展しなかった。第10代徳川家治の時代になると、側用人で老中となった田沼意次が実権を握った。この時代を田沼時代という。田沼は若年寄であるその子田沼意知とともに商人の力を用いて積極的な経済活動をし、そこから生じた富を幕府に取り込むことで財政を立て直そうとした。

（1）民間経済の振興

　田沼は株仲間を積極的に公認したり結成を命じたりして広め、代わりに運上・冥加といった営業税を幕府に上納させた。株仲間とは同業の商人などが構成するグループであり、幕府の公認などを得て販売権を独占できることは彼らにとって大きなメリットとなった。

　また、商取引の活性化のため、8枚で金貨1枚分の価値となる計数貨幣の南鐐二朱銀を鋳造した。従来、江戸を中心に取引される金貨は計数貨幣、関西を中心に取引される銀貨は秤量貨幣であり、迅速で簡便な取引が阻害されていたため、一定割合で金貨と交換できる銀貨を定めて貨幣制度の一本化を図ったものである[12]。

　さらに、吉宗と同様新田開発のため、印旛沼・手賀沼（現在の千葉県）の干拓工事に着手したが、利根川の洪水に遭い挫折した。

12　計数貨幣とは個数（枚数）と価値の関係が固定されている貨幣であり、秤量貨幣とは品質や重さなどを量って価値を定める貨幣である。従来、計数金貨と秤量銀貨を交換するには、金銀間の相場変動の考慮や銀貨の重さの計量を行う必要があり煩瑣であったが、計数貨幣として金貨との交換割合を一定にすることで、本質的には金貨の一種として取引に用いられるようになった。

3　近世　439

（2）長崎貿易の振興

　新井白石の海舶互市新例以降の方針を改め、**長崎貿易を推進**する政策に転換した。貿易の制限は金銀の海外流出を抑えるためのものであったが、田沼は**俵物**や**銅**の輸出を拡大することによって貨幣を鋳造するために必要な金銀の獲得を狙った。

（3）その他の政策
① 幕府専売制の導入

　幕府直営の座を設け、**銅、朝鮮人参などの専売**を行った。特に銅を専売として幕府の直接の管理下に置いたことには、輸出用の銅を安定的に確保する目的もあった。

② 蝦夷地調査

　医師工藤平助（く どうへいすけ）が著書『赤蝦夷風説考（あか え ぞ ふうせつこう）』で意見した内容に基づいて**最上徳内**（も がみとくない）らを蝦夷地に派遣し、輸出用の俵物増産のための開発や、ロシアとの交易を模索した。

（4）田沼時代の成果

　年貢の増徴などによらず積極的な経済政策がなされた反面、幕府の役職者に対する賄賂や縁故による人事が横行するなどの汚職が進んだ。

　また、天明の飢饉（1782 ～ 87）や浅間山の噴火（1783）などの自然災害にも見舞われ、全国で一揆や打ちこわしが起こる中、子の意知が殺害されると勢力を失い、将軍家斉の死後に老中を罷免された。

田沼時代

1772	田沼意次、老中に就任
	南鐐二朱銀を鋳造 ／ 8枚で金貨1枚と交換できる**計数貨幣**
1782	**天明の飢饉**（～ 87）
	印旛沼の干拓を開始
1783	浅間山の噴火
1784	田沼意知、刺殺される ／ 旗本の佐野政言による
1785	**最上徳内**による蝦夷地調査
1786	**手賀沼**の干拓を開始

440　第2章　日本史

5.3 寛政の改革 ★★★

田沼意次が失脚した後の1787年は全国の主要都市で打ちこわしが続いた（天明の打ちこわし）。このような状況で第11代徳川家斉のとき、老中として就任したのが白河藩主松平定信である。彼は吉宗の政治を理想として寛政の改革を行った。

（1）農村の復興

享保の改革時に行われた政策では農民に年貢の増徴を求めるものがあり、さらに飢饉や自然災害などは困窮した農民に追い打ちをかけた。一方、農業技術の改良や商品作物の生産が普及することで、一部の農民は貨幣を得て富農化していった。このように農民の階層化が進み、困窮して田畑を失った農民は小作人となったり、一部は都市部に流入して不安定な生活を送ったりしていた。このような当時の農村を復興することが、定信の課題の一つと位置づけられた。

定信は旧里帰農令を出し、正業を持たない都市生活者に資金を渡して出身地に帰らせた。困窮して都市部に流入したものの日雇い労働などの不安定な生活を送っていた者を、農業の担い手に戻す目的であったが効果は薄かった。

また、凶作をしのぐための備荒貯蓄として、義倉・社倉と呼ばれる倉庫に平時から米穀を蓄えておく囲米を実施させた。1万石につき50石の割合で、全国の大名に貯蓄を命じた。

（2）都市政策

都市部の生活困窮者も打ちこわしなどの暴動を起こしたことへの反省から、江戸の石川島に人足寄場という施設を設け、無宿人を収容して職業に就くための指導を行った。

また、江戸の町を対象に七分積金を行わせた。これは町の支出費用を節約させ、節約分の7割を積立金として飢饉・災害などの非常時における貧民救済に充てたものである。

（3）学問・出版統制

正信は朱子学を正学とし、それ以外の学問を異学として禁じる寛政異学の禁を発した。湯島の聖堂学問所（のち官立となり昌平坂学問所）では朱子学以外を教授することが禁じられた。

また、出版についても厳しい統制を行い、政治に対する批判や風刺を弾圧した。

3 近世

（4）その他の政策

　当時、札差と呼ばれる高利貸しに借金をしていた旗本や御家人の救済のため、**棄捐令**を出して札差に貸金を放棄させた。

（5）改革の成果

　定信の改革は厳しすぎたので反感を買い、光格天皇が実父に太上天皇の称号を贈ろうとして定信に拒否された「尊号一件」の問題で、将軍と対立したことから老中を辞した。このため、寛政の改革は6年ほどで挫折し、十分な成果を上げられなかった。

寛政の改革

1787	松平定信、老中に就任
1789	義倉・社倉の設置、囲米の実施を発令 ／ 翌年より1万石につき50石の備蓄を実施
	棄捐令 ／ 旗本・御家人に対する貸金を札差に放棄させる
1790	石川島に**人足寄場**を開設 ／ 無宿人を収容して職業指導
	旧里帰農令 ／ 正業を持たない都市生活者を農村に戻す
	寛政異学の禁 ／ 朱子学を正学とし、それ以外の学問を異学として聖堂学問所での教授・研究を禁止
1791	**七分積金** ／ 江戸の町入用を節約させ、節約分の7割を積立金として非常時の貧民救済に

5.4 列強の接近 ★★★

18世紀後半より、ロシアを中心とする外国がたびたび日本を訪れ、通商を求めるようになる。幕府は鎖国体制を維持するため警戒と防備の強化に努めた。

(1) ロシアの接近

ロシア使節**ラクスマン**が1792年に根室に来航した。このとき、漂流してロシア人に助けられていた大黒屋光太夫を送還するとともに通商と江戸入港を求めたが、幕府はこれを拒否した。また、ロシア人が択捉島のアイヌ人と交易を行っていたことから、**近藤重蔵**、**最上徳内**に択捉島の探査を命じた。

1804年にも別のロシア使節**レザノフ**が長崎に来航した。幕府は再び通商を拒否したが、ロシア船に攻撃を受けたため松前藩と蝦夷地を直轄化し、箱館奉行を松前奉行と改称してその支配下に置いた。1808年には**間宮林蔵**を樺太に送って探査を行った。

1811年には千島列島で測量を行っていたロシア軍艦が国後島に上陸し、艦長ゴローウニンが日本に捉えられて監禁される事件が起こった（**ゴローウニン事件**）。ロシア側は交渉材料とすべく**高田屋嘉兵衛**を抑留したが、最終的に両者とも釈放される結果となり、日露間の緊張が緩和した。このため、蝦夷地は直轄を離れ松前藩に還された。

(2) イギリスの接近

1808年、イギリス軍艦フェートン号は、当時イギリスの敵国であったオランダの船を追って長崎港に入港し、薪水（燃料と水）を要求した（**フェートン号事件**）。

(3) 幕府の対応

度重なる異国船の来航に対し、薪水を与えて退去させる対応をしていた幕府はこれを改め、1825年に**異国船打払令**（無二念打払令）を出し、薪水の給与を行うことなく撃退するよう命じた。

1837年にアメリカの商船モリソン号が浦賀沖に来航して通商を求めた際はこれに基づきモリソン号を追い払った（**モリソン号事件**）。この幕府の対応について、**渡辺崋山**、**高野長英**が自著で批判すると、幕府はこれを厳しく処罰した（**蛮社の獄**）。

その後、清とイギリスとの間の**アヘン戦争**において清が劣勢に回ったことが伝わると、幕府は1842年に異国船打ち払い令を緩和して**天保の薪水給与令**を発し、外国船に対する強硬な態度を改めた。

3 近世 443

列強の接近

1792	ロシア使節ラクスマン、根室来航 ／ 漂流民大黒屋光太夫を送還
1798	**近藤重蔵・最上徳内**、択捉島探査 ／ 「大日本恵登呂府」の標柱を立てる
1804	ロシア使節レザノフ、長崎来航 ／ 入港許可証を持って来航したものの追い返される
1807	幕府、松前藩・蝦夷地を直轄化 ／ 松前奉行の配下とする
1808	**間宮林蔵**、樺太探査
	フェートン号事件 ／ イギリス軍艦フェートン号がオランダ船を追って長崎に入港
1811	**ゴローウニン事件** ／ ロシア軍艦長ゴローウニンと高田屋嘉兵衛の身柄を交換し、 日露緊張緩和
1818	イギリス海軍将校ゴルドン、浦賀来航
1825	**異国船打払令(無二念打払令)** ／ 外国船に薪水を供与せず撃退するよう命じる
1828	**シーボルト事件** ／ ドイツ人医師シーボルト、日本地図の国外持ち出しを企て追放
1837	**モリソン号事件** ／ アメリカ商船モリソン号が浦賀沖を訪れ、撃退される
1839	**蛮社の獄** ／ モリソン号事件を批判した**渡辺崋山**、**高野長英**、尚歯会を幕府が弾圧
1840～42	**アヘン戦争** ／ イギリスと清の戦争
1842	**天保の薪水給与令** ／ 異国船打払令を改め外国船への対応を緩和

5.5 大御所政治 ★★★

　第11代将軍徳川家斉は松平定信の老中辞任後、将軍職を第12代徳川家慶に譲った後も大御所として実権を握り続け、約50年もの間幕政の指揮を執った。

　1830年代に入ると凶作が続き、大飢饉が起こった(**天保の飢饉**)。このため米は値上がりし、百姓一揆や打ちこわしが頻発した。中でも元大坂町奉行所の与力だった陽明学者の<ruby>大塩平八郎<rt>おおしおへいはちろう</rt></ruby>は、貧民救済が町奉行所に聞き入れてもらえなかったことで、1837年に同志とともに乱を起こした(**大塩の乱**)。この後各地に一揆が発生した。大塩の乱に刺激されて起こったものとしては、越後柏崎での<ruby>生田万の乱<rt>よろず</rt></ruby>がある。

　幕府の元役人が乱を起こしたことは社会に衝撃を与え、幕府が改革に乗り出すきっかけとなった。

5.6 天保の改革 ★★★

　徳川家斉の死後、第12代徳川家慶の時代に、老中<ruby>水野忠邦<rt>みずのただくに</rt></ruby>が行った一連の改革が**天保の改革**である。外からは列強の船が沿岸に忍び寄り、国内でも天保の飢饉による人々の困窮や大塩の乱など体制に挑戦する動きがある中で、幕府権力の立て直しを狙って政策が実施された。

（1）綱紀粛正

忠邦は倹約令によって贅沢を禁止するだけでなく、庶民の娯楽に対しても厳しい取締りを行った。人情本の作家である為永春水や合巻の柳亭種彦らを処罰し、寄席や歌舞伎も規制の対象となった。

（2）国内経済対策

天保の飢饉によって衰えた農村を再建すべく、人返しの法を発して農民の出稼ぎを禁じ、帰村を強制した。寛政の改革時の旧里帰農令を徹底したものである。

また、物価高騰の原因が株仲間による流通の独占にあると考え、**株仲間の解散**を命じて物価を下げようとした。しかし実際には物価の高騰は別の原因で起こっており、株仲間の解散は逆効果となったため、1851年には再興が許可された。

併せて**棄捐令**を出し、物価高の影響を受けていた旗本・御家人の負担を軽減した。

（3）忠邦の失脚

1843年に出した**上知令**は、江戸・大坂周辺の大名・旗本領を直轄化するものであった。財政基盤の安定と要地の対外防備の充実を狙ったものだったが、大名の反対に遭い実施に至らず、忠邦は失脚して改革は頓挫した。

（4）改革の成果

改革は非常に厳しいものであったため大名や庶民の反発を買い、結果として失敗した。またこの失敗は**幕府権力の衰退**を如実に示している。忠邦失脚後、家慶は阿部正弘を登用し収拾を図った。

天保の改革

1839	水野忠邦、老中首座（老中の筆頭）に就任
1841	**株仲間の解散**／物価抑制を狙うも効果が得られず、1851年に再興令
	人情本作家の為永春水を処罰
1842	棄捐令
	合巻作家の柳亭種彦を処罰
1843	**人返しの法**／農民の出稼ぎ禁止、帰村を強制
	上知令／江戸・大坂の直轄化を求めるも反対に遭い挫折、忠邦失脚

3　近世　445

5.7 雄藩の台頭 ★★★

寛政の改革の時期から、諸藩においても独自の政策によって財政危機を克服していこうとする動きが見られた。地域の特産物を中心に専売制による殖産興業が進められ、独自の藩校を設置して優秀な人材の育成に努めていた。

19世紀に入ると幕府の衰退に呼応して、自立的な政策で藩政を立て直そうとする動きが広がっていった。

各藩での藩政改革

薩摩藩	・下級武士出身の**調所広郷**が中心となり、**黒砂糖**の専売と琉球王国との貿易などで財政を再建 ・藩主島津斉彬も反射炉を築造
長州藩	・村田清風が中心となり、紙の専売制を強化
肥前藩	・藩主鍋島直正が中心 ・均田制の実施、大砲製造所を立てて軍備を近代化

6 江戸時代の社会・経済

農業、水産業、鉱工業の技術が時代とともに発展し、商業などにも大きな変化が見られた。

6.1 産業の発達 ★★★

（1）農業

田の荒起こしに用いる深耕用の**備中鍬**、脱穀に使われる**千歯扱**、手回しの羽根で風を起こして籾殻などを除去する**唐箕**、穀粒の大きさに応じて選別を行う**千石簁**など、改良された農具が普及した。また堆肥のほかに干鰯や油粕などの新しい肥料も使われるようになり、これらは**金肥**と呼ばれた。農業の研究も進み、宮崎安貞の『農業全書』、大倉永常の『農具便利論』、『広益国産考』などの農書が刊行された。

改革で行われた新田開発やこれら技術の革新によって石高は大きく増加し、耕地面積も約2倍となった。農民たちの中には年貢米や自家消費の作物に加えて市場で売るための**商品作物**を生産する者も現れた。これによって農村は貨幣経済に巻き込まれることになり、農民たちの階層分化も進んでいった。

（2）その他の産業

水産業	・漁法の改良と漁場の拡大で発展 ・金肥の材料になる鰯、ニシン、貿易の輸出品となる俵物などの漁獲が盛んに
製塩業	・海水を汲んで浜に撒く揚浜ではなく、潮の干満を利用して海水を引く**入浜塩田**が発達 ・瀬戸内海沿岸部を中心に製塩業が発達
林業	・建築資材としての材木を大量に扱う商人が巨利をあげる
鉱業	・幕府直轄の鉱山で開発が進められ、金・銀・銅が産出 ・金・銀は17世紀後半以降産出量が減り、銅の産出が増えた ・**佐渡金山**、**石見銀山**、**生野銀山**、**足尾銅山**、別子銅山などが有名
織物業	・高機という手織り機を用いた高級品が西陣（京都）で生産される ・次第に関東にも生産技術が伝わる
醸造業	・伏見・灘の酒、野田・銚子の醤油など

6.2 交　通　　★★★

（1）陸上交通

　陸上交通の整備事業は豊臣政権において着手されており、幕府はこれを承継して街道の整備を行った。東海道、中山道、甲州道中、日光道中、奥州道中の**五街道**が整備され、**道中奉行**がこれを管理した。また五街道から分岐する主要道路である**脇街道**（**脇往還**）も整備された。

　街道には関所や宿駅が置かれ、宿駅には大名などが利用する**本陣**や脇本陣、庶民が利用する**旅籠**という宿泊施設が設けられた。

五街道

3　近世　　447

（2）水上交通

京都の商人**角倉了以**は、富士川、高瀬川、天竜川などの河川を整備し、水路として利用できるようにした。

また、江戸の商人**河村瑞賢**は、出羽の酒田を起点とする**東廻り海運・西廻り海運**という水運ルートを確立し、日本海側から江戸・大坂に船で物資を運ぶ交通網が整備された。

また大阪と江戸を直接結ぶ**南海路**には、**菱垣廻船**が就航していた。菱垣廻船は大型で大量の積み荷を輸送できる船であったものの、小型で輸送日程も短く済む**樽廻船**が新たに運行されるようになると、次第に劣勢となり樽廻船が主流となっていった。

水上交通

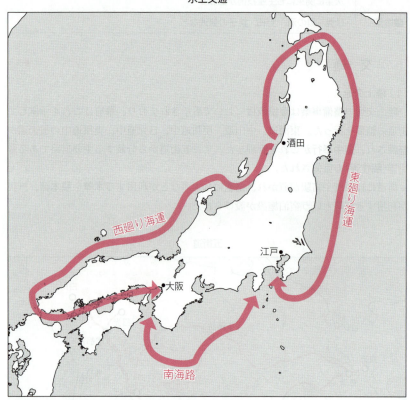

6.3 貨幣と金融 ★★☆

　江戸時代には**金貨**、**銀貨**、**銭貨**の三貨が流通しており、これに加えて各藩が領内でのみ流通させていた**藩札**も存在した。

　銀貨は田沼時代に南鐐二朱銀が登場するまで秤量貨幣であったため、取引の都度品位の鑑定が必要であり、金銀間の交換比率も常に変動していた。このため**両替商**が異なる貨幣との両替や品位の鑑定を行い、貨幣の流通を助けていた。

三貨

金貨	・計数貨幣 ・主に東日本で取引に使用される
銀貨	・秤量貨幣 ・主に西日本で取引に使用される ・田沼時代に計数貨幣の南鐐二朱銀が鋳造される
銭貨	・計数貨幣 ・少額の取引に使用される ・**寛永通宝**が代表例

6.4 三　都 ★★☆

　江戸は「将軍のお膝元」であり、大名、旗本、御家人の屋敷が集まる都市として発展した。商人や職人も集まり多くの町が形成され、消費の中心地となった。

　大坂は「天下の台所」であり、諸藩からさまざまな産品の集まる中継地として機能した。藩の年貢米や特産物は**蔵物**と呼ばれ、大坂などに諸藩が設置した**蔵屋敷**にいったん集められた。蔵屋敷は倉庫としての役割のほかに問屋への販売所としても機能し、**蔵元**・**掛屋**と呼ばれた商人がここで蔵物を販売した。また、蔵物のほかに蔵屋敷を経由せずに販売される**納屋物**も取引された。

　京都は朝廷のある都市として文化の中心であるほか、西陣織などの高級品を扱う手工業の栄える場所でもあった。

　江戸、大坂、京都は**三都**と呼ばれ、日本の中心であるばかりでなく当時の世界でも屈指の大都市となっていた。

3　近世　449

7 江戸時代の文化

7.1 元禄文化 ★★☆

　元禄時代に興った文化を元禄文化という。文化の中心は幕府の政治が安定したことと経済の発展があったことから、市井の事情に通じた粋な気性を尊ぶ有力な町人を中心とした民衆にあり、人間的で華麗な文化であった。文学は上方を中心としており、井原西鶴(浮世草子)、松尾芭蕉(蕉風俳諧)、近松門左衛門(人形浄瑠璃の脚本)らがその代表である。人形浄瑠璃とともに、歌舞伎も17世紀初頭に出雲阿国によって創始されたものが、女歌舞伎、若衆歌舞伎、野郎歌舞伎と移り変わっていく。

　学問では渋川春海(安井算哲)の天文学、吉田光由の和算、貝原益軒の本草学(博物学)がある。

元禄文化

文学・芸術	浮世草紙(小説)	・井原西鶴『好色一代男』、『世間胸算用』、『日本永代蔵』
	俳諧	・松尾芭蕉(蕉風)『奥の細道』
	人形浄瑠璃	・近松門左衛門『曽根崎心中』、『心中天網島』、『国姓爺合戦』 ・竹本義太夫らによって語られる(義太夫節)
	歌舞伎	・女歌舞伎→若衆歌舞伎→野郎歌舞伎 ・市川団十郎(荒事)、坂田藤十郎(和事)
美術	装飾画	・尾形光琳(琳派)「紅白梅図屏風」
	浮世絵	・菱川師宣「見返り美人」
	蒔絵	・尾形光琳「八橋蒔絵螺鈿硯箱」
学問	歴史学	・『大日本史』(水戸家により編纂) ・新井白石『読史余論』
	農学	・宮崎安貞『農業全書』
	本草学	・貝原益軒『大和本草』
	天文学	・渋川春海(安井算哲)、貞享暦を作る
	和算	・関孝和『発微算法』 ・吉田光由『塵劫記』
	国学の基礎	・契沖『万葉代匠記』

美術では大和絵の一派で土佐派や住吉派が狩野派に対抗してできた。装飾画では尾形光琳が琳派を起こした。風俗画としては浮世絵が有名であるが、菱川師宣の『見返り美人』は特に有名である。

7.2 化政文化 ★★☆

文化・文政期から天保の改革の時期までの文化を化政文化という。江戸を中心に町人が担い手となって発展し、多種多様な文化が展開された。

文学では式亭三馬や十返舎一九による滑稽本、為永春水らによる人情本、上田秋成や曲亭馬琴による読本などが著名である。美術では、葛飾北斎、歌川広重らの浮世絵が代表的である。

化政文化

文学・芸術	滑稽本	・式亭三馬『浮世風呂』 ・十返舎一九『東海道中膝栗毛』
	人情本	・為永春水『春色梅児誉美』（天保の改革で処罰）
	読本	・上田秋成『雨月物語』 ・曲亭馬琴『南総里見八犬伝』、『椿説弓張月』
	俳諧	・小林一茶『おらが春』
美術	浮世絵	・葛飾北斎「富嶽三十六景」 ・歌川広重「東海道五十三次」
	写生画	・呉春（松村月溪）「柳鷺群禽図屏風」
学問	国学	・平田篤胤による復古神道
	洋学	・志筑忠雄『暦象新書』 ・高野長英『戊戌夢物語』
	その他	・渡辺崋山『慎機論』 ・伊能忠敬「大日本沿海輿地全図」

7.3 儒学の系譜 ★★☆

　儒学とは、孔子・孟子の説教やそれに関する古典などをもとに研究する学問であり、朱子学、陽明学、古学などに細分化される。日本には鎌倉時代に朱子学、江戸時代に陽明学が伝わり、古学も興った。

朱子学	・南宋の朱熹により大成された儒学の一派 ・大義名分論を基礎に、身分秩序を重視する性質から体制維持のため**幕府に官学として扱われる** ・**藤原惺窩**が近世朱子学の祖とされ、惺窩に師事した**林羅山**は将軍に仕えて法令や外交文書の起草などにも関わった ・正徳の政治を担った**新井白石**も朱子学者である
陽明学	・明の王陽明が創始した儒学の一派 ・知行合一を説き、朱子学よりも実践を重視しており、革新的で時世批判の傾向が強いことから幕府に警戒された ・**中江藤樹**やその門人の**熊沢蕃山**らが陽明学を学んだ ・乱を起こした**大塩平八郎**も陽明学者である
古学	・朱子学や陽明学を否定し、直接原典に当たって真意を汲み取ろうとする儒学の一派 ・山鹿素行（聖学派）や伊藤仁斎（堀川学派）、荻生徂徠（古文辞学派）らが有名

過去問チェック

01 鉄砲の伝来以来、オランダの商船は九州の平戸や長崎などにも来航し、その後1584年から来航したイギリス船とともに貿易を行ったことから、当時の人々は彼らを南蛮人と呼んだので、これを南蛮貿易といった。特別区Ⅰ類2010 1.1

✕ 当時の人が南蛮人と呼んだのはポルトガル人・スペイン人であり、彼らとの貿易を南蛮貿易といった。イギリス・オランダ人は紅毛人とされた。また1584年に来航したのはスペイン船である。

02 太閤検地は、豊臣秀吉がほぼ同一の基準で全国的に実施した土地の調査であり、田畑の生産力を石高で表示するとともに、一地一作人の原則により、検地帳に登録した農民に耕作権を認め、年貢納入等の義務を負わせた。特別区Ⅰ類2007 1.3

◯ 太閤検地の説明として妥当である。

03 江戸幕府は、徳川家光の時代に最初の武家諸法度を制定して、大名を親藩・譜代・外様に区別し、一国一城制、城の新規築城・無断修築の禁止、大名間の婚姻の許可制、参勤交代の義務などを定め、これらに違反する者を厳罰にし、幕府に対する反乱の防止や治安の維持を目指した。国家専門職2001 2.3

✕ 最初の武家諸法度は家光でなく秀忠の時代に制定された。また一国一城制は武家諸法度で定められているわけではない。

04 江戸時代には、仏教は幕府の保護と統制のもとで宗教としての活力を失って俗化し、また、中国から新しい宗派が伝えられることもなかった。特別区Ⅰ類2004 2.5

✕ 中国からは禅宗の一派として黄檗宗が伝えられた。幕府権力に従う宗教のみは保護されたが、幕府権力よりも宗教を優先させる日蓮宗不受不施派等の勢力は弾圧の対象となったので、仏教すべてが保護されていたわけではない。

05 江戸幕府は、戦国時代末期に島津氏に征服された琉球王国に対して、明との貿易を禁止したが、明が滅びて清が建国されると、琉球王国は清の冊封を受けるとともに朝貢貿易を再開したことから、江戸幕府は我が国と清との交易を全面的に禁止した。国家一般職2020 3.1 3.2

✕ 幕府は琉球王国と明との貿易を禁止してはいない。琉球王国が島津氏に征服されたのは江戸時代初期であり、琉球王国は日明両属という立場になり、清になった後も清との交易を禁止してはいない。

3 近世 453

06 17世紀前半に江戸幕府によって行われた鎖国政策により、日本の貿易相手国はオランダ、ポルトガル、清の三か国に限られることとなった。この政策により、17世紀前半まで行われていた通信使と呼ばれる使節を通じた朝鮮との交流も禁止された。**国家一般職2013** 3.2

✕ 日本の貿易が認められた国のうち、ヨーロッパはオランダのみでポルトガルの来航は禁止された。また李氏朝鮮が通信使を派遣するようになったのは17世紀前半からであり、交流がなされている。

07 17世紀前半、キリスト教を黙認する領主に反対する島原・天草地方の農民たちが、宣教師の国外追放を訴えて一揆を起こした。大塩平八郎を首領とした農民たちは、大砲などで武装したが、幕府の軍勢に半日で鎮圧された。**国家専門職2020** 3.2

✕ 島原の乱の首領は天草四郎時貞とされ、大塩平八郎ではない。また、島原の乱は松倉氏の圧政、キリスト教弾圧に異を唱えたものであり、宣教師の国外追放を訴えたものでもなく、1637年から翌年まで続いた。「大砲などで武装したが、幕府の軍勢に半日で鎮圧された」のは、1837年に起きた大塩平八郎の乱である。

08 海運業では、東廻り航路が陸奥荒浜から江戸に至り、東北諸藩の米や海産物などを運び、西廻り航路が下関から大坂を経て江戸に至り、酒や油などを運んだ。**特別区Ⅰ類2002** 6.2

✕ 東廻り航路は奥羽の日本海岸から津軽海峡を経て太平洋に出て江戸に至る航路である。西廻り航路は奥羽から下関を経て、瀬戸内海を通って大坂に至る航路である。

09 元禄文化は、江戸を中心として開花した町人文化で、人形浄瑠璃では、竹本義太夫が竹田出雲の作品を語って人気を博し、歌舞伎では、坂田藤十郎らの名優があらわれ、民衆演劇として発展した。**特別区Ⅰ類2013** 7.1

✕ 竹田出雲でなく近松門左衛門の作品を竹本義太夫が語って人気を博した。竹田出雲は江戸時代中期に活躍した人物である。

過去問 Exercise

問題1 織豊政権に関する記述として、妥当なのはどれか。

特別区Ⅰ類2017

1 織田信長は、1560年に姉川の戦いで駿河の今川義元を破り、1567年には美濃の斎藤竜興を倒して、居城を清洲城から稲葉山城に移し、天下布武の印判を使用して、武力による天下統一への意思を示した。

2 織田信長は、1570年に浅井長政と朝倉義景の連合軍を桶狭間の戦いで破り、翌年、宗教的権威であった比叡山延暦寺を焼き打ちにし、1573年には足利義昭を京都から追放して室町幕府を滅ぼした。

3 織田信長は、1575年に長篠の戦いで鉄砲を活用して武田勝頼の騎馬隊を打ち破り、1580年には石山本願寺を屈服させたが、1582年に京都の本能寺で家臣の明智光秀の反乱にあい、統一事業半ばにして倒れた。

4 羽柴秀吉は、1582年に明智光秀を山崎の戦いで破り、翌年には織田信長の重臣であった柴田勝家を賤ヶ岳の戦いで破って、信長の後継者としての地位を固め、石山本願寺の跡地に安土城を築いた。

5 羽柴秀吉は、1584年に小牧・長久手の戦いで徳川家康と戦い和睦し、1585年には伊達政宗をはじめとする東北諸大名を屈服させ、全国統一を完成させると、1586年に太政大臣に就任して後陽成天皇から豊臣の姓を授けられた。

解説

正解 ③

❶ ✕　1560年に今川義元を破ったのは姉川の戦いでなく桶狭間の戦いである。それ以外は妥当である。

❷ ✕　1570年に浅井長政と朝倉義景を破ったのは桶狭間の戦いではなく姉川の戦いである。選択肢後半は妥当である。

❸ ◯　正しい記述である。

❹ ✕　石山本願寺跡に築いたのは安土城ではなく大坂城である。安土城は琵琶湖東岸に織田信長が築いた。

❺ ✕　この記述のうち、全国統一は最後である。1584年小牧・長久手の戦い、1585年関白就任、四国平定、1586年太政大臣就任、豊臣姓賜姓、1590年小田原城攻め、東北平定の順で全国統一となる。

問題2 江戸時代初期の幕府の統治に関する記述として、妥当なのはどれか。

東京都Ⅰ類2017

❶ 3代将軍徳川家光の頃には、将軍と諸大名との主従関係が揺らぎ始め、強力な領主権を持つ将軍と大名とが土地と人民を統治する惣領制が弱体化した。

❷ キリシタン大名の有馬晴信と小西行長は、幕府がキリスト教徒を弾圧したことに反発し、1637年に島原の乱を起こしたが、翌年鎮圧され、有馬と小西の藩は領地を没収された。

❸ 島原の乱の鎮圧後、幕府はポルトガル船の来航を禁止し、平戸のオランダ商館を長崎の出島に移し、外国貿易の相手をオランダや中国などに制限した。

❹ 徳川家光は、寛永の御成敗式目を発布し、大名に国元と江戸とを3年交代で往復する参勤交代を義務付け、大名の妻子は江戸に住むことを強制された。

❺ 幕府の職制は、徳川家康が将軍となると直ちに整備され、五大老と呼ばれる重臣が政務を統轄し、勘定奉行等の五奉行が幕府の財政や裁判等の実務を執り行い、これらの役職には、原則として有力な外様大名が就いた。

458 第2章 日本史

解説

正解 ❸

❶ ✕ 惣領制ではなく、江戸時代の政治組織は幕藩体制である。惣領制とは中世の武家社会における一族の体制のことである。

❷ ✕ 島原の乱は有馬晴信と小西行長によるものではなく、益田時貞（天草四郎時貞）を中心とした民衆の乱である。有馬晴信と小西行長がキリシタン大名であることは妥当であるが、島原の乱の前に亡くなっている。

❸ ◯ 正しい記述である。

❹ ✕ 家光が発布したのは御成敗式目ではなく、寛永の武家諸法度である。武家諸法度によって参勤交代が制度化されたのは妥当だが、3年交代ではなく1年交代である。

❺ ✕ 幕府の職制が整備されたのは家康が将軍になったときではなく、3代将軍家光の頃である。五大老、五奉行は秀吉の頃の制度であり、江戸時代に政務を統轄したのは老中である。幕政に参画できるのは外様大名ではなく、親藩、譜代大名である。

3 近世 459

問題3 江戸幕府が行った政策に関する記述A ～ Eを古いものから年代順に並べ替えたとき、2番目と4番目に来るものの組合せとして最も妥当なのはどれか。

国家一般職2016

A 旧里帰農令を出して都市に流入した農村出身者の帰村を奨励するとともに、村からの出稼ぎを制限して農村人口の確保に努めた。また、飢饉対策として各地に社倉や義倉を設置し、囲米を行った。

B 一国一城令を出して、大名の居城を一つに限り、それ以外の領内の城を破壊させた。さらに武家諸法度を制定し、大名の心構えを示すとともに、城の新築や無断修理を禁じ、大名間の婚姻には許可が必要であるとした。

C 都市や農村の商人・手工業者の仲間組織を株仲間として広く公認し、引換えに運上・冥加金などを納めさせた。また、銅座・人参座などの座を設けて専売制を実施した。金貨の単位で表された計数銀貨である南鐐二朱銀を大量に鋳造し、金銀相場の安定に努めた。

D 町人の出資による新田開発を奨励し、年貢を増徴するため、その年の作柄から年貢率を定める検見法を改めて、一定の税率で徴収する定免法を採用した。また、財政難の下で人材を登用するため足高の制を定めた。

E 武道のみならず忠孝の道徳と礼儀を守るよう大名らに求めた。また、武家に対して忌引を定めた服忌令を、民衆に対して犬や鳥獣の保護を命じた生類憐みの令を出した。江戸湯島に聖堂を建て、儒学を奨励した。

	2番目	4番目
1	B	A
2	B	C
3	D	A
4	D	E
5	E	C

解説

正解 **5**

A　老中松平定信による寛政の改革(1787～1793)の説明である。「旧里帰農令」、「社倉」、「義倉」で判断できるだろう。

B　2代将軍秀忠(任1605～23)の頃の説明である。「一国一城令」、「武家諸法度」で判断できるだろう。

C　老中田沼意次(任1767～86)時代の説明である。「株仲間公認」、「専売制」、「南鐐二朱銀」あたりで判断できるだろう。

D　8代将軍吉宗(任1716～45)の享保の改革の説明である。「新田開発」、「定免法」、「足高の制」で判断できるだろう。

E　5代将軍綱吉(任1680～1709)の政治の説明である。「生類憐みの令」、「湯島聖堂」あたりで判断できるだろう。

　B→E→D→C→Aの順で、2番目は**E**、4番目は**C**となる。

3　近世　461

問題4	享保の改革に関する記述として、妥当なのはどれか。

東京都Ⅰ類2012

1 　徳川吉宗は、武家諸法度を改定して、大名に1年おきに国元と江戸とを往復させる参勤交代を義務づけることにより、将軍の権威強化を図った。

2 　徳川吉宗は、困窮する旗本や御家人を救済するため棄捐令を出し、各地に米や雑穀を蓄える社倉・義倉を設けさせた。

3 　徳川吉宗は、農村の振興を図るため、定職をもたないものが農村に帰ることを奨励する旧里帰農令及び人返しの法を出した。

4 　徳川吉宗は、法令や裁判の判例を集大成し、公事方御定書を編纂して裁判や刑罰の基準を定めた。

5 　徳川吉宗は、朱子学を正学として湯島聖堂の学問所で朱子学以外の講義を禁止し、漢訳洋書の輸入制限を強化した。

解説

正解 **4**

1 ✗ 　参勤交代が制度化されたのは3代将軍家光の発布した武家諸法度・寛永令である。

2 ✗ 　文中の内容は老中松平定信が中心となった寛政の改革と称される政策で実施されたものである。

3 ✗ 　旧里帰農令は老中松平定信が中心となった寛政の改革と称される政策で実施されたものであり、人返しの法は老中水野忠邦が中心となった天保の改革で実施されたものである。

4 ◯ 　公事方御定書は、享保の改革下で作られた判例集である。

5 ✗ 　朱子学以外の講義を禁じた寛政異学の禁は老中松平定信が実施した。また、8代将軍吉宗は「漢訳洋書の輸入制限を強化」ではなく、反対に「輸入制限を緩和」した。

3　近世　463

問題5 次は我が国の近世小説に関する記述であるが、ア～エに入る語句の組合せとして最も妥当なのはどれか。

国家専門職2003

　ア　は、井原西鶴の「好色一代男」刊行以後、約100年近く上方を中心に出版された小説類である。西鶴の　ア　には好色物の他に、「日本永代蔵」などの町人を中心とした当時の経済生活をリアルに描いた町人物や「西鶴諸国はなし」などの雑話物がある。

　西鶴没後は、彼の雑話物に代表されるような伝奇性を備えた小説の系統に属する　イ　が成立した。これは成立の時代によって前期と後期に分けられるが、前期の代表作として上田秋成の「雨月物語」があり、後期の代表作に滝沢馬琴の「南総里見八犬伝」がある。

　一方、　ア　の写実的な面を引き継いだのが、　ウ　である。これは中国の花街小説の影響の下に成立したもので、第一人者に山東京伝がいるが、寛政の改革で描写が風俗を乱すとして処罰されることになり、以後急速に衰えることになった。末期には、遊里における男女の真情を描くことが流行し、　エ　が成立するきっかけとなった。　エ　の代表的な作品に為永春水の「春色梅児誉美（うめごよみ）」がある。これも天保の改革で弾圧を受け中絶することになった。その後、再興したもののふるわなかったが、明治時代の恋愛小説に与えた影響は大きいものであった。

	ア	イ	ウ	エ
1	浮世草子	読本	人情本	黄表紙
2	浮世草子	読本	洒落本	人情本
3	浮世草子	黄表紙	滑稽本	洒落本
4	仮名草子	読本	洒落本	黄表紙
5	仮名草子	黄表紙	滑稽本	人情本

解説

正解 ②

ア：浮世草子

　江戸時代初期に上方で流行した小説形式で、当代の世態・人情・風俗を描写した小説を指す。内容から、好色物、町人物、武家物などに分類される。井原西鶴の「好色一代男」が浮世草子の始まりとされている。仮名草子は、室町時代の物語・草子の後を受け、浮世草子の先駆となった江戸時代初期の小説形式である。

イ：読本

　江戸時代中〜後期の小説形式で、中国の白話小説の影響を受けて生まれ、日本の史伝・伝説・実録などを雅俗折衷の文体で描いた伝奇的な小説をいう。成立時期によって前・後期に分けられる。黄表紙は草双紙の一種で、江戸時代中期に流行した。当代の風俗を、洒落や風刺を交えて描いたもので、大人向けの読み物であり、恋川春町の「金々先生栄花夢」から始まったとされている。

ウ：洒落本

　江戸時代中期に流行した小説形式で、遊里を舞台にし、そこに出入りする人々を、「通」という理念や「うがち」の手法で、対話を中心に描いたものである。寛政の改革で洒落本禁止令が出されて衰退し、やがて人情本などに吸収された。滑稽本は江戸時代後期に流行した小説形式で、洒落本の会話主体の形式を受け継ぎ、庶民の日常生活を写実的かつ滑稽に描いたものである。十返舎一九の「東海道中膝栗毛」や式亭三馬の「浮世風呂」などが代表作とされている。

エ：人情本

　江戸時代後期に流行した小説形式で、洒落本の流れを受けているが、遊里だけではなく町人社会の恋愛や人情を描いたものである。天保の改革で禁止令が出てから衰退した。為永春水の「春色梅児誉美」が代表作とされている。

3　近世　465

国家一般職 ★★★／国家専門職 ★★★／裁判所 ★★★／東京都Ⅰ類 ★★★／特別区Ⅰ類 ★★★

4 近 代

近代も試験を問わず出題の多い部分です。天皇中心の政治がいかにして作られていくか、そして現在の制度とどこが違い、どのように現代へつながるかを確認してください。

1 開国と幕末の動乱

1.1 開 国 ★★★

17世紀半ばにイギリスでは市民革命があり、18世紀にはアメリカの独立、フランス革命がそれに続いた。18世紀後半にはイギリスが産業革命を達成し、やがて欧米各国へと波及した。諸外国が日本近海へと押し寄せてきたのにはこのような背景があった。

19世紀に入るとアメリカではカリフォルニアでのゴールドラッシュにより西部開拓が進み、その先にある太平洋へと乗り出したことで、航海上の寄港地にするべく日本の開国を求めてきた。

(1) 開 国

1853年、アメリカ東インド艦隊の司令長官ペリーが浦賀に来航し、フィルモア大統領からの国書を提出して日本の開国を要求した。いったん退去したものの1854年に再び来航すると、老中阿部正弘は日米和親条約を締結した。

> 日米和親条約
> ❶ 下田、箱館の開港
> ❷ 領事の駐在を認める
> ❸ アメリカに対する最恵国待遇[1]

ロシア使節のプチャーチンも1853年に長崎に来航し、翌1854年に下田で日露和親条約を締結した。

---

[1] 他国に与えている最良の条件と同等の条件を、締約国にも自動的に与える待遇を最恵国待遇という。

466 第2章 日本史

日露和親条約
❶ 下田、箱館、長崎の開港
❷ 択捉島以南は日本領、得撫島以北はロシア領、樺太は両国雑居

　このほか、イギリス、オランダとも和親条約が締結され、鎖国政策は終わりを迎えた。

（2）安政の改革

　老中阿部正弘は幕府の独裁を改め、朝廷や諸大名とも協調しながら挙国一致的に対策を行う方針を示した。そして海防の強化、砲台の築造を行うなどの**安政の改革**を行った。

（3）通商条約の締結

　日米和親条約の約定に従って下田に駐在したアメリカの初代総領事ハリスは、幕府に対して通商条約の締結を求めた。阿部の後を受けた老中**堀田正睦**は孝明天皇に条約調印の勅許を求めたが得られず、1858年に大老の**井伊直弼**は勅許なしで**日米修好通商条約**の調印に至った。

日米修好通商条約
❶ 新たに神奈川、長崎、新潟、兵庫の開港[2]
❷ 開港地に居留地を設ける
❸ 領事裁判権（治外法権）をアメリカに認める
❹ 関税自主権を日本が持たない（協定関税制）

　日米修好通商条約は❸、❹において日本側に不利な条件を規定している不平等条約であった。同様の通商条約がオランダ、ロシア、イギリス、フランスとの間にも締結されたことから、**安政の五か国条約**と呼ばれる。

2　神奈川は実際には横浜に変更された。また横浜開港後に下田は閉鎖された。

（4）開国の影響

　貿易は、開港地の居留地において売込商と引取商が直接取引する形式で行われ、日本からの主な輸出品は**生糸**や茶、輸入品は毛織物や綿織物であった。

　輸出超過であったため国内の物資が輸出に回されて不足し、物価が上昇した。また輸出品であった生糸の生産は拡大したものの、安価な綿織物の輸入によって国内の織物業は打撃を受けた。さらに日本と外国との間で金銀比価が異なっていたため、大量の金貨が海外に流出した[3]。

　こうした経済の混乱は貿易に対する反感を強め、攘夷運動につながる気運を高めた。

1.2 公武合体と尊王攘夷 ★☆☆

（1）将軍継嗣問題

　第13代徳川家定には子がなく、後継をめぐって2派の対立が生じた。

将軍継嗣問題

一橋派 ／ 越前藩、薩摩藩など雄藩の大名を中心に一橋慶喜を推挙
南紀派 ／ 譜代大名、将軍側近を中心に徳川慶福を推挙

　南紀派の井伊直弼が大老に就任したことで、慶福を第14代将軍に決定し、**徳川家茂**と改名した。

（2）安政の大獄

　天皇の許可を得ずにハリスと条約を結んだことで幕府と朝廷は対立し、尊王攘夷を求める勢力からの批判を招くと、井伊はこれら反幕府派を弾圧した。隠居謹慎を命じられた大名には御三家の水戸斉昭、一橋慶喜や松平慶永らもおり、橋本左内や吉田松陰らは処刑された。これを安政の大獄といい、この厳しい弾圧は、1860年、水戸藩浪士を中心とした井伊直弼の暗殺を引き起こした（桜田門外の変）。

3　金と銀の交換比率が外国では1：15、日本では1：5であった。例えば外国人が500両の外国銀貨を日本に持ち込むと100両の金貨と交換でき、それを自国に持ち帰って銀貨と交換すると1,500両の銀貨と交換できる。このような事情で10万両以上の金貨が日本から流出した。

（3）公武合体と尊王攘夷
① 公武合体派の動き

井伊直弼の死後幕政の中心を担った老中**安藤信正**は、朝廷（公）と幕府（武）の協調体制である**公武合体**を図り、孝明天皇の妹である和宮を家茂に降嫁させた。しかしこの政策に対する非難から安藤は尊王攘夷派に切られ（**坂下門外の変**）、失脚した。

また、薩摩藩の**島津久光**は京都で勅状を得て江戸に入り、幕政の改革を要求した。これに応じて幕府は**文久の改革**を行った。

文久の改革

❶ **松平慶永**を政事総裁職に、**徳川慶喜**を将軍後見職に、**松平容保**を京都守護職に任命
❷ 西洋式軍制の採用
❸ 参勤交代の緩和

島津久光が江戸から帰る道中で、行列を横切ったイギリス人が殺傷される事件が起き（**生麦事件**）、この報復でイギリスは鹿児島湾から砲撃を行った（**薩英戦争**）。

② 尊王攘夷派の動き

尊王攘夷論[4]は天皇を尊び、外国人を排除しようとする考えをいい、雄藩の中では長州藩がこの考えにまとまっていた。長州藩は、**三条実美**ら尊王攘夷派の公家を取り込んで朝廷を動かし、幕府に攘夷決行を迫った。また、長州藩独断で下関を通航する外国船に対して砲撃を行った（**下関事件**）。

③ 公武合体派の反発と尊王攘夷派の挫折

会津藩、薩摩藩は朝廷内の公武合体派勢力と結び、三条実美や長州藩の勢力を追放した（**八月十八日の政変**）。また、京都守護職の配下にあった**新選組**は、京都に残存していた尊王攘夷派の勢力を旅館池田屋で殺傷した（**池田屋事件**）。長州藩はこれに報復すべく京都に攻め上るが敗北した（**禁門の変**）。

幕府は諸藩の勢力を集めて長州藩を包囲し（**第一次長州征討**）、さらに下関事件の報復でイギリス、フランス、アメリカ、オランダの四国が下関を砲撃し、砲台を占拠する（**四国艦隊下関砲撃事件**）と、長州藩は幕府に降伏した。

4　尊王とは政治の最高権力は天皇であるという考え方で、攘夷とは夷狄（外国人）を追い出すという意味である。水戸学の思想であり、もともとは倒幕思想ではなかったが、やがて反幕府の運動へと変わり、現実的な政治改革運動へと発展していった。

1.3 幕府の滅亡 ★★★

（1）倒幕勢力の成立

　薩英戦争や四国艦隊下関砲撃事件で外国の軍事力を経験した薩長は、倒幕という目的で一致することになる。薩摩藩では**西郷隆盛**、**大久保利通**らの革新派が主導権を握り、長州藩では**高杉晋作**、**桂小五郎**ら攘夷の不可能であることを悟った志士たちが藩内の主導権を握った。

　薩摩・長州の両藩は土佐藩の坂本龍馬、中岡慎太郎の仲介で**薩長同盟**を結び、倒幕に向けた姿勢を固めた。幕府は**第二次長州征討**を行っていたが、近代化した軍備の長州藩に幕府軍は敗色を強め、将軍家茂の病死を契機に中止された。

（2）幕府の滅亡

　同盟を結んだ薩摩・長州が武力による倒幕を計画する中、家茂の後を受けて将軍位に就いた第15代**徳川慶喜**は、前土佐藩主山内豊信の勧めにより、政権を朝廷に返上するという**大政奉還の上表**を朝廷に提出した。

　同じ日に薩摩・長州両藩は朝廷内から倒幕の密勅を得ていたが大政奉還により倒すべき相手を失い、朝廷内で**王政復古の大号令**を発して天皇中心の新政府を樹立した。新政府は天皇の下に**総裁**、**議定**、**参与**の三職を置き、総裁には有栖川宮熾仁親王、参与には有力諸藩の藩士が任じられた。

　王政復古の大号令を発した日の夜、三職は**小御所会議**を開き、慶喜に対し**辞官納地**（内大臣の辞退と領地の一部返上）を要求する処分を決定した。慶喜はこれに反発し、旧幕府勢力は新政府との対決姿勢を示した。

470　第2章　日本史

幕末の動き

1853.6	ペリー、浦賀に来航 ／ アメリカ大統領フィルモアの国書を提出
1853.7	プチャーチン、長崎に来航
1854.3	日米和親条約、締結 ／ 下田・箱館の開港、領事の駐在許可、アメリカへの最恵国待遇
1855.2	日露和親条約、締結
1858.6	日米修好通商条約、締結 ／ 領事裁判権をアメリカに認め、関税自主権を日本が持たない不平等条約
1858.9	安政の大獄 ／ 条約の違勅調印に反発した勢力の弾圧
1860.3	桜田門外の変 ／ 大老井伊直弼、暗殺される
1862.1	坂下門外の変 ／ 老中安藤信正、襲撃され負傷
1862.8	生麦事件 ／ 島津久光の行列を横切ったイギリス人が殺害される
1863.5	下関事件 ／ 長州藩が独断で下関を通航する外国船に対して砲撃を行う
1863.7	薩英戦争 ／ 生麦事件の報復でイギリスが鹿児島湾から砲撃
1863.8	八月十八日の政変 ／ 三条実美ら朝廷内の親長州勢力が追放される
1864.6	池田屋事件 ／ 新選組による尊王攘夷派勢力の掃討
1864.7	禁門の変 ／ 長州藩が京都に攻め上るも敗北
	第一次長州征討 ／ 諸藩の勢力とともに幕府が長州藩を包囲
1864.8	四国艦隊下関砲撃事件 ／ イギリス、フランス、アメリカ、オランダの艦隊が下関の砲台を占拠
1866.1	薩長同盟 ／ 薩摩・長州両藩が土佐藩の仲介で同盟を結び、倒幕に向かう
1866.6	第二次長州征討 ／ 家茂の病死により中止
1867.10	大政奉還の上表
1867.12	王政復古の大号令、小御所会議

2 新政府の発足と政策

2.1 戊辰戦争 ★★★

旧幕府軍で慶喜を擁する勢力は明治新政府との武力による対決姿勢を示し、**戊辰戦争**と呼ばれる内戦に突入した。一連の戦いは新政府軍の勝利に終わり、国内は新政府の勢力によって統一された。

戊辰戦争

1868.1	**鳥羽・伏見の戦い** ／ 旧幕府軍は新政府軍に敗れ、江戸に敗走
1868.4	江戸城無血開城 ／ 西郷隆盛と**勝海舟**の交渉による
1868.9	会津若松城、落城 ／ 東北の旧幕府軍連合である**奥羽越列藩同盟**が降伏
1869.5	箱館五稜郭、鎮圧 ／ 箱館の五稜郭に立てこもっていた旧幕府軍の**榎本武揚**が降伏

4 近代 471

2.2 新政府の発足 ★★★

　新政府は1868年、五箇条の誓文を公布し、公議世論の尊重、開国和親などの国策の基本を示した。またその翌日に五榜の掲示を掲げ、徒党・強訴の禁止、キリスト教の禁止などの一般民衆の心得を示した。

　また政体書を制定して政府の組織を示した。国家権力は太政官に集中させ、アメリカを参考にした三権分立制を取り入れたものである。

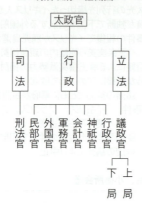

明治政府の組織図

　また、江戸を東京と改称して1869年に東京に遷都した。また元号を明治と改め、一世一元の制（天皇一代に一つの元号が対応する）を採用した。

2.3 新政府の政策 ★★★

（1）版籍奉還と廃藩置県

　薩長土肥四藩の藩主が版籍奉還の上表文を提出することによって、諸藩が土地と人民を天皇に返すよう促した。それらを新政府の支配下に置き、旧藩主を知藩事に任命した。しかし、行政実務を旧藩主が継続したため、実態は変わらなかった。

　そこで、新政府は藩制度を根本から廃止する廃藩置県を断行した。知藩事を罷免して政府から府知事・県令を派遣し、地方行政に当たらせることになった。廃藩置県に際し、政府は薩長土の三藩の兵からなる御親兵を招集し、武力を固めたうえで行った。

　これにより、明治新政府による中央集権体制が完成した。

(2) 兵制の改革

　政府は1872年に出した**徴兵告諭**に基づき、翌1873年に**徴兵令**を公布した。徴兵令は国民皆兵の方針のもと、20歳以上の男子に3年間の兵役を課すものであったが、戸主、官吏、学生や、代人料270円を納めた者は免除された。

(3) 身分制度

　封建的身分制度の解体も進められ、旧藩主や公家を**華族**、藩士を**士族**、それ以外の農民、職人、商人などを**平民**とされた。平民にも苗字が許され、他身分との結婚や、移住、職業選択の自由が認められた(**四民平等**)。

身分制度の刷新

(4) 地租改正

　土地を契機とした近代的な税制度によって財政を安定させることも、新政府の課題の一つとなっていた。政府はまず田畑勝手作りを許可し、田畑永代売買の禁止令を廃止し、従来の年貢負担者に**地券**を交付して、土地の所有権が彼らにあることを認めた。

　これをもとに1873年に**地租改正条例**を公布し、**地租改正**を行った。これまでの年貢は作柄によって一定でない税率による物納であったが、地価の3％に当たる金額を**現金**で納めるものに改め、地券の所有者を納税者と規定した。

　これによって政府の財政基盤は安定することになったが、税負担は江戸時代と同等かより重いものとなったため、各地で地租改正に反対する一揆が起こり、1877年に政府は税率を2.5％に引き下げた。

（5）秩禄処分

政府は華族・士族に対して家禄と呼ばれる俸禄を支給しており、王政復古に関わった功労者には賞典禄と呼ばれる賞与を支給していた。家禄と賞典禄を合わせて秩禄といい、政府支出の３割ほどを占める大きな負担となっていた。

政府は1873年に秩禄奉還の法を定め、希望者に数か年分の一時金を支給する代わりに秩禄支給を止める制度を実施した。さらに1876年には金禄公債証書を発行して受給者に与え、秩禄を全廃した（秩禄処分）。

1876年には廃刀令も出されて武士の特権はすべて失われ、これに対する不満が士族の反乱や自由民権運動につながっていく。

明治新政府の政策

1868	五箇条の誓文 ／ 新政府の基本方針として、公議世論の尊重、開国和親を掲げる
	五榜の掲示 ／ 庶民向けの心得
	一世一元の制 ／ 天皇一代につき元号一つを対応させる制度
	政体書 ／ 新政府の基本体制を示す
1869	版籍奉還 ／ 土地（版）と人民（籍）を天皇に奉還し、旧藩主は知藩事に任命
1871	廃藩置県 ／ 御親兵の武力を背景に実施、知藩事は廃され中央から府知事・県令が派遣される
1872	徴兵告諭 ／ 徴兵令公布に先立つ方針の表明
1873	徴兵令 ／ 満20歳に達した男子に3年の兵役を課す
	地租改正条例 ／ 地券の所有者に一律地価の3%の税を課す
	秩禄奉還の法 ／ 華族・士族の希望者に一時金を支給して秩禄を奉還させる
1876	秩禄処分 ／ 金禄公債証書を発給し、秩禄を全廃

24 殖産興業 ★★★

政府は**富国強兵**という目標実現のため、近代的な産業を興して資本主義化を進めていった。このための一連の政策を**殖産興業**という[5]。

（1）殖産興業

1870年に**工部省**が設置され、初代工部卿を**伊藤博文**が務めた。工部省は鉱工業や交通を扱う部門で、鉄道の敷設や鉱山・造船所などの接収、官営化を進めた。

政府は民間工業の育成のため、1872年に**官営模範工場**として群馬県に**富岡製糸場**を設け、フランスの先端技術の導入・普及を後押しした。

1873年には**内務省**が設置され、初代内務卿を**大久保利通**が務めた。内務省も殖産興業の一翼を担い、官営事業の推進に努めた。1877年には、国内の産業発展と輸出品目の向上を目的とした第1回**内国勧業博覧会**が上野で開かれた。

さらに、北方の開拓のため蝦夷地を北海道と改称して**開拓使**を設置し、アメリカ人クラークを招いて**札幌農学校**を開校した。また、北海道の開拓と対ロシア警備を兼ねた**屯田兵制度**を設けた。

通信においては1871年、**前島密**の建議により近代的な**郵便制度**が発足した。

（2）貨幣・金融

① 新貨条例

政府は1871年に**新貨条例**を制定し、**円・銭・厘**を単位とした十新法による新硬貨を定めた。新貨条例は金本位制[6]を採っていたが、貿易では銀貨が使用されていたため、実際には金銀複本位制であった。

② 国立銀行条例

また、当時発行されていた紙幣は**不換紙幣**であり、金貨と交換できる**兌換銀行券**を発行するため、**渋沢栄一**が中心となって1872年に**国立銀行条例**を定め、兌換制度の確立に取り組んだ[7]。

---

5 三井、三菱など、一部の特定の事業者が政府と結託して独占的な利益を上げるようになり、このような事業者は政商と呼ばれた。政商の一部は産業革命時に鉱工業にも進出し、財閥を形成するに至る。

6 金本位制とは、基準となる貨幣価値を金と定め、一定量の貨幣を一定量の金と交換できることを保障する制度である。

7 不換紙幣とは本位貨幣との交換が保障されていない紙幣であり、兌換銀行券とはこれが保障されているものである。金本位制の確立のため、国内で用いられる紙幣においても金貨との兌換が行えることを目指す必要があった。

4 近代 475

国立銀行条例は、設立された銀行が発行する紙幣を正貨と兌換することを義務づけており、これに基づいて第一国立銀行[8]などが設立されたが、兌換銀行券のみの発行では経営が安定せず銀行の設立は進まなかった。

③ 松方財政

　1876年に国立銀行条例が改正され、不換紙幣の発行が許されると民間銀行の設立が相次ぎ、紙幣の供給が過剰になったためインフレーションが生じた。

　1881年に松方正義が大蔵卿に就任し、1882年に日本銀行を設立した。翌1883年には国立銀行条例を改正して国立銀行から紙幣の発行権を喪失させ、中央銀行である日本銀行を唯一の通貨発券銀行とした。1885年には銀兌換の保障された日本銀行券が発行され、銀本位制が確立した。

　松方は銀兌換の実現とインフレーションを抑制するために、歳入に生じた余剰で不換紙幣を処分する政策を行っていた。この政策は成功してデフレーションを引き起こした(松方デフレ)。結果として中小の自作農は困窮し、土地を手放して小作農に転落した。すると一部の地主に土地が集中することとなり、耕作を行わず小作料収入に依存する寄生地主が現れることとなった。

2.5 文明開化　★★★

　近代化のために西洋の諸制度を摂取する諸政策は海外の文物や思潮を国内に呼び込むこととなり、幅広く一部の庶民層の習慣にも多くの影響をもたらした。このような変化を文明開化と呼ぶ。

(1) 思　想

　江戸時代までの思想の根底をなしていた儒教的な思想は後景に退き、西洋から自由主義・個人主義を標榜する近代思想が流入した。

　福沢諭吉の『学問のすゝめ』、『西洋事情』、『文明論之概略』などが啓蒙書として広く読まれ、天賦人権思想が浸透していった。

(2) 教　育

　1871年に文部省が設置され、1872年にはフランスに倣った学制を公布した。この学制は国民皆学を目指したものであったが、あまりに画一的で中央集権的な制度

8　国立銀行条例に基づいて設立される銀行は「国立銀行」という名を持つが、これは国法に基づいて設立されるということを示しており、第一国立銀行などは民間銀行である。

であったため、1879年に**教育令**によって改められた。1886年に森有礼文部大臣の
もとで**学校令**[9]が公布され、学校制度の体系が示された。

　明治時代中期以降、教育に関する政策は国家主義的色彩を帯びるようになり、
1890年に定められた**教育に関する勅語**(教育勅語)は、「忠君愛国」が近代の学校教
育の基本方針であることが示された。

（3）宗　教

　1868年、政府は**神仏分離令**を公布して神道と仏教を分離させ、1870年には**大教
宣布の詔**で神道を国教とする方針を示した。これらは仏教を排斥する意図ではな
かったものの、民衆や神職者の間で**廃仏毀釈**運動が激化して仏教は一時衰退した。

　また、キリスト教は五榜の掲示により禁止されていたが、1873年に諸外国から
の反発を受けて**禁令が撤廃**された。

26 初期の外交 ★★★

（1）岩倉使節団

　1871年、右大臣岩倉具視率いる**岩倉使節団**がアメリカ、ヨーロッパを訪問した。
使節団は大久保利通、伊藤博文らを含む総勢100名以上の大規模なもので、幕末に
締結した安政の五か国条約(不平等条約)を改正するのに先立つ予備交渉と欧米の視
察を目的としたものであった。

（2）日朝関係

① 明治六年の政変

　岩倉使節団が外遊中の留守政府は西郷隆盛、板垣退助らが預かっており、彼らは
海禁政策を採る朝鮮に対して武力で開国を迫る**征韓論**を主張していた。しかし、帰
国した大久保利通らの反対派に敗れ、西郷らは下野した(**明治六年の政変**)。

明治六年の政変

征韓論推進派：**西郷隆盛、板垣退助、江藤新平** ／ 反対派に敗れ下野(明治六年の政変)
征韓論反対派：**大久保利通、木戸孝允** ／ 大久保を中心に実権を握る

9　学校令は帝国大学令、師範学校令、中学校令、小学校令などの学校に関する法令の総称である。この
　うち小学校令は1890年に改正されて義務教育が3〜4年制に、1900年に再び改正されて義務教育
　が4年制と定められた。

4　近　代　477

② 江華島事件

1875年、日本の軍艦雲揚が朝鮮の江華島で朝鮮側を武力で挑発し、戦闘に発展するという**江華島事件**が起きると、翌1876年に**日朝修好条規**を結んで朝鮮を開国させた。

日朝修好条規は、釜山、仁川、元山の開港に加え、日本の領事裁判権や無関税を認めさせており、日本側に有利な不平等条約であった。

(3) 日清関係

日本は1871年に清に使節を送り、**日清修好条規**を締結した。これは日本が初めて結んだ**対等条約**であり、相互に開港して領事裁判権を認め合うものであった。

(4) 琉　球

江戸時代、琉球王国は薩摩藩(島津氏)の実効支配を受けつつも制度上は明や清に朝貢しており、日清両属の状態にあった。日本政府は琉球を日本領とするべく、1872年に政府直属の**琉球藩**を設置して琉球国王であった**尚泰**を藩王とした。清はこれに対して強く抗議した。

これに先立ち、1871年に台湾で琉球からの漂流民54名が殺害される事件が発生し、政府は清に賠償を請求していたが清はこれに応じなかった。日本は1874年、西郷従道を中心として**台湾出兵**を行い、事実上の賠償金を得た。

さらに1879年、日本政府は琉球王国と琉球藩を廃止し、**沖縄県**の設置を断行した(**琉球処分**)。

(5) ロシア

幕末に締結した日露和親条約では樺太の帰属が棚上げになっていたことを受け、1875年にロシアと**樺太・千島交換条約**を結んだ。この条約で**樺太はロシア領、千島列島全島は日本領**となることが定められた。

明治初期の外交

1871	**日清修好条規** ／ 日本が初めて結んだ対等条約
	岩倉使節団、外遊 ／ 不平等条約改正のための予備交渉は失敗
1872	**琉球藩**を設置 ／ 琉球国王の**尚泰**を藩王とする
1874	**台湾出兵** ／ 清より賠償金を得る
1875	**江華島事件** ／ 日本、武力で朝鮮に開国を迫る
	樺太・千島交換条約 ／ 樺太はロシア領、千島列島全島は日本領
1876	**日朝修好条規** ／ 日本に有利な不平等条約
1879	**琉球処分** ／ 琉球王国、琉球藩を廃し**沖縄県**を設置

2.7 新政府への反乱 ★★★

　政府の実権は、倒幕の中心であった薩摩、長州、土佐、肥前出身者にあった。このように特定の藩出身者で固められていたことから藩閥政治と呼ばれる。農民は重税、士族は特権廃止を理由に政府への不満が大きくなっていった。1876年の秩禄処分、廃刀令により不満が爆発し、全国で農民一揆や士族の反乱が相次いだ。

（1）士族による反乱

　征韓論に敗れた勢力が下野した明治六年の政変以降、不平士族の反乱が起こるようになり、1874年に佐賀県で江藤新平が中心となって起こした佐賀の乱など、士族の武装蜂起が頻発したが、いずれも政府によって鎮圧された。

　不平士族の反乱として最大かつ最後のものが1877年の西南戦争である。征韓論に敗れた西郷隆盛を中心に蜂起したが、最新の武器を持った徴兵による政府軍に制圧された。これ以後は武力による政府への反抗は見られず、言論による反抗へと変わっていった。

（2）農民による反乱

　一方、農民たちは1873年に出された徴兵令や学制による負担増への反発として各地で一揆を起こし（血税一揆）、1876年にも地租改正条例により定められた負担の大きい税率に反対する大規模な農民一揆を起こした（地租改正反対一揆）。

3 立憲国家の成立

　憲法を制定し、その憲法が国家権力を制限する中で議会による政治を行う国家を立憲国家という。五箇条の誓文において「公議世論の尊重」と示されつつも、明治新政府は藩閥出身者による専断が横行していた。これに対する武力による抵抗は前述のとおり挫折しており、武力によらない闘争が模索されることになる。

3.1 自由民権運動 ★★★

　武力による政府への圧力や政治活動が意味をなさないことを悟った板垣退助らは、言論によって政治を変えるべく活動を始めた。藩閥政治に対する不満もあって、民主主義的な政治を実現するために行われた運動が自由民権運動である。

（1）自由民権運動の開始

　1874年、**板垣退助**らは**民撰議院設立の建白書**を提出し、国会の設立を求めた。板垣は高知で**立志社**を結成し、翌1875年には全国組織を目指して**愛国社**を大阪で結成した。立志社や愛国社のような民権運動の母体となる政治結社は政社と呼ばれた。

　これを受けて政府側は、**漸次立憲政体樹立の詔**を発布し、憲法作成の機関としての**元老院**、最高裁判所に相当する**大審院**を設置し、緩やかに立憲制に移行する方針が示された。しかし一方で、**讒謗律**、**新聞紙条例**などを制定して言論統制を行った。

（2）自由民権運動の拡大

　自由民権運動は地租の軽減を求める農民や商工業者にも広まっていき、1880年には愛国社を中心に**国会期成同盟**が組織され、国会の開設を求める請願書を政府側に提出しようとした。

　しかし政府は請願書を受け取らず、**集会条例**を定めて政社の活動に制限を加えた。

（3）明治十四年の政変

　政府内では、国会開設の早期実現を主張する大隈重信と、時間をかけて漸進的に実現すべきと主張する伊藤博文が対立していた。

　1881年、北海道の開拓使所属の土地・工場などの資産を民間に払い下げるに当たり、開拓長官**黒田清隆**がこれを不当な安値で払い下げることを決定し、世論の厳しい非難を浴びて問題化した（**開拓使官有物払下げ事件**）。大隈は黒田の不正を追及しようとしたが、政府は大隈が自由民権運動と結託して政府転覆の陰謀を企てたとして罷免した（**明治十四年の政変[10]**）。

　一方で世論や自由民権運動の高まりを抑えるべく、政府は**国会開設の勅諭**を出し、1890年に国会を開設することを公約した。これと前後して政党の結成もなされた。

政党の結成

自由党 ／ 1881年結党、**板垣退助**を党首とし、フランス流の主権在民を目指す
立憲改進党 ／ 1882年結党、**大隈重信**を党首とし、イギリス流の立憲民主制を目指す
立憲帝政党 ／ 1882年結党、政府支持者による保守的な政党だが支持を得られず、翌年解散

10　1878年に内務卿大久保利通が暗殺されており（紀尾井坂の変）、その後の政府内における主導権をめぐる争いで大隈が排斥されたと見ることができる。

480　第2章　日本史

（4）自由民権運動の激化

1881年以降の松方財政の結果生じたデフレーション（松方デフレ）は、一部の農民を貧窮化させた。彼らの中には自由党を中心とする民権運動の急進派と結んで各地で事件を起こす者が現れた。

各地での激化事件

1882	**福島事件**	／ 福島県の県令に対し農民が抵抗した事件
1884	**加波山事件**	／ 栃木県の県令を自由民権運動家が暗殺しようとした事件
	秩父事件	／ 埼玉県で困窮した農民が蜂起した事件

これらの騒擾はいずれも鎮圧され、こうした急進的な動きを抑えきれない民権派の政党も指導者を失って、自由民権運動は一時衰退していった。

（5）自由民権運動の復活

政府が約束していた国会開設の時期が近づくと自由民権運動は再燃した。1886年以降、**大同団結運動"** が活発になり、1887年には**三大事件建白運動**が起こった。「三大事件」とは地租の軽減、言論・集会の自由、外交失策の挽回（不平等条約の改正）であり、全国の運動家がこれらを要求して激しい建白運動を行った。

政府側は1887年に**保安条例**を公布し、民権運動家を東京から追放した。

自由民権運動と政府の動き

1874	民撰議院設立の建白書	／ 板垣退助らが提出
1875	漸次立憲政体樹立の詔	／ 元老院、大審院、地方官会議を設置
	新聞紙条例	／ 政府に批判的な新聞に対する言論弾圧
	讒謗律	／ 自由民権運動を抑え、政府を擁護するため批判を禁止
1880	国会期成同盟が結成	／ 国会の開設を求める
	集会条例	／ 集会・結社の制限
1881	開拓使官有物払下げ事件	／ 開拓長官の黒田清隆が官有物を政商に不当廉売しようとした事件
	明治十四年の政変	／ 黒田を追及した大隈重信が政府から罷免された事件
	国会開設の勅諭	／ 1890年に国会を開設することを公約
1886	大同団結運動	／ 民権派再結集の呼びかけ
1887	三大事件建白運動	／ 地租の軽減、言論・集会の自由、外交失策の挽回を要求
	保安条例	／ 在京の自由民権運動家を追放

---

11 自由民権運動を支えていた自由党系勢力と立憲改進党系勢力には考え方の違いがあったが、その小さな違いにこだわらず団結して国会開設に備えよう、という趣旨の運動であり、星亨らによって主導された。

3.2 立憲政体の整備 ★★★

1881年の勅諭で国会開設が公約された後、各勢力は憲法の草案作りを進めた。以下に説明する政府案のほか、民間で作成された私擬憲法も多数存在したが、政府はこのような私擬憲法案は基本的に黙殺している。

また内閣制度や議会開設の準備も進められていった。

（1）憲法の制定

政府では**伊藤博文**が渡欧し、憲法案起草のための調査を行った。ベルリン大学の**グナイスト**、ウィーン大学の**シュタイン**に憲法理論を学んだ伊藤は、君主権の強い**ドイツ（プロイセン）流憲法**を模範に草案作成の準備を進めた。

帰国後は、ドイツ人顧問**ロエスレル**の助言を得ながら、伊藤を中心に井上毅、伊東巳代治、金子堅太郎らが憲法草案を作成した。1888年に設置された**枢密院**で草案の審議が行われた後、1889年2月11日に大日本帝国憲法（明治憲法）が発布された。

大日本帝国憲法（明治憲法）

> ・1889年2月11日、**黒田清隆**内閣時に発布
> ・天皇が定め、国民に与える**欽定憲法**という形式
> ・主権は天皇が有し（**天皇主権**）、統治権を総攬、緊急勅令権、軍の統帥、宣戦・講和、条約の締結などの大きな権限を持つ
> ・貴族院・衆議院の**二院制**
> ・国民の権利は法律の範囲内で保障

（2）諸法典の整備

憲法以外の法整備についても別途進められており、これにはフランスから法学者**ボアソナード**が招かれて助言を行った。こうして刑法、刑事訴訟法、民事訴訟法などが整備されて公布・施行された。

民法については、当初公布されたものに対する批判が起こり（民法典論争）、商法とともに修正を経て公布・施行された。

併せて皇室に関する事項を定めた皇室典範も制定された。

（3）政体に関するその他の整備

　1884年に**華族令**を定め、華族に公爵・侯爵・伯爵・子爵・男爵の5爵位を設けるとともに、貴族院を設けるうえでの土台とした。

　1885年には**内閣制度**が創設され、初代内閣総理大臣を**伊藤博文**が務めた。

　地方制度についてはドイツ人の顧問モッセの助言のもと、山県有朋が中心となって進め、1888年に**市制・町村制**、1890年に**府県制・郡制**が整えられ、地方自治制度も一応の確立に至った。

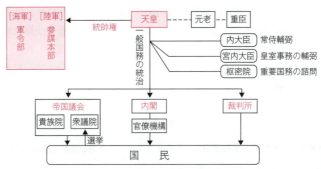

大日本帝国憲法下の統治機構

3.3 初期帝国議会　★★★

（1）衆議院議員総選挙

　1889年、憲法と同時に衆議院議員選挙法も公布されており、そこでは選挙権を持つ者は**直接国税15円以上**を納める**満25歳以上**の**男性**に限られたが、この規定に基づく有権者は全人口の1％強に過ぎなかった。

　総選挙を前に黒田清隆首相は、政府の方針は政党の意向に左右されない**超然主義**の立場であるとの表明を行っていたものの、実際に1890年に第1回衆議院議員総選挙が行われると、立憲自由党、立憲改進党などの**民党**[12]が衆議院の過半数を占める結果となった。

12　自由民権運動を推進していた民権派各党を民党と呼び、政府寄りの姿勢を示す党を吏党と呼ぶ。

(2) 初期帝国議会

　1890年に開かれた第一議会において、**第1次山県有朋内閣**は陸海軍の軍備拡張予算を求めたが、民党は「政費節減・民力休養」を求めて対立した。清・朝鮮との関係から軍拡を火急の課題としていた政府は民党の一部と交渉して軍拡予算を成立させた。

　第二議会では、**第1次松方正義内閣**と民党の衝突から衆議院は解散され、第2回衆議院議員総選挙が行われた。内務大臣品川弥二郎らは**選挙干渉**を行って政府側の票の獲得に努めたものの民党の勝利は変わらず、第三議会での政府批判集中を受けて松方内閣は退陣した。

　松方内閣の後を受けた**第2次伊藤博文内閣**は「**元勲内閣**」と呼ばれ、維新功労者である大物政治家が多数入閣していた。第四議会において軍備拡張予算を成立させたい政府側は、天皇による和衷協同の詔書の力を借りて軍拡に成功した。

　民党は条約改正問題で政府を追及するなど、その後第六議会まで政府と議会の対立が続いた。

初期帝国議会

第1回総選挙	・**民党が過半数獲得** ／ 総議席300のうち立憲自由党130、立憲改進党41
第一議会	・第1次山県有朋内閣は軍拡を主張 ・民党は「政費節減・民力休養」を主張して対立するも、政府予算成立
第二議会	・第1次松方正義内閣の樺山資紀海軍大臣、蛮勇演説で政府を擁護 ・初の衆議院解散
第2回総選挙	・内務大臣品川弥二郎による**選挙干渉**が行われるも、民党の勝利
第三議会	・松方内閣、退陣
第四議会	・第2次伊藤博文内閣(**元勲内閣**)は軍艦建造予算を求めるも、議会で否決 ・天皇による「和衷協同の詔書」により予算成立
第五議会	・立憲改進党、条約改正問題で政府を攻撃(対外硬)
第3回総選挙	・民党の勝利
第六議会	・立憲改進党を中心に、政府外交方針を攻撃 ・朝鮮で甲午農民戦争が起こり出兵、議会解散

484　第2章　日本史

3.4 条約改正交渉 ★★★

幕末に結ばれた不平等条約（安政の五か国条約）の改正、特に**領事裁判権の撤廃（法権の回復）**、**関税自主権の回復（税権の回復）**は政府の重要な課題であった。

（1）寺島宗則による交渉

岩倉使節団が予備交渉に失敗した後、外務卿寺島宗則は税権の回復をアメリカに交渉し、いったん同意を得るが、イギリス・ドイツの反対に遭い失敗した。

（2）井上馨による交渉

寺島の後は、外務卿、第1次伊藤博文内閣の外務大臣を務めた井上馨が交渉に当たった。安政の五か国条約では、外国人は開港地に設けた居留地のみを利用することになっていたが、井上は日本国内を外国人に開放すること（**内地雑居**）や、**外国人判事を任用する**という条件を提示した。

また、井上は交渉を円滑に進めるため、外国要人接待のため日比谷に鹿鳴館を建設した（鹿鳴館外交）が、こうした方策が極端な**欧化主義**であるとの批判や、ノルマントン号事件[13]が起こったことでの改正交渉に対する世論の反発から、井上は交渉を中止して辞任した。

（3）大隈重信による交渉

黒田清隆内閣で外務大臣を務めた大隈重信は、**外国人判事を大審院に限って任用する**という条件で交渉を進めており、これが国内からの強い反発を集めた。

大隈は右翼団体玄洋社によるテロに遭い、交渉は中止されて内閣も退陣した。

（4）青木周蔵による交渉

このころ、ロシアがシベリア鉄道敷設により極東に進出する動きを見せていたことから、日本をこれに対する防壁と位置づけたいイギリスは態度を軟化させた。こうした中、第1次山県有朋内閣、第1次松方正義内閣で外相を務めた青木周蔵は改正交渉を進めたが、大津事件[14]が起きたことで引責辞任し、交渉は中断した。

---

13 1886年、紀伊半島沖でイギリス船ノルマントン号が沈没し、イギリス人船長ら欧米人乗組員は全員脱出したのに対し、日本人乗客全員が死亡した。海難審判により船長は無罪になり、再度駐英領事による刑事裁判が開かれたが、禁錮3か月、無賠償となった。これを契機に国民は領事裁判権撤廃を強く求めるようになった。

14 大津事件は、訪日していたロシア皇太子が、滋賀県の大津で警備に当たっていた巡査に襲撃され負傷した事件であり、日本政府はロシアとの関係が悪化しないよう犯人に大逆罪を適用して死刑とするよう裁判所に求めたが、大審院長の児島惟謙はこれに反発して無期徒刑とさせた。

4 近代 485

（5）陸奥宗光による交渉

第2次伊藤博文内閣で外相を務めた陸奥宗光（むつむねみつ）は、青木の後を受け交渉を進め、1894年に日英通商航海条約をイギリスと締結した。これにより、領事裁判権が撤廃され（法権の回復）、関税率の引上げが達成された（税権の一部回復）。

同内容の条約が他国とも締結され、1899年から12年間の期限で施行された。

（6）小村寿太郎による交渉

第1次・第2次桂太郎内閣で外相を務めた小村寿太郎（こむらじゅたろう）は、1899年に施行された条約が満期を迎えたことを受け、新条約の締結を行った。

このとき、残存していた関税自主権の回復も達成され（税権の回復）、1911年にアメリカとの間に日米通商航海条約が締結され、他国とも同内容の条約が締結された。

条約改正

1871～73 岩倉使節団	・法権回復を目標 ・失敗し、欧米視察
1873～79 寺島宗則	・税権回復を目標 ・アメリカの同意を得るものの、イギリス、ドイツの反対に遭い失敗
1882～87 井上馨	・内地雑居を認め、外国人判事の任用を条件に法権・税権の回復を目標 ・欧化主義政策やノルマントン号事件による国内からの反発が強まり辞任
1888～89 大隈重信	・大審院に限り外国人判事を任用する条件で法権・税権の回復を目標 ・国内の反発と大隈自身の遭難により交渉中止
1891 青木周蔵	・法権の回復・税権の一部回復を目標 ・イギリスとの交渉が進展するも、大津事件により引責辞任
1894 陸奥宗光	・法権の回復・税権の一部回復を目標 ・日英通商航海条約締結
1911 小村寿太郎	・税権の完全回復を目標 ・日米通商航海条約締結

4 日清戦争・日露戦争

4.1 朝鮮問題と日清戦争 ★★★

(1) 背景

日本は東アジアにおける勢力圏の拡大のため、清は伝統的な冊封体制の維持のため、ともに朝鮮に対する支配権をめぐって対立していた。1882年の壬午軍乱、1884年の甲申政変などを経て両国の緊張は高まっており、日本側は議会で軍備拡張予算を成立させて開戦に備えていた。

(2) 日清戦争

1894年、民族宗教東学の信徒を中心に、減税と排日を要求する農民たちの反乱が朝鮮で起こった。この甲午農民戦争(東学党の乱)を契機に、清は朝鮮からの要請を受けて派兵、日本もこれに対抗して朝鮮に派兵し、日清戦争に突入した。

戦争は黄海海戦で清国の艦隊を撃破するなど、日本の勝利で終結した。

(3) 下関条約

1895年、日本側全権伊藤博文・陸奥宗光、清側全権李鴻章との間で下関条約が締結され、講和が成立した。

下関条約

- 清は朝鮮の独立を承認する
- 清は遼東半島、台湾、澎湖諸島を日本に割譲する
- 清は賠償金2億両を日本に支払う
- 清は新たに沙市、重慶、蘇州、杭州の4港を開く

(4) 三国干渉

遼東半島が日本に割譲されることを危ぶんだロシアは、フランスとドイツを伴って日本に遼東半島の返還を要求した(三国干渉)。日清戦争で疲弊した日本側はこれに応じたが、ロシアに対する敵愾心が高まった。

4.2 立憲政友会の成立 ★★★

初期の帝国議会は藩閥政府と民党の対立を軸に展開していったが、政府は軍備拡張予算を成立させるために議会で優勢な民党の協力を求める必要に迫られた。第2次伊藤博文内閣（元勲内閣）では、内務大臣として自由党から板垣退助が入閣し、軍備拡張予算を成立させた。その後を受けた第2次松方正義内閣でも、外務大臣として進歩党から大隈重信が入閣しており、松隈内閣と呼ばれた。

この時期の政府は議会運営に困難を感じる中で、次第に政党内閣制[15]を模索していくようになる。

(1) 第3次伊藤博文内閣

松方内閣が地租増徴を目指して衆議院を解散し、松方に代わって伊藤が組閣した。自由党、進歩党の協力を得られなかった政府は地租増徴案を否決された。

1898年、自由党と進歩党は合同して憲政党を結党し、衆議院における一大勢力が形成された。

(2) 第1次大隈重信内閣（隈板内閣）

多数を占める憲政党の前に議会運営の見通しがなくなった伊藤は辞職し、政府内に後任が見つからなかったことから大隈重信を首相、板垣退助を内相とし、陸相・海相以外を憲政党のメンバーで構成する初の政党内閣が組閣された（隈板内閣）。

しかし、尾崎行雄文相が共和演説事件[16]で辞任すると、憲政党内部で旧自由党系と旧進歩党系の対立が起こり、憲政党は憲政党（旧自由党系）と憲政本党（旧進歩党系）とに分裂し、内閣は4か月の短命のうちに退陣した。

(3) 第2次山県有朋内閣

内閣は旧自由党系の憲政党と連携して地租増徴案を成立させた（2.5％→3.3％）。一方で、政党の影響力が官僚や軍部に及ぶのを防止するため、1899年に文官任用令を改正し、1900年に軍部大臣現役武官制を定めた[17]。

---

15 議会に議席を有する政党を基礎に組織される内閣を政党内閣という。藩閥政府と政党（民党）との対立構図からの脱却のため、政府側も自ら政党を組織し、それを基盤に内閣を組織する体制が模索されていた。

16 尾崎文相が拝金主義を批判する演説として、「あり得ないこと」であるとしたうえで「日本が共和制となった場合には、三井・三菱が大統領候補となる」と発言したことが報じられ、日本が共和制となることを仮定したことが問題であるとして批判を浴びた。

17 文官というのは官吏のうち武官（軍人）以外の者を指しており、文官任用令の改正は、高級官吏に任用資格の規定を設けることで、政党に都合のよい人材が高級官吏に任用されることを避けるものであった。同様に軍部大臣現役武官制は、現役の大将・中将以外の者が陸相・海相に就けないことを規定した。

また、衆議院議員選挙法の改正も行っており、選挙権を得るための納税額を15円以上から10円以上に引き下げた。

（4）第4次伊藤博文内閣

憲政党と山県内閣との折り合いが悪くなったところへ、伊藤が政党を新たに結成する動きがあったことから、憲政党は解党して伊藤の立ち上げる新党に合流することを決断した。こうして結成されたのが立憲政友会であり、総裁の伊藤博文はこれを率いて組閣した。

しかし山県の影響力の強い貴族院からの反発を受けて予算の成立に苦しみ、閣内の対立などもあり伊藤は辞任するに至った。

日清戦争前後の政治

1892.8～96.9 第2次伊藤博文内閣 元勲内閣	1894	甲午農民戦争 ／ 東学の信徒を中心に農民たちが朝鮮で蜂起 日清戦争 ／ 甲午農民戦争の鎮圧のため日清両国が出兵
	1895	下関条約 ／ 日清戦争の講和条約
1896.9～98.1 第2次松方正義内閣 松隈内閣	1897	貨幣法 ／ 日清戦争の賠償金の一部により金本位制確立
1898.1～98.6 第3次伊藤博文内閣	1898	憲政党、結成 ／ 自由党系と進歩党系の合同
1898.6～98.11 第1次大隈重信内閣 隈板内閣（初の政党内閣）	1898	共和演説事件 ／ 文相尾崎行雄が舌禍により辞任、憲政党も分裂
1898.11～1900.10 第2次山県有朋内閣	1898	地租増徴案成立 ／ 2.5％から3.3％に増徴
	1899	文官任用令改正 ／ 高級官吏に任用資格を設ける
	1900	治安警察法 ／ 労働運動の取締り 衆議院議員選挙法改正 ／ 直接国税の要件を10円以上に緩和 軍部大臣現役武官制 ／ 陸相・海相を現役武官のみから任用 立憲政友会、結成 ／ 分裂後の憲政党が伊藤博文の新党に合流
1900.10～01.6 第4次伊藤博文内閣 立憲政友会	1901	閣内の対立により伊藤辞任、桂園時代へ

4 近代 489

4.3 日露戦争 ★★★

（1）中国分割

　日清戦争の結果は、清の弱体化を世界に印象づけることとなった。これに乗じて、列強は相次いで中国に勢力範囲を設定していった（**中国分割**）。

中国分割

ドイツ ／ 山東半島の膠州湾を租借[18]	
ロシア ／ 遼東半島の旅順・大連を租借	
イギリス ／ 九龍半島・威海衛を租借	
フランス ／ 広州湾を租借	
アメリカ ／ フィリピンの領有に専念しており分割に参加せず、「門戸開放・機会均等・領土保全」を主張	

（2）義和団事件と北清事変

　列強による分割支配が行われた後の1900年、清では「**扶清滅洋**」をスローガンに排外主義宗教結社であった義和団が各地で反乱を起こした（**義和団事件**）。

　民間勢力の暴動にとどまらず、清政府も義和団の反乱に同調して列強に宣戦布告した（**北清事変**）。8か国連合軍（日本を含む）が出兵して反乱を鎮圧し、清を降伏させた。翌1901年に**北京議定書**が結ばれ、列強は北京周辺に自国の軍隊を駐留させる権利を得た。また、ロシアは事変終結後も満州から撤兵せず、事実上占領を続けた。

（3）日英同盟と国内世論

　ロシアが中国東北部（満州）を占領したことで、そこと地続きになっている朝鮮半島における日本の権益が危ぶまれ、日露間の対立は深まっていった。

　日本国内では、満州におけるロシアの権益と朝鮮半島における日本の優位を相互に認め合い、ロシアとの妥協点を模索するべきという**日露協商論**が伊藤博文らにより提起されたが、山県有朋、桂太郎、小村寿太郎らはイギリスと同盟してロシアに対抗すべきとする方針を採り、1902年に**日英同盟**が結ばれた。

　日本が開戦に備えた準備を進める中、国内でも主戦論、非戦論・反戦論などさまざまな立場の主張がなされた。

---

18 他国の領土を借用することを租借という。列強は租借地を拠点に輸送路などの開発を進めていき、借用とはいいつつも事実上の領土分割であった。

日露開戦に対する世論

●非戦論・反戦論
内村鑑三 ／ キリスト教徒の立場から
幸徳秋水、堺利彦 ／ 平民社を結成して『平民新聞』を創刊した社会主義者
与謝野晶子 ／ 「君死にたまふこと勿れ」という反戦詩を掲載した歌人

●主戦論
対露同志会 ／ ロシアとの早期開戦を主張した対外硬の団体
徳富蘇峰 ／ 『国民新聞』を主宰

（4）日露戦争

　1904年、日本が仁川沖でロシア艦隊を攻撃したことから両国は宣戦を布告し、日露戦争の戦端が開かれた。1905年に陸軍は旅順を攻略し、奉天会戦にも勝利を収めた。海軍も日本海海戦でロシアのバルチック艦隊を全滅させた。

　戦況は日本に優勢であったものの、補給や国民負担のため長期戦が困難であったことから講和交渉が進められた。

（5）ポーツマス条約

　1905年、アメリカ大統領セオドア=ローズヴェルトの仲介により、アメリカのポーツマスで日本全権小村寿太郎、ロシア全権ウィッテはポーツマス条約に調印し、講和が成立した。

ポーツマス条約

・ロシアは、**韓国に対する日本の指導・監督権**を認める
・ロシアは、**旅順・大連**の租借権、**長春**以南の鉄道権益を日本に譲る
・ロシアは、**北緯50度以南の樺太**を日本に割譲する
・ロシアは、**沿海州とカムチャツカの漁業権**を日本に認める

　しかし、賠償金が全く支払われない内容であったことから日本国民の不満が募り、**日比谷焼き討ち事件**が起こった。

4.4 日露戦争後の国際関係 ★★★

（1）韓国併合

　日清戦争の後、朝鮮には親露政権が成立しており、国号も**大韓帝国**（韓国）と改められていた。ポーツマス条約によってロシアの野心を朝鮮半島から締め出した日本は、ここを足掛かりに大陸進出をうかがっていく。

　1905年、日本はアメリカと**桂・タフト協定**を結ぶとともにイギリスとの**日英同盟協約**を改定し、英米に韓国に対する日本の指導権を認めさせた。また韓国とは**第2次日韓協約**を結び、韓国の外交権を接収して保護国化した。漢城に韓国の外交を統括する**統監府**を設置し、初代統監に**伊藤博文**が就任した。

　これに対し、韓国皇帝の高宗がオランダのハーグで開かれた万国平和会議に密使を派遣し、日本の韓国支配の不当性を訴えようとしたが、会議への参加は叶わなかった（**ハーグ密使事件**）。伊藤はこの行為が協約違反であるとして高宗を退位させ、**第3次日韓協約**を結んで内政権をも接収し、韓国軍を解散させた。

　反日抵抗運動である**義兵闘争**が本格化し、日本政府が鎮圧に苦慮する中、1909年に伊藤博文がハルビンで暗殺される事件が起こった。これをきっかけに翌年日本は**韓国併合条約**の調印を強引に迫り、韓国の植民地化を実現した（**韓国併合**）。

　このとき、大韓帝国は**朝鮮**と改称された。また、漢城も京城と改称されて**朝鮮総督府**が置かれ、初代朝鮮総督を**寺内正毅**が務めた。

韓国併合までの流れ

1904	**日韓議定書** / 韓国内での日本の軍事行動の自由を認めさせる	
	第1次日韓協約 / 日本政府推薦の財政・外交顧問の採用を強要	
1905	**桂・タフト協定** / 桂太郎・米特使タフト間の非公式協定 　　　　　　　　日本の韓国指導権と、アメリカのフィリピン統治を相互に承認	
	第2次日韓協約 / 韓国の外交権を接収し、事実上保護国化	
	統監府を設置（初代統監：伊藤博文）	
1907	**ハーグ密使事件** / 韓国皇帝の高宗がハーグ万国平和会議に密使を派遣、独立回 　　　　　　　　　復を提訴した事件	
	第3次日韓協約 / 内政権を接収、軍隊を解散させる 　　　　　　　　これにより義兵運動（反日抵抗）が激化	
1909	**伊藤博文暗殺** / ハルビンで安重根に暗殺される	
1910	**韓国併合条約** / 大韓帝国を朝鮮と改称	
	朝鮮総督府を設置（初代総督：寺内正毅）	

（2）満州経営

　ポーツマス条約により、ロシアが清から得ていた旅順・大連の租借権が日本に譲渡された。これを受けて日本の満州進出が本格化した。

　1906年、旅順・大連を含む遼東半島南端(関東州)を統治するための**関東都督府**が旅順に置かれ、半官半民の**南満州鉄道株式会社**(満鉄)が設立された。

　ロシアとの間には1907年から数次にわたり**日露協約**が結ばれ、満州および内蒙古における両国の勢力圏が相互に確認された。

（3）辛亥革命

　清では1911年に**辛亥革命**が起こり、翌1912年には**孫文**を臨時大総統とする**中華民国**が成立した。

4.5　桂園時代　★★★

　立憲政友会を基盤にした第4次伊藤博文内閣が退陣した後、山県の後継である**桂太郎**、伊藤の後を受けて立憲政友会総裁となった**西園寺公望**が二大勢力を構成し、首相もこの2人が交互に務める**桂園時代**が大正時代初期まで続いた。

桂園時代

1901.6〜06.1 第1次桂太郎内閣	1902　日英同盟 1904〜05　日露戦争 1905　ポーツマス条約／賠償金がない不満から**日比谷焼き討ち事件**起こる
1906.1〜08.7 第1次西園寺公望内閣	1906　**鉄道国有法**／鉄道の90％を国有化 1907　**第3次日韓協約**／韓国の内政権接収、韓国軍隊解散
1908.7〜11.8 第2次桂太郎内閣	1910　**韓国併合** 　　　　**大逆事件**／社会主義者・無政府主義者を弾圧 1911　**日米通商航海条約**／関税自主権の回復

4　近代　493

5 産業革命と社会運動

5.1 産業革命 ★★★

　1880年代の松方デフレは、困窮のため土地を手放して小作人となる農民（労働者）と、彼らの土地を買い上げて地主となる農民（資本家）との分化をもたらした。また銀本位制が確立したことにより物価が安定し、経済活動がしやすくなった。これらを受けて1880年代後半には鉄道や紡績を中心に会社設立ブームを迎えた（企業勃興）。

　さらに日清戦争の結果得た多額の賠償金を元手に、1897年にそれまでの銀本位制から金本位制へ移行した。金本位制は外国との取引で信用を得ることになり、貿易の発展につながった。

　こうした状況の中、日本では日清戦争前後に軽工業、日露戦争前後に重工業が産業革命を迎えた。

（1）第1次産業革命

　軽工業や鉄道業中心の第1次産業革命は、1880年代後半から1900年ごろにかけて起こった。

① 紡績業

　綿花から繊維を取り出して綿糸を生産する工業が紡績業である。生産された綿糸は、綿織物業において原料として使われるため、紡績業と綿織物業は密接な関係にある。

　日本の紡績業や綿織物業は幕末以来イギリスからの輸入製品に押されて衰退していたが、輸入綿糸と新しく普及し始めた飛び杼という装置を導入することで、まず綿織物業の生産が次第に回復していった。

　このことで原料の綿糸の生産を拡大する必要が生じ、1883年に渋沢栄一らが設立した大阪紡績会社が開業した。同社はイギリス製の紡績機械と日本初の蒸気機関を用い二交代制で操業し、大規模な生産を行った[19]。

　紡績業は日本の産業革命の中心となり、1897年には綿糸の輸出量が輸入量を上回った。ただし、原料の綿花や操業に要する機械は輸入に頼っていたため、綿業全体での貿易は輸入超過で外貨の流出をもたらしていた。

19　従来は、臥雲辰致という発明家による「ガラ紡」という紡績機や手紡による紡績が一般的であったが、機械制生産を導入した大規模な紡績工場が増加するにつれて機械制生産が主流となった。

494　第2章　日本史

② 製糸業

　蚕の繭から生糸を生産する工業が製糸業である。生産された生糸は、絹織物業において原料として使われるため、製糸業と絹織物業は密接な関係にある。

　産業革命期以前からも富岡製糸場が官営模範工場として操業されるなど、製糸業は幕末以来輸出産業の中心であり、綿業で生じている貿易赤字を埋め合わせて外貨を獲得するうえでも重要な産業であった。当初、座繰製糸と呼ばれる手動の装置が普及していたが、輸入技術を改良した**器械製糸**の小工場が生まれるようになり、原料の繭、生産設備とも国産でまかなうことのできる産業となった。

　日露戦争後には清を抜いて日本が世界最大の生糸輸出国に成長した。

③ 鉄道業

　1881年に最初の民営鉄道会社である**日本鉄道会社**が設立され、以降民営の鉄道会社設立ブームが興った。1889年には東海道線（官営）が新橋・神戸間で全通した。1906年には**鉄道国有法**が公布され、鉄道の90％が国有化された。

（2）第2次産業革命

　重工業中心の第2次産業革命は、1900年以降に起こった。

　1884年ごろから官営事業の民間への払下げが進み、三井・三菱・古河などの政商は優良な鉱山の売却を受けて財閥へと成長していった。

　成長の遅れていた重工業部門の促進のため、政府は北九州に官営の八幡製鉄所を設立し、1901年に操業を開始した。設立には日清戦争で得た賠償金の一部が充てられた。

5.2 社会運動 ★★☆

(1)労働運動

　産業革命期の工業の急速な発達は、労働者側から見ると劣悪な労働環境や長時間労働に支えられていた面が大きく、労働者の中には待遇改善を求めて労働運動を起こす者が現れた。

　高野房太郎、片山潜らはアメリカの労働運動の影響を受けて1897年に**労働組合期成会**を結成した。これは労働運動の指導と労働組合の結成を行うための団体であり、この動きによって労働組合が組織された。

　1911年、政府は日本初の労働者保護法である**工場法**を制定し、16歳未満の児童および女子の労働時間の制限（1日12時間）と、深夜労働の禁止、12歳未満の児童の雇用禁止を定めた。しかし工場法の規定には雇用主からの反発が強かったことにより例外規定が多いため、労働者を保護するものとして国際基準に達しているとはいえなかった。

(2)公害問題

　古河に払い下げられた足尾銅山（栃木）からの鉱毒が渡良瀬川流域を汚染し、農業・漁業に深刻な影響を及ぼす公害事件が発生した（**足尾鉱毒事件**）。これに対し衆議院議員の田中正造が議会で操業停止を訴え、世論の喚起などに努めたが、鉱毒は15年以上もの間大きな社会問題となった。

(3)社会主義運動

　1901年、安部磯雄、片山潜、幸徳秋水、木下尚江らにより**社会民主党**（最初の社会主義政党）が結成されたが、第2次山県有朋内閣が1900年に制定した治安警察法により即日解散させられた。

　1906年には**日本社会党**が結成され、最初の合法的社会主義政党としていったんは活動を許されたが、1907年に同じく治安警察法によって解散させられた。

　1910年、天皇暗殺を計画した社会主義運動家を逮捕したことを契機に、全国で社会主義者・無政府主義者の検挙が行われた（**大逆事件**）。これによって26名が起訴され、幸徳秋水を含むうち12名が死刑執行された。警視庁内には特別高等課（特高）という危険思想の取締りを行う部門が設置され、この大弾圧から社会主義者の「冬の時代」に突入した。

6 明治期の文化

明治初期には文明開化に代表される西洋文化の流入があるが、思想では、明治中期より国家主義という日本文化の伝統を尊重する傾向が強くなっていった。お雇い外国人から教えられた科学や技術も文化の一端を担った。ジャーナリズムや文学、芸術分野での発展も見られた。

6.1 思想・宗教・学問 ★★☆

思想	啓蒙思想	福沢諭吉 ／ 『西洋事情』、『学問のすゝめ』、『文明論之概略』（天賦人権の思想）
	平民的欧化主義	徳富蘇峰 ／ 民友社を設立、雑誌「国民の友」
	近代的民族主義	三宅雪嶺 ／ 政教社を設立、雑誌「日本人」 陸羯南 ／ 新聞「日本」
	日本主義	高山樗牛 ／ 雑誌「太陽」
宗教	神道	神社神道に加えて民間の教派神道が浸透
	仏教	廃仏毀釈運動で打撃を受けるも復興
	キリスト教	五榜の掲示で禁止されるも1973年に撤廃 内村鑑三、新渡戸稲造らが啓蒙家として活動
学問	医学	北里柴三郎 ／ ペスト菌の発見　志賀潔 ／ 赤痢菌の発見
	薬学	鈴木梅太郎 ／ ビタミンB_1の抽出 高峰譲吉 ／ アドレナリンの抽出
	地震学	大森房吉 ／ 地震計の発明
	天文学	木村栄 ／ Z項の発見

6.2 文学・芸術 ★★★

文学	写実主義	坪内逍遙 ／『小説神髄』　　尾崎紅葉 ／『金色夜叉』 二葉亭四迷 ／『浮雲』（言文一致体）、『あひびき』
	理想主義	幸田露伴 ／『五重塔』
	ロマン主義	森鷗外 ／『舞姫』、『即興詩人』　泉鏡花 ／『高野聖』 樋口一葉 ／『にごりえ』、『たけくらべ』 与謝野晶子 ／『みだれ髪』
	自然主義	国木田独歩 ／『武蔵野』、『牛肉と馬鈴薯』 田山花袋 ／『蒲団』、『田舎教師』 島崎藤村 ／『若菜集』、『破戒』　徳田秋声 ／『あらくれ』、『黴』 石川啄木 ／『一握の砂』、『悲しき玩具』
	反自然主義	夏目漱石 ／『吾輩は猫である』、『坊っちゃん』、『草枕』
芸術	日本画	東京美術学校を設立 フェノロサ、岡倉天心
	洋画	高橋由一、浅井忠（明治美術会）、黒田清輝（白馬会）
	彫刻	高村光雲、荻原守衛
	音楽	滝廉太郎
	演劇	歌舞伎、新派劇、新劇

7 第一次世界大戦

7.1 大正政変 ★★★

（1）第2次西園寺公望内閣

　明治時代末期、紡績業の拡大による輸入超過、日露戦争による戦費の拡大、植民地や租借地の経営などにより、国家財政の悪化が深刻化していた。第2次西園寺公望内閣はこのような局面で組閣したが、多方面から予算の拡大を求められ窮地に立たされた。

　中でも陸軍は2個師団増設を強く求めていたが、内閣がこれを斥けると陸相上原勇作は単独で辞任し、陸軍は後任の陸相候補を出さなかった。軍部大臣現役武官制の規定により内閣は後任の陸相を得られず、総辞職を余儀なくされた。

（2）第3次桂太郎内閣

　西園寺の後を受ける首相には桂が指名され、第3次桂太郎内閣が組織されたが、これに先立ち1912年の大正天皇即位の際、桂は内大臣兼侍従長という宮中の職に就いていた。その桂が政権をも担うことは「宮中・府中の別」を破る人事であり、天皇の政治利用につながるという非難が起こった。立憲政友会の尾崎行雄、立憲国民党[20]の犬養毅らが中心となって民間の勢力も加わり、「閥族打破・憲政擁護」をスローガンに全国的な運動に拡大した（第一次護憲運動）。この動きにより桂内閣は53日で退陣した（大正政変）。

（3）第1次山本権兵衛内閣

　桂の後、海軍大将の山本権兵衛が立憲政友会を基盤に組閣した。1913年に軍部大臣現役武官制を改正して就任資格を大将・中将の経験者まで広げ、軍部が大臣人事を通じて内閣を牽制する動きを抑制した。

　しかし1914年に海軍高官の汚職事件（シーメンス事件）が起こり、内閣は総辞職した。

---

[20] 憲政党が分裂した後の憲政本党を中心に結党された政党であり、旧進歩党の流れを汲む。桂が構想していた新党には立憲国民党からの離党者も加わり、桂の死後に立憲同志会が結党された。

4　近代　499

（4）第2次大隈重信内閣

　後任となった**大隈重信**は立憲同志会を与党として組閣した。1914年には第一次世界大戦が起こり、日本も日英同盟を根拠として参戦することになる。国内では1915年の総選挙で大勝した後、陸軍の2個師団増設予算を成立させた。

明治末期〜大正初期の内閣

1911.8〜12.12 第2次西園寺公望内閣	1912	2個師団増設問題 ／ 陸相**上原勇作**が辞任し、内閣も総辞職
1912.12〜13.2 第3次桂太郎内閣	1913	第一次護憲運動 ／ 尾崎行雄、犬養毅らを中心→内閣退陣（大正政変）
1913.2〜14.4 第1次山本権兵衛内閣	1913	軍部大臣現役武官制を改正 ／ 予備役・後備役の大将・中将も対象に
	1914	**シーメンス事件** ／ 海軍高官の汚職事件
1914.4〜16.10 第2次大隈重信内閣	1914	第一次世界大戦 ／ 日本は日英同盟を根拠にドイツに宣戦布告
	1915	二十一か条の要求 ／ 中華民国**袁世凱**政府に対する要求

7.2 　第一次世界大戦　　★★★

（1）三国同盟と三国協商

　19世紀後半以降、ヨーロッパ諸国は植民地を市場と資源獲得の場とするべく、アジアやアフリカなどへ進出していった。このような資本主義国家の政治的・経済的侵略政策のことを帝国主義という。

　1882年に、オーストリアはドイツとイタリアとの間に**三国同盟**を結んだ。一方イギリスは、露仏同盟（1891）、英仏協商（1904）、英露協商をもとにして**三国協商**（1907）を形成し、ドイツ包囲網を構築していった。

（2）サライェヴォ事件

　1914年、オーストリアの皇太子がセルビア人の青年に暗殺される事件が起こり（**サライェヴォ事件**）、両国の戦争に発展した。この対立は三国同盟や三国協商（セルビアはスラヴ民族の国であり親露的）など、それぞれの国の背後で同盟・協商関係を形成する各国の参戦を誘引していき、4年に及ぶ第一次世界大戦に発展した。

500　第2章　日本史

（3）日本の中国進出

① ドイツ権益の接収

　イギリスがドイツに宣戦したことを受け、大隈内閣（外相加藤高明）は日英同盟を理由にドイツに宣戦布告して参戦した。日本はドイツが中国に有していた根拠地である膠州湾を攻め、**青島**と**山東省**の権益を接収した。また、**赤道以北のドイツ領南洋諸島**を占領した。

② 二十一か条の要求

　1915年、加藤外相は中華民国の**袁世凱**政府に対して**二十一か条の要求**を行い、そのほとんどを了承させた。これに対する反発から中国では排日運動が起こった。

二十一か条の要求

・ドイツが**山東省**に有していた権益を**日本が継承**する
・旅順・大連の租借期限を99年に延長する
・中国の大製鉄会社（漢冶萍公司）の**日中合弁化**
・中国政府の顧問として日本人を雇用すること（この要求は中国政府の反対により撤回）

③ 西原借款

　寺内正毅内閣では、袁の後を受けた**段祺瑞**政権に対して巨額の円借款を与え、資金援助の形で中国への支配を強めようとした（**西原借款**[21]）。

④ 列国との交渉

　日本は第一次世界大戦への参戦に乗じて中国や南洋諸島における権益を強めていたが、これを国際社会に認めさせるために諸国との交渉を行っていた。

　1917年、日本の中国進出を警戒視していたアメリカとの間に**石井・ランシング協定**を交わし、アメリカは中国での日本の特殊権益を認める一方で、中国の領土保全・門戸開放・機会均等を相互に確認した。

　このほか、日露協約を改定し（第4次）、日露両国の特殊権益を相互に確認した。

21　西原借款は国際社会からの批判をかわすため、寺内の側近であった西原亀三個人のルートで段政権と交渉され、総額1億4,500万円ほどの円借款が実施された。しかし段政権は1920年に失脚したためその大部分は償還が叶わず、強い批判の的となった。

（4）シベリア出兵

ロシアでは日露戦争中から革命運動が起こっていたが、1917年3月に皇帝が退位し、11月にはレーニンを中心とし、社会主義を掲げたソヴィエト政府ができた（**ロシア革命**）。

各国は世界初の社会主義国家の誕生を警戒して干渉戦争を開始し、日本もシベリアで迫害を受けていたチェコスロヴァキア兵を助けるという名目で軍を派遣した（**シベリア出兵**）。各国は1920年までであったが、日本は1922年まで出兵を続けた。

（5）大戦景気

第一次世界大戦における国際市場の変化は、明治末期からの財政危機を一掃するほどの好況を日本にもたらした（**大戦景気**）。

大戦景気

●大幅な輸出超過への転換
・総力戦となったため、連合国に軍需品の需要が生じる　→　日本が軍需品を輸出
・総力戦となったため、アジア市場に空白が生じる　→　日本が綿織物などを輸出
・アメリカが好況となる　→　日本が生糸などを輸出

●工業生産額の拡大
・海運業・造船業 ／ 世界的な船舶不足のため好況により**船成金**（ふなりきん）の続出、日本は世界第3位
　　　　　　　　　の海運国へ
・鉄鋼業 ／ 八幡製鉄所の拡張
・化学工業 ／ ドイツからの輸入が途絶えたことによる
・繊維業 ／ 中国で工場を操業する**在華紡**（ざいかぼう）が増えた

しかし好況は物価の高騰をもたらし、一般民衆を苦しめた。また連合国が戦争に注力したことを一因とした好況であったため、終戦後には輸出が減り、戦後恐慌をもたらすことになった。

7.3 政党内閣の成立 ★★★

（1）寺内正毅内閣

　第2次大隈重信内閣が総辞職すると、その後を受けて陸軍軍人の**寺内正毅**が組閣した。対外的には第一次世界大戦の最中であり、石井・ランシング協定をアメリカと結び、ロシア革命に際してシベリア出兵を行ったのも寺内内閣時の政策である。

　大戦景気は物価の上昇をもたらしたため労働者の生活は苦しくなっており、農村人口が都市部に流出していたことから米の供給が需要に追いつかなくなっていた。このような中シベリア出兵による米価の高騰を見込んで米の買占めがなされるようになり、生活に困窮した一般民衆が全国的な騒動を起こし（<ruby>米騒動<rt>こめそうどう</rt></ruby>）、内閣は総辞職した。

（2）原敬内閣

　大正政変時の第一次護憲運動や米騒動は、一般国民が政治に与える影響が拡大していることを示しており、寺内の後を務める首相として<ruby>原敬<rt>はらたかし</rt></ruby>が指名され、立憲政友会を基盤とする初の**本格的政党内閣**が組織された[22]。

　対外的には第一次世界大戦の終結に当たってパリ講和会議に西園寺公望らを送った。国内では1919年に**衆議院議員選挙法を改正**したが、ここでは**小選挙区制**を導入し、選挙権における納税要件を**3円以上**に引き下げるにとどめた。

　原は1921年に東京駅で刺殺され、残る閣僚も総辞職した。

（3）以降の内閣

　原の死後、立憲政友会の総裁を引き継いだ<ruby>高橋是清<rt>これきよ</rt></ruby>が、全閣僚を引き継ぐ形で組閣した。しかしこの内閣は短命に終わり、海軍大将の<ruby>加藤友三郎<rt>ともさぶろう</rt></ruby>が組閣した。

22　原敬が華族の出身や藩閥ではなく、立憲政友会という政党の総裁として衆議院に議席を有するうえで組閣した点において、初の「本格的」な政党内閣とされる。原は「平民宰相」と呼ばれて国民から期待をもって迎えられた。

7.4 ヴェルサイユ体制 ★★★

（1）パリ講和会議

　1918年に第一次世界大戦の休戦が成立し、翌1919年にパリ講和会議が開かれた。原内閣は西園寺公望を全権として派遣した。この講和会議において、連合国とドイツとの講和条約であるヴェルサイユ条約が調印された。

　ヴェルサイユ条約によって構築されたヨーロッパの国際秩序をヴェルサイユ体制という。

ヴェルサイユ条約

●日本
・ドイツが山東省に有していた権益を継承することを認められる
・赤道以北の旧ドイツ領南洋諸島の委任統治権を認められる
・人種差別撤廃案も提起するが認められず

●ドイツ
・巨額の賠償金支払い、軍備の制限、本国領土の一部割譲を求められる

●中国
・大戦中に日本が行った二十一か条の要求の撤回を求めるが認められず、条約調印拒否

●その他
・民族自決の原則に沿ってヨーロッパの諸国が独立
・国際連盟の設立

（2）国際連盟の設立

　第一次世界大戦の４年に及ぶ総力戦は参戦していた各国を疲弊させた。紛争を平和的に解決し、国際協調を基本とする新秩序を構築するため、アメリカ大統領ウィルソンの提示した14か条の平和原則に基づき、1920年に国際連盟が設立された。

　国際連盟はスイスのジュネーヴに本部を置き、イギリス、フランス、イタリア、日本が常任理事国となった。設立を提唱したアメリカは議会の反対に遭い不参加となった。

（3）反日・反帝国主義運動

ウィルソンの提示した平和原則には「民族自決」が含まれていたものの、ヴェルサイユ条約において独立を定められたのはヨーロッパの植民地のみで、アジアやアフリカには及ばなかった。

このことから1919年には朝鮮で独立を求める運動（**三・一独立運動**）が、中国でも二十一か条の要求撤回が認められなかったことに反発する運動（**五・四運動**）が起こった。

8 国際協調の時代

8.1 ワシントン体制 ★★★

日本が東アジアに勢力範囲を拡大しつつあることや、ソヴィエト政権が連邦制国家の形成をうかがっていたこと、中国における民族運動の激化は、アメリカやヨーロッパ諸国にとって警戒の対象となっていた。

このような中1921年に、アメリカ大統領ハーディングの提唱により、軍縮と太平洋・極東地域の新秩序構築を目指した国際会議が開かれた（**ワシントン会議**）。日本からは加藤友三郎、幣原喜重郎が派遣され、以下の条約が結ばれた。

ワシントン会議で結ばれた諸条約によって構築された太平洋・極東地域の国際秩序を**ワシントン体制**という。

（1）四か国条約

1921年にアメリカ、イギリス、日本、フランスの間で**四か国条約**が結ばれ、太平洋諸島における権益を相互に尊重し、現状維持とすることが定められた。

四か国条約の中には日英同盟の破棄が盛り込まれていたことから、条約締結により**日英同盟が終了**した。

（2）九か国条約

次いで1922年にはアメリカ、イギリス、日本、フランス、イタリア、ベルギー、ポルトガル、オランダ、中国の間で**九か国条約**が結ばれ、中国における各国の門戸開放・機会均等と中国の領土・主権の尊重が約束された。

この条約の発効により第一次世界大戦中にアメリカとの間で交わされていた**石井・ランシング協定が破棄**された。また、この条約に関連して日本は**山東半島の旧ドイツ権益を中国に返還**した。

（3）ワシントン海軍軍縮条約

　同じく1922年にアメリカ、イギリス、日本、フランス、イタリアの間でワシントン海軍軍縮条約が結ばれ、主力艦の保有比率[23]が定められるとともに、今後10年間は主力艦の建造を行わないことが約束された。

ワシントン会議で締結された条約

条約	締約国	内容その他
四か国条約	米・英・日・仏	・太平洋地域の現状維持 ・日英同盟の終了
九か国条約	米・英・日・仏・伊・ベルギー・ポルトガル・蘭・中	・中国の主権尊重、門戸開放、機会均等 ・石井・ランシング協定を破棄 ・これに関連して日本は山東半島の旧ドイツ権益を返還
ワシントン海軍軍縮条約	米・英・日・仏・伊	・主力艦保有比率を英米5、日3、仏伊1.67に制限 ・今後10年間の新規主力艦建造禁止

23　当時アメリカ、イギリス、日本の間で加熱していた建艦競争を抑えて財政負担を減らす目的があり、保有比率はアメリカとイギリスが5に対して日本は3、フランスとイタリアは1.67と定められた。英米に対して日本の比率は6割とされており、国内からは7割を主張する声が上がったが、全権の加藤は反対を抑えて調印した。

8.2 社会運動　★★★

（1）大正デモクラシー

　大正政変のきっかけとなった第一次護憲運動に始まり、大衆が政治参加や自由の拡大を求めた社会運動や思潮は**大正デモクラシー**と呼ばれる。

　1916年に**吉野作造**が**民本主義**[24]を提唱し、普通選挙と政党内閣制の実現を主張した。また大正初期に美濃部達吉が天皇機関説を提起しており、これらが大正デモクラシーの理論的支柱となった。

（2）社会運動の発展

① 労働運動

　第一次世界大戦によってもたらされた大戦景気は労働者の数を大きく増加させたが、物価の上昇に賃金の上昇が追いつかなかったため労働者の生活は苦しく、賃上げを求める労働運動が増加した。

　鈴木文治が創設した友愛会を起源とする**日本労働総同盟**が1921年に結成され、次第に使用者との間の階級闘争に傾いていった。また、1920年には**初のメーデー**（5月1日に開かれる労働者の集会）が開かれた。

② 農民運動

　農村では寄生地主と小作農との貧富の差が存在していたが、大正デモクラシーの思潮の中で、小作料の引下げを求める**小作争議**が頻発するようになった。

③ 女性解放運動

　女性に対する社会的な差別の撤廃を求める運動も行われた。**平塚らいてう**は文学団体**青鞜社**を組織して雑誌『**青鞜**』を発刊した。また、平塚と**市川房枝**らは**新婦人協会**を設立し、女性の社会的な地位向上に努めた[25]。

24　民本主義は、大日本帝国憲法の枠内での民衆本位の政治を目指す点で民主主義と区別される。

25　当時施行されていた治安警察法では女性の政治活動参加が認められていなかったが、新婦人協会の活動の結果1922年に改正され、女性の政治演説会への参加や発起が認められた。

4　近代　507

④ 社会主義運動

　1910年の大逆事件以降「冬の時代」に耐えていた社会主義運動家もこの頃活動を再開した。ロシア革命の影響で共産主義の影響力が強くなっており、1922年に堺利彦、山川均らは非合法ながらコミンテルン(国際共産党)の日本支部として**日本共産党**を結成した。

⑤ 部落解放運動

　被差別部落の解放運動を行う母体として、1922年に**全国水平社**が結成された。

8.3 普選運動と護憲三派内閣　　　★★★

（1）第2次山本権兵衛内閣

　加藤友三郎首相の病死により内閣が総辞職し、山本権兵衛が組閣の準備を進める中、1923年に**関東大震災**が起こった。さらに摂政の裕仁親王(昭和天皇)が無政府主義者に狙撃される暗殺未遂事件が起こり(**虎の門事件**)、内閣は引責のため総辞職した。

（2）清浦奎吾内閣

　立憲政友会を基盤とする原敬と高橋是清の内閣が倒れた後、加藤友三郎、山本権兵衛、清浦奎吾と非政党内閣が3代続いていた。特に清浦内閣は軍部大臣以外の全閣僚を貴族院から選出しており、あからさまな超然主義を採る内閣に対して倒閣を目指す憲政擁護運動が**立憲政友会、憲政会[26]、革新倶楽部**の議員の間に起こった。これら3党は**護憲三派**と呼ばれ、彼らが清浦奎吾内閣を倒して政党内閣を実現させようとした運動は**第二次護憲運動**と呼ばれる。

　清浦内閣は立憲政友会から分離した政友本党を引き入れて衆議院を解散し総選挙を行ったが、結果は護憲三派勢力の圧勝となり、内閣は総辞職した。

（3）第1次加藤高明内閣

　総選挙で第一党となった憲政会総裁の加藤高明は、護憲三派を基盤に3党連立内閣を組織し、政党内閣制を回帰させた。

　外交面では幣原喜重郎外相による協調外交(幣原外交)を行い、1925年に**日ソ基本条約**を結んでソヴィエト連邦との間に国交を樹立した。

　国内では1925年に**普通選挙法**を成立させ、直接国税の納税額に関する要件を取

26　桂太郎が計画し死後結党された立憲同志会の流れを汲み、加藤高明を総裁とした。

り除いた。これにより、**満25歳以上の男性**に選挙権が与えられ、有権者は全人口の20％に達した。

同年、国際的に高まりつつある共産主義運動や国内で高まりつつある労働運動を牽制するため治安維持法が制定され、無政府主義者や共産主義者の結社や集会の取締りが規定された。

(4) 二大政党制と「憲政の常道」

加藤の死後、憲政会総裁を引き継いだ若槻礼次郎（わかつきれいじろう）が組閣し、昭和天皇の即位と改元が行われた。若槻内閣が退陣すると、立憲政友会の総裁であった田中義一（ぎいち）が組閣した。憲政会は政友本党と合同して**立憲民政党**を結成した。

これ以降、立憲政友会と立憲民政党は交代で政権を担うようになり、加藤高明内閣から犬養毅内閣までの8年間、この二大政党から内閣が組織される「**憲政の常道**（じょうどう）」が実現された。

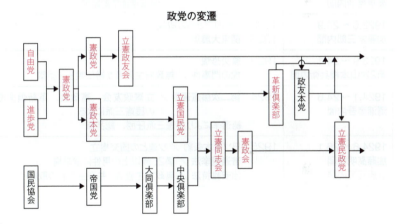

政党の変遷

大正時代中期以降の内閣

内閣	年	できごと
1916.10 ～ 18.9 寺内正毅内閣	1917	西原借款 ／ 段祺瑞政権への円借款 金輸出禁止 ／ 金本位制の停止 石井・ランシング協定 ／ 中国に関するアメリカとの協定
	1918	米騒動 ／ 富山から全国に拡大 シベリア出兵 ／ 革命後のロシアに対する干渉
1918.9 ～ 21.11 原敬内閣 初の本格的政党内閣	1918	第一次世界大戦終結
	1919	パリ講和会議 ／ ヴェルサイユ条約締結 三・一独立運動 ／ 朝鮮で起こった独立運動 五・四運動 ／ 中国で起こった反日運動 衆議院議員選挙法改正 ／ 小選挙区制導入、納税要件 緩和（3円以上）
	1920	国際連盟発足 ／ 日本は常任理事国に 戦後恐慌始まる
	1921	原敬、東京駅で暗殺される
1921.11 ～ 22.6 高橋是清内閣	1921	ワシントン会議 ／ 四か国条約、九か国条約、ワシントン 海軍軍縮条約締結
1922.6 ～ 23.9 加藤友三郎内閣	1922	シベリアからの撤兵
	1923	関東大震災
1923.9 ～ 24.1 第2次山本権兵衛内閣	1923	震災恐慌 虎の門事件 ／ 無政府主義者が裕仁親王を狙撃
1924.1 ～ 24.6 清浦奎吾内閣	1924	第二次護憲運動 ／ 立憲政友会、憲政会、革新倶楽部 の護憲三派による 総選挙により護憲三派圧勝、総辞職
1924.6 ～ 26.1 加藤高明内閣 護憲三派内閣	1925	日ソ基本条約 ／ ソ連との国交樹立 普通選挙法 ／ 満25歳以上の男性に選挙権 治安維持法 ／ 無政府主義者・共産主義者の取締り

9 大正期の文化

　大正デモクラシーに象徴される民主的な風潮や、資本主義やマス・メディアの発達によって大衆の間でさまざまな文化が広まった。

大衆文化	新聞、雑誌、ラジオ放送、映画など	
思想	民本主義 ／ 吉野作造	マルクス主義 ／ 河上肇『貧乏物語』
学問	歴史学 ／ 津田左右吉	民俗学 ／ 柳田国男
	物理学 ／ 本多光太郎（KS磁石鋼の発明）	医学 ／ 野口英世（黄熱病の研究）
文学	白樺派 ／ 武者小路実篤『その妹』、志賀直哉『和解』、『暗夜行路』	
	耽美派 ／ 永井荷風『腕くらべ』、谷崎潤一郎『刺青』、『痴人の愛』	
	新思潮派 ／ 芥川龍之介『羅生門』、『鼻』、菊池寛『父帰る』、『恩讐の彼方に』	
	プロレタリア文学 ／ 小林多喜二『蟹工船』、徳永直『太陽のない街』	
芸術	演劇 ／ 小山内薫の新劇運動	音楽 ／ 山田耕筰
	洋画 ／ 安井曽太郎、梅原龍三郎、岸田劉生	
	日本画 ／ 横山大観	
	彫刻 ／ 高村光太郎	

10 恐慌と積極外交

10.1 金融恐慌 ★★★

（1）戦後恐慌と震災恐慌

第一次世界大戦によってもたらされた大戦景気が戦後終息すると、その反動で1920年に**戦後恐慌**が生じた。前年から貿易は**輸入超過**に転じており、日本が輸出していた**綿糸、生糸**の価格は暴落した。

1923年に関東大震災が起こると、首都東京とともに日本経済が大打撃を受けた。多くの企業が被災により営業を続けられず、各社が振り出した手形を持つ銀行は、これらの手形(**震災手形**)の決済ができなくなった(**震災恐慌**)。日本銀行は市中銀行に対し4億円以上の特別融資を行って救済したが、日本銀行は大量の未決済手形を抱えることとなった。

（2）金融恐慌

1927年、日本銀行が抱える震災手形を処理するための法案の審議中に、蔵相片岡直温の失言によってある銀行の危機的な経営状況が露見した。これによって**取付け騒ぎ**が発生し、銀行が営業不能となる<u>金融恐慌</u>が生じた。

このとき、植民地台湾の中央銀行・商業銀行を担っていた**台湾銀行**が、経営破綻した**鈴木商店**に対する巨額の不良債権を抱えていた。若槻礼次郎内閣はこれを救済するための緊急勅令を発しようとするが、枢密院の反対で実現できず総辞職した。

後を受けた田中義一内閣において、蔵相高橋是清が3週間の**モラトリアム(支払猶予令)**を発し、日本銀行から20億円の救済融資を行うことで恐慌を鎮静化した。

金融恐慌の影響で中小銀行が整理され、**三井、三菱、住友、安田、第一**の五大銀行に預金が集中した。

10.2 積極外交への転換 ★★★

（1）中国情勢

辛亥革命によって1912年に中華民国が成立すると、孫文は軍閥の袁世凱に臨時大総統の地位を譲った。その後正式な大総統となった袁は独裁を進め、帝政を復活させようとしたが叶わず1916年に病死した。袁の死後、中国では列強の支援を受けた軍閥が各地に分立して抗争する状況が続いていた。

その後、一時日本に亡命していた孫文は1919年に**中国国民党**を結成し、広東を中心に勢力を拡大しながら全国統一の機会をうかがっていた。1921年には陳独秀

を指導者とする**中国共産党**が結成され、1924年に中国国民党と中国共産党との提携関係が実現した（**第1次国共合作**）。孫文の死後、党を引き継いだ**蔣介石**は、国民革命軍を組織して軍閥打倒のため北上を始めた（**北伐**）。

（2）山東出兵

　日本は満州に勢力を持つ軍閥を支援しており、蔣介石率いる国民革命軍の北伐はこれと対立する動きであった。田中義一内閣（外相も田中が兼務）は満州軍閥の張作霖支援のため、3回にわたって**山東出兵**を行った。

　しかし結果として張作霖の軍は国民革命軍に敗北してしまい、出兵の成果は得られなかった。

（3）張作霖爆殺事件

　関東州を統治する関東都督府は1919年に関東庁に改められ、組織のうち陸軍部隊が独立して**関東軍**を形成していた。この関東軍は張作霖の敗北に接すると、彼を殺害して国民革命軍の仕業に見せかけ、南満州に出兵して直接支配する謀略を立てた。

　1928年、関東軍は独断で張作霖を移動中の列車ごと爆破して殺害した（**張作霖爆殺事件**[27]）。この事件の収拾をめぐって天皇の不興を買った内閣は総辞職した。

　その後、張作霖の子である張学良は国民政府に服属する態度を示し、国民党の北伐は中国全土をほぼ統一する結果となった。

27　当時事件の真相が国民に明かされていなかったことから、「満州某重大事件」と呼ばれた。

4　近代　513

10.3 世界恐慌

(1) 金輸出解禁

日本は第一次世界大戦中の1917年に金輸出禁止を行い金本位制から離脱していたが、震災や恐慌のため欧米諸国より復帰が遅れていた。浜口雄幸内閣の蔵相井上準之助は1930年に金輸出解禁に踏み切り、為替相場の安定と国内企業の整理を図った[28]。

(2) 世界恐慌

しかし1929年、ニューヨークのウォール街での株価暴落に端を発した世界恐慌の影響が日本にも及ぶと、金輸出解禁政策で見込んでいた分と合わせて輸出は激減し、日本経済に深刻な恐慌をもたらした(昭和恐慌)。特に東北・北海道の大凶作によって農村が受けた打撃は著しかった。

政府は1931年、重要産業統制法を制定した。これは基幹産業においてカルテル結成を認めるもので、競争を制限して価格低下を抑制するものであったが、国家による経済統制の先駆けともなった。

(3) 金輸出再禁止

犬養毅内閣の蔵相高橋是清は、1931年に金輸出再禁止を行い、円と金の兌換を停止した。これによって日本は金本位制を離れ、管理通貨制度に移行した。

特に困窮していた農村部に対しては公共土木事業(時局匡救事業)を行って雇用を創出し、農山漁村経済更生運動を行って産業組合の拡充を促し、農民たちの自力更生を支援した。

金輸出再禁止によって円相場が大幅に下落したことで、輸出は大きく回復し、特に綿織物はイギリスをしのぎ世界第1位となった。

日本はいち早く1933年には世界恐慌以前の水準に立ち戻ることに成功しており、中でも軍需に支えられた重化学工業の発達は目覚ましく、工業生産の中心は軽工業から重化学工業へとシフトした。これらの産業界からは日産、日窒などの新興財閥が現れた。

---

[28] このとき100円＝49.85ドルの旧平価での解禁を決めており、当時の実勢に照らすと実質的な円の増価(切上げ)となっていた。円高を誘導する形で金輸出を解禁した狙いは、貿易を輸入超過に導き正貨を流出させ、デフレ不況をもたらすことによって国内の競争力のない企業を淘汰することにあった。

大正期〜戦前の恐慌

1920	戦後恐慌	・第一次世界大戦中の大戦景気の反動として生じた恐慌 ・輸出の主力であった生糸・綿糸の価格が暴落した
1923	震災恐慌	・関東大震災の影響で東京が壊滅的な打撃を受け、多くの企業が営業停止となった ・企業が振り出して銀行が保有していた手形が決済不能となった（震災手形）
1927	金融恐慌	・震災手形の処理をめぐる対応の中、蔵相片岡直温の失言で取り付け騒ぎが起こる ・台湾銀行が鈴木商店への不良債権を抱える ・3週間のモラトリアム（支払猶予令）を発し、日本銀行から巨額の救済融資を行う
1929	世界恐慌	・ニューヨーク・ウォール街での株価暴落によって世界に広まった恐慌
1930	昭和恐慌	・金輸出解禁と世界恐慌の影響が合わさって生じた日本国内の恐慌 ・輸出の激減、大量の正貨流出が起こり、特に農村部に壊滅的な打撃 ・金輸出再禁止と円の金兌換停止を行い、管理通貨制度に移行 ・輸出が大幅に回復し、日本は世界恐慌からいち早く脱出

11 軍部の台頭

11.1 協調外交への回帰 ★★★

（1）ロンドン海軍軍縮会議

　田中義一内閣が張作霖爆殺事件の後処理をめぐって総辞職すると、後を受けた浜口雄幸内閣は外相に再び**幣原喜重郎**を起用し、協調外交に回帰した。

　1930年、イギリス首相マクドナルドの提唱によって**ロンドン海軍軍縮会議**（ロンドン会議）が開かれると、若槻礼次郎を首席全権としてアメリカ、イギリス、フランス、イタリアとともに参加した。会議ではワシントン海軍軍縮条約で定められた**主力艦建造禁止をさらに5年延長**することや、各国における**補助艦の保有量**が決められた。このとき、日本の要求が一部受け入れられないまま、政府は**ロンドン海軍軍縮条約**の調印に踏み切り、野党であった立憲政友会、軍部、右翼の反発を招いた。

（2）統帥権干犯問題

大日本帝国憲法で定められた国家機構においては、陸海軍の最高指揮権である**統帥権**は、内閣の外にあり天皇に直属するものとされていた。政府が海軍軍令部の意向に沿わないロンドン海軍軍縮条約の調印を行ったことは、この統帥権を犯すものであるという非難が起こり、1930年に浜口首相は右翼青年に狙撃され死亡し、内閣は総辞職した。

11.2 満州事変　★★★

（1）満蒙の危機

蔣介石の中国国民政府が全国支配を果たすと、中国内では不平等条約の撤廃や国権回収を求める民族運動が高まり出した。日本では、この運動が大陸に有する既得権益の妨げになることを案じて「**満蒙の危機**[29]」が叫ばれた。幣原外交を「軟弱外交」と非難し、軍縮条約の締結には統帥権の干犯であるとの見解で対立した。

（2）柳条湖事件

関東軍は、武力をもって満州を勢力下に置くことを企図し、1931年に参謀の石原莞爾らは奉天郊外にある柳条湖で敷設された南満州鉄道の線路を故意に爆破した（**柳条湖事件**）。関東軍はこれを中国軍による破壊工作として軍事行動に移った。ここに端を発する一連の武力紛争を満州事変という。

若槻内閣は戦線の不拡大を方針としたが、関東軍はこれを黙殺して満州全域に戦線を拡大し、世論やジャーナリズムもこれを支持した。

（3）満州国の建国

若槻内閣が総辞職した後に組閣した犬養毅内閣は中国との直接交渉を目指したが、1932年に入って満州の主要地域の占領を終えた関東軍は、清朝最後の皇帝であった**溥儀を執政**として満州国の建国を宣言させた。

列国からの非難をかわし、民族独立運動による建国であると国際社会に印象づけるためであったが、アメリカは日本の一連の行動を不承認とした。結局日本の行動は国際的な批判にさらされ、国際連盟は**リットン調査団**を派遣して事実調査を行うことを決めた。

29　「満」は満州（南満州）を指し、ポーツマス条約で旅順・大連の租借権と長春以南の鉄道に関する権利をロシアから譲られていた。「蒙」は蒙古（内蒙古）を指し、第3次日露協約で内蒙古の東部において権益を持つことをロシアと確認していた。

（4）右翼のテロ活動と政党内閣制の挫折

　国内では、協調外交の姿勢や恐慌に対する施策への失望から、軍人や右翼による急進的な言説が活発になっていた（**国家改造運動**）。こうした動きは次第に支配層に対する実際の行動に傾いていき、テロ行為が相次ぐようになった。

　こうした中で1932年、海軍青年将校たちが犬養毅首相を射殺する事件（**五・一五事件**）が起こって内閣が総辞職すると、陸海軍を抑えるため後継の首相には政党の総裁ではなく、海軍大将ではあるものの穏健派の齋藤実が推薦され、8年間続いた**政党内閣制が終わりを迎えた**。

右翼・青年将校によるテロ事件

1931	三月事件 ／ 橋本欣五郎ら陸軍青年将校による桜会という結社がクーデタを計画し、未遂に終わる
	十月事件 ／ 同じく桜会が満州事変に呼応して若槻首相らを殺害しようとしたが、未遂に終わる
1932	**血盟団事件** ／ 井上日召の率いる右翼組織血盟団の団員が、前蔵相の**井上準之助**、三井合名会社理事長の**団琢磨**を暗殺
	五・一五事件 ／ 海軍青年将校が**犬養毅首相を暗殺**

（5）国際連盟脱退

　1932年、犬養の後を受けて組閣された齋藤実内閣は満州国と**日満議定書**を交わし、満州国を承認した。

日満議定書

・満州国は、満州国における日本の権益を認める
・満州国は、日本軍が満州国内に無条件で駐屯することを認める
・満州国は、満州の交通機関の管轄を日本に委託する
・満州国は、満州国政府の要職に日本人を任用する

　1933年、リットン調査団による報告書は、満州における日本の軍事行動は自衛とはいえず、満州国も民族の自発的な独立とは認めがたいとした。一方で、過去の条約に基づく満州における日本の権益は尊重すべきともしていた。

　これを受けた国際連盟は満州国が日本の傀儡国家であると認定し、日本の満州国承認を撤回することを求めると、日本全権松岡洋右らは国際連盟総会を退場し、その後国際連盟からの脱退を通告した。

4 近代　517

（6）国際社会からの日本の孤立

1933年に塘沽停戦協定が結ばれ、満州事変は終わりを迎えた。日本は国際社会の静止を振り切る形で満州国の経営を始め、溥儀を皇帝に満州国を帝政に移行させた。

協調外交時代の軍縮条約も失効するに及び、日本の孤立が深まった。

11.3 二・二六事件 ★★★

外交や恐慌における政府に対する批判と、世論の後押しも受けた軍への期待が重なり、軍部は政治的発言力を増大させながら、国政に関与するための機会をうかがっていた。

（1）天皇機関説問題と国体明徴声明

天皇機関説は大正デモクラシーや政党内閣制における理論的支柱ともなった美濃部達吉の学説で、統治権の主体は法人としての国家にあり、国家元首である天皇はその最高機関であるというものである。1935年にこれが反国体的であるとして問題化し、軍や右翼団体などが痛烈な批判を展開した（**天皇機関説問題**）。

岡田啓介内閣はこの問題を終息させるため、**国体明徴声明**を発表して天皇機関説を否認した。

（2）陸軍の内部対立

陸軍内部では、**皇道派**と**統制派**という二つの勢力が対立していた。

皇道派と統制派

皇道派	・青年将校が中心 ・荒木貞夫、真崎甚三郎らが中心人物 ・思想家北一輝の影響を受ける ・天皇中心の国体至上主義を提唱
統制派	・陸軍省、参謀本部の幕領などのエリート層が中心 ・永田鉄山、林銑十郎らが中心人物 ・官僚や財閥と結んで、軍部勢力拡張と軍の統制を目指す

（3）二・二六事件

1936年、皇道派の青年将校たちは1,400名もの兵を動員して官邸などを襲撃し、**高橋是清**蔵相、**齋藤実**内大臣、渡辺錠太郎教育総監ら要人を殺害して永田町一帯を占拠した（**二・二六事件**）。

天皇が彼らの行為を「反乱」としたため軍部は彼らを反乱軍として鎮圧し、彼らは投降した。

（4）その後の影響

陸軍内部では統制派が皇道派を駆逐して主導権を握った。岡田内閣の後を受けた広田弘毅内閣では、陸軍の意向で軍部大臣現役武官制が復活した。また、帝国国防方針を改め、大陸に加えて南方への進出方針を初めて示した。同時に戦艦大和・武蔵を含む大規模な軍拡計画が進められた。

広田内閣の後は林銑十郎内閣が受けたが短命に終わり、近衛文麿が大命を受け組閣した。

昭和初期の内閣

1926.1～27.4 第1次若槻礼次郎内閣 憲政会	1926 1927	**昭和**と改元 **金融恐慌** ／ 蔵相片岡直温の失言により取付け騒ぎが発生
1927.4～29.7 田中義一内閣 立憲政友会	1927 1928	**モラトリアム**（支払猶予令）／ 支払いを一時猶予させ恐 慌を収拾 **山東出兵** ／ 蔣介石の北伐に対抗し、奉天の軍閥を支援 **張作霖爆殺事件** ／ 関東軍が張作霖を爆殺
1929.7～31.4 浜口雄幸内閣 立憲民政党	1929 1930 1931	**世界恐慌** ／ ニューヨークのウォール街における株価暴落 に発端 **金輸出解禁** ／ 旧平価での金輸出解禁を行い、金本位制 に復帰 **昭和恐慌** ／ 世界恐慌の影響下で金輸出解禁を断行した ことによる **重要産業統制法** ／ 基幹産業にカルテルの結成を認める **ロンドン海軍軍縮条約** ／ 統帥権の干犯と非難される 浜口、右翼青年に狙撃され死亡
1931.4～31.12 第2次若槻礼次郎内閣 立憲民政党	1931	**柳条湖事件** ／ 関東軍による自作自演により、満州事変 始まる
1931.12～32.5 犬養毅内閣 立憲政友会	1931 1932	**金輸出再禁止** ／ 金本位制からの離脱、管理通貨制度へ 移行 **血盟団事件** ／ 右翼団体血盟団により井上準之助前蔵相 ら暗殺 **満州国建国** ／ 溥儀を執政に満州国を建国させる **五・一五事件** ／ 海軍青年将校により犬養が殺害される
1932.5～34.7 斎藤実内閣	1932 1933	**日満議定書** ／ 満州国を承認 **国際連盟脱退** ／ 松岡洋右日本全権が総会の場を退席し て脱退を通告
1934.7～36.3 岡田啓介内閣	1935 1936	**天皇機関説問題** ／ 美濃部達吉の天皇機関説が問題化 **国体明徴声明** ／ 天皇機関説を否定 **二・二六事件** ／ 陸軍皇道派によるクーデタ
1936.3～37.2 広田弘毅内閣	1936	**軍部大臣現役武官制を復活** ／ 軍部の政治介入が強まる **日独防共協定** ／ 共産主義に対抗するための国際的連帯
1937.2～37.6 林銑十郎内閣	1937	軍部と財界の調整を図るも解散・総選挙後に総辞職

12 第二次世界大戦

12.1 ワシントン体制の崩壊

　第一次世界大戦後に構築された国際協調路線は、1930年代に入って大きく揺らぎ始めた。日本は満州事変や国際連盟脱退により孤立を深め、貿易においてもイギリスとの摩擦を生じ、アメリカへの依存を強めていた。ドイツではナチズムが、イタリアではファシズムが興り、両国は接近して枢軸としての連帯を形成した。

　一方でソ連は国際社会で急速に存在感を増しており、国際社会で孤立を深める日本、ドイツ、イタリアは反ソ連、反共産主義という点において連帯するに至り、1936年に**日独防共協定**、翌1937年にはイタリアを加えて**三国防共協定**が結ばれた。

12.2 日中戦争

（1）華北分離工作

　日本が国際社会の批判を浴びながら開発に乗り出した満州国は中国の東北部に位置しており、これと南西方面で接する5省は華北と呼ばれていた。この華北は国民政府の支配下にあったが、関東軍は同地域を国民政府から分離して支配するための工作を行っていた（**華北分離工作**）。

　国民政府と中国共産党との国共合作は北伐の最中に一度解体していたが、日本の分離工作に際して再び国共間の内戦は停止し、日本への抗戦体制を整えた。

満州国と華北5省

（2）盧溝橋事件

1937年、河北省の北京郊外にある盧溝橋付近で日中間の軍事衝突が起こった（盧溝橋事件）。この事件自体は小さな衝突に過ぎなかったが、第1次近衛文麿内閣は戦線を拡大し、国民政府も徹底抗戦に出たため、日中戦争に発展した。

（3）和平工作の失敗

国民政府と中国共産党は提携して抗日民族統一戦線を形成し（第2次国共合作）、日本も戦力を大量投入して首都南京を攻略した。しかし国民政府は退きながらも抗戦の構えを崩さなかったので、戦争は長期化の様相を呈した。

日本はドイツを仲介に和平工作を試みたものの失敗し、近衛は「国民政府を対手とせず」と表明し、交渉による和平の可能性を閉ざした。

（4）傀儡政権の樹立

日本は重慶から国民政府要人の汪兆銘が脱出するとこれを保護し、南京に汪を中心とする傀儡政権である南京政府を樹立した。

12.3 戦時統制　★★☆

広田内閣以来、日本の国家財政は軍事費の膨張が続いていた。日本が本格的な戦時体制に突入するに当たって、以下のように多方面の統制が国民に敷かれた。

戦時統制

1937〜	**国民精神総動員運動** ／ 国家主義の浸透と節約による国民の戦争協力を促す
1938〜	**産業報国会の結成** ／ 労働組合を改組した、労使一体で国に協力する組織
1938	**国家総動員法** ／ 議会の承認なしに、政府が物資や労働力を動員する
	企画院を設置 ／ 物資の動員計画を立案する内閣直属の機関
1939	**国民徴用令** ／ 国民を強制的に軍需産業に徴用
	価格等統制令 ／ 公定価格を導入して生活必需品の値上げを防ぐ
1940	**新体制運動** ／ 近衛文麿を中心に一大指導政党結成を目指す運動で、大政翼賛会につながる
	七・七禁令 ／ ぜいたく品の製造・販売を禁止
	大政翼賛会の結成 ／ 政党組織でなく上意下達機関、のちにあらゆる団体を傘下に収める
1941	**小学校を国民学校に改める** ／ 「忠君愛国」の思想教育を行う
1942	**翼賛選挙** ／ 東条英機内閣が実施した5年ぶりの総選挙で、政府推薦の候補が絶対多数を占める
1943	**学徒出陣、勤労動員の実施** ／ 学生の徴兵、軍需工場などへの動員

522　第2章　日本史

第二次世界大戦

(1) 欧州情勢

　ドイツは1938年にオーストリアを併合し、翌1939年にはチェコスロヴァキアの解体を行い、さらにポーランドにも食指を伸ばそうとしていた。

　日本はドイツより、防共協定を発展させてソ連、イギリス、フランスを仮想敵国とする同盟とすることを持ちかけられており、近衛内閣の後を受けた平沼騏一郎内閣はこれをめぐって閣内の対立を生じていた。しかし1939年に**独ソ不可侵条約**が突如締結され、全体主義のナチス＝ドイツと共産主義のソ連の連携が世界を驚かせた[30]。

(2) ポーランド侵攻

　1939年、独ソ不可侵条約の後押しもありドイツが**ポーランド侵攻**に踏み切ると、イギリス、フランスがドイツに宣戦布告し、**第二次世界大戦**が開戦した。

(3) 日独伊三国同盟

　平沼の後を受けた阿部信行内閣も、その後の米内光政内閣も、ドイツとの関係を軍事同盟に発展させることは避け、第二次世界大戦には不介入とする方針を採った。しかしドイツの圧倒的優勢が伝えられると、ドイツとの関係を強めたうえで南方に進出し、軍需資材を調達すべきという主張が強まった。

　ドイツとの関係強化や南方への進出はアメリカやイギリスとの関係を悪化させる恐れがあったものの、第2次近衛文麿内閣は欧州への不介入からの転換、ドイツ、イタリア、ソ連との関係強化、南方への進出を方針と定め、1940年に**日独伊三国同盟**を締結した。

---

[30] 日本は1938年、ソ連と満州国の国境でソ連軍と戦って大敗し（張鼓峰事件）、翌1939年にも満蒙国境で同様にソ連軍と戦って大敗していた（ノモンハン事件）。ソ連に対抗するためにドイツとの関係強化を検討していた矢先の独ソ連携を目の当たりにし、平沼は「欧州情勢は複雑怪奇」との言葉を残して退陣した。

12.5 太平洋戦争 ★★★

（1）日米関係の悪化

　1930年代に金輸出再禁止を行って飛躍的に輸出を伸ばした際にイギリスとの貿易摩擦を生じてから、日本は綿花、石油、屑鉄、機械などについてアメリカからの輸出に頼っていた。

　しかしアメリカはアジア・太平洋地域について、自由貿易を行って利益を上げるための重要な市場と考えており、満州事変や日中戦争などにおける日本の振る舞いを敵視するようになった。このような中1939年、アメリカは日米通商航海条約の破棄を日本に通告し、翌年条約は失効した。

（2）北部仏印進駐

　日独伊三国同盟を締結した日本はほぼ同時に南進政策にも着手し、**北部仏印進駐**[31]を開始した。アメリカは屑鉄、航空機用ガソリンについて対日輸出を禁止し、経済制裁を強めた。

（3）南部仏印進駐

　第2次近衛内閣は日米開戦を避けるため、政府間交渉を開始した。これと並行して外相松岡洋右は1941年、**日ソ中立条約**を結び、南進政策を進めるに当たって米ソ二正面と衝突することを回避した。

　松岡外相は対米強硬論者であり、日米交渉を継続したかった近衛は松岡を外すためにいったん退陣し、第3次内閣を組織した。しかし**南部仏印進駐**が行われるとアメリカは態度を硬化させ、日本に対する石油輸出を禁止した。イギリス、オランダもこれに同調すると、**ABCD包囲陣**(アメリカ、イギリス、中国、オランダ)による対日経済封鎖が完成し、日米交渉の行き詰まった近衛内閣は総辞職した。

---

31 「仏印」とはフランス領インドシナ連邦を意味する。日中戦争が長期化していた理由には、アメリカやイギリスがこれらの地域を経由して蔣介石を援助していたこともあり、南進にはこのルート（援蔣ルート）を遮断する目的もあった。

(4) 太平洋戦争

近衛の後を受け組閣した東条英機は開戦論者であったが、組閣当初、日米交渉を続ける姿勢を示した。しかしアメリカ国務長官ハルが提示した最後通告(ハル=ノート)は、満州事変以前の状態に回帰することを要求するという、日本が到底応じられない内容であったため、日米交渉は不成功と判断して開戦が決定された。

ハル゠ノート

- 中国、フランス領インドシナからの撤兵
- 満州国、汪兆銘政権の否認
- 日独伊三国同盟の廃棄

1941年12月、イギリス領マレー半島とハワイ真珠湾を攻撃した日本はアメリカ、イギリスに宣戦布告し、太平洋戦争が始まった。

日独伊三国同盟によってドイツ、イタリアもアメリカに宣戦布告し、全世界の戦争に発展すると、日本、ドイツ、イタリアは枢軸国、アメリカ、イギリス、ソ連などは連合国と呼ばれた。

(5) 戦局の推移

当初日本軍はハワイ、マレー沖、南方などで多くの戦果を挙げ、「大東亜共栄圏」を建設するというスローガンのもと、戦闘範囲は拡大を続けた。しかし1942年のミッドウェー海戦でアメリカ海軍に大敗したのち防衛線は後退に転じ、南方に有していた拠点も次々に失われていった。

1944年にマリアナ諸島のサイパン島が占領されると東条内閣は総辞職し、その後を陸軍大将の小磯国昭が受けて組閣した。

4 近代 525

敗 戦 ★★★

(1) 本土空襲と沖縄戦

1944年以降、米軍機による**本土空襲**が行われるようになり、これを避けて国民学校生を都市部から離れさせる**学童疎開**が始まった。1945年3月の東京大空襲は、首都東京に甚大な被害をもたらした。

アメリカ軍は1945年4月に沖縄本島に上陸してこれを占領し(**沖縄戦**)、欧州戦線でも1943年9月にイタリアが、1945年5月にドイツが降伏すると、日本の孤立と敗色が明らかとなった。

(2) 敗 戦

1945年4月に小磯内閣が退陣し、鈴木貫太郎が組閣した。これに先立ち2月にはアメリカ、イギリス、ソ連の3国で**ヤルタ会談**が開かれ、戦後処理が話し合われていたが、このときソ連の対日参戦が約定されていた。

さらに3国は7月にドイツのポツダムで会談し、日本に無条件降伏を求める**ポツダム宣言**を発した。当初日本はこれを受け入れなかったため、アメリカは8月6日に広島、8月9日に長崎に原子爆弾を投下した。この間にソ連もヤルタ会談での合意に基づいて日ソ中立条約を破って対日参戦した。

昭和天皇はポツダム宣言受諾を決め、8月14日に日本は無条件降伏を行った。

戦中の内閣

1937.6〜39.1 第1次近衛文麿内閣	1937 1938	**盧溝橋事件** ／ **日中戦争**勃発 第1次近衛声明 ／ 「国民政府を対手とせず」と表明し、和平交渉途絶 **国家総動員法** ／ 政府決定による物資や労働力の動員が可能に **張鼓峰事件** ／ ソ連・満州国境における日ソ武力紛争 第2次近衛声明 ／ 日中戦争の目的を「東亜新秩序」構築と表明 第3次近衛声明 ／ 善隣友好、共同防共、経済提携の近衛三原則
1939.1〜39.8 平沼騏一郎内閣	1939	**ノモンハン事件** ／ 満蒙国境における日ソ武力紛争 アメリカ、日米通商航海条約を破棄 **国民徴用令** ／ 一般国民の軍需産業への動員 **独ソ不可侵条約** ／ 内閣、総辞職へ
1939.8〜40.1 阿部信行内閣	1939	ドイツ、**ポーランド侵攻** ／ **第二次世界大戦**へ **価格等統制令** ／ 物価高騰を防ぐため公定価格を設定
1940.1〜40.7 米内光政内閣	1940	**南京政府、樹立** ／ 国民政府の要人汪兆銘を保護し、南京に傀儡政権
1940.7〜41.7 第2次近衛文麿内閣	1940 1941	**北部仏印進駐** ／ 援蒋ルート遮断と南方における資源確保のため **日独伊三国同盟** ／ アメリカの対日屑鉄輸出停止を招く **大政翼賛会、結成** ／ 総裁を総理大臣とする官製の上意下達組織 **日ソ中立条約** ／ 米ソとの二正面対立を回避
1941.7〜41.10 第3次近衛文麿内閣	1941	**南部仏印進駐** ／ アメリカの対日石油輸出停止を招く
1941.10〜44.7 東条英機内閣	1941 1942 1943	**ハル＝ノート、提示** ／ 日本は日米開戦を決意し、**太平洋戦争**が勃発 **翼賛選挙** ／ 大半の当選者が政府推薦者となった総選挙 **ミッドウェー海戦** ／ 日本軍、大敗 イタリアが降伏
1944.7〜45.4 小磯国昭内閣	1945	アメリカ軍、沖縄上陸
1945.4〜45.8 鈴木貫太郎内閣	1945	**ヤルタ会談** ／ 米・英・ソによる首脳会談 ドイツが降伏 ソ連、対日参戦 ／ 朝鮮・満州に侵攻 原子爆弾、広島・長崎に投下 日本、**ポツダム宣言**を受諾 ／ 無条件降伏

■ 過去問チェック

01 19世紀中頃、米国使節のペリーは、黒船を率いて江戸湾入口の浦賀に来航し、開国を求める国書を渡し、翌年、その回答を求め再び来日した。江戸幕府は、下田・箱館の開港、漂流民の救助、米国に対する最恵国待遇の供与等を内容とした日米和親条約を結んだ。国家一般職2020 [1.1]

◯ アメリカの来航と日米和親条約についての正しい記述である。

02 大老となった井伊直弼は、一橋慶喜を将軍の後継ぎに決定するとともに、日米修好通商条約に調印したが、これらの決定に対して激しい幕府非難が起こった。直弼は継嗣問題に破れた南紀派や条約調印に反対する攘夷派の志士を厳しく弾圧したが、これに反発した彦根藩浪士らによって、1860年、江戸城の桜田門外で暗殺された。国家一般職2011 [1.1] [1.2]

✕ 井伊が擁立したのは一橋慶喜でなく家茂（南紀派）である。また井伊が弾圧したのは南紀派でなく慶喜の一橋派であり、暗殺したのは彦根藩浪士でなく、水戸藩脱藩浪士である。井伊直弼は彦根藩主であった。

03 日清修好条規は、日清戦争の講和のために締結された条約であり、この条約では、清国は遼東半島と台湾を日本に譲渡し、日本は2億両の賠償金を清国に支払うことが規定された。東京都 I 類2008 [2.6] [4.1]

✕ 日清戦争の講和のために締結されたのは日清修好条規でなく下関条約である。日清修好条規は明治政府最初の相互対等条約である。

04 樺太・千島交換条約は、日本とロシアとの国境を明確にすることを目的とした条約であり、この条約では、両国の雑居地となっていた樺太をロシアが放棄して日本領とし、千島全島をロシア領とすることが規定された。東京都 I 類2008 [2.6]

✕ 樺太と千島の説明が入れ替わっている。幕末の日露和親条約では、樺太は日露両国の雑居地、日露の国境は択捉島と得撫島の間とした。それを改正し、樺太はロシア、得撫以北の千島列島は日本領と定めたのが樺太・千島交換条約である。

05 軍部大臣現役武官制は、陸海軍大臣に就任できるのは現役軍人でなければならないという規定であった。1912年には、これを利用した軍部によって第2次西園寺公望内閣が倒されたが、のちに現役規定がはずされ、大正から昭和初期にかけての政党内閣の時代には、文民が陸海軍大臣に就任した。裁判所2013 [4.2] [7.1]

✕ 大正〜昭和初期で陸海軍大臣になったのはすべて軍人であり、文官がなった例はない。「1912

年には、これを利用した軍部によって第2次西園寺公望内閣が倒された」ことと「のちに現役規定が
はずされ」たことは妥当である。現役規定が外されたのは第1次山本権兵衛内閣の時代である。

06 鉄道業は、軍事・経済上の必要から、鉄道国有法により国有化されていた
が、その後、民営の日本鉄道会社が創設され成功すると、多くの民間資本の鉄道会
社が設立された。特別区I類2006 5.1

✕ 鉄道業においては民間鉄道会社ができたのが先であり、後に軍事上の必要から鉄道国有法で国
有化された。

07 紡績業では、渋沢栄一により創立された大阪紡績会社が成功すると、多くの
民間の紡績会社が設立され、手紡やガラ紡による綿糸の生産が急増した。特別区I
類2006 5.1

✕ 渋沢栄一により大阪紡績会社が創設されたことは妥当だが、手紡やガラ紡に代わって、紡績機
械が導入された。

08 明治末期には、英国やドイツの影響を受けた自然主義が文壇の主流となり、
留学経験もある夏目漱石と森鷗外は、人間社会の現実の姿をありのままに描写する
作品を著して、自然主義文学を代表する作家として活躍した。国家一般職2018 6.2

✕ 自然主義は英国やドイツではなくフランスの影響を受けた芸術運動である。また夏目漱石と森
鷗外は自然主義文学ではなく、反自然主義的立場に立つ高踏派・余裕派の作家とされる。

09 総理大臣寺内正毅が米騒動の責任をとって辞職した後、立憲政友会総裁の原
敬が総理大臣に任命された。原は平民宰相と呼ばれて国民の期待を集めたが、それ
は原が華族でも藩閥出身でもなく、衆議院に議席を持つ最初の総理大臣だからであ
る。裁判所2016 7.3

◯ 本格的な政党内閣である原敬内閣成立について述べている。

10 ソビエト連邦(ソ連)と日本の国交は、1930年代までには樹立されていなかっ
た。しかしナチス・ドイツが1939年にソ連と不可侵条約を結んだため、後に日本
もソ連と中立条約を締結し国交を樹立した。裁判所2014 8.3

✕ 1925年の加藤高明内閣のときに日ソ基本条約が結ばれているため、1930年代までには樹立さ
れていなかったという点が明らかに誤りである。

11 昭和初期、浜口雄幸首相は協調外交路線を採り、ロンドン海軍軍縮会議に参
加し海軍の補助艦艇の制限に関する条約に調印した。二・二六事件は、天皇の統帥

権を侵すものとしてこの条約に反対する青年将校らが、首相官邸を襲い、浜口首相を射殺したものである。 国家一般職2014 11.1 11.3

✕ 浜口雄幸が襲われた理由は妥当だが、場所は官邸ではなく東京駅である。二・二六事件は岡田内閣時に陸軍将校らが起こした事件である。

第2章

日本史

4 近代　531

過去問 Exercise

問題1　江戸時代末期に関する記述として最も妥当なのはどれか。

国家総合職2009

①　幕府は、1854年、ペリーが率いるアメリカ合衆国の艦隊の威力に屈して、同国の船が必要とする燃料や食料を供給すること、下田、箱館の2港を開くことなどを内容とする日米和親条約を結んだ。ついで幕府はイギリス、ロシア、オランダとも同様の和親条約を結んだ。

②　アメリカ合衆国の圧力や朝廷による開国への強い要請により、幕府は1858年に日米修好通商条約を結び、外国との貿易が行われるようになった。日本からは主に綿織物などの繊維製品が輸出されたが、外国からは鉄砲などの軍需品が輸入され、貿易は大幅な輸入超過となり、また、国内では物価が騰貴した。

③　大老井伊直弼は、公武合体の政策をとり孝明天皇の妹の和宮を将軍徳川家茂の正室に迎えたが、これが尊皇攘夷論者の反感を招き、桜田門外の変で暗殺された。この後、幕政の中心となった老中の安藤信正は、公武合体の政策を放棄するとともに、幕府を批判する公家や大名を厳しく処罰した。

④　土佐藩の坂本龍馬らの仲介で軍事同盟を結んだ薩摩藩と長州藩は、京都に攻め上り禁門の変を起こし、会津藩などの親幕府勢力を駆逐した。幕府はこの後、人材の登用を積極的に行うとともに徳川斉昭らの有力大名を幕政に参加させるなどして勢力の回復を図った。

⑤　将軍徳川慶喜は、イギリスの強力な援助を受けて第一次、第二次の長州征討を行ったが失敗し、幕府の権威は完全に失墜した。このような状況の中、慶喜は、朝廷や倒幕勢力である薩摩藩や長州藩による大政奉還の要請を受け入れ、260年以上にわたった江戸幕府は滅亡した。

532　第2章　日本史

解説

正解 ❶

❶ ○ 正しい記述である。

❷ ✕ 開国をめぐっては、幕府は開国やむなし、朝廷は孝明天皇を中心に開国反対であった。また、開国後の貿易では、わが国の輸出品は生糸や茶の半製品（原料）が全体の8割を占めており、輸入品のほとんどは綿織物や毛織物などの繊維製品であった。

❸ ✕ 公武合体政策の具体化策として、孝明天皇の妹和宮を14代将軍徳川家茂の正室として迎え入れたのは老中安藤信正であり、この措置に憤慨した尊皇攘夷派浪士に殺傷された（坂下門外の変）。大老井伊直弼が殺害された桜田門外の変は、開国をめぐる反対派を弾圧（安政の大獄）したことや、朝廷の許可を得ず日米修好通商条約に調印したことが尊王攘夷派の反感を買い暗殺された事件である。

❹ ✕ 坂本龍馬の仲介で薩長同盟が結ばれたことは事実であるが、禁門の変が起こったのは薩長同盟成立以前のことである。また、禁門の変は、八月十八日の政変で朝廷内から追放された長州藩が、池田屋事件を契機に京都へ攻め上ったもので、それを迎え撃った主力は薩摩藩・桑名藩・会津藩であった。

❺ ✕ 幕末、イギリスとフランスは我が国への対応が真っ二つに割れ、幕府方を支援したのはフランスであり、イギリスは倒幕勢力である薩摩・長州方を支援した。また、第1次・第2次長州征伐を行ったときの将軍は14代徳川家茂であり、大政奉還を勧めたのは土佐藩である。

4 近代 533

| 問題2 | 明治時代の政治に関する記述として最も妥当なのはどれか。 |

国家専門職2018

1 政府は、版籍奉還により旧藩主を旧領地の知藩事に任命し藩政に当たらせた。その後、政府は薩摩・長州・土佐の3藩の兵から成る御親兵によって軍事力を固めた上で廃藩置県を行った。これにより藩は廃止され府県となり、知藩事に代わって中央政府が派遣する府知事や県令が地方行政に当たることとなった。

2 西郷隆盛を中心とした鹿児島士族らによる反乱である西南戦争が起こると、これに続き、佐賀の乱や萩の乱などの士族の反乱が全国各地で頻発した。政府はこれらの反乱を長期間にわたる攻防の末に鎮圧したが、その後、兵力不足を痛感した政府は国民皆兵を目指す徴兵令を公布した。

3 大隈重信は、開拓使官有物払下げ事件が起こると、これをきっかけにして明治十四年の政変を主導して伊藤博文らを中心とする藩閥勢力に大きな打撃を与えた。大隈重信は、その後、下野し、国会開設に備え、フランスのような一院制の導入と主権在民を求める立憲改進党を設立した。

4 第1回衆議院議員総選挙においては、立憲自由党や立憲改進党などの民党は大敗し、その勢力は衆議院の過半数にはるかに及ばない結果となり、民党は政府と激しく対立していった。また、この選挙結果に不満を持った民党の支持者らは、福島事件や秩父事件を起こした。

5 日露戦争で我が国が勝利すると、山県有朋内閣は軍事力の更なる拡大を目指し軍部大臣現役武官制を定めるとともに、治安警察法を公布して政治・労働運動の規制を強化した。その後、ジーメンス事件と呼ばれる汚職事件の責任をとって退陣した山県有朋は立憲政友会を結成し、伊藤博文が率いる軍部・官僚・貴族院勢力と対立した。

解説

正解 **1**

❶ ◯ 正しい記述である。

❷ ✕ 佐賀の乱や萩の乱は短期間で鎮圧されている。また、佐賀の乱や萩の乱が先に起き、士族最後の乱として西南戦争が起きた。徴兵令は士族の反乱以前に公布されている。

❸ ✕ 明治十四年の政変は大隈ではなく伊藤博文らによって主導された事件である。これによって大隈重信は政府から追放された。また立憲改進党を設立したのは妥当だが、イギリス式の立憲君主制を目指した。フランスのような一院制の導入と主権在民を求めたのは自由党である。

❹ ✕ 第1回衆議院議員選挙では民党が過半数を獲得したのであり、「民党は大敗」は誤り。福島事件、秩父事件は選挙の前に起きた農民蜂起事件である。

❺ ✕ 前半の記述は妥当であるが、ジーメンス事件は大正時代の山本権兵衛内閣時に起きた汚職事件である。また立憲政友会は伊藤博文が結成した政党である。

問題3 　明治政府の初期の政策に関する記述として、妥当なのはどれか。

東京都Ⅰ類2014

1 　政府は、殖産興業を進めるため、先に設置した内務省に軍需工場や鉱山の経営、鉄道・通信・造船業などの育成にあたらせ、続いて設置した工部省に軽工業の振興、内国勧業博覧会の開催を行わせた。

2 　政府は、新貨条例を定めて円・銭・厘を単位とする新硬貨を発行するとともに、国立銀行条例を定めて全国に官営の国立銀行を設立し、そのうちの第一国立銀行を日本初の中央銀行に指定して唯一の紙幣発行銀行とした。

3 　政府は、西欧にならった近代的な軍隊の創設を目指して徴兵令を公布したが、平民は徴兵の対象には含まれず、武士の身分を失い生活に困窮していた士族のうち、満20歳以上の男子のみが徴兵の対象とされた。

4 　政府は、土地の売買を認め、土地所有者に地券を発行するとともに、課税の基準を収穫高から地価に改め、地価の一定割合を地租として土地所有者に金納させることにより、安定的な財源の確保を図った。

5 　政府は、民間による鉄道の敷設を奨励したため、日本鉄道会社により新橋・横浜間に日本で初めての鉄道が敷設されたほか、東海道線をはじめとする幹線鉄道の多くが民営鉄道として敷設された。

解説

正解 **4**

❶ ✕ 工部省と内務省が反対になっている。工部省は殖産興業を担当する中央官庁として1870年に設置（1885年廃止）され、鉄道・鉱山・造船・通信・軍需工場など近代国家に必要なインフラ整備を担当した。内務省は1873年、地方行政・警察・土木など内政全般を所管した。また、軽工業振興のため、初代内務卿の大久保利通の建議によって、第1回内国勧業博覧会が開催された（政府主催、内務省主管）。

❷ ✕ 国立銀行条例は、民間の金融機関の設立に関する法令であり、官営の国立銀行設置とは無関係である。第一国立銀行は、同法令に基づき設立された民間銀行であり、渋沢栄一が頭取を務め、我が国の中央銀行にあたる日本銀行は1882年に設立された。

❸ ✕ 徴兵令の対象は満20歳に達した男子であり、平民や士族といった区別はない。

❹ ◯ 正しい記述である。

❺ ✕ 新橋・横浜間に初めて開通した鉄道（東海道線）は官営である。東海道線は官営として1889年に新橋・神戸間が全通した。また、日本鉄道会社は上野・青森間の鉄道を敷設した民間の鉄道会社で、これ以外にも私鉄の建設が続いたことは事実である。なお、1906年制定の鉄道国有法により幹線鉄道を手がける私鉄は政府によって買収され、全国の主要鉄道は国鉄となった。

| **問題4** | 明治期の条約締結・改正に関する記述として最も妥当なのはどれか。 |

国家専門職2010

1 岩倉具視は、使節団の全権大使として欧米の近代的な政治や産業の状況を視察して帰国した。その後、政府は、自由貿易の開始や開港場における外国人居留地の設置などについて定めた日米修好通商条約を締結した。

2 井上馨外相は、外国人判事任用案の中止や領事裁判権の撤廃に重点を置いて英国と交渉を進め、領事裁判権の撤廃について同国の同意を得た。しかし、大津事件をきっかけに辞任に追い込まれ、条約改正には至らなかった。

3 小村寿太郎外相は、領事裁判権の撤廃と関税自主権の一部回復を求めて欧米諸国と交渉し、了承を得た。しかし、欧化政策の採用や外国人の内地雑居を認める方針が国民の反発を招いたため、辞任に追い込まれ、条約改正には至らなかった。

4 青木周蔵外相は、日米通商航海条約を締結し、米国との間で領事裁判権の一部撤廃に成功した。しかし、ノルマントン号事件により辞任に追い込まれ、関税自主権の回復については、交渉が中止された。

5 陸奥宗光外相は、日清戦争開戦を目前にして、領事裁判権の撤廃、最恵国待遇の相互平等、関税自主権の一部回復などを内容とする日英通商航海条約の調印に成功した。その後、政府は他の欧米諸国とも同様の改正条約を締結した。

解説

正解 ⑤

① ✕ 岩倉具視を全権大使とする視察団の欧米洋行は明治時代を迎えてからであり、日米修好通商条約は江戸時代に締結されたものである。

② ✕ 大津事件とは来日中のロシア皇太子ニコライ・アレクサンドロヴィッチ＝ロマノフ（後のニコライ２世）が警備中の巡査津田三蔵に殺傷された事件であり、引責辞任したのは当時外務大臣を務めていた青木周蔵である。

③ ✕ 欧化政策や外国人内地雑居、さらには外国人判事任用などの譲歩をテコに条約改正を進めたのは井上馨外務大臣であり、その方針は政府内にとどまらず在野の反対運動もおこり辞任した。

④ ✕ 日米通商航海条約締結時の外務大臣は小村寿太郎である。また、その主な内容は関税自主権の完全回復であり、領事裁判権の撤廃は陸奥宗光外務大臣が中心となって締結した日英通商航海条約である。さらにノルマントン号事件が起こったときの外務大臣は井上馨であり、同事件も井上外相辞任の一因といわれている。

⑤ ○ 正しい記述である。

4 近代 539

| 問題5 | 大日本帝国憲法（明治憲法）下での政府と政党の対立に関する記述として最も妥当なのはどれか。 |

国家一般職2011

1 憲法発布直後、黒田清隆首相は、政府の政策は政党の意向に左右されてはならないという超然主義の立場を声明していたが、我が国で初めての衆議院議員総選挙では、旧民権派が大勝し、第一回帝国議会では、立憲自由党など反藩閥政府の立場をとる民党が衆議院の過半数を占めた。

2 第一回帝国議会が開かれると、山県有朋首相は、満州を「利益線」としてその防衛のために軍事費を拡大する予算案を提出したが、政費節減・民力休養を主張する民党に攻撃され、予算案を成立させることができず、衆議院を解散した。

3 日清戦争の前後にわたり、政党は一貫して政府の軍備拡張に反対していたが、第3次伊藤博文内閣が地租増徴案を議会に提出したことを機に、政府と政党の対立が激化した。これに対し、政党側は合同して衆議院に絶対多数をもつ憲政党を結成したため、伊藤内閣は退陣し、かわって我が国で初めての政党内閣である犬養毅内閣が成立した。

4 初の政党内閣は内部分裂によりわずか4か月で倒れ、かわって第二次山県内閣が成立した。山県内閣は、政党の弱体化を機に、政党の力が軍部に及ぶのを阻むために軍部大臣現役武官制を廃止する一方で、文官任用令を改正し、主に高等文官試験の合格者から任用されていた高級官吏の任用資格規定を廃止して自由任用とした。

5 日露戦争後、藩閥勢力が天皇を擁して政権独占を企てているという非難の声が高まり、桂太郎や清浦奎吾らの政党人を中心に「閥族打破・憲政擁護」を掲げる第一次護憲運動が起こった。当時の西園寺公望内閣は、治安維持法を制定してこれを鎮圧しようとした。

解説

正解 ❶

❶ ○ 正しい記述である。

❷ ✕ 山県有朋が表明した「利益線」は国家の安全独立を保障する勢力範囲として朝鮮半島を指しており満州ではない。また、第1回帝国議会では、政府は民党の要求を一部入れて予算を成立させており、不成立による衆議院解散は行われていない。

❸ ✕ 我が国ではじめての政党内閣は大隈重信内閣（隈板内閣）であり、犬養毅内閣は、満州事変の対応をめぐり閣内不一致で総辞職した若槻礼次郎内閣に代わって成立した。

❹ ✕ 第2次山県有朋内閣では、政党の影響力が軍部・官僚におよばないように軍部大臣現役武官制を廃止ではなく制定し、文官任用令ではそれまでの自由任用から試験任用制度に改めた。

❺ ✕ 桂太郎・清浦奎吾は山県有朋に連なる藩閥勢力であり、「閥族打破・憲政擁護」をスローガンに倒閣運動を主導したのは政友会の尾崎幸雄、国民党の犬養毅である（第一次護憲運動）。なお、治安維持法は西園寺公望内閣ではなく加藤高明内閣のときに制定された。

| 問題6 | 日本とアジアの関係に関する記述として最も適当なのはどれか。 |

裁判所2010

1 1871(明治4)年、日本は清国との間に相互に領事裁判権を認める対等な条約を結んだ。

2 1882(明治15)年、清国で大院君を支持する軍隊が暴動を起こし、日本公使館を襲撃した。

3 1894(明治27)年、朝鮮で起こった義和団事件を契機に日清両国の対立が深まり、日清戦争が開始された。

4 1915(大正4)年、第2次大隈内閣は、毛沢東政府に対華二十一か条の要求を突きつけた。

5 1937(昭和12)年、奉天郊外で起こった柳条湖事件を契機に日中全面戦争に突入していった。

解説

正解 **1**

1 ◯　日清修好条規についての記述である。

2 ✕　1882年に起きた暴動(壬午軍乱)は清国ではなく朝鮮王朝で起きた反日クーデタである。

3 ✕　義和団事件(1899～1900)は朝鮮でなく清で起こった。日清戦争に発展した朝鮮の内乱は甲午農民戦争(東学党の乱)である。

4 ✕　二十一か条の要求を突きつけた相手は、毛沢東でなく中華民国の袁世凱である。

5 ✕　日中戦争のきっかけとされるのは盧溝橋事件である。柳条湖事件は満州事変の契機となった事件である。

> **問題7**　大正時代の政治・国際関係に関する記述として最も妥当なのはどれか。

> 国家専門職2011

1　日清戦争後から昭和初期にかけて、政治・社会・文化の諸方面で、民主主義的・自由主義的な風潮が高まった。これを大正デモクラシーといい、この潮流は第一次世界大戦をまたいで都市から農村にまで広がったが、二・二六事件と呼ばれる政党内閣の崩壊により終焉を迎えた。

2　東京帝国大学教授の吉野作造は、主権は国民にあり、天皇はあくまで国家の機関であるとする天皇機関説を唱え、大正期の政党内閣を理論面から支えた。これに対し、同大学教授の美濃部達吉は、主権は天皇にあると反論し、日本の統治体制に関する論争が展開された。

3　第一次世界大戦末期には、華族でも藩閥出身者でもない原敬が首相となり、日本で最初の本格的な政党内閣が成立した。原内閣は、普通選挙法を成立させて国民の参政権を拡大するなど政治刷新を行う一方で、社会主義思想に対しては厳しい姿勢をとり、幸徳秋水ら社会主義者を大量検挙した。

4　米国大統領ウィルソンが民族自決の原則を提唱したことなどの影響から、朝鮮では、独立を求める動きが強まり、三・一独立運動が起こったが、日本はこれを軍隊・警察によって鎮圧した。また、中国では、北京における学生の抗議運動をきっかけに、五・四運動と呼ばれる激しい排日運動が起こった。

5　第一次世界大戦後、世界的な軍縮の機運の高まりを受けてワシントン会議が開かれ、太平洋の現状維持のための九か国条約、中国の主権尊重を定めた四か国条約などが調印された。この軍縮と列国の協調を基礎にした国際秩序をワシントン体制というが、日本はこれを受け入れず、孤立外交の道を進んだ。

解説

正解 **4**

1 ✗ 　政党内閣の終焉を迎えるのは立憲政友会の犬養毅総理が青年将校らによって殺害された五・一五事件である。この事件以降から第二次世界大戦が終了するまで非政党内閣が続いた。

2 ✗ 　天皇は最高機関であるとする天皇機関説を唱えたのは美濃部達吉であり、それと対立して天皇主権説を唱えたのは上杉慎吉である。また、吉野作造のデモクラシー思想を民本主義といい、主権在民の民主主義とは一線を画した民衆の政治参加を主張した。

3 ✗ 　いわゆる普通選挙法を成立させたのは原内閣ではなく加藤高明内閣である。同内閣は普通選挙法の制定の同年にソ連と国交を樹立しており、その際社会主義者や共産主義者を取り締まるため治安維持法を制定した。しかし、幸徳秋水ら社会主義者が大量検挙された大逆事件は普通選挙法制定以前の出来事である。

4 ○ 　正しい記述である。

5 ✗ 　ワシントン会議で締結された九か国条約と四か国条約の内容が逆である。また、同会議で締結された海軍軍縮条約に対して国内では軍部の一部から反対論もあったが、会議に派遣された海軍出身の加藤友三郎全権は「国防は軍人の占有物にあらず」として締結に踏み切り、ワシントン体制を受け入れ、短期間ながら日本も協調外交を推進した。

4 近代　545

| 問題8 | 我が国の20世紀前半の動きに関する記述として最も妥当なのはどれか。 |

国家一般職2017

1 1914年に始まった第一次世界大戦はヨーロッパが主戦場となったため、我が国は参戦せず、辛亥革命で混乱している中国に干渉し、同大戦中に清朝最後の皇帝溥儀を初代皇帝とする満州国を中国から分離・独立させた。

2 1917年、ロシア革命によりアレクサンドル2世が亡命すると、ロマノフ王朝は崩壊し、世界で最初の社会主義国家が誕生した。その影響が国内に波及することを恐れた我が国は、米国と石井・ランシング協定を結び、米国に代わってシベリアに出兵した。

3 1918年、立憲政友会総裁の原敬は、陸・海軍大臣と外務大臣を除く全ての大臣を立憲政友会党員で占める本格的な政党内閣を組織した。同内閣は、産業の振興、軍備拡張、高等教育機関の拡充などの積極政策を行った。

4 1920年に設立された国際連盟において、我が国は米国と共に常任理事国となった。1933年、国際連盟はリットン報告書に基づいて満州における中国の主権を認め、日本の国際連盟からの除名を勧告したため、我が国は国際連盟を脱退した。

5 1930年、浜口雄幸内閣は金の輸出禁止を解除したが、ニューヨーク株式市場の大暴落から始まった世界恐慌のため、我が国では猛烈なインフレが生じ、労働争議が激化した。そのため、同内閣は治安維持法を成立させ、労働争議の沈静化を図った。

546 第2章 日本史

解説

正解 **3**

1 ✕ 　日英同盟を根拠に我が国も第一次世界大戦に参戦している。大戦中、混乱している中国に対して二十一か条の要求を突きつけたが、満州国の建国は1932年のことである。

2 ✕ 　ロシア革命時はアレクサンドル2世でなくニコライ2世のロマノフ朝であり、亡命ではなく1918年に殺害されロマノフ朝は滅亡した。石井・ランシング協定はシベリア出兵でなく日米の中国利権についての協定である。

3 ◯ 　正しい記述である。

4 ✕ 　日本は常任理事国となったが、米国は議会の反対に遭い、国際連盟には未加盟であった。また、リットン報告書は満州における中国の主権を認めると同時に日本の権益も保障しており、「除名を勧告した」内容ではない。

5 ✕ 　浜口雄幸内閣の経済失政によってインフレが起きたのではなく、通貨供給量の急激な減少に伴いデフレ不況となった。また治安維持法は浜口内閣ではなく、加藤高明内閣のときに制定された。

問題9	**護憲運動に関する記述として、妥当なのはどれか。**

特別区Ⅰ類2018

1 立憲政友会の犬養毅や立憲国民党の尾崎幸雄らの政党政治家、新聞記者、実業家たちは、「閥族打破・憲政擁護」を掲げて、第3次桂太郎内閣の倒閣運動を起こし、桂内閣は総辞職に追い込まれた。

2 憲政会総裁の加藤高明は、立憲政友会、革新倶楽部と連立内閣を組織し、国体の変革や私有財産制度の否認を目的とする運動を処罰し、共産主義思想の波及を防ぐことを目的とした治安警察法を制定した。

3 枢密院議長の清浦奎吾は、貴族院の支持を得て超然内閣を組織したが、これに反発した憲政会、立憲政友会、革新倶楽部の3政党は、内閣反対、政党内閣実現をめざして護憲三派を結成した。

4 立憲政友会総裁の原敬は、華族でも藩閥でもない衆議院に議席をもつ首相であったため「平民宰相」とよばれ、男性の普通選挙の実現を要求する運動が高まると、普通選挙法を制定し、25歳以上の男性に選挙権を与えた。

5 海軍大将の山本権兵衛は、立憲同志会を与党として組閣し、文官任用令や軍部大臣現役武官制の改正を行ったが、外国製の軍艦購入をめぐる海軍高官の汚職事件で世論の批判を受け、山本内閣は総辞職した。

解説

正解 ❸

❶ ✕ 政党名が入れ替わっている。犬養毅が立憲国民党で尾崎行雄が立憲政友会である。

❷ ✕ 前半の記述は妥当だが、加藤高明内閣が制定したのは治安警察法ではなく、治安維持法である。

❸ ◯ 正しい記述である。

❹ ✕ 前半の記述は妥当だが、普通選挙法を制定したのは原敬ではなく、加藤高明内閣においてである。

❺ ✕ 山本権兵衛は立憲同志会ではなく、立憲政友会を与党とした。それ以外の説明は妥当である。

問題10　近代の日本の経済に関する次のA～Dの記述の正誤の組合せとして最も適当なものはどれか。

裁判所2015

A　西南戦争期の緊縮政策の影響で、日本経済は激しいデフレ状態となったため、松方正義大蔵卿は、不換紙幣の発行で歳出を膨張させる政策を行った。その結果、物価が急騰したため農民生活は窮乏化し、土地を手放して小作農に転落するものが続出した。

B　産業革命期の日本では、工場労働者の大半を男性労働者が占めており、彼らは劣悪な環境の下、安い賃金で長時間労働に従事していた。日本最初の労働者保護法である工場法は、明治末になってようやく制定され、1日8時間労働制などが定められた。

C　1918年、シベリア出兵を当て込んだ投機的な米の買占めで米価が急騰すると、富山県の女性たちの行動をきっかけに、米騒動が全国各地で発生した。これを強硬策で鎮圧した寺内内閣は、世論の強い批判を浴びて総辞職した。

D　日中戦争期に国家総動員法が制定され、戦争に必要な労働力や物資を統制・運用する権限が政府に与えられた。政府は、これに基づいて国民徴用令を制定して、一般国民を軍需工場に動員し、また価格等統制令を制定して、公定価格制を導入した。

	A	B	C	D
①	正	正	誤	誤
②	正	誤	正	誤
③	誤	正	正	誤
④	誤	誤	正	正
⑤	誤	正	誤	正

解説

正解 **4**

A ✕　不換紙幣を発行するとデフレになりやすいため、「物価が急騰」は誤り。デフレになった結果、農民生活は窮乏し、土地を手放す者が続出した。

B ✕　初期軽工業である繊維工業における工場労働は男性よりも女性労働者が多かった。また明治末の工場法は女性、年少者の労働を1日12時間以内と規定した。8時間労働制は第二次世界大戦後のことである。

C ◯　寺内内閣の米騒動についての記述である。

D ◯　正しい記述である。

国家一般職 ★★★／国家専門職 ★★★／裁判所 ★★★／東京都Ⅰ類 ★★★／特別区Ⅰ類 ★★★

5 現　代

第5節では戦後の日本の歩みを確認します。経済成長や再軍備問題、公害など、さまざまなことが発生しました。内閣とできごとを関連づけて把握していきましょう。

1 占領下の日本

1.1 戦後の国際秩序　★★★

（1）国際連合

　連合国は、1941年に大西洋憲章によって戦後の国際秩序を定めた。これに基づき第二次世界大戦末期から、国際連盟に代わる新しい国際機関の創設を目指した協議を進め、1945年に国際連合が設立された。

　国際連合は当初51か国の参加で発足し、本部をニューヨークに置いた。**アメリカ、イギリス、フランス、ソ連、中国**の5大国は**常任理事国**となり、常任理事国5か国と非常任理事国10か国による**安全保障理事会**が設けられた。安全保障理事会において常任理事国は拒否権を持つため、5大国の合意を基礎に戦後の国際秩序を維持する仕組みとなっている。

（2）米ソ対立と冷戦

　第二次世界大戦で国力を大きく削がれた欧米諸国に代わり、アメリカとソ連が超大国としての存在感を増していった。両大国は資本主義・自由主義を標榜する西側と、社会主義・共産主義を標榜する東側という東西二大陣営を形成し、アメリカと西側諸国が**北大西洋条約機構（NATO）**、ソ連と東欧が**ワルシャワ条約機構**を結成して対立構造をなした。

　両陣営は直接戦火を交えることがなかったものの軍拡や経済面などで激しい競争を行い、この対立は冷戦と呼ばれた。国際連合の安全保障理事会は米ソの拒否権発動により、しばしば期待された機能を果たせなくなった。

552　第2章　日本史

(3) 中国と朝鮮

中国では、蔣介石の国民党と毛沢東の共産党による内戦が続いていたが、共産党がこれに勝利して**中華人民共和国**の成立を宣言した。国民党は台湾に逃れて中華民国政府を続けた。

朝鮮は戦後、北緯38度線を境界として北をソ連、南をアメリカが占領していたが、米ソ対立激化により南北統一が果たせず、北に**朝鮮民主主義人民共和国**(北朝鮮)が、南に**大韓民国**(韓国)が建国された。

1.2 初期の政策 ★★★

(1) 連合国による間接統治

敗戦後、日本の占領政策の最高決定機関である**極東委員会**(FEC)がワシントンに設置され、東京には現地での諮問機関として**対日理事会**が置かれた。いずれも連合国の機関であるものの、日本は事実上アメリカ政府単独の占領政策により統治されており、**マッカーサー**元帥を最高司令官とする**連合国軍最高司令官総司令部**(GHQ)が日本政府に指令・勧告を行うという**間接統治**の形式が採られることとなった。

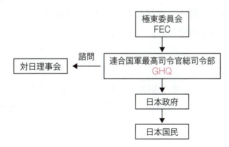

占領下の命令系統

(2) 人権指令

鈴木貫太郎内閣はポツダム宣言を受諾すると総辞職し、皇族の**東久邇宮稔彦**が組閣した。内閣は連合国軍の進駐を受け入れ、降伏文書への調印を行った。東久邇宮は「一億総懺悔」、「国体護持」という方針を掲げたが、これは戦争責任を明らかにしようとした占領政策と対立するものであった。

GHQは1945年10月に**人権指令**を出し、治安維持法や特別高等警察を廃止し、共産党員などの政治犯の釈放を求めたが、これに応じられない内閣は総辞職し、その後を**幣原喜重郎**が受けて組閣した。

（3）憲法改正

　GHQは幣原喜重郎内閣に自由主義的な憲法の制定を指示したが、当初政府が作成した改正案は大日本帝国憲法と大差がないものであった。そこでGHQ側が改正案を作成して日本政府に提示すると、政府はこれをもとに政府原案を国会へ提出し、改正手続を経て**日本国憲法**が1946年11月3日に公布され、翌1947年5月3日に施行された。

　新憲法は**国民主権、平和主義、基本的人権の尊重**を原則とし、**象徴天皇制、戦争の放棄**を定めた。

（4）五大改革

　日本の民主化のため、マッカーサーは政府に対して、婦人参政権の付与、労働組合の結成助長、教育の自由主義的改革、圧政的諸制度の撤廃、経済機構の民主化という、いわゆる**五大改革**を指示した。

（5）東京裁判

　GHQは戦争責任を問うため東京に極東国際軍事裁判所を設置し、軍や政府関係者のうち戦争や侵略行為に関わった指導者を逮捕し、裁判を行った（**東京裁判**）。

　一方で占領下における支配に利用するため、大日本帝国憲法下における主権者であった天皇の戦争責任を問うことはしなかった。1946年に天皇は人間宣言を行い、「現御神」としての神格を否定した。

（6）公職追放

　1946年以降、GHQにより戦争犯罪人、陸海軍の職業軍人、超国家主義者ら20万人以上が「公職に適せざる者」と認定され、職を追われた（**公職追放**）。

民主化諸政策

(1) 財閥解体

　明治維新後、政府から特権を与えられた資本家の一部は政商となり、さらに1880年代以降、鉱工業などの官営事業の払下げを受けると彼らは財閥に成長した。同族支配による業界横断的な企業結合体である財閥は日本の多くの産業を支配しており、このような独占状態を解体することがGHQにより目指された。

　1945年、三井、三菱、住友、安田など15財閥の資産が凍結され、翌1946年に**持株会社整理委員会**が設けられた。同委員会は指定を受けた持株会社・財閥家族から株式を譲り受け、これを公売にかけて処分することで**財閥解体**を進めた。また、1947年に**独占禁止法**を定めて持株会社やカルテル、トラストを禁止し、再び財閥組織が生まれるのを阻んだ。

　併せて1947年には、巨大独占企業を分割するために**過度経済力集中排除法**が制定され、325社が分割の対象となった。しかし冷戦が激化すると、アメリカは日本を共産主義からの防壁とすべく、資本主義国としての経済復興を目指す政策に転換した。このため、**実際の分割は11社にとどまり、財閥解体は不徹底に終わった**。

(2) 農地改革

　経済の民主化という目標のため、財閥解体と並行して実施されたのが寄生地主制の解体であり、二次にわたる**農地改革**によって自作農の創出が目指された。

　幣原喜重郎内閣による第一次農地改革の草案は、寄生地主制を解体するという目的に対して不徹底だったためGHQにより拒否された。後続の第1次吉田茂内閣がGHQ勧告を受け、**自作農創設特別措置法**に基づく第二次農地改革を行った。

第二次農地改革

- 地主の土地を国家が強制的に買い上げ、小作人に安く売って自作農を増やすことで、寄生地主制を解体
- 不在地主の全貸付地、在村地主の貸付地のうち一定以上（北海道以外は1町歩[1]、北海道は4町歩）が対象
- 小作地は改革前の5割弱から1割強に**大幅減少**
- 農家の大半が1町歩未満の**零細な自作農**となる
- 小作料は**現物納から金納に**

---

[1] 1町歩は約1万m²、すなわち100m四方の面積に相当する。

(3) 労働政策

労働者がおしなべて低賃金であることにより、国内での消費が充実せず日本が海外市場を求めて対外侵略を行ったという見解に立ち、GHQは労働者の待遇改善のため労働組合の結成を助長するという方針で勧告を行った。

1945年に**労働組合法**が制定され、労働者の団結権、団体交渉権、争議権が保障された。1946年には**労働関係調整法**、1947年には**労働基準法**が制定された(**労働三法**)。また、1947年には労働省が設置された。

(4) 教育改革

戦前に行われていた修身、日本歴史、地理の授業は一時禁止され、戦時教材は墨塗りが指示された。また戦前の教育制度を抜本的に改め、1947年の**教育基本法**により、教育の機会均等、男女共学、義務教育9年制(六・三制)が定められ、1947年の**学校教育法**により、戦前の複線型教育から、六・三・三・四制の単線型教育体制に変化した。

(5) 婦人参政権の付与

1945年、衆議院議員選挙法の改正により**女性の参政権**が初めて認められ、選挙権は**満20歳以上のすべての男女**に与えられることとなった。翌1946年に実施された総選挙では、**39名の女性議員**が誕生した。

選挙権の拡大

年代	内閣	内容
1889	黒田清隆内閣	直接国税15円以上納税、25歳以上男性
1900	第2次山県有朋内閣	直接国税10円以上納税、25歳以上男性
1919	原敬内閣	直接国税3円以上納税、25歳以上男性
1925	加藤高明内閣	25歳以上男性
1945	幣原喜重郎内閣	20歳以上男女
2016	第3次安倍晋三内閣	18歳以上男女

（6）政党の復活

　戦時下では大政翼賛会に統合されていた政党勢力も、相次いで活動を再開ないし結成されるようになった。

政党の復活

- 日本自由党　／旧立憲政友会系、翼賛選挙における非推薦議員ら ⇒ 民主自由党 ⇒ 自由党
- 日本進歩党　／旧立憲民政党系 ⇒ 民主党
- 日本協同党　／労使協調を掲げた中道政党 ⇒ 国民協同党
- 日本社会党　／非共産主義の旧無産政党が大同団結した政党
- 日本共産党　／GHQ指令により出獄した共産党員により結成された共産主義政党

1.4 インフレ対策と大衆運動　　★★★

　敗戦直後の日本は、空襲により生産活動を行う工場や交通・流通が破壊されたうえに1945年には大凶作が起こり、物不足・食料不足が深刻になっていた。加えて復員や引揚げ[2]により人口は大幅に増加していた。さらに敗戦処理のために通貨が増発されていたため**激しいインフレーション**が起こっていた。

（1）金融緊急措置令

　1946年、幣原内閣は紙幣流通量を減らすことによりインフレを抑えるため、金融緊急措置令を発した。これまで流通していた旧円を強制的に預金させて引き出せないようにし（預金封鎖）、新円切替えを行って預金引出しを制限することによって、紙幣流通量をコントロールしようとしたが、効果は一時的なものにとどまった。

（2）傾斜生産方式

　続く第1次吉田内閣は、1946年に資材と資金を石炭、鉄鋼などの重要産業部門に集中させる傾斜生産方式を採り、1947年に復興金融金庫（復金）を設立した。復金は基幹産業復興のために設立された政府の金融機関であり、石炭、鉄鋼、電力、海運などの産業に対して融資を行った。

　融資を行うための資金は債券の発行により調達され、これを日本銀行が引き受けたため、市場への貨幣供給が増加してインフレを招いた（復金インフレ）。

2　海外に派兵されていた日本の軍人が終戦で任務を解かれて帰国することを復員といい、海外に滞在していた日本の民間人が終戦とともに帰国することを引揚げという。

5　現代　557

(3) 大衆運動の高揚

　生活が危機に瀕したことにより、大衆運動が高まりを見せた。1946年には戦後初のメーデーが実施されたほか、労働者による生産管理闘争[3]が頻発した。このような中1947年に、新憲法下初の衆議院・参議院選挙が行われると、日本社会党が第一党となり、民主党、国民協同党との連立による片山哲内閣が組織された。

　片山内閣は社会主義政党を首班とする初の内閣であったが連立先との政策調整に苦慮し、1948年に総辞職した。その後は民主党の芦田均が3党連立の枠組みを残したまま組閣したが、昭和電工事件[4]により退陣した。

敗戦直後の内閣

1945.8～45.10 東久邇宮稔彦内閣	1945	連合国軍の進駐受入れ、降伏文書調印 GHQの人権指令を受け入れられず総辞職
1945.10～46.5 幣原喜重郎内閣	1945 1946	衆議院議員選挙法改正 ／ 女性を含む満20歳以上に選挙権を付与 公職追放 金融緊急措置令 ／ 預金封鎖と新円切替え 東京裁判開廷 傾斜生産方式を閣議決定 ／ 重要産業部門に資金・資材を集中
1946.5～47.5 第1次吉田茂内閣	1946 1947	持株会社整理委員会が発足 ／ 財閥の株式を強制的に譲り受けて公売 日本国憲法が公布 復興金融金庫を設立 ／ 基幹産業への融資を行う 教育基本法、学校教育法が施行 日本国憲法が施行
1947.5～48.3 片山哲内閣 初の社会主義政党首班	1947	過度経済力集中排除法 ／ 巨大企業の分割を狙うも、不徹底に
1948.3～48.10 芦田均内閣	1948	政令201号 ／ 公務員による争議権が失われる 昭和電工事件 ／ 大手化学工業会社に絡む疑獄事件で内閣退陣

---

3 労働者が使用者の指揮命令に従わず、団結して自主的に生産活動を行う争議行動をいう。

4 大手化学工業会社である昭和電工が復金からの融資を得るための贈収賄によって、政府高官、復金、GHQを巻き込んだ疑獄事件となった。

2 国際社会への復帰

2.1 朝鮮戦争 ★★☆

（1）占領政策の転換

　中国における国民党と共産党の内戦に際してアメリカは国民党を支援していたが、その劣勢に触れると日本に対する占領政策を改め、安定的な成長を促し東アジア地域における西側陣営の一角をなす国家を目指すようになった。このため、日本の経済復興を促す政策が打ち出されることになった。

　芦田内閣が退陣した後、日本自由党から他の勢力と合同して組織された民主自由党を基盤に第2次吉田茂内閣が成立した。当時の課題は傾斜生産方式によって生じていたインフレを抑えることにあり、1948年、GHQは内閣に対して経済安定九原則[5]の実施を求めた。

　そしてその実施にあたり、デトロイト銀行頭取のドッジに具体案を立案させた。ドッジは緊縮財政予算、1ドル＝360円の単一為替レートの採用などの政策路線（ドッジ＝ライン）を示し、第3次吉田内閣がその実施を担った。これによりインフレは一気に抑えられデフレが生じた（ドッジ不況）。

　また税制については財政学者のシャウプが来日して勧告を行い、このシャウプ勧告により直接税中心主義（企業に対する減税）、累進所得税制などの税制改革を行った。

　食料が不足していた状況も、占領地域救済資金（ガリオア資金）などによって緊急輸入され、米の豊作もあり改善されていった。産業界には原材料を輸入するための資金として占領地域経済復興援助資金（エロア資金）が貸与された。

---

5 財政の均衡、徴税の強化、融資の制限、賃金の安定などの項目からなり、徹底した引締めによってインフレを抑制することを狙った。

（2）朝鮮戦争

　1950年、北朝鮮が武力による南北統一を目指して韓国に侵攻したことで朝鮮戦争が始まった。アメリカが韓国側に、中国人民義勇軍が北朝鮮側を支援して参戦し、1953年に板門店（はんもんてん）で休戦協定が結ばれた。

　朝鮮戦争には世界の東西対立が局地での衝突となって現れており、日本にもさまざまな影響をもたらした。

① 警察予備隊の設置

　在日アメリカ軍が朝鮮戦争に動員されたことによって生じた空白を埋め、日本の治安を維持するため、GHQは警察予備隊(陸上部隊のみ)の新設を指示した。公職追放されていた旧軍人らは警察予備隊の隊員として復帰した。

② 共産主義者の追放

　初期の占領政策においては共産党員が出獄を許され、共産主義政党が合法的に活動を始めていた。しかし中国において毛沢東率いる中国共産党が勢力を強めると、これに対する警戒からGHQは日本における共産主義勢力を弾圧する方針に転じた。

　日本共産党幹部の公職追放に始まり、マスコミ、官公庁、民間企業において共産主義者の追放運動が広がった(レッドパージ)。

③ 特需景気

　傾斜生産方式によるインフレを抑えるためにドッジ=ラインと呼ばれる政策群が実施されたことにより、日本経済は深刻な不況(ドッジ不況)に陥っていた。しかし朝鮮戦争に参戦したアメリカからの特需が発生し、活況を取り戻した(特需景気)。

　これにより、日本は1951年には鉱工業生産において戦前の水準を回復した。

2.2 国際社会への復帰 ★★☆

(1) 講和をめぐる問題

アメリカは、日本を冷戦下のアジアにおける自由主義の重要拠点と位置づけ、反共防波堤としての役割を期待した。このことが、占領政策の終了と早期の講和実現に向けた動きを加速させた。

講和に際して、社会主義陣営を含めた全面講和を採るか、自由主義陣営のみとの単独講和を採るかの論争が生じた。主に保守勢力は単独講和を、革新勢力は全面講和を主張したが、吉田茂内閣は**単独講和**を選んだ。

(2) サンフランシスコ平和条約

1951年、アメリカのサンフランシスコで講和会議が開かれ、日本は48か国との間にサンフランシスコ平和条約を結び、翌1952年、日本は独立国としての主権回復と国際社会への復帰を果たした[6]。

沖縄を含む南西諸島や小笠原諸島はアメリカの施政権下に置かれる状況が継続した。

2.3 日米安全保障条約 ★★☆

(1) 日米安全保障条約

サンフランシスコ平和条約の調印と同日、日米安全保障条約（安保条約）も調印された。この条約は、日本の独立後もアメリカ軍が日本国内に駐留することを定めており、期限を設けていない。また、アメリカ軍が日本を防衛する義務については定めていない。

(2) 日米行政協定

安保条約に基づいてアメリカ軍が日本に駐留を続けるに当たって、1952年に**日米行政協定**によって具体的な事項を定めた。日本が駐留軍に基地を提供し、駐留のための費用を分担することが定められている。

---

6 このとき、条約の批准をめぐって日本社会党は党内の対立を深め、1951年に左派・右派に分裂した。

3 高度経済成長

3.1 55年体制の成立 ★★★

（1）緊張緩和と多極化の時代

1953年に独裁者スターリンが死去するとソ連は平和共存路線に転換し、50年代半ば以降東西対立の**緊張緩和**が見られるようになった。

1960年代に入ると、西側諸国では欧州の経済統合の動きが始まるとともに、西ドイツや日本のように急成長を遂げる国家も現れた。東側諸国においては中国が台頭し、ソ連との対立を深めるようになった。さらに第三世界と呼ばれるアジア・アフリカ地域も存在感を増し、国際社会は**多極化**の様相を呈するようになった。

（2）日本の再軍備

サンフランシスコ平和条約の発効時に警察予備隊は保安隊に改組されるとともに、海上警備を行う機関として海上警備隊（のちに警備隊）が新設された。

アメリカは安保条約に基づいて日本への駐留を続けていたが、アジア情勢の変化に伴って日本に自衛のための再軍備を要求した。1954年、アメリカとの間に**MSA協定**が結ばれ、日本は自衛力増強の義務を負った。

同年、このMSA協定に基づいて保安隊、警備隊を統合し、陸・海・空の<u>自衛隊</u>が発足した。

（3）55年体制

GHQによる占領初期の公職追放が解除されると、鳩山一郎、石橋湛山などの有力政治家が政界に復帰した。「自主外交・憲法9条改正」を主張する鳩山は「親米・憲法9条維持」を主張する吉田茂に対する反発から離党し、日本民主党を結党した。1954年に吉田内閣が退陣し、鳩山が後を受けて組閣した。

一方、サンフランシスコ平和条約の批准をめぐって左右に分裂していた**日本社会党は1955年に再統一**した。これに対応すべく同年、保守勢力も自由党と日本民主党が合流して**自由民主党**を結成した。

こうして衆議院で議席の3分の2弱を占める自由民主党を政権担当与党とし、3分の1強を占める日本社会党を野党とする形勢で、保守一党優位の保革対立状況が成立した。この政治体制は1955年に整ったことから55年体制と呼ばれ、以後約40年間続いた。

（4）国際連合加盟

サンフランシスコ平和条約の際、ソ連との講和は棚上げとなっていたが、第3次鳩山内閣は1956年に日ソ共同宣言に調印して国交を正常化した[7]。

日本は講和時に国際連合への加盟を申請した際ソ連の拒否権によって否決されていたが、国交樹立によって支持を得られたため、同年国際連合加盟も実現した。

3.2 安保条約の改定 ★★★

（1）新安保条約

鳩山内閣の後を受けて石橋湛山が組閣したものの短命に終わり、岸信介が内閣を組織した。岸は親米路線に回帰したうえで、日米関係をより対等なものとすべく安保条約の改定に取り組んだ。

1960年に調印された日米相互協力及び安全保障条約（新安保条約）では、アメリカが日本を防衛する義務が明文化され、軍事行動の際の事前協議制が定められた。

（2）60年安保闘争

岸が帰国して新安保条約の批准をめぐる国会審議が始まると、改定によって日本がアメリカとともに戦争に巻き込まれる懸念から、革新勢力による反対が起こった。衆議院の委員会採決が強行されると反対運動は急速に高まり、革新勢力や学生、一般市民も参加する大規模なデモ活動に発展した（60年安保闘争）。

結局条約批准案は参議院の議決を経ないまま30日を経過し、日本国憲法の規定により自然成立した。これを見届けて岸内閣は総辞職した。

3.3 東アジア外交と保守政権の継続 ★★★

（1）所得倍増

1960年に岸内閣の後を受けて池田勇人が組閣すると、「所得倍増」をスローガンに1970年までに国民総生産（GNP）、一人当たり国民所得を2倍にすることを掲げた経済政策が実施された[8]。

また、1962年から中国との貿易を開始した。日本と中国との間には国交が回復

---

[7] サンフランシスコ平和条約における講和が実現していない他の国について、1952年には中華民国（台湾）と日華平和条約を結び、1952年にインド、1954年にビルマ（ミャンマー）とも平和条約を個別に結んだ。

[8] 実際には、岩戸景気、オリンピック景気などにより高度経済成長は計画を上回るスピードで進み、1967年の段階で目標は達成された。

していないため、政治と経済を分離するとの合意のうえで行われ、両国の代表が廖承志と高碕達之助だったため、この貿易を**LT貿易**(日中覚書貿易)と呼ぶ。

(2) 沖縄返還

1964年、池田勇人内閣の後を受けて**佐藤栄作**が内閣を組織した。

戦後の東アジア関係においては1952年以降日韓関係が懸案となっていたが、佐藤は**朴正煕**政権との間で交渉をまとめ、1965年に**日韓基本条約**を結び国交を正常化させた。

このころからアメリカのベトナム戦争への介入が本格化し、日本の独立回復後もアメリカの施政権下にあり続けた沖縄では、祖国復帰を求める運動が激化していた。佐藤は日本が被爆国であることを背景とした世論に配慮して「持たず、つくらず、持ち込ませず」の非核三原則を掲げ、核兵器が国土に残らない形での返還を目指して交渉した。

1968年に小笠原諸島がまず返還され、1969年の佐藤とニクソン大統領との会談によって「核抜き・本土並み」の返還が約定され、1972年に**沖縄返還**が実現した。しかし、アメリカ軍基地は沖縄に置かれたままとなった。

3.4 高度経済成長 ★★★

(1) 特需景気による復興

敗戦直後に生じていた著しいインフレーションを抑えるために実施されたドッジ＝ラインと呼ばれる政策群が奏功したことで、日本経済は深刻な不況(ドッジ不況)に見舞われていたが、1950年代に入ると朝鮮戦争によって生じた特需で一気に好況に転じた(特需景気)。

日本は1952年に**国際通貨基金(IMF)**に加盟し、1955年には**関税及び貿易に関する一般協定(GATT)**に加盟した。

(2) 高度経済成長

1950年代半ば以降、日本経済は急速な成長期に入った。大企業が膨大な額の設備投資を行うことで**技術革新**に対応し、製品や生産性を向上させていった。また**石炭から石油へのエネルギー転換**が起こり、安価な石油が低コストの大量生産体制を支えた。これらの結果、1955〜1973年にかけては**年平均10%前後の急速な経済成長**を遂げた。

高度経済成長期に、以下のように顕著な好況期が見られる。

564 第2章 日本史

高度成長期の好況

1955 ～ 1957	**神武景気** ／ 31か月の景気拡大	
1958 ～ 1961	**岩戸景気** ／ 42か月の景気拡大、この間に「所得倍増計画」が提起される	
1962 ～ 1964	**オリンピック景気** ／ 24か月の景気拡大、1964年のオリンピック東京大会開催に伴う好況	
1965 ～ 1970	**いざなぎ景気** ／ 57か月の景気拡大	

① 第1次高度経済成長期

　1955 ～ 1965年は第1次高度経済成長期と位置づけられる。農地改革によって私有財産を与えられた農民や労働運動の助長により労働者の賃金が向上するなど、国民の所得水準が向上していたことを受け、内需を中心とした成長となった。

　「三種の神器」と呼ばれた白黒テレビ、電気洗濯機、電気冷蔵庫を中心に家電製品が消費を牽引した。

② 第2次高度経済成長期

　1965 ～ 1973年は第2次高度経済成長期と位置づけられる。輸出が急速に拡大したことを受け、外需を中心とした成長となった。

　日本は1963年にGATT11条国に、1964年にIMF8条国に移行した。それぞれ協定の11条、8条の適用を受ける国となったことを意味し、成長を支援される途上国扱いから先進国扱いに転換したことを含意する。さらに1964年には**経済協力開発機構（OECD）**にも加盟した。

　高度経済成長期は、1973年に起こった第1次石油危機によって終わり、その後は安定成長期となった。

③ 高度経済成長の影響

　高度経済成長は国民の所得を増大させて大衆消費社会をもたらし、新聞、雑誌などに加えてテレビ放送でマス・メディアの大量の情報に触れるようになった国民は、次第に画一的な「中流意識」を持つようになった。

　また、高度経済成長期は55年体制の前半期と並走しており、保守政権によって豊かな生活がもたらされたという実感から、自民党一党優位制が長期化する一因となった。

　一方で、農山漁村の過疎化や公害などの深刻な社会問題ももたらした[9]。

9　政府は1967年に公害対策基本法を制定し、7種の公害について事業者、国、自治体の責任を定めた。また1971年には環境庁を新設した。

復興・高度成長期の内閣

1948.10 〜 54.12 第2次〜第5次 吉田茂内閣	1948 1949 1950 1951 1954	GHQが**経済安定九原則**を指示 **ドッジ=ラインの実施** ／ 緊縮財政、1ドル＝360円の単一 為替レート **シャウプ勧告** ／ 直接税中心主義、累進所得税制などの提 言 **朝鮮戦争**が勃発 ／ 日本に**特需景気**をもたらす **警察予備隊を創設** ／ 公職追放されていた旧軍人らが隊員 として復帰 **サンフランシスコ平和条約** ／ 48か国との単独講和 **日米安全保障条約** ／ 日本国内への米軍駐留を承認 **日本社会党が分裂** ／ 平和条約の批准をめぐって左派・右派 に分裂 **MSA協定** ／ 日米相互防衛援助協定などの4協定の総称 **自衛隊が発足** ／ 陸・海・空の3隊 **日本民主党が結成** ／ 鳩山一郎らが自由党を離反
1954.12 〜 56.12 第1次〜第3次 鳩山一郎内閣	1955 1956	日本社会党が再統一 自由民主党が結成 ／ 自由党と日本民主党の合同、**55年体** **制**が成立 **日ソ共同宣言** ／ ソ連との国交正常化 **国際連合に加盟**
1956.12 〜 57.2 石橋湛山内閣	1956	組閣するも首相の病気により短命に終わる
1957.2 〜 60.7 第1次〜第2次 岸信介内閣	1960	**日米相互協力及び安全保障条約**（新安保条約）に調印 新安保条約の批准をめぐって**60年安保闘争**が起こる
1960.7 〜 64.11 第1次〜第3次 池田勇人内閣	1960 1962 1963 1964	**所得倍増計画** ／ 1967年時点で目標を達成 中国との**LT貿易**を開始 ／ 国交のないまま準政府間貿易 GATT11条国に移行 IMF 8条国に移行 **OECDに加盟**
1964.11 〜 72.7 第1次〜第3次 佐藤栄作内閣	1965 1967 1971 1968 1969 1972	**日韓基本条約** ／ 韓国との国交正常化 公害対策基本法を制定 **非核三原則**を表明 ／「持たず、つくらず、持ち込ませず」 環境庁を新設 小笠原諸島が返還される 佐藤・ニクソン会談 ／「核抜き・本土並み」の返還で合意 **沖縄が返還される**

566　第2章　日本史

4 現代の国際社会と日本

4.1 高度経済成長の終わり ★☆☆

（1）国際経済の動揺

① ブレトン＝ウッズ体制

　大戦末期、連合国は戦後の国際経済における協力体制を構築するための協議を行い、1945年に**国際通貨基金（IMF）**、**国際復興開発銀行（IBRD）**を発足させた。また、1947年には**関税と貿易に関する一般協定（GATT）**も結ばれ、自由主義諸国の貿易を自由化するための諸制度が整えられた（**ブレトン＝ウッズ体制**）。このとき同時に、アメリカの国内通貨であるドルを**世界の基軸通貨**とすることも定められた[10]。

② ドル＝ショック

　しかし1960年代に入ると、ベトナム戦争による戦費拡大、日本や西ドイツからの輸入拡大などによりアメリカの国際収支が悪化し、金準備が危機に陥った。

　これを受けて1971年、ニクソン大統領は突然新たな経済政策を発表し、世界を驚愕させた（**ドル＝ショック**）。

ニクソン大統領による新経済政策

- ・金とドルの交換停止
- ・10％の輸入課徴金の導入 ／ 通常の輸入税に追加して、特別徴収する付加関税
- ・90日間の賃金・物価の凍結
- ・諸国に対し大幅な為替レートの切上げを求める

③ 変動相場制への移行

　1971年、ワシントンで開かれた10か国蔵相会議において、**1ドル＝308円**とする円ドル為替レートの切上げが行われた（**スミソニアン体制**[11]）。固定相場制を維持する努力がなされたものの、その後もドルの流出は止まらず、1973年に日本や欧州諸国は**変動相場制に移行**した。

---

[10] 金１オンス＝35ドルと定め、各国通貨とドルの換算レートを一定とする固定相場制が採られたため、金ドル本位制とも呼ばれる。

[11] このとき同時にドル為替平価が切り下げられており、金１オンス＝38ドルとされた。

5 現代 567

（2）第1次石油危機

　日本の高度経済成長は、石炭から安価な石油へのエネルギー転換に支えられていたが、1973年に第4次中東戦争が起こると、石油輸出国機構(OPEC)は原油価格の大幅引上げを行い、さらにアラブ石油輸出国機構(OAPEC)はイスラエルを支援する諸国に対する原油輸出の停止・制限を行った（第1次石油危機）。

　日本は中東地域に原油輸入を依存していたため、経済は非常に大きな打撃を受けた。また世界も同様に経済成長率の低下や失業率の上昇に苦しめられ、1975年にはこれらの対処を協議するため先進国首脳会議(サミット)が開催された。

（3）高度経済成長の終わり
① 日中共同声明

　1972年、田中角栄(たなかかくえい)が組閣し、同年訪中して日中共同声明を発表した。これによって中国との国交が正常化したが、中華人民共和国を「中国で唯一の合法政府」と認めるものであったため、同時に台湾との国交は断絶した。

② 石油危機の影響

　田中は新幹線や高速道路などで全国を結ぶ高速交通網の整備や、地方の工業化などからなる「日本列島改造論」を打ち出し、公共投資を進めていた。これによって開発の候補地となった土地や株式への投機が起こって地価が急激に上昇していたところに、第1次石油危機による原油価格高騰が重なって物価は高騰し(狂乱物価(きょうらん))、市民生活は大きく混乱した[12]。

　1974年には戦後初のマイナス成長を記録し、高度経済成長期は終わりを迎えた。

4.2 保革伯仲の時代　★★★

（1）ロッキード事件

　田中の金脈問題が報じられて1974年に内閣が総辞職すると、三木武夫(みきたけお)が後を受けて組閣した。しかし1976年にアメリカの航空大手ロッキード社からの航空機導入をめぐる収賄容疑で田中元首相が逮捕され(ロッキード事件)、同年の衆議院議員総選挙で自由民主党が大敗したため三木は責任を取って退陣した。

12　政府は金融引締め政策を行ったもののインフレは収束せず、インフレーションと不況(スタグネーション)の両方が同時に起きていることから、この状況をスタグフレーションと呼んだ。

（2）日中平和友好条約

1972年の日中共同声明に沿って両国は平和条約の締結に向けた調整を進めたものの難航しており、三木の後を受けて組閣した福田赳夫の時代、1978年になって日中平和友好条約が結ばれた。

（3）第2次石油危機

1979年にイラン革命が起こってホメイニが実権を掌握すると、世界第2位の産油国であったイランが原油生産額を大幅に減らし、OPECもこれに足並みをそろえた。このため世界的な原油不足が生じた（**第2次石油危機**）。

福田の後継の**大平正芳**内閣はこれに対処していたが、1980年の衆参同日選挙を控えた選挙運動中に急死し、鈴木善幸が後を受けて組閣した。

（4）保革伯仲と保守の復権

高度経済成長期の後期、成長の弊害として公害や大都市圏の過密化などが政治問題化するようになると、大都市圏の自治体を中心に革新系（日本社会党や日本共産党など）の首長が登場するようになっていた。この流れは国会にも及び、首相の汚職事件などの影響も受けながら**保革伯仲**の時代が続いた。

しかし低成長が続いたまま1980年代に入ると**保守勢力**が優位性を回復し、大都市圏に存在していた革新自治体が保守候補に取って代わられる事態が多く生じた。

4.3 バブル経済　★★★

（1）経済大国への成長

1970年代半ば以降、日本の経済成長率は低迷していたものの、主要先進国と比較すればなお高い状態にあり、自動車、電気機械、半導体、コンピュータなどの産業が成長を続けていた。

これらの産業は日本の輸出拡大に大きく寄与し、日本の貿易黒字は諸外国との間に**貿易摩擦**をもたらした。

（2）プラザ合意

貿易赤字に苦しむアメリカは、その原因となっていたドル高に介入することについて諸国の同意を取り付けた。1985年の5か国蔵相・中央銀行総裁会議（G5）においてドル高の是正が合意され（**プラザ合意**）、円高によって日本の輸出産業は大きな打撃を受けた。

5　現代　569

（3）バブル経済

日本銀行は国内の輸出産業を救済するため、超低金利政策を実施した。円高と超低金利によって金融機関や企業は国内の不動産市場や株式市場に投資を集中した結果、地価や株価が著しく騰貴する**バブル経済**が生じた。

4.4 冷戦の終結と55年体制の崩壊 ★★★

（1）国際社会の変容

① 冷戦の終結

1960年代後半以降、米ソはいったん緊張緩和の時期を迎えたが、1979年のソ連によるアフガニスタン侵攻に西側諸国は再び反発を強めた。

しかし、アメリカは貿易赤字と財政赤字の「双子の赤字」に苦しみ、ソ連も経済危機から国家体制の立て直しを迫られていた[13]。このような両国の事情に加え、欧州統合や日本の経済大国化、第三世界諸国の台頭などの情勢の変化は、二大超大国の関係が世界を規定するという冷戦構造の行き詰まりをも示していた。

両国は積極的な対話を始めて核戦力の削減などの合意を積み重ね、1989年にソ連はアフガニスタンからの撤退を行った。同年、地中海のマルタ島で米ソ首脳会談が設けられ、**冷戦の終結**が宣言された。

② 地域紛争と自衛隊派遣

1991年に**ソ連が解体**し、旧ソ連諸国は独立国家共同体（CIS）を構成した。冷戦の終結やソ連解体と前後してベルリンの壁崩壊や東西ドイツ統一、東欧諸国の民主化革命が相次いで起こり、国際社会は大きく変動した。

1990年、イラクがクウェートに侵攻すると、国際連合の決議を背景にアメリカを主力とする多国籍軍が組織され、イラクに武力制裁を行った（**湾岸戦争**）。日本は100億ドル以上の資金援助によって貢献したが、資金協力以上の貢献に関する議論が過熱する中、1992年にPKO協力法が成立し、カンボジアへの自衛隊派遣が行われた。

冷戦構造が崩壊し、各地で地域紛争が頻発する中、自衛隊の海外派遣はその後たびたび行われている。

---

13 1985年に書記長に就任したソ連のゴルバチョフは、国内の改革（ペレストロイカ）に取り組み、冷戦時代の外交方針を改めた「新思考外交」を推進した。

（2）行財政改革と消費税導入

　1982年に中曽根康弘が内閣を組織すると、国際的な新自由主義の潮流の中で社会保障の簡素化と併せて、電電公社（現NTT）、専売公社（現JT）、国鉄（現JR）の民営化を行った。また、1985年に女性の差別撤廃を図る男女雇用機会均等法が制定された。

　続いて組閣した竹下登内閣は1989年に消費税を導入し、1970年代からの懸案であった大型間接税導入を果たした。

（3）55年体制の崩壊

　1988年にリクルートコスモス社の未公開株をめぐる大規模な贈収賄事件が発覚し（リクルート事件）、竹下内閣は国民に政治不信を招いたとして退陣した。

　続く宇野宗佑内閣が首相のスキャンダルで短命に終わると海部俊樹内閣が後を受け、冷戦の終結や湾岸戦争など国際社会の変容に直面する中、海上自衛隊の掃海艇部隊をペルシャ湾に派遣した。またバブル経済の崩壊が始まり、日本経済は長い低迷期に入った。

　1991年に発足した宮沢喜一内閣時に政界・企業の癒着を示す事件が続くと国民の激しい非難を浴び、1993年に自由民主党が分裂する事態となった。離党者は新生党、新党さきがけを結成し、同年の衆議院議員総選挙では自民党が大敗した。

　宮沢内閣は退陣し、共産党を除く非自民8党連立のもと、日本新党の細川護熙が首相を務める内閣が組織され、1955年以来38年続いていた55年体制が崩壊した。

高度成長後の内閣

1972.7 ～ 74.12 第1次～第2次 田中角栄内閣	1972 1973	日中共同声明 ／ 中国との国交正常化、台湾との国交断絶 日本列島改造論を発表 変動相場制へ移行 **第1次石油危機**
1974.12 ～ 76.12 三木武夫内閣	1974 1975 1976	戦後初のマイナス成長 ／ **高度経済成長の終わり** パリで先進国首脳会議（サミット）開催 **ロッキード事件** ／ 田中前首相逮捕
1976.12 ～ 78.12 福田赳夫内閣	1978	日中平和友好条約を締結
1978.12 ～ 80.7 第1次～第2次 大平正芳内閣	1979	第2次石油危機 ／ 同年のイラン革命に発端した石油価格 　　　　　　　　の騰貴 東京で先進国首脳会議（サミット）開催 ソ連、アフガニスタンに侵攻 ／ 東西間の緊張が再燃
1980.7 ～ 82.11 鈴木善幸内閣	1980	イラン＝イラク戦争が勃発
1982.11 ～ 87.11 第1次～第3次 中曽根康弘内閣	1985 1987	**男女雇用機会均等法**を制定 **プラザ合意** ／ G5でドル高是正に合意、円高が進行 **電電公社**、**専売公社**を民営化 ／ それぞれ現在のNTT、 　　　　　　　　　　　　　　　　　　　　　JT **国鉄**を民営化 ／ 現在のJR
1987.11 ～ 89.6 竹下登内閣	1988 1989	**リクルート事件** ソ連、アフガニスタンから撤退 **消費税**を導入 ／ 3%の間接税
1989.6 ～ 89.8 宇野宗佑内閣	1989	天安門事件 ／ 中国の民主化デモが軍隊に武力鎮圧される
1989.8 ～ 91.11 海部俊樹内閣	1989 1990 1991	ベルリンの壁崩壊 **東西冷戦の終結** **湾岸戦争** ／ イラクのクウェート侵攻を機に多国籍軍が介入 自衛隊ペルシャ湾派遣 ／ 初の海外派遣
1991.11 ～ 93.8 宮沢喜一内閣	1991 1992	**ソ連解体** ／ 旧ソ連諸国は独立国家共同体（CIS）を形成 PKO協力法 ／ カンボジアへの自衛隊派遣が行われる
1993.8 ～ 94.4 細川護熙内閣	1993	非自民8党連立の内閣成立により**55年体制崩壊**

過去問チェック

01 大政翼賛会結成に伴って政党は解散したが、太平洋戦争の終結後、戦前からの政治家たちは、日本自由党や日本進歩党などの新しい政党を立ち上げた。また、戦後に結成された日本社会党は、わが国初めての合法無産政党である。**裁判所2013** 1.3

✕ 日本初の合法無産政党は1926年の労働農民党であり、戦後に初めて結成されたわけではない。無産政党とは、労働者など無産階級の利益を代表する政党のことである。

02 第二次世界大戦後には、教育の民主化が進められ、教育基本法や国民学校令が制定されて、六・三・三・四制の新教育制度が発足した。その結果、戦前には認められなかった私立学校の設立も認められ、子どもの個性や自発性を尊重する自由教育が実践された。**国家一般職2005** 1.3

✕ 国民学校令は1941年に公布された戦時体制に対応した教育を行うための制度であり、戦後の教育民主化策ではない。また、私立学校は戦前にも認められていた。

03 第二次世界大戦後には、米国教育使節団の勧告により、修身・日本歴史・地理の授業が一時停止されるとともに、複線型・男女別学の学校体系に改められた。昭和22(1947)年には、教育基本法が制定され、義務教育期間が12年から9年に短縮された。**国家一般職2015** 1.3

✕ 終戦直前の義務教育期間は6年(国民学校初等科)であり、戦後は9年に延長されている。また、戦前の教育体系は複線型であったが、戦後は単線型となり、男女共学が増えた。

5 現代 573

過去問 Exercise

問題1　第二次世界大戦後の連合国軍占領下における我が国の民主化政策に関するA〜Dの記述のうち、妥当なものを選んだ組合せはどれか。

特別区Ⅰ類2007

A　連合国軍最高司令官総司令部(GHQ)は労働組合の結成を奨励し、労働組合法などが制定されたが、二・一ゼネストはGHQの命令により中止された。

B　教育の機会均等、男女共学などを定めた教育基本法が制定されるとともに、公選による教育委員会が設置された。

C　持株会社整理委員会が設けられ、財閥の所有する有価証券が公売され、また、過度経済力集中排除法の制定により、財閥系の銀行の分割が行われた。

D　2度の農地改革が行われ、第二次農地改革の結果、在村地主の小作地の所有限度は5町歩に制限され、小作料は物納とされた。

1　A　B

2　A　C

3　A　D

4　B　C

5　C　D

解説

正解 ①

A ◯ 　二・一ゼネストは、日本共産党の影響力が大きかった全日本産業別労働組合会議（産別会議）指導のもと、国鉄・全逓（全逓信従業員組合）の二大単組を有する全官公労共同闘争委員会（議長伊井弥四郎）が主体であった。全官公労を率いているのが共産党であることが示されると、冷戦の兆しを感じていたアメリカを刺激し、突如として中止に追い込まれた。

B ◯ 　民主的教育理念を示した教育基本法のほか、その基本理念を具体化した学校教育法が制定され、さらに、都道府県・市町村に公選による教育委員会設置を定めた教育委員会法が制定された。

C ✕ 　過度経済力集中排除法は、既存の巨大企業を分割する措置で、市場における自由競争を確保するため制定された。しかし、実際の分割は日本製鉄、三菱重工業、大日本麦酒、王子製紙など11社にとどまり、銀行は当初から分割対象外であった。

D ✕ 　在村地主の小作地所有限度を５町歩としたのは、いわゆる第一次農地改革である。この措置は連合国軍最高司令官総司令部（GHQ）には不十分とみなされ、第二次農地改革では在村地主の１町歩（北海道は４町歩）を超える貸付地は国家の強制買収の対象となった。また、小作農の金納が定められた。

5　現　代　575

| 問題2 | 第二次世界大戦後のわが国に対する連合国軍最高司令官総司令部(GHQ)の政策に関する記述として、妥当なのはどれか。 |

東京都Ⅰ類2005

1　GHQは、日本のポツダム宣言受諾の後、マッカーサーを最高司令官とし、日本を占領して、直接統治による占領政策を行った。

2　GHQは、日本の経済を民主化するため、財閥の解体と資産の凍結を指令し、持株会社整理委員会を発足させて財閥が所有する持株を売却させた。

3　GHQは、農業の生産性を高めるため、農地改革を実施し、全農地の半分近くを占めていた小作地を地主に集約し、寄生地主制を促進した。

4　GHQは、日本政府が作成した旧憲法の改正案について、修正の指示をすることなく原案どおり承諾し、帝国議会の審議の後、日本国憲法として公布した。

5　GHQは、ドッジ=ラインを示し、日本政府はこれを受けて経済安定九原則を定め、為替を固定相場制から変動相場制に移行した。

解説

正解 ②

❶ ✕ GHQによる占領政策は、直接統治でなく間接統治である。

❷ ◯ 正しい記述である。

❸ ✕ 農地改革の目的は寄生地主の解体と自作農の創設であり、寄生地主制の促進ではない。農地は寄生地主から強制的に買い上げられ、小作農に安価で売却されたため、自作農を促進する結果となった。

❹ ✕ GHQは日本政府が作成した旧憲法の改正案(幣原案)が大日本帝国憲法の部分的な改定に留まるとして拒否し、修正を指示した。

❺ ✕ 経済安定九原則は日本政府が定めたものではなく、アメリカ政府がGHQを通じて日本政府に指令した経済政策である。また、固定相場制から変動相場制に移行したのは1971年である。

5 現代 577

| 問題3 | 第二次世界大戦後の日本に関する次の記述のうち、最も妥当なのはどれか。

国家専門職2005

1 　終戦後の経済的混乱の影響からインフレーションが進行したが、政府は金融緊急措置令を施行して通貨の流通量を減らしインフレを抑制することに成功した。また、特定分野に資源・資金を集中する傾斜生産方式をとることにより、石炭・鉄鋼などの基幹産業の再建や生産拡大が達成され、物価は安定した。

2 　1950年に朝鮮戦争が開始されると、米国は駐留米軍を増強するとともに、日本の再軍備を目的とした経済援助を開始し、MSA協定が締結された。この協定を受けて発足した警察予備隊は、戦争の経過に伴い朝鮮半島に投入された駐留米軍に代わり、日本の防衛・治安維持を担った。その後日本の独立回復に伴い、自衛隊が発足した。

3 　西側諸国中心の講和を目指す吉田内閣が昭和電工疑獄を契機に退陣すると、ついで成立した鳩山内閣は、社会主義国との関係を深め、日ソ平和条約の締結に成功した。この締結により、サンフランシスコ講和会議における全面講和と日本の国際連合加盟への道が開かれた。

4 　1960年に成立した池田内閣は「所得倍増」をスローガンに経済成長を促進する政策をとった。技術革新や設備投資の活発化、国内の消費市場の拡大などにより、日本経済は高度成長を続けたが、工業地帯や大都市における大気汚染や水質汚濁が深刻な公害病を引き起こしたため、公害訴訟や住民運動が高まる中、佐藤内閣は公害対策基本法の制定と改正を行い、その後環境庁を設置した。

5 　1973年の第4次中東戦争をきっかけに石油危機が発生すると、原油の大半を中東から輸入していたため、銀行の倒産が相次ぎ、金融恐慌といわれる長期低迷期に入った。経済低迷の責任を負って退陣した福田内閣の後を受け成立した中曽根内閣では、行政改革・税制改革の推進が期待されたが、三公社(電電公社・専売公社・国鉄)の民営化を果たせず、これらの改革は竹下内閣に引き継がれた。

解説

正解 **4**

❶ ✕ 通貨供給量を減少させることでインフレーションを鎮静化させようとした金融緊急措置令は一定の効果があったとされている。しかし傾斜生産方式により復興金融金庫から大量の融資が行われ、インフレーションは再燃して物価は混乱した。

❷ ✕ 警察予備隊(1950)はMSA協定(1954)が締結される前に発足している。その後に自衛隊が創設された。

❸ ✕ 昭和電工事件で退陣したのは吉田内閣でなく芦田内閣である。また、サンフランシスコ平和条約時の内閣は吉田内閣、日ソ共同宣言時の内閣は鳩山内閣である。ソ連および現在のロシアとは平和条約が結ばれていない。

❹ ◯ 正しい記述である。

❺ ✕ 石油危機はあったが、1975年にはプラス成長に戻ったので「長期低迷期」とはいえない。福田内閣の後は中曽根内閣でなく大平内閣であり、中曽根内閣では前内閣(鈴木善幸内閣)から引き継いだ行政改革である三公社の民営化を行った。

索　引

■英数

12 世紀ルネサンス	43
13 植民地	101
1791 年憲法	106
1793 年憲法	107
1795 年憲法	108
1848 年革命	114
2 個師団増設	499
3B 政策	167
3C 政策	168,170
55 年体制	562,571
60 年安保闘争	563
8 月 10 日事件	107
AAA	206
ABCD 包囲陣	215,524
ANC	266
CIS	266,570
COMECON	233
CSCE	255
EC	249
ECSC	249
EEC	249
EFTA	249
EURATOM	249
FEC	553
GATT	231,564,567
GATT11 条国	565
GHQ	553
IBRD	231,567
IMF	231,564,567
IMF 8 条国	565
INF 全廃条約	263
LT 貿易	564
MSA 協定	562
NATO	235,552
NIRA	206
NPT	253
OAPEC	243,568
OAS	252
OAU	258
OECD	565
OPEC	243,568
PKO 協力法	570

PLO	243
SDI	263
TVA	206
UNCTAD	259
WEU	235

■あ

アークライト	99
アーヘンの和約	78
愛国社	480
相沢忠洋	346
相対済し令	438
アイユーブ朝	35,314
アイルランド共和国	232
アイルランド自治国	190
アイルランド自治法	169
アウグストゥス	14
アウクスブルクの和議	61
アウステルリッツの戦い	110
アウラングゼーブ	148,324
青木周蔵	485
『赤蝦夷風説考』	440
赤松満祐	400
秋田城	358
アギナルド	200
アクティウムの海戦	13
明智光秀	422,423
上げ米	437
アケメネス朝	4
阿衡の紛議	366
アジア＝アフリカ会議	257
足尾鉱毒事件	496
足尾銅山	447
足利尊氏	393,394
足利直義	395
足利持氏	400
足利義昭	422
足利義教	400
足利義政	402
足利義満	396
芦田均	558
アショーカ王	321
飛鳥浄御原令	354

飛鳥文化	352
アステカ王国	58
直	351
アタナシウス派	16
アッカド人	3
アッシリア王国	4
アッシリア人	4
安土城	422,425
アッバース 1 世	315
アッバース朝	310,311
アッラー	308
アデナウアー	237
アテネ	6
阿弖流為	363
アトリー	232
アナーニ事件	38
姉川の戦い	422
アパルトヘイト	258,266
アブー＝アルアッバース	311
アブー＝バクル	309
アフガーニー	201
アブデュルハミト 2 世	201,318
アブデュルメジト 1 世	317
アフリカ横断政策	170
アフリカ縦断政策	170
アフリカ統一機構	258
アフリカの年	258
アフリカ民族会議	266
阿部磯雄	496
阿倍仲麻呂	353
阿部信行	523
阿部正弘	466
アヘン戦争	155,443
天草四郎時貞	432
アミアンの和約	110
アムステルダム	68
アムル人	3
アメリカ＝イギリス戦争	128
アメリカ合衆国	102
アメリカ＝スペイン戦争	166
アメリカ独立戦争	102
アメリカ＝メキシコ戦争	129
アメリカ連合国	130

アメリゴ=ヴェスプッチ ……… 57	イギリス国教会 ……………… 62	糸割符仲間 ………………… 431
アメンホテプ4世 ……………… 3	イギリス連邦 ……………… 190	稲葉山城の戦い …………… 422
アユタヤ朝 ………………… 306	イクター制 ………………… 313	犬養毅 ……………… 499,517
新井白石 …………… 435,452	生田万の乱 ………………… 444	犬上御田鍬 ………………… 353
アラブ諸国連盟 …………… 242	イグナティウス=ロヨラ …… 63	井上馨 ……………………… 485
アラブ石油輸出国機構 … 243,568	生野銀山 …………………… 447	井上準之助 ………… 514,517
アラブ連盟 ………………… 242	池田勇人 …………………… 563	井上日召 …………………… 517
アリー ……………………… 309	池田屋事件 ………………… 469	井原西鶴 …………………… 450
アリウス派 ………………… 16	韋后 ………………………… 286	イブン=サウード ………… 203
アルハンブラ宮殿 ……… 314	異国警固番役 ……………… 389	イブン=バットゥータ …… 294
アルマダ …………………… 68	異国船打払令 ……………… 443	今川義元 …………… 421,422
アルマダ海戦 ……………… 70	いざなぎ景気 ……………… 565	イラン=イスラム共和国 … 261
アレクサンドロス大王 ……… 8	イサベル …………… 42,57	イラン革命 ………………… 261
アロー号事件 ……………… 156	胆沢城 ……………………… 363	イラン立憲革命 …………… 202
アロー戦争 ………… 114,156	石井・ランシング協定 …… 501	入浜塩田 …………………… 447
アンカラの戦い …… 315,316	石田三成 …………………… 425	イル=ハン国 ……… 292,315
アングロ=サクソン七王国 … 39	石橋湛山 …………… 562,563	岩倉使節団 ………………… 477
アンコール朝 ……………… 306	石山戦争 …………………… 422	岩倉具視 …………………… 477
アンコール=ワット ……… 306	イスパニア王国 …………… 42	岩戸景気 …………………… 565
「暗黒の木曜日」 ………… 205	出雲阿国 …………… 425,450	石見銀山 …………………… 447
安史の乱 …………………… 286	イスラム教 ………………… 308	殷 ………………………… 274
アンシャン=レジーム …… 105	イスラム同盟 ……………… 199	インカ帝国 ………………… 58
アン女王 …………………… 73	李承晩 ……………………… 239	殷墟 ………………………… 274
安政の改革 ………………… 467	板垣退助 …………… 477,480	イングランド銀行 ………… 73
安政の五か国条約 ………… 467	イタリア王国 ……………… 122	隠元隆琦 …………………… 428
安政の大獄 ………………… 468	イタリア戦争 ……………… 67	印紙法 ……………………… 101
安全保障理事会 …… 230,552	イタリア統一戦争 ………… 122	院政 ………………………… 381
安藤信正 …………………… 469	イタリア=トルコ戦争 …… 171	院政期の文化 ……………… 383
安徳天皇 …………………… 382	市川房枝 …………………… 507	インダス文明 ……………… 319
アントニウス ……………… 13	一条鞭法 …………………… 297	インテリゲンツィア ……… 124
安和の変 …………………… 367	一木造 ……………………… 365	インド国民会議 …………… 197
アンボイナ事件 …………… 80	一向一揆 …………………… 402	インドシナ共産党 ………… 199
アンリ4世 ………………… 64	一向宗 ……………………… 392	インドシナ出兵 …… 114,152
安禄山 ……………………… 286	一国一城令 ………………… 427	インドシナ戦争 …………… 240
	一国社会主義論 …………… 182	インド大反乱 ……………… 150
	乙巳の変 …………………… 353	インド帝国 ………… 150,168,324
■い	一世一元の制 ……………… 472	インド統治法（1919 年）
井伊直弼 …………………… 467	一地一作人 ………………… 423	……………… 197,198
イヴァン3世 ……… 26,84	一党独裁体制 ……… 181,192	インド統治法（1935 年）… 198
イヴァン4世 ……………… 84	一遍 ………………………… 392	インド独立法 ……………… 245
イエス ……………………… 16	伊藤仁斎 …………………… 452	インドネシア共和国 ……… 245
イエズス会 ………………… 63	伊藤博文 … 475,482,483,484,487,	インドネシア国民党 ……… 199
イェニチェリ ……………… 316	488,489,492	インド独立法 ……………… 245
イェルサレム王国 ……… 35,314	伊土戦争 …………………… 171	インド連邦 ………………… 245
イェルマーク ……………… 84	糸割符制度 ………………… 431	インノケンティウス3世 … 33,35
イギリス革命 ……………… 71		印旛沼 ……………………… 439

インムニテート 32

■う

ヴァージニア植民地 82,101
ヴァイマル共和国 190
ヴァイマル憲法 190
ヴァスコ＝ダ＝ガマ 56
ヴァチカン市国 211
ヴァリニャーニ 421
ヴァルダナ朝 322
ヴァルダマーナ 320
ヴァルナ制 319
ヴァレンヌ逃亡事件 106
ヴァロワ朝 40
ウィーン会議 112
ウィーン体制 112
ヴィクトリア女王 118,150
ウィクリフ 38
ヴィシー政府 214,233
ウィッテ 491
ヴィットーリオ＝エマヌエーレ
　２世 122
ウィリアム３世 73
ウィリアム＝アダムズ 431
ウィルソン 184,504
ヴィルヘルム１世 120,121
ヴィルヘルム２世 167
ウィンザー朝 73
上杉禅秀 400
上杉禅秀の乱 400
上杉憲実 400
ウェストファリア条約 77
ウェストミンスター憲章 190
上田秋成 451
上原勇作 499
ヴェルサイユ宮殿 75
ヴェルサイユ条約 184,504
ヴェルサイユ体制 186,504
ヴェントリス 6
ウォード 157
ウォルポール 73
ヴォルムス協約 33
浮世絵 451
浮世草子 450
宇佐八幡宮神託事件 359

氏 351
氏寺 352
歌川広重 451
内村鑑三 491
宇野宗佑 571
ウマイヤ朝 309
ウラービー 167
ウルバヌス２世 34
運慶 393
運上 439
ウンマ 308

■え

永享の乱 400
栄西 392
衛氏朝鮮 304
衛所制 296
永仁の徳政令 390
英仏協商 170,173
永楽帝 297
英露協商 173
エヴァンズ 6
エーゲ文明 5
エーベルト 190
エール 190
エカチェリーナ２世 84,102
駅伝制 294
衛士 356
エジプト＝イスラエル平和条約
　............ 244
エジプト王国 204
エジプト革命 242
エディソン 134
江戸 449
江藤新平 479
榎本武揚 471
エフェソス公会議 16
絵踏 432
恵美押勝 359
恵美押勝の乱 359
蝦夷 358
エムス電報事件 120
エリザベス１世 62,70
撰銭令 401
エリツィン 266

円 475
延喜格式 364
延喜の荘園整理令 366
延喜の治 366
延久の荘園整理令 380
エンクルマ 258
袁世凱 163,300,501
円墳 351
エンリケ 56

■お

王安石 290
奥羽越列藩同盟 471
応永の外寇 398
応永の乱 399
欧化主義 485
王羲之 282
王権神授説 65
奥州藤原氏 370
王政復古 73
王政復古の大号令 470
汪兆銘 209,522
応天門の変 365
王党派 71
応仁の乱 402
王の耳 4
王の目 4
黄檗宗 428
王莽 279
王陽明 452
大海人皇子 354
大内義弘 399
大江広元 385
大江匡房 380
大岡忠相 438
大王 349
大久保利通 470,475
大隈重信 485,488,500
大倉永常 446
大御所政治 444
大坂 449
大坂城 425
大坂夏の陣 425
大阪紡績会社 494
大塩の乱 444

大塩平八郎	444,452	カーター	263	学徒出陣	522
オーストリア継承戦争	78	カートライト	99	岳飛	290
オーストリア国家条約	237	カーナティック戦争	148	『学問のすゝめ』	476
大津事件	485	カーバ神殿	308	掛屋	449
大友皇子	354	カール5世	60,66	勘解由使	363
大平正芳	569	カール大帝	29	囲米	441
大目付	426	カールの戴冠	29	華国鋒	260
大輪田泊	382	カール＝マルテル	28,309	借上	392
岡田啓介	518	改易	427	カストロ	253
尾形光琳	451	垓下の戦い	277	ガズナ朝	323
沖縄県	478	海峡植民地	153	化政文化	451
沖縄戦	526	快慶	393	華族	473
沖縄返還	564	開元の治	286	華族令	483
荻生徂徠	452	外交革命	79	片岡直温	512
荻原重秀	435	会子	290	刀狩令	423
オクタウィアヌス	13	改新の詔	353	片山潜	496
晩稲	401	海賊取締令	424	片山哲	558
阿国歌舞伎	425	開拓使	475	勝海舟	471
桶狭間の戦い	422	開拓使官有物払下げ事件	480	学館院	365
オゴタイ＝ハン	292	貝塚	346	学校教育法	556
刑部親王	355	貝塚文化	347	学校令	477
尾崎行雄	488,499	海舶互市新例	435	葛飾北斎	451
オストラキスモス	6	開発独裁	261	合衆国憲法	103
オスマン帝国	25,316	開発領主	368	活版印刷術	55
オスロ合意	244	貝原益軒	450	桂小五郎	470
織田信長	421	『懐風藻』	361	桂・タフト協定	492
オタワ連邦会議	207	海部俊樹	571	桂太郎	493,499
オットー1世	30	カイロ宣言	216	加藤高明	508
オドアケル	14,27	カイロネイアの戦い	8	加藤友三郎	503
おとな	400	ガウタマ＝シッダールタ	320	カトー＝カンブレジ条約	66
小野妹子	352	臥雲辰致	494	過度経済力集中排除法	555
小野道風	369	カエサル	13	カトリック教徒解放法	117
小野好古	369	価格革命	59	カニシカ王	321
臣	351	価格等統制令	522	金沢文庫	393
オラニエ公ウィレム	68	加賀の一向一揆	402	狩野永徳	425
オランダ総督ウィレム3世	73	嘉吉の徳政一揆	401	狩野山楽	425
オランダ独立戦争	68	嘉吉の変	400	狩野派	451
オランダ風説書	433	柿本人麻呂	357	カノッサの屈辱	33
オリエント	2	部曲	350	加波山事件	481
オリンピック景気	565	科挙	289	姓	351
女歌舞伎	450	核拡散防止条約	253	カピチュレーション	316
		革新倶楽部	508	株仲間	439
■か		学制	476	カブラル	57
夏	274	拡大EC	249	カペー朝	30
カースト制度	319	学童疎開	526	華北分離工作	521

鎌倉公方 ……… 396	間接統治 ……… 553	羈縻政策 ……… 284
鎌倉将軍府 ……… 394	ガンダーラ美術 ……… 321	吉備真備 ……… 359
鎌倉府 ……… 396	貫高 ……… 404	キプチャク＝ハン国 ……… 26,292
鎌倉文化 ……… 392	貫高制 ……… 404	義兵闘争 ……… 163,492
甕棺 ……… 347	ガンディー ……… 198	ギベリン ……… 43
鴨長明 ……… 393	関東管領 ……… 396	喜望峰 ……… 56
伽耶 ……… 349	関東軍 ……… 513	君 ……… 351
火薬 ……… 55,291	関東大震災 ……… 508	金日成 ……… 239
加羅 ……… 304,349	関東都督府 ……… 493	格（中国） ……… 285
カラキタイ ……… 312	カンネーの戦い ……… 12	格（日本） ……… 364
カラハン朝 ……… 312	観応の擾乱 ……… 395	キャンプ＝デーヴィッド合意
樺太・千島交換条約 ……… 478	関白 ……… 366	……… 244
ガラ紡 ……… 494	韓非 ……… 276	九か国条約 ……… 187,505
カリカット ……… 56	桓武天皇 ……… 363	球戯場の誓い ……… 106
ガリバルディ ……… 122	管理通貨制度 ……… 514	仇教運動 ……… 161
カリフ ……… 309	管領 ……… 396	九・三〇事件 ……… 261
カルヴァン ……… 61	**■き**	九十五か条の論題 ……… 60
カルボナリ党 ……… 112	魏 ……… 281	旧制度 ……… 105
カロリング朝 ……… 28	キエフ公国 ……… 26	キューバ革命 ……… 253
河村瑞賢 ……… 448	棄捐令 ……… 442,445	キューバ危機 ……… 253
漢 ……… 278	紀尾井坂の変 ……… 480	九品中正 ……… 281
観阿弥 ……… 405	器械製糸 ……… 495	己酉約定 ……… 431
冠位十二階の制 ……… 352	議会派 ……… 71	旧里帰農令 ……… 441
官位相当制 ……… 356	機械破壊運動 ……… 100	キュリー夫妻 ……… 134
閑院宮家 ……… 436	企画院 ……… 522	羌 ……… 281
寛永通宝 ……… 449	企業勃興 ……… 494	教育基本法 ……… 556
官営模範工場 ……… 475	騎士階層 ……… 13	教育勅語 ……… 477
勧学院 ……… 365	騎士道物語 ……… 44	教育に関する勅語 ……… 477
勘合 ……… 398	岸信介 ……… 563	教育令 ……… 477
環濠集落 ……… 348	義浄 ……… 287	教会大分裂 ……… 38
勘合貿易 ……… 398	議定 ……… 470	行基 ……… 361
韓国併合 ……… 492	寄進地系荘園 ……… 368	郷挙里選 ……… 278
韓国併合条約 ……… 492	魏晋南北朝 ……… 281	教皇子午線 ……… 57
乾漆像 ……… 361	寄生地主 ……… 476	教皇党 ……… 43
「漢書」 ……… 280	義倉 ……… 441	「教皇のバビロン捕囚」 ……… 38
勘定吟味役 ……… 435	貴族政 ……… 6	教皇領 ……… 29
勘定奉行 ……… 426	貴族（ローマ） ……… 10	共産主義インターナショナル
漢人 ……… 293	北大西洋条約機構 ……… 235,552	……… 181
鑑真 ……… 353,361	北畠親房 ……… 395	共産党情報局 ……… 233
顔真卿 ……… 287	北山文化 ……… 405	共産党（ロシア） ……… 181
寛政異学の禁 ……… 441	契丹 ……… 289	仰韶文化 ……… 274
関税自主権 ……… 467	紀伝体 ……… 280	郷紳 ……… 70
関税と貿易に関する一般協定	希土戦争 ……… 202	強制移住法 ……… 128
……… 231,564,567	木下尚江 ……… 496	強制栽培制度 ……… 152
寛政の改革 ……… 441		京都 ……… 449

匈奴 ………… 277,281
京都守護職 ………… 469
京都所司代 ………… 426
享保の改革 ………… 437
京枡 ………… 423
郷勇 ………… 157
清浦奎吾 ………… 508
狂乱物価 ………… 568
共和演説事件 ………… 488
共和党 ………… 130
曲亭馬琴 ………… 451
極東委員会 ………… 553
挙国一致内閣 ………… 207
拒否権 ………… 230
魚鱗図冊 ………… 296
ギリシア正教 ………… 24
ギリシア正教会 ………… 29
ギリシア＝トルコ戦争 ………… 202
ギリシア文化 ………… 9
キリシタン大名 ………… 421
キリスト教 ………… 16,24,421
ギルド ………… 37
記録荘園券契所 ………… 380
記録所（建武の新政）………… 394
記録所（平安時代）………… 380
義和団事件 ………… 161,490
金 ………… 290
金印勅書 ………… 42
金貨 ………… 449
銀貨 ………… 449
『金槐和歌集』………… 393
金閣 ………… 405
禁教令 ………… 432
金玉均 ………… 158
金銀複本位制 ………… 475
禁中並公家諸法度 ………… 428
緊張緩和 ………… 253,562
欽定憲法 ………… 482
均田制 ………… 282,285
金肥 ………… 446
『金瓶梅』………… 298
金本位制 ………… 206,475,494
銀本位制 ………… 476
禁門の変 ………… 469
均輸 ………… 278

■く

金融恐慌 ………… 512
金融緊急措置令 ………… 557
金輸出解禁 ………… 514
金輸出再禁止 ………… 514
禁裏御料 ………… 428
勤労動員 ………… 522
金禄公債証書 ………… 474

■く

空海 ………… 365
盟神探湯 ………… 351
公暁 ………… 388
楔形文字 ………… 4
公事方御定書 ………… 438
クシャーナ朝 ………… 321
薬子の変 ………… 364
楠木正成 ………… 393
百済 ………… 304,349,351
屈葬 ………… 346
工藤平助 ………… 440
グナイスト ………… 482
国一揆 ………… 402
恭仁京 ………… 359
国博士 ………… 352
グプタ朝 ………… 321
口分田 ………… 356
熊沢蕃山 ………… 452
組頭 ………… 429
公文所 ………… 385
クライヴ ………… 81
グラスノスチ ………… 264
グラックス兄弟 ………… 13
クラッスス ………… 13
グラッドストン ………… 118
グラナダ ………… 42
蔵元 ………… 449
蔵物 ………… 449
蔵屋敷 ………… 449
クリオーリョ ………… 127
クリミア戦争 ………… 124,317
クルアーン ………… 308
クレイステネス ………… 6
グレゴリウス7世 ………… 33
クレタ文明 ………… 6
クレルモン宗教会議 ………… 34

蔵人頭 ………… 364
クローヴィス ………… 28
黒田清隆 ………… 480
クロムウェル ………… 71
クロンプトン ………… 99
郡 ………… 356
軍管区制 ………… 25
軍機処 ………… 299
郡県制 ………… 277
郡国制 ………… 278
郡司 ………… 356
軍人皇帝の時代 ………… 14
軍閥 ………… 164,302
軍部大臣現役武官制 ………… 488,499
訓民正音 ………… 304

■け

卿 ………… 275
慶安の変 ………… 434
桂園時代 ………… 493
慶賀使 ………… 433
景教 ………… 287
『経国集』………… 365
経済安定九原則 ………… 559
経済協力開発機構 ………… 565
経済社会理事会 ………… 230
経済相互援助会議 ………… 233
警察予備隊 ………… 560
傾斜生産方式 ………… 557
計数貨幣 ………… 449
形勢戸 ………… 289
慶長遣欧使節 ………… 431
慶長の役 ………… 424
啓蒙思想 ………… 79
啓蒙専制主義 ………… 78,79
ケープ植民地 ………… 170
下剋上 ………… 402
羯 ………… 281
血税一揆 ………… 479
血盟団事件 ………… 517
ゲティスバーグの戦い ………… 130
ケネディ ………… 253
検非違使 ………… 364
ケベック植民地 ………… 82
検見法 ………… 437

索引　585

ゲルフ	43	
ゲルマン人	27	
ゲルマン人の大移動	27	
ケレンスキー	180	
元	292,293,389	
兼愛	276	
祆教	287	
元勲内閣	484,488	
乾元大宝	358,366	
元寇	389	
元弘の変	393	
元首政	14	
玄奘	287	
遣隋使	352	
憲政会	508	
憲政党	488	
憲政の常道	509	
憲政本党	488	
玄宗	286	
阮朝	152,306	
遣唐使	353	
顕如	422	
阮福暎	152,306	
玄昉	359	
減封	427	
憲法十七条	352	
憲法制定議会	106	
建武式目	395	
建武の新政	394	
元明天皇	358	
倹約令	437	
権利の章典	73	
権利の請願	71	
乾隆帝	299	
県令	472	
元老院（日本）	480	
元老院（ローマ）	10	
元禄小判	435	
元禄文化	450	

■こ

呉	281	
ゴア	56,80,420	
小石川養生所	438	
ゴイセン	62	

小磯国昭	525	
五・一五事件	517	
弘安の役	389	
庚寅年籍	354	
項羽	277	
紅衛兵	260	
『広益国産考』	446	
航海法	72	
江華島事件	158,478	
康熙帝	299	
後金	299	
黄巾の乱	279	
紅巾の乱	294	
高句麗	304,349	
高句麗遠征	284	
孝謙天皇	359	
公行	154,300	
甲骨文字	274	
庚午年籍	354	
甲午農民戦争	158,487	
孔子	276	
交子	290	
坑儒	277	
洪秀全	157	
庚戌の変	297	
交鈔	294	
工場制手工業	65	
工場法（イギリス）	126	
工場法（日本）	496	
公職追放	554	
甲申政変	158,487	
強訴	381	
黄巣	286	
黄巣の乱	286	
豪族	349	
高祖（李淵）	284	
高祖（劉邦）	278	
公地公民制	360	
皇朝十二銭	358	
交通革命	100	
皇帝党	43	
皇道派	518	
幸徳秋水	491,496	
高度経済成長	250,564	
弘仁格式	364	

弘仁・貞観文化	365	
高師直	395	
公武合体	469	
工部省	475	
光武帝	279,306	
洪武帝	296,398	
弘文院	365	
孝文帝	282	
黄埔条約	156	
光明天皇	395	
公民権法	241	
孝明天皇	467	
康有為	160	
高麗	304,366	
古王国	3	
ゴードン	157	
コーラン	308	
ゴール朝	323	
御恩	387	
五街道	447	
古学	452	
五箇条の誓文	472	
五か所商人	431	
後亀山天皇	396	
後漢	279	
五経博士	351	
国	356	
国学	356	
国際義勇軍	211	
国際通貨基金	231,564,567	
国際復興開発銀行	231,567	
国際連合	230,552	
国際連合憲章	230	
国際連盟	185,504	
国司	356	
黒死病	38	
国人	397	
国人一揆	397	
国体明徴声明	518	
石高制	423	
国鉄	571	
黒陶	274	
国土回復運動	42	
国風文化	369	
国分寺建立の詔	359	

国民会議派	197	
国民学校	522	
国民議会	106	
国民公会	107	
国民精神総動員運動	522	
国民徴用令	522	
国民党	164,302	
穀物法	117	
国立銀行条例	475	
国連貿易開発会議	259	
護憲三派	508	
五胡	281	
護国卿	73	
五胡十六国	281	
小御所会議	470	
後小松天皇	396	
小作争議	507	
呉三桂	299	
後三条天皇	380	
後三年の役	370	
五山文学	405	
五・四運動	194,505	
ゴシック様式	44	
児島惟謙	485	
コジモ＝デ＝メディチ	54	
コシャマインの戦い	399	
後白河天皇	381	
子代	350	
御親兵	472	
コスモポリタニズム	10	
御成敗式目	389	
胡適	195	
呉楚七国の乱	278	
五大改革	554	
後醍醐天皇	393,394	
五代十国	289	
五大老	424	
国会開設の勅諭	480	
国会期成同盟	480	
国家改造運動	517	
国家総動員法	522	
国共分裂	196	
滑稽本	451	
コッホ	134	
ゴ＝ディン＝ジエム	240	

呉道玄	287	
後鳥羽上皇	388	
五人組	429	
近衛文麿	519	
五奉行	424	
古墳	351	
古墳文化	351	
コペルニクス	55	
五榜の掲示	472	
五本山	29	
小牧・長久手の戦い	423	
後水尾天皇	428	
護民官	11	
コミンテルン	181	
コミンフォルム	233	
ゴムウカ	251	
小村寿太郎	486,491	
米騒動	503	
『コモン＝センス』	102	
御料所	396	
コルテス	58	
ゴルバチョフ	263,570	
コルベール	75,81	
コルホーズ	182	
コレジオ	421	
ゴローウニン	443	
ゴローウニン事件	443	
コロンブス	57	
コロンボ会議	257	
コンゴ自由国	170	
コンゴ動乱	258	
コンスタンツ公会議	38	
コンスタンティヌス帝	14,16	
コンスタンティノープル	14	
コンスタンティノープル教会		
	29	
コンスル	10	
健児	363	
墾田永年私財法	360	
墾田地系荘園	360	
近藤重蔵	443	
コンバウン朝	153	
棍棒外交	166	
「坤輿万国全図」	298	

■さ

座	392,401	
西園寺公望	493,499	
在華紡	502	
サイクス＝ピコ協定	202,242	
最恵国待遇	466	
西郷隆盛	470,479	
最澄	365	
彩陶	274	
齋藤実	517,519	
財閥	495	
財閥解体	555	
再保障条約	121	
彩文土器	274	
『西遊記』	298	
『采覧異言』	436	
蔡倫	280	
堺利彦	491,508	
坂下門外の変	469	
嵯峨天皇	364,365	
坂上田村麻呂	363	
佐賀の乱	479	
酒屋	401	
防人	356	
冊封	350	
冊封体制	350	
桜田門外の変	468	
座繰製糸	495	
ササン朝	5	
指出検地	404,422	
沙汰人	400	
薩英戦争	469	
雑訴決断所	394	
薩長同盟	470	
札幌農学校	475	
擦文文化	347	
佐藤栄作	564	
佐渡金山	447	
サトラップ	4	
サファヴィー朝	315	
ザマの戦い	12	
サミット	568	
ザミンダーリー制	149	
侍所	385	
サライェヴォ事件	176,500	

サラディン	35,314	三圃制	32	氏族集団	274
サラトガの戦い	102	三浦の乱	398	士大夫	289,291
サルデーニャ王国	122	サン＝マルティン	127	下地中分	386
サレカット＝イスラム	199	三位一体説	16	七月革命	113
三・一独立運動	194,505	三毛作	401	七・七禁令	522
山岳派	107	参与	470	七年戦争	79
三角貿易	155			七分積金	441
三月革命（1848年）	114	**■し**		執権	388
三月革命（1917年）	180	士	275	執政	516
三月事件	517	シーメンス事件	499	執政官	10
産業革命	98,494	自衛隊	248,562	十返舎一九	451
産業報国会	522	ジェームズ1世	71	四帝分治制	14
産業保護主義	65	ジェームズ2世	73	幣原喜重郎	515,553
参勤交代	427	市易法	290	地頭	385
三元里事件	155	紫衣事件	428	地頭請所	386
三国干渉	487	ジェニー紡績機	99	持統天皇	354
三国協商	173,500	ジェファソン＝デヴィス	130	シドッチ	436
『三国志演義』	298	ジェントリ	70	品川弥二郎	484
三国時代（中国）	281	シオニズム	169,203	ジハード	308
三国時代（朝鮮）	304	四月テーゼ	180	シパーヒー	150
三国同盟	121,174,500	紫香楽宮	359	シパーヒーの反乱	150,324
三国防共協定	211,521	辞官納地	470	司馬睿	281
サン＝ジェルマン条約	192	『史記』	280	司馬炎	281
三十年戦争	76,77	式（中国）	285	司馬光	290,291
三条実美	469	式亭三馬	451	司馬遷	280
サン＝ステファノ講和条約		式（日本）	364	柴田勝家	423
	125,317	色目人	293	支払猶予令	512
三世一身法	360	時局匡救事業	514	渋川春海	450
三蹟	369	シク戦争	149	渋沢栄一	475,494
三代格式	364	地下請	400	シベリア出兵	194,502
三大事件建白運動	481	始皇帝	277	資本主義体制	100
三帝会戦	110	四国艦隊下関砲撃事件	469	島津斉彬	446
三帝同盟	121	四国同盟	112	島津久光	469
三都	449	自作農創設特別措置法	555	島原の乱	432
山東出兵	513	鹿ヶ谷の陰謀	382	持明院統	393
サンバルテルミの虐殺	64	『資治通鑑』	291	四民平等	473
三藩の乱	299	史思明	286	市民文化	133
三筆	365	寺社奉行	426	霜月騒動	390
サン＝フェリペ号	424	時宗	392	下関事件	469
三部会	40,105	治承・寿永の乱	385	下関条約	159,487
三奉行	426	賤ヶ岳の戦い	423	シモン＝ド＝モンフォール	40
サンフランシスコ会議	230	ジズヤ	309,323,324	シモン＝ボリバル	127
サンフランシスコ講和会議	248	氏姓制度	351	シャー＝ジャハーン	324
サンフランシスコ平和条約	561	市制・町村制	483	ジャイナ教	320
讒謗律	480	士族	473	シャイレンドラ朝	307

シャウプ	559	朱熹	291,452	尚泰	478
シャウプ勧告	559	儒教	351	昌泰の変	366
謝恩使	433	綜芸種智院	365	正中の変	393
社会民主党	496	主権国家	65	正長の徳政一揆	401
シャクシャインの戦い	433	朱元璋	296,398	上知令	445
ジャクソニアン＝デモクラシー		守護	385	小ドイツ主義	119
	128	守護請	397	正徳小判	435
ジャクソン	128	守護大名	397	聖徳太子	352
ジャコバン憲法	107	朱子学	291,296,441,452	正徳の政治	435
ジャコバン派	107	朱全忠	286	浄土宗	392
車借	401	シュタイン	482	浄土真宗	392
社倉	441	首長法	62	常任理事国	552
ジャックリーの乱	38	シュトレーゼマン	191	尚巴志	399
ジャムチ	294	ジュネーヴ4巨頭会談	250	消費税	571
シャルル10世	113	ジュネーヴ休戦協定	240	商品作物	446
ジャワ戦争	152	『種の起源』	134	蕉風俳諧	450
ジャンヌ＝ダルク	41	シュマルカルデン戦争	61	承平・天慶の乱	369
上海クーデタ	196	シュマルカルデン同盟	61	障壁画	425
上海事変	208	シュメール人	3	定免法	437
朱印状	431	シュリーマン	6	縄文時代	346
朱印船	431	シュレジエン	78	秤量貨幣	449
周	275	荀子	276	『性霊集』	365
十一月革命	180	春秋時代	275	生類憐みの令	435
周恩来	238,302	春秋・戦国時代	275	松隈内閣	488
集会条例	480	淳仁天皇	359	昭和恐慌	514
十月事件	517	貞永式目	389	昭和電工事件	558
衆議院議員選挙法	503	荘園（中国）	285	承和の変	365
宗教改革	60	荘園（西ヨーロッパ）	31	初期荘園	360
重金主義	65	商鞅	276	蜀	281
衆愚政治	7	蔣介石	195,302,513,553	殖産興業	475
十字軍	34	奨学院	365	贖宥状	60
重商主義	65	荘官	368	諸国民戦争	111
集団安全保障	186	貞観格式	364	諸国民の春	114
自由党（イギリス）	118	貞観の治	284	諸子百家	276
自由党（日本）	480	蒸気機関	99	諸社禰宜神主法度	428
周敦頤	291	蒸気機関車	100	諸宗寺院法度	428
十二月党員の乱	123	蒸気船	100	女真	290,299
十二表法	11	承久の乱	388	ジョゼフ＝チェンバレン	
シューマン＝プラン	249	商業革命	59		168,170
自由民権運動	479	湘軍	157	女直	299
自由民主党	562	将軍後見職	469	所得倍増	563
宗門改め	432	上座部仏教	321	叙任権闘争	33
重要産業統制法	514	常勝軍	157	ジョン王	39
十四か条の平和原則	184	小選挙区制	503	ジョン＝ケイ	99
儒家	276	正倉院宝庫	361	ジョンソン	241

索引 589

ジョン=ヘイ	159,166
新羅	304,349
ジロンド派	106
清	154,299
秦	277
新	279
晋	281
新安保条約	563
新王国	3
秦檜	290
辛亥革命	163,300,493
神学	43
新貨条例	475
辰韓	349
神祇官	355
親魏倭王	348
新経済政策	182
人権指令	553
神権政治	274
人権宣言	106
新興財閥	514
『新古今和歌集』	393
壬午軍乱	487
真言宗	365
震災恐慌	512
震災手形	512
審査法	117
新思考外交	264,570
真珠湾	215
壬辰・丁酉倭乱	304
壬申の乱	354
神聖同盟	112
神聖文字	3
神聖ローマ帝国	30
新選組	469
新体制運動	522
新田開発	437
伸展葬	347
寝殿造	369
ジンナー	198
親藩	427
シン=フェイン党	169
新婦人協会	507
清仏戦争	152,306
神仏分離令	477

新聞紙条例	480
人文主義	54
新法	290
新補地頭	388
人民主義者	124
人民戦線内閣	207
神武景気	565
親鸞	392

■す
隋	284
『水滸伝』	298
推古天皇	352
水平派	72
水墨画	405
水力紡績機	99
枢軸国	211
崇伝	427
枢密院	482
須恵器	351
スエズ運河	167
スエズ戦争	242
スカルノ	199,245
菅原道真	366
スコラ学	43
崇峻天皇	352
調所広郷	446
鈴木貫太郎	526
鈴木商店	512
鈴木善幸	569
スターリン	182
スターリング=ブロック	207
スターリン憲法	182
スターリン体制	182
スターリン批判	250
スタグフレーション	568
スティーヴンソン	100
ズデーテン地方	213
ステュアート朝	71
ステンカ=ラージンの農民反乱	84
崇徳上皇	381
ストルイピン	166
スパルタ	6
スハルト	261

スペイン王国	42
スペイン継承戦争	75
スペイン人民戦線	211
スペイン内戦	211
スミソニアン体制	262,567
角倉了以	448
住吉派	451
スムート=ホーリー法	205
受領	368
スルタン=カリフ制	316
スレイマン1世	316

■せ
世阿弥	405
政	277
西安事件	209
征夷大将軍	363
西夏	289
征韓論	477
靖康の変	290
西山の乱	152
政事総裁職	469
政社	480
政商	475
西晋	281
聖遷	308
聖戦	308
西漸運動	128
聖像禁止令	29
西太后	160
政体書	472
『青鞜』	507
正統カリフ	309
青鞜社	507
正統主義	112
政党内閣制	488
西南戦争	479
靖難の役	297
青年イタリア	122
青年トルコ	201
青年トルコ革命	201,318
青苗法	290
聖明王	351
『西洋紀聞』	436
『西洋事情』	476

西遼	312	
セーヴル条約	202,318	
セオドア=ローズヴェルト		
	166,491	
世界革命	181	
世界革命論	182	
世界恐慌	205,514	
世界市民主義	10	
世界政策	167	
世界の工場	100	
関ヶ原の戦い	425	
赤軍	181	
責任内閣制	73	
赤眉の乱	279	
石油輸出国機構	243,568	
雪舟	405	
摂政	352,365	
絶対王政	41,65	
節度使	286	
セミナリオ	421	
セリム1世	316	
セルジューク朝	25,34,313	
銭	475	
全インド=ムスリム連盟	197	
澶淵の盟	289	
全欧安全保障協力会議	255	
銭貨	449	
前漢	277,278	
選挙干渉	484	
前九年の役	370	
全権委任法	210	
戦後恐慌	512	
全国産業復興法	206	
戦国時代（中国）	275	
戦国時代（日本）	402	
全国水平社	508	
戦国大名	403	
千石簁	446	
戦時共産主義	181	
戦時統制	522	
僭主政治	6	
漸次立憲政体樹立の詔	480	
先進国首脳会議	568	
専制君主政	14	
宣統帝	163,300	

先土器時代	346	
セントヘレナ島	111	
千利休	425	
専売公社	571	
千歯扱	446	
鮮卑	281	
前方後円墳	351	
線文字A	6	
線文字B	6	
戦略防衛構想	263	
善隣外交	206	
全ロシア=ソヴィエト会議		
	181	

■そ

宋	289	
惣	400	
ソヴィエト	166,180	
ソヴィエト社会主義共和国連邦		
	182	
惣掟	400	
総会	230	
宋学	291	
曾国藩	157,158	
総裁	470	
総裁政府	108	
惣村	400	
総統	210	
曹洞宗	392	
曹丕	281	
惣無事令	423	
宗法	275	
雑徭（中国）	285	
雑徭（日本）	356	
総力戦	179	
蘇我入鹿	353	
蘇我馬子	352	
蘇我蝦夷	353	
続縄文文化	347	
則天武后	286	
塑像	361	
租（中国）	285	
租（日本）	356	
側用人	434	
ソフホーズ	182	

ソロン	6	
孫権	281	
孫文	163,300,493	

■た

ダーウィン	134	
タージ=マハル	324	
第1回三頭政治	13	
第1回選挙法改正	117	
第1回対仏大同盟	107	
第1次 SALT	253	
第1次イギリス=オランダ戦争		
	72	
第1次ウィーン包囲	316	
第1次英蘭戦争	72	
第1次エンクロージャー	70	
第1次五か年計画（ソ連）	182	
第1次五か年計画（中国）		
	238,302	
第1次国共合作	195,302,513	
第1次産業革命	494	
第1次石油危機	243,568	
第1次戦略兵器制限交渉	253	
第1次中東戦争	242	
第1次バルカン戦争	175	
第1次ロシア革命	166	
第2回三頭政治	13	
第2回対仏大同盟	108	
第2次 SALT	253	
第2次アヘン戦争	156	
第2次ウィーン包囲	317	
第2次エンクロージャー	98	
第2次五か年計画（ソ連）	182	
第2次五か年計画（中国）		
	260,302	
第2次国共合作	209,302,522	
第2次産業革命	165,495	
第2次石油危機	243,569	
第2次戦略兵器制限交渉	253	
第2次中東戦争	242	
第2次日韓協約	492	
第2次バルカン戦争	175	
第2次冷戦	263	
第3インターナショナル	181	
第3回対仏大同盟	110	

索引 591

第3次アフガン戦争	203	大政奉還の上表	470	大陸会議	102
第3次中東戦争	243	大西洋憲章	215	大陸封鎖令	110
第3次日韓協約	492	大政翼賛会	522	大老	426
第4回選挙法改正	189	大戦景気	502	対露同志会	491
第4回対仏大同盟	111	太宗（ホンタイジ）	299	台湾銀行	512
第4次中東戦争	243	太宗（李世民）	284	台湾出兵	478
第5回選挙法改正	189	対ソ干渉戦争	178,181	高倉天皇	382
第一共和政	107	大ドイツ主義	119	多賀城	358
第一次護憲運動	499	大東亜共栄圏	215,525	高杉晋作	470
第一次世界大戦	176,500	『大唐西域記』	287	高田屋嘉兵衛	443
第一次長州征討	469	大同団結運動	481	高野長英	443
第一帝政	110	第二革命	164	高野房太郎	496
第一身分	105	第二共和政	114	高橋是清	503,514,519
太陰暦	4	第二次護憲運動	508	高向玄理	352
大越国	306	第二次世界大戦	213,523	兌換銀行券	475
大化	353	第二次長州征討	470	滝口の武者	366
大夏	289	対日理事会	553	多極化	562
大開墾時代	34	第二帝政	114	沢庵	428
大化改新	353	大日本帝国憲法	482	竹下登	571
大覚寺統	393	第二身分	105	武田勝頼	422
大学（西ヨーロッパ）	43	「代表なくして課税なし」	101	大宰府	356
大学（日本）	356	大夫	275	足高の制	438
大学別曹	365	大仏造立の詔	359	太政官（明治政府）	472
大韓帝国	162,492	大仏様	393	打製石器	346
大韓民国	239,553	太武帝	282	タタールのくびき	26
大逆事件	496	大ブリテン王国	73	橘奈良麻呂	359
大教宣布の詔	477	太平天国	157	橘奈良麻呂の変	359
大空位時代	42	太平洋戦争	215,524,525	橘逸勢	365
大憲章	39	大宝律令	355	橘諸兄	359
大航海時代	56,420	大犯三か条	385	伊達政宗	431
太閤検地	423	大翻訳時代	43	田堵	368
対抗宗教改革	63	大名田堵	368	田荘	350
第五共和政	249	ダイムラー	134	田中角栄	568
大黒屋光太夫	443	大モンゴル国	292	田中義一	509,515
醍醐天皇	366	大躍進	260	田中勝介	431
第三革命	164	「太陽のしずまぬ国」	68	田中正造	496
第三共和政	116	太陽暦	3	田沼意次	439
第三世界	257	第四共和政	233	タバコ＝ボイコット運動	202
第三身分	105	平清盛	382	為永春水	451
大シスマ	38	平貞盛	369	タラス河畔の戦い	286,311
太政官（律令制度）	355	平忠常の乱	370	樽廻船	448
大正政変	499	平徳子	382	ダレイオス1世	4
大正デモクラシー	507,511	平将門	369	俵物	435,440
大乗仏教	321	平将門の乱	369	段祺瑞	501
大審院	480	大陸横断鉄道	131	タンジマート	317

男女雇用機会均等法 ……… 571
団琢磨 ……………………… 517
ダンテ …………………………… 55
単独講和 ………………… 561
単独相続 ………………… 395

■ち

治安維持法 ……………… 509
チェカ …………………… 181
近松門左衛門 …………… 450
地券 ……………………… 473
地租改正 ………………… 473
地租改正条例 …………… 473
地租改正反対一揆 ……… 479
秩父事件 ………………… 481
秩禄 ……………………… 474
秩禄処分 ………………… 474
秩禄奉還の法 …………… 474
地丁銀制 ………………… 300
地動説 …………………… 55
血の日曜日事件 ………… 166
知藩事 …………………… 472
チャーチル ……………… 214
チャーティスト運動 …… 117
チャールズ1世 ………… 71
チャガタイ＝ハン国 … 292,315
茶法 ……………………… 101
チャンドラグプタ2世 …… 321
チャンドラグプタ王 …… 321
紂王 ……………………… 275
中王国 ……………………… 3
中華人民共和国 …… 238,302,553
中華ソヴィエト共和国臨時政府
……………………… 196,302
中華民国 …… 163,300,302,493
中距離核戦力全廃条約 … 263
中国共産党 ………… 195,302,513
中国国民党 ………… 195,302,512
中国分割 ………………… 490
中ソ対立 ………………… 254
中体西用 ………………… 158
字喃 ……………………… 306
徴姉妹の反乱 ……… 279,306
張角 ……………………… 279
張学良 …………… 196,513

趙匡胤 …………………… 289
張居正 …………………… 297
張騫 ……………………… 278
張鼓峰事件 ……………… 523
張作霖 …………… 196,302
張作霖爆殺事件 ………… 513
長征 ……………………… 209
朝鮮 ……………………… 492
超然主義 ………………… 483
朝鮮出兵 ………… 297,424
朝鮮戦争 …… 239,559,560
朝鮮総督府 ……………… 492
朝鮮通信使 ……………… 433
朝鮮民主主義人民共和国
……………………… 239,553
調（中国） ……………… 285
調（日本） ……………… 356
徴兵告諭 ………………… 473
徴兵令 …………………… 473
長老主義 ………………… 61
長老派 …………………… 71
チンギス＝ハン … 292,389
鎮護国家 ………………… 359
陳勝・呉広の乱 ………… 277
鎮西探題 ………………… 389
陳独秀 …………… 195,302

■つ

ツァーリ ………………… 84
ツヴィングリ …………… 61
土一揆 …………………… 401
『徒然草』 ……………… 393

■て

氏 ………………………… 281
ディーゼル ……………… 134
ディエンビエンフーの戦い … 240
ディオクレティアヌス帝 … 14,16
抵抗権 …………………… 102
帝国主義 ………………… 165
ディズレーリ …………… 118
ティトー ………………… 237
ティムール …………… 315,316
ティムール朝 …………… 315
ティルジット条約 ……… 110

鄭和 ……………………… 297
デヴシルメ ……………… 316
テオドシウス帝 ……… 14,16
手賀沼 …………………… 439
デカブリストの乱 …… 112,123
デタント ………………… 253
鉄血政策 ………………… 120
鉄道国有法 ……………… 495
鉄砲 ……………………… 420
手紡 ……………………… 494
テトラルキア …………… 14
テニスコートの誓い …… 106
テネシー川流域開発公社 … 206
テヘラン会談 …………… 216
テマ制 …………………… 25
デモティック ……………… 3
テューダー朝 …………… 41
テュルゴー ……………… 105
寺請制度 ………………… 432
寺内正毅 ………… 492,503
寺島宗則 ………………… 485
デリー＝スルタン王朝 … 323
テルミドール9日のクーデタ
……………………… 107
デロス同盟 ………………… 7
天安門事件 ……………… 260
天下布武 ………………… 422
佃戸 ……………………… 289
天智天皇 ………………… 354
天正大判 ………………… 424
天正遣欧使節 …………… 421
天津条約（1858年） … 156
天津条約（1885年） … 152
天台宗 …………………… 365
電電公社 ………………… 571
天皇機関説問題 ………… 518
田畑永代売買の禁止令 … 430
天平文化 ………………… 361
天賦人権思想 …………… 476
転封 ……………………… 427
天保の改革 ……………… 444
天保の飢饉 ……………… 444
天保の薪水給与令 ……… 443
天武天皇 ………………… 354
天明の打ちこわし ……… 441

索引　593

天明の飢饉 440
天暦の治 366

■と

ドイツ革命 178
ドイツ関税同盟 119
ドイツ共和国 178
ドイツ社会主義労働者党 167
ドイツ社会民主党 167
ドイツ帝国 121
ドイツ農民戦争 60
ドイツ民主共和国 237
ドイツ連邦共和国 237
問丸 392
問屋制 65
唐 284
統一法 62,70
トゥール・ポワティエ間の戦い 28,309
陶淵明 282
道家 276
東学党の乱 158,487
統監府 492
道教 359
東京裁判 554
トゥグリル＝ベク 313
道元 392
党錮の禁 279
東西ドイツ基本条約 255
トゥサン＝ルヴェルチュール 127
東条英機 525
鄧小平 260
東晋 281
唐人屋敷 433
統帥権 516
統帥権干犯問題 516
統制派 518
陶潜 282
東大寺南大門 393
同治の中興 158
董仲舒 278
道中奉行 447
陶片追放 6
東方遠征 8

東方外交 255
東方植民 42
東方問題 123
唐箕 446
同盟国 176
統領政府 108
ドーズ案 191
トーリ党 73
土岐康行 399
土岐康行の乱 399
徳川家定 468
徳川家継 435
徳川家綱 434
徳川家斉 444
徳川家宣 435
徳川家光 427
徳川家茂 468
徳川家康 425
徳川家慶 444
徳川綱吉 434
徳川秀忠 427
徳川慶喜 469,470
徳川吉宗 437
特需景気 560
徳政一揆 401
独占禁止法 555
得宗 390
得宗専制政治 390
独ソ戦 214
独ソ不可侵条約 213,523
徳富蘇峰 491
独立国家共同体 266,570
独立自営農民 38
独立準備政府 200
独立宣言 102
独立派 71
ド＝ゴール 214,233
都護府 284
土佐派 451
外様 427
トスカネリ 57
土倉 401
土地所有制 13
土地に関する布告 181
ドッジ 559

ドッジ不況 559,560
ドッジ＝ライン 559,560
鳥羽・伏見の戦い 471
飛び杼 99,494
ドプチェク 254
杜甫 287
土木の変 297
トマス＝アクィナス 43
トマス＝ジェファソン 102,128
トマス＝ペイン 102
富岡製糸場 475
ドミナートゥス 14
伴健岑 365
伴善男 365
豊臣秀吉 297,423
渡来人 351
虎の門事件 508
トラファルガーの海戦 110
トラヤヌス帝 14
トリエント公会議 63
取付け騒ぎ 512
トリボニアヌス 17
トルーマン 233
トルーマン＝ドクトリン 233
トルコ革命 202,318
トルコ共和国 202,318
ドル＝ショック 262,567
トルデシリャス条約 57
奴隷王朝 323
奴隷解放宣言 130
トレヴィシック 100
ドレフュス事件 169
トロツキー 180,182
トンキン湾事件 241
ドンズー運動 199
屯田制 281
屯田兵 475

■な

ナーランダー僧院 322
内閣制度 483
内国勧業博覧会 475
内地雑居 485
内務省 475
内乱の1世紀 13

中江藤樹	452	ニクソン	241	日本銀行	476
長岡京	363	ニクソン＝ドクトリン	241	日本国憲法	554
長篠合戦	422	ニケーア公会議	16	『日本史』	421
中先代の乱	394	ニコポリスの戦い	316	日本社会党	496,562
中曽根康弘	571	ニコライ２世	165,180	日本鉄道会社	495
中稲	401	西インド会社	82	日本町	432
中臣鎌足	353	西原亀三	501	日本列島改造論	568
中大兄皇子	353	西原借款	501	日本労働総同盟	507
長屋王	358	西廻り海運	448	二毛作	392
長屋王の変	358	二十一か条の要求	194,501	ニューアムステルダム	82
ナジ＝イムレ	251	西ヨーロッパ連合条約	235	ニューイングランド植民地	82
名代	350	日英通商航海条約	486	ニューコメン	99
ナスル朝	314	日英同盟	162,173,490	ニューディール	206
ナセル	242	日独伊三国同盟	214,523	ニューネーデルラント植民地
ナチ党	210	日独防共協定	211,521		82
難波宮	359	日米安全保障条約	248,561	人形浄瑠璃	425,450
名主	429	日米行政協定	561	人情本	451
鍋島直正	446	日米修好通商条約	467	人足寄場	441
ナポレオン１世	110	日米相互協力及び安全保障条約		寧波の乱	398
ナポレオン３世	114,306		563		
ナポレオン法典	110	日米通商航海条約	486	**■ぬ**	
ナポレオン＝ボナパルト	108	日米和親条約	466	額田王	357
生麦事件	469	日満議定書	517	奴婢	350
納屋物	449	日明貿易	398	ヌルハチ	299
ナロードニキ	124	日蓮	392		
『南海寄帰内法伝』	287	日蓮宗	392	**■ね**	
南海路	448	日露協商論	490	ネーデルラント連邦共和国	68
南紀派	468	日露協約	493	ネストリウス派	16
南京条約	155	日露戦争	162,490,491	ネッケル	105
南京政府	522	日露和親条約	466	ネップ	182
南人	293	日韓基本条約	250,564	ネルー	198,245
南宋	290	日清修好条規	478	ネルチンスク条約	84,154,299
南朝	395	日清戦争	158,487		
ナントの王令	64	日宋貿易	382	**■の**	
ナントの勅令	64,75	日ソ基本条約	508	農業革命	98
南蛮貿易	420	日ソ共同宣言	563	『農業全書』	446
南部仏印進駐	524	日ソ中立条約	214,524	農業調整法	206
南北戦争	130	新田義貞	393	『農具便利論』	446
南北朝時代	282	日中共同声明	250,568	農山漁村経済更生運動	514
南北問題	259	日中戦争	209,521,522	農地改革	555
南鐐二朱銀	439	日中平和友好条約	569	農奴	31
		日朝修好条規	158,478	農奴解放	32
■に		二・二六事件	518,519	農奴解放令	124
二院制	40	ニハーヴァンドの戦い	5,309	ノーベル	134
二月革命	114	日本共産党	508	ノモンハン事件	523

ノルマン人	31	
ノルマン朝	39	
ノルマンディー上陸作戦	216	
ノルマントン号事件	485	

■は

ハーグ密使事件 ……… 492
ハーグリーヴズ ……… 99
ハーディング ……… 187,505
バーブル ……… 323
ハールーン＝アッラシード
……… 311
拝上帝会 ……… 157
裴世清 ……… 352
ハイドゥの乱 ……… 292
廃刀令 ……… 474
廃藩置県 ……… 472
廃仏毀釈 ……… 477
ハインリヒ4世 ……… 33
バオ＝ダイ ……… 240
馬韓 ……… 349
ハギア＝ソフィア聖堂 ……… 24
パキスタン ……… 245
白居易 ……… 287
白色革命 ……… 261
白村江の戦い ……… 354
バグダード鉄道 ……… 167
朴正熙 ……… 261,564
幕藩体制 ……… 430
白鳳文化 ……… 357
土師器 ……… 351
橋本欣五郎 ……… 517
馬借 ……… 401
バスティーユの牢獄 ……… 106
パストゥール ……… 134
支倉常長 ……… 431
バタヴィア ……… 68,80
旅籠 ……… 447
八・一宣言 ……… 209
八王の乱 ……… 281
八月十八日の政変 ……… 469
八旗 ……… 299
パックス＝ロマーナ ……… 14
閥族 ……… 13
バテレン追放令 ……… 424

バトゥ ……… 292
鳩山一郎 ……… 562
パトリキ ……… 10
埴輪 ……… 351
ハノーヴァー朝 ……… 73
バビロン第1王朝 ……… 3
バビロン捕囚 ……… 15
ハプスブルク家 ……… 42
バブル経済 ……… 569,570
パフレヴィー2世 ……… 261
パフレヴィー朝 ……… 203
浜口雄幸 ……… 514,515
林銑十郎 ……… 519
バヤジット1世 ……… 316
林羅山 ……… 427,452
隼人 ……… 358
隼人司 ……… 358
ハラージュ ……… 309
バラ戦争 ……… 41
原敬 ……… 503
ハラッパー ……… 319
バラモン教 ……… 319
パリ協定 ……… 237
パリ講和会議 ……… 184,504
パリ＝コミューン ……… 116
パリ条約（1763年） ……… 83
パリ条約（1783年） ……… 102
パリ条約（1898年） ……… 166
ハリス ……… 467
播磨の土一揆 ……… 401
バルカン同盟 ……… 175
ハルシャ王 ……… 322
パルティア ……… 4
バルトロメウ＝ディアス ……… 56
ハル＝ノート ……… 525
バルフォア宣言 ……… 203
パレスチナ解放機構 ……… 243
パレスチナ戦争 ……… 242
パン＝イスラム主義 ……… 201
藩王国 ……… 149
パン＝ゲルマン主義 ……… 175
班固 ……… 280
藩札 ……… 449
ハンザ同盟 ……… 37,38
蛮社の獄 ……… 443

パン＝スラヴ主義 ……… 125,175
半済令 ……… 397
版籍奉還 ……… 472
班超 ……… 280
藩鎮 ……… 286
班田収授法 ……… 356
バンドン会議 ……… 257
藩閥政治 ……… 479
ハンムラビ王 ……… 3
ハンムラビ法典 ……… 3

■ひ

ヒエログリフ ……… 3
菱垣廻船 ……… 448
非核三原則 ……… 564
東インド会社 ……… 65,68,70
東久邇宮稔彦 ……… 553
東廻り海運 ……… 448
東山文化 ……… 405
引付衆 ……… 389
比企能員 ……… 388
ヒクソス ……… 3
ピサロ ……… 58
ビザンツ帝国 ……… 24
菱川師宣 ……… 451
ヒジュラ ……… 308
ビスマルク ……… 120
ビスマルク体制 ……… 121
備中鍬 ……… 446
非同盟国首脳会議 ……… 257
人返しの法 ……… 445
一橋派 ……… 468
人掃令 ……… 423
ヒトラー ……… 210
ピニョー ……… 152
日比谷焼き討ち事件 ……… 491
ピピン ……… 28
卑弥呼 ……… 348
百姓代 ……… 429
百年戦争 ……… 40
白蓮教徒の乱 ……… 154
ヒューマニズム ……… 54
ピューリタン ……… 62
ピューリタン革命 ……… 71
評定衆 ……… 389

平等院鳳凰堂	367,369	
ピョートル1世	84	
平塚らいてう	507	
平沼騏一郎	523	
ピラミッド	3	
ピルグリム＝ファーザーズ	82	
ビルマ戦争	153	
広田弘毅	519	
ヒンドゥー教	321	

■ふ

ファーティマ朝	312,314
ファシスト党	192
ファシズム	192
ファショダ事件	170
ファラオ	3
ファラデー	134
ファン＝ボイ＝チャウ	199
武韋の禍	286
フイヤン派	106
フィリップ2世	40
フィリップ4世	38,40
フィリッポス2世	8
フィリピン＝アメリカ戦争	200
フィリピン革命	200
フィリピン共和国	200
フィリピン独立法	200
フーヴァー	205
フーヴァー＝モラトリアム	205
『風姿花伝』	405
プールナ＝スワラージ	198
フェートン号事件	443
賦役黄冊	296
フェビアン協会	169
フェリペ2世	68
フェルナンド	42
武王	275
普墺戦争	120
プガチョフの農民反乱	84
不換紙幣	475
溥儀	163,208,300,516
福沢諭吉	476
福島事件	481
復讐法	3
副葬品	351

福田赳夫	569
福原京	385
武家諸法度	427
武家伝奏	428
府県制・郡制	483
富国強兵	475
伏見城	425
武周	286
藤原惺窩	452
藤原清衡	370
藤原薬子	364
藤原定家	393
藤原佐理	369
藤原純友	369
藤原純友の乱	369
藤原種継	363
藤原時平	366
藤原仲成	364
藤原仲麻呂	359
藤原信頼	382
藤原秀郷	369
藤原広嗣	359
藤原広嗣の乱	359
藤原不比等	355
藤原冬嗣	364
藤原道長	367
藤原通憲	382
藤原基経	366
藤原百川	359
藤原行成	369
藤原良房	365
藤原頼通	367
扶清滅洋	161,490
フス	38
フス戦争	39
フセイン・マクマホン協定	203
不戦条約	188
譜代	427
札差	442
武断政治	434
府知事	472
プチャーチン	466
普通選挙法	508
仏越戦争	114
仏教	320,351

復金インフレ	557
復興金融金庫	557
ブッシュ	264
仏ソ相互援助条約	207
武帝	278
太占	351
船成金	502
扶南	306
不入	368
フビライ＝ハン	293,389
普仏戦争	115,120
部分的核実験停止条約	253
府兵制	285
フベルトゥスブルクの和約	79
不輸	368
不輸不入権	32
フラグ	292
プラザ合意	569
プラッシーの戦い	81,148,324
プラトン学院	54
プラハの春	254
フランク王国	28
フランクフルト国民議会	119
フランクリン＝ローズヴェルト	206
フランコ	211
フランシスコ＝ザビエル	63,298,421
フランス革命	106
フランス社会党	169
フランス領インドシナ連邦	152,169,306
プランタジネット朝	39
ブラント	255
フラン＝ブロック	207
ブリアン・ケロッグ条約	188
フリードリヒ2世	78
フリードリヒ＝ヴィルヘルム1世	78
振袖火事	435
ブリュッセル条約	235
ブリュメール18日のクーデタ	108
プリンキパトゥス	14
ブルシェンシャフト	112

フルシチョフ	250
フルトン	100
ブルボン朝	64
ブルム	207
プレヴェザの海戦	316
ブレスト＝リトフスク条約	181
プレスビテリアン	62
ブレトン＝ウッズ体制	231,567
プレハーノフ	165
プレブス	10
フレンチ＝インディアン戦争	83
プロイセン	77,78
プロイセン＝オーストリア戦争	120
プロイセン＝フランス戦争	115,120
ブロック経済	207
プロテスタント	61
プロレタリア文化大革命	260
フロンドの乱	74
ブワイフ朝	312
文永の役	389
文学革命	195
『文華秀麗集』	365
分割相続	390
分割統治	150
文官任用令	488
文久の改革	469
分国法	403
焚書	277
文治主義	289
分地制限令	430
文治政治	434
文帝	284
文明開化	476
『文明論之概略』	476
文禄の役	424

■へ

平安京	363
米英戦争	128
『平家物語』	393
平治の乱	382
米州機構	252

平準	278
平城京	358
米西戦争	166
米ソ首脳会談	263
米比戦争	200
米墨戦争	129
平民会	11
平民（明治政府）	473
平民（ローマ）	10
平和五原則	257
平和に関する布告	181
北京議定書	161,490
北京条約	156
ペスト	38
別子銅山	447
ペテルブルク	84
ベトナム共和国	240
ベトナム国	240
ベトナム社会主義共和国	241
ベトナム戦争	241
ベトナム民主共和国	240
ヘプターキー	39
ペリー	466
ペリクレス	7
ベル	134
ペルシア戦争	7
ヘルシンキ宣言	255
ベルベル人	314
ベルリン会議（1878年）	125
ベルリン会議（1884年）	170
ベルリン＝コンゴ会議	170
ベルリン条約	125
ベルリンの壁	237,251
ベルリン封鎖	236
ベルリン＝ローマ枢軸	211
ペレストロイカ	264,570
ヘレニズム時代	9
ヘレニズム文化	10
ヘロドトス	2
ペロポネソス戦争	7
ペロポネソス同盟	7
ベンガル分割令	197
弁韓	349
編年体	280
辮髪	300

ヘンリ8世	62

■ほ

ボアソナード	482
保安条例	481
ホイッグ党	73
貿易差額主義	65
貿易摩擦	569
法家	276
望厦条約	156
封建	275
封建社会	32
封建制度	387
封建的主従関係	31
保元の乱	381
封建反動	38
奉公	387
奉公衆	396
宝治合戦	389
『方丈記』	393
北条貞時	390
北条実時	393
北条高時	393
北条時政	388
北条時宗	389
北条時頼	389
北条政子	388
北条泰時	389
北条義時	388
奉書船	433
法治主義	276
法然	392
方墳	351
ポエニ戦争	12
ホー＝チ＝ミン	199,239
ポーツマス条約	162,491
ホームステッド法	131
ポーランド侵攻	213,523
ポーランド分割	84
北緯38度線	239
北魏	282
墨子	276
北清事変	490
北宋	289
北朝	395

598

冒頓単于 278
北爆 241
北伐 195,302,513
北部仏印進駐 524
北面の武士 381
牧野の戦い 275
北虜南倭 297
保甲法 290
星亨 481
保科正之 434
戊戌の政変 160
戊戌の変法 160
保守党（イギリス）118
戊辰戦争 471
ボストン茶会事件 101
ホスロー1世 5
ホセ＝リサール 200
細川勝元 402
細川護煕 571
墨家 276
渤海 289,304
法華宗 392
法顕 282
堀田正睦 467
ポツダム宣言 216,526
北方戦争 84
ボニファティウス8世 38
募兵制 286
ホメイニ 261
ホラズム＝シャー朝 313
ボリシェヴィキ 165,180
ポリス 6
ホルテンシウス法 11
本家 368
本陣 447
ホンタイジ 299
本土空襲 526
本能寺の変 421,422
翻波式 365
本百姓 429
ポンペイウス 13
本補地頭 388

■ま

マーシャル 233

マーシャル＝プラン 233
マイソール戦争 149
マウリヤ朝 321
前島密 475
マカートニー 154
マカオ 80,420
マガダ国 321
マキァヴェリ 54
マクドナルド 189
マグナ＝カルタ 39
マザラン 74
マジャパヒト王国 307
益田時貞 432
磨製石器 346
マゼラン 57
マタラム王国 307
町火消 438
町奉行 426
松岡洋右 517
松尾芭蕉 450
マッカーサー 553
松方財政 476
松方デフレ 476,481
松方正義 476,484
マッキンリー 166
末期養子の禁止 434
松平容保 469
松平定信 441
松平慶永 469
マッツィーニ 122
マテオ＝リッチ 298
マニフェスト＝デスティニー 129
マニュファクチュア 65
マニラ 80,420
『マハーバーラタ』 321
間宮林蔵 443
マムルーク 312
マムルーク朝 314
マラーター戦争 149
マラトンの戦い 7
マリア＝テレジア 78
マリ＝アントワネット 106
マルコーニ 134
マルコ＝ポーロ 294

マルティン＝ルター 60
マレー連合州 153
満漢併用制 300
満州 299
満州国 208,516
満州事変 208,516
満州某重大事件 513
マンデラ 266
政所 385
満蒙の危機 516
『万葉集』 361

■み

三浦按針 431
三浦泰村 389
未回収のイタリア 122,177,192
『見返り美人』 451
三木武夫 568
ミケーネ文明 6
ミズーリ協定 130
水野忠邦 444
水呑 429
密教 365
ミッドウェー海戦 215,525
ミドハト憲法 317,318
南アフリカ戦争 168,170
南ベトナム解放民族戦線 240
南満州鉄道株式会社 493
源実朝 388,393
源高明 367
源経基 369
源義家 370
源義朝 382
源頼家 388
源頼朝 385
源頼信 370
源頼義 370
ミハイル＝ロマノフ 84
屯倉 350
宮崎安貞 446
宮沢喜一 571
ミュール紡績機 99
ミュンツァー 60
ミュンヘン会談 213
名 368

冥加	439	名誉革命	73	**■や**
三善康信	385	明暦の大火	435	八色の姓 354
ミラノ勅令	14,16	メーデー	507	安井算哲 450
明	296,398	メッカ	308	奴 350
旻	352	目付	426	柳沢吉保 434
民主政（ギリシア）	7	メッテルニヒ	112	八幡製鉄所 495
明銭	401	滅満興漢	157	山鹿素行 452
民撰議院設立の建白書	480	メディナ	308	山県有朋 484,488
民本主義	507	メフメト2世	316	山川均 508
民用文字	3	目安箱	438	山崎の合戦 423
		メロヴィング朝	28	山背大兄王 353
■む		綿工業	99	山城の国一揆 402
ムアーウィヤ	309	免罪符	60	邪馬台国 348
六日間戦争	243	メンシェヴィキ	165	山田長政 432
無為自然	276	メンデル	134	大和朝廷 348,349
ムガル帝国	148,323			山名氏清 399
無産市民	7,13	**■も**		山名持豊 402
ムスタファ＝ケマル	202,318	孟子	276	山本権兵衛 499,508
ムセイオン	10	毛沢東	196,238,302,553	弥生時代 347
無制限潜水艦作戦	177	モース	134	弥生文化 347
陸奥将軍府	394	最上徳内	440,443	耶揚子 431
ムッソリーニ	192	木版印刷	291	耶律阿保機 289
陸奥宗光	486,487	モスクワ大公国	26	耶律大石 312
無敵艦隊	68	持株会社整理委員会	555	ヤルタ会談 526
無土器時代	346	以仁王	385	ヤルタ協定 216
無二念打払令	443	模範議会	40	野郎歌舞伎 450
ムハンマド	308	桃山文化	425	ヤング案 191
ムラービト朝	314	モラトリアム	512	ヤン＝ヨーステン 431
村請制	429	森有礼	477	
村方三役	429	モリソン号事件	443	**■ゆ**
村上天皇	366	護良親王	393	由井正雪 434
連	351	モロッコ事件	171	邑 274
村田清風	446	モンケ＝ハン	292	ユーグ＝カペー 30
ムワッヒド朝	314	門戸開放	166	郵便制度 475
		モンゴル帝国	292	「雪どけ」 250
■め		文字の獄	300	ユグノー 62,64
メアリ	73	問注所	385	ユグノー戦争 64
メアリ1世	62	モンテ＝コルヴィノ	294	湯島聖堂 434
メアリ2世	73	文部省	476	ユスティニアヌス帝 17,24
明治憲法	482	モンロー	128	ユダヤ教 15
明治十四年の政変	480	モンロー教書	128	ユトレヒト条約 75
明治政府	158	モンロー主義	128	ユトレヒト同盟 68
明治六年の政変	477			ユリウス暦 17
明徳の乱	399			ユンカー 77
「明白な天命」説	129			

600

■よ

楊堅	284
雍正帝	299
煬帝	284,352
庸（中国）	285
庸（日本）	356
洋務運動	158
陽明学	452
養老律令	355
ヨークタウンの戦い	102
ヨーゼフ2世	79
ヨーマン	38
ヨーロッパ共同体	249
ヨーロッパ経済共同体	249
ヨーロッパ原子力共同体	249
ヨーロッパ自由貿易連合	249
ヨーロッパ石炭鉄鋼共同体 – 249	
翼賛選挙	522
与謝野晶子	491
吉田兼好	393
吉田茂	555
吉田光由	450
吉野作造	507
四つの現代化	260
予定説	61
米内光政	523
読本	451
寄合	400
四か国条約	187,505

■ら

『ラーマーヤナ』	321
ライプツィヒの戦い	111
ライヤットワーリー制	149
ライン同盟	110
楽市令	422
ラクスマン	84,443
楽浪郡	278,349
羅針盤	55,291
ラダイト運動	100
ラタナコーシン朝	153,306
ラティフンディア	13
ラテン帝国	25,35
ラ゠ファイエット	106

■り

里	356
リーフデ号	431
李淵	284
力織機	99
リキニウス・セクスティウス法	
	11
『リグ゠ヴェーダ』	319
六朝文化	282
六諭	296
リクルート事件	571
李鴻章	157,158,487
里甲制	296
李自成	299
李氏朝鮮	304,398
リシュリュー	74
李舜臣	424
李成桂	304,398
李世民	284
里長	356
立憲改進党	480
立憲革命	112
立憲政友会	488,489,508
立憲帝政党	480
立憲民政党	509
立志社	480
律（中国）	285
リットン調査団	208,516
律（日本）	355
立法議会	106
律令国家（中国）	285
李白	287
理藩院	299
琉球王国	399
琉球処分	478
琉球藩	478
竜山文化	274
劉秀	279
劉少奇	260
柳条湖事件	208,516
劉備	281
劉邦	277
遼	289
『凌雲集』	365
両替商	449

（右列）

領家	368
令外官	363
領事裁判権	467
両税法	286
令（中国）	285
両統迭立	393
令（日本）	355
領邦	42
厘	475
リンカン	130
臨済宗	392
綸旨	394
臨時政府	180
臨時大総統	163
林則徐	155
琳派	451
林彪	260

■る

ルイ13世	74
ルイ14世	75
ルイ16世	105
ルイジアナ植民地	82
ルイス゠フロイス	421
ルイ゠ナポレオン	114
ルイ゠フィリップ	113
ルール占領	190
廬舎那仏	359
ルネサンス	54
ルネサンス様式	55

■れ

冷戦	234,552
冷戦の終結	264
レーガン	263
レーニン	165,180
レオ10世	60
レオ3世	29
レオポルド2世	170
レオン3世	29
レコンキスタ	42
レザー゠ハーン	203
レザノフ	443
レジスタンス	214
レッドパージ	560

索引 601

レパントの海戦 ……… 68,317
レピドゥス ……… 13
連合国 ……… 176
連合国軍最高司令官総司令部
……… 553
連署 ……… 389
連ソ・容共・扶助工農 ……… 195
レンテンマルク ……… 191
レントゲン ……… 134
蓮如 ……… 402

■ろ

老子 ……… 276
老中 ……… 426
老中奉書 ……… 433
労働関係調整法 ……… 556
労働基準法 ……… 556
労働組合期成会 ……… 496
労働組合法 ……… 556
労働三法 ……… 556
労働党（イギリス）
……… 169,189,232
牢人 ……… 434
ロエスレル ……… 482
ローザンヌ会議 ……… 191
ローザンヌ条約 ……… 202
ローズ ……… 170
ローマ ……… 10
ローマ＝カトリック教会 ……… 29
ローマ教会 ……… 29
ローマ進軍 ……… 192
ローマの文化 ……… 17
ローマの平和 ……… 14
『ローマ法大全』 ……… 17,24
ローラット法 ……… 197,198
ロカルノ条約 ……… 188
六斎市 ……… 401
六・三・三・四制 ……… 556
六十進法 ……… 4
六波羅探題 ……… 388
鹿鳴館 ……… 485
盧溝橋事件 ……… 209,522
ロシア遠征 ……… 110
ロシア革命 ……… 178,180,502
ロシア社会民主労働党 ……… 165

ロシア＝トルコ戦争 ……… 125,317
魯迅 ……… 195
ロッキード事件 ……… 568
ロック ……… 102
露土戦争 ……… 125,317
露仏同盟 ……… 173
ロベスピエール ……… 107
ロマネスク様式 ……… 44
ロマノフ朝 ……… 84
ロンドン会議 ……… 188,515
ロンドン海軍軍縮会議 ……… 515
ロンドン海軍軍縮条約 … 188,515
ロンドン秘密条約 ……… 177
ロンバルディア同盟 ……… 37,38

■わ

ワーテルローの戦い ……… 111
ワールシュタットの戦い ……… 292
淮軍 ……… 157
隈板内閣 ……… 488
若衆歌舞伎 ……… 450
若槻礼次郎 ……… 509
若年寄 ……… 426
倭館 ……… 398
脇往還 ……… 447
脇街道 ……… 447
脇本陣 ……… 447
ワグナー法 ……… 206
和気清麻呂 ……… 359
倭寇 ……… 398
和人 ……… 399
ワシントン ……… 102,103
ワシントン会議 ……… 187,505
ワシントン海軍軍縮条約
……… 187,506
ワシントン体制 ……… 187,505
早稲 ……… 401
和田合戦 ……… 388
渡辺崋山 ……… 443
渡辺錠太郎 ……… 519
和田義盛 ……… 385,388
和衷協同の詔書 ……… 484
ワット ……… 99
ワット＝タイラーの乱 ……… 38
和同開珎 ……… 358

王仁 ……… 351
ワフド党 ……… 204
ワルシャワ条約機構 ……… 235,552
湾岸危機 ……… 266
湾岸戦争 ……… 266,570
完顔阿骨打 ……… 290

【執 筆】
宮脇 真理子 （TAC公務員講座）

◎本文デザイン／黒瀬 章夫（ナカグログラフ）
◎カバーデザイン／河野 清（有限会社ハードエッジ）

こうむいんしけん　かこもんこうりゃくぶい　　　　　じんぶんかがくじょう　だいはん
公務員試験　過去問攻略Ｖテキスト　20　人文科学（上）　第3版

2019年6月15日　初　版　第1刷発行
2023年3月30日　第3版　第1刷発行

編 著 者	Ｔ Ａ Ｃ 株 式 会 社	
	（公務員講座）	
発 行 者	多 田 敏 男	
発 行 所	Ｔ Ａ Ｃ株式会社　出版事業部	
	（ＴＡＣ出版）	

〒101-8383
東京都千代田区神田三崎町3-2-18
電話　03（5276）9492（営業）
FAX　03（5276）9674
https://shuppan.tac-school.co.jp

組　　版	朝日メディアインターナショナル株式会社
印　　刷	日 新 印 刷 株 式 会 社
製　　本	東 京 美 術 紙 工 協 業 組 合

© TAC 2023　　Printed in Japan

ISBN 978-4-300-10099-8
N.D.C. 317

本書は、「著作権法」によって、著作権等の権利が保護されている著作物です。本書の全部または一部につき、無断で転載、複写されると、著作権等の権利侵害となります。上記のような使い方をされる場合、および本書を使用して講義・セミナー等を実施する場合には、あらかじめ小社宛許諾を求めてください。

乱丁・落丁による交換、および正誤のお問合せ対応は、該当書籍の改訂版刊行月末日までといたします。なお、交換につきましては、書籍の在庫状況等により、お受けできない場合もございます。
また、各種本試験の実施の延期、中止を理由とした本書の返品はお受けいたしません。返金もいたしかねますので、あらかじめご了承くださいますようお願い申し上げます。

公務員講座のご案内

大卒レベルの公務員試験に強い！

2021年度 公務員試験

公務員講座生※1
最終合格者延べ人数※2

6,064名

国家公務員（大卒程度）		計 3,024名
地方公務員（大卒程度）		計 2,874名
国立大学法人等	大卒レベル試験	100名
独立行政法人	大卒レベル試験	21名
その他公務員		45名

※1 公務員講座生とは公務員試験対策講座において、目標年度に合格するために必要と考えられる、講義、演習、論文対策、面接対策等をパッケージ化したカリキュラムの受講生です。単科講座や公開模試のみの受講生は含まれておりません。
※2 同一の方が複数の試験種に合格している場合は、それぞれの試験種に最終合格者としてカウントしています。（実合格者数は3,220名です。）
＊2022年1月31日時点で、調査にご協力いただいた方の人数です。

1位 全国の公務員試験で 合格者を輩出！

詳細は公務員講座（地方上級・国家一般職）パンフレットをご覧ください。

2021年度 国家総合職試験

公務員講座生※1

最終合格者数 212名

法律区分	56名	経済区分	32名
政治・国際区分	63名	教養区分※2	30名
院卒／行政区分	21名	その他区分	10名

※1 公務員講座生とは公務員試験対策講座において、目標年度に合格するために必要と考えられる、講義、演習、論文対策、面接対策等をパッケージ化したカリキュラムの受講生です。単科講座や公開模試のみの受講生は含まれておりません。
※2 上記は2021年度目標公務員講座の最終合格者のほか、2022年目標公務員講座生の最終合格者が30名に含まれています。
＊ 上記は2022年1月31日時点で調査にご協力いただいた方の人数です。

2021年度 外務省専門職試験

最終合格者総数52名のうち
48名がWセミナー講座生※1です。

合格者占有率※2 92.3%

外交官を目指すなら、実績のWセミナー

※1 Wセミナー講座生とは、公務員試験対策講座において、目標年度に合格するために必要と考えられる、講義、演習、論文対策、面接対策等をパッケージ化したカリキュラムの受講生です。また、Wセミナー講座生はそのボリュームから他校の講座生と掛け持ちすることは困難です。
※2 合格者占有率は「Wセミナー講座生（※1）最終合格者総数」を、「外務省専門職試験の最終合格者総数」で除して算出しています。また、算出した数字の小数点第二位以下を四捨五入して表記しています。
＊ 上記は2021年9月15日時点で調査にご協力いただいた方の人数です。

WセミナーはTACのブランドです。

資格の学校 TAC

合格できる3つの理由

1 必要な対策が全てそろう！ ALL IN ONE コース

TACでは、択一対策・論文対策・面接対策など、公務員試験に必要な対策が全て含まれているオールインワンコース（＝本科生）を提供しています。地方上級・国家一般職／国家総合職／外務専門職／警察官・消防官／技術職／心理職・福祉職など、試験別に専用コースを設けていますので、受験先に合わせた最適な学習が可能です。

▶ カリキュラム例：地方上級・国家一般職 総合本科生

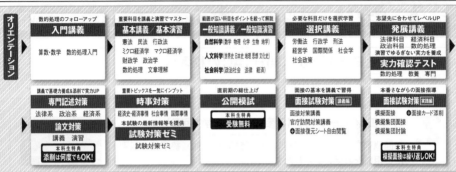

※上記は2023年合格目標コースの内容です。カリキュラム内容は変更となる場合がございます。

2 環境に合わせて選べる！ 多彩な受講メディア

フォロー制度も充実！
受験生の毎日の学習をしっかりサポートします。

■ 欠席・復習用フォロー
　クラス振替出席フォロー
　クラス重複出席フォロー
■ 質問・相談フォロー
　担任講師制度・質問コーナー
　添削指導・合格者座談会
■ 最新の情報提供
　面接復元シート自由閲覧
　官公庁・自治体業務説明会
　など

※上記は2023年合格目標コースの一例です。年度やコースにより変更となる場合がございます。

3 頼れる人がそばにいる！ 担任講師制度

TACでは教室講座開講校舎と通信生専任の「担任講師制度」を設けています。最新情報の提供や学習に関する的確なアドバイスを通じて、受験生一人ひとりを合格までアシストします。

▶ 担任カウンセリング

学習スケジュールのチェックや苦手科目の克服方法、進路相談、併願先など、何でもご相談ください。担任講師が親身になってお答えします。

▶ ホームルーム（HR）

時期に応じた学習の進め方などについての「無料講義」を定期的に実施します。

パンフレットのご請求は

TACカスタマーセンター **0120-509-117** （コウカク イイナ）

受付時間
平日　9:30～19:00
土曜・日曜・祝日　9:30～18:00

※受付時間は、変更させていただく場合がございます。詳細は、TACホームページにてご確認いただきますようお願い申し上げます。

TACホームページ https://www.tac-school.co.jp/

公務員講座のご案内

無料体験入学のご案内
3つの方法でTACの講義が体験できる！

教室で体験　迫力の生講義に出席　予約不要！　最大3回連続出席OK！

1. 校舎と日時を決めて、当日TACの校舎へ
TACでは各校舎で毎月体験入学の日程を設けています。

2. オリエンテーションに参加（体験入学1回目）
初回講義「オリエンテーション」にご参加ください。終了後は個別にご相談をお受けいたします。

3. 講義に出席（体験入学2・3回目）
引き続き、各科目の講義をご受講いただけます。参加者には体験用テキストをプレゼントいたします。

- 最大3回連続無料体験講義の日程はTACホームページと公務員講座パンフレットでご覧いただけます。
- 体験入学はお申込み予定の校舎に限らず、お好きな校舎でご利用いただけます。
- 4回目の講義前までに、ご入会手続きをしていただければ、カリキュラム通りに受講することができます。

※地方上級・国家一般職、理系（技術職）、警察・消防以外の講座では、最大3回連続体験入学を実施しています。また、心理職・福祉職はTAC動画チャンネルで体験講義を配信しています。
※体験入学1回目や2回目の後でもご入会手続きは可能です。「TACで受講しよう！」と思われたお好きなタイミングで、ご入会いただけます。

ビデオで体験　校舎のビデオブースで体験視聴

TAC各校の個別ビデオブースで、講義を無料でご視聴いただけます。（要予約）

各校のビデオブースでお好きな講義を視聴できます。視聴前日までに視聴する校舎受付までお電話にてご予約をお願い致します。

※受講可能な曜日・時間帯は一部校舎により異なります。
※年末年始・夏期休業・その他特別な休業以外は、通常平日・土日祝祭日にご利用いただけます。
※ご予約時にご希望日とご希望時間帯を合わせてお申込みください。
※基本講義の中からお好きな科目をご視聴いただけます。（視聴できる科目は時期により異なります）
※TAC提携校での体験視聴につきましては、提携校各校へお問合せください。

ビデオブース利用時間　※日曜日は④の時間帯はありません。
① 9:30～12:30　② 12:30～15:30
③ 15:30～18:30　④ 18:30～21:30

Webで体験　スマートフォン・パソコンで講義を体験視聴

TACホームページの「TAC動画チャンネル」で無料体験講義を配信しています。時期に応じて多彩な講義がご覧いただけます。

TACホームページ　https://www.tac-school.co.jp/

※体験講義は教室講義の一部を抜粋したものになります。

資格の学校 **TAC**

2022年度 本試験データリサーチ

参加無料!
10試験種以上実施予定!
スマホ P.C. 対応!

本試験結果がわかります!

本試験データリサーチとは?

Web上でご自身の解答を入力(選択)いただくと、全国の受験者からのデータを集計・分析した試験別の平均点、順位、問題別の正解率が確認できるTAC独自のシステムです。多くの受験生が参加するTACのデータリサーチによる詳細なデータ分析で、公務員試験合格へ近づきましょう。

※データリサーチは択一試験のみ対応しております。論文・専門記述・面接試験等の結果は反映されません。予めご了承ください。
※順位判定・正解率等の結果データは、各本試験の正答公表日の翌日以降に閲覧可能の予定です。　※上記画面はイメージです。

2021年度データリサーチ参加者
国家一般職(行政)
2,175名

多彩な試験種で実施予定!

国家総合職／東京都I類B(行政[一般方式・新方式])／特別区I類／裁判所一般職(大卒)
国税専門官／財務専門官／労働基準監督官A／国家一般職(行政・技術職)／外務省専門職
警視庁警察官I類／東京消防庁消防官I類

※実施試験種は諸般の事情により変更となる場合がございます。
※上記の試験種内でもデータリサーチが実施されない区分もございます。

本試験データリサーチの活用法

■ 相対的な結果を知る!

「手応えは悪くないけれど、周りの受験生はどうだったんだろう?」そんなときに本試験データリサーチを活用すれば、自分と他の受験生の結果を一目瞭然で比べることができます。

■ 併願対策に!

問題ごとの正解率が出るため、併願をしている受験生にとっては、本試験結果を模試のように参考にすることができます。自分の弱点を知って、その後の公務員試験対策に活用しましょう。

データリサーチの詳細は、
➡ TACホームページ　　　https://www.tac-school.co.jp/
➡ TAC WEB SCHOOL　　https://portal.tac-school.co.jp/
等で各種本試験の1週間前から告知予定です。

クリック

TAC出版 書籍のご案内

TAC出版では、資格の学校TAC各講座の定評ある執筆陣による資格試験の参考書をはじめ、資格取得者の開業法や仕事術、実務書、ビジネス書、一般書などを発行しています！

TAC出版の書籍

*一部書籍は、早稲田経営出版のブランドにて刊行しております。

資格・検定試験の受験対策書籍

- 日商簿記検定
- 建設業経理士
- 全経簿記上級
- 税 理 士
- 公認会計士
- 社会保険労務士
- 中小企業診断士
- 証券アナリスト
- ファイナンシャルプランナー(FP)
- 証券外務員
- 貸金業務取扱主任者
- 不動産鑑定士
- 宅地建物取引士
- 賃貸不動産経営管理士
- マンション管理士
- 管理業務主任者
- 司法書士
- 行政書士
- 司法試験
- 弁理士
- 公務員試験(大卒程度・高卒者)
- 情報処理試験
- 介護福祉士
- ケアマネジャー
- 社会福祉士　ほか

実務書・ビジネス書

- 会計実務、税法、税務、経理
- 総務、労務、人事
- ビジネススキル、マナー、就職、自己啓発
- 資格取得者の開業法、仕事術、営業術
- 翻訳ビジネス書

一般書・エンタメ書

- ファッション
- エッセイ、レシピ
- スポーツ
- 旅行ガイド (おとな旅プレミアム/ハルカナ)
- 翻訳小説

書籍のご購入は

1 全国の書店、大学生協、ネット書店で

2 TAC各校の書籍コーナーで

資格の学校TACの校舎は全国に展開！
校舎のご確認はホームページにて

資格の学校TAC ホームページ
https://www.tac-school.co.jp

3 TAC出版書籍販売サイトで

CYBER BOOK STORE TAC出版書籍販売サイト

24時間ご注文受付中

TAC出版 で 検索

https://bookstore.tac-school.co.jp/

- 新刊情報をいち早くチェック!
- たっぷり読める立ち読み機能
- 学習お役立ちの特設ページも充実!

TAC出版書籍販売サイト「サイバーブックストア」では、TAC出版および早稲田経営出版から刊行されている、すべての最新書籍をお取り扱いしています。
また、無料の会員登録をしていただくことで、会員様限定キャンペーンのほか、送料無料サービス、メールマガジン配信サービス、マイページのご利用など、うれしい特典がたくさん受けられます。

サイバーブックストア会員は、特典がいっぱい！（一部抜粋）

 通常、1万円（税込）未満のご注文につきましては、送料・手数料として500円（全国一律・税込）頂戴しておりますが、1冊から無料となります。

 専用の「マイページ」は、「購入履歴・配送状況の確認」のほか、「ほしいものリスト」や「マイフォルダ」など、便利な機能が満載です。

 メールマガジンでは、キャンペーンやおすすめ書籍、新刊情報のほか、「電子ブック版TACNEWS（ダイジェスト版）」をお届けします。

 書籍の発売を、販売開始当日にメールにてお知らせします。これなら買い忘れの心配もありません。

公務員試験対策書籍のご案内

TAC出版の公務員試験対策書籍は、独学用、およびスクール学習の副教材として、各商品を取り揃えています。学習の各段階に対応していますので、あなたのステップに応じて、合格に向けてご活用ください!

INPUT

『みんなが欲しかった!
公務員
合格へのはじめの一歩』
A5判フルカラー

- 本気でやさしい入門書
- 公務員の"実際"をわかりやすく紹介したオリエンテーション
- 学習内容がざっくりわかる入門講義

・法律科目(憲法・民法・行政法)
・経済科目
 (ミクロ経済学・マクロ経済学)

『過去問攻略Vテキスト』
A5判
TAC公務員講座

- TACが総力をあげてまとめた公務員試験対策テキスト

全21点
・専門科目:15点
・教養科目:6点

『新・まるごと講義生中継』
A5判
TAC公務員講座講師
新谷 一郎 ほか

- TACのわかりやすい生講義を誌上で!
- 初学者の科目導入に最適!
- 豊富な図表で、理解度アップ!

・郷原豊茂の憲法
・郷原豊茂の民法Ⅰ
・郷原豊茂の民法Ⅱ
・新谷一郎の行政法

『まるごと講義生中継』
A5判
TAC公務員講座講師
渕元 哲 ほか

- TACのわかりやすい生講義を誌上で!
- 初学者の科目導入に最適!

・郷原豊茂の刑法
・渕元哲の政治学
・渕元哲の行政学
・ミクロ経済学
・マクロ経済学
・関野喬のパターンでわかる数的推理
・関野喬のパターンでわかる判断整理
・関野喬のパターンでわかる
 空間把握・資料解釈

要点まとめ

『一般知識
出るとこチェック』
四六判

- 知識のチェックや直前期の暗記に最適!
- 豊富な図表とチェックテストでスピード学習!

・政治・経済
・思想・文学・芸術
・日本史・世界史
・地理
・数学・物理・化学
・生物・地学

記述式対策

『公務員試験論文答案集
専門記述』A5判
公務員試験研究会

- 公務員試験(地方上級ほか)の専門記述を攻略するための問題集
- 過去問と新作問題で出題が予想されるテーマを完全網羅!

・憲法(第2版)
・行政法

地方上級・国家一般職(大卒程度)・国税専門官 等 対応　**TAC出版**

過去問学習

『**ゼロから合格 基本過去問題集**』
A5判
TAC公務員講座
● 「解ける」だから「つづく」／充実の知識まとめでこの1冊で知識「ゼロ」から過去問が解けるようになる、独学で学習を始めて完成させたい人のための問題集です。
全12点
・判断推理　・数的推理　・空間把握・資料解釈
・憲法　・民法Ⅰ　・民法Ⅱ
・行政法　・ミクロ経済学　・マクロ経済学
・政治学　・行政学　・社会学

『**一問一答で論点総チェック**』
B6判
TAC公務員講座講師 山本 誠
● 過去20年の出題論点の95％以上を網羅
● 学習初期の確認用にも直前期のスピードチェックにも
全4点
・憲法　・民法Ⅰ
・民法Ⅱ　・行政法

『**出るとこ過去問**』A5判
TAC出版編集部
● 本試験の難問、奇問、レア問を省いた効率的なこの1冊で、合格ラインをゲット！速習用に最適
全16点
・憲法　・民法Ⅰ　・民法Ⅱ
・行政法　・ミクロ経済学　・マクロ経済学
・政治学　・行政学　・社会学
・国際関係　・経営学　・数的処理(上・下)
・自然科学　・社会科学　・人文科学

直前対策

『**小論文の秘伝**』
A5判
年度版　2022年2月刊
TAC公務員講座講師 山下 純一
● 頻出25テーマを先生と生徒のブレストで噛み砕くから、解答のツボがバッチリ！

『**面接の秘伝**』
A5判
年度版　2022年3月刊
TAC公務員講座講師 山下 純一
● どんな面接にも通用する「自分のコア」づくりのノウハウを大公開！

『**時事問題総まとめ＆総チェック**』
A5判
年度版
TAC公務員講座
● 知識整理と問題チェックが両方できる！
● 試験種別の頻出テーマが一発でわかる！

『**過去問＋予想問題集**』
B5判　年度版
TAC公務員講座
● 過去3年分+αの本試験形式の問題を解いて志望試験種の試験に慣れる
● 問題は便利な抜き取り式、丁寧な解答解説付
・国家一般職(大卒程度・行政)
・東京都Ⅰ類B(行政・一般方式)
・国税専門官
・特別区Ⅰ類(事務)
・裁判所職員一般職(大卒程度)

TAC出版の書籍はこちらの方法でご購入いただけます
❶ 全国の書店・大学生協　❷ TAC各校 書籍コーナー
❸ インターネット　CYBER BOOK STORE TAC出版書籍販売サイト　アドレス https://bookstore.tac-school.co.jp/

(2022年1月現在・刊行内容、刊行月、表紙等は変更になることがあります／年度版 マークのある書籍は、毎年、新年度版が発行される予定です)

書籍の正誤に関するご確認とお問合せについて

書籍の記載内容に誤りではないかと思われる箇所がございましたら、以下の手順にてご確認とお問合せを
してくださいますよう、お願い申し上げます。

なお、正誤のお問合せ以外の書籍内容に関する解説および受験指導などは、一切行っておりません。
そのようなお問合せにつきましては、お答えいたしかねますので、あらかじめご了承ください。

1 「Cyber Book Store」にて正誤表を確認する

TAC出版書籍販売サイト「Cyber Book Store」の
トップページ内「正誤表」コーナーにて、正誤表をご確認ください。

CYBER TAC出版書籍販売サイト
BOOK STORE

URL：https://bookstore.tac-school.co.jp/

2 1の正誤表がない、あるいは正誤表に該当箇所の記載がない
⇒ 下記①、②のどちらかの方法で文書にて問合せをする

★ご注意ください★

お電話でのお問合せは、お受けいたしません。
①、②のどちらの方法でも、お問合せの際には、「お名前」とともに、
「対象の書籍名（○級・第○回対策も含む）およびその版数（第○版・○○年度版など）」
「お問合せ該当箇所の頁数と行数」
「誤りと思われる記載」
「正しいとお考えになる記載とその根拠」
を明記してください。
なお、回答までに１週間前後を要する場合もございます。あらかじめご了承ください。

① ウェブページ「Cyber Book Store」内の「お問合せフォーム」より問合せをする

【お問合せフォームアドレス】

https://bookstore.tac-school.co.jp/inquiry/

② メールにより問合せをする

【メール宛先　TAC出版】

syuppan-h@tac-school.co.jp

※土日祝日はお問合せ対応をおこなっておりません。
※正誤のお問合せ対応は、該当書籍の改訂版刊行月末日までといたします。

乱丁・落丁による交換は、該当書籍の改訂版刊行月末日までといたします。なお、書籍の在庫状況等
により、お受けできない場合もございます。
また、各種本試験の実施の延期、中止を理由とした本書の返品はお受けいたしません。返金もいたし
かねますので、あらかじめご了承くださいますようお願い申し上げます。

TACにおける個人情報の取り扱いについて
■お預かりした個人情報は、TAC（株）で管理させていただき、お問合せへの対応、当社の記録保管にのみ利用いたします。お客様の同意なしに業務委託先以外の第三者に開示、提供することはございません（法令等により開示を求められた場合を除く）。その他、個人情報保護管理者、お預かりした個人情報の開示等及びTAC（株）への個人情報の提供の任意性については、当社ホームページ（https://www.tac-school.co.jp）をご覧いただくか、個人情報に関するお問い合わせ窓口（E-mail:privacy@tac-school.co.jp）までお問合せください。

（2022年7月現在）